비 교 행 정

[제 5 판]

박천오 · 하태권 · 문명재
권영주 · 고동주 · 조이현
김상묵 · 최영출 · 서성원
변혜옥 · 김근세 · 김종호

法 文 社

제5판 서 문

이 책의 제4판을 출간한 지 7년 되었다. 그간 각 국가에서 많은 정치·행정적 변화가 있었기에 이런 흐름을 충실히 반영하여 이번에 제5판을 내놓게 되었다. 이번 개정에서도 필진을 보강하였다. 일본과 프랑스 대학에 재직 중인 고동주 교수와 변혜옥 교수가 새로 필진에 합류하여 각각 제3장 일본 편과 제6장 프랑스 편을 새로운 시각으로 보완함으로써 해당 내용의 완성도가 높아졌다. 또한 독자들의 불편을 덜기 위해 한자로 표기되었던 기존의 목차와 장별 제목을 모두 한글표기로 바꾸었다.

제5판의 각 장별 주요 개정 내용은 다음과 같다.

제2장 미국 편에서는 최근 자료를 통해 정부예산, 정부규모, 공무원 보수 등에 있어서의 변화를 밝히고, 오바마 2기 정부의 개방정부조치 등의 내용을 새로 서술하였다. 제3장 일본 편에서는 최신자료를 바탕으로 기존 내용 전반에 걸쳐 부분적인 경신하였다. 특히, 공무원제도에 관한 내용과, 행정개혁의 최근동향에 관한 내용을 중점적으로 수정·보완하였다. 제4장 중국 편에서는 시진핑 정부 출범 이후 중국 사회주의 사법제도의 개혁내용과 새 예산법의 개정 내용을 소개하였다. 이와 함께 2018년 3월 13기 전인대에서 다루어진 정부기구개편과 시진핑 시대의 변화된 간부(공무원)채용 제도 등을 새로 서술하였다.

제5장 영국 편에서는 그간 변경된 각종 행정관련 제도 및 통계를 업데이트하였으며, 특히 2016년 브렉시트 투표 이후의 부처 개편내용 및 영국적 관점에서의 '굿 거버넌스'(good governance) 내용 및 이를 위한 노력을 소개하였다. 제6장 프랑스 편에서는 그간의 정치·사회적 변화와 지난 2017년 대통령선거 및 국회의원선거 결과의 영향 등에 대해 서술하였다. 또한 Grandes Écoles(그랑제꼴)과 관련되는 자료를 보강함으로써 프랑스 엘리트에 관한 설명을 좀 더 체계화하였다. 제7장 독일 편에서는 정부관료제의 외부환경 중 이익집단에 관한 내용에 국가-이익집단 관계 모형을 추가하였고, 집권 정당과 정부조직도를 최근 정보로 보완하였다. 제8장 캐나다 편에서는 자유당 출신의 40대 젊은 트

되도 수상의 행정개혁 방향 및 이를 통한 사회 각 분야의 혁신 노력을 집중적으로 서술하였다.

이번 제5판에서 책의 내용을 아주 광범위하게 수정하지는 않았지만, 각 국가의 주요 정치·행정적 변화만큼은 빠뜨리지 않고 전달하려 노력하였다. 그러나 독자들의 눈으로 볼 때는 미흡한 부분이 적지 않을 것이다. 향후 책의 기본 편제와 모든 내용을 재검토·재평가하는 전면적인 개정작업이 필요할 것이므로, 그 때를 대비하여 저자들은 역량을 비축하려 한다.

끝으로 바쁜 가운데도 이 책의 개정을 위해 귀중한 시간을 할애하신 공저자 여러분들과 더운 날씨에도 불구하고 제5판 출간을 위해 많이 애쓰신 법문사 관계자 여러분들께 사의를 표한다.

2018년 7월

필자들을 대신하여

박 천 오 씀

제 4 판 서 문

이 책의 초판이 출간된 지 어언 15년, 그리고 제3판이 출간된 지도 5년이 되었다. 이 기간 동안 세계적으로 개방화 · 정보화의 추세가 더욱 가속화되고, 국가 간의 상호의존성이 한층 더 높아져, 비교 행정의 학문적 의미와 현실적 유용성이 보다 분명해졌다. 제4판에서도 앞서의 개정판에서와 마찬가지로 각국 행정의 최근의 변화와 개혁을 최대한 소개하려고 노력하였다. 아울러 필진을 일부 보강하였다. 제2장의 경우 집필자이신 하태권 교수께서 유명을 달리하셔 문명재 교수가 개정 작업을 대신하였다. 제5장은 영국에서 학위를 취득한 최영출 교수가 공동 집필을 함으로써 내용의 구체성과 현장감이 강화되었다. 각 장별 주요 개정내용은 다음과 같다.

먼저, 제2장 미국행정에서는 기본적으로는 기존의 내용과 구성을 그대로 살리면서, 내용에 일부 변경이 있거나 사용된 자료가 오래된 부분을 가능한 최신 자료로 대체하였다. 특히 제3판에서 많이 활용된 O'Connor와 Sabato교수의 최신개정판인 'American Government: Roots and Reform(2009년)'을 많이 참조하였다. 제3장 일본행정에서는 최신자료의 업데이트에 주력하면서, 일본 정책과정을 새롭게 다원론적 입장에서 접근하였고 최근의 정권교체가 행정에 미치는 영향 등의 내용을 추가하였다. 제4장 중국행정에서는 기존의 제도에 대한 기본적 내용 소개를 보강하기 위해 실제 제도의 운영과 개혁 과정에 대한 기술을 추가하였다. 또한 인사 부문에 있어서 공무원 교육훈련제도의 실제 운영 측면을 새롭게 소개하였고, 2008년에 있었던 중국정부 조직개편의 핵심 내용과 주요 원칙을 다루었다.

제5장 영국행정에서는 1979년 대처정부부터 2010년 캐머런 정부에 이르기까지의 전반적인 정치 및 행정 특징을 최근 자료의 보완과 함께 새롭게 조명하였다. 제6장 프랑스 행정에서는 2007년 니콜라 사르코지 대통령하의 프랑소와 피용 수상의 정부구성을 추가로 소개하였으며, 공무원제도 소개 등의 내용을 보강하였다. 제7장 독일행정에서는 기본적으로, 정부기구와 인력에 관한 내

용을 최근 자료를 토대로 갱신하였고, 의회의 입법과정 등을 부분적으로 최신 연구문헌을 토대로 보완하였다. 그리고 유럽공동체 관료제가 제도화되면서, 독일 정부관료제의 정책과정에 미치는 영향에 대한 설명을 추가하였다. 마지막으로 제8장 캐나다행정에서는 최근의 정당체제, 집권당 및 수상 등의 변화를 포함한 캐나다 정치체제의 변화를 추가하였고, 기존에 제시되었던 다양한 통계자료를 최근자료로 업데이트하였다.

제4판의 편집을 맡아 애쓰신 김제원 부장님과 출간을 위해 여러모로 도와주신 법문사 관계자 여러분들께 감사드린다.

2011년 2월

필자들을 대신하여

박 천 오 씀

제3판 서 문

행정은 동태적인 현상으로서 해당 국가의 정치사회적 환경 변화와 맞물려 지속적으로 변한다. 제2판을 낸 지 벌써 6년이 경과하였고, 이 기간 동안 각국 행정은 신자유주의에 입각한 정부혁신의 세계적 흐름 속에서 변신을 거듭해 왔다. 이번 제3판에서는 이러한 각국의 행정동향을 되도록 충실히 전달하고자 하였다.

또한 제3판에서는 제2판에 있던 '한국의 행정과 관료제'를 삭제하는 대신 '중국의 행정과 관료제'를 새롭게 추가하였다. 중국은 아직 선진국은 아닐지라도 21세기의 강국으로 부상하고 있을 뿐만 아니라, 우리와의 경제적 · 사회적 교류도 급속도로 확대되고 있는 상황이어서, 그 행정체제를 소개할 현실적 필요성이 있다고 보았다.

'일본의 행정과 관료제' 부분도 내용을 상당 부분 수정 · 보완하였다. 특히 낡은 내용과 자료를 갱신하고 교체하는 데 주력하였다. 미국, 영국, 프랑스, 캐나다 등 여타 국가들에 관한 논의에도 필요한 수정을 부분적으로 가하였다. 이밖에 1장에도 일부 내용을 추가하고 사소한 수정을 하였다. 이같은 수정에도 불구하고 책의 기존 틀과 논리, 편성은 그대로 유지하였다.

제3판 출간과 관련하여 또 한 가지 밝힐 것은 필진이 일부 바뀌었다는 사실이다. 새로운 필진과 더불어 개정작업에 심혈을 기울였으나 제3판에도 여전히 미흡한 점이 남아 있을 것으로 생각된다. 앞으로 내용 보강을 위해 노력을 아끼지 않을 생각이다. 제3판 출간을 위해 여러모로 도와주신 법문사 관계자 여러분들께 감사드린다.

2005년 8월

필자들을 대신하여

박 천 오 씀

제2판 서　문

제2판 서문초판이 나온 지 2년밖에 경과되지 않았으나 그 동안 동료 교수들과 독자들이 보내준 많은 격려와 조언에 힘입어 제2판을 내게 되었다. 제2판에서는 기존의 틀과 체제를 유지하면서 두 가지 측면에서 수정과 보완을 하였다.

하나는 비교행정 연구가 지닌 학문적 목적과 현실적 필요성에 비추어 볼 때 다른 나라의 행정뿐만 아니라 한국행정에 대한 진단과 검토 또한 필요하다는 독자들의 지적에 따라 한국행정 부분을 새로이 첨가한 것이고, 다른 하나는 각국 행정체제의 변화실태와 행정개혁의 최근 추이를 전달하고자 각 장의 부분 부분을 새로운 설명과 자료로 대체한 것이다. 이 밖에 서장의 접근방법에 있어서도 몇 가지 이론을 추가하였다.

대폭적인 개필이 되지 못하고 부분적인 개정작업에 그친 관계로 내용면에서 미흡한 점이 적지 않을 것이나, 앞으로 개편과 보강을 꾸준히 해 나감으로써 비교행정분야의 기본서로서의 면모를 갖추도록 노력할 생각이다. 아무쪼록 독자 여러분들의 많은 편달이 있기를 바란다.

끝으로 제2판의 출간을 허락해 주신 법문사 배효선 사장님과 교정작업에 애쓰신 김제원 차장님 그리고 개정작업에 여러모로 도움을 준 장지훈 선생께 감사드린다.

1999년 8월

필자들을 대신하여

박 천 오 씀

머 리 말

지난 20여년간 비교행정연구는 깊은 침체에 빠져 있었으나, 근래들어 국가간의 개방과 교류의 추세 속에서 그 학문적·실제적 중요성이 각국 학자들과 실무자들 사이에 점차 재인식되고 있다. 한국의 경우도 비교행정연구는 그동안 매우 부진하였다. 그러나 학문발전을 위해서는 물론이고, 국제적 환경변화의 현실에 비추어 볼 때도 이제는 국내에서도 비교행정연구가 활성되어야 할 시점에 도달한 듯하다. 이 책을 펴내게 된 것은 이러한 인식에서이다.

그간 국내에서도 몇몇 교과서가 출간되어 비교행정의 연구와 학습에 큰 도움을 주었지만, 내용면에서 행정현상이 보다 다각적으로 조명되고 제시된 자료가 좀 더 최근 것이었으면 하는 아쉬움을 남겼었다. 이 책을 구성함에 있어서는 기존 교과서들의 이러한 점을 보완할 수 있도록 주의를 기울였다. 구체적으로 책의 제1장에서는 기존 교과서에서 이미 소개된 비교행정의 주요 이론과 접근방법들 외에도 최근의 연구흐름과 동향을 새로운 시각에서 조망하였고, 나머지 장들에서는 미국·일본·영국·프랑스·독일·캐나다 등 선진 각국의 최근의 행정현상을 관련자료와 함께 되도록 상세히 소개하고자 노력하였다. 한편 각국의 행정현상을 고찰함에 있어서는 행정의 중추에 자리잡고 있는 정부관료제에 논의의 초점을 맞추었다. 특히 정부관료제의 외부환경, 정부관료제의 내적 특성, 정부관료제의 정책과정상의 역할, 정부관료제에 대한 통제 등을 주요 주제로 다루었다.

한 사람이 여러 나라에 관한 방대한 문헌과 자료를 정리·연구하기에 역부족인 탓에 이 책의 집필에는 여러 사람의 노력과 지혜가 모아졌다. 나라별로 필자가 다름에도 불구하고 이 책은 논지의 일관성을 유지하고 있다. 필자들간의 거듭된 논의를 통해 어떤 주제를 어떤 방식으로 전달한 것인지에 대해 사전에 합의를 도출하였으며, 기고된 글들을 동료 필자가 검토하는 검증과정을 거쳤기 때문이다. 하지만 초판에서 비롯되는 여러 가지 부족함과 미숙함이 있으리라고 생각된다. 더구나 이 책은 성격상 향후 지속적으로 수정·보완되어야 할 과제를 안고 있다. 이 책의 내용에 대해 독자들이 비판과 조언을 아끼지 말기를 기대한다.

끝으로 출판을 허락해 주신 법문사 배효선 사장님과 편집부의 김제원 과장님께 깊은 감사를 드리며, 여러 가지 번거로운 일들을 마다 않고 처리해 준 김영훈 선생께도 사의를 표한다.

1996년 11월
필자들을 대신하여
박 천 오 씀

차　례

제 1 장　비교행정 연구와 접근방법

제 2 장 미국의 행정과 관료제

제 3 장 일본의 행정과 관료제

제 8 장 캐나다의 행정과 관료제

제 1 장
비교행정 연구와 접근방법*

제 1 절 비교행정의 정체성

비교행정 연구는 여러 국가의 행정현상을 비교 · 분석함으로써, 행정 일반 이론을 정립하는 동시에 행정개선에 필요한 지식기반을 구축하는 것을 궁극적인 목적으로 한다(Guess, 1989).[1] 비교행정은 흔히 비교정치학이나 행정학의 하위 분야로 인식되지만, 학문적인 정체성identity은 아직 불분명하다. 그간의 연구들에도 불구하고 비교행정의 연구대상과 범위, 연구방법, 지향하는 기본적인 가치, 학문적 경계선 문제가 학자들 사이에 여전히 쟁점으로 남아 있기 때문이다(Caden & Caden, 1990; Van Wart & Cayer, 1990).

비교행정이 하나의 학문분야로서 제대로 정착되지 못하고 있는 원인과 관련하여, Heady(1990)는 비교행정 영역에 두 개의 연구경향이 줄곧 상호 평행선을 그려왔던 점에 주목한다. 이는 국가의 경계를 초월한 보편타당한 행정지식 내지 행정과학을 모색하려는 일반화generalization의 연구경향과, 특정 국가의 행정

*박천오(명지대학교 행정학과 교수)

1) Raphaeli(1967)는 비교행정 연구의 목적을 ① 각 행정체제의 특성에 대한 설명, ② 행정체제의 특징이 국가에 따라 다른 원인에 대한 탐색, ③ 행정체제의 성패와 관련된 문화적 · 정치적 · 사회적 요인들에 대한 검증, ④ 국가별 · 문화별 관료제의 행태 차이 파악, ⑤ 관료제의 능력 개선을 위한 방안 탐색 등으로 세분하였다(김규정, 1987: 32에서 재인용).

체제가 지닌 특이성에 초점을 맞추는 분리주의separatism적 연구경향을 말한다. Heady는 전자의 연구경향이 행정지식과 기술이 국가와 문화를 초월하여 쉽게 이식될 수 있다는 지나친 낙관론을 펼친 반면, 후자의 연구경향은 외국의 이론이나 연구결과의 보편성을 무조건 배격함으로써 국가 간에 바람직한 행정기술과 지식의 상호교환을 차단해 온 문제점이 있다고 지적하였다. Heady는 비교행정 분야가 학문적·실제적 양 차원에서 보다 성숙되려면 이들 양 경향이 상호 균형을 이루면서 적절히 접목되어야 한다고 주장하였다.

비교행정은 2차대전 종료 후 한동안 행정학의 주요 분야로 자리 잡았지만, 1970년대 초를 기점으로 관련 연구들이 활성화되지 못하고 침체되는 현상을 나타내었다. 그러나 근래 들어 국가 간의 교류와 개방이 가속화되면서 비교행정 연구의 중요성이 점차 재인식되고 있다(Caden & Caden, 1990).

제2절 비교행정 연구의 학문적 가치와 현실적 필요성

그간 비교행정 연구에 대해서는 행정학 발전에 어떤 기여를 할 수 있는지, 행정문제의 진단과 해결에 얼마나 도움을 줄 수 있는지 의문이 제기되어 왔지만, 비교행정 연구는 나름의 학문적 가치와 현실적 유용성을 지닌다.

Ⅰ. 비교행정 연구의 학문적 가치

비교행정은 행정학이 보편적인 학문으로서 존립할 수 있는 기반을 공고히 할 수 있다. 사회과학은 비교를 통해 진보한다. Almond(1966: 878)는 비교를 과학적 방법의 핵심으로 보았고, Caden(1990: 377)은 비교분석을 등한시 할 경우 학문을 어설픈 아마추어 지식수준amateur dilettantism에 묶어 두는 결과를 초래한다고 주장하였다. 비교행정 연구는 범세계적으로 적용될 수 있는 행정과학a science of public administration을 정립함에 있어서 필수적인 지적 작업이라고 할 수 있다. Dahl(1947)은 이 점에 대해 다음과 같이 언급하였다.

> 행정의 비교적 측면은 그간 크게 무시되어 왔다. 행정연구가 비교적으로 이루어지지 않는 한 행정과학이란 주장은 다소 공허하게 들린다. 미국 행정과학, 영국 행정과학, 프랑스 행정과학은 아마도 가능할 수 있을 것이다. 하지만 이들 나라의 특수한 환경으로부터 독립된 일단의 보편적 원리라는 의미에서의 행정과학이란 것이 과연 성립될 수 있겠는가?

Jreisat(2005: 232)는 비교행정 연구의 학문적 중요성을 몇 가지로 서술하였다. 첫째, 비교행정 연구는 행정 활동 및 행위의 패턴patterns과 규칙성regularities을 탐구하는 것이다. 비교 연구를 통해 각 국가들에 존재하는 행정의 다양성diversity과 일치성uniformity을 확인할 수 있다. 비교행정 연구는 자국 혹은 자기 민족 중심의 편협한 관점에서 벗어나 보편타당한 행정 속성들에 대한 관심과 지식 그리고 이해를 증진시킬 수 있다. 둘째, 비교 방법론comparative method은 바람직한 분석과 과학적 방법론의 핵심이며, 행정이론의 발전과 적용에 필수불가결하다. Woodrow Wilson 이래 비교적 접근은 행정학 문헌의 과학적 조사과정에 있어 필요조건으로 간주되어 왔다. 셋째, 다른 제도들에 대한 비교 연구는 행정활동의 범위에 대한 시야를 넓히며, 행정문제의 다양성을 확인할 수 있게 하고, 자국 행정맥락의 단점과 한계에 관한 이해를 증진시킬 수 있다.

일반적으로 비교행정 연구는 이론적 전제를 개발·검증함을 주요 목적으로 하며, 여러 나라 행정현상에 있어서 보편성과 특수성을 밝혀내어 이를 근거로 가설과 이론을 발전시키는 연구방법을 채택하는 경우가 많다. 비교행정 연구는 특정 국가의 맥락 속에서 도출된 가설의 일반적 타당성을 확인하거나 그러한 타당성의 조건들을 밝혀낼 수 있다. 이러한 연구는 행정체제에 관한 거시적 가설을 여러 나라 행정체제에서 검증해 보거나, 아니면 특정 행정체제에서 확인된 명제를 다른 행정체제들에 반복적으로 재확인하는 작업을 통해 가능해진다.

비교행정 연구는 이렇듯 한 나라 또는 일부 나라들에만 국한된 행정현상과 모든 나라에 보편적인 행정현상을 구분할 수 있게 하지만, 이제까지의 비교행정 연구는 보편적·일반적 행정원리를 포착하기보다는 이들 원리에 속하지 않는 것들이 무엇인지를 입증하는 데 더 큰 공헌을 하였다고 할 수 있다.

Ⅱ. 비교행정 연구의 현실적 유용성

1. 대내 문제에 대한 해결방안 모색

행정학은 기본적으로 행정현실 개선을 궁극적 목적으로 하는 학문이다. 비교행정 연구는 행정현실 개선에 이바지할 수 있다(Caldwell, 1965). 비교행정 연구는 특정 국가의 정책·행정문제에 대한 해결방안을 다른 나라의 행정경험에 비추어 모색하는 실용적 가치를 내포한다. 나라마다 행정상황의 공간적·시간적 차이가 있을 수 있지만, 타국의 행정에 관한 지식과 정보는 특정 국가의 행정운영 개선 및 행정문제해결에 도움이 되는 경우가 적지 않다. 뿐만 아니라 타국 행정과의 비교를 통해 자국 정치·행정체제에서의 잠재적인 제약이나 기회에 대한 인식을 새롭게 할 수 있고, 오랫동안 당연시하여 왔던 행정의 여러 전제들을 재검토하는 계기가 될 수 있다.

2. 타국의 정책·행정현실에 대한 이해 증진

오늘날 사회문제들과 이슈들에 대한 특정 국가의 대응과 정책선택이 국경을 넘어 타국에 영향을 미치는 경우가 허다하다. 특히 경제정책의 분야에서는 국제화·개방화·정보화의 영향으로 대내정책과 대외정책 간 경계선이 모호해지고 국가 간 상호의존성이 심화되고 있다. 이런 현실로 말미암아 정부 관계자들은 물론 학자들 사이에서도 다른 나라의 정치·행정적 제도와 역동성에 대해 더 이상 무관심하기 어렵다는 인식이 확산되고 있다(Tolchin, 1996; Kickert et al., 1966). 비교행정 연구는 타국의 정치·행정적 잠재력과 제약성, 주요 정책·행정수단들, 정치인들과 행정인들의 사고방식과 행동패턴 등에 관한 전략적 지식과 정보를 제공할 수 있다.[2] 현대국가에서 정부를 움직이는 실체는 행정부 내지 정부관료제이며, 여타 세력들은 그에 직·간접적으로 영향을 미치는 방식으로 정책과정에 참여하는 것이 보편적인 현상임을 감안하면, 이 점은 보다 분명해진다(Page, 1985: 2).

---

2) 이러한 측면에 관해서는 Caden & Caden(1990), Heady(1991: 5) 참조.

Ⅲ. 한국에서의 비교행정 연구의 의미

비교행정 연구는 한국행정학의 발전에 기여할 수 있다. 한국의 행정현상을 파악하고 설명할 수 있는 독자적인 개념과 이론을 아직 제대로 개발하지 못하고 있는 상황에서 선진국 행정과의 비교 연구는 한국 행정현상과 관련하여 "자생적 질문설정 능력," "자생적 개념고찰 능력," "자생적 이론형성 능력"을 키울 수 있는 귀중한 단서와 토대가 될 수 있다. 다만 한국행정 현실에 대한 설명력과 적실성에 대한 점검 없이 서구적 행정 및 관련 이론의 타당성을 무조건적으로 수용하는 경향에 대해서는 경계가 필요하다.[3] 한국 학자에 의한 비교행정 연구는 행정이론 발전과 행정현실 개선을 위한 범세계적인 연구에 동참하는 의미도 내포한다. 한국 행정학계도 세계 행정학계가 안고 있는 과제와 도전을 공유할 수 있는 것이다.

오늘날 한국 행정체제는 총체적인 능력향상과 함께, 문제해결방식과 대응자세 등에 있어서 과거와는 다른 근본적인 전환을 주문받고 있다. 비교행정 연구는 한국행정이 당면하고 있는 새로운 환경의 속성과 본질을 이해할 수 있게 하고 그 해결의 실마리를 제공할 수 있다. 한국에 앞서 유사한 상황과 문제를 겪었던 서구국가들의 경험과 극복방안을 살펴볼 수 있기 때문이다. 예를 들면 한국 행정체제는 권위주의 정권의 몰락 이후 새로운 다원주의적 정치 환경을 맞이하여 적응에 어려움을 겪고 있는데, 다원주의적 민주주의에 익숙한 선진국 행정체제들의 그에 대한 대처 방식 등을 참고할 수 있는 것이다. 비교행정 연구는 외국 행정개혁의 사회환경적·문화적 배경 등을 파악하고, 우리의 상황에 적용할 때 문제될 수 있는 차이와 제약점을 사전에 점검함으로써, 행정개혁의 방안과 전략을 선별하고 재설계하는 행정능력을 제고시킬 수 있을 것이다.

---

3) 이에 관한 논의는 백완기(1987), 안병영(1979), 김석준(1988) 참조.

제3절 비교행정 연구의 과거와 현재

비교행정 연구의 역사는 상당히 길다. 예컨대 Weber의 관료제이론은 기본적으로 비교연구의 결과를 토대로 성립된 것이며(Fried, 1990), Wilson(1887)의 논문도 비교행정 연구의 중요성을 역설하였다. 그러나 2차대전 이전의 비교연구는 산발적이었고, 강대국들의 행정제도를 국가별로 서술하는 형식을 취한 것들이 대부분이었다. 비교행정 연구가 서구국가들 중심에서 벗어나 본격화되기 시작한 것은 1950년대 들어서부터이다. 비교행정 연구의 활성화는 주로 미국 학계를 중심으로 이루어졌으며, 대체로 3단계를 거치면서 진행되어 왔다.[4)]

첫째는 비교행정 분야에 거시적 행정이론a grand theory을 창출해 내려는 야심찬 연구가 진행되었던 단계이다. 제2차 세계대전의 종료로 신생국들이 다수 탄생되었고, 동시에 세계는 미국과 소련을 두 축으로 동·서의 양 진영으로 나누어졌다. 이들 양 진영은 각기 신생국들을 우방으로 포섭하고자 치열한 경쟁을 벌였으며, 이 과정에서 미국을 중심으로 한 서구진영은 신생국들에게 경제원조와 행정지원을 하였다. 그러나 서구진영의 이러한 노력은 자원의 낭비와 행정 시행착오를 초래하였을 뿐, 신생국의 발전에 기대만큼의 도움을 주지 못하였다. 특히 행정지원의 일환으로서 보급되었던 미국의 행정제도와 기술이 신생국에서 효과를 나타내지 못함에 따라, 미국행정이론의 보편성과 과학성에 대한 회의가 학자들 사이에 싹트기 시작하였다. 특히 UN을 비롯한 국제기구나 미국의 기술지원계획에 참여하여 신생국의 행정을 현지에서 관찰하고 체험한 학자들 사이에 이러한 의구심은 짙었다.

당시 미국의 전통적인 행정이론은 행정조직이 환경의 다양하고도 복잡한 영향으로부터 차단된 일종의 폐쇄체제라는 가정에 근거한 것으로서, 행정의 합리적·공식적rationalistic, formalistic인 측면만을 지나치게 강조하는 경향이 있었다(Jreisat, 1975). 신생국 행정을 경험한 학자들은 이 같은 전통적 행정이론이 다른 나라들에 그대로 적용되기 어려운 편협한 것임을 인식하고, 신생국 행정에 실제적 도움을 주기 위해서는 물론이고 행정학의 발전을 위해서도, 행정학 연구

4) 이하의 설명에 관해서는 Fried(1990), Heady(1990), Dwivedi & Henderson(1990) 참조.

에 신생 국가들의 역사와 전통을 포함한 사회전반에 걸친 폭넓고도 깊은 이해와 지식이 필요함을 절감하였다.

행정학자들은 이제 그 동안 등한시하였던 행정과 주위 환경과의 상호의존성, 행정의 비합리적·비공식적 측면 등에 새로운 관심을 가지게 되었고, 문화횡단적cross-cultural인 비교연구의 중요성을 인식하게 되었다. 그리고 미국과 상이한 행정의 형식forms·제도·관행이 다른 여러 나라에서 실제로 어떻게 작동하는지를 파악하고자 노력하기 시작하였다. 이런 상황에서 학자들은 연구주제와 방법론의 선정에 있어서 사회학, 문화인류학, 조직학 등에 영향받게 되었다 (Jreisat, 1975: 663).

비교행정 연구에 대한 필요성이 학자들 사이에 확산되면서, 1953년 미국정치학회에 비교행정특별위원회가 설치되었고, 1960년에는 이를 대신해 미국행정학회 내에 비교행정연구회Comparative Administration Group가 신설됨으로써, 비교행정 연구가 본격화될 수 있는 제도적 기반이 마련되었다. 비교행정 연구는 1962년부터 1971년에 이르기까지 전성기를 구가하였다. 비교행정연구회에는 1968년까지 500여명의 회원이 가입하여 세미나·현장 조사연구 등 각종 학술활동을 전개하였다.[5] 행정현상을 포괄적으로 비교할 수 있는 이론적 틀을 모색하려는 것이 당시 이들의 지배적인 연구경향이었다. 1962년부터 10여년에 걸쳐 Ford재단이 비교행정연구회에 제공한 50만 달러의 지원은 학자들의 이러한 연구 활동에 재정적 뒷받침이 되었다.[6]

1969년부터는 계간 학술지인 *Journal of Comparative Administration*이 비교행정연구회와의 협조하에 발간되었다. 대학에서도 비교행정에 대한 관심이 높아 Harvard대학, Yale대학 등에서 비교행정 교과목이 개설되었다.

한편 나라 밖의 상황도 미국학자들의 비교행정연구를 적지 않게 자극하였다. 쿠바혁명으로 인한 남미국가들에 대한 관심의 고조, 아프리카 신생국들의 잇따른 독립, 아시아에서의 베트남전쟁 발발 등이 그것이었다.[7] Heady(1989)는

5) 주로 William J. Siffin, Robert Prethus, Fred Riggs, Peter Savage, Ferrel Heady와 같은 학자들이 두드러진 활동을 보였다(Heady, 1991: 18-24).

6) Riggs(1976)는 1960년대 비교행정연구의 성행에 뒷받침이 되었던 세 가지 요인을 꼽았다. 해외행정을 경험하고 약간의 회의감에 젖어 있으면서도 희망을 안은 채 귀국한 행정학자들의 미국행정에 대한 새로운 흥미, 많지는 않지만 전략적으로 필수적인 재단지원금의 존재, 항구적인 것은 아니었을지언정 위원회 형식으로나마 존재하였던 제도적 기반 등이 그것들이다.

7) 이에 관한 보다 상세한 설명은 Heady(1991: 18-24), Van Wart & Cayer(1990) 참조.

제2차 세계대전 후의 이러한 이른바 "비교행정연구운동"Comparative Administration Movement의 특성을, 기존국가들 전체를 포함하는 전 세계적인 규모의 비교를 가능케 하는 분석틀을 모색한 것과 신생국가들의 행정환경 내지 행정생태 문제에 대해 특별한 관심을 둔 것 두 가지로 집약하였다.

그러나 1970년대에 접어들면서부터 상황이 크게 바뀌어 비교행정 연구는 빠르게 쇠퇴하였다. Ford재단의 지원이 1971년도에 중단되었으나 비교행정연구회는 새로운 후원자를 구하지 못하여 재정적 어려움에 처하였다. 그 여파로 1974년 *Journal of Comparative Administration*이 발간 중단되어, 새로운 학술지인 *Administration and Society*에 통합되었다. 각 대학에서도 비교행정 과목에 대한 학생들의 관심이 격감되었으며, 비교행정에 관한 박사학위논문 수도 크게 줄었다. 1973년에는 마침내 비교행정연구회마저 해체되었다. 비교행정 연구는 이렇게 짧은 번성기를 마감하고 오랜 쇠퇴의 길로 접어들었다. 비교행정 연구가 이러한 상황에 처하게 된 데는 미국의 대외 행정지원 격감이라는 정치적 상황 변화와 비교행정 연구 경향에 있어서의 한계가 복합적으로 작용하였다.

그러나 비교행정 연구가 완전히 중단된 것은 결코 아니었다. 과거에 비해 열기는 많이 식었지만, 1980년대에 들어서도 비교행정에 관한 연구는 여러 학술지에서 간헐적으로나마 발표되었다(Van Wart & Cayer, 1990). 이것이 두 번째 단계이다. 이는 행태주의 혁명behavioral revolution이 비교행정 연구를 강타한 시기이기도 하였다. 이 시기에는 경험적 연구가 강조됨에 따라 이론 수립보다 행정의 여러 측면들에 관한 확고한 자료 제시와 설명이 오히려 중시되었고, 이로 말미암아 계량적 방법을 활용한 비교행정 연구가 상당수 등장하였다. 그 대표적인 것이 Aberbach, Putnam & Rockman(1981)의 저서 *Bureaucrats and Politicians in Western Democracies*라고 할 수 있다.

이론적 모델정립이라는 단선적인 관심과 시각에서 점차 벗어나 예산, 인사, 기획, 부패 등 행정의 하위영역 내지 구성요소들에 초점을 맞추는 연구가 늘어난 것도 이 시기의 한 특징이었다. 예컨대 Wildavsky(1975), Caden(1980), Premchand & Burkhead(1984) 등은 여러 나라를 포함하는 광범위한 차원에서 예산과정과 예산문제를 다루었고, Ekpo(1979)는 제3세계의 관료부패 문제를 분석하였다. Aberbach 등(1981)의 연구도 엄격한 의미에서 보면 비교행정체제에 관한 것이라기보다 정치-행정엘리트에 관한 비교연구였다.

하위영역을 다룬 이들 연구는 행정의 주요 측면을 밝히고 그에 관한 새로운 가설과 명제들을 도출해 내는 공헌을 하였지만, 비교행정 고유의 패러다임을 정립하려는 전통적 노력을 희석시키는 결과를 낳았다.

마지막 세 번째 단계는 이론과 경험적 연구가 종래에 비해 보다 명백히 상호 연결되기 시작한 시기로서, 1980년대 후반 이후를 말한다. 이때부터 비교행정연구에는 광범위한 학문범위 내에서 신중하게 정의내려진 하위영역을 연구대상으로 하는 중범위 이론의 형성이 주류를 이루게 되었다.[8] 여기에 해당되는 문헌으로서는 Peters(1988)의 *Comparing Public Bureaucracy*, Rowat(1988)의 *Public Administration in Developed Democracies*, Dwivedi & Henderson(1991)의 *Public Administration in World Perspective*, Farazmand(1991)의 *Handbook of Comparative and Develop-ment Public Administration* 등을 들 수 있다.

한편 체계적인 국가교차적 비교행정 연구는 아니지만 이차분석secondary analyses을 통해 그 결과를 비교 가능한 것으로 전환시킬 수 있는 성격의 연구가 늘은 것도 세 번째 단계의 한 특징이다.[9] 예컨대 집행연구들이 파악한 각국 행정현장의 현실은 비교행정 이론의 경험적 토대로서 유용성을 지니고 있다. 이 시기의 또 하나의 특징은 서구의 행정체제를 모방하지 않았으면서도 경제적으로 괄목할 만한 성공을 거둔 일본 등 비서구 국가 출신 학자들의 비교연구 활동이 크게 증가된 현상이다(Henderson, 1981; Caden & Caden, 1990).

비교행정에 관한 연구는 근래 들어 다시 활기를 띠기 시작하고 있다. 예컨대 Maor & Lane(1999)은 여러 학자들의 다양한 비교행정 관련 연구들을 묶어 *Comparative Public Administration: Analytical Frameworks and Critiques*란 저서를 출간하였고, Chandler(2000)는 저서 *Comparative Public Administration*을 통해 유럽의 선진국들 및 미국과 일본의 행정을 소개하였다. 이 밖에도 1970년대의 세계적인 경제위기를 겪은 이후 1980년대부터 결핍scarcity, 효율성, 경제성 등이 각 국의 주된 관심사가 되면서, 공공부문의 규모와 성장 등에 관한 비교 연구가 활기를 띠었다. 특히 신공공관리론NPM에 기초한 공공부문의 감축과 민영화, 규제완화 위주의 행정개혁 추진 및 그 효과에 관한 비교 연구가 다수 이루어졌

---

8) 중범위 이론에 대해서는 뒤에서 설명한다.

9) 개별 국가의 행정에 관한 연구는 엄격한 의미에서 보면 비교행정연구가 아니나, 이들 연구 가운데는 비교행정 함의를 내포하는 것이 적지 않다. 때문에 이들 연구도 내용에 따라서는 광의의 비교행정연구의 범주에 포함될 수 있다(Page, 1995: 128-129).

다(Brans, 2007; Fitzpatrick et al., 2011).

그러나 최근 행정학의 주요 주제라고 할 수 있는 네트워크나 거버넌스등에 초점을 맞춘 비교연구는 아직 미진한 편이다. 비교 연구의 대상 국가들도 주로 미국과 유럽 그리고 아시아 국가들에 치우쳐 있고, 아프리카나 남미의 국가를 포함한 비교연구의 수는 매우 제한적이다(Fitzpatrick et al., 2011: 827-828). 한편 한국에서도 그간 다른 나라 행정과의 비교연구가 조직, 재정, 정책, 지방자치 등 다양한 분야에서 꾸준히 확장된 것으로 조사되었다(김윤권, 2016).

제 4 절 비교행정 연구의 공헌과 문제점

Ⅰ. 비교행정 연구의 공헌

비교행정 연구의 가장 큰 공헌은 행정연구의 시각을 모든 나라의 행정체제로 확대시킨 것이다. Jun(1976)에 의하면 비교행정 연구는 다음 몇 가지 측면에서 행정학의 발전에 적지 않게 기여 하였다. 첫째, 연구조사, 이론정립, 자료수집 등의 활동을 통해 행정연구의 체계화에 기여하였다. 둘째, 한 나라의 행정모델이 다른 나라에서도 그대로 적용될 수 있는지를 비판적 시각에서 점검하였다. 셋째, 다른 행정체제들과의 비교를 통해 개별 행정체제의 상대적 장·단점을 평가할 수 있는 기회를 제공하였다. 넷째, 비교연구를 통해 새롭게 습득된 지식과 방법론은 국내 행정현상의 비교·분석에 도움을 주었다.

비슷한 맥락에서 Savage(1976)는 비교행정운동의 공헌을 이렇게 정리한다. 첫째, 삶의 질과 공공정책에 대한 정부관료제의 영향력 행사 현상에 대해 학자들의 주의를 환기시켰다. 둘째, 나라와 문화에 따라 효과적인 관리기술이 각기 다를 수 있음을 밝혔다. 셋째, 나라와 사회 상황에 따라 행정의 주된 관심사와 문제의식이 상이할 수 있음을 인식하게 하였다. 특히 유지와 보존 위주의 서구행정의 지식과 기술이 급속한 발전과 변화를 지향하는 신생국들에는 적합하지 않음을 확인하였다.

Ⅱ. 비교행정 연구의 문제점

2차대전 이후의 비교행정 연구는 본래 유럽과 일본의 경제회복, 공산주의의 팽창 저지, 신생국들을 대상으로 한 서구 민주제도의 파급과 같은 실천적인 근거와 목적을 지녔다. 그러나 많은 연구들이 실용성이 없고 학문적으로도 큰 의미를 찾을 수 없는 불필요한 정보와 사실을 양산하였다는 비판을 받았다(Guess, 1989). 비교행정 연구의 쇠퇴는 비교행정 연구의 이러한 경향과 밀접한 연관성이 있다.

1970년대 초까지 비교행정 분야 학자들의 가장 지속적인 관심사는 상호 맞물린 두 가지였다. 하나는 행정의 비교연구를 위한 최상의 분석틀을 모색하는 것이었고, 다른 하나는 과학적 행정이론의 성립가능성을 타진하는 것이었다(Heady, 1989). 그러나 이에 대한 집착 때문에 학자들의 연구는 행정현장에 별다른 도움을 주지 못하였고, 의미 있는 이론정립에도 실패하였다.

Esman(1966)은 그간의 비교행정 연구를 대규모 디자인grand design, 일반적 이론들general theories, 새로운 분류new typologies와 용어terminology들로 특징짓고, 연구주제가 공허하고 모호하여 당면한 현실문제의 해결이나 실무자들의 바람과 거리가 있다고 지적하였다. 이 밖에도 상당수 학자들은 지나치게 포괄적인 패러다임과 거시이론metatheory의 추구, 경험적 연구의 부족, 현실을 무시한 학문 위주의 연구 등을 비교행정 연구의 문제점으로 인식하였다(Van Wart & Cayer, 1990). 초기 단계의 비교행정 연구들을 겨냥한 학자의 비판을 종합해 보면 다음과 같다.

첫째, 학자적 객관성을 과도하게 강조한 상아탑적인 연구로서, 각국이 직면한 행정현실 문제의 해결에 도움이 되지 못하였다. 대부분이 신생국들을 대상으로 한 연구였기에 선진국의 행정문제와는 애초부터 관련성이 적었고, 신생국의 행정현실에도 적실성relevancy이 부족하였다(Caden & Caden, 1990; Jreisat, 1975).

둘째, 행정환경(생태)에 주목한 나머지 행정실체administrative substance의 연구를 등한시하였다. 즉 사회체제 전체를 분석단위로 삼았던 관계로 행정현상이나 행정문제 자체에 대한 관심이 희석되었다. 정치적 · 경제적 · 문화적 · 교육적 환경에 관한 연구는 행정활동이나 행정제도에 영향을 미치는 환경적 변수들을 발견하기 위한 수단이라는 수준을 넘어, 도리어 그 차제가 연구 목적화되는 목표대치 현상이 발생되었다. 한 예를 들면 행정행태를 결정짓는 문화적 요인이나 정부관료제의 정치적 맥락에 관한 초창기의 접근은 행정학자나 행정실무자를 계몽하기보다는 오히려 정치나 문화에 관한 연구를 풍요롭게 하는 결과를 가져왔다(Jreisat, 1975).

셋째, 경험적 연구로서의 측면이 취약했다. 이론은 경험적 검증을 필요로 하나, 비교행정연구회 학자들이 제시한 고도의 포괄적·추상적 이론들은 거의 모두 조작화operationalize가 불가능한 것들이었다. 학자들은 생태적 접근을 취하면서도 현장조사 등을 통해 귀납적 이론을 성립시키기보다는 연역적 이론에 입각한 모델정립에 치중하였다. 모델은 경험적 조사가 추적해야 할 질문을 설정하는 중요한 기능을 지니지만, 이는 모델이 어느 정도 현실적 타당성을 지니는 경우에 한한다. 어설프게 구축된 모델은 도리어 연구 오류를 초래할 수 있다. 비교행정은 학자들이 연구의 시야를 낮추고, 시각을 좁히며, 모델과 경험적 조사 간 간극을 줄이고자 노력할 때라야 비로소 발전될 수 있다.[10)]

넷째, 연구자들의 지적 배경과 관심이 다양하여 비교연구의 초점이 흐리고 산만하였다. 행정학자들 외에도 사회학자, 정치학자, 심리학자, 인류학자들이 행정현상의 연구에 뛰어들면서, 이것이 비교행정의 이론구축에 원심력으로 작용하였다. 과학적 행정이론은 확인할 수 있는 지식의 점진적인 집적을 통해 확립될 수 있으며, 그러기 위해서는 학자들이 서로의 연구결과를 인식하고 상호 영향을 주고받아야 하지만, 비교행정 연구는 학자들의 학문적 배경이 극히 다양하여 서로의 지식과 통찰력이 제대로 교환되지 못한 경우가 많았다. 탐구대상이나 문제에 대한 정의와 접근방법이 연구마다 현저하게 다를 경우, 각 연구는 비교를 위한 진정한 대안 제시가 되지 못하고 별개의 경로로 흐르기 쉽다(Jreisat, 1975).

다섯째, 행정학 자체의 취약성에 의해서도 비교행정 연구는 부정적 영향을 받았다. 행정학은 핵심적인 행정현상과 그렇지 못한 것을 구별할 수 있는 기준을 제시하지 못하였으며, 이로 말미암아 비교행정 분야에서도 무엇이 비교해야 마땅한 행정의 핵심현상이고 무엇이 주변적·이차적 현상에 불과한지를 둘러싼 혼란이 불가피하였다(Jreisat, 1975).

위의 마지막 지적에 대해서는 학자들의 공감대가 특히 광범위하다. Hen-

10) 이에 관해서는 Caldwell(1965), Caden & Caden(1990), Waldo(1964) 참조.

derson(1969)은 비교행정의 범주에 속하지 않는 것이 어떤 것인지 의문을 제기하면서 비교행정의 정체위기identity crisis를 지적하였고, Peters(1990)도 비교행정이 발전하기 어려운 것은 학자들 간에 비교연구를 해야 할 종속변수에 대한 합의를 이루지 못하기 때문이라고 하였다. Van Wart와 Cayer(1990) 역시 비교행정은 아직 정의definition가 결여된 상태라는 입장을 보였다.

제 5 절 비교행정 연구의 접근방법

특정 학문분야가 정상적인 과학이라고 주장하려면 연구의 중심 패러다임a standard paradigm이 있고, 이를 해당 분야 전문가들이 수용해야 한다(Kuhn, 1990). 비교행정 분야에는 아직 지배적인 패러다임이 없고 여러 개의 이론적 접근방법들이 공존하고 있을 뿐이다. 따라서 비교행정 분야는 이른바 전(前) 패러다임단계a preparadigmatic stage의 수준에 있다고 할 수 있다(Heady, 1991: 48).

Riggs(1962)는 1960년대 초반 비교행정 분야에서의 접근경향의 변화를 세 가지로 보았다. 규범적 접근방법에서 경험적 접근방법으로from normative toward more empirical approaches, 개별적 접근방법에서 일반법칙적 접근방법으로from idiographic toward nomothetic approaches, 그리고 비생태적 접근방법에서 생태적 접근방법으로from nonecological toward ecological approaches의 전환이 바로 그것이다.

첫째는 행정의 이념이나 바람직한 행정패턴에 대해 처방을 내리려는 노력으로부터 행정현상의 서술적·분석적 정보 자체에 대한 것으로 연구관심이 이동되는 경향을 말한다. 둘째는 개별적이고 특수한 사례연구로부터 변수들간 상관관계나 행태의 규칙성에 관한 가설이나 일반법칙을 모색하는 것으로 연구성향이 전환됨을 뜻한다. 셋째는 행정환경에 대한 무관심으로부터 행정요인과 환경요인 간 상관관계에 연구의 초점을 두는 방향으로 연구경향이 변하는 것을 의미한다.

그러나 Riggs의 이러한 관찰에도 불구하고 비교행정 연구의 접근방법은 일정한 경향을 찾기 어려울 정도로 산만하고 다양하였다. Sigalman(1970)은 *Journal of Comparative Administration*에 발표된 논문들의 내용분석을 통해 이 분야의 연구가 매우 단편화되고 원자화된 것을 파악하였다. 다만 이런 가운데도 크게 두 가지 접근이 학자들의 호응을 어느 정도 얻고 있었다. 하나는 일반체제 접근방법general-systems approach이고, 다른 하나는 중범위 이론 접근방법middle-range theory approach이다(Heady, 1989). 이와는 별도로 근래 들어서는 비교정책 연구가 새롭게 학자들의 관심을 끌고 있다.

Ⅰ. 일반체제 접근방법

일반체제적인 접근은 Parsons(1960) 등의 구조기능주의structural functionalim적 접근에 의해 대표된다. 구조기능론은 분석단위로서 전체적인 체제를 강조하고, 전체체제 유지를 위한 요건으로서 특정한 기능을 가정하며, 전체체제 내의 여러 구조가 기능적으로 상호의존적임을 전제로 한다(강신택, 1987: 340). 이러한 구조기능론은 사회체제의 분석을 위한 거대하고도 포괄적인 개념구조를 구성하려는 데 그 의도가 있다.

Parsons의 구조기능론은 구체적으로 다음과 같다. 모든 사회는 유형유지pattern maintenance, 목적달성goal attainment, 적응adaptation, 통합integration이라는 4개의 기능적 요건을 충족시켜야 생존할 수 있고, 이러한 기능적 요건의 충족과 관련이 있는 4개의 하위체제(또는 하위구조)가 있다. 첫째, 유형유지는 사회적인 가치체계를 보전하고 제도화하는 것으로서 종교단체나 가족과 같은 하위체제에 의해 수행된다. 둘째, 목적달성은 목표 상태를 추구·유지하는 것으로서 정치체제polity라는 하위체제에 의해 수행된다. 셋째, 적응은 목표달성에 필요한 일반화된 편의(시설)를 말하는 것으로서 경제라는 하위체제에 의해 수행된다. 마지막으로 통합은 하위체제들 간 관계의 결속을 유지하는 것으로서 사회공동체societal community 등의 하위체제가 전문화한다. Parsons에 따르면 이들 하위체제하에는 또 다른 하위체제가 있게 된다. 예컨대 정치체제의 하위체제로서는 입법부, 행정부, 정당, 이익집단 등을 들 수 있다(강신택, 1987: 354-355).

Parsons의 구조기능론은 사회 및 정치현상 간 상호관계가 매우 복잡하다는 것과, 정치 또는 행정현상을 연구함에 있어서는 그 배경을 이루는 전체 사회체제에 관심을 두어야 함을 강조한다. 그의 구조기능론은 또한 정치행위자나 집단이 기여하는 실제기능 또는 잠재적 기능을 고려한다는 특징을 내포한다. 그의 이론이 비교정치나 비교행정의 분야에 적용할 수 있는 이론적 틀로서 유용성을 지니는 것은 이런 연유에서이다. 하지만 Parsons의 구조기능론은 사회현상을 다루기 위한 포괄적 모형이며, 정치학이나 행정학 연구를 본래의 목적으로 고안된 것은 아닌 탓에 비교행정 연구에 간접적인 영향을 미쳤다. 비교행정 연구에 보다 직접적인 영향을 미친 것은 Parsons의 구조기능론이 아니라 다음 두 가지 접근방법이었다.

1. Almond의 구조기능론

정치학의 구조-기능론으로서 대표적인 것이 Almond(1960)의 이론이다. 그는 체제유지모델에 근거하여 모든 정치체제는 4개의 투입기능과 3개의 산출기능을 수행한다고 본다. 4개의 투입기능은 정치사회화와 충원political socialization and recruitment, 이익표명interest articulation, 이익결집interest aggregation, 정치적 의사소통political communication이다. 그리고 3개의 산출기능은 규칙제정rule-making, 규칙적용rule application, 규칙심판rule adjudication이며, 이는 정부의 기능으로서 종래의 입법 · 행정 · 사법의 구분과 유사하다. 즉 규칙제정은 입법을, 규칙적용은 행정을, 그리고 규칙심판은 사법절차를 대체하는 개념이다. Almond에 의하면 이들 7개의 주요기능은 정치체제가 사회체계를 위해 수행하는 보편적인 기능이며, 정치체제에는 이들 기능을 전문적으로 수행하는 구조들(의회, 행정수반, 정당, 이익집단 등)이 있다. 그는 정치체제의 특정 구조들에 의해 이들 기능이 얼마나 어떻게 수행하고 있는지를 기준으로 정치체제를 상호 비교할 수 있다고 본다.

Almond의 구조기능론은 누가 문제를 인지하고, 쟁점을 확정 · 심의 · 결의하고, 해결책을 제시하는가의 투입기능에 관해서는 비교적 상세히 분석하고 있으나, 산출기능은 매우 간단히 다루고 있다(강신택, 1987: 351). 이는 그가 정치체제의 특징을 파악함에 있어 산출기능보다 투입기능 내지 정치적 기능을 더 중시한 탓이다. 따라서 그의 구조기능론을 행정연구의 모형으로서 활용하는 데는 일정한 한계가 있다. 행정은 Almond가 대수롭지 않은 것으로 평가절하한 산출기능과의 연관성이 오히려 더 깊기 때문이다.

그가 제시하는 구조기능론의 주된 가정은 모든 정치체제에는 같은 기능들(정치사회화, 이익표명, 정책결정 등)이 존재하지만, 그것은 통상 상이한 구조들(제도들 등)에 의해 수행되며, 만약 어떤 기능이 수행되지 않거나 지나치게 수행되면 체제는 더 이상 지속될 수 없음을 함의한다. 그의 구조기능론은 Parsons

의 구조기능론에 비해 연구범위가 다소 제한된 탓에, 학자에 따라서는 이를 나중에 설명되는 중범위 이론의 하나로 보기도 한다.

2. Riggs의 생태론적 접근방법

Riggs(1964)는 일반체제이론을 원용하여 여러 나라의 다양한 행정현상을 비교할 수 있는 보편적인 개념의 틀을 정립하였다. 그의 생태론적 접근an ecological approach은 비교연구는 사회전체의 분석에서 출발하여 사회 각 부분들로 옮겨가야 함을 기본전제로 하며, 행정현상을 환경 변수들의 총체인 사회와의 관련 속에서 파악한다.

그는 먼저 사회를 농업사회Agraria와 산업사회Industria라는 두 개의 가설적인 모형으로 대별한 뒤, 이 두 사회를 경제적·사회구조적·이념적·의사소통적인 측면에서 차별화한다. 그런 다음 이들 두 사회의 중간에 또 하나의 가설적 모형으로서 전이사회Transitia를 설정한다.[11] 그는 농업사회를 융합적fused 사회로, 산업사회를 분화적refracted 사회로, 그리고 전이사회를 프리즘적prismatic 사회로 각각 칭한다. 융합적 사회란 가족이나 족장과 같은 소수의 구조가 법규제정, 갈등해결, 보건, 공동체의 안전 등 거의 모든 사회기능을 수행하는 미분화된 사회를 의미한다. 분화적 사회는 사회기능이 보다 전문화된 여러 구조들에 의해 나누어져 수행되는 사회를 가리킨다. 프리즘적 사회는 전통적·융합적인 특성과 현대적·분화적 특성이 혼재된 사회를 말한다. 프리즘적 사회에서는 분화적 사회의 공식적으로 전문화된 구조들이 융합적 사회의 비전문화된 구조들과 공존하는 것과 같은 현상이 흔히 나타난다.

Riggs는 각 사회의 이러한 제 특징을 행정의 환경적 요인으로 보고 이를 각 사회 특유의 행정체제와 연관시켜 설명한다. 그에 의하면 사회는 융합적 사회에서 프리즘적 사회로 그리고 다시 분화적 사회로 단선적으로 발전하며, 그에 따라 하위체제인 행정체제 또한 안방체제chamber, 사랑방체제sala, 사무실체제office로 차례로 그 특성이 바뀌면서 진화하게 된다. 이 가운데 Riggs가 특히 관심을 가진 것은 전이사회와 그 행정하위체제인 사랑방모형 즉 살라모형이었다.

Riggs가 후진국 행정체제의 일반적 특징을 파악하는 데 유용한 이론모형으로서 제시한 살라모형은 전이사회의 여러 환경적 특성을 반영하는 것이다.

11) 이에 관한 보다 자세한 설명은 김규정(1987: 36-39), 박동서 외(1996: 57-68) 참조.

첫째, 고도의 이질성heterogeneity으로서, 현대적 행정체제의 특징과 전통적인 행정체제의 특징이 혼합되어 있다. 둘째, 형식주의formalism로서, 공식적인 것과 실제 간에 그리고 규범과 현실 사이에 격차가 크다. 셋째, 중첩성overlapping으로서, 비전문화된 구조와 전문화된 구조가 병존하며 성격상 양립하기 어려운 공식적·합리적 행태와 비공식적·비합리적 행태가 공존하는 등의 현상이다. 넷째, 연고주의nepotism와 다분파주의poly-communalism 및 파벌도당clects으로서, 관료의 충원 등에 있어서 일차집단의 영향력이 강하게 작용하고 정부관료제 내에서 이들 집단 상호 간 대립·갈등이 심한 상황이다. 다섯째, 다규범성poly-nor- mativism으로서, 규범이 일치되지 못하고 현대적 규범과 전통적 규범이 혼재하면서 편의에 따라서 번갈아 적용되는 상황을 지칭한다. 여섯째, 양초점성bifocalism으로서 법제상으로는 관료의 권한이 상당히 제약되어 있으나 현실적으로는 관료가 커다란 영향력을 행사함을 말한다.

Riggs의 이러한 생태적 접근방법은 엄격한 의미에서 보면 경험적 조사연구를 위한 도구라기보다는 행정을 바라보는 하나의 방식 내지 개념적 틀에 불과하지만, 학자들에게 각국의 행정에 영향을 미치는 다양한 변수들의 중요성을 고취시키는 공헌을 하였다(Caldwell, 1965: 234).

이상과 같은 일반체제접근에 대해서는 통상, 정태적이어서 사회변동을 충분히 설명할 수 없다거나, 체제의 자기유지경향이나 사회체제 내의 조화적인 관계와 같은 보수적인 규범적 편견이 내재되어 있다는 등의 비판이 가해지고 있다. 그러나 일반체제접근에 대한 보다 심각한 지적은 조사가능성에 관한 것이다. 즉 체제접근은 행정현상의 한 국면이 아니라 모든 국면을 다루고 그들 간의 관계를 규명하나, 제시하는 가설이 지나치게 포괄적이어서 확증이나 반증하기 거의 불가능하다는 점이다(한배호, 1987: 141).

생태론적 접근에 대해서는 체제접근방법에 대한 이 같은 일반적 비판 외에도, 행정이 환경(생태)에 의해 영향받아 그 특징이 결정된다고 봄으로써 행정의 독립변수적인 역할을 무시하였다거나, 서구적 편견에 사로잡혀 신생국 행정현상의 부정적 측면만을 강조하고 거기에 숨겨진 합리성hidden rationality을 간과 한다는 비판이 추가되고 있다(Fried, 1990).

Ⅱ. 중범위 이론 접근방법

중범위 이론 접근방법middle-range theory은 방법론의 엄격성과 소재의 중요성 간 적절한 균형을 모색하는 접근방법이다. 중범위이론 접근은 한편으로는 연관된 모든 변수를 한꺼번에 다루는 포괄적인 거시이론을 수립하려는 시도를 지양하며, 다른 한편으로는 방법론의 엄격성을 지나치게 고집하지 않는다. 즉 이론화의 대상영역을 지나치게 넓게 잡아 확증도 반증도 할 수 없는 이론의 추구를 지양하는 동시에, 방법론의 엄격성에 얽매여 계량적인 접근방법을 적용할 수 있는 지엽적이고 사소한 문제만을 선별하여 다루는 한계를 피하려는 것이 이 접근방법의 특징이다. 중범위이론 접근은 현실의 비교적 작은 부분에 연구의 초점을 맞추어 제한된 관계를 설명하고자 하며, 일정한 추상성을 내포하지만 이는 경험적 조사연구가 가능한 수준에 머문다.

1. Merton의 중범위 이론

Merton(1968: 68-69)은 일반체제적 접근방법이 지나치게 거시적이고 포괄적이어서 실증적 자료나 경험적 사실과 괴리가 있는 반면, 제한된 사실 간 좁은 상관관계만을 밝히는 미시적인 접근은 이론발전에 큰 도움이 되지 못한다고 전제하고, 연구범위를 이들 양자의 중간 정도로 조정해야 한다고 주장한다. 그는 사회학의 진전을 위해서는 경험적 검증이 가능한 가설들을 도출할 수 있는 구체적인 이론들이 먼저 개발되고, 이들 이론이 나중에 보다 일반적인 이론으로 점진적이고도 단계적으로 발전되어 나가야 한다고 보았다.

Merton이 밝히는 중범위 이론의 속성은 다음과 같다. 첫째, 중범위 이론은 몇몇 제한된 가정들로 구성되며, 이들로부터 보다 구체적인 가설들이 논리적으로 도출되고, 이들 가설은 경험적 조사에 의해 확인될 수 있다. 둘째, 중범위 이론들은 서로 분리된 채 남아 있지 않고 궁극적으로는 보다 포괄적인 이론으로 통합되게 된다. 셋째, 중범위 이론은 사회적 행태나 구조의 상이한 영역들spheres을 다루기에 충분한 추상성을 띠며, 단순한 서술이나 경험적 일반화의 수준을 넘는다. 넷째, 중범위 이론은 미시적 사회문제들과 거시적 사회문제들 간 경계선을 횡단한다.

2. Heady의 관료제 모형

비교행정 분야에서 중범위 이론 접근을 주창한 대표적인 학자로서는 Prethus(1959)와 Heady(1991)를 들 수 있다. Prethus는 "우주적 차원"의 일반체제 이론을 대신해 중범위 이론 접근을 할 것을 제안하였고, Heady는 관료제모형 bureaucratic model에 입각한 비교행정 연구가 가장 적절한 중범위 이론 접근이 될 수 있음을 강조하였다. 특히 Heady는 비교행정 연구의 주된 대상이 정치체제 전체가 아니라 공공행정이라면 정부관료제를 중심으로 비교하는 것이 마땅하다고 보았다. 정부관료제가 행정과 동의어는 아닐지라도 행정의 핵심요인과 현상을 상당부분 내포하고 있어, 이를 중심으로 한 비교연구는 지나치게 광범위하지 않으면서도 의미 있는 중범위 비교행정 연구가 될 수 있다는 것이다.

Heady는 정부관료제를 조직의 구조적 특성에 입각하여 정의하며, 뚜렷이 계층화된 권위, 기능적 전문성을 토대로 한 분업, 조직구성원들의 권리와 의무에 관한 규칙체계, 작업 상황에 관한 절차체계, 대인관계의 몰인격성, 기술능력technical competence에 입각한 임용과 승진 등이 그러한 특성이다. Heady는 이들 특성을 지닌 각국의 정부관료제를 비교행정 연구의 대상으로 할 것을 주장하였다. Heady 자신은 중간층 내지 고위층 관료들을 중심으로 다음과 같은 질문에 비교연구의 초점을 맞췄다.

첫째, 정부관료제의 구성, 계서적 편제, 전문화의 유형, 행태적 경향 등을 반영하는 내부 운영 면의 지배적인 특징은 무엇인가? 둘째, 정부관료제는 어느 정도 다기능적이며, 정책결정과 정책집행에 얼마나 영향력을 행사하고 있는가? 셋째, 정부관료제에 대한 외부통제의 주된 수단으로 어떤 것들이 있으며, 그러한 통제는 어느 정도 실효를 거두고 있는가?

Heady는 이러한 제한된 범위에서의 비교연구에도 정부관료제를 둘러싼 정치적·경제적·사회적 환경의 주요 배경요인에 대한 최소한의 기본적 검토는 필요하다고 보았다. Almond(1960)가 구조란 정치체제마다 상이하고 외관상 유사한 구조라고 할지라도 체제마다 다른 기능을 수행할 수 있다는 전제에서 비교연구의 구조적 접근에 부정적 시각을 가진데 대해, Heady는 다음과 같은 근거에서 이를 반박한다. 즉 하나의 전문화된 구조로서의 정부관료제는 거의 모든 근대 민족국가에서 찾아볼 수 있는 보편적인 현상이며, 정부관료제에 연구의 초점을 맞춘다고 해서 정부관료제가 법규적용 외에 다른 여러 기능들을 수행할 수 있음을 무시하지 않는다는 것이다.

Almond의 지적대로 모든 구조가 다기능적이라면, 보편적으로 존재하는 하나의 구조(정부관료제)에 연구초점을 두고 그것이 수행하는 여러 상이한 기능들을 비교하는 것은, Almond처럼 하나의 보편적 기능을 중심으로 그 기능을 수행하는 여러 구조들을 파악하는 것에 못지않은 의미와 가치를 지닌다는 것이 Heady의 주장이다. Heady의 관료제모형은 1970년대 이후 비교행정 분야의 학자들이 가장 선호하는 접근방법으로 자리 잡고 있다. 이 모형에 입각한 연구들은 대부분 정치적 맥락 속에서의 행정제도와 관행을 다루며, 주로 고위 직업관료들의 정치권력 및 그 원천에 초점을 맞춘다.

3. 비교정책 연구

1970년대 중반부터 공공정책의 비교연구가 상당수 학자들의 관심을 끌어왔다. Henderson(1981)에 따르면 비교정책 연구의 특징은 다음 몇 가지이다. 첫째, 행정인들 및 행정제도들을 정책에 대한 기여자나 정책집행자로 간주한다. 둘째, 과정정향적process-oriented이며, 흔히 정책과정을 형성·집행·평가과정으로 구분 지운다. 셋째, 일선공무원의 태도나 특정기관 내부의 조직개편과 같은 세속적인 사항들보다는 광범위하고도 중요한 정책영역(보건, 교육, 식량, 에너지, 환경 등)에 관심을 보인다. 넷째, 정책분석 등에 관한 문헌들에서 볼 수 있듯이 계량분석적인 성향을 보인다. 다섯째, 비교정치와 비교행정의 경계선을 모호하게 만들며, 비교행정에서 중요시되는 것들을 상당부분 평가절하하거나 배제한다.

학자에 따라서는 비교정책 연구에 대해 유보적인 입장을 보이기도 한다(Heady, 1991: 47-48; Caden & Caden, 1990). 비교정책 연구는, 첫째 정치체제 전체를 연구대상으로 하는 비교정치학은 물론, 그 행정적 하위체제를 연구대상으로 삼는 비교행정에 비해서도 연구주제가 한층 더 제한적이며, 둘째 상이한 개념화와 연구초점으로 말미암아 연구결과가 누적되기 어렵고, 셋째 이론화와 추측에 치우친 나머지 정책결정자들에게 큰 도움이 되지 못한다는 것이다. 요컨대 비교정책 연구는 초창기 비교행정 연구가 보여주었던 것과 유사한 문제를 답습하고 있다는 것이 이들 학자의 지적이다. 이 밖에 정부활동의 산출outputs 측면에 치우친 나머지 제도와 과정 등 정치적 측면을 등한시 하는 비교

정책 연구들이 적지 않다는 비판도 있다(Peters, 1988: 12).

최근 들어서는 이른바 정책이전policy transfer 현상의 확산을 분석하는 문헌이 늘고 있다. 정책이전이란 어느 한 시점 혹은 한 장소에서 활용된 아이디어, 제도, 정책과 프로그램 등이 다른 시점과 다른 장소로 이전되어 적용되는 것을 말한다. 이러한 현상은 국가 간에 적지 않게 발생되는데, 그 배경은 크게 두 가지이다. 하나는 정책입안자들이 특정 문제의 해결책을 모색함에 있어서 기존의 정책을 변경하거나 새로운 정책을 창출하기보다 다른 나라의 정책을 벤치마킹하는 것이 보다 용이하다고 인식하기 때문이다. 다른 하나는 선거 등 중요한 정치적인 이벤트를 앞두고 국민들에게 무엇인가 새로운 것을 보여주려는 동기에서 정책이전을 추진한다는 것이다. 정책이전은 또한 정책결정자가 이미 도달한 결정을 정당화하기 위한 수단이 되기도 한다. 정책이전은 주어진 정책이나 프로그램의 유사성이 국경을 초월할 수 있다는 것을 기본 가정으로 삼는다(Dolowitz & Marsh, 1998; Rose, 1988).

제 6 절 이 책의 접근방법과 주요 주제

Ⅰ. 이 책의 접근방법

행정현상은 다각적이고 복잡하여 비교연구를 하려면 단순화 작업이 요구된다. 이를 위해 연구자는 기존의 접근방법들 가운데 어느 하나에 의존하거나, 아니면 나름의 접근방법을 개발할 수 있다. 비교연구를 위한 접근방법을 선정하거나 설정할 시에는 타당성plausibility과 조사가능성researchability을 고려해야 한다. 전자는 특정 접근방법이 상식적으로 수긍할 수 있는 그럴 듯한 것이냐 하는 것이고, 후자는 그러한 접근방법으로 조사연구research를 할 수 있느냐 하는 것이다. 타당성이 높은 모델일수록 조사연구의 가능성은 희박하고, 역으로 조사연구의 가능성이 높은 접근방법일수록 타당성이 낮은 경우가 많아 이 두 기준을 균형 있게 적용하기는 쉽지 않다(한배호, 1987: 158-159).

그렇다면 타당성과 조사가능성의 두 가지 기준에 비추어 볼 때 기존의 접근방법들은 비교행정 연구에 있어 어떤 장·단점을 내포하는가? 먼저 일반체제접근방법인 구조기능론이나 생태론적 접근방법은 사회체제 전체의 맥락 속에서 행정을 연구하고 다루는 까닭에 타당성은 매우 높다고 할 수 있지만, 엄청난 양의 자료를 수집·분석해야 하는 현실적 어려움을 수반하게 된다. 뿐만 아니라 경험적 검증을 통해 확인될 수 있는 가정을 도출해 내기도 어렵다. 이 밖에 환경이나 생태에 대한 분석에 치우친 나머지 행정 자체에 대한 연구를 소홀히 할 위험도 없지 않다.

반면에 중범위 이론 접근방법을 대표하는 관료제모형은 비교해야 할 변수가 다소 한정적이다. 때문에 조사의 가능성 측면에서는 일반체제접근에 비해 상대적으로 우월하지만, 제한된 행정현상이나 한정된 변수를 다루는 관계로 연구의 타당성에 있어서는 일반체제접근방법에 비해 뒤진다.

국내 학자들은 그간 행정을 비교 연구함에 있어 일반체제접근, 비교정책접근, 생태론적 접근, 관료제 모형 접근 등 다양한 접근방식을 활용해 온 것으로 파악되고 있다(김윤권, 2016).

이 책에서는 기본적으로 Heady 등이 제시한 관료제 모형에 근거하여 선진 몇 개국과 중국의 행정현상을 다룬다. 관료제 모형은 비교연구에 유용한 초점과 구체성, 그리고 가치중립성(value neutrality)을 제공한다는 장점을 내포하고 있다(Heady, 2001: 75). 관료제 모형은 중범위 이론 접근들이 모두 그렇듯이 나름의 가정과 강조점을 바탕으로 특정 요인들을 추려내는 대신 여타 변수들을 배제하는 한계가 있다. 때문에 행정의 핵심 현상을 비교하는 것이 맞느냐는 의문이 제기될 수 있으나, 어느 국가에서든 정부관료제가 행정현상의 중추를 이루고 있다는 점을 상기할 필요가 있다(Bekke et al., 1996). 실제로 서구에서는 정부관료제에 초점을 맞춘 연구들이 다수 이루어졌다(Aberbach et al., 1990; Gregory, 1991; Christensen, 1991).

이 책은 정부관료제와 관련된 주요 현상을 선별하여 다룬다. 정부관료제와 관련하여 비교 가치가 있는 주요 현상을 제시하는 문헌은 드물지 않다. Heady(1991)는 정치인들과 관료들 간 관계 및 국가발전에 있어서의 관료의 역할을 행정 내지 정부관료제의 가장 중요한 측면으로 보았다. 그는 정체유형regime type의 기본적 특성과 정부관료제의 정치적 역할 간에 밀접한 연관성이 있다는 전제에서, 정체유형을 국가 간의 정부관료제를 차별화 할 수 있는 가장 중요한 기준으로 보았다. Peters(1988)는 인사, 조직구조, 관료적 행태를 비교행정의 주요 종속변수로 보았으며, Pierre(1995)는 정책결정자와 관료들 간 관계politico-administrative relations, 행정부 내부의 업무구성과 조직의 동태적 측면intra-organizational dynamics, 정부관료제와 시민사회 간 관계relations between administration and civil society 등을 주요 변수로 간주하였다.

이 책에서는 Heady(1990: 77)가 제시한 정부관료제의 세 가지 사항, 즉 정부관료제의 구성과 운영 등 내부적 특성, 정책과정에서의 정부관료제의 역할과 기능, 정부관료제에 대한 통제수단과 그 효과 등에 비교의 초점을 맞춘다. 이와 아울러 각국의 행정개혁 노력도 살핀다. 이 책은 내용 면에서 Jreisat(2002: 24)가 비교행정 연구의 가장 일반적인 분석단위라고 파악한 관료 개인individual, 행정기관organization, 국가관료제national bureaucracy 등과 관련된 주제를 모두 포괄한다.

이 책의 각 장은 미국, 일본, 중국, 영국, 프랑스, 독일, 캐나다의 행정현상을 소개하는 내용으로 구성되어 있으며, 다수 학자가 나라별로 나누어서 해당 내용을 집필하였다. 각 장의 저자는 위에서 언급한 정부관료제의 주요 측면들을 중심으로 개별국가의 행정현상에 접근하였으며, 전체적인 틀을 크게 벗어나지 않는 범위 내에서 나름의 설명방식을 취하였다.

이들 소수 국가를 비교대상으로 선정한 데는 크게 두 가지 이유가 있다. 하나는 한국의 현실에 비추어 볼 때 강대국으로 지칭되는 이들 국가의 행정을 이해하는 것이 중요하다고 여겼기 때문이고, 다른 하나는 이들 국가에 대한 자료나 문헌이 다른 국가들에 비해 상대적으로 많았기 때문이다.

이 책의 내용은 기존의 관련문헌과 연구들에 기초한 것이며, 각국의 행정현상을 주제별로 대비하여 서술하지 않는다는 한계를 안고 있다. 그럼에도 불구하고 그간 국내에서 비교행정 연구가 드물게 이루어졌다는 점에 비추어 볼 때, 각국 정부관료제에 관한 근래의 자료와 연구결과들을 종합하여 제시한다는 점에서 의미를 찾을 수 있을 것이다.

Ⅱ. 이 책의 주요 주제

1. 정부관료제의 거시적 외부환경

정부관료제의 거시적 외부환경이란 정부관료제 밖의 현상으로서 정부관료제에 대해 영향을 미치는 모든 요인을 말한다. 정부관료제는 외부환경과 끊임없는 상호작용 속에서 존재하므로, 정부관료제에 관한 논의에는 외부환경에 관한 기본적 설명을 빠뜨릴 수 없다. 정부관료제의 거시적 환경으로는 정치적·법적 환경, 경제적 환경, 사회적 환경, 문화적 환경, 국제환경 등이 있지만, 이 책은 완전한 의미의 생태적 접근방법을 취하지 않으므로 환경의 테두리를 정부관료제와 특히 유의미하게 연관된 것으로 한정시켜 규명한다. 따라서 정부관료제를 중심으로 외곽 궤도를 구성하고 있는 경제적 환경, 사회적 환경, 문화적 환경보다는, 가장 안쪽 궤도를 점하고 있는 정치적 환경을 위주로 환경적 특성을 개략적으로 소개한다. 정치적 환경에는 정치체제의 구조와 과정, 헌법 등 법적 규범체제, 정치세력들의 존재 및 그들 간의 상호작용 패턴 등이 주로 포함된다. 정치적 환경은 여타 환경으로부터 초래되는 문제들을 정부관료제에 대한 구체적인 요구로 전환시키는 매체로서 작용하며, 정부관료제의 기능과 역할에 정당성을 부여하는 동시에 한계를 설정하는 까닭에, 정부관료제를 중심으로 하는 한 비교행정 연구에는 이에 대한 검토가 필수적으로 요구된다. 거시적 외부환경에 관한 검토는 정부관료제가 위치한 역사적·국가적 상황의 특징에 대한 통찰을 제공할 수 있다(Lodge, 2007: 289).

2. 정부관료제의 내부적 특성

(1) 정부관료제의 공식적 구조

행정부의 구조에 대한 정태적 기술에 치우친 종래의 전통적 비교행정 연구에는 문제가 있었다. 행정부 및 정부관료제의 공식적 구조는 실제 행정과 일치하지 않는 경우가 많기 때문이다. 그럼에도 불구하고 공식적 구조는 행정현실에 적지 않은 영향을 미치므로 비교행정의 주요 연구대상이 되어야 한다. 정부관료제는 분야별·계층별 단위조직인 행정기관들로 구성된 관계로, 이들 행정기관 간 기능분담과 법적 권한, 중앙기관과 지방자치단체 또는 일선기관 간 관계 등이 그간 비교행정 연구의 주요 대상이 되어 왔다. 초기의 비교연구에서는 집권화와 분권화의 수준과 같은 법적·행정적 측면에 학자들의 관심이 모아졌으나, 근래에는 행정기관들 간의 정치관계organizational politics 내지 권력관계에 관한 연구가 늘고 있다.

정부관료제의 구조는 독립변수로서 관료적 행태, 행정의 효과성, 행정부

내 의사소통의 흐름 등에 영향을 미치며(Pfeffer, 1978), 정책과정을 상당부분 구조화시키는 기능을 지닌다. 정부관료제의 구조는 그 자체가 조직 밖의 권력관계에 의해 좌우되는 종속변수이기도 하다(Moe, 1989). 조직 밖의 권력관계란 입법부와 행정부 간 관계 또는 이들과 조직화된 이익집단들 간 관계 등을 말하며, 정부관료제의 조직구조는 주어진 시점에서의 이들 정치세력 간 권력관계에 영향 받는 경우가 많다(Pierre, 1995: 11-2; 박천오, 2010: 330-352). 이 밖에도 정부관료제의 구조는 행정부의 정책 및 프로그램의 우선순위나 행정부 내부의 정책조정 방식을 설명할 수 있는 변수이기도 하다.

(2) 인사체제

인사체제는 정부관료제가 필요로 하는 인적 자원을 충원하고 관리하는 체제이다. 국가에 따라 정부관료제의 인력규모는 어느 정도이고 행정수요의 변화에 따라 어떻게 조정되고 있는지, 공직은 어떻게 분류되어 있는지, 공무원은 어떤 기준과 방식에 의해 선발되고 승진되며 자질은 어떤지? 중앙인사기관은 어떤 기능과 역할을 수행하는지, 공무원의 보수, 연금은 어떻게 결정되는지 등은 정부관료제의 비교연구에서 다루어져야 할 사항들이다.

인사체제의 규정과 실태에 관한 이러한 연구는 인력관리 측면 외에도, 정책 및 행정과 관련하여 많은 것을 시사할 수 있다. 예컨대 충원방식에 따라 관료들의 배경과 특성이 달라지고, 이로 인해 관료들의 대표성, 전문분야의 문제해결능력, 외부통제에 대한 반응, 공공정책에 대한 태도 등에서 차이가 날 수 있는 것이다. 어떤 의미에서는 정부관료제의 충원방식이 정부관료제의 전체적 성격을 좌우한다고도 할 수 있다. 이 밖에도 정부관료제의 충원방식이나 관료들의 배경에 관한 연구는 특정 사회집단의 국가권력 지배나 정부관료제의 변화가능성 등을 파악할 수 있게 한다. 프랑스나 일본의 경우처럼 고위관료들은 사회와 정부 내에서 권력엘리트power elites를 구성하는 경우도 적지 않기 때문이다(Peters, 1992: 91-2). 이 밖에도 관료들의 보수 등에 관한 정보는 사회 내에서의 관료들의 위상과 위치를 점치게 한다.

(3) 관료의 행태

정부관료제의 실체는 관료들이므로, 그들의 행태에 관한 연구는 정부관료제를 중심으로 한 비교행정 연구의 핵심이 될 수 있다. Peters(1992)에 의하면 관료의 행태는 세 가지 측면으로 나누어 연구될 수 있다. 정치인들에 대한 행태, 고객 및 일반국민에 대한 행태, 조직관리와 관련된 행태가 그것이다. Mohr (1973)의 관료행태 분류방식도 이와 유사하다. Mohr는 관료의 행태를 반사적 reflexive인 것과 목적적purposive인 것으로 대별하며, Peters의 분류 가운데 조직관리와 관련된 행태는 범주에서 제외시킨다. 반사적 행태는 정부관료제 내부에서 정무직 공직자들political executives에 대한 관료의 행태이고, 목적적 행태는 업무 및 고객에 대한 관료의 행태이다. Mohr의 반사적 행태에 관한 연구는 정부관료제 내의 정치적·관리적 권력관계political and managerial power 즉 직업관료와 정무직 관리자의 양자 중 어느 쪽이 실권을 잡고 있는지를 파악할 수 있게 한다. 반사적 행태의 이러한 측면은 관료들의 정책과정상의 영향력과 관련된 것이다.

Mohr의 목적적 행태는 두 가지를 포함한다. 하나는 광범위한 정책과정의 맥락 속에 포함된 관료들의 의사결정 행태이고, 다른 하나는 관료들과 고객들 간 관계이다. 전술한 반사적 행태가 주로 상위층 관료들의 행태나 그들의 정책결정상의 역할과 연관된 것인 데 반해, 목적적 행태는 하위계층 관료들의 행태나 정책집행에 관한 것이라고 할 수 있다. 상위층 관료들의 역할은 상당부분 각국의 정치사회적인 관행 및 그들과 정치인들 간 역학관계에 의해 좌우되나, 하위계층 관료들에게 주어진 역할은 나라마다 거의 비슷하다. 따라서 하위계층 관료들의 행태에 관한 비교연구는 문화적·사회적 변수들의 관료행태에 대한 영향력을 보다 용이하게 포착할 수 있게 한다(Peters, 1992: 97). 정부관료제와 국민들 간 협력과 신뢰 관계는 나라에 따라 차이가 날 수 있으며, 정부관료제의 정책집행기능은 이에 의해 영향받는다(Freid, 1990).

한편 Peters(1992)가 제시한 조직관리와 관련된 행태에는 동기, 인식, 가치, 직무만족, 태도, 신념, 개인적 욕구 등 미시적 수준의 관료태도와 행태가 해당된다. 관료의 행태연구에는 이 밖에도 행정문화에 대한 연구가 포함될 수 있다. 행정문화란 관료들의 공동된 경험으로부터 도출된 추상abstracts으로서, 그들의 행동과 사고의 표준이 되는 것을 말한다. 행정문화는 관료들의 행위에 내포된 규칙성의 잠재적 배경을 이루며, 관료들의 행태를 여러 측면에서 여과시키는 까닭에 이에 관한 연구가 필요하다(Thompson, 1967: 102). 행정문화에 관한 비교연구는 각 나라 행정의 특이성을 밝히는 데 이바지할 수 있다.

(4) 관리와 예산

각국은 행정목표 달성을 위해 다양한 전략과 관리방식을 동원하여 관료들을 교육하고 사회화시키며, 그들에게 동기를 부여하고 상호 간 갈등을 해소하고자 한다. 각국 행정체제의 이러한 관리적 측면은 그간 비교연구의 주요 관심사 가운데 하나였다. 또한 재정적 위기와 압박에 처한 각국의 정부관료제가 어떤 예산원칙과 절차를 따르며, 어떤 예산혁신budget innovations을 추진하는지, 각 행정기관 및 정책영역에 얼마나 예산이 할당되고 있는지 등에 관한 사안들도 행정의 주요 측면이다.

3. 정부관료제의 정책과정상 역할과 영향력

행정국가의 등장 이래 학자들은 어떤 세력이 정책과정을 주도해야 마땅한지, 실제로는 어떤 세력이 정책과정상 주도권을 행사하는지의 사안에 많은 관심을 가졌다. 헌법상의 규정에도 불구하고 항구적 조직과 전문성을 갖춘 행정기관과 관료들이 국가권력을 상당부분 행사하는 것이 오늘의 현실이다. 비교행정 연구에서 정부관료제의 권력문제가 주요 주제로 자리잡은 것은 이 때문이다.

정부관료제의 권력에 관한 연구는 그 동안 크게 세 차원에서 이루어져 왔고(박천오, 2018: 14-15), 정부관료제의 정책과정상의 역할이나 영향력에 관한 비교 연구는 이들 세 차원에서 이루어질 수 있다.

첫째, 전체로서의 정부관료제bureaucracy as a whole이다. 정부관료제를 행정부의 다양한 행정기관 모두를 포괄하는 집합체로 보는 연구들은, 이러한 정부관료제와 거시적인 정치적 환경 및 그 구성요소들 간 상호관계에 관한 정책구조상의 특징을 주된 관심대상으로 삼는다.

둘째, 행정기관으로서의 정부관료제이다. 상당수 연구와 이론은 행정기관들 전체를 포괄하는 광의의 정부관료제는 단일동일체적인an unified entity 존재라기보다 개별 행정기관들의 느슨한 집합체a conglomerate라는 전제에서, 개별 행정기관 자체를 정부관료제로 인정한다. 이들 연구는 개별 행정기관들이 각기 나름의 시각과 이해관계를 토대로 상호 협력 혹은 경합하는 동시에, 여타 외부 주체들과 독자적으로 상호 작용한다는 측면에 주목한다. 정치와 정부관료제 간 상호작용political-bureaucratic interaction을 설명하는 이론들(철의 삼각구도이론, 하위체제이론, 포로이론 등)은 대부분이 개별 행정기관 각각을 정부관료제로 간주한다.

셋째, 사회집단a social group으로서의 정부관료제이다. 일부 연구들은 정부관료제를 다양한 행정기관에 소속된 직업관료들의 집합체와 동일시한다. 현실에 있어 소속기관을 각기 달리하는 직업관료들이 하나의 통일된 세력으로 활동하는 정책과정상의 한 주체로 보기는 어렵다. 그럼에도 불구하고 관료들은 기술적 합리성에 대한 우월감, 정치인들에 대한 부정적인 태도 등 나름의 공통의식과 행동 패턴을 지니고 있고, 이것이 정책과정과 정책내용에 상당한 영향을 미치므로 분석단위로서 의미가 있다는 것이다. 이들 연구는 주로 정책결정과 관련된 관리층 관료들의 의식과 행태에 연구 초점을 맞추지만, 하위층 내지 일선관료들의 행태에 관한 것도 드물지 않다. 후자는 국가와 시민들 간 접점에 위치한 일선관료들도 정책의 내용과 결과에 무시할 수 없는 영향을 미친다는 인식에 기초한 연구들이다.

(1) 전체로서의 정부관료제

정부관료제는 정책과정상 수동적이고도 나약한 행위자에 불과한가? 그렇지 않으면 무시할 수 없는 영향력을 행사하는 행위주체인가? 아니면 더 나아가 지배적인 행위주체인가? 정부관료제의 영향력 차이에서 비롯될 수 있는 정치·행정적 결과는 무엇인가? 이는 모두 현대 행정학이 밝히고자 노력하여야 할 가장 중요한 의문들이다. 정부관료제의 역할과 권력규모는 크게 정부관료제와 외부세력 간 관계, 그리고 정부관료제 내부의 정무직 공직자와 직업관료 간의 관계로 나누어 살펴볼 수 있다.

정부관료제와 외부세력 간 권력관계에 대해 학자들은 상이한 두 가지 접근을 보인다. 그 하나는 사회중심적 접근society-centered approach이다. 이는 정책과 행정이 국내 사회세력들social forces 간 정치적 투쟁과 협상의 결과에 의해 좌우된다고 보는 관점이다. 마르크시즘이나 다원주의이론이 이에 해당된다. 이러한 시각의 기본적 전제는 사회의 지배적인 세력들이 국가기구를 조정하고 있으므로 국가의 정책과 행정은 결국 사회세력들 간 세력다툼의 결과에 따라 결정된다는 것이다. 사회중심적 접근에 의하면 정부관료제의 정책과정상 영향력은 상대적으로 제한적이다. 이는 상당 수의 북미 학자들이 호응하는 접근이기도 하다. 다른 하나는 국가중심적 접근방법state-centered approach이다. 이는 국가를 하나의 독립적인 행위자로 취급하여 정책과정에 있어서 국가의 독자적인 역할에 분석의 초점을 둔다. 여기서 국가는 정책결정 주체로서의 정치인들이나 관료들이 될 수도 있고, 조직구조 또는 법률·제도의 집합체가 될 수도 있다. 이러한 접근에 의하면 정부관료제의 정책과정상 영향력은 상대적으로 강화된다(김정수, 1993).

서구에서는 사회중심적 접근에 입각하여 정부관료제와 대통령, 의회, 정당, 사회계급들, 이익집단들, 언론매체, 일반대중 등과의 정책과정상 상호작용을 다룬 연구들이 많다. 서구사회는 관료들이 정책수요를 규명하고 그에 대한 구체적 대응전략을 마련하는 등 정책과정상 상당한 영향력을 행사하지만, 정책과정상의 권력이 여타의 여러 정치·사회적 세력 간에도 분점된 다원주의 사회이기 때문이다. 이에 비해 개발도상국들에서는 정부관료제가 중앙집권적으로 산업화 정책을 입안·추진함으로써 사회부문이 상대적으로 위축된 까닭에 국가중심적인 연구가 많다(O'Donnell, 1973).

(2) 행정기관으로서의 정부관료제

서구 국가들에서 개별 행정기관의 정책과정상 역할과 영향력은 주로 이익집단들과의 상호관계 속에서 연구되어 왔다. 특정 국가에 있어서 양자 간의 권력관계 유형은 양자의 어느 한쪽에 의한 일방적 지배를 양극으로 하는 연속선상의 어느 한 점에 위치하게 될 것이다. 이에 따라 양자 간 관계는 통상 행정기관이 이익집단에 의해 수동적으로 이끌리는 모형, 행정기관과 이익집단이 상호 영향력을 공유하는 모형, 행정기관이 독자적으로 행동하거나 주도권을 가지는 모형의 세 범주로 분류될 수 있다(박천오, 2010: 353-376).

첫 번째 범주에 속하는 대표적 모형은 순수다원주의pure pluralism 모형이다. 이런 모형에 의하면 정책은 다수 이익집단들 간 갈등과 타협의 결과이며, 행정기관은 이익집단들 간에 협상이 이루어지는 중립적인 장a neutral field이 될 뿐 그 자신이 정책을 좌우하는 독립적 변수가 되지 못한다. 이러한 모형은 독일 등에서 타당성을 지닌다. 관료적 포획bureaucratic capture모형 역시 이 범주에 속하는 것으로서, 행정기관이 자신이 통제 또는 규제해야 할 이익집단들에 의해 도리어 지배되는 현상을 나타낸다. 관료적 포획 모형은 규제행정기관과 피규제집단 간 관계를 주된 설명대상으로 삼으며, 경제적 규제영역에 비해 사회적 규제영역에 대한 설명력이 상대적으로 떨어진다는 평가를 받고 있다(Stigler, 1979; Furlong, 1998: 44).

두 번째 범주의 모형으로는 하위정부subgovernment 또는 하위체제subsystem모형, 철의 삼각구도iron triangle모형, 이슈망issue network모형 등이 있다. 하위정부모형은 특정 정책영역에서 소관 행정기관과 소수의 이익집단이 상호 밀착된 협력관계를 형성하여 외부세력outsiders의 영향력을 차단하고 해당 분야의 정책과정을 실질적으로 지배하는 현상을 나타낸다. 하위정부들은 각기 나름의 독립성을 향유하며, 자원의 배정이나 영역상의 문제를 제외하고는 상호 개입하지 않고 정책영역을 분할한다. 하위정부모형은 한정된 범위의 참여주체들, 참여주체들 간 협상의 용이성 및 제한된 갈등, 안정되고도 지속적인 연정coalition, 의사결정의 비가시성, 경계선이 분명한 관할영역, 정책과정의 제한된 개방성 등을 기본적 특징으로 한다(Jordan & Maloney, 1997: 558-564). 철의 삼각구도는 하위정부모형의 또 다른 명칭으로서 미국 등에서 그 모습을 찾을 수 있다. 이런 모형은 각 정책영역마다 행정기관 · 이익집단 · 의회 상임위원회의 삼자가 긴밀한 유대관계를 구축하여 다른 세력들의 개입을 저지하면서 당해 영역의 정책과정을 장악하는 현상을 나타낸다(Page, 1985: 94-95; Milward, 1982).

이슈망은 특정 이슈를 중심으로 다양한 이해관계자들이 참여하여 구성하는 경계가 불분명한 망으로서, 여기서는 하위정부 구성주체들 외에도 다양한 개인과 집단이 개입하는 관계로 정책변동이 상대적으로 용이하다(Page, 1985: 95-97). 이슈망 모형은 참여주체 범위의 유동성, 참여주체들 간 문제의 성격에 대한 합의 결여, 공개적 갈등, 복잡한 협상과정, 정책과정의 개방성 등으로 특징지어진다. 이슈망 모형은 하위정부 등 특정 정책분야의 소수 참여주체들 간에 존재하던 기존의 안정된 관계가 내부 균열과 외부세력의 잦은 진입으로 말미암아 결속력이 떨어지면서 유동적이고도 불안정한 관계로 변질되는 현상을 포착한 것이다.

한편 정부관료제가 스스로의 선호에 따라 자율적으로 행동하거나 주도적인 입장에서 이익집단을 통제하는 모형으로는, 관료정치bureaucratic politics모형과 국가조합주의state corporatism 모형이 있다. 관료정치모형은 정책과정의 핵심 주체를 고위 직업관료들과 정무직 관리자들political appointees로 간주하며, 행정부의 상층부에 포진한 이들 공식적 주체들 상호 간 혹은 복수의 행정기관 간 갈등과 협상의 결과에 따라 정책결정과 집행이 좌우된다고 본다. 이런 모형에 있어서 이익집단의 행정기관에 대한 영향력은 부차적인 것에 불과하다. 국가조합주의 모형은 행정기관이 소수의 정상 이익집단들에 한해 자신에게 조언이나 정보를 유입시킬 수 있는 기회를 부여하는 대신 이들 이익집단의 활동을 규제하는 상황을 나타낸다(Schmitter & Lehmbruch, 1979).

(3) 사회집단으로서의 정부관료제

과거부터 행정학자들의 보다 큰 관심사는 정부관료제와 외부세력들 간 관계가 아니라, 직업관료들과 장·차관 등 정무직 관리자들 간 역학관계였다. 이들 간의 관계야말로 정책과정이나 예산과정에 있어서 관료들이 발휘할 수 있는 재량의 크기를 실제로 결정짓는다는 인식 때문이었다(Pierre, 1995: 10). 이와 관련하여 Aberbach 등(1981)은 두 집단 간 관계를 서로 확연히 구분되는 모형에서부터 두 집단이 거의 한 묶음이 되는 모형에 이르기까지 네 가지 기본모형을 제시하였다. 또한 Peters(1987)는 현실의 추상으로서 두 집단 간 상호작용에 관한 다음과 같은 다섯 가지 이념형 모형ideal type을 내놓았다.

① **공식적 모형**formal model: 이는 공식적·합법적 모형formal-legal model이라고도 한다. 이런 모형에서는 정무직 관리자들이 정책결정을 주도하고 직업관료는 거의 영향력을 행사하지 못한다. Wilson(1887)이 강조하였던 직업관료의 역할이나, Putnam(1973)이 말한 전통적 관료classical bureaucrats의 개념과 매우 유사하다. 일반국민이나 대중매체는 흔히 관료가 부당하게 정책결정권을 행사하고 있다거나 관료에 대한 민주적 통제가 상실되고 있다는 식의 비판을 가하는 것은 공식적 모형에 입각한 관료들의 역할을 당연시하기 때문이라고 할 수 있다.

② **촌락모형**village life model: 이 모형에서는 고위직업관료들과 정무직 관리자들이 상호 유사한 가치관을 지니고 있으며, 다 같이 국가 또는 행정부의 원만한 기능을 가장 중요한 목표로 여긴다. 양측은 자신들의 공동영역에 대한 외부세력의 개입을 저지하기 위해 서로 협력한다. 이 모형은 엘리트이론과 일치한다. 현대의 자본주의사회는 단일 계급에 의해 지배되며, 이 계급은 대중의 의견이나 민주주의 원리를 따르기보다 스스로 이익을 유지하려 한다는 마르크스주의자들의 주장과도 유사하다.

③ **기능적 모형**functional model: 이 모형은 기능적 촌락모형functional village life model

이라고도 부른다. 촌락모형의 하위유형이라고도 할 수 있으나, 양자 간에 중요한 차이점이 있다. 촌락모형에서는 직업관료들과 정치적 관리자들의 통합이 정부의 상층부를 통해 이루어지는 것으로 가정하는 데 비해, 여기서는 엘리트들 간 통합이 기능별로along functional lines 이루어진다고 본다. 예들 들면 보건 등의 기능적 영역 내에 양 집단이 밀접한 유대관계가 형성되며, 이들은 다시 그러한 영역 내의 다른 세력들(국회의 소관상임위원회, 관련 이익집단 등)과 연결된다는 것이다. 이 모델은 유럽 국가들에 있어서의 조합주의corporatism 내지 신조합주의neocorporatism 와 내용 면에서 유사하며, 미국 정치현상의 특징 가운데 하나로서 간주되는 철의 삼각구도iron triangle, 하위정부sub-government, 이슈네트워크issue networks 등에 관한 설명과도 비슷하다(Hill, 1991).

촌락모형에 있어서의 고위직업관료들과 정무직 관리자들 간 통합이 단지 정부 내의 지위를 토대로 형성된 수평적인 것인데 비해, 기능적 모형에서의 통합은 수직적 통합의 정향을 지니며 사회전체 혹은 사회의 특정 부문과 보다 광범위한 접촉이 이루어진다. 동일한 정책영역에 속한 정무직 관리자와 직업관료 양측은 다른 정책영역의 정치적·관료적 엘리트들에 대항하여 동맹관계를 형성한다. 따라서 행정기관이나 정책에 대한 예산과 인력의 우선순위를 놓고 정책영역을 달리하는 동맹세력들 간에 갈등이 야기되기 쉽다.

④ **적대적 모형**adversarial model: 이는 촌락모형과는 정반대의 모형으로서, 정무직 관리자들과 고위직업관료들이 정책에 관한 권력과 통제를 놓고 상호 경쟁하는 경우이다. 정무직 관리자들이 직업관료들을 장악하고자 하지만, 직업관료들은 정책과 행정을 제대로 이해하지 못하는 이들 이방인들에 대해 정면으로 대응하거나 아니면 은밀히 자신들의 방식대로 업무를 처리하게 된다. 양측 간의 갈등은 구체적으로 다음 몇 가지 양상을 띨 수 있다.

첫째, 수동적·비의도적 갈등이다. 이는 관료들이 정무직 관리자들의 정책안 자체에 반대하지는 않으나 타성과 관행에 젖어 변화에 적응하지 못하고, 정책을 실행 불가능한 것으로 간주해 버리는 경우이다. 둘째, 보다 적극적이고 의도적인 것으로서, 정책의 구체적 내용을 둘러싸고 갈등을 일으키는 경우이다. 이러한 갈등은 양측이 정책을 어떻게 설계하고 집행해야 하느냐에 관한 이념적 정향이 다르기 때문에 발생하는 경우가 많다. 갈등 기간이 길어질수록 조직에 보다 오래 남는 직업관료들에게 유리하다. 셋째, 파당적인 갈등이 있다. 이는 한 정권이 장기집권을 하고 난 후유증으로 나타나는 경우가 많다. 새로 집권한 정권은 고위직업관료들이 이전 정권의 정책에 동조하는 인물들로 채워져 있는 현실에 부딪칠 수 있다. 예들 들면 스웨덴의 경우 30년간의 사회민주당Social Democratic government 집권 후에 들어선 부르주아연정bourgeois coalition은 이러한 문제를 겪었을 가능성이 크다. 넷째, 새로 집권한 정권이 관료들의 이익(보수, 연금 등)을 공격하는 입장을 취하는 경우에도 양측 간에 파당적인 성격의 갈등이 발생될 수 있다. 대표적인 예로서는 작은 정부를 지향했던 미국의 Reagan 행정부와 영국의 Thatcher 행정부의 사례를 들 수 있다.

⑤ **행정국가모형**administrative state model: 이는 정부의 주요결정이 정부관료제에 의해 지배당하는 모형이다. 정무직 관리자들이 공식적으로는 정부관료제의 최상층부에 위치해 있으면서도 능력 부족 등의 이유에서 실제로는 정책에 관한 주요결정을 직업관료들에게 넘기는 경우이다. 관료들은 정부의 절차장치procedure machinery를 통제・조작함으로써 의사결정을 구조화하거나 지연 또는 가속화시킬 수 있는 능력까지 보유하고 있는 상황이다.

이 모형은 외관상 적대적 모형과 비슷한 성격으로 보이지만 양자 간 중대한 차이가 있다. 적대적 모형에서는 정무직 관리자들이 정책방향의 주된 결정자이고 직업관료들이 그에 도전하는 형식으로서 갈등이 이루어지며 양측이 각기 동원할 수 있는 정치자원의 차이에 따라서 어느 한 편이 승리하게 되지만, 행정국가모형에서는 관료들이 언제나 우위에 있으며 정무직 관리자들은 관료들의 결정에 형식적으로 참여하게 된다.

이상에서 살펴본 정무직 관리자와 직업관료 간 상호작용에 관한 Peters의 모형은 이념형에 가깝다. 현실의 어느 국가에서도 이 가운데 어느 한 모형과 정확하게 일치하는 상황을 찾기 어려우며, 한 나라 내에서도 각 모형의 설명력은 그때그때의 상황이나 이슈에 따라 달라질 수 있기 때문이다. 그럼에도 불구하고 이들 모형은 현실 세계의 복잡성을 단순화시키는 유용성을 지닌다. 정무직 관리자와 직업관료 양측의 관계는 정치적 민주주의는 물론 현대 정치체제의 관리와 관련하여 커다란 중요성을 내포한다. 양 집단 간 관계는 대중의 선택popular choice과 안정성stability간 선택인 동시에 민주주의와 기술주의technocracy간 선택과 관련되기 때문이다.

4. 정부관료제에 대한 통제

정부관료제의 정책과정상 활동과 영향력은 날로 다양해지고 증대되고 있고, 이런 현상은 현대 사회의 복잡한 정책문제 해결을 위해 어느 정도 불가피하다. 그러나 정부관료제는 공익보다 스스로의 이익을 우선시 하는 경우가 많다. 정부관료제가 권력을 남용한다는 비난을 받는 것은 대부분 이 때문이며, 정부관료제의 권력 강화 경향에 대한 불안과 우려도 근본적으로 여기에서 비롯된다.

문제는 정부관료제의 특권집단화에 대한 우려가 점점 커지고 있는 반면, 정부관료제에 대한 제어와 통제가 현실적으로 어렵다는 데 있다. 이와 관련하여 학자들은 관료들의 정책결정과 집행이 사회의 필요와 선호에 일치되게 하는 방안을 모색해 왔다.

정부관료제가 국민의 봉사기관으로 남게 하거나 공공의 요구와 바람에 대응토록 하는 방안에 대해 학자들은 기본적으로 두 가지 접근을 해왔다. 하나는 관료들의 내적 제동inner check을 강조하는 것으로서, 주관적 책임감 내지 윤리관의 확립,[12] 직업의식에 충실한 전문인들professional의 유입,[13] 사회의 부문별 인력을 고루 흡수하게끔 정부관료제를 구성함으로써 관료들이 일반국민과 유사한 태도와 행태를 지니도록 하는 대표관료제의 도입[14] 등의 방안을 논의해 왔다.

다른 하나는 정부관료제에 대한 외부적 통제장치를 강화하는 것으로서,[15] 입법부, 행정수반, 사법부, 국민(고발, 주민참여, 선거, 여론 등), 옴부즈만, 이익집단, 언론 등에 의한 통제를 검토해 왔다. 최근에는 규제완화 등을 통해 정부관료제의 역할을 부분적으로 자본주의적 시장체제로 이전시키는 이른바 기능축소적인 통제방식이 강조되고 있다. 외부적 통제에 대해서는 정부관료제의 기능과 활동을 위축시키는 부작용을 초래할 수 있다는 우려가 제기되고 있다 (Yates, 1982: 149, 153).

Waldo(1986)는 정부관료제와 민주주의의 관계를 다음과 같이 정리하였다.

---

12) 이 점에 관해서는 Appleby(1965), Bailey(1966), Denhardt(1988) 참조.
13) Friedrich(1972), Kearney & Sinha(1988) 등이 이를 강조한다.
14) 이에 관한 보다 상세한 설명은 Kingsley(1944) 참조.
15) 이를 주장하는 학자로서는 Finer(1972), Lowi(1969) 등이 있다.

첫째, 정부관료제는 현실이며 정부관료제의 권력행사에 대한 마땅한 대안이 없다. 둘째, 모두가 추상적 차원에서 정부관료제를 비난하고 때로는 특정 행정기관을 지목하여 비판을 가하지만, 다른 한편으로는 정부관료제가 더 많은 문제를 풀어주기를 기대하며 자신들에게 도움이 되는 행정기관의 축소를 반대하는 정치세력들이 적지 않다. 셋째, 민주주의 원칙에 비추어 볼 때 위의 두 가지 현상은 정당화될 수 없다.

Waldo는 이를 전제로 평등과 자유를 지향하는 민주주의가 바람직한 것이라면 정부관료제는 현실적으로 불가피한 것이어서, 현대국가는 민주주의와 정부관료제 간 최적의 배합을 모색해야 할 과제를 안고 있다는 주장을 펼쳤다. 말하자면 정부관료제의 책임성을 강화하는 동시에 정부관료제의 효과적인 활동을 보장해 주도록 하는 것이 현대 국가의 과제라는 얘기이다.

이렇게 볼 때 나라에 따라 정부관료제가 어떤 방식으로 통제되며 얼마나 실효를 거두고 있는지를 살펴보는 것은 비교행정 연구의 주요 과제라고 할 수 있다. 비교행정 연구는 다음과 같은 측면에 특히 주목할 필요가 있다. 정부관료제의 내부 결정과정은 대내외적으로 얼마나 개방적인가? 정부관료제의 내부구조가 다원적이고도 경쟁적으로 구성되어 있는가? 선출직 공직자, 정무직 관리자, 시민에 대해 관료들은 어떤 방식으로 책임을 지는가? 시민이나 이익집단들이 정부관료제의 결정과정에 참여하거나 정부관료제를 견제할 수 있는 방안으로 어떤 것들이 있는가? 행정부처 간 권력역학 관계는 어떤 양상을 띠고 있는가? 정책이나 프로그램들은 어떤 식으로 부처 내부와 부처들 간 조정을 거치는가? 대통령, 의회, 법원 등은 정부관료제를 어떤 방법으로 통제하는가?

5. 행정개혁

20세기 중반까지 팽창을 거듭해 온 정부의 기능과 규모는 근래 들어 심각하게 재평가받고 있다. 1970년대 중반 서구 선진국에서 촉발된 정부혁신 운동이 1990년대 이후 범세계적으로 확산된 현상이 바로 그것이다. 선진국에서 정부혁신이 뜨거운 이슈로 등장하게 된 데는, 과도한 복지사업들로 인한 재정적자의 누적이 큰 원인으로 작용하였으나, 다른 한편으로는 정부의 비대화, 과도한 정부개입과 규제, 조세부담의 증가 등에 대해 시민들이 강한 거부감을 보였던 것도 주요 원인이 되었다. 또한 민간부문의 급성장으로 정부의 상대적 비효율성과 비효과성이 부각된 것 역시 주요 변수였다(최병선, 2000: 237).

오늘날 각국에서 전개되고 있는 정부혁신 운동은 정부역할의 축소와 역할 수행 방식의 변화를 추구하는 것으로서, 단순한 행정개혁의 범위를 넘어 종래의 전통적인 행정패러다임을 대체하는 새로운 행정패러다임을 형성시키는 원동력으로 작용하고 있다. 정부관료제는 이러한 정부혁신 운동의 핵심대상이 되고 있다.

정부혁신 운동은 한쪽으로는 공공부문의 시장화를 통해 정부관료제의 기능을 축소시키면서 정부관료제와 외부 행위자들 간 관계를 재정립하고, 다른 한쪽으로는 정부역할로 남아있는 영역에 있어서 전통적인 관료제적 관리방식에 의한 기능수행을 탈피함으로써 정부관료제 내부의 비효율성을 제거하는데 그 초점을 둔다.

정부혁신 운동을 뒷받침하고 있는 관리주의managerialism, 신공공관리new public management, 시장에 기초한 공행정market-based public administration, 기업가적 정부entrepreneurial government 등 다양한 명칭의 이론모델들은 공히 정부관료제의 역할과 기능을 축소시키거나 고전적인 관료적 관리방식의 타당성을 의문시하는 논리를 제공한다. 특히 경제학자들이 제시하는 공공선택이론, 주인-대리인이론 등은 정부관료제에 의한 공공서비스 제공을 감축하고 정부관료제의 관리를 재구조화하는 작업에 지적 토대가 되고 있다(Hughes, 1994: 15).

정부관료제가 정부개혁운동의 핵심대상임은, Peters(1996)가 그간 각국이 도입하였거나 학자들이 주창해온 다양한 행정개혁 대안들을 종합하여 유형화한 정부모형을 보면, 보다 분명해진다. 그가 제시한 시장 정부모형Market model, 참여 정부모형the participatory model, 신축 정부모형flexible government, 탈규제 정부모형deregulated government 등 네 가지 정부모형은 모두 정부관료제의 기능과 전통적인 관료제적 관리방식을 변화시키는 특성을 내포한다.

시장 정부모형은 민간부문의 관리방식이 정부부문의 방식보다 우월하다는 가정하에, 전통적인 정부관료제를 시장기반 메커니즘으로 대체하고자 한다. 여기서는 관리는 어디까지나 관리인 까닭에 사람들을 조직화하고 동기부여 하는 방법과 도구는 공공부문과 사부문에 공통적으로 적용될 수 있고, 따라서 사부문에서의 관리 처방management recommendation을 공공부문에도 그대로 적용할 수 있게 된다.

참여 정부모형은 계층적 모형하에서 배제되었던 집단들을 조직의 의사결정과정 등에 관여involve시킬 것을 주장한다. 즉 정부서비스 생산과 밀접한 관련이 있는 공무원과 고객들이 정부프로그램에 대한 높은 식견과 정보를 가지고 있다는 가정하에, 이들에 대한 권한 위임과 이들의 의사결정 참여확대를 강조한다.

신축 정부모형은 관료들과 행정기관의 영속성에서 빚어지는 다양한 역기능을 시정하고 정부의 환경대응 역량을 강화하기 위해, 임시 조직, 계약직·임시직 공무원 등을 보다 적극적으로 활용하고자 한다. 공공부문에서 구성원들이 점차 임시직으로 바뀌는 경향이 나타나고 있는 것은 정부고용의 전통에서 벗어난 것으로서 적지 않은 관리적·정책적 함의를 내포한다.

탈규제 정부모형은 정부관료제의 활동에 대한 제약과 장애요인을 제거하고 공무원들이 기업가처럼 자유롭게 활동하도록 유도하고자 한다.

Peters는 각국이 행정개혁 과정에서 각기 다른 정부모형에서 도출된 상호 모순된 성격의 개혁방안을 동시에 적용함으로써 일관성을 결하는 경우가 많다고 보고 있다. 또한 새로운 모형들이 전통적 정부모형에서 비롯되는 문제점들을 해결하는 데 일정한 효과를 거둘 수 있겠지만, 전통적 정부모형을 탈피하는 결과로서 그 동안 전통적 정부모형에 의해 제어되고 있던 많은 문제들이 재현될 우려가 있음을 지적한다.

한편, 1980년대 이래 그 동안 정부가 독점적으로 담당해 왔던 정책결정과 정책집행의 기능을 다른 주체들이 함께 담당하는 현상이 광범위하게 확산되고 있는데, 이러한 현상의 소망성을 뒷받침하기 위해 등장한 것이 신국정관리 이론New Governance Theory이다.

신국정관리 이론은 정책과 행정의 질적 향상을 위해서는 정부와 사회의 다양한 참여자들이 상호 네트워크 구조를 구축하여 사회문제 해결과 서비스 제공의 과업과 책임을 분담하는 것이 바람직하다는 점을 특히 강조한다. 이는 정부가 사회와 시장의 동태성을 활용하면서도 공익을 염두에 둠으로써 공공부문과 민간부문 간 시너지 효과를 거두려는 것이라고 할 수 있다(Giddens, 1998: 78, 100). 서구의 경우 중앙정부의 정책이나 프로그램을 다른 하위정부 단위나 민간기업, 공익단체 등을 포함한 '제3자 정부'에 수행케 하는 이른바 '대리정부화' 현상이 확산되고 있다.

이러한 신국정관리 현상은 이제까지 정부와 정부관료제가 향유해 왔던 공공정책과정상의 독점적 권위와 역할에 대한 심각한 도전이 되고 있다. 예컨대 Rhodes(1997)는 신국정관리체제의 확산으로 고전적 정부개념이 적실성을 상실해가고 있다고 주장하면서, 공공분야와 민간분야를 연결하는 정책네트워크가 기존의 행정기관들보다 정책수립 및 수행에 있어서 더욱 강한 영향력을 행사하고 있다고 지적하였다.

신국정관리체제와 이론에 대해서는, 대리정부화 등이 정부관료제의 전통적인 역할과 기능을 재조정하는 중요한 변혁이 될 수는 있지만 행정의 비효율성 위험과 더불어 민주적 책임성 문제를 야기한다는 지적이 제기되고 있다. 대리정부화는 '오류교정 비용' 또는 '정보 왜곡 방지 비용'을 추가로 발생시키는 것과 같은 비효율성 문제를 수반할 수 있고, 국민에 대한 대응성을 도리어 저하시킬 우려가 있다는 것이다(김병섭 외, 2000: 563-573). 이 밖에도 신국정관리체제하에서는 행정서비스 공급 등에 여러 조직과 기관들이 관여하게 되는 분절화된 집행에 대한 통제 문제와, 여러 참여자에 의한 공동생산의 책임성 문제 등이 과제로 인식되고 있다. 또한 이윤추구가 주목적인 민간주체들이 행정의 공공성publicness과 정책의 근본 취지를 심각한 수준으로 훼손할 수 있는 문제가 최근 들어 쟁점이 되고 있다(Hague, 2001; 김정렬, 2004).

이렇듯 세계적으로 확산된 정부관료제의 개혁 현상과 관련하여, 각국의 구체적인 개혁 추진 배경과 이념, 개혁의 개요와 체계, 그 성과 등 구체적인 개혁 내용에 학자들과 실무자들의 관심이 쏠리고 있다. 각국의 행정개혁에 대한 사례 분석은 그 자체만으로도 비교 연구의 학문적 의미를 지니지만, 개발도상국의 입장에서는 주요 선진국의 개혁 흐름과 추세 및 그 결과를 파악하고 스스로의 개혁 방향과 전략을 설정하려는 노력의 일환이 될 수 있다.

제 7 절 비교행정 연구의 향후 과제

비교행정 연구는 이제까지 행정학에서 중심적 위상을 누려 본 적이 없다. 하지만 행정의 비교연구는 특별하거나 주변적인 성격의 연구가 아니다. 비교행정 연구는 행정학 이론발전과 검증의 본질적 일부라고 할 수 있다. 뿐만 아니라 오늘날 무역, 환경, 테러리즘, 관광, 재정, 커뮤니케이션 등 삶과 정책의 수많은 측면이 국제화되고 지구화된 상황에서, 국내 행정이 다른 나라들의 정책과 행정에 대한 고려 없이 이루어지기 어려운 것이다. 국가 간 상호의존성의 증대가 각국에 발전의 기회를 제공할 수 있는 동시에 상호 취약성의 위험을 높이고 있는 점에 비추어 보더라도, 비교행정 연구는 교육이 중요하다고 할 수 있다. 향후 대학의 행정학과에 비교행정이 주요 교과목으로 자리 잡아야 하고, 다른 과목들에서도 국가 간 비교가 주요 주제가 되어야 할 당위성도 여기에 있다.

제 2 장

미국의 행정과 관료제*

제 1 절 미국정부의 토대와 배경

Ⅰ. 헌법의 기본원칙

미국의 행정과 정책을 이해하기 위해서는 정책이 형성되고 집행되는 공식 기구인 정부government, 권리와 의무를 토대로 행동하는 정치공동체의 구성원인 시민citizens 그리고 정책결정이 일어나는 과정인 정치politics를 이해해야 한다 (O'Connor & Sabato, 2009). 특히 미국 정부를 이해하기 위해서는 미국 정부의 토대가 형성된 과정과 미국 헌법에 나타난 기본적인 가치, 국가기관 간의 관계 그리고 국가와 시민 간의 관계를 알아야 한다. 미국 헌법기초자들의 논쟁과 이들에게 영향을 미친 정부에 관한 이론·사상의 출처를 이해한다면 미국 정부의 작동원리를 파악하는 데 큰 도움이 된다. 미국의 정부체제는 종교개혁과 문예부흥 그리고 로크J. Locke와 홉스T. Hobbes 같은 사회계약이론가들의 사상에 기초를 두고 있다. 식민지 개척자들은 새로운 국가형태와 민주주의 체제를 구상하면서 간접민주주의인 공화정체를 채택하였는데, 이것의 중심사상은 개인의 자유personal liberty, 정치적 형평성political equality, 대중의 합의popular consent, 다수

*하태권(전 서울산업대학교 행정학과 교수)·문명재(연세대학교 행정학과 교수)

결원칙majority rule과 소수의 권익보호preservation of minority, 국민주권popular sovereignty, 시민사회civil society와 개인주의individualism 그리고 종교적인 자유religious faith and religious freedom로 구성된다(O'Connor & Sabato, 2009).

초기 식민지 개척자들이 대영제국으로부터의 독립을 갑자기 결정한 것은 아니었다. 건국기초자들이 영국과의 단절을 촉구하게 된 것은 일련의 사건들과 입법행위들에 기인한다. 식민지 이주민들은 영국 국왕이 부과한 조세에 대해 논의하고자 제1차(1774) 및 제2차(1775) 대륙의회Continental Congress를 개최했으며, 제2차 대륙의회를 통해 마침내 1776년 7월 4일 미국의 독립을 선언하기에 이른다. 그러나 독립전쟁1775-1782의 분위기 속에서 입안되고 비준된 연맹규약Articles of Confederation, 1779-1781은 몇 가지 결함이 있는 것으로 나타났다. 세금부과나 통상규제를 할 수 없는 의회의 무능력, 정부를 운영할 대통령의 부재, 그리고 허약한 중앙정부 등과 같은 문제가 나타난 것이다. 이러한 결함을 보완하기 위해 미헌법 제정의회Constitutional Convention, 1787는 상이한 두 가지 목적을 달성할 수 있도록 미합중국 헌법안을 만들었다. 하나의 목적은 부여받은 권력을 효율적으로 사용할 수 있는 강력한 정부를 건설하는 것이고, 다른 하나의 목적은 강력한 정부의 힘이 오용되는 것을 방지하는 것이었다. 미국인들은 전통적으로 정부에 대하여 강한 회의와 불신을 가지고 있었으므로 권력의 집중을 견제하고 개인의 권리를 보장하는 데에 보다 더 중점을 두었다(Hague, 1992: 98).

미국의 정치체제가 형성되는 과정에서 나타난 연방주의자Federalists와 반연방주의자Anti-Federalists의 치열한 논쟁은 미국정부의 운영원리와 정치철학의 토대를 형성하였다(O'Connor & Sabato, 2009). 특히 연방주의자들의 입장은 1787년 10월부터 1788년 5월까지 Alexander Hamilton, James Medison 그리고 존 제이John Jay 등이 필명으로 뉴욕에서 발행하는 신문에 연재한 85개의 논문에 잘 나타나 있다. 이 문건은 이후 연방주의자 문서The Federalist Papers로 명명되었다. 이에 대응하여 반연방주의자들은 로마의 전제왕정에 반기를 든 브루투스Brutus와 카토Cato라는 필명으로 미합중국 헌법안을 조목조목 반박하는 글을 발표하였다.

연방주의자들은 비교적 강력한 중앙정부의 필요성을 주장하며 미국헌법안을 지지하는 입장을 취한데 반하여 반연방주의자들은 강력한 주정부를 선호하며 미헌법의 인준을 반대하는 입장을 취하였다. 연방주의자들과 반영반주의자들은 출신배경이나 타국에 대한 입장도 매우 달랐다. 연방주의자들은 대체로

표 2-1 연방주의자와 반연방주의자 비교

	연방주의자(Federalists)	반연방주의자(Anti-Federalists)
출신배경	지주, 부호, 북동부의 상인, 엘리트주의자	소농, 자영업자, 노동자
선호하는 정부형태	강력한 중앙정부 양원제 포퓰리즘으로부터 자유로울 수 있는 6년의 상원을 주장	시민에 대한 신뢰를 바탕으로 한 풀뿌리 민주주의 주장 엘리트를 부패의 잠재적 원천으로 인식하면서 시민권리 보호를 추구 소선거구제, 빈도 높은 선거, 단원제, 국민소환권 등을 주장
연합세력	친영국 반프랑스	친프랑스 반영국

자료원: O'Connor and Sabato(2009: 54).

많은 재산을 가진 부호, 지주, 북동부의 사업가 출신이 많은데 비하여 반연방주의자들은 주로 소농이나 자영업자나 노동자와 같은 출신배경을 가진 이들이 많았다. 한편 연방주의자들은 친영국 반프랑스적 입장을 표명했으나 반연방주의자들은 반대로 반영국 친프랑스 입장을 견지하였다.

연방주의자와 반연방주의자의 논쟁과 더불어 국가권력과 정부의 역할에 대한 다양한 시각을 반영한 논의과정을 거쳐 마침내 미합중국의 헌법이 만들어지게 되었다. 미합중국 헌법기초자들은 세 가지의 기본적인 원칙을 적용하였다(Johnson, 1992; O'Connor & Sabato, 2009). 첫째는 중앙정부와 주정부 및 지방정부 간의 적절한 권력 배분에 기초한 체제인 연방제도Federalism의 채택이다. 둘째는 정부를 행정부, 입법부, 사법부로 나누고 그들 간의 권력이 견제와 균형을 이루게 하는 삼권분립이론separation of power이다. 셋째는 헌법에 시민들이 정부의 제반행위에 대해서 책임을 물을 수 있는 수단을 규정하는 것이다. 이는 정부의 반 헌법적인 행위로부터 시민의 권리와 자유를 헌법으로 하여금 적법절차에 의하여 보호하도록 하자는 것이다.

Ⅱ. 연방주의Federalism

미합중국은 50개의 주State로 이루어진 연방국가이다.[1)] 그리고 연방에 속한

1) 2007년 현재 미국에는 연방정부와 50개의 주정부 및 39,044개의 지방정부, 37,381개의 특별구, 14,569개의 학교특별구(school district) 등 총 89,476개의 지방정부와 50개의 주정부 그리고 연방정부가 존재한다(U.S. Census Bureau, 2007 Census of Governments). 일부 지방정부와 특별구 등이 합병하는 사례가 있지만, 2002년 통계와 비교하면 일반목적의 지방정부와 특별구 그리고 학교

표 2-2 연방제 내의 정부 간 권한배분

권한 소유 주체	권한의 내용
연방정부의 권한 (National Power: Enumerated Power)	주조권, 외교권, 국가 간 또는 주 간 무역에 대한 규제권, 파병권, 전쟁선포권, 연방법원 설립권 등
연방정부-주정부공유권한 (Concurrent Power)	과세권, 법원설립권, 입법과 법률집행권, 은행과 기업인가권, 복지지출권 등
주정부 권한 (Reserve Power)	선거일정, 장소, 방식 결정권, 미합중국 수정헌법 인준권, 헌법에 규정된 연방정부권한이나 제한된 주정부 권한 외의 권한, 지방정부 설립권, 주 내부의 상업규제권 등

자료원: O'Connor and Sabato(2009: 100).

주들은 각자 개별적으로 의회와 행정부 및 법원을 갖고 있다. 1776년 독립선언 이후부터 중앙정부와 주정부 간의 긴장은 미국의 연방체제에 있어서 핵심적인 이슈가 되어왔다. 연맹규약 하에서의 허약한 중앙정부에 대한 경험은 헌법기초자들에게 신생독립국가의 존립을 위해서는 강력한 중앙정부가 필요하다는 점을 인식시켰다. 그러나 헌법기초자들은 그들의 독립을 쟁취한 영국식의 중앙집권적인 강력한 정부 대신에, 정부의 권력이 중앙과 주에 적절히 배분되는 연방 체제를 택하였다. 그들은 권력(정부)으로 권력(정부)을 견제하는 이중안전장치를 통해 정부가 전제적으로 군림하는 것을 방지하고자 하였다.

연방정부와 주정부 간의 권한배분은 헌법에 규정되어 있다. 연방정부는 외교, 국방, 전쟁, 화폐 제조, 도량형weights and measures 기준의 제정, 우체국 설치, 연방법원, 대외교역 및 주간 통상interstate commerce 등에 관한 권한을 행사하며, 헌법에 의하여 연방정부에 부여되지 않은 권한은 주정부가 보유한다.[2] 그러나 세금, 채무부담행위, 복지예산 등 일부 분야에서는 연방정부와 주정부가 권한을 공유하기도 한다(O'Connor & Sabato, 2009: 98-102).

연방정부와 주정부 간의 관계는 계속 변화하여 왔으며, 연방대법원Supreme Court이 이들의 관계를 규정하는데 매우 중요한 역할을 수행하고 있다. 오늘날에는 비록 여러 가지 제약이 있긴 하지만 주정부에 대한 연방정부의 우위가 확립되었다. 수정헌법 제6조 제2항에는 연방헌법과 법률이 미국의 최고법률

특별구 수는 평균적으로 모두 늘어났다.

2) 미국헌법 제1조 제8항에서는 연방정부의 권한을 하나씩 열거하고 있다.

supreme law임을 선언하여 연방의 우월성을 확립하였다. 더욱이 중앙정부의 제한된 역할을 내포하는 이중적 연방주의는 1930년대의 대공황과 제2차 세계대전으로 인하여 발생한 경제·사회문제를 해결하기 위하여 연방정부가 적극적으로 개입하면서부터 쇠퇴하기 시작하였다(Hague, 1992: 95).

대공황으로 기인한 많은 문제들을 해결하기 위하여 1930년대에 Franklin D. Roosevelt 대통령에 의해 추진된 뉴딜정책New Deal Programs과 1960년대의 Lyndon B. Johnson 대통령에 의해 추진된 위대한 사회창조Great Society를 위한 연방정부의 여러 가지 서비스와 보조금 프로그램들은 연방정부의 급격한 팽창을 가져왔다.[3] 연방정부의 거대화는 주정부와 지방정부에 대한 연방정부의 영향력을 강화시켜 준 반면에, 주정부 외에 지방정부, 특히 대도시를 중심으로 한 지방정부들은 사회경제적 문제의 해결을 위한 책임을 연방정부와 공유하게 되는 결과를 야기하였다.

연방정부와 주정부의 권한이 명확하게 구분되면서 두 정부가 동등하게 존재하는 이중적 연방주의는 1930년대 대공황을 기점으로 막을 내리고, 뉴딜정책이 본격화됨에 따라 연방체제는 협력적 연방주의로 전환되기 시작하였다. 특히 뉴딜정책 이후 도로와 건물 건설과 같은 다양한 인프라 건설사업의 용도로 연방정부의 막대한 보조금이 지방정부에 제공되면서 연방정부의 간접적인 영향력은 증폭되었다. 보조금을 통한 연방정부의 대(對)주정부 권한은 특히 특정한 항목을 정해 제공되는 세부항목보조금categorical grants이 늘어나면서 더욱 커지게 되었다.

하지만 1980년대와 1990년대의 Ronald Reagan, George Bush와 Bill Clinton 이후의 행정부들은 신연방주의New Federalism라는 명목 하에 지출용도가 제한되는 개별보조금Categorical Grants을 지출용도에 제한이 없는 정액교부금Block Grants으로 전환하고, 보다 많은 권한을 주정부와 지방정부에 이양함으로써 연방정부의 영역이 팽창되는 경향을 반전시키려고 노력하고 있다.[4] 이러한 현상은 미국의 연방체제가 연방-주-지방의 3개 층으로 구성된 종래의 계층적 연방체제layer cake

3) 대공황 이전인 1929년에는 전체 정부지출 중 지방정부가 60%, 주정부가 23%, 연방정부가 17%를 차지하였으나, 1939년에는 지방정부의 비중이 30%로 축소된 반면 연방정부의 비중은 47%로 증가하였다. 이후 연방정부의 비중은 계속 확대되어, 2003년에는 연방정부의 지출이 65.3%로 확대된 반면, 주정부와 지방정부의 지출은 각각 19.1%, 15.6%로 축소되었다(Bardes, Shelley & Schmidt, 2004: 95).

4) 그러나 연방의회는 아직도 통제가 용이한 개별보조금을 선호하고 있다.

federalism에서 서로 대등한 협조적 연방체제cooperative faderalism 또는 단층적 연방체제marble cake federalism로 전환되고 있음을 의미한다. 이에 따라 지방정부에 대한 연방정부의 통제도 권력위주에서 설득위주로 변화하고 있다(Hague, 1992; O'Connor & Sabato, 2009: 104-111).

Ⅲ. 삼권분립: 견제와 균형

미합중국 헌법의 처음 3개 조는 각각 입법부, 행정부, 사법부의 구성과 그들 상호 간의 견제와 균형적 관계를 명시하고 있다. 의회는 모든 연방 법률을 심의 및 의결하고 연방법원의 설치와 판사의 정원을 결정한다. 대통령을 탄핵할 수 있으며, 3분의 2의 찬성으로 대통령의 거부권 행사를 무효화시킬 수 있다. 또한 연방예산을 심사하며, 외국과의 조약 체결과 주요 공직자들의 임명에 대하여 동의할 권한을 갖는다(제1조).

반면에 의회의 제 권한에 대한 견제로서 대통령은 의회에서 제정한 법률에 대하여 거부권을 행사할 수 있고, 연방대법원은 제정된 법률들을 비헌법적인 것으로 판결할 수 있다. 의회에서 법률이 제정되려면 의회의 상원과 하원에서 모두 통과되어야 하므로 입법부 내에서도 하원과 상원의 권한이 서로 견제된다.

헌법 제2조는 미합중국의 대통령으로서 법률을 집행할 수 있는 대통령의 권한을 명시하고 있다. 대통령의 권한과 임무는 제3항에 자세하게 규정되어 있다. 대통령은 전군全軍의 최고 지휘관으로서의 역할을 수행하고, 상원의 동의를 얻어 조약을 체결할 권한을 가지며, 대사·각부 장관·연방법원의 법관과 다른 주요 공직자들을 임명할 권한을 갖는다. 이외에 대통령은 행정수반으로서 의회가 제정한 법률을 공포하거나 거부할 수 있으며, 의회를 통과한 법률을 집행할 책임을 지고, 특별회기로 의회를 소집할 수 있으며, 연방법원에서 유죄를 선고받은 사람을 사면할 수 있고, 법원의 명령을 집행할 책임을 진다.

행정부의 권한에 대한 견제로서 의회는 3분의 2의 찬성으로 대통령의 법률안 거부권을 무효화할 수 있다. 상원은 대통령이 지명한 사람들의 인준을 거부하거나 조약의 비준을 거부할 권리도 갖는다. 의회는 대통령을 탄핵할 수 있으며, 전쟁을 선포할 수도 있다. 연방대법원은 합헌성 여부를 심사하고, 대

그림 2-1 미합중국 헌법에 나타난 3권분립과 견제와 균형

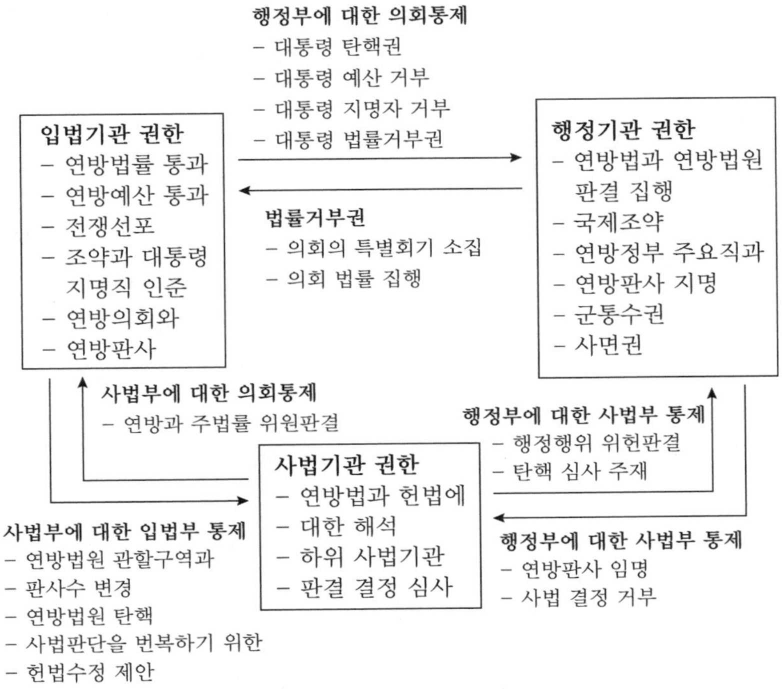

자료원: O'Connor and Sabato(2009: 47).

통령령이 헌법에 위배될 경우에는 그것을 비합법적인 것으로 선언할 수 있다.

헌법 제3조는 연방대법원의 설립과 사법권을 명시하고 있다. 연방대법원의 가장 중요한 권한은 사법심사권이다. 연방대법원은 의회가 제정한 법률에 대한 헌법적부심의 권한을 가지고 있으며, 행정명령에 대해 헌법과 법률에 근거하여 이를 무효화할 수 있는 권한을 갖는다.

사법부에 대한 견제로서, 의회는 연방대법원의 사건심리권한을 변경할 수 있으며, 연방판사들을 탄핵할 수 있는 권한과 함께 연방대법원의 결정들을 무효화하기 위하여 법률수정안을 제출할 수도 있다. 대통령은 상원의 인준을 받아 연방판사들을 임명할 권한을 갖는다. 이와 같이 헌법기초자들은 국가의 권력을 헌법상 평등성과 독립성이 보장된 3부에 분산시킴으로써 상호견제와 균형을 통하여 시민의 자유와 권리를 보장하고자 하였다. 그러나 이들의 기대와는 달리 미국정부는 초기부터 순수한 권력분립체제가 아니라 권력을 공유하는 독립적인 기관간의 상호의존적 체제로 발전하였으며, 이로 인하여 권력분립의 경계는 점점 더 모호해지고 있다(O'Connor & Sabato, 2009: 46-48).

Ⅳ. 시민의 권리와 자유

전통적으로 미국 헌법의 핵심부분인 권리장전the Bill of Rights은 정부의 월권행위로부터 시민의 기본적 인권을 보장하기 위하여 처음 10개의 헌법 수정조항에 규정되어 있다. 종교·언론·결사의 자유를 비롯하여 피고인들의 적법절차를 받을 권리 등을 포함한다. 그동안 의회가 특정한 규정들을 명확히 하거나 긴급사태시에 시민적 권리를 제한하는 입법 활동을 해온 것을 제외하고는, 권리장전에 포함된 기본적 인권보장들을 수정하려는 노력은 거의 없었다(O'Connor & Sabato, 2009).

그러나 모든 미국인이 새로이 채택된 합중국헌법과 권리장전의 보호를 그대로 받았던 것은 아니었다. 남북전쟁The Civil War, 1861~1865을 통하여 노예제도를 폐지하고, 제13조, 제14조, 제15조의 헌법수정조항을 통해서 비로소 흑인에게도 자유를 보장하고 시민권과 투표권을 부여하였으나, 연방대법원이 그들의 적용을 제한하는 판결을 내리기도 하였다. 그 후 인종차별Jim Crow법들이 남부에서 통과됨에 따라 1909년에 전미흑인지위향상협회NAACP가 설립되었으며, 20세기에 들어와서는 여성단체를 중심으로 여성관련 인권운동도 활발해지기 시작하였다.

1954년에 연방대법원이 인종분리 학교체제들을 비헌법적인 것으로 제정하였다. 그리고 새로운 인권단체들에 의한 활발한 대규모 비폭력운동을 계기로 1964년에는 시민권법Civil Rights Act이, 1965년에는 흑인 및 소수민족의 선거권 보장을 위한 투표권법Voting Rights Act이 제정되기에 이르렀다. 1972년에는 시민권법 제7장Title Ⅶ을 개정한 고용기회균등법Equal Employment Opportunity Act이 제정되었으며, 1973년에는 연령에 의한 고용차별금지법Age Discrimination Employment Act과 갱생법Rehabilitation Act이 제정되었다. 이 법들은 직무수행능력 이외에 인종이나 피부색, 종교, 성sex, 원래의 국적national origin, 연령, 또는 장애 등에 의한 고용상의 차별을 금지하고 있다. 특히 고용기회균등위원회Equal Employment Opportunity Commission

는 과거로부터 지속되어 온 소수민족이나 여성 등 소외집단에 대한 고용상의 차별을 철폐하고 실질적인 임용기회의 평등을 보장하기 위하여 모든 고용주들에게 소외집단에 대한 연도별 채용목표와 계획goals and timetables을 포함하는 적극적 고용행위Affirmative Action를 계획하고 실천할 것을 요구하고 있다(Nigro & Nigro, 1986: 160-162). 이러한 성공에 힘입어 아메리카 인디언들, 히스패닉계 미국인들, 동성연애자들, 그리고 장애인들도 조직화되었으며, 반차별법 제정을 위한 로비활동과 시민권확대를 위한 소송을 지속적으로 제기하고 있다.

제 2 절 정부관료제의 외부환경

미국 공공정책과정의 중요한 특징 중 하나는 미국정부가 다른 민주주의 국가의 정부에 비하여 그 권한 혹은 권력이 강력하지 못하다는 점이다. 미국인들은 전통적으로 강한 정부에 대한 회의적인 입장을 취하는 반면 개인의 권리를 강조하였다. 또한 연방주의와 권력의 분립을 통하여 권력의 지나친 집중화를 방지하는 헌법을 제정·유지하여 왔다. 미국의 정치체제와 행정체제, 특히 정부 관료제는 앞서 논의한 미국 헌법의 기본정신과 민주, 평등, 자유, 자본주의, 과학적 합리주의로 대표되는 미국인들의 가치관 및 사회경제적 변화에 대응하면서 생성·발전되어 왔다. 그 결과 미국은 고도로 분권화된 복잡한 정치제도를 갖게 되었다. 일본이나 유럽의 중앙집권화된 국가들에 비하여 미국의 정부 관료제는 행정수반인 대통령과 참모들, 의회, 법원, 정당, 다양한 이익단체와 공익집단, 그리고 주권의 원천인 국민 등 보다 다원화된 수많은 정치행위자들 간의 복잡한 상호작용 속에서 작동하고 있다. 그러므로 미국 정부 관료제의 구조와 기능적 특성을 이해하기 위해서는 먼저 정부 관료제를 둘러싸고 있는 다양한 환경적 요소들의 구조적·기능적 특성을 이해할 필요가 있다.

Ⅰ. 대 통 령

미국 대통령5)은 538명으로 구성된 대통령 선거인단Electoral College 6)에 의하

5) 미국 대통령 후보는 미국시민으로서 미국에서 태어난 시민(a natural born citizen)으로 35세

여 선출된다. 대통령의 임기는 4년이며, 2회에 한하여 중임할 수 있다.7) 미국의 대통령은 국가원수 및 행정수반으로서 연방정부를 관할하며, 연방정부에 의하여 수행되는 모든 행정행위에 대하여 총괄적인 책임을 진다. 연방정부의 행정수반으로서의 대통령의 권한과 책임은 위에서 논의한 바와 같이, 연방헌법 제2조 제3항에 규정되어 있다. 미국 대통령의 주요 권한과 책임을 예시하면 다음과 같다.

① 군 최고통수권자로서의 권한을 가지며,
② 대사, 각료, 연방법관을 포함하여 3,500여 명의 고위 공직자를 임명하고,
③ 의회가 제정한 법률을 공포sign하거나 거부veto할 수 있으며,
④ 긴급 상황 시에 의회를 소집할 수 있고,
⑤ 사면권pardon을 행사할 수 있고,
⑥ 의회가 제정한 법률과 법원의 명령을 집행할 책임을 지며,
⑦ 헌법과 법률이 위임한 범위 내에서 대통령령Executive Order을 제정할 수 있고,
⑧ 정부의 예산안을 편성하여 의회에 제출할 권한과 책임을 진다.

대통령은 그에게 부여된 권한과 책임을 효율적으로 수행하기 위하여 부통령과 각계의 전문가들로 구성된 참모집단 및 15명의 각료를 포함한 고위공직자들과 거대한 직업 관료군을 거느린다. 미국 행정부의 구성을 간략히 정리하면 [그림 2-2]와 같다.

미국의 부통령은 상원의장직 이외에는 헌법상 부여된 공식적인 권한이 거의 없는 형식적인 지위이다. 따라서 부통령의 영향력은 대통령의 의지에 의존하여 왔다. 그러나 Carter 대통령 이래 부통령은 대통령에 대한 조언자로서 역할을 해오고 있으며, 이에 따라 정치적 영향력도 증가하고 있다(O'Connor &

이상이며, 미국 내에서 14년 이상 거주한 자라야 한다(연방헌법 제2조 제1항). 여기에서 "a natural born citizen"은 비록 미국 영토 밖에서 태어났다고 하더라도 미국인 부모에게서 태어난 자를 포함하는 것으로 해석되고 있다.

6) 대통령 선거인단은 50개 주에서 선출된 535명과 워싱턴 특별구에서 선출된 3명으로 구성되며, 각각의 주에는 그 주에 배정된 상원(2명) 및 하원의 의원수와 동일한 인원수가 배정된다. 선거인단은 재량껏 투표할 수 있다. 그러나 약 반수의 주에서는 예비선거에서 그 주에서 가장 많이 득표를 한 후보자에게 반드시 투표하도록 하고 있다(O'Connor & Sabato, 2009).

만일 선거인단의 투표 결과 과반수 득표자가 없을 경우에는 대통령은 하원에서 부통령은 상원에서 선출하게 된다. 하원에서 대통령을 선출할 경우에는 주별로 1표씩 투표하며, 2/3출석에 과반수 득표가 요구된다(홍준현 · 조진래, 1997: 4).

7) 전임 대통령의 잔여임기를 계승하였을 경우에는, 총 10년까지 재임할 수 있다(O'Connor & Sabato, 2009).

그림 2-2 미국 행정부의 구성

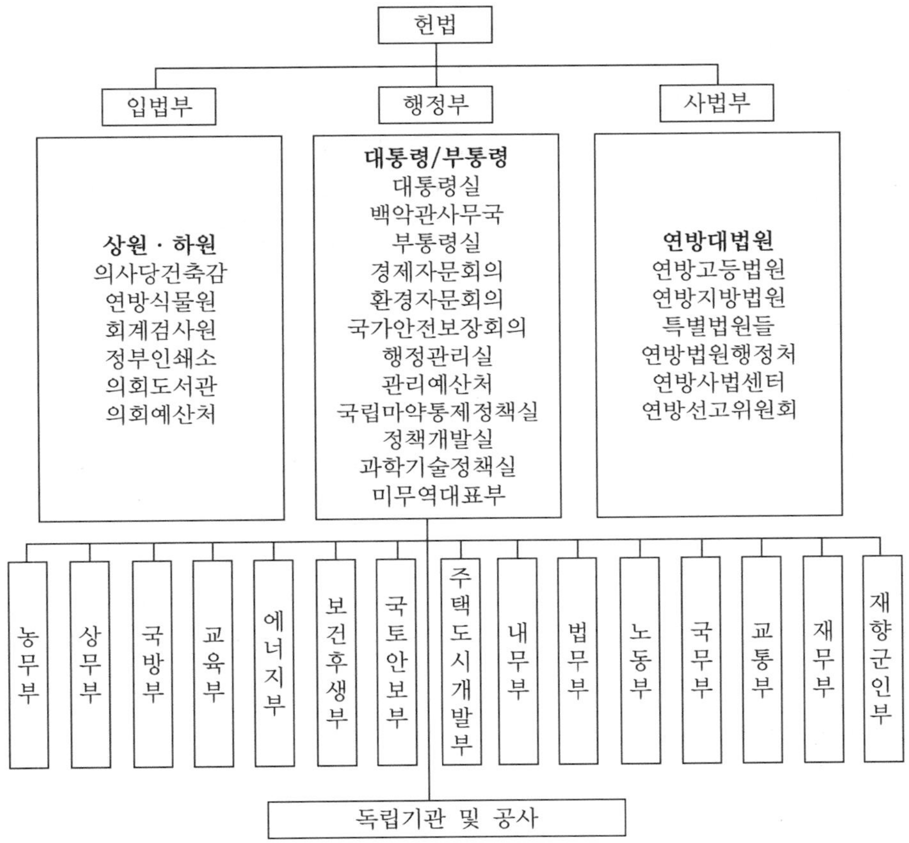

Sabato, 2009).

대통령실The Executive Office of the President: EOP은 1939년 Roosevelt 대통령에 의하여 뉴딜사업을 감독하기 위해 설립된 이래, 대통령에게 정책적 자문을 제공하고 대통령의 직무수행을 보조함으로써 대통령의 정책선호를 실현하기 위하여 계속 확장되어 왔다. 대통령실은 대통령 비서실White House Office을 포함하여 관리예산처Office of Management and Budget: OMB, 경제자문위원회Council of Economic Advisors: CEA, 국가안전위원회National Security Council: NSC, 정책개발처Office of Policy Development 등 독립적인 참모기관staff agencies으로 구성되어 있다.

예를 들면, 국가안전위원회는 1947년에 국방·외교정책에 대한 자문기관으로 설립되었으며, 대통령, 부통령, 국무장관과 국방장관 및 기타 비공식 멤버들로 구성된다. 경제자문위원회는 1946년에 제정된 고용법The Employment Act에 의하여 설립되었으며, 상원의 동의를 얻어 대통령이 임명하는 3명의 위원으로 구성된다. 경제자문위원회는 공식적으로는 대통령의 경제정책에 대한 자문역할을 수행하는 것이 주된 임무이다. 실제로는 의회에 보내는 대통령의 연례경제보고서The President's Annual Economic Report를 준비하는 것에 대부분의 시간을 할애한다(Bardes, Shelley & Schmidt, 2004: 388).

관리예산처는 1921년에 재무부 내에 설립된 예산국Bureau of the Budget이 1939년에 Franklin Roosevelt 대통령에 의해 비서실로 이관되었다가 1970년에 Richard M. Nixon 대통령에 의하여 확대 개편되었다. 관리예산처는 각 행정기관에서 제출한 예산안을 대통령의 정책목표와 사업순위에 맞추어 검토·조정하여 정부의 예산안을 편성하고, 예산관리에 대한 감독과 통제기능을 수행한다. 그리고 행정부의 조직구조 및 관리절차를 심사하며, 각 부처에서 작성한 법안이나 규칙을 사전에 검토하고, 부처별 의견을 조정한다. 만일 이들 법안이나 규칙이 대통령의 정책목표와 일치하지 않을 경우에는 해당부처에 수정을 요구하기도 한다.

대통령 비서실은 대통령이 각종 업무를 수행함에 있어서 대통령을 보좌한다. 대통령 비서실은 비서실장Chief of Staff을 중심으로 80여명의 보좌관과 부보좌관 및 특별보좌관, 그리고 1명의 대통령법률고문과 수 명의 부법률고문, 특별법률고문, 정책개발선임자문관 등으로 구성된다. 대통령 비서실은 대통령에 대한 충성심으로 무장된 핵심 측근들로 구성된다. 이들은 대통령에게 개인적, 정치적 자문을 제공하며, 특히 비서실장은 핵심 자문가 집단의 일원이다. 따라서 대통령이 잘못된 결정을 하게 되면 이들은 대통령을 고립시켰다거나 또는 업무영역을 넘어 과도한 영향력을 행사했다는 비판을 받기도 한다. 대통령 비서실의 규모는 대통령의 권한과 업무가 확대됨에 따라서 그 규모도 계속 팽창하여 왔다. 1943년 Roosevelt 대통령 시기에는 51명에 불과했던 참모진은 1953년에 247명, 그리고 1972년 닉슨대통령 때에는 583명 규모로 늘어났다. 이후 대통령비서실 인력은 때때로 감축되어 평균 약 500여명 규모로 유지되다가 1992년 클린턴 대통령이 공무원 감축을 대대적으로 추진할 당시 대통령비서실

인력도 15퍼센트 정도 감축되었다. 이후 Bush 대통령은 약 450명의 비서진을 유지하였다(O'Connor & Sabato, 2009: 295). 오바마 대통령의 경우엔 특별한 사안에 대해서 권한을 위임하고 미션을 담당할 수 있도록 책임자Czars를 임명하였는데, 예를 들면 에볼라 책임자Ebola Czar 등이 있었다(O'Connor & Sabato, 2016).

미국 대통령은 15명의 각료를 포함하여 약 3,500여명의 행정부 고위공직자를 임명하는데 그 중 1,125명은 상원의 인사청문회를 거쳐야 한다(O'Connor & Sabato, 2018). 대통령은 그에게 부여된 권한과 그가 임명한 참모집단과 고위공직자들을 이용하여 공공정책과정에서 자신의 영향력을 극대화하려고 노력한다.

미국 대통령의 권한 강화는 거의 전적으로 대통령직을 수행하는 대통령 개인의 성향과 능력에 좌우되어 왔다(Neustadt, 1990). George Washington, Andrew Jackson, 그리고 Abraham Lincoln 등을 제외한 대부분의 대통령들은 강력한 연방정부의 진정한 행정수반으로서의 권력을 행사하는 대통령 우위의 체제를 수립하지 못하였다. 그러나 Roosevelt가 현대적인 대통령지위modern presidency를 확립한 이래로 미합중국 대통령들은 동시대의 미국 정치행위 및 정책과정에 있어서 가장 핵심적인 역할을 수행하고 있다.

그러나 미국의 대통령은 매우 유동적인 정치적 환경 속에서 활동하기 때문에 그의 정책의지를 실현하기 위하여 수많은 다양한 행위자들과 경쟁하고 협력해야만 한다. 따라서 근래에는 미국 대통령은 일방적이고 지시적인 리더십을 행사하기보다는 설득과 협상에 의존하는 경우가 많다(Hague, 1992: 103). 예를 들면, 전반적으로 여소야대인 정부Divided Government에서 미국 대통령들은 그들의 프로그램을 의회에서 통과시키는 데 어려움을 겪는 경우가 많다. 따라서 대통령의 가장 중요한 능력은 그가 제출한 의제가 의회를 통과하여 입법화되도록 정치적인 연합을 형성하는 것이다(O'Connor & Sabato, 2009). 이를 위하여 대통령은 의원들과 빈번하게 정치적 협상을 해야 하기 때문에 의원의 지지와 맞바꿀 수 있는 당근을 가지고 있어야 한다. 최근 트럼프 대통령의 당선 이후 소위 대중인기영합주의적인 성향이 커지면서 설득과 협상에 의한 대통령의 정치력이 약화되었다.

대통령은 추진하고자 하는 정책이나 법안을 의회에서 통과시키기 위하여 몇 가지 방법을 사용한다(O'Connor & Sabato, 2009). 첫째, 의원의 지지에 대한 보상이다. 의원들을 백악관에 초청하거나 선거에 출마하는 의원들을 방문하거나 지지함으로써 의원들의 환심을 사는 방법을 사용한다. 둘째, 그의 정책을 의회에서 입법화하기 위해서 그가 속한 정당에 부탁한다. 대통령이 소속 정당의 비공식 지도자로서, 그의 인기와 영향력을 이용하여 많은 당원들을 의회에 진출시킨 경우에는 그의 입법안에 대한 의원들의 지지를 쉽게 이끌어낼 수 있다. 또한 대통령은 의원의 지역구 사업에 대한 예산지원이나 지역구 산업에 대한 세금 감면 등을 통하여 의원들의 지지를 이끌어내기도 한다. 셋째, 대통령은 특별한 사안에 대하여 국민에게 직접 호소함으로써 의회의 주요 구성원들에게 주민을 통한 영향력을 행사할 수 있다. TV, 인터넷 등 각종 대중매체의 발달로 국민과 직접적 소통이 보다 원활해진 이후로는 직접 국민의 지지를 얻어내고자 하는 노력이 증가하는 추세이다(Bardes, Shelley & Schmidt, 2004: 381-382). 또한 대통령의 대중적 인기가 높을 때에는 대중매체가 법안통과를 위한 강력한 압박수단으로 사용되기도 한다.

미국 대통령 선거에 있어서 러닝메이트인 부통령 후보자는 통상적으로 대통령 후보자의 부족한 면을 보완할 수 있는 사람으로 선택된다. 예를 들면 텍사스 주지사를 지낸 Bush 대통령은 국방이나 외교부문이 매우 취약하여 Cheney를 부통령으로 선택했다. 실제 Cheney는 미국 역사상 가장 강력하게 영향력을 행사한 부통령으로 인식된다. 특히 외교문제에 있어서 본인이 생각하는 방향을 국정 아젠다에 반영시키는 등 적극적인 부통령 역할을 수행하였다(O'Connor and Sabato, 2009).

Obama 대통령의 경우도 본인의 약점인 외교에 대한 경험부족을 Biden 부통령 후보를 통해서 메우고 실재 재임기간 중에 많은 권한을 행사하도록 하였다. 사업가 출신으로 정당기반이 약한 Trump 대통령은 공화당 기반이 강하면서 보수진영의 강한 지지를 받고 있는 인디애나주지사 Pence를 부통령으로 지명하였다. 현실적으로 부통령의 권한은 헌법에 명시된 권한에 좌우된다기보다는 대통령이 얼마나 권한을 부여하느냐에 따라 달라진다.

Ⅱ. 의 회

1. 구 성

미국은 상원Senate과 하원House of Representatives으로 구성된 양원제를 채택하고 있다.[8] 상원은 100명의 의원senator으로 구성되는데, 이들은 인구 규모에 관계없이 각 주에서 2명씩 선출되며, 임기는 6년이다. 하원은 435명의 의원representative으로 구성되며, 10년마다 시행되는 인구조사 결과에 따라 인구비례로 각 주에 의석수가 할당되고 임기는 2년이다.[9]

연방의회의 의원으로 선출되기 위하여는 미국시민으로서 출마하고자 하는 주에 법적으로 거주하여야legal residents 한다. 하원의원은 25세 이상인 자로 7년 이상 미국 내에 거주한 자, 상원의원은 30세 이상으로서 9년 이상 미국 내에 거주한 자를 자격요건으로 한다. 공식적 요건 외에, 민주당이나 공화당의 당원이고, 재력이 있으며, 현직의원일수록 당선에 유리하기 때문에 하원의원 그리고 상원의원 모두 약 95% 이상 재선에 성공한다(Bardes, Shelley & Schmidt, 2004: 349; O'Connor & Sabato, 2018).

연방의원의 인종적·사회경제적 배경은 전형적인 미국인의 배경과는 다른 특징을 보인다. 그들은 대부분 백인 남성이며, 개신교도Protestant이고 상위 직업군higher status occupations에 속해 있다. 한편 그들은 경제적으로도 매우 부유한 편이다. 미국인의 1% 미만이 백만장자 이상인 반면, 연방의원은 약 1/3이 백만장자 이상의 부유층에 속해 있다(Bardes, Shelley & Schmidt, 2004: 341). 실제 하원의원 평균 재산은 700만 달러이며 상원의원의 평균재산은 1,250만 달러로 나타났다(O'Connor & Sabato, 2018).

미의회의 소수자 대표성은 여전히 낮지만 점차 개선되고 있다. 115대(2017년) 의회 상하원의 경우에 흑인의원은 50명(114대의 46명), 히스패닉 의원은 39

---

8) 미국의 주들도 네브라스카(Nebraska) 주를 제외하고 모든 주가 양원제를 채택하고 있다.

9) 따라서, 각 주에 할당되는 하원의석수는 매 10년마다 실시되는 인구조사(census) 결과에 따라 증가하거나 감소한다. 그리고 연방하원의원의 선거구(congressional district)는 할당된 의석수에 따라 주의회가 책정한다. 선거구는 대략 주민 50만명을 기준으로 책정되나, 각 주에는 최소한 1명의 하원의원을 배정하도록 되어 있다. 1910년에 하원의원 수는 435명이 되었고 1929년 하원의원 규모가 435명으로 고정되었으나 알래스카와 하와이가 주로 편입된 1950년대에 하원의원 수는 437명으로 늘어났다가 1963년에 다시 435명으로 정해졌다.

명(114대의 32명), 동양인 의원은 15명(114대의 11명), 그리고 미국 인디언 의원은 2명으로 꾸준히 소수인종 출신의 상하원 의원 수가 증가되고 있다(Pew Research Center, 2017).

2. 권한과 기능

의회는 법률의 제정과 정책결정에 대한 광범위한 권한과 책임을 갖는다. 의회의 주요 권한과 기능은 다음과 같다.

① 연방법률의 제정
② 연방법원의 설치, 사법권 제정 및 법관정원의 책정
③ 대통령, 부통령, 연방법관 및 주요 공직자에 대한 탄핵
④ 연방예산의 승인
⑤ 세금 및 관세의 부과, 통상규제 등에 관한 결정
⑥ 외국과의 조약체결에 대한 비준
⑦ 주요 공직자 임명에 대한 동의
⑧ 대통령의 거부권 행사 부결

이 밖에 의회는 연방헌법 제1조 제8항에서 규정된 권한을 행사하기 위하여 "필요하고도 적절한"necessary and proper 모든 법률을 제정할 수 있다. 의회의 책임과 권한에 대한 이러한 모호한 규정으로 인하여, 의회는 법률의 제정과정에서 뿐만 아니라 공공정책의 결정과정에서도 강력한 합법적 영향력을 행사하고 있다. 특히 "필요하고 적절한" 법률의 제정권은 소위 탄력적인 조항elastic clause이라고 알려져 있는데 헌법기초자들이 예상할 수 없을 정도로 환경, 복지, 교육, 그리고 통신 등을 포함한 다양한 분야에서 의회의 영향력 확대하는 헌법적 근거가 되었다(O'Connor & Sabato, 2009).

근래에는 입법 및 정책과정에서 행정부와 이익집단이 주도적인 역할을 수행함에 따라 의회의 역할이 다소 수동적으로 변하는 측면도 있다. 실제 이익단체나 정당이 주도하는 법안도 많은 편이며 이들이 의회에 미치는 영향은 상당하다. 그러나 의회는 아직도 독자적인 입법 활동을 매우 적극적으로 수행하고 있으며 정책결정에도 상당한 영향력을 행사하고 있다. 최근에는 전통적으로 대통령이 주도하던 외교정책에까지 의회의 영향력을 확대하려 노력하고 있다(Anderson, 1984). 따라서 미국의 공공정책은 어느 정도는 의회정치의 산물이

라고 할 수 있다(Hague, 1992).

의회 권한의 대부분은 하원과 상원이 공유한다. 그러나 몇 개 분야에 대하여는 권한과 기능상의 차이가 있다. 예를 들면, 모든 세입법안에 대한 심의[10]와 대통령을 포함한 고위공직자에 대한 탄핵절차는 하원에서 먼저 발의initiate하도록 되어 있다. 반면에 상원은 3분의 2의 찬성으로 탄핵을 결정하고, 외국과의 조약이나 주요 공직자의 임명에 대한 동의권을 갖고 있다.

3. 참모와 지원기관

행정의 복잡성과 전문성이 증가함에 따라, 정부에서와 마찬가지로 의회 내에서도 다양한 배경을 가진 참모들이 증가하는 추세이다. 이들은 법안을 기초하거나, 제출된 법안의 주요 내용을 요약하여 의원에게 설명하거나, 의원이 요구한 사항에 대하여 조사나 연구를 수행한다. 이들은 이러한 업무를 수행하는 과정에서 전문지식을 활용하여 의원에게 조언과 자문을 제공하는 등 공식적·비공식적으로 의원들에게 영향을 미친다. 참모의 도움은 하원에서보다 상원에서 더욱 중요하다. 왜냐하면 상원의원들은 많은 위원회에 속해 있어서, 관심이 분산될 수밖에 없고 전문성도 낮기 때문이다. 결국, 의회 내에서 참모의 수가 증가하는 것은 행정부에 대한 의회의 공식적 통제가 강화되고 있음을 보여준다.

2009년 9월 현재 연방의회에는 전임인력 기준으로 약 21,362명의 직원이 의회에 부설된 지원기관이나 위원회에 소속되어 있거나, 의원의 개인보좌관으로 활동하고 있다(Brookings, 2013). 하원의원은 1인당 평균 15명의 개인보좌관을 가지고 있으며, 상원의원은 그 두 배에 달하는 약 35명의 보좌관을 두고 있다(O'Connor & Sabato, 2018).

의원들의 입법활동을 돕기 위하여 의회도서관Library of Congress을 포함하여 9개의 부속기관이 의회에 설치되어 있다. 이 중 복잡한 정책문제에 대한 전문적 보조기능을 수행하기 위하여 설립된 지원기관으로는 대표적으로 의회조사실Congressional Research Service, 회계감사원General Accountability Office와 의회예산처Congressional Budget Office를 들 수 있다.

의회조사실은 1914년에 입법조사실Legislative Research Service로 출발한 것으로

10) 근래에는 하원과 상원이 동시에 시작하는 경우도 드물지 않다.

대부분 대학원 이상의 고등교육을 받은 약 700명가량의 직원을 보유하고 있다. 의회조사실은 공공문제에 대한 중립적인 조사, 공공문제에 관한 다양한 정보의 수집, 위원회가 요구하는 연구의 수행, 의회에 제출되는 법안의 요약 등의 기능을 수행한다. 의회조사실은 의원들로부터 요구되는 연평균 250,000건 이상의 정보를 처리하고 있다.

회계감사원은 행정부의 재정지출에 대한 회계감사를 수행하기 위하여 1921년에 설립된 기관으로, 약 3,100명 이상의 직원을 보유하고 있다. 근래에 회계감사원은 전통적인 기능인 회계감사 이외에 회계처리의 기준 작성, 다양한 법적 견해의 제시, 의회의 요구에 따른 연구의 수행, 정부에 제시되는 민원의 해결 등과 같은 새로운 기능도 수행하고 있다.

의회예산처는 1974년에 설립되었으며 약 235명의 직원을 두고 있다. 주로 정부의 예산안을 분석하고, 정부사업의 경제적 효과를 평가하며, 새로 제안되는 정책에 소요되는 비용을 예측하고 그 결과를 의회에 제공하는 역할을 수행한다(Brookings, 2013; O'Connor & Sabato, 2009; 2018).

4. 조직: 의장, 위원회, 소위원회

하원의장은 하원의 유일한 헌법기관으로 전원회의에서 선출되며, 전통적으로 다수당 소속의원 중에서 선출된다. 그리고 의회의 활동과 의사진행에 대하여 광범위한 권한을 가지며, 위원회에 의원들을 배정하고 제출된 법안을 다룰 위원회를 결정하는 데 상당한 역할을 수행한다. 하원의장은 기술적으로는 비당파적nonpartisan이나, 실제로는 하원 다수당의 공식 리더의 역할을 수행한다. 미국의 하원의장은 대통령의 부고시 부통령 다음으로 대통령 승계 서열 2순위자이기도 하다.

미국의 부통령은 상원의 의장으로서 의사를 진행한다. 그러나 부통령은 상원의원이 아니므로, 가부동수인 경우를 제외하고는 투표에 참여하지 않는다. 따라서 가부동수의 경우 이외에는, 의장대행the president pro tem[11)]이 실제로 의사를 진행한다. 그러나 상원의 실질적인 리더십은 다수당과 소수당의 원내대표

11) 부통령 부재시의 상원의사진행자(사회자)를 말하며, 관례적으로 상원 다수당 소속 의원 중 최다 연임자(continuous term of service)가 된다. 의장대행은 하원의장에 이어 대통령승계 3순위자이기도 하다.

floor leader가 행사한다.

의회의 입법 활동에서 가장 핵심적인 요소는 위원회와 소위원회이다. 대부분의 입법 활동이 여기에서 이루어질 뿐만 아니라, 위원회의 결정은 대부분 본회의에서 그대로 수용된다. 위원회, 특히 소위원회제도는 소관업무와 관련된 행정기관의 조직과 활동 및 재정에 관한 전문지식을 축적하도록 함으로써 정부에 대한 통제를 강화한다(Hague, 1992: 104; Bardes, Shelley & Schmidt, 2004: 349). 결국 실제로 활동 중인 의회는 의회가 아니라 위원회라 할 수 있다.

미국의 상·하의원의 각종 위원회 수를 보면 〈표 2-3〉과 같다. 114대 미국의회(2015)의 경우를 보면 하원에는 20개의 상임위원회와 90개의 소위원회가

표 2-3 미국 상·하원의 각종 위원회 수(1979-2017)

의회	상임위원회		상임위 소위원회		1인당배정 상임위수(평균)		1인당배정 소위원회수(평균)	
	하원	상원	하원	상원	하원	상원	하원	상원
96대(1979-1980)	22	15	149	91	1.7	2.3	3.6	6.6
97대(1981-1982)	22	15	132	94	1.7	2.5	3.4	6.7
98대(1983-1984)	22	16	130	103	1.7	2.9	3.6	7.5
99대(1985-1986)	22	16	142	90	1.8	2.8	4.0	6.9
100대(1987-1988)	22	16	140	85	1.7	2.9	3.8	7.0
101대(1989-1990)	22	16	138	86	1.8	3.0	3.9	7.0
102대(1991-1992)	22	16	135	87	1.9	2.9	4.0	7.4
103대(1993-1994)	22	17	115	86	2.0	3.2	3.7	7.8
104대(1995-1996)	19	17	84	68	1.8	3.1	2.9	6.2
105대(1997-1998)	19	17	86	68	1.8	3.1	3.2	6.5
106대(1999-2000)	19	17	85	68	1.9	3.2	3.2	6.8
107대(2001-2002)	19	16	89	68	1.9	3.2	3.6	8.5
108대(2003-2004)	19	17	88	68	1.9	3.5	3.5	8.0
109대(2005-2006)	20	17	92	72	2.0	3.3	2.9	9.3
110대(2007-2008)	20	17	97	72	1.9	3.4	2.8	7.7
111대(2009-2010)	20	17	101	74	1.8	-	3.0	-
113대(2013-2014)	20	16	90	70	1.8	-	-	-
114대(2015-2016)	20	16	90	70	1.8	-	-	-

자료원: Ornstein et al.(2008: 104), 임성호(2010: 10-12), O'Connor and Sabato(2009; 2016; 2018)를 참조하여 재구성함.

있으며 하원의원 한사람은 평균 약 2개의 상임위원회와 3개의 소위원회가 배당된다. 상원에는 16개의 상임위원회와 70개의 소위원회가 있으며 상원위원 1사람당 2개 또는 3개의 상임위원회와 7개의 소위원회가 배당된다. 이와 같이 상원의원은 하원의원보다 많은 위원회와 소위원회에서 활동하여야 하므로 하원의원에 비하여 전문성이 낮은 편이다(O'Connor & Sabato, 2009: 2018; Bardes, Shelley & Schmidt, 2004: 350).

위원회의 위원장은 그 위원회의 다수당 소속의원 중에서 가장 오랜 경력seniority을 가진 자가 선출되는 것이 관행이다. 그러나 하원에서는 1970년대 초의 개혁으로 경력이 위원장 선출의 유일한 기준으로 작용하지는 않는다. 경력우선제도seniority system에 의하여 하원에서 남부출신의 보수적인 위원장들이 위원장직을 계속 점유하게 되자, 1971년과 1973년에 당시의 다수당인 민주당소속의 진보적인 하원의원들이 정당간부대회party caucus에서 비밀투표로 위원장들을 선출하였다. 그 후부터 하원에서는 투표에 의하여 위원장을 선출한다(O'Connor & Sabato, 2009). 또한, 공화당에 의해서 위원회 위원장의 임기를 6년으로 제한하는 규칙이 제정되었다(Bardes, Shelley & Schmidt, 2004: 351).

위원장은 의사진행과 관련하여 막강한 권한을 갖는다. 그는 청문회 일정을 결정하고, 법안에 대한 공식적인 활동을 통제하며, 법안을 담당할 소위원회

표 2-4 하원과 상원의 비교

기 준	하 원	상 원
정 원	435명: 인구비율로 배정	100명: 1개 주에 2명
임 기	2년	6년: 매 2년마다 3분의 1씩
자 격	25세 이상, 7년 이상 거주	30세 이상, 9년 이상 거주
의 장	선출: 다수당 소속 의원	부통령
상임위원회	19개	16개
의원 1인당 위원회	6개~7개	10개~11개
주요 위원회	세출, 예산, 운영, 세입위	세출, 무기, 재정, 대외관계위
위원장 선출기준	다수당, 경력순 또는 투표	다수당, 경력순
권 한	모든 세입법안 발의, 탄핵 발의	조약·임명에 대한 동의, 탄핵심판
의원 전문성	높은 편임	낮은 편임
소위원회 결정	대부분 수용	운영위에서 통제
의사진행	위원회별로 다름	공식적인 통제가 거의 없음

를 결정한다. 그러나 최근에는 상임위원장의 권한 중 많은 부분이 소위원회 위원장들에게 이양되고 있다. 이에 따라 소위원회의 위원장들은 의제를 선택하고, 청문회의 소집여부와 소집시기 및 회의소집시기 등을 자신에게 유리하도록 전략적으로 결정할 수 있다(Anderson, 1984: 69).

지금까지 논의된 내용 중, 상원과 하원의 차이점을 종합적으로 정리하면 〈표 2-4〉와 같다.

5. 입법과정

모든 법안bill은 반드시 의원에 의하여 제출되어야 한다. 일단 제출된 법안은 소관 상임위원회에 회부되며,12) 이들의 대부분은 다시 소위원회에 회부된다. 여기에서부터 법안에 대한 심리가 이루어진다. 법안에 관한 위원회나 소위원회의 심의단계는 법안심리, 법안절충, 찬반투표 및 보고로 이루어진다.

법안심리과정에서는 청문회hearing가 개최되기도 하는데, 대부분의 청문회는 공개회의를 요구하는 1970년의 일출법sunshine laws에 따라 공개적으로 진행된다. 법안심의과정은 주로 정책형성을 신속하게 처리하거나, 지연시키거나, 수정할 수 있는 권한이 있는 소위원회 또는 위원회의 위원장들에 의하여 통제된다. 최근 의사절차에 관한 개혁으로 위원장이 독단적으로 행동할 수 있는 기회는 다소 줄어들었으나, 위원장들은 정치적 및 입법적 요인들과 법안의 장기적 목표들을 고려하여 법안의 통과나 수정 또는 반대를 위한 나름대로의 전략을 선택하게 된다. 법안이 소위원회에서 통과되어 위원회에 보고되면, 위원회는 그 법안을 폐기할 것인지 아니면 전원회의에 보고할 것인지를 결정하게 된다.

일단 법안이 위원회로부터 보고(통과)되면, 그 법안은 전원회의에 상정하게 된다. 이 때 하원에서는 운영위원회Rules Committee가 능률적인 법안심의를 위하여, 법안을 투표에 붙이기 전에 전체회의에서의 토론 스케줄을 잡으며, 의사진행의 지연을 제한하는 제한적인 단서들을 붙일 수 있다(상원에는 운영위원회가 없다).13) 그러나 상원에서는 의사진행에 대한 제한이 거의 없기 때문에, 의

12) 위원회는 제출된 법안을 그와 관련된 행정기관과 회계감사원(GAO)에 송부하며, 법안의 필요성과 타당성에 대한 공식적인 검토보고서를 위원회에 제출할 것을 요구한다. 유관 행정기관은 법안에 대한 검토보고서를 위원회에 제출하기에 앞서, 관리예산처(OMB)에 제출하여 대통령의 정책과의 일치여부에 대한 검토를 받는다.

13) 예산안은 운영위원회에 회부되지 않는다.

사절차 상의 지연가능성과 반대자들의 의사진행방해filibuster가 항상 존재한다.

한쪽 의회에서 승인된 법안은 다른 쪽 의회에서도 통과되어야 하며,14) 양원에서 승인된 법안들 간에 차이가 있을 경우에는 양원합동위원회의 한 형태인 조정위원회Conference Committee에서 조정된다. 양원을 통과한 법안은 대통령의 서명으로 공포되며, 이 때 대통령은 거부권을 행사할 수 있다. 대통령의 거부권 행사는 상원과 하원 모두에서 각각 출석의원 2/3의 찬성으로 무효화시킬 수 있으나, 대통령에 의한 거부권 행사는 대부분 성공하게 된다. 실제로, 1780년~2003년 사이에 대통령에 의하여 거부된 1,485개의 법안 중 입법화에 성공한 것은 106개에 불과하다(Bardes, Shelley & Schmidt, 2004: 377).

이와 같이 의회는 원활한 업무수행을 위하여 의사진행에 관한 규칙과 절차를 규정하고 있다. 이는 법률안이 법률로 되는 단계를 규정하고 있으며, 전문화된 위원회들에 권한을 분산시키고, 위원회의 의원들에게 권력을 분배한다. 그러나 공식적인 의사규칙에도 불구하고, 대부분의 법안들은 교과서적으로 통과되지 않는다. 입법결정에 있어서 의원들은 그들의 지역구 주민들, 백악관, 언론, 로비스트, 조직화된 이익집단, 그들의 참모, 의사당에서의 그들의 당 지도부와 동료의원들로부터 영향을 받는다. 정도의 차이는 있지만 입법과정의 매 단계마다 이러한 외부압력이 존재한다(Oleszek, 1989). 특히 10단계~12단계를 거쳐야 하는 입법과정은 이익집단의 접근을 용이하게 만들기 때문에, 매 단계마다 치열한 경쟁과 갈등을 겪게 되며, 결과적으로 의회의 결정은 보수적인 성향을 띄게 된다(Anderson, 1984: 70).

의회 내에는 당파적 연합partisan coalition, 교차지지log-rolling, 특정 선거구의 의원을 이롭게 하는 선심성 정부사업pork-barrel 등 세 가지 형태의 중요한 정책형성 패턴이 존재하는데, 이것들은 모두 정치적 제휴를 내포하고 있다(Hague, 1992). 당파적 정책형성은 공유하고 있는 정당의 이념적 가치들에 근거한 제휴를 말한다. 1980년대에 이러한 당파적 정책형성이 특히 하원에서 많이 발생하였다. 그러나 당파적 연합은 가변적이며, 종종 예측 불가능하다. 이와는 대조적으로 교차지지에 의한 정책형성은 상호 선호하는 법안들을 서로 교환하여 지지하는 의원들을 포함한다. 의원 자신이 선호하는 법안에 지지를 얻는 것에

14) 제104대 의회(1995-1996)에서 상・하 양원에 제출된 6,545개의 법안 중 4,344개 법안이 하원에서 발의되었다.

대한 반대급부로서 다른 의원의 법안에 찬성표를 던지는 것이다. 선심성 정부사업에 의한 입법은 정부계약, 건설 프로젝트, 또는 연방정부 시설의 형태로 의원의 지역구민에게 혜택을 주는 것이다. 입법 활동을 둘러싸고 가장 활발한 로비가 벌어지는 곳은 위원회와 소위원회이다. 위원회나 소위원회와 관련된 행정기관과 이익단체들은 자신들의 생존과 성장을 위하여 가능한 모든 수단을 동원하여 소속 의원들을 상대로 로비활동을 전개한다. 이 때 관련된 행정기관과 이익단체들은 종종 협력관계를 유지하며, 의회에 대하여 공동전선을 구축하기도 한다. 한편 소속 의원들도 이들을 이용하여 선심성 사업을 지역구에 유치하거나 자신의 지지기반이나 영향력을 확대하고자 한다. 이러한 과정에서 서로 연관된 위원회와 이익단체 및 행정 기관 간에는 철의 삼각형iron triangle이라 불리는 협력적 공존관계가 구축되기도 한다.

Ⅲ. 법 원

미국의 사법체계[15]는 연방법원과 주법원이 고유의 권한을 갖고 나란히 존재하는 이중구조로 되어 있다. 연방법원은 연방정부와 관련된 문제나 복수의 주정부가 관련된 문제를 다룬다. 연방법원체제나 주법원체제 모두 기본적으로 3심제에 입각한 3층 구조로 되어 있다([그림 2-3] 참조).

연방대법원Supreme Court은 대법원장The Chief Justice을 포함한 9명의 대법관으로 구성되며, 법률에 대한 위헌심사와 상고사건을 취급한다.

연방고등법원Court of Appeals: Appellate Court은 항소사건과 행정기관에 의한 제소사건을 취급하며, 12개가 설치되어 있다.[16] 연방지방법원District Court은 2010년 현재 1개 주에 1개~4개씩 모두 94개가 설치되어 있다(O'Connor & Sabato, 2009).[17]

연방법관은 상원의 동의를 얻어 대통령이 임명한다. 법관지명자nominee를

15) 미국의 사법제도는 관습법주의에 입각하고 있다. 관습법(Common Law)은 영국에서 유래된 것으로, 지배적인 관습(custom)과 선례(precedent)에 따라 형성된 판결로 이루어진 법체계를 의미한다. 판결은 유사한 사례에 적용되며, 점진적으로 국가 전체에 공통적으로 적용하게 된다.

16) 이외에 제13순회고등법원(The Court of Appeals for the Thirteenth Circuit), 또는 연방순회법원(The Federal Circuit)이 있다. 이 법원은 전국을 관할구역으로 하여 특허관련 사건과 연방정부를 피고로 하는 행정소송사건을 취급한다.

17) 지방법원(District Court)은 인구 수와 사건 수에 따라 주별로 설치되나, 각 주에 최소한 1개는 설치되도록 되어 있다. 이외에 국제무역분쟁법원(U.S. Court of International Trade), 순회법원(U.S. Court of Federal Claims)이 있다.

그림 2-3 사법체계

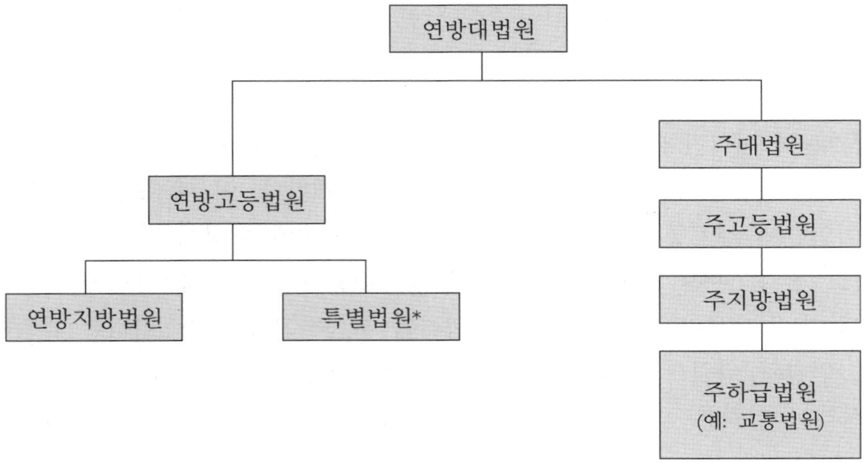

* 조세법원(Tax Court), 파산법원(Bankruptcy Court) 등 특수 분야를 관할하는 법원.

선정할 때, 대통령은 그의 능력뿐만 아니라 정치적 성향과 인종 및 성gender 등의 요인도 고려하여 지명한다. 특히 대통령은 임기를 마친 후에도 자신의 정치적 이념을 제도화시킬 수 있는 확실한 방법 중 하나로 연방법관 임명권을 활용한다. 따라서 대통령의 연방법관 임명은 전형적인 당파적 배분partisan distribution이라 할 수 있다(Bardes, Shelley & Schmidt, 2004: 440). 각 대통령은 통상 대법원과 연방지방법원의 법관을 포함해 약 100~300여명의 연방법관을 임명함으로써 사법부에 간접적인 영향을 미치게 된다(〈표 2-5〉 참조). 특히 대법원 판사는 종신직으로서 어떤 성향의 판사로 구성되느냐에 따라서 국정운영에 매우 중요한 영향을 미치기 때문에 대통령의 대법원 판사의 지명은 매우 중요한 정치행위로 인식된다. 연방법원과 판사는 독립성이 보장되어 있지만 연방법관이 명백하게 불법적인 행위에 개입한 경우, 의회의 탄핵 대상이 될 수 있다.

연방, 주, 지방의 모든 수준의 정부는 법원의 영향을 받는다. 행정행위에 대한 법원의 감독과 개입은 법령이나 행정행위에 대한 사법적 심사judicial review를 통하여 주로 특정한 행정행위를 금지시키거나, 그 행위에 대한 보상을 명령하거나 수정을 요구하는 형태로 이루어진다. 그리고 법원의 판결은 특정한 개인이나 집단만을 대상으로 한정적인 구속력을 갖는 경우가 대부분이나, 고

표 2-5 역대 대통령별 연방법관 임명 수

대통령	대법관	고등법원	지방법원	합계	총 연방 판사 수	임명 비율(%)
존슨(1963-1969)	2	41	125	168	449	37
닉슨(1969-1974)	4	45	182	231	504	46
포드(1974-1977)	1	12	50	63	504	13
카터(1977-1981)	0	56	203	259	657	39
레이건(1981-1989)	3	78	290	371	740	50
부시(1989-1993)	2	37	148	187	825	23
클린턴(1993-2001)	2	62	305	369	841	44
부시(2001-2009)	2	61	261	324	866	37
오바마(2009-2016)	2	49	268	319	860	37
트럼프(2017-)	1	12	6	19	860	2

자료원: http://www.uscourts.gov/sites/default/files/apptsbypres.pdf

용에 있어서 인종이나 성에 의한 차별을 금지한 것과 같이 행정기관은 물론 모든 민간조직의 인사정책까지 광범위하게 규제하는 경우도 있다.

미국에서 행정행위에 대한 사법적 평가의 범위는 1960년대 이후 상당히 확장되었다. 주로 공공이익을 추구하는 법률가의 증가, 빈민층과 중산층을 위한 법률서비스의 발달, 새로운 관점에 의한 문제 해석을 통하여 사법적 판단의 범위를 넓히려는 활동적인 판사의 증가 등이 이러한 현상을 유발하였다(Horowitz, 1977: 150). 따라서 오늘날에는 사법적 판단으로부터 제외되는 행정행위는 점차 줄어들고 있다. 이런 의미에서 연방법원은 공공정책 형성과정에 크게 정치적인 영향력을 미친다고 볼 수 있다.

그러나 다른 국가에서와 마찬가지로 미국의 경우에도, 행정행위에 대한 법원의 감독은 근본적인 한계를 지니고 있다. 법원의 결정은 사전 예방적 조치가 아니라 사후구제를 위한 조치이기 때문이다. 또한 법원은 특정한 행정행위를 금지시킬 수는 있으나, 보다 효과적으로 행정서비스를 제공할 수 있는 대안적인 정책수단을 결정할 수는 없다. 그리고 법원은 행정부에 비하여 복잡한 행정현상을 분석하고 해석하는 데 필요한 정보와 전문적인 능력이 절대적으로 부족하다. 그러므로 법원은 다른 기관의 판단을 제한할 수는 있으나, 자신의 판단이 행정부나 의회의 그것과 경합될 경우에는 자신의 판단을 실현시키기가 매우 어렵다(Horowitz, 1977). 다시 말하면, 행정부가 법원의 판단을 무시하고 시행하지 않거나, 의회가 시행에 필요한 예산을 승인하지 않거나 배정하지 않는 경우, 법원은 효과적인 대응수단을 갖고 있지 못하다.

Ⅳ. 정 당

미국의 정당체제는 전형적인 양당체제로 발전하여 왔다. 미국의 건국기초자들은 정당을 국내적 분쟁과 혼란을 야기하는 일종의 분파faction로 간주하고 정당정치를 배격하고자 하였다. 그러나 미국에서 정당은 건국 직후부터 출현하였다. 건국당시부터 시작된 Alexander Hamilton을 중심으로 한 중앙집권적인 연방주의자들과 Thomas Jefferson을 중심으로 한 반연방주의자들 간의 대립은 연방당Federalist과 민주공화당Democratic Republicans을 출현시켰다. 이때부터 미국의 양당정치체제는 싹트기 시작하였다. 1832년에 이르러서는 민주공화당이 Jefferson의 지방분권적 이념을 추종하는 민주당Democratics과 연방주의적 이념에 동조하는 휘그당Whigs으로 분열되었으며, 1856년에 Abraham Lincoln이 노예해방파와 휘그당을 통합하여 공화당을 창당하였다.[18]

오늘날과 같은 공화당The Republican Party과 민주당The Democratic Party에 의한 양당정치는 남북전쟁이 발발하고 Lincoln이 대통령에 취임한 1861년부터 확립되었다(McKay, 1985: 85; 이규복, 1985: 219-221; O'Connor & Sabato, 2009). 이때부터 연방, 주 및 지방선거의 거의 대부분은 민주·공화 양당 간의 경쟁구도로 나타난다.

정당에 대한 건국기초자들의 우려와 배격에도 불구하고, 오늘날 미국의 정당은 모든 현대 민주국가의 정당과 마찬가지로, 의회와 대통령 및 행정부의 활동에 필수적인 요소로 인식되고 있다. 다른 민주국가의 정당과 마찬가지로 미국 정당도 다양한 이익의 통합·조정 및 대표, 국민에 대한 정치 교육, 공직후보자의 양성 및 제공, 새로운 정강platform의 개발, 정치적 판단기준의 제공, 선거 등의 기능을 수행한다. 그러나 미국의 정당은 다른 민주국가, 특히 유럽 국가들의 정당과는 다른 구조적·기능적 특성을 나타내고 있다. 미국 정당의

18) 공화당은 상공업자, 은행가, 북부와 서부의 농부를 주요 기반으로 하였으며, 민주당은 남부의 가난한 백인과 대지주를 주요 기반으로 하였다(McKay, 1985: 85).

특성을 정리하면 다음과 같다.

첫째, 이미 논의한 바와 같이 미국은 전형적인 양당체제를 유지·발전시켜 왔다. 양당체제는 미국의 정치안정에 크게 기여하고 있다(McKay, 1985: 83).

둘째, 유럽의 정당은 대체로 계층, 지역, 종교, 언어, 또는 이념적 분할에 입각하여 결성되며, 뚜렷한 대중적 이미지public image를 갖고 있다. 반면, 미국의 정당은 비이념적non-ideological이다. 즉, 이념적 분할보다는 광범위한 사회적 합의에 입각하고 있다(McKay, 1985: 78-79). 뉴딜 이후 민주당은 소수인종, 흑인, 노동자, 고졸 미만의 저학력자와 대학원 이상의 고학력자, 그리고 여성이 선호하는 경향을 보이며, 공화당은 상위소득계층, 전문가, 기업가, 대졸자 등이 선호하는 경향이 나타나고 있다(Bardes, Shelley & Schmidt, 2004: 261).

셋째, 유럽의 정당이 고도로 구조화되고 대중정당mass-membership party을 지향하며 특정화된 정책 사업을 제시하는 데 반하여, 미국 정당은 매우 일반적인 정책대안을 제시한다. 미국의 정당은 상대적으로 느슨하게 연계되어 있는 소수의 적극적인 정당활동가들에 의해서 주도된다. 또한 미국 정당은 주와 지방의 각 단위조직들이 상당한 자율성을 지닌 연합체적 구조를 지니고 있어 특정한 집단이나 계층과 연계되어 있지 않기 때문에 다양한 집단적 이익과 광범위하게 제휴하는 경향이 있으며, 이 과정에서 집단 간의 견해 차이를 좁히고 극단적 견해를 보다 실용적이며 안정적인 정책대안으로 순화시킴으로써 사회적 합의를 도출하려 노력한다(McKay, 1985: 79-80; O'Connor & Sabato, 2009). 그러나 사회복지, 경제규제, 소득재분배, 노사관계, 환경보호 등 몇몇 문제에서는 첨예하게 대립하기도 한다(Bardes, Shelley & Schmidt, 2004: 272).

넷째, 미국 정당은 4년마다 대통령과 부통령후보를 지명하기 위하여 소집되는 전국전당대회national convention를 정점으로 전국위원회national committee, 주 전당대회state convention와 중앙위원회state central committees, 의회선거구별 위원회congressional district committees, 각 시·군 위원회city and county committees, 지방선거구별 위원회precinct and ward committees의 단순한 피라미드 형태로 구성되어 있다. 미국 정당은 전통적으로 매우 느슨하게 조직되어 있으며, 공직후보자의 선출을 비롯한 대부분의 정당 활동은 실제로는 전국조직보다는 주와 지방조직에 의하여 수행된다. 따라서 지방단위의 조직으로 내려올수록 정당 구성원의 응집력이 강하다(McKay, 1985: 92; O'Connor & Sabato, 2009).

양당정치체제를 오랫동안 유지해 왔음에도 불구하고 미국 정당은 20세기에 들어서부터 전반적으로 쇠퇴하는 경향을 보이고 있다. 특히, 1940년대 후반 이후에는 공화당과 민주당 어느 쪽도 지지하지 않는 독립적인 투표자가 꾸준히 증가하고 있다. 이들은 1940년대에는 유권자의 약 20%를 차지하고 있었으나, 1970년대 중반 이후에는 1/3 정도의 비율을 유지하고 있다. 미국 정당의 쇠퇴는 다양한 정치적·사회적 변화에 기인한다(McKay, 1985: 96-98; O'Connor & Sabato, 2009).

정당의 쇠퇴를 초래한 첫 번째 요인으로는 정부기능의 변화를 들 수 있다. 전통적으로 정당이 제공하던 사회복지서비스가 정부에 흡수되었으며, 이때부터 사회복지서비스는 정당지지에 대한 반대급부가 아니라 정당한 시민의 권리로 인식되기 시작하였다. 또한 공직임용의 기본원리가 정당에 대한 공헌을 기준으로 하는 엽관주의에서 개인의 자격이나 능력을 기준으로 하는 실적주의로 바뀐 것도 적극적인 정당 활동에 대한 유인을 크게 약화시킨 요인이다.

1890년~1920년대에는 많은 주에서는 정당의 지도자에게 주어졌던 공직후보지명권을 광범위하게 구성된 독립 선거인단에게 부여하는 직접예비선거제도direct primary를 채택하였다. 이에 따라 공직후보자가 형식적인 전당대회convention에서보다는 선거인단에 의하여 선출되게 되었고, 정당과 정당추천 후보자와의 관계가 약화되기 시작하였다.

2차 대전 이후에는 유권자의 교육수준이 향상되고 중산층이 증가함에 따라, 보다 많은 유권자들이 선호하는 정당보다는 정책이슈에 따라 투표하는 정책문제 중심의 정치성향issue-oriented politics을 보이고 있다. 이러한 정치성향은 유권자의 분산투표ticket-splitting에서 잘 나타난다.19) 이것은 유권자들의 특정 정당에 대한 지지가 강하지 않으며, 유권자들이 정당으로부터 중립적인 위치에서 정치적 선택을 하고 있음을 보여준다.20)

2차 대전 이후 지속되고 있는 도시탈출현상도 도시의 밀집된 인구를 광범위한 지역에 분산시킴으로써 정당의 조직화를 어렵게 하고 있다. 이 밖에 TV

19) 유권자가 선거에서 정당을 달리하여 선호하는 후보자에게 투표하는 것을 의미한다(예를 들면, 민주당 대통령후보와 공화당 의원후보에게 투표하는 것).

20) 20세기 초까지만 해도 동일한 정당에 속하는 모든 후보자들에게 투표를 하는 일괄투표(straight-ticket voting)가 보편적이었으나(88%), 근래에는 대통령선거에서 20%~40%의 유권자가 분산투표를 하는 것으로 나타나고 있다(Bardes, Shelley & Schmidt, 2004: 270).

와 신문 등의 대중매체도 정당보다는 후보 개인에게 초점을 맞추기 시작하면서, 소속정당보다는 후보 개인의 역량이 더욱 중요한 요소로 작용하게 되었다.

이상의 요인으로 인하여 미국 정당의 당원과 지지자가 계속 감소하고 있으며, 공직후보자나 당원에 대한 정당의 통제력도 약화되고 있다. 실제로 의회 내의 정당지도자들은 소속 의원들에 대하여 상임위원회의 배정이나 선심성 정부사업의 배분pork barrel 등 몇 가지 통제수단을 지니고는 있으나, 소속의원들의 응집력은 매우 약하며 그들이 정당의 정책이나 입장을 따르지 않고 독립적으로 투표를 하는 경우에도 효과적으로 제재할 수 있는 수단이 없다(O'Connor & Sabato, 2009).

비록 소속 의원에 대한 정당의 통제력이 약화되고 있으나 여전히 소속 정당이 의원들의 투표성향을 예측하는 가장 중요한 기준이 된다. 113대 의회(2013-2014)의 경우 공화당 소속 정당이 투표성향의 94.6% 정도를 예측하게 해준 것으로 나타났다(O'Connor & Sabato, 2018). 정당의 결집력은 호명투표roll-call voting에서 특히 강하게 나타난다. 의장단 구성이나 선거관계법, 대통령의 주요 정책사업, 사회보장관련 정책이슈, 노사관계 정책이슈 등에 대한 투표에서도 정당의 결집력은 강하게 나타난다(O'Connor & Sabato, 2009: 430).

Ⅴ. 이익단체와 공익단체

이익단체는 정부의 정책에 영향력을 행사함으로써 자신의 특수이익을 추구하려는 사람들로 구성된다. 이익단체는 대체로 조직화가 잘 되어 있으며 구체적인 목표를 갖고 있다. 이들은 자신들의 특수이익이 행정기관과 밀접히 연계되어 있다는 것을 충분히 인식하고, 유관 행정기관과 일정수준의 공동이익을 공유하면서 협조적 관계를 유지하고자 노력한다. 이를 위하여 이익단체는 유관 행정기관의 정책결정과 집행에 지속적으로 지대한 관심을 기울이며, 그 기관과 기관소속 공직자들에게 지지나 압력을 행사하기 위한 다양한 작전을 구사한다.

미국 이익단체들의 역사는 길다. 그러나 전국적인 조직들은 통신체제가 발전된 1830년대를 전후하여 시작되었으며, 남북전쟁과 산업화과정에서 흑인, 여성, 그리고 피고용자들이 조직화되면서 그 수가 증가하였다. 이후 일부 이익단체들은 계속 번창하였으나 다른 일부는 몰락하는 과정을 거친 후, 1960년대부터 수백 개의 새로운 이익단체들이 형성되었다. 근래에는 농업, 환경, 산업, 소비자보호 등의 분야와 관련된 이익단체가 증가하고 있다.

새로이 형성된 이익단체의 상당수는 진보적 이익단체들이었지만, 종교적·이념적으로 보수적인 이익단체들도 꾸준히 형성되었다. 이들 이익단체 가운데 상당수는 국회의사당에서 그들의 이익을 보다 잘 대변하기 위하여 수도인 워싱턴 특별구Washington, D.C.에 기반을 두고 있으며, 미국의료협회American Medical Association, 전국교육협회National Education Association, 미국변호사협회American Bar Association와 같은 전문가연합체들도 워싱턴에서 활발하게 활동하고 있다(O'Connor & Sabato, 2009). 수백 개에 이르는 기업과 대학교 등의 조직을 제외하고도 20,000개가 훨씬 넘는 이익단체가 존재하는 것으로 추정된다(Loomis, 2003: 236).

특히 1974년에 개정된 연방선거법에 의해 기업, 노동단체, 이익단체가 정치활동위원회political action committee을 통해 선거에 참여하는 후보들에게 정치기부금을 낼 수 있게 됨으로써 정치활동위원회는 정책에 영향을 미치고자 하는 개인이나 집단에게 매우 중요한 통로가 되고 있다(O'Connor & Sabato, 2009).

정부조직과 연계되어 있는 모든 이익단체는 유관 행정기관과 밀접한 관계를 갖지 않을 수 없다. 행정기관들은 정치적 지지를 획득하거나 정보를 얻기 위하여 또는 법적인 의무 때문에 이익단체들과 협의하는 반면에, 이익단체들은 입법을 위한 연합을 도모하고 정책집행을 통한 편익을 추구하기 위하여 그리고 장기적인 상호협력관계를 유지하기 위하여 관료기관에 접근하고 있다(Chubb, 1983). 따라서 모든 이익단체는 자신의 이익을 극대화하기 위하여 유관 행정기관의 목적과 속성에 따라 다양한 조직형태와 활동유형을 보인다.

이익단체들이 모든 수준의 정부 관료제에 미치는 영향 또한 매우 크다. 행정기관이 관련 이익단체와 협조적 관계를 유지하면 생존과 성장이 용이하게 이루어지나, 적대적 관계나 갈등관계가 지속될 경우에는 그 기관의 목적과 수단을 변경해야 할 정도로 기관의 존립이 위협받기도 한다(Simon, Smithburg & Thompson, 1950: 384; Hague, 1992: 111).

Yates(1982)는 다원화된 이익단체의 정치적 영향력 증대와 그에 따른 정부의 영향력 감소에 착안하여 미국사회를 다원주의적 민주주의pluralistic democracy라고 부른다. 다원주의적 민주주의는 정부와 이익단체뿐만 아니라 서로 상반되는 이익을 추구하는 이익단체 간의 갈등과 경쟁을 의미하기도 한다. 이러한 상황 하에서 이익단체들은 자신의 영향력을 극대화하거나 특수이익을 증진하기 위하여 다양한 전략과 기법을 사용한다. 이익단체들은 행정기관과 일상적인 접촉이나 청문회 참여 등을 통하여 행정기관에 대한 자문기능을 수행한다. 그러나 이익단체들의 가장 공통적인 활동은 다양한 형태를 취하는 로비활동이다.

이익단체들은 일상적으로 국회의원들과 그들의 참모진, 대통령과 관료, 그리고 법원에 압력을 가하고 있다. 또한 그들은 일반시민들과 집단구성원들을 교육시킨다. 나아가 정부의 주요 의사결정자들에게 압력을 가하기 위하여 자신들에게 유리한 정보를 언론에 제공하거나, 언론을 통하여 유리한 정책을 지지하고 불리한 정책을 비판하는 등 보도매체를 적극적으로 활용한다. 이익단체들은 유관 행정기관의 자율성 증진이나 예산확보 또는 조직개편을 위하여 로비활동을 전개하기도 하며, 자신들에 우호적인 자를 공직에 취임시키거나 승진시키기 위하여 압력을 행사하기도 한다. 또한 이익단체들은 선거의 결과에도 영향을 미치려고 자체적으로 후보자를 내거나 선출직 공직자들을 지속적으로 모니터링 하는 등 다양한 노력을 벌인다.

미국의 기업, 노동조합, 시민단체 등이 선거자금을 모아 합법적으로 정치기부금을 낼 수 있도록 하기 위해 설립한 조직인 정치활동위원회Political Action Committee: PAC는 선출된 공직자로부터 지지를 얻어 내고, 그들에게 우호적인 자들을 공직에 계속하여 머물러 있도록 하기 위한 또 다른 방법이다(O'Connor & Sabato, 2009; Hague, 1992).[21] 정치활동위원회는 1972년에 113개가 있었으나 그 수가 급증하여 1988년에 4,268개로 늘어났고 이후 비슷한 규모를 유지하고 있다. 이에 따라 이들의 정치헌금도 급증하여, 1971년과 1972년 의원 후보자들에게 약 850만불 정도의 후원금을 제공했으나 2006년에는 30배가 증액된 약 3억 3천만 불 정도의 후원금을 제공한 것으로 알려져 있다(O'Connor & Sabato, 2009: 513). 이러한 정치활동위원회가 제공하는 정치후원금의 액수가 늘어나는 추세임에도 불구하고 개인의 정치후원금이 여전히 가장 중요한 정치자금이다. 하원후보의 경우는 약 60%, 상원후보의 경우는 75% 그리고 대통령 후보의 경우

21) 정치활동위원회가 합법적이기 위해서는, 최소한 50명 이상이 자발적으로 헌금해야 하며, 적어도 5명 이상의 연방선거후보자에게 정치자금을 제공하여야 한다(Bardes, Shelley & Schmidt, 2004: 236).

는 약 85%의 선거자금이 개인후원금으로 알려져 있다. 따라서 정치활동위원회의 정치기부금은 여전히 부차적인 정치재원이라고 할 수 있다(O'Connor & Sabato, 2009: 513).

일반적으로 성공적인 이익단체들은 다음과 같은 몇 가지 특징을 지니고 있다(Bardes, Shelley & Schmidt, 2004: 231-233).

첫째, 광범위한 지역에 거주하는 다수 주민을 구성원으로 하는 이익단체나 지리적으로 분산된 경우라도 대규모의 구성원이 전략적으로 조직되어 있는 이익단체가 강력하게 정치적 영향력을 행사할 수 있다. 1930년대의 대공황을 극복하기 위하여 설립된 TVA는 테네시계곡에 있는 거의 모든 지역과 사람들을 관할구역에 포함하고 있는데, TVA에 대한 주민과 이익단체들의 광범위한 지지와 참여를 기반으로 아직까지도 지역개발을 위한 적극적인 활동을 전개하고 있다. 한편, 재향군인회나 전국농민단체 등은 비록 지리적으로는 분산되어 있으나 강력한 조직력을 바탕으로 연방이나 주정부 차원에서 자신들의 이익을 보호하기 위하여 유관기관에 강력한 영향력을 행사하고 있다.

둘째, 단체구성원들의 적극적인 참여, 강력한 조직력 및 풍부한 재원, 전문 인력을 갖춘 이익단체일수록 강력하고도 효과적으로 정치활동을 수행한다. 규모는 크지만 느슨하게 조직된 이익단체보다는, 규모가 작더라도 위의 조건을 갖춘 이익단체가 효과적인 로비활동을 전개하는 경우가 자주 있다.

유관행정기관의 자율성수준도 이익단체의 효과성에 상당한 영향을 미친다. 유관 행정기관이 독립적인 위치에서 자율적으로 정책결정을 하게 되면, 고객집단의 접근이 용이할 뿐만 아니라 집중적인 로비가 가능하기 때문이다.

이익단체와는 달리 공익의 실현을 목적으로 구성된 시민조직이나 공익단체들도 정부에 대한 압력단체로서의 역할을 수행하고 있다. 공익단체들이 정비된 조직과 힘을 갖추고 국가차원에서 감시기능을 수행하기 시작한 것은 커먼커즈Common Cause나 공공시민Public Citizen과 같은 조직이 형성된 1960년대부터이다. 1970년대에는 헤리티지재단Heritage Foundation과 같이 전문 인력을 확보하고 폭넓은 공공문제에 대하여 사실조사를 토대로 합리적인 정책대안을 제시하는 강력한 조직들이 등장하였다. 오늘날 다양한 활동을 전개하는 시민조직은 수백개에 이를 것으로 추정되고 있다(김번웅 외, 1992: 125).

이들은 대부분 지방정부나 지역사회 수준에서 활동하고 있으나, 전국적인 규모를 지닌 조직도 상당수 활동하고 있다. 정부지출 감시를 목적으로 하는 납세자협회Taxer Association와 같이 특정분야나 단일주제를 위하여 구성된 소규모 집단도 있는 반면, 커먼커즈나 공공시민과 같이 사회정의나 공공의 선을 추구하기 위하여 광범위한 활동을 전개하고 있는 조직도 있다.

공익단체들은 의회나 연방정부 및 지방정부의 입법 활동은 물론 행정기관의 활동에도 적극적으로 영향력을 행사한다. 이들은 행정기관에 대하여 비판적 감시활동을 수행하며, 시민들의 안전이나 건강을 위하여 보다 엄격한 규제조치를 시행하도록 의회와 행정기관에 압력을 넣기도 한다.

Ⅵ. 국 민

많은 미국 국민들은 다양한 정책적 문제에 대하여 자신의 의견을 갖고 있다. 다른 민주국가에서와 마찬가지로, 미국에서도 여론은 정부의 정책에 지대한 영향을 미친다. 일반적으로 미국인들의 정치성향이나 정치적 견해에 영향을 미치는 요인들에는 가족, 동료집단, 교육수준, 종교, 사회경제적 지위, 여론지도자, 특정한 정치적 사건, 언론, 인구통계학적 특성(인종, 성, 출신지역, 거주 지역) 등이 포함된다(Bardes, Shelley & Schmidt, 2004: 204-208).

미 국민 중 소수의 국민들만이 진보와 보수라는 이념에 근거하여 정책을 생각한다. 이는 양당정치를 유지하면서 민주당과 공화당에 대한 지지로 나타난다. 트럼프 대통령이 당선된 이후에 인기영합주적인 경향이 높게 나타나면서 이념적 지향에 따른 갈등이 높아지는 추세이다. 납세자들은 일반적으로 세금을 적게 내는 것을 선호하며, 노인들은 사회보장제도의 강화를 지지하고, 흑인들은 강력한 민권법과 소수민족에 대한 차별철폐 프로그램들을 지지한다(O'Connor & Sabato, 2009).

다른 한편으로, 미국 국민들은 상대적으로 높은 교육수준과 낮은 문맹률을 보이고 있으나 정치에 대한 관심은 낮기 때문에 여론은 매우 일시적이고 비정형적인 특성을 지닌다. 이러한 여론의 특성으로 인해 대부분의 행정기관들은 일반 국민들의 직접적인 감시나 통제에서 벗어나 있다. 정부정책의 대체적인 방향은 여론을 따르는 경향이 있지만, 실제로 이루어지는 정책결정은 대부분 국민들이 잘 모르는 상태에서 이루어진다(Key, Jr., 1961: 81-90). 따라서 여론은 일반적으로 정부에 대하여 강력한 영향력을 행사하지는 못한다. 그러나 어떤 특정한 정책이슈에 대하여 국민이 광범위하고도 지속적인 지지나 반대를 표명하는 경우에는 제도화된 정책적 편견을 극복하고 새로운 문제를 공식적인 정책문제로 제기할 수도 있다(Cobb & Elder, 1983).

이와 같은 예외적인 경우를 제외하면 여론이 정책이슈에 대하여 직접적으로 영향을 미치는 경우는 오직 선거뿐이라 할 수 있다. 많은 미국인들은 상당히 일관된 당파심을 갖고 있지만 유권자들의 당파적 분할에만 근거하여서는 선거의 결과를 성공적으로 예측할 수 없다. 미국 국민들은 선거를 통해 정당에 대한 지지여부보다는 특정 정책에 관한 의사를 표현하는 것으로 이해할 수 있다(Erikson, Luttbeg & Tedin, 1991).

당연히 유권자들은 후보자들 간의 정책에 관한 견해차가 심하고 문제가 되고 있는 정책이슈들이 자신들에게 중요하다고 여겨질 때에 정책이슈의 영향을 가장 많이 받는 경향이 있다. 그러나 장래의 정책에 근거하여 투표할 수 있는 능력이 있는 미국 국민은 소수에 불과하다. 많은 미국의 유권자들은 미래의 행위로서의 공직후보자들의 정책공약을 평가하거나 감시하는 데 필요한 정치적 능력을 갖고 있지 못하다. 따라서 유권자들은 미래의 정책보다는 과거의 정책수행결과에 근거하여 투표하는 경향이 있다(Erikson, Luttbeg & Tedin, 1991). 특히 하원의원들은 주민의 여론을 무시하는 것은 곧 다음 선거에서 패배를 의미한다는 두려움 때문에 그들 자신의 정책선호보다는 지역주민이 바라는 정책을 선택하는 경향을 지니고 있기 때문이다(Erikson, Luttbeg & Tedin, 1991).

문제는 여론의 정체가 매우 가변적이라는 점이다. 여론조사에 있어 샘플이나 질문의 표현방식에 따라 결과는 매우 달라진다는 점은 여론조사를 통해 국민의 정책선호도를 파악하여 국정에 반영하려는 정치인들을 때때로 혼란스럽게 한다. 예를 들면 휘발유에 연방세금을 부과하는 것에 찬성하느냐에 대한 질문에 약 85%가 반대한다고 응답한 반면, 휘발유 세금을 통해 지구온난화현상을 줄인다고 한다면 휘발유에 대한 연방세금을 찬성하느냐는 질문에는 약 34%만이 반대한다고 응답하였다(O'Connor & Sabato, 2009). 2003년에 시행한 이라크 전쟁에 대한 국민의 여론조사의 경우 약 24%만이 이라크 전쟁수행은 실수라고 응답한 반면 2008년도에 시행한 여론조사의 경우는 약 62%가 이라크 전쟁은 잘못된 결정이라고 응답하였다(O'Connor & Sabato, 2009).

여론의 형성에는 신문이나 TV, 인터넷 등 대중매체가 매우 중요한 영향을 미친다. 대중매체는 미처 인식되지 못하고 있는 새로운 문제를 정책이슈로 제기하거나 정부의 정책이나 행정행위에 대하여 지지나 비판을 행함으로써, 여론을 조성하고 나아가 공공정책의 결정과 집행에 영향을 미친다. 대기오염의 악화나 에이즈AIDS 확산 등에 관한 언론보도는 환경오염에 대한 규제의 강화나 예산증액 등의 형태로 신속히 반영되었다. 그러나 여론과 마찬가지로 대중매체도 행정기관의 일상적인 업무에 대하여는 대체로 간과하는 경향이 있다. 이는 대부분의 보도매체가 상업용이기 때문에 주민생활에 미치는 영향보다는 구독률이나 시청률을 우선시하고 흥미위주의 기사에 치중하게 되기 때문이다(김번웅 외, 1992: 116-118).

여론조사의 경우, 샘플링에 따라서도 응답결과는 매우 달라질 수 있다는 점도 국민의 여론을 제대로 읽고자 하는 정치인에게 매우 어려운 숙제를 던져준다. 특히 최근 휴대전화 보급의 확대로 인하여 전화로 시행한 여론조사의 신뢰도가 떨어지고 있는 경향이 있어 더욱 어렵다. 여론조사의 여러 가지 한계에도 불구하고 여론의 흐름을 파악하는 것은 정치와 행정의 본질을 이해하는데 여전히 중요하다.

제3절 정부관료제의 내부적 특징

Ⅰ. 수립배경

미국의 모든 수준의 정부에서 정부 관료제는 가장 핵심적인 체제로서 작용하며, 고도의 전문지식을 적용하여 공공정책을 결정하고 집행한다. 2010년 현재 미국의 연방행정부는 210만여 명의 직원을 거느린 방대한 규모를 지니고(OPM, 2010), 미국 국민 전체에 지대한 영향을 미치는 광범위한 기능을 수행한다. 그러나 대통령을 보좌하기 위하여 생성된 연방관료제가 이제는 적절한 통제가 곤란할 정도로 강력하고도 거대한 집단으로 성장하여 제4의 정부the Fourth Branch of Government라고도 불린다(Meier, 1993).

미국의 연방정부가 처음부터 오늘과 같이 거대한 규모로 설립된 것은 아니다. 미국의 연방관료제는 사회·경제적 환경의 변화에 대응하여 점진적으로 증가하여 왔다. 1789년 독립 당시의 미국은 대부분이 농민으로 구성된 400만 명 정도의 인구를 지닌 단순한 사회였다(김번웅 외, 1992: 50). 더욱이 미국은 처음부터 제한된 정부라는 철학을 갖고 출발하였으므로, 독립 당시의 George Washington 행정부는 국가의 가장 핵심적인 기능을 수행하는 5개의 기관, 즉 대외업무를 담당하는 국무부, 국가보위를 위한 전쟁부(현재의 국방부), 국가재정을 담당하는 재무부, 우편업무를 담당하는 체신부의 4개 부처와 법무행정의 처리와 대통령의 법률자문을 위한 법무처(현재는 법무부)만으로 구성되었다.

19세기에는 경제성장에 따라 새로운 행정수요가 증가하였으며, 이에 따라 연방관료제도 규모면에서 증가하였다. 특히 남북전쟁1861~1865은 연방정부 관료제의 규모와 성격을 완전히 바꾸어 놓았다. 남북전쟁을 치르면서 수천 명의 공무원들이 새로 충원되었고 많은 행정기구가 설립되었다. 남북전쟁 후에도 커다란 정부의 필요성이 수그러들지 않았다. 남북전쟁과 전후의 경제발전으로 새로운 행정수요가 늘어났으며, 그에 따라 연방관료제도 19세기 후반부터 급격히 성장하였다. 내무부와 통상부 등 새로운 내각 부처Cabinet Department와 기관들이 신설되었으며, 기존 부처의 조직들도 다양하게 분화, 발전되었다.

또한 이 시기에는 이익단체들이 강력한 경제적 블록을 형성하기 시작하였으며, 고객의 수요에 대응하는 강력한 관료제가 출현하기 시작하였다. 1862년에 설립된 농업부는 연구와 교육기능을 담당하였으나, 농민들의 강력한 후원에 힘입어 1889년에 각료에 의하여 대표되는 내각부처로 승격되었으며, 활동범위와 기능도 계속 확대되었다(김번웅 외, 1992: 65-66).

19세기 말과 20세기 초에 미국에서는 전통적인 정부기관 외에 두 가지의 새로운 형태의 기관, 즉 독립규제기관Independent Regulatory Agencies과 공사Government Corporations가 출현하였다(김번웅 외, 1992: 67-71). 규제기관의 출현은 대기업에 의한 시장독점과 불공정거래행위의 방지라는 당시의 사회적 수요에 대한 결과였다. 독립규제위원회에 의한 규제활동은 1887년 주간통상위원회Interstate Commerce Commission의 설립과 함께 연방수준에서 시작되었다. 주간통상위원회의 설립으로 서비스행정에서 규제행정으로 관료제의 중심이동이 두드러졌다. 1914년에는 대기업체의 불공정거래행위로부터 중소기업체와 국민들을 보호하기 위하여 연방통상위원회Federal Trade Commission가 설립되었으며, 이후 다양한 경제분야를 규제하는 독립규제위원회들이 설립되어 활동하고 있다. 독립규제위원회는 대통령으로부터 독립하여 정부부처의 외부에 위치하고 있으며, 정부의 정책의제의 설정이나 정책형성에 막강한 영향력을 행사하고 있다.

공사는 점증하는 정부부처의 문제점을 극복하고 공공목적을 보다 능률적으로 실현하기 위하여 설립되었다(Seidman, 1975: 254). 1904년 최초로 미국정부가 프랑스로부터 매입한 파나마 철도회사를 공사로 설립한 이후 TVATennessee Valley Authority에 이르기까지 100개 이상의 공사가 설립되었다. 공사의 경우도 독립규제위원회와 마찬가지로 경제성과 능률성을 보장하기 위하여 정치적 독립성을 부여받고 있다.

1930년대에 대공황을 극복하기 위하여 실시된 뉴딜New Deal정책과 1960년대의 복지사회건설을 위한 위대한 사회Great Society정책은 사회복지서비스에 대한 광범위한 수요를 유발하였으며, 이에 대응하기 위하여 다양한 사회복지관련 관료제가 신설되거나 재조직되었다. 대공황에 대처하기 위한 Roosevelt의 경제부흥계획에는 상관행과 경제의 여러 측면들을 규제하는 수백 개의 새로운 정부기구를 설립하는 것이 포함되었다. 비록 자유방임적 성격의 연방최고법원이 증가된 규제와 관료제화에 완강히 반대하였지만 Roosevelt 대통령이 제안한 광범위한 경제법안들은 의회에 의하여 입법화되었다. 미국의 절망적인 분위기로 인하여 대부분 미국인들도 이러한 움직임을 지지하였으며, 이에 따라 연방대법원도 이전의 결정들을 번복하고 새로운 프로그램들을 합헌으로 선언하였다. 이에 따라 관료제는 새로운 뉴딜프로그램들을 감시하기 위하여 다시 확장되었다.

Johnson 대통령에 의하여 추진된 위대한 사회정책은 뉴딜시대에 소외되었던 분야에까지 사회복지사업을 확대하는 광범위한 복지정책이었으며, 이것을 집행하기 위하여 사회복지관련 행정기관들이 다시 확충되었다. 제2차 세계대전에의 참전도 미국의 관료제를 급격히 팽창시켰다. 1941년부터 1945년까지의 전쟁기간 동안 미국에서는 무려 147개의 관료조직이 설립되었다. 이들 조직중 많은 수가 전후에 소멸된 경우도 있으나 상당수는 전후의 냉전체제에 대처하기 위하여 존속되었다(김번웅 외, 1992: 75).

산업사회의 고도화 및 그에 따른 사회문제의 복잡화는 행정의 기능확대와 함께 전문성에 대한 요구를 증가시켰으며, 이에 따라 다양한 분야의 전문가들

《표 2-6》 미국 관료제의 발달과정

관료제의 생성이유	관료적 업무와 생성시기	연방기관의 설립
관료활동의 관리, 조정, 감독 및 통제	전문참모 (20세기)	인사관리처, 관리예산처, 각종 정책부처
지방·지역수준에서의 지방서비스 제공	지방서비스 (주로 20세기에 성장)	복지, 고속도로, 교육, 보조금 등
국제적 보호 및 자유진영 지도력 강화	열전·냉전기능 (주로 1940~50년대)	육군, 공군, 해군, 해병, CIA, NSC 등
여러 집단을 위한 사회적 서비스 제공	사회적 서비스 (주로 1930년대 성장)	보건복지부, 교육부, 교통부 등
산업·시장규제 및 기업에 대한 서비스	규제 및 기업역할 (19세기말, 20세기 초부터)	연방항공청, 연방통신청, TVA
특수집단의 이익대변 및 강화	고객활동 (19세기말부터 시작)	중소기업청, 노동부, 원호청, 농업부
향후 경제 성장·안정	경제발전 (19세기에 시작)	내무부, 경제자문위원회, 중소기업청, 통산부
기본적 정부 서비스 공급	핵심기능 (1789년부터 시작)	외무부, 국방부, 재무부, 국세청, 법무부

자료원: 김번웅 외(1992: 52).

이 대량으로 공직에 유입되기 시작하였다. 그러나 행정의 전문성 증가는 관료제의 규모 확대와 함께 보다 능률적이고 대응적인 정부 관료제를 지향하기 위한 통제의 필요성을 제기하였다. 이에 따라 근래에는 국민의 요구에 대한 정부정책의 대응성을 높이고 정부 관료제를 효율적으로 관리하고 통제하기 위하여, 다양한 정책부서와 관리부서가 설치·운영되고 있다.

이상에서 논의한 미국 정부 관료제의 발달과정을 간략히 정리하면 〈표 2-6〉과 같다.

Ⅱ. 조 직

연방관료제는 15개의 정부부처와 50여개 넘는 정부기업Government Corporations과 독립집행기관Independent Executive Agencies 및 독립규제위원회Independent Regulatory Commission로 조직되어 있다.[22] 연방관료제의 가장 큰 단위는 장관Secretary으로 불

22) 이들 기관의 연혁과 주요 업무 및 조직에 대하여는 미국 정부의 공식 홈페이지인 www.usa.gov에서 상세한 정보를 구할 수 있다.

【표 2-7】 행정부처의 규모: 인력과 예산

부 처	설립일	인력(명)[7]	예산[8](백만 달러)
국무부	1789	39,016	28,922
재무부	1789	110,099	651,849
국방부[1]	1789	772,601	656,945
법무부[2]	1870	117,916	34,630
내무부[3]	1849	70,231	13,576
농업부[4]	1889	106,867	120,901
통상부[5]	1913	56,865	12,113
노동부[5]	1913	17,592	39,282
보건복지부[6]	1979	69,839	1,209,620
주택및도시개발부	1965	9,585	40,689
교통부	1967	57,972	79,737
에너지부	1977	16,145	28,544
교육부[6]	1979	4,452	70,008
재향군인부	1989	304,665	197,446
국가안전부	2002	183,445	57,133

주: 1) 설립당시에는 전쟁부(War Department)였으나, 1947년에 국방부(Department of Defence)로 변경됨.
2) 1789년에 법무처(Attorney General's Office)로 설립되었다가 1870년에 법무부(Department of the Justice)로 승격됨.
3) 내무부(Department of the Interior)는 야생동물과 국유지를 포함하는 자연자원의 관리를 주기능으로 함.
4) 1862년에 설립되었으나, 1889년에 내각부처로 격상됨.
5) 통상노동부(1903년 설립)가 통상부와 노동부로 분리됨.
6) 보건교육복지부(1953년 설립)가 보건복지부와 교육부로 분리됨.
7) 인력은 Bureau of Census(2012) 자료에 근거함. 중앙정보국 등의 인력은 제외됨.
8) 예산은 2019년 추정예산임.
https://www.opm.gov/policy-data-oversight/pay-leave/salaries-wages/pay-executive-order-2018-adjustments-of-certain-rates-of-pay.pdf

리우는 각료가 수장인 행정부처Department인데[23] 15개 행정부처가 연방공무원의 약 65%를 고용하고 있다(Meier, 1993: 322). 그러나 내각을 구성하는 15개 행정부처 사이에도 인력규모와 예산액의 편차가 매우 크다(〈표 2-7〉 참조).

각료들은 상원의 인준을 받아 대통령이 임명한다. 각료들은 각 부처의 일반적인 정책을 수립하고 그 부처의 운용을 감독할 책임이 있으며, 그에 대하

23) 법무부장관은 Attorney General로 불린다.

여 대통령에게 직접적인 책임을 진다. 동시에 그들은 의회가 제정한 법률을 집행하고, 그에 소요되는 예산에 대하여 승인을 얻어야 하며, 집행 분과에 대하여 의회에 보고하여야 하기 때문에, 의회와도 밀접하게 관련되어 있다. 각각의 각료들은 각 부처 내의 중요한 프로그램들을 관장하는 여러 명의 차관보들 Assistant Secretaries뿐만 아니라 차관Deputy Secretary의 도움으로 행정적인 부담을 덜도록 구성되어 있다.24) 그리고 각료들은 대통령처럼 참모기능을 수행하는 많은 보좌관들과 주로 집행업무를 담당하는 일반 행정가들을 거느리고 있다.

행정부처 중에서 특정한 고객집단의 이익을 도모하기 위한 부처들을 고객기관clientele agencies이라고 부르기도 한다. 그러한 부처로서는 농업부, 통상부, 교육부, 에너지부, 내무부, 노동부, 그리고 재향군인부 등이 있다. 이러한 기관들은 특수이익을 추구하기 위하여 조직된 이익단체들의 촉구와 압력에 의하여 설립되었기 때문에 이들 기관의 고객집단들이 워싱턴 D.C.에 체계적으로 조직화된 강력한 이익단체라는 것은 그리 놀라운 일이 아니다. 고객기관과 이익단체들은 특히 지역수준에서 매우 활발한 협조관계를 유지한다. 왜냐하면, 고객기관들은 그들 자원의 상당부분을 이익단체를 위한 사업을 집행하는 데 실질적으로 사용하며, 역으로 이익단체는 고객집단의 존속필요성과 사업효과성을 외부에 과시하는 역할을 수행하기 때문이다(Meier, 1993: 22-23).

모든 부처들은 보다 작은 다양한 하부조직들Agencies, Offices, Bureaus, Administration and Services로 구성되어 있다.25) 대부분의 부처들은 기능적인 개선에 의하여 하부구조로 세분되지만 지역이나 업무 혹은 고객들에 근거하여 나누어지기도 한다. 그리고 각각의 부처들은 워싱턴특별구나 근교에 연방사무소가 설치되어 있을 뿐만 아니라, 미국의 모든 지역에 지역사무소를 두고 있다.

공사Government Corporation는 공공목적을 수행하는 데 있어서 정부부처의 경직성과 비능률을 극복하고 민간기업의 조직형태와 운영원리를 도입하기 위하여

---

24) 연방행정부의 상층부 구성형태는 매우 다양하다. 일반적으로는 Secretary(장관)를 정점으로 하여 Deputy Secretary(차관)-Assistant Secretary(차관보)로 이어지는 계층구조를 이루고 있으나, 국무부의 경우에는 Secretary-Deputy Secretary-Under Secretary(Assistant Secretary는 직제에 없음)로 이어지는 계선구조를 지니고 있으며, 유일하게 두 명의 차관을 두고 있다. 내무부는 Secretary-Under Secretary-Assistant Secretary(Deputy Secretary는 직제에 없음)의 형태로 구성되고, 농업부는 Secretary와 Deputy Secretary 밑에 Under Secretary와 Assistant Secretary가 동일 계층선상에서 수평적으로 기능을 분담하고 있다.

25) 하부조직의 명칭도 부처별로 다양하게 부여되고 있어 일정한 유형을 찾을 수 없으며, 명칭부여를 위한 일정한 기준은 존재하지 않는다.

설립되었다. 오늘날 공사는 매우 다양한 분야에 설치되어 활동하고 있다. 독립규제위원회와 마찬가지로 공사는 경영의 자율성을 보장하기 위하여 중립적으로 구성되며, 오랫동안 임기가 보장되는 이사나 위원들로 구성되는 이사회board나 위원회commission에 의하여 운영된다. 공사 중 주요한 것으로는 철도공사Amtrack, 수출입은행, 체신청U.S. Postal Service: USPS, 테네시계곡개발청TVA 등을 들 수 있다.

독립집행기관은 대통령을 포함하는 외부의 압력으로부터 기능적 자율성을 보장하기 위하여 설립되었다. 독립집행기관은 대체로 내각부처와 유사하나, 내각부처에 소속되지 않으며, 권한과 책임의 범위가 제한적인 편이다. 독립기관은 대통령이나 의회에 직접 보고하기 때문에 그들과 밀접하게 연결되어 있다. 일반적으로 내각부처와 공사가 아니면 독립집행기관이라고 불린다. 여기에는 중앙정보부CIA, 항공우주국NASA, 중소기업청Small Business Administration: SBA, 총무처General Service Administration: GSA, 국립과학재단National Science Foundation: NSF, 환경보호청Environment Protection Agency: EPA 등이 포함된다.

독립규제위원회는 대부분 다양한 경제 및 사회분야를 규제하고 있으며, 업무의 자율성을 보장하기 위하여 대통령으로부터 독립되어 있다. 독립규제위원회는 상원의 인준을 받아 대통령이 임명하는 위원들로 구성되는 이사회에 의하여 합의제로 운영된다. 위원들은 임기 동안 매우 강력한 신분보장을 받는다. 그러나 근래에는 고용기회균등위원회Equal Employment Opportunity Commission: EEOC와 같이 1인의 위원장이 운영에 대하여 책임을 지며, 대통령이 위원을 해임할 수 있는 형태도 생겨나고 있다. 여기에 해당되는 기관으로는 소비자제품안전위원회Consumer Product Safety Commission, 연방통신위원회Federal Communications Commission, 연방선거관리위원회Federal Election Commission, 연방노사관계위원회Federal Labor Relations Commission 등을 들 수 있다.

Ⅲ. 인사체제

1. 인사행정의 변화

건국 당시의 미국은 북부 상공업자를 중심으로 한 연방주의자와 남부 지주세력을 중심으로 한 분리주의자 사이의 이해관계의 대립으로 심각한 갈등이 존재하고 있었다. 당시의 미국헌법도 양 세력 간의 타협의 소산이었다. 이러한 상황에서 초대 대통령으로 취임한 George Washington은 연방주의자임에도 불구하고 인물의 적격성fitness of character과 적재적소의 배치fitness for the post를 원칙으로 공정한 인사를 실시하였다. 그러나 이러한 인사원칙은 연방주의자와 분리주의자 간의 갈등으로 제대로 기능을 수행할 수가 없었다. 결국 워싱턴은 집권 후반기에는 자기와 같은 정치적 신념을 가진 연방주의자들로 정부를 구성하게 되었으며, 이때부터 미국의 인사정책은 당파적 색채를 띠게 되었다(안희수, 1976: 373; 박연호, 1983: 120).

이러한 경향은 제3대 대통령으로 취임한 Thomas Jefferson에 의하여 더욱 강화되었다. 분리주의자인 제퍼슨은 연방주의자에 의하여 독점되어 있던 연방정부에 자기 세력을 끌어들이기 위하여, 국민과의 약속을 실현한다는 이유로 대통령임명직의 25%를 경질하였다. 이때부터 정당에 대한 기여도를 공직임명의 기준으로 하는 엽관주의가 발달하기 시작하였다. 그리고 대통령이 임명하는 공무원의 임기를 대통령과 같이 4년으로 한정하는 4년 임기법Four Years' Law이 1820년에 제정되어 공무원의 운명을 정권의 퇴진과 연결시킴으로써 엽관주의의 법적인 기초를 제공하게 되었다(안희수, 1976: 373-374; 박연호, 1983: 121).

그러나 엽관주의의 실시에도 불구하고, 당시의 미국 연방정부는 동부출신의 신흥 상류계층에 의하여 지배되었다. 워싱턴 대통령에 의하여 임용기준으로 채택된 공직에의 적격성은 새로운 정부에 대한 충성심을 가진 재능 있는 사람들을 임용하기 위한 것이다. 그러나 적격성은 대학교육을 우선적인 기준으로 정의되었으며, 그 결과 좋은 가문의 상류층 출신들이 정부를 지배하게 되었다. 상류층에 의한 공직의 독점에 대한 불만이 고조되면서, 임용기준이었던 귀족적 적격성은 민주적이고 평등한 공직순환rotation office원칙으로 대체되었다(Stahl, 1983). 1829년에 취임한 Andrew Jackson 대통령의 선출은 동부 상류계층 중심의 민주공화당 정부에 대한 서부 개척민 중심의 하류계층의 반발의 결과였다. 서부개척민 출신의 Jackson 대통령은 동부 상류계층에 독점되어 있던 관직을 서부 개척민을 포함한 일반대중에게 공개하기 위하여 엽관주의를 "민주주의의 실천적인 정치원리"라고 선언하고, 엽관주의를 통하여 공직의 대중화를 추진하였다(안희수, 1976: 374-376; 박연호, 1983: 123-124).

정당에 대한 공헌도를 공무원의 임용기준으로 하는 엽관주의는 Jackson 대통령 이후 본격적으로 확대되어 1845년부터 남북전쟁이 끝나는 1865년 사이에 절정을 이루었다. 이 시기에는 엽관주의를 상징하는 "전리품은 승자에게 속한다to the victor, belong the spoils."는 슬로건이 공공연하게 미국의 공직사회에 만연하였다. 그러나 남북전쟁 이후 엽관주의는 서서히 쇠퇴의 길을 걷게 된다.

미국의 엽관주의는 집권정당과 관료기구와의 동질성을 확보하고 공직을 일반국민에게 개방함으로써 민주주의를 실현하기 위한 실천적인 인사원리로서 채택되었다. 미국에서 엽관주의가 공식적인 인사원리로 채택될 수 있었던 배경에는 민주주의와의 보완적 관계 이외에도 당시의 사회·경제적 구조가 단순하면서도 안정적이었다는 점과 그에 따라 정당도 비교적 동질적이었고 행정업무도 단순하였다는 점 등이 작용하였다.

그러나 19세기 중엽 이래 선거권의 확대에 따라 정당의 규모도 팽창되어 갔으며, 이에 따라 정당은 소수의 정당 간부에 의한 과두적 지배하에 놓이게 되면서 공직의 상품화 현상이 초래되었다. 자본주의의 발달과 산업화의 진전에 따라 사회는 점차 다원화·이질화되어 갔으며, 정당의 국민 대표성도 현저히 약화되었다. 이에 따라 관료기구를 정당의 예속party servant에서 해방시켜, 전체 국민을 위한 봉사자civil servant로 전환시키고자 하는 움직임이 시작되었다(안희수, 1976: 377-378).

인사제도개혁의 또 다른 요인은 자본주의와 산업화의 발달에 따른 국가기능의 양적 확대와 질적 분화 현상이다. 산업화 이후 사회·경제적 환경의 규모가 확대되고 복잡성이 증가함에 따라 19세기 중엽까지 작용하던 자본주의의 자율적 조정기능이 한계를 드러내기 시작하였으며, 이에 따라 국가의 간섭에 대한 사회적 요구가 증대되었다. 이러한 사회적·경제적 변화는 문제를 처리하는 데 필요한 전문성의 증대도 동시에 요구하였다. 그러나 엽관주의 논리(원칙)로 구성된 관료제는 이러한 요구에 효율적으로 대응할 수 없었으며, 따라서 더욱 안정적이고 능률적이며 전문성이 있는 관료제에 대한 필요성이 제기되었다(안희수, 1976: 378-379; 박연호, 1983: 150). 그러나 공무원제도의 개혁을 위한 시도는 번번이 의회에서 저지되었다. 공화당은 1882년 중간선거에서 민주당에 대패하고 1884년의 대통령 선거에서 승리할 자신감을 상실하였다. 이에 지난 20여 년 동안 자신들이 임용한 공무원들을 보호하기 위한 정략적인 차원에서 1883년 펜들턴Pendleton법을 제정함으로써 실적주의를 근간으로 하는 공무원제도가 도입되었다(박연호, 1983: 131). 동법에 의하여 초당적인 3인으로 구성된 공무원위원회Civil Service Commission가 설립되었으며, 연방공무원의 약 15%는 경쟁시험의 성적에 근거하여 임명될 수 있도록 등급이 분류되었고, 정당이나 선거운동에 기여하지 않았다고 해서 공무원을 파면시키는 것이 금지되었다.

그러나 공개경쟁시험에 의한 임용을 원칙으로 하는 실적주의는 흑인과 여성 및 소수인종을 포함하는 미국 내의 소외집단에 대하여 공직임용의 차별을 제도화 하는 결과를 초래하였다. 이에 따라 사회적 평등성social equity의 제고라는 관점에서 소외집단의 구성원들에게 공직임용 상의 실질적 평등을 보장하기 위한 노력이 1940년대부터 시작되었다. 1964년에 제정된 시민권법의 제7장(1972년에 고용기회균등법으로 개정)에서는 정부뿐만 아니라 민간기관에까지 직원을 임용함에 있어 직무수행능력과는 관계없이 인종이나 피부색 또는 성 등 출신성분을 실제적인 이유로 하는 차별행위를 금지하였다. 이에 따라, 임용상의 차별철폐를 위하여 설립된 고용기회균등위원회Equal Employment Opportunity Commission: EEOC는 정부를 포함하는 모든 고용주들에게 소외집단의 연도별 채용목표와 채용계획을 작성하여 실천할 것을 요구하고 있다. 임용 상의 차별을 철폐하기 위한 정부의 노력은 법원에 의해서도 광범위한 지지를 받고 있다. 그러나 정부가 요구하는 전통적인 고용 상의 차별을 시정하기 위한 적극적 고용행위Affirmative Action는 고용주들에게 고용행위에서 사회적 차별을 받아 오던 흑인, 여성, 소수인종 등 소수집단의 구성원을 우선적으로 임용하기 위하여 일정수의 고용목표량quota을 할당하도록 강요하고 있다. 이로 인하여 백인남자에 대한 역차별(능력이나 경력이 소수집단 출신에 비하여 보다 우수함에도 불구하고 단순히 백인남자라는 이유로 임용상의 불이익을 받는 현상)문제도 때때로 제기되기도 한다.

한편, New Deal 경제부흥 프로그램들의 결과로서 급격히 증가하는 공무원들이 공공정책의 수행에 있어서 뿐만 아니라 국회의원과 대통령의 선거에 있어서도 중요한 역할을 할 것이라는 두려움을 많은 사람들이 갖게 되었다. 이에 의회는 1939년에 공무원들을 정치적으로 중립시키려는 해치법Hatch Act을 제정하였다. 그러나 비판가들은 해치법이 수백만 연방공무원들에게 있어서 헌법 수정 조항 제1조의 표현의 자유와 결사의 자유에 대한 보장을 부정하였다고 주장하였다. 이러한 비판과 Bill Clinton 대통령의 촉구에 따라서, 의회는

1993년에 해치법의 제약을 푼 연방공무원정치행위법Federal Employees Political Activities Act을 제정하였다. 이에 따라 연방공무원들은 초당적 선거에 있어서 공직에 출마하는 것과 정당적 선거에 있어서 정치자금을 기부하는 것이 허용되고 있다 (O'Connor & Sabato, 2009).

2. 중앙인사기관

1978년에 제정된 공무원제도개혁법Civil Service Reform Act에 따라, 1883년 이래 중앙인사기관으로 활동하여 온 연방공무원위원회Civil Service Commission가 폐지되고, 그 대신 인사관리처Office of Personnel Management: OPM와 실적제도보호위원회Merit System Protection Board: MSPB, 그리고 연방노사관계청Federal Labor Relations Authority: FLRA이 신설되어 인사기능을 분담하게 되었다. 인사관리처는 대통령 직속의 비독립단독형의 조직형태를 띤 중앙인사기관으로, 대통령의 지휘·감독을 받으면서 전정부적 인사정책의 수립과 집행에 대한 책임을 진다. 인사관리처는 과거의 연방공무원위원회의 기능 중 준사법적인 것을 제외한 대부분의 기능을 갖는다. 이러한 인사관리처가 신설됨으로써 대통령은 인사관리 수단을 갖게 되어 자신의 정책을 신속하고 강력하게 추진할 수 있게 되었다. 그러나 인사관리처의 처장은 상원의 동의를 얻어 대통령이 임명하도록 되어 있고 특별한 사유가 없는 한 임기가 4년으로 보장되어 있기 때문에, 대통령에게 완전히 예속되어 있는 것은 아니다.

실적제도보호위원회는 위법·부당한 인사 조치에 대한 소청심사와 인사제도에 대한 평가를 담당하는 합의제 독립기관이다. 이 위원회는 대통령이 상원의 동의를 얻어 임명하는 세 명의 위원으로 구성된 양당적 합의체 조직이다.[26]

연방노사관계청은 노사분쟁의 재결기능을 담당하기 위하여 설립되었다. 원래 노사문제에 관한 기능은 과거의 연방공무원위원회가 담당하였으나, 노사분쟁 재결 기능과 노사관계에 대한 자문기능을 분리하여, 전자는 연방노사관계청이, 후자는 인사관리처가 담당한다. 또한 연방노사관계청은 노동문제에 관한 선거와 노사관계에 관한 협상단위의 적합성을 판단하는 기능도 수행한다. 연방노사관계청은 상원의 동의를 얻어 대통령이 임명하는 5년 임기의 세 명의

26) 여기서 양당적(bipartisan)이라 함은 세 사람의 위원 중 두 사람 이상이 동일한 정당의 당원이어서는 안 된다는 것을 의미한다.

위원으로 구성되며,[27] 행정부로부터 독립되지는 않으나 집단적 의사결정을 하는 비독립합의형의 조직 형태를 띠고 있다.

3. 인력규모와 구성

연방관료제의 인력규모는 비록 불규칙하지만 꾸준히 증가하고 있다. 독립 당시의 연방공무원은 약 4,500명에 불과하였으나, 1930년대 초에는 약 60만명 수준으로 증가하였다. 그 후 대공황, 세계대전, 기술진보 등으로 인하여 1945년에는 350만여 명으로 급증하였으나 전후에는 210만 명 정도로 급격히 감소하였다. 이후 연방공무원의 수는 꾸준히 증가하여 왔으며, 1970년대 이후에는 270만 명 내외의 비교적 안정된 규모를 유지하여 왔다(김번웅 외, 1992: 29-31). 1980년대 중반 이후부터 꾸준히 증가하여 1990년에는 312만 8천 명에 달하였으나, 그 후에는 다시 조금씩 감소하는 추세를 보이고 있다. 2010년 9월 현재, 연방공무원은 약 211만 4천 명으로, 이들 중 192만 명(91.12%)이 정부부처Cabinet Level Agencies에서 근무하고 있다. 가장 많은 인원을 보유한 부처는 국방부Department of Defense(약 76만 4천 명, 39.67%)와 국가안전부Department of Homeland Security(약 30만 8천 명, 16.03%)이다.

그러나 실질적으로 연방공무원의 역할을 하는 인원규모는 이보다 훨씬 거대하다. Light(1999)는 정부의 실질규모True Size는 단순히 전일공무원의 수 이외에, 계약직이나 계약관계에 의한 민간 영역, 제3섹터 등 그림자 영역을 모두

표 2-8 그림자 정부를 반영한 미국의 실질 정부규모

(단위: 명)

구 분	1990	1993	1999	2005	2015
연방공무원 (군인제외)	2,174,000	2,139,000	1,802,000	1,830,000	2,042,000
계약직	5,058,000	4,884,000	4,441,000	3,882,000	3,702,000
보조금 관련직	2,416,000	2,400,000	2,527,000	1,578,000	1,583,000
군인	2,106,000	1,744,000	1,386,000	1,518,000	1,315,000
우편서비스직	817,000	820,000	872,000	705,000	492,000
정부의 실질규모	12,571,000	11,987,000	11,028,000	9,513,000	9,134,000

자료원: https://www.volckeralliance.org/true-size-government

27) 위원 전원이 동일 정당 소속이어서는 안 된다.

포함하여야 한다고 주장하였다. 숨겨진 영역의 규모가 크다는 사실 자체를 두고 가치판단을 할 수는 없지만, 정부의 규모를 객관적으로 살펴보기 위하여 그림자 영역의 인력 규모를 살펴볼 필요가 있다. 〈표 2-8〉은 Light(2003)와 Volcker Alliance가 그림자 정부를 정부 인력으로 추정하여 계산한 미국 정부의 실질규모이다.

상근 연방공무원 수치만 살펴보면 미국 연방정부의 규모는 1990년부터 꾸준히 줄어들어 들다가 최근 들어 다시 늘어나고 있는 것으로 보인다. 그러나 계약직, 정부보조금 관련직, 서비스직 등 그림자 영역을 포함한 연방정부의 실질규모를 살펴보면 꾸준히 줄어들고 있다는 것을 알 수 있다.

연방공무원의 구성과 관련된 특징의 변화를 간단히 정리하면 〈표 2-9〉와 같다.

첫째, 평균연령과 재직연수에는 1990년까지는 별다른 변화가 없었으나, 이

표 2-9 연방공무원의 구성적 특징

구 분	1980	1985	1990	1997	2003	2006	2017
평균연령	41.9세	41.9세	42.3세	45.2세	46.7세	46.9세	47.5세
평균재직연수	14.0년	13.4년	13.4년	16.3년	16.8년	16.3년	13.5년
평균GS등급	8.2	8.4	8.8	9.5	9.8	9.8	10.4
평균기본급	-	-	$32,026	$44,902	$59,238	$66,372	$84,913
GS소속공무원	-	-	-	73%	71%	76%	71 5%
대졸이상	28%	31%	35%	40%	41%	43%	51.7%
여성비율	39%	41%	43%	44%	45%	44%	43.4%
장애자비율	7%	7%	7%	7%	7%	7%	9.9%
소수인종비율	-	-	27.4%	29.4%	31.1%	32.1%	36.7%
사무직비율	-	-	83%	86%	89%	89%	91%
감독/관리직비율	-	-	12.4%	11.1%	11.1%	11.5%	12.2%
직업공무원	-	-	-	-	-	-	93.3
상근공무원비율	-	-	93%	93%	94%	94%	90%
경쟁직비율	-	-	80%	77%	73%	72%	69%

자료원: 1) 1980년~1985년 통계는 총무처(1994: 44-45)에서 발췌.
2) 1990년과 1997년 통계는 OPM(1999)에서, 2003년 통계는 OPM(2004)에서 발췌 작성, 2017년 통계는 OPM(2017)에서 발췌.
3) 평균GS등급은 상근 공무원만을 대상으로 한 것으로, OPM(2007)에서 발췌.

주: 매년도 9월 현재 통계임.

후 꾸준히 증가하고 있다. 2017년 9월 현재, 평균 연령은 47.5세, 평균 재직연수는 13.5년으로 평균 재직연수는 과거에 비해 줄어들고 있다. 평균 급여는 84,913달러로 꾸준하게 올랐음을 보여준다.

둘째, 연방공무원의 평균 GS등급은 1960년의 6.7등급에서 점진적으로 상승하여 왔으며, 2017년 9월 현재 10.4등급으로 점차 높아짐을 알 수 있다.

셋째, 대졸 이상 학력자의 비율은 지난 약 30년간 16%정도 증가하고 있어, 고학력화 현상이 두드러지고 있음을 보여준다.

넷째, 고용차별 철폐를 위한 정부의 노력에 따라 여성과 소수인종의 비율도 증가하는 추세에 있다. 그러나 장애자의 비율은 1980년 이후 계속 7%선에 머무르고 있다. 여성의 대부분은 낮은 계급에서 주로 단순 기능적 업무나 서기업무에 종사하여 왔으나(O'Connor & Sabato, 2009), 이러한 차별적 현상도 꾸준히 개선되고 있다. 한편 2017년 장애인 비율은 9.9%로 지난 10년간 지속적으로 높아졌으며 소수인종 비율도 36.7%로 점진적이나 점차 높아지고 있는 추세를 보여주고 있다.

다섯째, 연방공무원을 직무성격별로 분류하면, 2017년 9월 현재 사무직white-collar이 전체의 91%를, 노무직blue-collar이 9.2%를 점하고 있다. 이들 중 전문직Professional이 27.2%, 행정직Administrative이 37.5%를 차지하고 있으며 이는 사무직 특히 전문직과 행정직의 비율이 지난 10년간 꾸준하고 증가하고 있음을 보여준다. 끝으로, 연방공무원 중 경쟁직Competitive Service의 비중은 1997년의 77%에서 2017년에는 69%로 감소한 반면, 별정직Excepted Service과 고위공무원단Senior Executive Service의 비중은 23%에서 30.8%로 증가하였다.

4. 분류와 충원

미국의 공공관료제는 매우 다양한 배경과 경력을 지닌 이질적인 개인들의 집단으로 구성되어 있다. 이 집단들은 관료제 내에서 서로 다른 직책을 부여받고 주어진 목표를 달성하고자 노력하며, 그 과정에서 각각 상호협력관계나 갈등관계를 구축하기도 한다. 그러나 이들 집단 간의 명확한 경계를 설정하는 것은 매우 어려우며, 따라서 공무원 집단을 분류하는 기준도 임용방법(경쟁직과 별정직), 업무의 성격, 급여결정방법, 근무형태, 근무기간, 직급 또는 봉급체계 등 다양하게 적용되고 있다. 각 집단에 부여된 직책의 특성을 가장 잘 구별하여 주는 봉급 또는 봉급체계를 기준으로 하여 연방관료제를 구성하는 집단을 분류하면 정무직Executive Schedule, 고위공무원단Senior Executive Service, 고위관리직Senior-Level Positions, 일반직General Schedule으로 크게 구분할 수 있다. 각 집단별 임용방법과 직무특성을 살펴보면 다음과 같다.

(1) 정무직 공무원

정무직 공무원Executive Schedule은 고위정책결정업무를 담당하며, 대부분 상원의 인준을 거쳐 대통령이 임명하는 차관보급 이상의 공무원을 의미한다. 이들은 호봉 없이 Level Ⅰ(장관급)~Level Ⅴ(차관보급)의 5단계의 보수등급으로 구분된다. 이들의 보수등급별 보수액은 〈표 2-10〉과 같다.

정무직 공무원들의 임명이나 승진, 퇴직 등은 전적으로 행정수반의 의사에 따라 결정된다. 따라서 이들의 임명은 주로 정치적 고려나 대통령이나 정당에 대한 충성심과 공헌도 등을 기준으로 이루어진다. 이들은 임기에 대한 보장이 전혀 없으며, 평균재직기간은 약 22개월에 불과하다. 따라서 이들은 짧

〈표 2-10〉 연방공무원의 봉급(기본급)수준비교(2018년 기준)

정무직	고위공무원단	고위직/과학기술직	일반직
Level Ⅰ($210,700)			
Level Ⅱ($189,600)	$189,600	$189,600	
Level Ⅲ($174,500)	$174,500*	$174,500*	
Level Ⅳ($164,200)			
Level Ⅴ($153,800)	~	~	
	$126,148	$126,148	
			GS-15: $136,659 ~ $105,123
			GS-1: $23,502 ~ $18,785

자료원: https://www.opm.gov/policy-data-oversight/pay-leave/salaries-wages/pay-executive-order-2018-adjustments-of-certain-rates-of-pay.pdf

* 공인된 성과평가체계가 있는 경우에는 최대 $174,500, 그렇지 못한 경우에는 최대 $126,148까지 지급.

은 기간 정부에 머물다 떠나는 "철새"에 비유되기도 한다(Heclo, 1977: 103).

연방정부수준에서 정무직 집단은 대통령에 의하여 직접 임명되는 약 2,000명과 이들에 의하여 임명되는 4,000여 명 등 약 6,000명의 소집단으로 구성된다. 이들은 대부분 고학력을 지닌 고위경력자출신의 백인남자로 구성된다. 그러나 주나 지방정부 수준에서는 정치적 피임용자들이 연방 수준에서보다 이질적이고 다양한 사회집단을 대표하는 경향을 보인다(김번웅 외, 1992: 154-156).

정무직 공무원들은 임명기준과 철새적 특성으로 인하여 직업공무원들과는 다른 행동성향을 나타낸다. 이들은 일반적으로 직업공무원들과는 달리 정책문제를 단기적인 관점에서 검토하며, 전문가적 관점보다는 광범위한 정치적 관점에서 정책을 결정한다. 또한 부처의 관료적 이익보다는 대통령의 공약사항이나 정치적 견해를 중시한다. 따라서 이들은 정책의제의 설정이나 정책문제의 해결을 위한 전략 등에서 직업 관료들과 종종 갈등을 빚곤 한다(박천오, 1993: 1123-1124).

그러나 미국의 정무직 공무원들은 갈등을 조정하거나 해결하기 위한 효과적인 수단을 가지고 있지 못하다. 정무직 공무원들은 직업 관료들의 승진이나 전보 등에 대하여 상당한 인사권을 행사할 수 있으나, 직업 관료들은 강력한 신분보장을 받고 있으므로 그들의 인사권은 근본적으로 제한적일 수밖에 없다.[28] 더욱이 정무직 공무원들은 정책결정과 집행에 필요한 전문지식과 인력의 대부분을 전적으로 직업 관료에게 의존하여야 한다. 정무직 공무원들은 임기에 대한 보장이 없기 때문에, 제한된 시간 내에 가시적인 성과를 거두기 위하여 노력하면 할수록 직업 관료의 협조는 더욱 절실하게 된다. 이러한 이유로 인하여 정무직 공무원들은 대부분 취임 후 얼마 지나지 않아 직업 관료와 타협을 통하여 협조관계를 유지하게 되며, 경우에 따라서는 직업 관료들에게 포획captured되기도 한다(Seidman, 1975).

정무직 집단은 다시 대통령으로부터의 거리와 직무특성에 따라 3개 집단으로 분류할 수 있는데, 집단구성원들의 일반적인 배경과 임용기준도 집단에 따라 다르게 나타나고 있다(김번웅 외, 1992: 159-162). 먼저, 내각집단은 대통령의 측근으로서 대통령과 그들이 대표하는 기관의 주요 정책의제를 설정하고

28) 실제로 무능력을 이유로 해고되는 공무원은 0.1%에도 미치지 못하는 것으로 알려지고 있다(Bardes, Shelley & Schmidt, 2004: 411).

대외적으로 옹호하며 구체화시키는 책임을 진다. 즉, 이들은 대통령의 정치적 약속을 구체적 행정행위로 전환시키는 역할을 일차적으로 담당한다. 또한 이들은 자기들이 관할하는 기관을 관리·감독하고, 의회나 언론 또는 압력단체 등에 대하여 그 기관을 대외적으로 대표하는 등 기관에 대한 총괄적인 리더십을 행사한다. 내각집단에는 각료들뿐만 아니라 관리예산처장이나 주요국가의 대사 등 핵심적 기능을 수행하는 고위정무직도 포함된다. 이들은 대통령에 대한 정치적 충성심 이외에 일반적으로 직무와 관련된 정책이슈에 대한 지식, 대통령을 중심으로 하는 "팀 플레이어"로서의 능력, 조직 관리능력 등을 임용기준으로 하여 선발된다.

다음은 차관, 차관보 및 주요 비 내각기관의 장으로 구성되는 소위 준 내각Sub-Cabinet집단이다. 이들도 내각집단과 마찬가지로 중요한 정책결정 직위에 있으나, 특수전문분야에서 내각구성원보다 더 전문화되어 있다. 공공정책결정과정에서 이들이 행사하는 영향력에 대한 이익단체의 관심이 증대되고 있다. 특히 근래에는 준 내각의 핵심적인 자리가 특수 이익단체계층에서 나오는 경향이 있다. 이들은 대부분 공직을 은퇴한 후에는 다시 이전에 속했던 이익단체로 복귀하고 있다.

마지막으로 광범위한 범위의 장관, 고문들과 청장 및 실·국장 집단을 들 수 있다. 이 집단은 정무직으로 분류되고는 있으나, 상원의 동의를 요하지 않기 때문에 의회의 통제 없이 지속적으로 증가되어 왔다. 이들 중 상당수가 직속상관과 개인적인 유대를 맺고 있으나, 적극적으로 정치활동에 간여했던 사람은 별로 없다. 이들은 일반적으로 소속기관의 정책문제에 정통한 전문가들로 구성되며, 일부는 일반직 공무원집단에서 발탁되기도 한다. 이들은 앞의 두 집단보다 전문성이 뛰어나며, 따라서 덜 정치적이다. 이들은 자신이 속해 있는 기관의 이익을 적극적으로 옹호하며, 외부로부터의 정치적 간섭에 저항하기도 한다. 그러나 이들도 임기가 보장되지 않기 때문에 직업공무원들과는 달리 궁극적으로 자신들의 임용권자나 추천권자의 개인적인 신임에 전적으로 의존할 수밖에 없다.

(2) 고위공무원단

고위공무원단Senior Executive Service: SES은 1978년 공무원제도개혁법Civil Service

Reform Act에 의하여 창설되었으며 GS 16~GS 18에 속하는 고위 경력직 공무원을 포함한다. 2006년 9월 현재 6,880명의 공무원이 고위공무원단에 속한다(OPM, 2007).[29] 이들 중 비경력직 임용자는 SES전체의 10%를 넘을 수 없도록 규정되어 있으며(2003년 9월 현재 631명), 신분이 보장되지 않는다. 반면에 경력직 임용자는 GS 16~GS 18 공무원 중 일정한 자격을 갖춘 자들 중에서 경쟁과정을 거쳐 임용되며, 신분이 보장된다. 이들의 최고 봉급수준은 정무직 Level Ⅱ와 같은 수준으로 책정된다(〈표 2-10〉 참조).

고위공무원단은 풍부한 행정경험과 높은 수준의 전문성을 가진 고급관료를 양성하여 정부의 정책결정 및 행정관리능력을 향상시키기 위하여 창설되었기 때문에 일반직 공무원들과는 달리 인사이동의 폭이 매우 넓으며, 실적에 따라 상여금을 지급받거나 사퇴를 당하기도 한다. 이들은 정무직에 비하여 전문화의 수준이 높고, 보다 구체화된 정책목표나 사업계획 등을 다룬다.

2006년을 기준으로 고위공무원단의 특징을 살펴보면, 학력은 매우 높으며, 평균연령은 54.2세, 평균근무연수는 24.6년 정도이다. 직종별로는 과학자/엔지니어와 행정/기술직의 비중은 줄어드는 반면, 기타 전문직의 비중은 증가하는 추세를 보이고 있다. 여성과 소수인종이 차지하는 비중도 꾸준히 증가하고 있

〈표 2-11〉 고위공무원단의 구성적 특징(1996-2006)

(단위: %)

구 분	1990	1994	1998	2003	2006
평균연령	50.7	51.8	52.3	54.1	54.2
평균근무연수	22.1	22.8	22.8	25.4	24.6
학 력					
대졸	29.0	26.0	26.4	27.4	30.4
대학원이상	66.0	69.0	69.0	62.4	63.3
여 성	11.2	16.5	22.4	26.3	27.2
소수인종	7.6	10.6	12.9	13.5	10
직 종					
과학자/엔지니어	30.0	27.0	23.0	19.8	18.2
기타 전문직	20.0	24.0	23.5	35.1	21.6
행정/기술직	50.0	49.0	53.5	45.2	60.2

자료원: OPM(2007). *The Fact Book: 73.*

29) 임명가능 직위는 7,786개이다.

다. 이들의 구성적 특징을 정리하면 〈표 2-11〉과 같다.

(3) GS 공무원

일반직제General Schedule: GS에 속하는 모든 직위position는 그 직위에 부여된 업무의 내용과 업무수행에 요구되는 자격요건 및 책임수준에 따라 GS 1부터 GS 18까지의 18개 등급으로 구분된다.[30] GS 등급이 높을수록 높은 수준의 자격요건이 요구되며, 책임도와 영향력도 높아진다. 일반적으로 GS 1부터 GS 4까지의 하위등급은 단순노무나 사무 보조적 업무수준의 등급이며, GS 5부터 GS 11까지는 대졸정도의 자격을 요구하는 전문적 업무와 고위 서기직 업무에, GS 12와 GS 13은 중간 관리층에게 부여되는 등급이다. GS 14 이상은 고위정책결정이나 관리업무를 담당하는 직위에 부여되는데, GS 16 이상의 직위는 대부분 SES에 속해 있다(총무처, 1992: 69-72).

2006년 9월 현재 GS 공무원은 1,401,496명으로, 연방정부 행정부 공무원의 52.9%를 차지한다. 이들의 보수 수준은 2006년 기준으로 최저 $22,269(GS 1의 1호봉)에서 최고 $129,517(GS 15의 10호봉)까지로 되어 있어 등급 간 보수격차가 매우 크다.[31]

일반직 공무원집단은 다른 공무원집단과 비교하여 다음과 같은 특징을 가진다.

첫째, 이들은 실적주의의 적용을 받는 직업공무원 집단이다. 이들은 공개경쟁을 통하여 실적과 능력에 따라 임용되며, 강력한 신분보장을 받는다. 이들에게는 정무직 공무원과는 달리 비교적 엄격한 정치적 중립이 요구된다. 따라서 이들은 업무의 안정성을 유지하고 정치적으로 오염되는 것을 방지하기 위하여, 끊임없이 들락거리는 정무직과는 일정한 거리를 유지하고자 노력한다.

둘째, 연방정부의 일반직에는 2,000개 이상의 전문직업과 15,000개 이상의 직무관련 기술job skill이 존재하고 있다. 이러한 업무의 다양성으로 인하여 일반직 공무원 간의 유사성이나 응집력은 매우 약하다(O'Connor & Sabato, 2009). 따라서 행정직과 전문직 또는 전문직 상호 간의 갈등이 야기되기도 한다.

셋째, 일반직 공무원집단은 동일부처 내에서의 기관 간 이동에서조차도

---

30) 여기에서의 등급은 직무에 부여되는 것으로, 계급제 하에서 사람에게 부여되는 계급(rank)과는 개념이 다르다.

31) http://www.opm.gov/oca/05tables/pdf/gs.pdf

매우 폐쇄적인 이동형태를 보인다. GS 14 이상의 일반직 공무원은 평균 17년 내지 25년을 동일한 기관에서 근무하고 있다(MacGregor, 1974: 24). 이들은 장기간의 근무를 통하여 축적한 전문기술과 장기적인 안목과 거대한 인적 자원을 바탕으로 미국정부 내에서 핵심적인 세력으로 자리 잡고 있다.

넷째, 일반직 공무원집단은 교육수준, 출신계층, 성별, 출신지역, 인종 등에서 정무직이나 고위관리직보다 광범위한 국민 대표성을 보인다. 그러나 이들의 국민 대표성은 직급이 올라갈수록 낮아지고 있으며, 기관별로도 상당한 차이를 나타내고 있다(Meier, 1993: 206-208).

Ⅳ. 예산과정과 규모

연방정부의 예산편성은 심각한 정치적 갈등 속에서 이루어진다. 따라서 예산편성에 대한 지배적인 접근방법은 지난해에 지출된 프로그램들에 대하여 약간의 수정과 묵시적 수용을 지향하는 점증주의라 할 수 있다.

연방수준에서는 회계연도[32] 개시 18개월 전부터 예산편성을 준비하기 시작한다. 관리예산처Office of Management and Budget: OMB가 경제자문위원회와 재무부의 자문을 얻어 예산편성에 대한 개략적인 지침을 각 행정기관에 보내면, 각 기관은 이를 토대로 예산을 작성하여 관리예산처에 제출한다. 각 기관의 예산요구가 제출되면, 관리예산처는 각 기관의 예산요구를 검토, 조정하는 작업을 시작한다. 이 때 관리예산처와 각 기관 간에는 다양한 협상이 전개된다. 회계연도 개시 9개월 전, 즉 1월 말까지 대통령은 관리예산처가 작성·제출한 예산안을 검토·승인한 후 의회에 제출한다.

예산안이 의회에 제출되면, 의회의 예산과정이 시작된다. 의회의 예산심의과정은 예산승인과 예산배정의 두 단계를 거친다. 예산승인authorization은 의회 내의 해당 위원회가 각 행정기관에 대하여 어느 정도의 예산배정a certain amount of funding이 가능하다는 것을 공식적으로 선언하는 것을 의미한다. 예산배정이 승인되면, 하원과 상원의 전원회의에서 예산지출법안spending bills [33]에 대한 승인appropriation을 얻어야 한다. 지출법안에 대한 승인은 최종예산이 통과됨으로써

32) 연방정부의 회계연도는 10월 1일부터 이듬해 9월 30일까지이다. 예를 들어 2005회계연도(fiscal 2005 또는 FYO4)는 2004년 10월 1일부터 2005년 9월 30일까지를 의미한다.

33) 미국의 예산은 "예산"의 형식을 취하는 우리나라와는 달리, "법률"로서 성립된다.

이루어진다.

의회는 예산규모에 대하여 두 번의 의결budget resolution을 실시한다. 1차 예산의결first budget resolution은 다음 회계연도의 수입과 지출의 전체적인 목표를 결정하여 5월까지 의결하여야 한다. 2차 예산의결second budget resolution은 다음 회계연도의 세금과 지출에 대하여 구속력 있는binding 한계를 설정하여 9월까지 통과시켜야 한다. 이미 통과된 예산이 여기에서 설정된 한계를 초과하는 경우에, 그 예산은 수정되어야 한다.

마지막으로 대통령이 의회가 승인한 예산안(지출법안)에 서명을 하면 예산이 확정된다. 이 때 대통령은 의회가 승인한 예산안에 대하여 거부권을 행사할 수 있다.

연방예산과정은 통제할 수 없는 예산외 지출과 특수목적을 위한 예산인 신탁기금에 의하여 제한을 받으며, 연방예산의 누적되는 적자규모 또한 예산편성의 재량을 제한하고 있다(Johnson, 1992). 계획예산제도Planning-Programming-Budgeting System와 영기준예산제도Zero Base Budgeting System와 같은 계획적 회계방법들에 의하여 연방의 세출을 보다 더 일목요연하고 효율적으로 편성하고 통제하기 위한 시도가 있어 왔으나 거의 성공하지 못하였다(Johnson, 1992).

일단 입법화된 예산은 정부의 지출을 관리하는 통제수단이 된다. 의회가 새로운 변동사항을 승인하지 않는 한 행정 관료들은 예산에 계상된 총금액을 당해 회계연도에 지출하여야 한다. 이것은 대통령이 자신이 반대하는 정책이나 사업에 대해 예산을 배정하지 않음으로써 집행을 거부하는 것을 방지하기 위한 조치이다. 특히 계속 사업으로 다년도 예산에 포함되어 있지 않는 한, 당해 회계연도에 사용되지 않은 예산은 회계연도 말에 효력을 상실한다. 예산이 집행된 후에는 재무, 관리, 사업과 성과에 대한 회계감사가 실시되는데, 회계감사는 주어진 재원으로 무엇을 얼마나 이룩했는지 그리고 예산집행은 법률에 따르고 있는지를 조사하기 위하여 실시된다.

연방공무원의 수가 비교적 안정적이었음에도 불구하고, 연방정부의 예산은 1950년의 462억 달러에서 1991년에는 1조 2,400억 달러로, 2018년도에는 3조 3,000억 달러로 급증하였다. 이것은 주로 연방정부가 보조금이나 계약 등을 통하여 주와 지방정부 및 다른 조직에게 연방정부의 기능을 대행시키는 대리행정proxy administration의 증가에 기인한 것으로 보인다. 대리행정이 증가하는 분야는 주로 환경보호, 실업보험, 식료품구입권food stamps, 가족계획 등이다(Meier, 1993: 327). 재정적자로 인한 이자 지출도 지속적으로 증가하고 있다.

미국의 입법가와 행정가들은 과세의 형평성과 관리의 용이성이라는 두 개의 기준을 적용해서 재원을 조달한다. 미국의 모든 정부의 주요한 세입원은 개인과 기업의 소득세, 상거래에 관한 조세, 부동산세, 그리고 소비자에게 제공되는 서비스에 대한 사용료로 구성된다. 연방정부의 세입에서는 소득세와 사회보장세가 큰 비중을 차지하며, 지출에서는 사회복지 및 의료보장과 국방 및 국제문제가 큰 비중을 차지한다.

Ⅴ. 지방행정

매 십년마다 시행되는 미국 센서스 조사에 의하면 2012년 현재 미국 내에는 50개의 주정부와 90,056개의 지방정부가 존재하고 있다(〈표 2-12〉 참조). 주정부의 구성형태는 대체로 연방정부와 매우 유사하면서도 매우 다양하게 발전하여 왔다. 어떤 지역이 어떤 형태의 지방정부를 갖느냐의 문제는 그 주의 헌법과 법률, 그리고 주민들의 정치적 선택에 달려 있다. 미국의 지방정부는 일반목적의 정부와 특수목적의 정부로 구분되어 있다. 일반목적의 지방정부는

표 2-12 미국 정부의 수 변화

정부유형	1942	1972	1982	1992	2002	2007	2012
연방정부	1	1	1	1	1	1	1
주 정 부	48	50	50	50	50	50	50
지방정부	155,067	78,218	81,780	84,955	87,849	89,476	90,056
카 운 티	3,050	3,044	3,041	3,043	3,034	3,033	3,031
시자치체	16,220	18,517	19,076	19,279	19,431	19,492	19,519
타 운 십	18,919	16,991	16,734	16,656	16,506	16,519	16,360
교 육 구	108,579	15,781	14,851	14,422	13,522	13,051	12,880
특 별 구	8,299	23,885	28,078	31,555	35,356	37,381	38,266
총 계	155,116	78,269	81,831	85,006	87,900	89,527	90,107

자료원: U. S. Bureau of the Census, *Statistical Abstract of the United States 1997* (Washington, D. C.: the U. S. Government Printing Office, 1997), p. 297; U. S. Bureau of the Census, *1972 Census of Governments*(이정관, 1998: 49); Bardes, Shelley & Schmidt, 2004: 81. U.S. Census Bureau 2018. https://www.census.gov/data/tables/2012/econ/gus/2012-governments.html

카운티County, 시Municipalities(주로 city와 town), 타운십Township 등을 포함하며, 경찰과 소방, 공공토목공사, 공원과 레크리에이션, 토지사용 규제, 주택건설, 문화시설, 대중교통수단, 산업개발 등에 대하여 광범위한 권한을 갖는다(Johnson, 1992). 따라서 일반목적의 지방정부들은 예산을 편성함에 있어서 다양한 기능들 사이에 우선순위를 정하고 프로그램들을 조정하여야 한다.

제공되는 서비스의 질에 관심을 갖고 있는 일련의 주민들은 다른 사람들에 대하여 자신이 선호하는 기능이나 사업의 우선순위를 높이기 위하여 정치적 영향력을 행사한다. 따라서 지방정부는 서로 경쟁하는 정치적 영향력, 즉 지방정부의 기능이나 사업에 대한 수요의 균형을 위하여 노력하여야 한다.

카운티는 주정부들의 행정단위이며, 자체적으로 선출직 공무원을 포함하고 있는 자치정부이다. 그들의 임무는 주와 지역적 특성에 따라 달라지지만 일반적으로 복지에 관한 서비스, 법 집행과 도로보수 등을 들 수 있다. 대도시에 위치한 카운티는 그 안에 존재하는 시 자치체의 책임에 상응하는 광범위한 책임을 지고 있는 경향이 있다. 근래에는 대도시에 위치한 카운티의 활동이 환경오염통제, 쓰레기 관리, 보건서비스, 대중 교통수단 등에 있어서 확장되는 추세에 있다(Johnson, 1992).

시는 주법에 의하여 기본적으로 제공해야 할 기능의 범위와 방법이 결정되나, 주어진 범위 내에서 어떠한 선택적 활동을 할 것인지에 대하여는 상당한 재량이 주어진다. 대부분의 시에서는 경찰과 소방대, 거리와 하수구, 물, 공원, 토지사용 규제 등의 서비스를 기본적으로 제공하고 있다. 타운십은 약 20여개의 주에만 존재하며, 일반적으로 카운티의 활동이 미약한 주에서 활발하다(Johnson, 1992).

특수목적 자치정부는 하나 혹은 두세 개의 관련 기능을 수행한다. 학교자치구가 가장 보편적이며, 이들은 초등학교, 중등학교, 직업학교 교육에 대하여 책임을 진다. 대부분의 주에서 이들은 다른 지방정부로부터 전적으로 독립적이며, 주정부의 교육부와 주의회에 대해서만 책임을 진다. 그들은 또한 육아, 보건, 카운셀링, 직업알선 업무에까지 그들의 기능을 확대하고 있다.

다른 특별자치구들은 공항, 대중교통수단, 병원, 공원, 소방대, 상·하수도, 쓰레기처리 등과 같은 기능들에 대하여 책임을 진다. 특별자치구의 행정가들은 일반적으로 위원회에 의하여 임명된다. 그들은 주어진 기능에만 전념할 수 있으며, 다양한 주민들의 수요들에 일일이 대응하지는 않는다(Johnson, 1992).

대도시 지역에 있어서는 인접하고 중첩된 모든 형태의 지방정부들이 정책과 행정조정에 있어서 중요한 문제점을 제기하고 있다. 주요 대도시들은 수백 개의 정부들을 에워싸고 있는데, 각각의 정부는 그 지역에서 하나 혹은 그 이상의 공공목적에 대하여 책임을 진다. 따라서 이들 정부 간에는 업무에 따른 갈등이 일어날 수 있으며, 한 도시의 대형 개발프로젝트는 다른 인근도시에 상·하수도 문제나 교통문제를 야기할 수도 있다. 주 고속도로, 군 도로, 시 도로가 교차하는 위험한 교차로는 하나의 지방정부에 의해서는 시정될 수 없으며, 세 개의 지방정부 모두가 교차로를 재건립하기 위하여 예산과 계획을 수립하여야 한다(Johnson, 1992). 지방정부 간의 행정적 분쟁을 다루는 가장 보편적인 방법은 자발적 협상과 공동합의이나, 종종 주정부가 분쟁을 조정하거나 해소하기 위하여 개입하기도 하며, 갈등이 법정에까지 이르기도 한다.

한편 복지, 교육, 환경, 보건 등 주민의 일상생활과 밀접히 관련되는 행정기능에 대한 수요가 증가함에 따라 주와 지방정부의 인력은 급격히 팽창하였다. 이에 따라 미국 전체공무원에 대한 비율도 연방공무원은 1950년의 33%에서 2012년에는 14.7%(약 279만 명)로 줄어든 반면, 주와 지방공무원은 각각 17%에서 22.7%(약 431만 명), 50%에서 62.6%(약 1,189만 명)로 증가하였다(OPM, 2004: 8; Bureau of Census, 2018).

주정부와 지방정부의 예산도, 연방정부의 경우와 마찬가지로, 행정부와 입법부 간의 협력과 조정을 통하여 입법화된다. 그러나 주와 지방정부의 예산은 연방정부와 주정부의 보조금에 의하여 제한을 받는다. 연방보조금은 1950년에는 23억 달러에 불과하였으나 2012년에는 5,845억 달러로 증가하였으며, 이에 따라 연방보조금이 주와 지방정부의 세출에서 차지하는 비중은 19.22%를 차지한다(이정관, 1998: 122; Bureau of Census, 2018). 연방보조금이 증가함에 따라 연방정부도 강제명령Mandate[34]을 활용하여 주와 지방정부의 정책순위에 영향력을 행사하고 있으나 때로는 연방보조금 없이 강제명령을 요구하는 소위 비보조금 강제명령Unfunded Mandate도 늘고 있다.

주정부 및 지방정부의 일반회계 세입은 주로 각종 부과금, 판매세, 연방정

34) 연방정부가 주와 지방정부에게 연방의 규칙이나 지침(예: 수질오염기준이나 대기오염기준 등)에 따르도록 강제적으로 지시하는 법률을 말한다.

부 보조금, 재산세, 개인 및 법인소득세 등으로 구성되어 있다. 반면에 주정부 및 지방정부의 일반회계 지출에서는 교육, 사회복지, 대중교통, 소방 및 범죄 예방이 큰 비중을 차지하고 있다. 1980년대 이후 많은 주와 지방정부들은 재정상의 어려움을 겪고 있음에도 불구하고 세금인상에 대한 주민들의 반발 때문에 세수를 적극적으로 늘리지는 못하고 있는 실정이다. 이들은 재정상의 어려움을 공공서비스의 축소, 민영화, 사용자에 대한 요금인상, 운영상의 효율성 제고 등을 통하여 극복하고자 노력하고 있다.

제 4 절 정부관료제의 정책과정에서의 역할

Ⅰ. 정책과정에서의 정부관료제의 역할

미국의 정치체제의 특징은 다원화된 분권체제로 집약된다. 미국의 공공정책과정에는 참여에 대한 합법적 권위를 지닌 대통령, 의원, 법관, 고급관료, 직업공무원, 지방정부 등의 공식적 참여자와 이익단체, 공익집단, 언론 등 비공식적 참여자가 각자의 정책의제policy agenda를 가지고 적극적으로 자신의 영향력을 행사하고자 노력한다. 이 과정에서 미국 정부는 정책을 결정하고 하향적으로 부과하는 중재자arbiter의 역할보다는 수많은 공식·비공식 참여자 간의 상호작용과 통제가 이루어지는 일종의 투기장arena으로서의 역할을 수행한다(Lindblom, 1980). 따라서 미국의 정책결정과정은 그 과정에 참여한 정치행위자 중 어느 누구도 정책에 대하여 총괄적으로 책임을 지지 않는 "조직화된 무정부organized anarchy"상태로 표현되기도 한다(Rose, 1988: 182).

그러나 특히 미국과 같은 다원적 분권주의체제 하에서는 정치행위자가 문제를 해결하고자 하는 노력은 필연적으로 정부 관료제의 역할을 점차 강화시켰다(Truman, 1951: 105-106). 정부 관료제는 전통적으로 핵심적인 역할을 수행하고 있는 정책집행에서뿐만 아니라 정책결정이나 법안작성에 있어서도 주도적인 역할을 담당하고 있다(Anderson, 1984: 33).

원래 미국의 헌법구조는 정책결정이나 입법 활동에서 의회가 주도적 역할을 하도록 설계되었다. 그러나 이미 앞에서 살펴본 바와 같이, 분권화된 위원회제도와 강력한 정당통제의 결여로 인하여 의회의 리더십이 분산되어 있기 때문에 입법과정이나 정책과정에서 대통령과 관료제의 역할에 대한 기대가 커졌다. 또한, 의원들의 전문성 부족은 입법내용을 구체화하기에는 어려움이 많았다. 왜냐하면 의회는 집단 간의 첨예한 이해관계의 대립과 갈등을 회피하고 정책의 수용성을 높이기 위하여 의도적으로 정책의도와 내용을 광범위하고 애매모호하게 표현하기도 하기 때문이다(Hague, 1992: 112). 따라서 행정부는 법률을 집행하는 과정에서 일정한 정도의 행정재량administration discretion을 부여받게 된다(Magleby et al., 2006: 313-314).

결국, 오늘날 의회는 정책결정권한의 상당부분을 대통령과 행정부에게 위임하고 있다. 대통령은 위임된 범위 내에서 세부정책을 결정하거나 대통령령Executive Order을 제정함으로써 실질적인 정책결정권한을 행사한다(〈표 2-13〉 참조). 일반적으로 미국의 대통령은 국내문제보다는 국방·외교 분야와 대외 통상분야에서 광범위하고도 강력한 정책결정권한을 행사한다(Anderson, 1984: 32).

〖표 2-13〗 1929-2017년 대통령령 수

대통령	임기	대통령령 수
Donald Trump	2017-현재	75
Barack Obama	2009-2017	276
George W. Bush	2001-2009	291
William J. Clinton	1993-2001	364
George Bush	1989-1993	166
Ronald Reagan	1981-1989	381
Jimmy Carter	1977-1981	320
Gerald R. Ford	1974-1977	169
Richard Nixon	1969-1974	346
Lyndon B. Johnson	1963-1969	324
John F. Kennedy	1961-1963	241
Dwight D. Eisenhower	1953-1961	486
Harry S. Truman	1945-1953	896
Framklin D. Roosevelt	1933-1945	3,728
Herbert Hoover	1929-1933	1,011

자료원: http://www.archives.gov/federal-register/executive-orders(2010년 1월 10일 검색)
https://www.federalregister.gov/executive-orders (2018년 5월 30일 검색)

더욱이 연방대법원은 행정부의 결정에 대한 의회의 거부권legislative veto은 삼권분립을 침해하는 것이기 때문에 위헌이라는 판결을 내림으로써 행정부의 정책결정권을 확대시켰다.

정책결정35)은 일반적으로 행정부에서 시작된다. 대통령과 참모들이 정책대안의 개발범위와 방향을 설정함으로써 정책대안의 개발을 주도한다. 하지만 실제로 구체적인 정책대안의 개발과 작성은 관료와 임명직 고위관료들에 의하여 주도되고 있다(Anderson, 1984). 관료는 소관업무와 관련된 정책문제에 대하여 전문지식과 축적된 정보를 가지고 있으며 지속적으로 이를 감독·통제하고 있기 때문에 정책문제의 해결을 위한 정책대안을 개발하여 대통령이나 의회에 제출하게 된다. 더욱이 미국의 관료제는 대부분 자신의 정책분야에 대하여 강력한 지지기반을 구축하고 있기 때문에 정책대안이나 입법안을 제안할 뿐만 아니라 그것의 채택을 위하여 적극적으로 로비활동을 전개하기도 한다.

정책과정 중에서 정부가 결정권한을 가지고 있는 것은 크게 행정규제와 예산편성이다. 정책문제가 다양해지고 복잡해질수록 위임입법의 형태를 통하여 정책과정에서 정부가 행사할 수 있는 재량의 범위가 계속 확대되고 있다. 정부는 위임된 범위 내에서 정책이나 법률의 시행에 필요한 세부사항과 절차 등을 제정하며, 이 과정에서 자신의 의도를 반영시키려 노력한다. 결국 위임입법을 통하여 중요한 정책의도가 대통령령이나 행정규제의 형태로 수정 및 시행되기도 한다(Hague, 1992). 예산편성budgeting도 정부가 정책결정권한을 행사하는 주요 수단이다. 이미 지적한 바와 같이, 의회의 예산심의과정은 고도로 분권화되어 있어 예산심의의 일관성이 결여되어 있을 뿐만 아니라 그에 대한 전반적인 통제나 조정이 매우 어렵다. 따라서 예산통제를 강화하기 위한 의회의 지속적인 노력에도 불구하고, 예산변경은 점진적으로 이루어지며 급격한 변화가능성은 거의 없다(Hague, 1992; Wildavsky, 1979). 이것은 전형적인 정치과정이라 할 수 있는 예산과정 속에서 정부가 주도적인 역할을 할 뿐만 아니라 자신의 의도를 거의 그대로 관철시킨다는 것을 의미한다.

정부의 역할은 정책결정단계에서보다는 집행단계에서 더욱 뚜렷해진다.

35) 연방정부의 정책 결정과정은 문제인식, 의제설정, 정책 형성(policy formulation), 정책 채택(policy adaption), 예산(budgeting), 정책집행(policy implementation), 정책평가(policy evaluation)의 과정을 말한다(O'Connor & Sabato, 2009: 600).

정책집행은 광범위하다. 어떤 기관은 예산을 집행하는 법을 실행하고 어떤 기관은 예산을 증액하는 법안을 실행한다. 정책집행은 법률을 실행하는 행위이다(Magleby et al., 2006: 313-314). 정책결정과정에서와 마찬가지로 정책집행과정에도 서로 다른 가치와 이해관계를 지닌 수많은 정치행위자들이 참여한다. 더욱이 정책집행의 결과는 이들은 물론 시민들에게도 직접적인 영향을 미치기 때문에 집행과정의 참여자들은 자신의 기대를 실현하거나 이익을 보호하기 위하여 결정과정에서 더욱 치열한 경쟁을 벌이게 된다. 이와 같은 권력게임의 복잡성은 집행단계에서 더욱 증가하게 된다. 따라서 미국의 정책집행과정은 궁극적인 결과와 전략적인 이익을 위하여 책략을 사용하는 수많은 참여자들에 의하여 지배되는 게임으로 비유된다(Bardach, 1977). 이러한 집행과정에서는 집행과정에 참여하는 어느 누구도 단독으로 정책을 집행하거나, 조정하거나, 감독할 수 없다.

정책집행과정의 참여자 중 집행과정에서 가장 중요한 역할을 수행하는 참여자는 정부 관료이다. 물론 정부 관료도 집행과정의 모든 단계를 독자적으로 통제할 수는 없지만 일상적인 업무수행을 통하여 정책을 직접 집행할 뿐만 아니라 지속적으로 통제한다. 정부 관료는 집행과정에서 의회나 대통령 또는 법원 등 다른 기관의 결정을 기계적으로automatically 적용하지는 않는다. 오히려 직업 관료들은 애매하고 추상적으로 표현된 입법의도를 해석하고 그것을 행정규칙이나 시행지침 등의 형태로 구체화하는 과정에서 광범위한 재량을 누린다. 예를 들면, 주간통상위원회Interstate Commerce Commission는 철도요금을 "공정하고 합리적인"just and reasonable 수준에서 책정하도록 요구하고 있으며, 소비자제품 안전위원회Consumer Product Safety Commission는 "비합리적인 위험"unreasonable hazard을 지닌 제품의 생산을 금지하고 있다(Anderson, 1984: 84). 이 경우 "공정하고 합리적인" 요금 수준과 "비합리적인 위험"을 구체적으로 규정하는 것은 전적으로 행정기관의 재량이다.

의회와 법원 그리고 대통령은 정부 관료의 재량권행사를 통제하기 위하여 노력하고 있다. 이를 위해서 의회는 사회보장관련 법률에서처럼 입법내용을 상세히 규정하고, 기금사용을 엄격히 제한하며, 예산에 대한 통제를 강화하고 있다. 그러나 전반적으로 위임입법은 오히려 증가하고 있는 실정이다. 법원도 법률에 대한 해석과 판단adjudication을 통하여 집행을 촉진하거나 지연시키며, 경우에 따라서는 법률이나 정책 자체를 무효화시키기도 한다. 그러나 법원의 판결은 사후적일 뿐만 아니라 대부분 개별적인 사건에 관한 것이기 때문에 효과적인 통제수단이 되지 못한다(Hague, 1992: 115). 이러한 법원에 의한 행정부의 통제는 대통령이나 고위관료들은 계층제적 구조에 기초하여 영향력을 행사할 수 있으나, 교통경찰이나 순찰경찰의 경우처럼 직접 시민과 일상적으로 접촉하는 일선공무원street-level bureaucrats의 행위를 효과적으로 통제하는 것은 매우 어렵다(Elmore, 1978).

Ⅱ. 정부관료제의 정책과정상의 특징

미국의 정치체제와 과정은 흔히 단편화fragmented, 분권화dispersion of power, 다원화pluralistic 등으로 특징지어진다. 하나의 정책을 결정하고 집행하는 데에는 행정부, 입법부, 사법부, 이익단체와 공익단체 등 다양한 참여자들이 참여하여 경쟁한다. 이들은 서로 다른 기대와 가치 및 정치적 지분을 가지고 정책과정에 참여하며, 한정된 가치와 자원 중에서 보다 많은 몫을 차지하고자 서로 견제하며 경쟁한다. 결과적으로 미국의 정책과정에는 참여자들 간의 계층적 관계는 거의 성립될 수 없다. 모든 참여자들은 대등한 입장에서 서로 통제하고 경쟁하며, 이들 중 어느 누구도 단독으로 정책과정을 통제하거나 조정하지 못한다. 이와 같이 다원화된 분권적 정치체제 하에서는 경쟁·협상·타협이 주요한 게임전략이 된다(Ripley & Wildavsky, 1986).

미국의 정책과정을 더욱 복잡하게 만드는 것은 정책과정에의 참여집단들 또한 단편적으로 분산되어 있다는 점이다. 연방의회는 상당한 자율성을 지니고 있는 180여개의 위원회와 소위원회로 구성되어 있으며, 다양한 이해관계를 지닌 수많은 이익단체가 존재하고 있다. 이러한 현상은 정부의 경우에도 동일하다. 연방정부수준에서 보면 대통령 및 참모들과 각 행정기관, 각 행정기관의 정치적 피임명자와 직업관료, 상호 관련된 업무를 담당하고 있는 행정기관, 서로 다른 업무 분야와 경력을 지닌 직업관료, 그리고 연방정부와 주 및 지방정부 상호간에는 정책의 주도권을 놓고 갈등이 존재한다.

이와 같이 분권화되고 다원화된 관료제는 정부 내에 복수의 권력중심점multiple power center을 창출하여 정책과정에 참여하는 집단에게 정부의 다양한 접근통로multiple access to government를 제공함으로써 상호 갈등과 경쟁관계에 놓여 있는 이해관계의 조정과 균형을 용이하게 하여 준다(Yates, 1982: 107-108). 그러나 미국 관료제의 이러한 구조적 특징은 미국 정치체제의 분권적 성격과 함께 정책과정에서의 관료의 권위와 역할을 축소하고 비교적 좁은 범위의 정책에 대한 통제전략을 선호하게 한다. 따라서 정부 관료도 다른 참여자들과의 경쟁 속에서 정책의 주도권을 장악하고 자신의 관료적 이익을 지키기 위하여 다양한 전략과 행태를 취하고 있다.

미국의 정책과정에서 정부관료제가 외부집단과의 경쟁·협상·타협과정에서 보여주는 가장 전형적인 행태는 외부참여자와 정치적 연합을 형성하는 것이다. 이러한 정치적 연합은 흔히 준정부subgovernment라 통칭되는데, 이들 중 가장 전형적인 형태가 철의 삼각형iron triangle이다(Ripley & Franklin, 1991). 철의 삼각형이란 정부, 의회위원회, 이익단체 간의 긴밀한 관계를 구성하는 상호이익적인 연합을 말한다(Wilson, 2008: 287). 이미 지적한 바와 같이, 단편적이며 다원화된 정치체제와 정부구조 속에서 각 행정기관은 자신이 담당하는 정책문제나 정책분야에 대한 통제력을 강화하려 한다. 그러나 아무리 한정된 범위의 정책이라 하더라도 유관 행정기관을 포함하여 수많은 참여자들이 다양한 형태로 개입한다. 이러한 경쟁 속에서 행정기관은 자신의 영향력을 강화하고 정치적 기반을 확대하기 위한 수단으로써 의회 내의 관련위원회나 소위원회 및 이익단체와 상호 협조적인 관계를 형성하게 된다.

물론 철의 삼각형 내에서도 참여자 간의 경쟁과 협상은 이루어진다. 이 과정에서 이익단체는 행정기관과 의회의 위원회에 대한 적극적인 지지의 대가로 해당 정책에 대하여 강력한 영향력을 행사하게 된다.[36] 일반적으로 철의 삼각형은 일상적인 정책분야에서, 그리고 비교적 공개적인 규제정책이나 재분배정책에서보다는 폐쇄적으로 이루어지는 경향이 강한 분배정책에서 더욱 강력하다(Ripley & Franklin, 1991). 따라서 철의 삼각형에서 이루어지는 정책결정은

---

36) Lowi(1969)는 이익단체의 이러한 행태를 강조하여 이익단체에 의한 자유주의(interest group liberalism)를 미국 정치과정의 주요한 특징으로 제시하고 있다. 그러나 Lowi는 현대 미국정치에서는 전통적인 자유주의가 가정하고 있는 것처럼 모든 이익단체가 동일한 규모의 영향력을 지니지 못하고 있다고 주장한다. 즉, 미국에서 이익단체들은 그것이 소유하고 있거나 동원할 수 있는 재원의 규모(구성원의 수, 전문지식, 재정적 능력, 정치적 능력 등)에 따라 정치적 영향력의 격차가 매우 크며, 따라서 진정한 의미의 기회균등을 전제로 하는 자유주의는 이미 왜곡되었다고(distorted) 비판한다.

일상적이며, 예측가능하고, 능률적으로 집행되는 경향이 있다. 그러나 철의 삼각형은 매우 강력하기 때문에 외부통제가 어렵다. 또한 각각의 준정부는 서로 독자적으로 활동하기 때문에 전체적인 관점에서 정책결정체제를 조정하거나 일관성을 유지하기가 불가능하게 된다(Hague, 1992: 100). 그러나 이와 같이 폐쇄적이고 안정적인 철의 삼각형도 구성원 사이에 본질적인 견해차이가 발생하거나 국민을 비롯한 다양한 이해관계자의 적극적인 요구가 있을 때 변화되기도 한다(Ripley & Franklin, 1991).

준정부 혹은 철의 삼각형의 영향력은 아직도 강하게 지속되고 있다. 그러나 근래에는 정책결정과정에 새로운 변화가 나타나고 있다. 종래에는 서로 구분되던 정책분야 간의 상호의존성이 높아지고 정책과정에 새로운 참여자가 증가함에 따라, 정책과정의 복잡성이 증가되고 로비활동도 보다 치열해지고 있다. 또한 정부의 규제정책과 환경 · 보건 · 독과점 등 새로운 정책문제에 대한 대중의 관심이 증가함에 따라, 청문회나 정보공개 등 정책과정의 투명성에 대한 요구도 점차 거세지고 있다. 소속의원에 대한 정당의 통제력이 약한 것도 의원들이 정책문제에 따라 독자적으로 행동하는 경향을 조장한다. 이에 따라, 한정된 정책분야를 중심으로 하는 폐쇄적이고 안정적인 철의 삼각형은 그때그때의 정책문제에 따라 움직이는 보다 공개이고 느슨한 관계를 형성하는 이슈 네트워크issue networks로 대체되고 있다(Heclo, 1978; Hague, 1992: 101-116; Wilson, 2008: 287). 고정된 참여자 간의 공모conspiracy를 특징으로 하는 철의 삼각형과는 달리 이슈 네트워크는 보다 광범위하고 유동적인 참여자 간의 혼란스러운 투쟁confused fight이 특징이다.

연방정부와 주정부 및 지방정부 간의 정책과정에서 동일한 정책분야에 종사하는 전문 관료professional bureaucrats는 그들의 정책을 관리함에 있어 견고하고 폐쇄적인 연합을 형성하는 경향이 있다. 예이츠(Yates, 1982: 72)는 이러한 연합을 '정책분야별 하위정부'policy subgovernment라 부르며, 이러한 경향은 특정한 전문분야에서 오랫동안 전문적 훈련과 지식을 축적한 전문가 집단들이 그 분야에 대한 독점적 지배권을 확립하려는 도제적 전문가주의guild professionalism로부터 기인한다고 주장하였다. 이러한 유형의 관료행태를 연방정부에서 주정부를 거쳐 지방정부에 이르는 좁고도 긴 수직적인 정책통로를 의미하는 "울타리 연방주의"picket-fence federalism라 부르기도 한다(Sanford, 1967: 80). 정책분야별 하위정부 내에서의 정책결정은 철의 삼각형과 마찬가지로 하위정부에 속하지 않는 다른 집단의 참여를 배제하기 때문에, 은밀하게 이루어지는 경향이 있다. 또한 계층구조에 입각한 관료적 통제나 외부집단에 의한 통제를 어렵게 한다.

지금까지 논의한 미국 정책과정에서의 정부 관료제의 구조적·기능적 특징으로 인하여 미국의 정책결정은 '나눠먹기식'something-for-everyone politics이라는 비판을 받고 있다(Yates, 1982: 107). 그러나 정부 관료제의 분권적·다원적 구조는 정책과정에 다양한 집단의 참여를 보장하므로 정책에 대한 정치적 수용성을 높여주는 역할을 한다. 또한 이미 합의된 정책을 기초로 점진적인 변화를 시도하기 때문에 미래예측에 따른 불확실성과 위험성을 감소시키며 능률적인 집행을 가능하게 하기도 한다(Lindblom, 1980).

제 5 절 행정개혁의 과제와 전망

미국의 정부 관료제는 설립초기부터 권력집중에 대한 불안과 개인의 자유보장을 이유로 국가존립에 필요한 최소한의 기능만을 수행하도록 설계되었다. 그러나 19세기 이래 경제가 성장하고 사회적 복잡성이 증가함에 따라 정부 관료제의 규모와 기능도 지속적으로 확대되고 분화되어 왔다.

미국에서의 행정개혁은 주로 거대해져가는 정부 관료제의 비능률성을 제거하고, 대통령의 행정관리능력을 향상시키는 방향으로 추진되어 왔다. 행정적 비능률성과 부패를 제거하기 위하여 제정된 펜들턴법Pendlton Act(1883년)을 계기로 능력본위의 선발을 기본원칙으로 하는 실적주의가 미국 인사행정의 기본원리로서 확립되었다. 1912년에 설립된 경제 및 효율성위원회Commission on Economy and Efficiency, 1936년에 구성된 대통령직속 행정관리위원회President's Committee on Administration Management,37) 그리고 1947년과 1953년에 연방의회에 의하여 조직된 제1차 및 제2차 (행)정부조직위원회38) 등에 의한 일련의 행정개혁 작업은 인사, 조직, 예산 등에 대한 대통령의 행정관리능력 강화를 일차적인 목표로 하였다(Mosher, 1983: 49-50, 106-109, 205-217).

37) 이 위원회는 위원장으로 활동한 Hoover의 이름을 따서 후버위원회라고도 불린다.

38) Commission on Organization of the Executive Branch of the Government. 이 위원회는 위원장으로 활동한 Brownlow의 이름을 따서 「브라운로우위원회」라고도 불린다.

1960년대와 1970년대 초에 걸쳐 Johnson 대통령과 Nixon 대통령이 임명한 일련의 작업단Task Force들도 행정개혁을 추진하였다. 이들 작업단은 공통적으로 공익의 증진, 서비스 전달의 효율화, 행정적 분권화의 촉진을 주된 개혁방향으로 삼았다(McCurdy, 1977: 156-157).

1960년대와 1970년대에는 OR·체제분석 등의 관리과학적 기법과 계획예산제도PPB와 영기준예산제도ZBB, 목표관리제도MBO 등 새로운 행정관리기법의 도입도 활발하게 이루어졌다. 1978년에는 공무원제도개혁법Civil Service Reform Act: CSRA에 의하여 인사행정의 집행기능을 담당하는 인사관리처Office of Personnel Management: OPM가 대통령의 참모기관으로 설치되고, 행정관리능력의 향상을 위하여 약 8,000명의 고위공무원으로 구성된 고위공무원단Senior Executive Service: SES이 창설되었으며, 성과평가Performance Appraisal와 실적급merit pay제도가 도입되었다.

이러한 일련의 개혁조치는 정책, 예산, 인사 등에 대한 대통령의 관리능력을 향상시키기 위한 것이었으나, 대부분이 기대만큼의 성공을 거두지는 못하고 있다. 정부수립 이래 쉬지 않고 계속되어 온 개혁에도 불구하고, 미국의 정부 관료제는 아직까지 비능률, 낭비, 관료주의, 권위주의, 번문욕례Red Tape, 과다한 규제, 할거주의 등 전통적인 관료제에 대하여 제기되는 비판에 거의 그대로 노출되고 있다. 이에 따라 1980년대 이후의 행정개혁은 고객중심, 감축관리, 규제완화, 성과지향 등을 통한 탈 관료제를 주된 개혁방향으로 삼고 있다.

레이건Reagan 정부(1980-1984) 행정개혁의 기본방향은 기업적 원리business disciplines를 정부에 도입하는 것이었다. 레이건 대통령에 의해서 1981년에 설치된 대통령직속 청렴·효율위원회President's Council on Integrity and Efficiency는 감사를 통하여 수십억 불의 예산을 절감하고, 행정기관과 공무원에 대한 많은 제재sanctions를 도입하였다. 1982년에는 컴퓨터시스템을 업그레이드하고 재정 관리와 책임을 개선하기 위한 '개혁88Reform88'이 추진되었다. '개혁88'을 강력하게 추진하기 위해서 1984년에는 연방정부 각 부처의 차관보로 구성되는 관리개선위원회Council on Management Improvement를 설치하였다. 또한 1985년에는 정부기관의 생산성을 1992년까지 20% 향상시키는 것을 목표로 대통령생산성계획President's Productivity Program을 수립하였으며, 이를 위한 수단으로 총체적 품질관리Total Quality Management: TQM가 광범위하게 채택되었다.

이러한 개혁의 대부분은 그레이스위원회Grace Commission에 의해서 주도되었다. 이 위원회는 약 2,000명의 민간기업인들로 구성되었으며, 정부의 낭비적 요소들을 확인하는 활동을 수행하였다. 이 위원회는 2년여에 걸쳐 약 2,500개의 제안을 포함한 47개의 보고서를 제출하였으며, 2,980억 달러의 예산절감이 가능하다고 주장하였다. 그러나 위원회의 제안 중 일부만 전면적 또는 부분적으로 시행되었을 뿐, 대부분의 제안들은 시행되지 못하였다. 결과적으로 이 위원회의 활동은 그에 투자된 노력의 규모를 고려하면 성공적이지 못한 것으로 평가되고 있다(Pollitt & Bouckaert, 2004: 303).

Bush 대통령(1988-1992)은 Reagan 대통령보다 관료제에 대하여 더욱 비판적이었다. 그는 일련의 조사를 통하여 보수, 성과평가, 경력발전체계, 사기 등을 포함하여 연방공무원제도에 심각한 문제가 있다는 것은 인식하였으나, 이러한 문제를 해결하기 위한 적극적인 개혁조치를 추진하지는 않았다. 그는 행정관리의 개혁보다는 냉전체제 종식을 포함한 대외 정책적 이슈에 우선순위를 두었다(Pollitt & Bouckaert, 2004: 303-304).

Bush 대통령의 뒤를 이어 취임한 Clinton 대통령(1992-2000)은 매우 광범위한 정부개혁을 의욕적으로 추진하였다. Clinton 대통령에 의해 설치된 국정성과평가위원회The National Performance Review: NPR는 행정개혁에 관한 대통령위원회로서 1993년 3월부터 2000년까지 활동하였다.[39] 외부인사가 주축이 되었던 종래의 개혁위원회들과는 달리 이 위원회에는 '공무원은 문제가 아니라 문제해결자다'라는 전제 하에 정부업무에 숙달된 현직 공무원들과 소수의 민간자문관 등 약 250명의 전문가가 참여하였다. 이들은 Al Gore 부통령을 위원장으로 하여, 각 기관별 및 관리기능별로 작업팀을 구성하여 평가를 실시하고 개혁방안을 모색하였다. 이와 함께 Clinton 정부는 행정개혁을 뒷받침하기 위하여 정부성과및결과법Government Performance and Results Act of 1993: GPRA[40]과 연방인력재편법Federal Workforce Restructuring Act of 1994, 정부관리개혁법Government Management Reform Act of 1994 및 다양한 개혁관련 법률을 제정하였다(총무처 직무분석기획단, 1997: 501-540). 이 위원회에서 발간한 보다 효율적인 정부의 창출Creating A Government That Works

---

39) 1998년부터 National Partnership for Reinventing Government로 명칭이 변경되었다.

40) 예산을 업무계획 및 업무수행성과와 연계시킴으로써 정부지출의 효과성과 효율성을 증대시키고자 제정된 법률로서 ① 정부가 달성해야 할 성과를 구체적으로 설정하고, 이를 달성할 수 있도록 예산 편성과정에서 배려하며, ② 관리자에게 목표달성을 위한 관리상의 자율권을 부여하고, 예산·사업의 집행성과를 계획된 목표수준과 비교하여 사업의 효율성과 효과성을 통제하는 것을 주요 내용으로 한다.

Better & Costs Less은 미국 연방정부가 인식하고 있는 행정적 장애 및 폐단과 추진하고자 하는 행정개혁의 방향은 물론 구체적인 행동대안 등을 종합적으로 제시하고 있다.

이 보고서는 보다 작고 능률적인 정부의 실현을 위하여 고객중심의 행정관리, 감축관리, 권한위임, 규제완화, 시장원리의 도입 등을 추진할 것을 제안하고 있다. 이 보고서에서 제시되고 있는 미국 행정개혁의 과제와 방향은 관료적 형식주의 제거, 고객우선 주의의 행정 구현, 성과산출을 위한 권한과 책임강화, 그리고 작고 효율적인 정부 실현이었는데 전반적으로 신공공관리 행정개혁의 핵심가치를 구현하고자 노력했다고 볼 수 있다(Gore, 1993).41)

클린턴 정부의 행정개혁은 정부재창조Reinventing Government를 모토로 3단계에 걸쳐 추진되었다.42) 제1기 행정개혁(1993. 8-1994. 12)은 '정부가 "무엇을what" 해야 할 것인가'보다는 '정부의 기능을 "어떻게how" 할 것인가'에 일차적인 초점을 두었다(Kettl, 1994: 62). 이를 효율적으로 추진하기 위하여 Clinton정부는 행정개혁에 대하여 점진적인 그러나 새로운 방법으로 접근하였다. Clinton정부의 행정개혁 추진방법상의 특징을 간략하게 요약하면 다음과 같다(박희봉 · 김상묵, 1988: 24).

첫째, 논란의 여지가 많은 정치적 문제는 가급적 피하고 행정개혁을 중점적으로 추진하고 있다.

둘째, 거시적인 차원의 정부개혁보다는 개혁이 용이한 대상부터 우선적으로 개혁하되, 수행할 방법을 모색하는 미시적인 차원에서 개혁을 시작한다.

셋째, 정부 업무에 대한 장기적인 진단을 병행함으로써 점진적인 개혁을 유도하고 하위 부서에 대한 권한 위임과 성과에 따른 인센티브제의 확대를 통하여 관료의 자발적 참여를 유도한다.

이 밖에 행정조직 전체에 개혁의 필요성을 확대하고, 권한과 자원의 재배분을 최소화하여 재배분로 인한 갈등과 저항을 최소화하고, 개혁의 주도권을 관리예산처OMB에 맡김으로써 개혁에 대한 대통령의 리더십을 확보하는 등의 추진전략을 채택하였다.

---

41) 이 보고서에서 제시되고 있는 미국 행정개혁의 방향과 그에 수반되는 구체적인 행동지침 등에 대한 상세한 소개는 오석홍(1994) 및 총무처 직무분석기획단(1997: 483-539)을 참조하기 바람.

42) Clinton 정부 행정개혁의 단계별 추진과정, 주요 내용, 평가 등에 대한 상세한 내용은 황윤원 외(2003: 300-337)를 참조할 것.

1994년 11월 중간선거 패배 이후 공화당으로부터 개혁노력이 미온적이라는 비판이 제기되자 Clinton 행정부는 기존의 제1단계 개혁은 계속 추진하되, 정부재창조의 초점을 '정부가 "어떻게how" 할 것인가'에서 '정부가 "무엇을what" 할 것인가'하는 보다 근본적인 문제로 전환하는 2단계 개혁(1994. 12-1998)을 추진하였다. 2단계 개혁에서는 각 행정기관이 수행하고 있는 사업과 규제 및 현재의 조직을 재검토하고, 그것들이 계속해서 수행되거나 존재해야 할 필요성을 입증하지 못할 경우에는 폐지하도록 하는 등 행정개혁의 강도와 범위가 더욱 심화되었다(황윤원 외, 2003: 25).

3단계(1998-2000) 개혁작업을 추진하기 위하여 Gore 부통령은 1998년 국정성과평가위원회NPR를 정부재창조를 위한 전국파트너십National Partnership for Reinventing Government으로 바꾸고, 새로운 다섯 가지 전략에 따라 더욱 향상된 고객서비스와 정보화시대의 정부를 위한 노력을 지속적으로 강화해 나갈 것임을 밝혔다. 정부재창조의 3단계에서 추진한 새로운 전략은 다음과 같다: ① 파급력이 큰high-impact기관[43)]의 효율적인 운영,[44)] ② 연방정부의 관리 향상을 위한 성과측정outcome measurement, ③ 협력관계구축과 문제예방을 위한 전략개발, ④ 보다 많은 업무의 위임과 책임성의 확보, ⑤ 원스톱one-stop 정보 및 서비스의 개발(황윤원 외, 2003: 310). 다양한 분야에 걸친 Clinton 정부의 행정개혁은 개혁의 범위나 체계적인 추진과 리더십, 그리고 행정부 전반에 걸쳐 정부의 효율성 증대와 국민에 대한 서비스 제고를 추구했다는 점에서 긍정적인 평가를 받고 있다.

그러나 Clinton 정부의 정부개혁은 '절약과 감축savings and downsizing'과 '권한부여와 재창조empowerment and reinventing'간의 갈등에서 보듯이 출발부터 추진방향과 전략들 사이에 갈등적 요인이 내포되어 있었다(Pollitt & Bouckaert, 2004: 304). 그리고 NPR은 단기적 성과에 치우친 나머지 많은 개혁방안들이 단시간에 추진되어 혼란스럽거나 때로는 조직화되지 못한 채 다방면으로 노력을 분산시킴으로써 장기적인 측면에서의 성공을 거둘 수 있는 기회를 다소 약화시켰다는

43) 납세자들과 직접 접촉하며, 실질적인 행정서비스에 대한 영향력을 보유하고, 정치적 위험성이 내포되어 있는 문제들을 다루는 기관을 의미한다(황윤원 외, 2003: 334).

44) 이를 위해서, 3단계에서의 행정개혁은 국세청(IRS), 직업안전 및 보건청(OSHA), 식품의약청(FDA) 등과 같이 국민에 대한 실질적인 서비스와 직접적으로 관련된 32개의 파급력이 큰(high-impact)기관에 집중되었다(황윤원 외, 2003: 310).

부정적인 평가도 아울러 제기되고 있다(Pollitt & Bouckaert, 2004: 304; 황윤원 외, 2003: 330-337).

Clinton 정부에 이어 집권한 공화당 Bush 정부(2000-2004)의 개혁은 '한정적이지만 적극적인'limited, but active 정부의 구현을 목표로 하여, 국민 중심적 정부, 결과 지향적 정부, 시장원리의 도입을 지향하는 방향으로 추진하였다.45) Bush 대통령은 2001년 8월 25일 발표한 '대통령 관리의제'the President's management agenda에서 전 정부에 걸친 다섯 개의 상위목표를 제시하였다: ① 인적자원의 전략적 관리, ② 민간부문과의 경쟁 확대, ③ 재정성과의 향상, ④ 전자정부의 확대, ⑤ 예산과 성과의 통합. 또한, Bush 정부는 정부운영시스템의 개선을 위해서 ① 관리직 수의 감축과 일선창구로의 재배치, 정부조직의 계층구조 축소를 통한 의사결정의 신속성 제고, ② 지식관리시스템의 확대 및 정보통신기기의 활용 제고, ③ 연방-주-지방간의 행정정보 공유, ④ 정보기능의 민·관간 경쟁을 통한 지원의 효율성 증대 등을 추진하였다(황윤원 외, 2003: 338-339; 김태룡, 2004: 107-109).

위에 제시된 방안들을 효율적으로 추진하기 위해서 Bush 대통령은 전 정부적 차원에서 대통령의 정책선호를 지원하도록 대통령 직속으로 대통령관리위원회President's Management Council를 설치하고, 의장에 관리예산처OMB 부처장을 임명하였다. 그리고 각 부처별로 정부개혁을 책임지고 수행하는 최고행정관Chief Operating Officer: COO 46)을 임명하고, 이들을 위원회의 위원으로 위촉하였다(황윤원 외, 2003: 339; 김태룡, 2004: 113-114).

이러한 행정개혁의 추진방향에 따라 관리예산처가 2001년 2월 시행한 '정부관리개혁에 대한 지침서'는 관리직의 감축, 민간이양의 확대, 전자정부 구현을 주요 내용으로 포함하고 있다. 2002년도 부처별 사업계획에 이러한 3가지 분야의 목표와 시행계획을 포함하도록 요구하고 있다. 또한 관리예산처는 동 지침서에서 5개 분야의 행정개혁 대상과제를 선정하고 있는데, 그 주요 내용은 다음과 같다. ① 조직구조를 간소화 하여 수직적 계층 구조를 최소화, ② 정부기금 수혜자의 선정과 기금운영의 적정성을 확보, ③ 실적에 기초한 민간

45) 부시 정부 행정개혁의 목표와 주요 내용에 대한 상세한 설명은 황윤원 외(2003: 338-345) 및 김태룡(2004)을 참조할 것.

46) 최고행정관은 대통령이 직접 임명하며, 통상 각 부처의 차관(Deputy Secretary)에 해당되는 고위 직위로서 기관 전반에 걸친 관리업무를 관장하는 권한을 지닌다(김태룡, 2004: 114).

계약을 확대, ④ 온라인망을 활용한 조달구매의 확대 등 전자정부의 기술적인 적용범위를 확대, ⑤ 정부기능의 민간위탁 또는 계약 시 연방공무원과 개인기업 간의 경쟁을 통하여 추진한다(황윤원 외, 2003: 340; 김태룡, 2004: 109).

Bush 대통령이 이끈 8년간의 보수정권의 종지부를 찍으면서 미국 역사상 처음으로 흑인대통령이 된 Obama 대통령은 집권 초기부터 금융위기에 봉착하는 등 어려운 난제와 부딪치게 되었다. Bush 행정부가 9 · 11 이후 테러와의 전쟁을 선포하며 아프가니스탄에 미군을 파병하고 이라크 전쟁을 수행하는 등 적극적으로 외교문제에 대처하면서 많은 정치자본을 사용한 반면, Obama 대통령은 상대적으로 건강보험과 교육문제 등 국내문제에 더 많은 관심을 가졌다. 특히 신자유주의적 정부개혁에 편승하면서 주장된 작은 정부에 대한 시각을 달리하며 Obama 정부는 건강하고 책임 있는 정부의 역할을 강조하게 되었다. 이러한 국정기조는 금융개혁과 오바마 케어를 이끌어 낸 건강보험 등 주요 개혁정치에 그대로 반영되었다.

한편 Obama 대통령은 2009년 1월 20일에 한 연설에서 정부운영과 관련해 큰 정부 또는 작은 정부의 규모 논쟁보다는 일하는 정부에 대하여 관심을 두어야 한다고 주장하였다. 이를 위해 백악관의 관리예산처 내에 성과관리팀을 신설함으로써 정부의 성과를 제고하려는 적극적인 의지를 상징적으로 표명하였다.[47] 2009년 10월 29일 연방정부 성과관리수석Federal Chief Performance Officer인 Jeff Zients는 성과관리시스템의 중요성을 확인하면서 연방정부의 성과관리시스템은 실제로 모든 부처의 공무원들이 지위고하를 막론하고 성과목표와 성과지표에 대한 우선순위 결정과 성과 모니터링, 그리고 문제 진단 등에 활용하는 데 있다고 강조하였다.

백악관의 관리예산처를 통해서 Obama 정부는 연방정부의 성과관리를 제고하기 위하여 크게 3가지 방향을 모색하였다. 첫째, 결과지향의 정부운영을 통하여 비용대비 산출물을 극대화하기 위하여 성과정보를 적극적으로 활용하고자 한다. 각 기관장은 각 기관의 미션과 관련된 몇 가지 우선순위 목표를 설정하고 이를 달성하기 위하여 성과정보에 기초한 건설적이고 지속적인 성과관리 방안을 모색해야 한다. 이를 위해 2009년 6월 각 기관에게 최우선 성과

---

47) Obama 정부의 성과관리 중심의 행정개혁은 백악관의 관리예산처의 홈페이지에 나타난 자료를 중심으로 정리하였다.

목표[48]를 설정토록 하고 18~24개월 내에 추가의 자원이 없이 이를 성취할 수 있는 구체적인 성과지표를 제시하고 모니터링 하도록 요구하였다. 이는 점차 각 부처의 국 단위로 내려가 국 단위의 우선 목표를 설정하고 관리하는 것으로 확대하는 것이 그 목적이었다. 한편 각 부처의 성과관리를 총괄할 성과개선담당관Performance Improvement Officer: PIO을 임명하고 각 부처의 성과관리를 총괄하도록 하였다. 이러한 노력은 과거 정부성과 및 결과법GPRA 법안을 통하여 지향한 성과관리와 일맥상통한다고 볼 수 있으나 단순한 보고reporting가 아닌 실제 성과개선performance- improving에 방점을 찍고자 하는 조치였다고 볼 수 있다.

둘째, 결과 지향적이고 투명한 정부를 이룩하기 위하여 정부의 주요 현안에 대한 우선순위, 문제점, 그리고 개선 상황을 보다 적극적으로 국민에게 알리고자 노력하였다. 특히 과거의 정책의 결과와 추세 그리고 미래의 정책방향에 대한 국민과의 소통을 강조한다. 이를 위해 Obama 정부는 몇 가지 새로운 조치를 취하고자 하였다. 먼저 그 동안 실제 활용되지 않는 다양한 성과지표와 성과보고서를 파악하여 삭제하도록 하였다. 기존의 정부성과 및 결과법GPRA나 사업성과등급Program Assessment Rating Tool에 의해 생성된 성과자료는 가감없이 국민에게 어떻게 정부가 예산을 집행하여 성과를 내고 있는지 알리도록 조치하였다. 또한 성과에 대한 국민의 자료접근성을 높일 수 있도록 성과자료제공 시스템을 개선하도록 하였다. 한편 관리예산처는 최근 새로운 정부성과평가계획을 통하여 결과와 효과에 초점을 맞춘 평가를 강조하였다.

셋째, 연방정부의 성과관리를 위하여 지속적으로 정부내외의 다양한 이해관계자들의 참여를 유도함으로써 다양한 문제해결을 위한 네트워크problem-solving networks를 강화하였다. 특히 각 부처가 단독으로 성과관리를 추진하는 것에는 한계가 있다는 점을 인식하고 관련된 이해당사자들과 긴밀한 협조와 참여를 유도하였다. 특히 각 부처의 성과개선담당자들로 구성된 성과관리협의제Performance Improvement Council: PIC를 연방정부의 성과관리를 위한 중심체로 삼아 성과 관리를 위한 다양한 노력을 기울이는 한편, 성과관리 방법을 공유하여 다양한 장애요인에 대한 대처방안 등을 모색하고자 하였다.

오바마 대통령의 2기 정부는 정부가 적극적으로 국민과 소통하며 정보를

48) 각 기관의 미션과 관련된 우선 성과목표는 아래 자료에 기술되어 있다. http://www.whitehouse.gov/omb/budget/fy2011/assets/management.pdf

공유·개방하는 소위 개방정부 조치Open Government Initiative를 천명하며 적극적으로 추진하였다. 2013년 5월 9일 대통령 행정명령을 통하여 개방정부와 관련된 구체적인 사항을 제시하고 정부가 보유한 공공데이터를 적극적으로 개방하기 위한 일련의 조치를 취하였다. 이를 통하여 보건, 환경, 경제, 교육 등 다양한 정책분야의 공공데이터가 개방되어 투명한 정부의 모습을 강화하는 한편 공공데이터를 활용한 다양한 애플리케이션이 만들어져 보다 편리한 각종 공공서비스가 제공되게 되었다. 이러한 일련의 조치는 여러 나라의 행정개혁에 영향을 미치게 되었는데, 우리나라에서도 정부 3.0이라는 이름아래 공공데이터 개방을 비롯한 다양한 정책이 추진되었다.

오바마 대통령을 이어 사업가 출신 트럼프 대통령은 구체적인 행정개혁의 청사진을 제시하지는 못하고 있다. 사업가적인 배경이 말해주듯이 불필요한 정부의 기능을 축소하는 정부효율화에 방점을 두면서 실용적인 국정운영을 펼칠 것으로 전망된다. 예를 들면 2017년 3월 선포한 행정명령을 통하여 정부의 예산 청사진을 제시하고 각 부처에서 관행적으로 지속하고 있는 낡고, 불필요하고, 효과가 없는 다양한 프로그램을 발굴하여 개혁할 것을 주문하였다.

1980년 이후에 여러 대통령을 거치면서 진행되어 온 일련의 행정개혁은 나름대로 의미 있는 노력이라고 평가되나 다양한 정부 내의 문제는 아직도 지속되고 있는 것으로 평가된다. 미국 정부의 행정개혁의 성공적인 추진을 어렵게 하는 것으로 다양한 요인들이 제기되고 있다. 그 중 중요한 저해요인으로 조직개편과 예산에 대한 의회의 광범위한 개입, 행정기관의 다양한 조직형태와 기관 간의 느슨한 협력체제, 행정기관과 관련 상임위원회 및 이익단체 사이에 구축된 '철의 삼각형'에 의한 저항, 개혁을 책임지고 있는 정치적으로 임명된 정무직 공무원의 관심 분산과 잦은 교체 등이 지적되고 있다. 핵심적인 개혁주도 기관으로서 관리예산처는 단기적인 예산문제에 일차적인 관심을 두고 있기 때문에 행정관리의 개혁은 상대적으로 소홀히 되고 있다는 점도 그 요인의 하나로 지적된다. 한편 행정부와 의회 및 언론 모두가 새로운 개혁조치의 도입에만 관심을 기울일 뿐 개혁조치의 성과에 대한 사후평가에는 별 관심을 보이지 않는다는 점도 개혁의 실질적인 효과를 저해하는 요인이라고 볼 수 있다(Pollitt & Bouckaert, 2004: 304-305).

제 3 장
일본의 행정과 관료제*

제 1 절 서 론

일본은 근대화과정에서 커다란 개혁이 두 번에 걸쳐서 이루어졌다. 그 하나는 밀려오는 서구세력에 대처하기 위한 메이지유신이며, 두 번째는 2차대전의 패배로 연합국사령부GHQ에 의한 전후개혁이다. 일본은 전후개혁 후 일정한 변동기를 거쳐 상당히 안정된 관료제를 형성하고 있었다. 그리고 그 시스템 하에서 장기에 걸친 경제의 고도성장을 이룩했다. 이러한 고도성장의 배경에는 메이지유신과 전후개혁을 거치면서 형성된 발전지향적 시스템이 존재했기 때문에 가능했다.

그러나 하나의 시스템은 일정한 사회적 환경조건 하에서 기능을 한다. 그 전제가 되는 환경조건이 변하면 기존의 시스템이 기대되는 기능을 충분히 발휘할 수 있다고는 할 수 없다. 현재 일본은 장기적인 경제불황, 위기적인 재정상황, 급속한 저출산과 고령화의 진정 등으로 극히 어려운 상황에 놓여 있다. 이는 근대 이후 두 번에 걸친 개혁을 통하여 형성된 여러 시스템이 충분히 그 기능을 발휘하지 못하고 있기 때문이다. 최근 일본에서는 사회적 환경조건

*권영주(서울시립대학교 행정학과 교수)·고동주(일본 椙山女学園大學 현대매니지먼트학과 전임강사)

에 맞는 새로운 제도를 형성하기 위하여 여러 가지 제도개혁이 이루어지고 있다.

제3장에서는 일본 시스템 중에서 중추를 형성하고 있는 행정 및 관료제에 초점을 맞추어 전후의 안정된 관료제와 그 이후의 변화를 기술하고자 한다.

일본 관료제를 비교론적 관점에서 보면, 비서방국으로서 정치, 경제 등 여러 측면에서 서방선진국 수준에 가장 먼저 도달한 일본에 대한 연구와 분석은 우리의 국정운영에 커다란 시사점을 제공해 줄 수 있을 것이다. 특히 일본관료제의 고찰은 일본이 비서구국가이면서도 서구국가와 마찬가지로 아주 현대화된 관료제를 지니고 있다는 데 의미가 있다. 실제 일본관료제는 그 규모가 작다는 것을 제외하고는 서구의 나라들과 매우 비슷한 모습을 띠고 있다(Pempel, 1992). 또한 관료제가 우리나라에 비해 다원화된 정치구조 속에서 움직이면서도 비슷한 전통적 문화를 바탕으로 하고 있다는 점에서도 흥미롭다. 아울러 지방화시대를 맞이한 우리에게 있어서 일본의 오랜 자치경험은 서구와는 다른 유용한 정보를 제공해 주리라 기대된다. 아래에서는 구체적인 분석에 앞서 일본의 환경적 특성 및 정치행정체제에 관해 간략히 소개하기로 하겠다.

Ⅰ. 환경적 특성

일본은 아시아 대륙의 동쪽에 위치한 북동에서 남서 방향으로 연결된 섬들로 구성되어 있다. 북쪽으로는 홋카이도 북쪽의 소오야 해협 및 북동쪽의 네무르 해협을 끼고 소련의 사할린 및 쿠릴 열도 남단의 쿠나시르섬과 접하고, 남쪽으로는 난세이 제도가 타이완 근해까지 이어진다. 동쪽으로는 태평양과, 서쪽으로는 동해와 대한해협을 사이에 두고 소련의 연해주 및 한국과 마주하고 있는데, 대한해협 중간에 있는 쓰시마섬은 부산에서 불과 50km 거리에 있다. 면적은 약 37만8,000km^2, 인구는 약 1억2,693만명(2016년) 정도이며, 수도는 도쿄東京이다.

일본열도는 환태평양조산대의 일부로 불안정 육괴에 속한다. 이는 태평양 북서부 융기대의 정상부가 해면 위에 드러난 것으로서, 홋카이도・혼슈・시코쿠・큐슈의 4개의 큰 섬과 그 남서쪽으로 이어지는 난세이 제도 및 혼슈 중부에서 남쪽의 태평양으로 뻗어내린 이즈・오가사와라 제도로 구성되어 있다. 일본의 지형은 지각운동이 격심했기 때문에 토지의 기복이 크고, 많은 단층에

의해 지루와 지구로 구획되어 전체적으로 평지가 협소한 산지지형을 이루고 있다.[1)]

홋카이도와 혼슈 북부 및 중부 내륙 고지가 아한대다우기후에 속할 뿐, 여타의 전지역이 온대다우기후에 포함된다. 그러나 아시아대륙 동쪽의 몬순아시아 지역에 들어 있기 때문에 유라시아 대륙 서쪽의 여러 나라들에 비해 여름과 겨울의 기온차가 큰 편이다.

일본인의 기원에 대하여는 기원 전후까지 채집경제의 단계에 있던 토착의 조오몽 시대인이 그 후 한반도로부터 도래하여 농경문화를 보급시킨 야요이 시대인과 혼혈하여 형질적인 변화를 이루면서 현재의 일본인의 원형을 형성하였다는 설과 조몬 시대인이 그 후에 도래한 사람들로부터 문화적 자극을 받아 자체적으로 야요이 문화를 형성하였다는 설이 양립되어 있다. 그러나 서남일본에서 발굴되는 인골이 늘어남에 따라 긴키·간몽지방 등지를 중심으로 한반도로부터의 도래인이 야요이시대 후반에서 나라시대에 걸쳐 상당수에 달했던 것으로 짐작되고 있다.

한편 일본은 이미 1967년에 1억명을 돌파하였고, 2016년 현재 약 1억2,693만명으로 세계 제11위의 인구대국이며, 인구밀도는 약 340.3명/km^2으로 세계 제25위에 속한다. 일본의 인구는 제2차 세계대전으로 인한 일시적인 감소를 뒤엎고 그 후에 급격한 증가를 보였다. 1960년대를 전후한 인구의 이촌향도 현상은 공업화의 진전에 따른 경제의 고도성장에 의한 것으로, 이는 대도시 지역의 인구과밀로 인한 문제와 농촌지역의 인구유출로 인한 문제를 동시에 심화시켰다.

경제적 측면에서 보면, 일본은 2016년 현재 국내총생산(명목GDP)이 약 4조 9,493억달러로 미국과 중국에 이어 세계 3위이며, 1인당 국내총생산(명목GDP)은 약 38,972달러이다. 2017년 일본의 무역규모는 수출이 약 78조 2,865억엔, 수입이 약 75조 3,792년 금융위기로 2009년에는 실질GDP 성장률이 -5.42%였으나, 2012년 후로 점진적이나마 성장세로 돌아서서, 2017년에 1.7%의 성장률을 보이고 있다. 2018년 4월의 소비자 물가상승률은 전년 동월비 0.6%이며, 실업률은 2018년 1월 현재 2.4%에 불과하다. 2016년 현재 평균수명은 남성 80.98세, 여성 87.14세로 세계 최고의 수준이다. 이러한 경제지표에서 알 수 있

1) 산지면적(목초지 포함)은 국토면적의 80%에 달한다.

듯이, 일본은 경제적 측면에 있어 세계 최강국의 하나에 해당한다. 그리고 일본의 각 종교별 신도수의 합계는 전체 인구의 약 144%에 해당한다. 이것은 일본인이 두 가지 이상의 종교를 가진 사람이 많다는 것을 뜻한다. 종교별 신도수의 비율을 보면, 불교가 약 48.1%, 신토神道(일본의 고유종교)가 약 46.4%를 차지하여 일본의 양대 종교로 위치하고 있고, 그 밖의 종교신교, 구교, 기타는 약 5.4%를 점하고 있다.

Ⅱ. 정치행정체제에 대한 개관

일본은 1868년의 메이지유신을 통해 그간 천황의 실질적인 영향력이 쇠퇴한 상태에서 봉건영주들이 전국을 분할하여 통치하던 오랜 격동의 시기를 종결하고 근대적 의미의 정부를 형성하였다. 1889년에 공포된 일본 최초의 현대적인 입헌군주적 헌법인 메이지헌법에는 천황이 공권력의 핵심이며, 정부는 이러한 천황의 뜻을 받들어 그 권위를 실현하는 것으로 규정되었다. 부분적으로나마 최초의 선거는 1890년에 행해졌고, 1920년대에는 참정권이 널리 인정되어 대표정부의 개념이 싹트기 시작하였다. 유럽의 프러시아 제국을 모델로 한 메이지헌법하의 일본제국은 정치적인 안정 속에서 국가를 경제적·사회적으로 발전시키고자 출범되었던 것이다.

이러한 취지에도 불구하고 1930년대 이후 천황의 권위는 점차 쇠약해진 반면 고위관료, 무관세력 및 재계의 지배계급에 의한 군국주의적 통치는 확대되었다. 제2차 세계대전은 바로 이렇게 집단적인 영향력을 통해 국정을 운영하던 국수주의적 지배세력에 의해 비롯되었으며, 그 패전으로 인해 일본은 국가재건의 필요성을 경험하게 되었다. 결국 전후 연합국 사령부에 의해 통치되던 일본은 미국의 지배하에 새로운 헌법을 준비하였으며, 이는 현재에 이르기까지 일본의 헌법으로서 효력을 발하고 있다.

전후 일본의 헌정질서는 미국식의 국가이념과 입헌군주제를 비롯한 영국식의 정부구조를 절묘하게 혼합한 것이었다. 즉 새로운 일본헌법은 천황에게 실질적인 권한을 부여하지는 않았지만 상징적으로는 국가수반으로서의 역할을 인정하였고,[2] 영국식의 의원내각제를 채택함으로써 의회를 정치체제의 핵심적

2) 신헌법에서 천황은 국정에 관한 권능을 가지지 않은 국민통합의 상징적 존재로서 내각의

위치에 올려 놓았다. 또한 1947년에 공포된 현행 일본헌법은 전쟁 전의 헌법에 비해 국민주권 · 평화주의 · 인권존중 등의 원칙으로 일관하고 전쟁을 포기한 점에 특색이 있다.

일본헌법은 삼권분립의 원리를 채택하여 입법권은 의회에, 사법권은 재판소에 전속시키는 한편 행정권은 내각에 속한다고 규정하고 있다. 즉 헌법은 독립된 사법부를 두도록 규정하고 있으며, 국권의 최고기관인 의회가 국민에 의해 구성되고, 국민은 그들을 위해 봉사하는 공직자들을 선출하거나 면직시킬 수 있도록 하는 등 국민에게 주권이 있음을 분명히 하고 있다. 행정권의 수반은 내각에 속해 있으나 수상인 내각총리대신은 의원들 가운데서 의회의 의결로 선출되어 천황으로부터 임명되며, 내각을 구성하는 국무대신들을 지명하게 된다. 따라서 헌법상 비록 삼권분립이 채택되어 있긴 하지만 행정권이 국민으로부터 의회를 통하여 내각에 부여된 것이라는 점과 내각의 행정권 행사에 대한 간섭과 통제의 면에서 의회가 내각에 대해 우월한 존재로 해석되고 있다.

제 2 절 정부관료제의 외부환경

일본의 외형적인 정부구조는 천황 아래 의회, 법원, 내각이 있어 각각 지정된 기능을 수행하면서 상호 연계되어 있다. 천황은 일본 및 단합된 일본국민의 상징으로서 국정과 관련된 권한을 보유하고 있지 않으며, 단지 내각의 조언과 동의하에 헌법 · 법률 · 정령 및 조약의 개정 선포, 의회의 개회, 국무위원의 인준과 해임, 외교사절단의 접수 및 훈장수여 등과 같은 의전적인 활동을 통해 국정에 참여하고 있다. 일본헌법은 그 전문에서 "당초 국정은 국민의 엄숙한 신탁에 의하는 것이므로 그 권위는 국민으로부터 유래하고, 그 권력은 국민의 대표자가 행사하며, 그 복리는 국민이 향수한다"고 규정하고 있다. 여기에서 국민의 대표자라 함은 "일본국민은 정당하게 선거된 의회에서 대표자를 통하여 행동한다"라는 헌법전문의 기술에서 볼 수 있듯이 의회를 구성하는 의원을 의미한다. 아래에서는 3부를 중심으로 일본관료제를 둘러싸고 있는 정

조언과 승인에 따라 형식적인 국사행위를 하는 데 그 역할이 한정되었다.

치적 외부환경에 대해 살펴보기로 하자.

Ⅰ. 입법부(의회)

일본헌법은 구체적으로 의회가 국권의 최고기관이자 유일한 입법기관이며, 내각의 수반인 수상을 국회의원 중에서 의결·지명하도록 규정하고 있다(제41조 및 제67조). 의회의 가장 중요한 권한의 하나는 입법행위인데, 법안은 법률에 규정된 특수한 경우를 제외하고는 참석의원의 과반수에 의해 확정된다. 의회는 또한 자체의 의결을 통해 지명된 수상을 중심으로 구성되어 행정부를 통솔하는 내각에 대해 연대책임을 추궁할 수 있다.

의회는 양원으로 구성되는데 하원인 중의원은 1955년 이후 다수당이 내각을 구성함으로써 상원인 참의원에 비해 중요한 지위를 부여받게 되었다. 헌법에 나타난 우월적 지위의 근거는 다음과 같다. 먼저 중의원에 의해 통과된 법안에 대해 참의원이 변경을 결정하거나 또는 기간 내 처리하지 못할지라도 중의원의 2/3 이상에 해당하는 다수가 원안을 재차 통과시키면 그것이 법으로 확정되도록 규정하고 있다. 예산관계법안의 경우에도 내각이 먼저 중의원에 제출하며, 나아가 참의원이 중의원과 해당 예산법안에 대해 의견을 달리할 경우 앞에서와 같이 중의원의 2/3 이상에 의한 재차 통과로 확정되도록 규정하고 있다. 이러한 원칙은 국제조약이나 수상에 대한 지명에 있어서도 동일하게 적용되고 있어 결국 중의원이 참의원에 비해 우월한 권한을 부여받고 있는 것이다. 또한 수상과 내각을 구성하는 각료들도 대부분 중의원의 구성원이다.

1996년부터 중의원의 의원정수는 500명으로, 소선거구에서 300명이 국민에 의해 직접 선출되며, 200명은 비례대표제로 선출되는 제도가 새롭게 도입되었다. 그 후 인원수를 줄여, 현재는 중의원의 정수를 465명, 그 중 289명을 소선거구제로 선출하고, 176명은 전국을 11개 선거구로 나누어 각 선거구에서 비례대표제로 선출한다. 중의원 의원의 임기는 4년이지만, 해산에 의하여 중도에 종료될 수 있다. 참의원의 의원정수는 현재 242명이다. 이 중에서 비례대표제로 96명이 선출되고 146명은 도도부현을 단위로 하는 47개 선거구에서 선출된다. 참의원 의원은 임기 6년으로 해산은 없으나, 3년마다 절반씩 나누어 선출하도록 되어 있다. 의회는 매년 150일 일정의 정기회기를 1월에 시작하며,

그림 3-1 일본 국회의 조직도

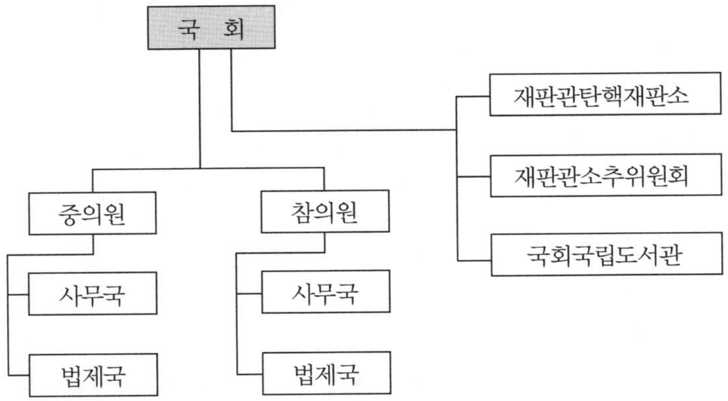

필요시 언제라도 임시회를 소집할 수 있다. 의회는 일년에 1회의 정기회기와 기타 특별회기(임시회, 특별회)를 통해 활동한다. 양원은 부속기관으로 각각 별도의 사무국과 법제국을 지니고 있다([그림 3-1] 참조). 중의원과 참의원은 각각 본회의와 위원회로 구성되며, 의원에는 각각 17개의 상임위원회가 구성되어 있다.[3)]

의원구성과 관련된 특징 중의 하나는 관료출신의 비율이 서방 선진국들에 비해 매우 높다는 점이다. 이러한 현상은 집권여당이던 자유민주당(이하 '자민당')에서 두드러지게 나타났는데, 특히 1950~60년대에는 고위관료 출신이 자민당의 인력공급원 역할을 수행하였다. 예를 들어 1953년의 선거에서는 당선자의 25%가 관료출신이었으며, 이러한 추세는 전후 상당한 기간 동안 지속되었다. 하지만 1980년대를 전후하여 지방선거직 임용자들이 중앙정치무대에 진출하고 관료출신도 그들 경력의 초반에 당에 의한 천거보다는 자발적으로 정계에 입문하면서 그러한 양상은 퇴조하기 시작하였다.

Ⅱ. 행 정 부

헌법은 행정권이 내각에 속하고 있다고 규정하고 있으며, 내각이 집행권

3) 1940년대에 만들어진 의회의 상임위원회는 정책과정에 대한 감독권한을 지니고 있지만 대부분의 정치적 권한은 수상을 중심으로 한 내각에 부여되어 있다.

한을 비롯한 행정권의 최고기관임을 밝히고 있다. 의회의 의결로써 지명된 수상은 내각의 구성원이자 행정부처의 기관장인 국무대신을 임명하며,[4] 내각을 통해 행정부를 이끌어 나가고 있다. 수상을 비롯하여 그가 선임한 14명 이내의 국무대신(내각법 제2조)[5]으로 구성되는 합의제 기관인 내각은 그 직권을 수상이 주재하는 각의閣議를 통해 행사하며, 행정권의 행사에 있어서는 의회에 대하여 연대책임을 지고 있고, 또한 의회에 대해 특별회기를 소집할 수 있다.

하지만 헌법은 내각총리대신의 국무대신에 대한 지명이나 해임권한 외의 직접적인 통솔권을 명시하지 않고 있어 수상과 국무대신은 절대적인 상하관계보다는 동반자적 지위에 있다고 볼 수 있다.[6] 또한 내각을 구성하는 국무대신은 원칙적으로 모두 법적으로 평등하며, 소속기관의 종류에 따른 상하관계는 발생하지 않는다. 내각은 수상직이 궐위되었거나, 의회의 해산 또는 중의원에 의한 내각의 불신임시 일괄적으로 해체된다. 반면 수상에게는 필요시 하원인 중의원을 해산할 수 있는 권한이 부여되어 있다.

수상은 내각을 대표하여 의회에 법률안을 제출하고, 일반국정과 외교관계에 대하여 의회에 보고하며, 다양한 행정기관들을 통제하거나 감독한다. 수상의 내각에서의 지위와 역할은 내각의 수장으로서 내각 및 내각직속기구를 관할한다. 내각법 제6조는 내각총리대신의 행정각부에 대한 지휘감독권을 규정하고 있으며, 제7조는 주무대신主務大臣간 권한의 이의에 대한 총리대신의 재정裁定을 규정하고 있다. 또한 총리대신은 행정각부의 명령과 처분을 중지시킬 수 있다고 규정하고 있는 내각법에 근거하여 강력한 리더십을 발휘할 수 있는 기반을 지니고 있다.

내각은 각각 별도의 조직법에 의해 설립된 1부 12성청을 비롯해 내각사무국인 내각관방內閣官房, 내각법제국內閣法制局, 인사원人事院 그리고 안전보장회의安全保障會議 등 4개의 직속기구를 지니고 있다. 내각부를 비롯한 각 성은 주로 국

4) 수상직은 대개 의회에서 다수를 차지하는 정당의 대표가 맡게 된다. 과거에는 자민당이 의회 내에서 절대다수를 점하였기 때문에 자민당총재가 총리를 겸하고 있었다. 그러나 최근에는 자민당의 의석수가 과반수를 밑돌면서 총리대신은 정당간의 연립 또는 제휴를 통해 최대다수를 차지한 정당대표가 아니어도 가능하게 되었다(이호철, 1996: 20).

5) 특별히 필요로 하는 경우에는 3명까지 추가로 임명할 수 있다.

6) 국무대신은 수상이 지명하도록 되어 있지만, 실제로는 수상이 독단적으로 정하는 것이 아니라 관계자들이 참가하는 조각본부의 협의를 거치게 된다. 또한 파면의 경우에도 수상이 그 권한을 실제 행사한 적은 거의 없다(이호철, 1996: 21-22 참조).

무대신으로 내각을 구성하는 장에 의해 통솔되며, 성보다는 하위의 기관인 청은 국무대신 또는 장관에 의해 통솔되고 있다. 종래에는 국무대신 아래 그를 직접 보좌하는 1명 내지 2명의 차관이 있는데,7) 이들은 보통 의원직을 지니고 있는 정무차관과 경력직 공무원 출신의 사무차관으로 구성되어 있었다. 그러나 2001년 1월부터 시행된 정부조직 개편으로 대신의 정치적인 판단을 보좌하는 부대신과 대신정무관을 신설하였다(국가행정조직법 제16・17조). 이러한 정무직 밑에 사무차관을 두고 차관 밑에는 국장-과장-계장으로 이어지는 뚜렷한 계층이 형성되어 있다.

그 밖에 공공기관으로 분류될 수 있는 조직들로서는 공기업을 들 수 있는데, 그 숫자와 역할은 계속 성장하여 왔다. 예를 들면, 1955년에서 1982년에 이르기까지 주요 정부기관수는 40개에서 45개로 소폭 증가된 반면 같은 기간에 공기업은 33개에서 94개로 크게 확대되었다. 1999년에는 효율적 관리 및 행정기능의 감량아웃소싱을 위하여 이들의 일부를 독립행정법인(우리나라의 경우 책임운영기관)으로 한다는 독립행정법인통칙법이 성립되었다. 독립행정법인이란 각 부처의 행정활동으로부터 일정한 사무・사업을 분리하여 이를 담당하는 기관에 독립된 법인격을 부여하여 업무의 질향상과 활성화, 자율적 운영, 투명성 향상 등을 도모하기 위한 제도이다. 일본에서는 2018년 4월 현재, 국공립문서관 등 87개의 독립행정법인이 있다.

Ⅲ. 사 법 부

모든 사법권은 최고재판소와 고등재판소, 지방재판소, 가정재판소, 그리고 간이재판소 등 그 하위법원에 부여되어 있다. 내각이 지명하여 천황에 의해 임명되는 최고재판소장관을 제외한 14명의 최고재판소 판사들은 내각에서 임명한다. 최고재판소 판사들은 원칙적으로 종신직이나 헌법은 새로이 임명된 최고재판소 판사들에 대해 중의원 선거를 통한 국민의 심사를 허용하고 있다. 하위법원의 판사들은 최고재판소가 지명한 리스트 가운데 내각에서 임명한다. 헌법상 명시된 재판소 외에는 어떠한 특별재판소도 설치될 수 없으며, 행정부

7) 정무차관은 보통 1명이지만 대장성・농림수산성・통산산업성에는 2명을 두도록 하고 있다(한국행정연구원, 1994: 67). 2001년의 중앙성청재편으로 정무차관은 폐지되었다.

의 어떠한 기관도 최종재판권을 가질 수 없다.

Ⅳ. 정 당

국가최고기관으로서의 지위와 권한에도 불구하고 일본의 의회는 미국의 경우와 달리 여러 측면에서 헌법이 규정하고 있는 의도를 충족하지 못하고 있다. 그 가장 큰 이유는 너무나 많은 역할이 실제로는 자민당을 중심으로 한 정당에 의해 주도되어 왔기 때문이다. 즉 1993년에 정권교체가 일어나기 전까지는 1955년 설립된 자민당이 계속하여 집권하였던 것이다.[8] 흥미로운 점은 자민당 내에 여러 개의 파벌이 존재한다는 점이다. 파벌의 형성은 파벌의 지도자나 추종자 모두에게 이익이 될 수 있다. 파벌의 지도자는 당총재가 되어 수상직에 오르는 것에 정치적 목적을 두고 있다. 따라서 각 파벌의 지도자는 당총재 선출시 자신의 파벌에 소속된 의원들로부터의 지지를 기대한다. 그 대신, 지지에 대한 반대급부로 파벌에 소속된 의원들에게 선거자금을 제공해주며, 경우에 따라서는 국무대신으로 임용하기도 한다. 그러나, 각 파벌은 독자적으로 당총재를 선출할 수 있을 만큼 그 규모가 크지 않기 때문에, 이들 간의 연합은 불가피하다. 실제 수상은 내각을 구성할 때 자신의 지지자뿐만 아니라 경쟁자도 포함시킴으로써 정당의 통합성을 유지하려고 노력한다(Neary, 1992: 54).

자민당 정권의 붕괴는 1989년 중의원 선거의 패배에서 나타나기 시작하였다. 자민당 내에 존재하는 파벌간의 갈등이, 정당의 통합성 유지를 위한 노력에도 불구하고, 거의 분당으로 이어질 정도로 심각하였기 때문이다. 결국 1993년 이러한 가능성은 현실로 나타나 자민당은 분당이 되었고, 다수당을 형성하는 데 실패하였으며, 자민당에서 분당한 일부정당을 포함한 야당 8당에 의한 연립정부가 일본 역사상 최초로 탄생하게 되었다. 하지만, 10개월여 만에 자민당은 다른 당과의 연립을 통해 정권에 복귀하고, 1999년 이후로는 공명당과의 연립정권을 이어나갔다. 그 후, 2009년 8월 중의원 선거에서 참패하여 제1야당이었던 민주당으로의 정권교체가 이루어졌다.

하지만, 오키나와 미군기지 이전문제와 동일본 대지진에 대한 대처 등, 민주당의 정권운영에 대한 국민들의 실망이 이어져, 2012년 중의원 선거의 결과,

---

8) 이를 두고 55년체제라고도 한다.

자민당과 공명당이 정권에 복귀해서 현재에 이르고 있다.

Ⅴ. 이익집단

일본의 정치행정체제하에서 정책과정에 영향력을 행사하는 주체로 빼놓을 수 없는 것이 이익단체이다. 이익단체들은 정당 및 의원들에 대한 정치자금의 제공, 퇴직공직자에 대한 직장알선, 성·청의 핵심 자문위원회 구성원, 그리고 관료제의 활동에 대한 정치적 지원세력으로서 의회(정당) 및 정부관료제와 함께 정책과정의 한 주체로서 활동하고 있다.

일본의 이익단체의 특징으로는, 그 분포가 경제와 농업을 포함하는 생산자단체에 편중되어 있고, 특히 경제단체와 농업단체의 발달이 두드러져 다른 선진국을 능가한다는 점을 들 수 있다. 단체기초구조연구회(대표: 辻中豊 츠쿠바대학 교수)가 2007년에 실시한 JIGSJapan Interest Group Study조사에 의하면, 조사에 응답한 이익단체의 약 42%가 경제·업계단체와 농림수산업단체에 편중되어 있고, 영리부문의 이익단체의 비율도 다른 JIGS조사대상국들과 비교했을 때 가장 높았다(森·久保, 2016: 20-21).

제 3 절 정부관료제의 내부적 특성

Ⅰ. 일본관료제의 발달과정

사회의 모든 부분에 있어서 중국으로부터 큰 영향을 받았던 일본은 행정체제에 있어서도 나라시대(710~794)에 이미 중국식의 관료제를 수용하였다. 그 후에 관료제는 시간의 흐름에 따라 지속적인 변화를 거듭하다가 도쿠카와시대가 개막된 17세기 초반에 중앙집권적 봉건주의가 형성됨과 더불어 근대적인 관료제의 모습을 조금씩 갖추기 시작하였다. 250년을 넘게 계속된 이 체제(1600~1868)하에서 행정은 재정, 건설, 조세징수 등 여러 분야에서 확대되었으며, 능력이 관료의 인사에 있어서 중요한 기준으로 자리잡게 되었다. 하지만 이 시대에도 중앙정부의 직접적인 통제영역은 소수이고, 대부분의 지역은 지방의 통제하에 있었다.

그러나 진정한 의미의 근대적 관료제가 구축된 것은 메이지시대라고 할 수 있다. 당시의 일본정부조직의 모델은 비스마르크가 이끌고 있었던 프러시아였으며, 이는 Weber의 이념형관료제와 유사한 형태의 행정체제였다. 관료제는 국가의 근대화와 산업발전을 주도하는 도구로서의 역할을 충실히 수행하였으며, 이를 위한 강력한 법적 뒷받침이 있었다. 동경제국대학은 전문기술관료를 교육·훈련시키는 산실이었으며, 민간과 군부관료제는 지역이나 계층보다는 왕과 국가를 위해 봉사하도록 명문화되었다. 또한 관료들의 신분은 확실하게 보장되었고, 그들의 또는 그들이 속한 기관의 임무와 책임은 문서화된 규정에 의해 부과되었다. 관료 개인의 성공은 자신이 지닌 군사학, 재정, 공학, 외국어 등에서의 능력에 따라 결정되었다. 이러한 과정을 거치면서 일본관료제는 아주 짧은 기간에 근대적인 모습을 갖추게 된 것이다(Pempel, 1992: 19).

그 결과 관료제가 일본의 중요한 정치적 권력집단으로 성장하게 되었다. 그러나 2차대전 이전에는 그것에 대응하는 경쟁세력들(정치가, 재벌, 군인 등)이 다수 존재하였기 때문에 관료들은 이들과 타협 또는 양보를 반복하지 않을 수 없었다. 이러한 역학관계는 일본이 임전체제로 전환하면서 변화의 조짐을 보이기 시작하였다. 즉 전시체제로의 이행에 따라 정당은 해산되고 경제활동은 국가에 의해 통제된 결과 관료제의 권력은 '통제관료'라는 별칭으로 불릴 만큼 막강하게 되었다(이시원·김찬동 역, 1995: 37-38).

이러한 관료제의 힘은 전후에 더욱 부각되기 시작하였다. 전후 일본정치체제의 변화는 의회민주주의를 택한 1947년의 헌법을 출발점으로 하고 있다. 그러나 정부관료제는 새로운 헌법에 의해 별다른 영향을 받지 않았으며, 미국이 추진한 민주화 정책하에서도 개혁의 세례를 받은 적이 없었다. 오히려 미국의 점령정책이 간접통치라는 형태를 취했기 때문에 그 집행에 있어 관료로부터의 협력을 필요로 하였다(이시원·김찬동 역, 1995: 38). 실로 관료제는 전후 일본에 있어서 장기적인 국가목표를 설정하고 달성하는 데 있어서 가장 핵심적인 역할을 담당하였으며, 그 이후에도 정치를 주도하는 가장 유력한 집단으로 자리잡아 온 것이다.

현재의 일본관료제는 그 규모가 작다는 것을 제외하고는 서구의 것들과 구조적인 면에서 유사한 면들이 있다. 예를 들면, 정책과정에서 여당을 비롯한 정당과는 밀접한 관계를 유지하나 재임중에는 선거나 정당활동에 직접적으로 간여하는 경우가 거의 없을 정도로 중립성을 유지하고 있다. 게다가 미국의 경우와는 달리 정치인은 바뀌어도 고위관료는 계속 자리를 유지하는 높은 안정성을 지니고 있다.

Ⅱ. 행정조직 및 기능

1. 중앙행정기구의 조직

일본의 국가행정조직에서 기관의 설치와 폐지 및 소장사무 등에 관하여 규정하고 있는 중앙행정기구로서는 부, 성, 위원회, 청 등이 있다. 내각부와 10개 성은 중앙정부의 가장 핵심적인 행정조직이며, 위원회와 청은 경우에 따라서 성의 업무와 중복되거나 혹은 본질적으로 차이가 나는 행정의 전문분야를 담당하고 있다. 일본의 행정체제는 [그림 3-2]에서 보는 바와 같이 2001년 1월 6일에 대폭적인 개혁이 이루어져, 1부 12성으로 이루어져 있다. 개혁 이전은 1부 22성청 체제였다. 이러한 체제는 1952년 샌프란시스코 강화조약에 의해 일본이 독립될 당시부터 성립한 체제이며, 50여년이 지나는 동안 중앙행정기구는 거의 증가하지 않았다.[9] 그 때까지 전체적으로 행정기구의 숫자가 크게 변화지 않았지만 사회경제적 환경의 변화에 따라 행정기관의 내부적 개편 및 기존조직의 기능조정은 수시로 이루어져 왔다(송하중, 1993: 89). 다시 말하면 일본정부는 새로운 행정수요에 부응하기 위해 조직을 신설하기보다는 기존의 것을 개편 또는 조정하는 방식을 취해 온 것이다. 이처럼 기관확대가 억제된 것은 수차례에 걸친 행정조사위원회의 권고와 1967년부터 시행된 총정원법에 기인한 바가 크다. 2001년의 개혁도 중앙행정기구를 반으로 줄이는 것이었다. 이의 개혁과정에 대해서는 제5절 정부관료제의 개혁에서 다루기로 한다.

내각총리대신의 지위와 역할은 크게 내각의 수장으로서 역할과 자신이 主務大臣으로 있는 내각부를 주관하는 것이다. 이러한 내각총리대신의 역할을 보좌하는 기구로 내각직속의 내각관방이 있는데 내각관방은 국무대신인 내각관방장관에 의해 총괄되고 있다. 내각총리대신의 '내각의 중요정책에 관한 기

9) 참고로 지난 1952년에는 1부, 11성, 29위원회・청이 있었다. 그 후 새로운 중앙행정기구로 자치성이 성립했을 뿐이다.

그림 3-2 신체제이행의 개요도10)

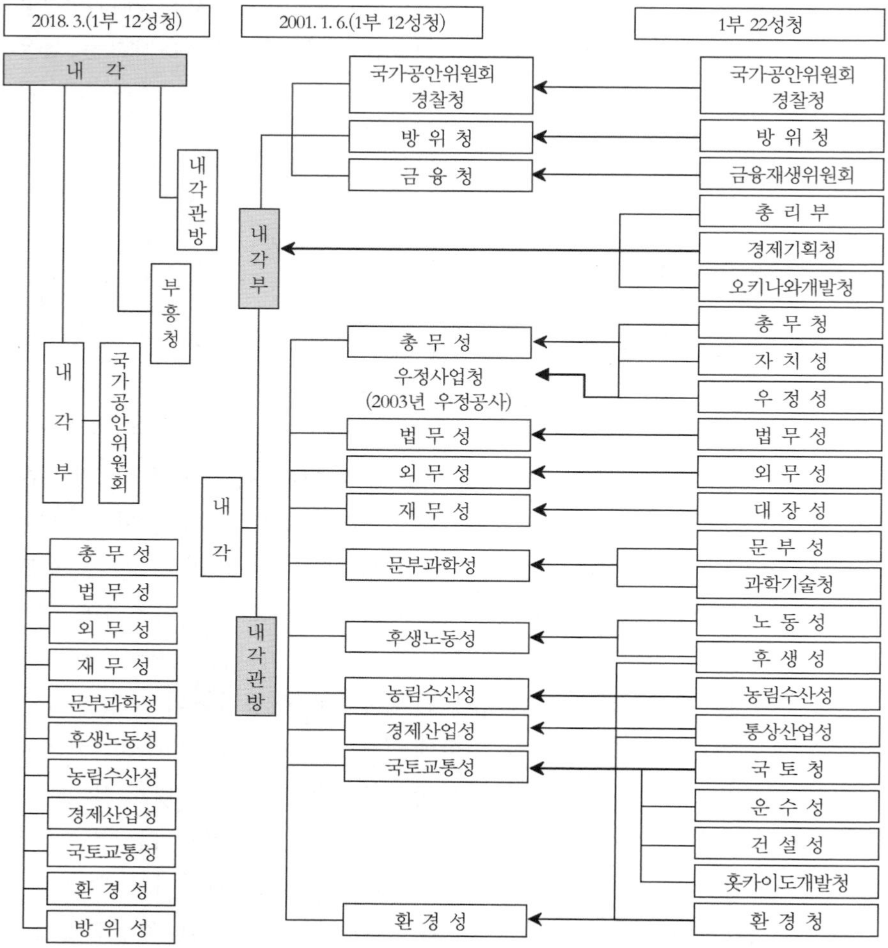

자료원: 1. 인사원, 「일본의 행정기관조직도」
2. 중앙성청개혁연구회편, 「중앙성청재편가이드북」

주: 1. 청 등은 톱이 대신인 것을 카운트한 것이다.
2. 성청재편에 따라 소장사무가 수정되었기 때문에 현행의 각 성청의 조직・사무가 그대로 그림과 같이 신성청에 이행한 것은 아니다. 위 그림은 대체적 이미지를 나타낸 것이다.

10) 내각부의 외국(外局)이었던 방위청은 2007년에 방위성으로 승격되었고, 동일본 대지진의 피해복구를 목적으로 한시적으로 부흥청(復興廳)이 2012년에 신설되었다.

본적 방침'에 대한 발의권을 명기하고(내각법 제4조 제2항), 새롭게 내각관방이 그 기획입안을 할 수 있게 했다(내각법 제12조 제2항). 이와 같은 내각총리대신의 발의에 관한 기획입안을 돕기 위해 내각부를 신설하고 내각총리대신의 리더십을 발휘할 수 있는 체제를 강화했다(내각부설치법). 구체적으로는 내각부에 내각의 네 가지 중요정책에 관한 기획입안 및 종합조정을 위해 경제재정자문회의, 종합과학기술회의, 중앙방재회의, 남녀공동참획회의를 설치하고, 내각총리대신 자신이 의장이 되어(남녀공동참획회의는 내각관방장관) 각각 내각총리대신이 선임하는 전문가와 관계 대신을 의원으로 조사심의를 한다(내각부설치법 제18조~제36조). 또한 내각부에는 특명담당대신을 둘 수 있게 하여 오키나와·북방대책과 금융청 소관사항에 대하여는 담당대신을 반드시 설치게 하고, 내각총리대신이 정하는 특정한 사항에 대하여 특명담당대신이 담당할 수 있게 하고 있다(내각설치법 제9조~제11조). 내각부 본부는 대신관방, 국장급인 정책총괄관 7명 및 4국이 설치되어 있다.

종래 각 성과 대부분의 청은 한 명의 장관과 그를 보좌하는 2~3명의 차관에 의해 관리되었는데, 이들은 기관내의 유일한 정치적 피임명자였다. 그러나 2001년의 개혁으로 각 성청에서 정치주도의 정책판단을 신속하게 하도록 대신의 정치적 정책판단을 보좌하는 기능을 강화하기 위해 부대신 및 대신정무관을 신설하였다(국가행정조직법 제16·17조). 이들 밑에 기관 내에서 최고참 공무원인 사무차관은 그 기관 내의 모든 행정문제를 실질적으로 감독하는 위치에 있으며, 그 밑에는 6개 내지 12개의 기능적으로 분화된 국과 더욱 세분화된 부와 과로 구성되어 있다.

중앙행정기관에는 장관을 보조하는 관방과 국이 기본구조를 형성하고 있다. 관방은 기획, 예산, 총무 등 기관 전체를 운영하는 데 필요한 업무를 수행하며, 국은 성의 소장사무를 배분하여 정책을 관리하는 기간조직으로 운용되고 있다. 중앙행정기관의 내부조직과 관련된 몇 가지 특징을 살펴보면 다음과 같다(송하중, 1993: 90-92). 첫째, 관방 직원수가 국 직원수의 절반 가량으로 장관을 보좌하는 인력이 정책을 실제로 담당하는 인력보다 상대적으로 큰 비중을 차지하고 있다. 둘째, 2018년 현재 각 성별 국수는 국토교통성이 13개로 가장 많고, 방위성과 환경성이 각각 4개로 가장 적다.

2. 중앙행정기관의 기능

한 국가의 중앙행정기관의 기능을 파악하는 방법으로는 여러 가지 분류가 있을 수 있다. 중앙행정기관의 기능을 정치체계의 유지 및 적응을 기준으로 정치사회화기관, 정치충원기관, 정치의사소통기관으로, 과정을 기준으로 고객기관, 재분배기관, 규제기관, 국가유지기관으로, 국가정책을 기준으로 추출기관, 배분기관, 규제기관, 상징기관으로, 관청형성을 기관으로 전달기관, 규제기관, 이전기관, 계약기관, 통제기관, 조세기관, 거래기관, 봉사기관 등으로 구분할 수 있다(정용덕, 2002). 또한 일본의 총무성 행정관리국에서는 국가관리기능, 산업경제기능, 사회문화기능으로 구분하여 행정기관을 분류하고 있다. 여기서는 일본의 성을 중심으로 중앙행정기관의 기능을 설명하기로 한다. 일본은 행정개혁으로 1부 12성청의 거대성청체제가 형성되었으므로 성을 중심으로 설명하는 것이 이해하기 쉬울 것이다.

내각부는 내각의 중요정책에 관한 행정각부 정책을 통일하기 위해 필요한 기획·입안 및 종합조정을 함으로써 내각의 사무를 보조한다. 그리고 왕실, 영전 및 공식제도에 관한 사무, 기타 국가로서 해야 할 사무의 적정한 수행, 남여공동참획사회의 형성촉진, 소비생활 및 시민활동에 관한 정책을 중심으로 한 국민생활의 안정 및 향상, 오키나와의 진흥 및 개발, 북방영토문제의 해결촉진, 재해로부터 국민의 보호, 국가치안의 확보, 방위를 통한 국가의 안전보장, 금융의 적절한 기능확보, 정부 정책실시를 지원하기 위한 기반정비, 경제 기타 광범위한 분야에 관한 정책에 관하여 관계행정기관의 연계확보 및 내각총리대신이 정부 전체의 입장에서 관리하는 것이 적당한 행정사무의 원활한 수행을 임무로 한다.

총무성은 행정의 기본적 제도의 관리운영기능, 지방자치제도의 관리운영기능, 정보의 전자적 유통 및 우정사업에 관한 행정기능 등 각 성의 행정에 관해 행정 전체의 관점에서 해야 할 기능을 수행한다.

법무성은 기본법제의 유지 및 정비, 법질서의 유지, 국민의 권리옹호, 국가의 이해와 관련된 소송의 통일적 처리 및 출입의 공정한 관리를 하는 기능을 수행한다.

외무성은 국제사회의 평화질서유지, 양호한 국제환경의 주체적 형성, 국제

사회에서의 국익추구, 조화로운 대외관계의 유지·발전 등을 주요 기능으로 한다.

재무성은 예산·조세·국고·재정투융자·국유재산·환율 등에 관한 행정기능을 수행한다.

문부과학성을 국가발전의 기반인 인재육성과 학술, 과학기술, 생애학습, 스포츠, 문화 등의 기능을 수행한다.

후생노동성은 사회복지, 사회보장 및 공중위생의 향상과 증진, 근로조건 기타 근로환경의 정비, 직업의 확보를 도모하는 기능을 수행한다.

농림수산성은 식량의 안전공급확보를 최대의 기능으로 하여 농림수산업의 발전과 농림어업자의 복지증진, 농산어촌 및 중산간 지역 등의 진흥을 기능으로 한다. 산림, 수산자원 등의 기능도 수행한다.

경제산업성은 개별산업의 진흥과 산업간 소득재분배기능에서 시장원리를 존중하는 기능까지 경제산업과 관련된 기능들을 수행한다.

국토교통성은 국토의 종합적이고 체계적인 이용, 개발 및 보존, 그를 위한 사회사본의 정비, 교통정책의 추진, 기상업무의 건전한 발전과 해상의 안전 및 치안의 확보를 도모하는 기능을 수행한다.

환경성은 지역환경보존, 공해방지, 자연환경의 보호정비를 비롯한 환경의 보존에 관한 기능을 수행한다.

방위성은 일본의 평화와 독립, 국가안전의 유지를 목적으로, 자위대(육상, 해상, 항공)의 관리, 운영, 그에 관한 사무를 수행한다.

3. 중앙인사행정기관

일본의 중앙인사행정기관은 인사원과 내각인사국으로 이원화되어 있다.

먼저 인사원은 1948년 국가공무원법의 제정에 따라 행정의 민주화 및 능률화를 목적으로 행정부처로부터 독립된 내각직속의 합의제기관으로 창설되었다. 그 설립의도는 제2차 세계대전 전의 절대주의적 관료제와 관공官公노조에 대응하기 위하여 행정부로부터 독립된 강력한 권한을 보장해 주려는 데 있었다(진재구, 1992: 74). 인사원의 가장 중요한 역할은 노동권이 대폭 제한된 공무원의 임용, 급여 등에 관한 권리보호와 인사행정의 공정성 및 전문성 확보에 있다.

인사원은 임기 4년의 인사관 3인으로 구성되며, 그 중 한 명이 총재로 임명된다. 인사관의 자격기준 및 임명절차는 업무상의 중립성을 유지할 수 있도록 매우 엄격하게 규정되어 있다. 예를 들면, 인사행정에 관한 식견이 있는 자 중에서 양원의 동의를 거쳐 내각이 임명하며, 임명 전 5년 이내에 정당의 임원 및 정치고문 또는 이와 동일한 정치적 영향력을 가지는 정당원이었던 자 등은 인사관이 될 수 없고, 2인 이상이 같은 정당에 속하거나 동일한 대학을 졸업한 자이어서도 안 된다.[11)]

인사원은 행정부로부터 독립하여 포괄적인 인사행정제도 및 인사지침을 결정하고, 인사행정의 공정성을 확보하기 위해, 채용시험과 임면기준의 설정, 연수 등을 실시하고 있다. 또한, 공무원의 급여와 근무조건에 관하여 내각 및 의회에 권고하는 기능을 한다. 인사원의 권고에 대해 내각은 인사원의 의견을 존중하는 것이 일반적이나 그 권고내용에 대하여 내각이 의회에 반대의견을 표시하면 내각의 의견대로 의결되는 것이 보통이다.

다음으로 내각인사국은 내각법에 의거하여 2014년에 내각관방의 내부부국으로 설치되었고, 종래의 총무성 인사・은급국[12)]의 인사부문이 내각인사국으로 옮겨졌다. 내각관방의 내각인사국은 각 행정기관의 인사관리에 관한 방침과 계획을 종합적으로 조정하고, 간부직원의 인사관리를 철저히 하기위해 적격성 심사등을 통해 간부직원 인사를 일원적으로 관리하는 기능을 한다.

Ⅲ. 인사체제

1. 공무원의 종류 및 규모

(1) 공직분류체계

일본공무원의 종류는 크게 세 가지 기준에 의해 설명될 수 있다. 첫째, 「국가공무원법」은 국가공무원을 일반직과 특별직으로 구분하고 있는데(제2조 1항),

---

11) 일본국가공무원법 제5조 참조.

12) 인사・은급국(人事・恩給局)은 중앙인사행정기관으로 내각총리대신을 보좌하는 기관으로, 각 부성 등의 인사에 관한 부국의 장으로 구성되는 인사관리관회의, 인사관리운영협의회 등을 주최하고, 인사관리의 통일적 지침인 인사관리운영지침을 수립하고 인사에 관한 종합조정을 수행했다. 2014년에 내각인사국이 설치되어 인사부문이 내각인사국에 옮겨지고, 은급부문은 정책통괄관이 담당하게 되어, 인사・은급국은 폐지되었다.

별도의 규정이 없는 한 특별직 공무원을 제외한 일반직 공무원에게만 적용된다(제2조 4항 및 5항). 특정직위에 대한 일반직과 특별직의 여부는 인사원이 결정하며, 국가공무원법에 열거되고 있는 특별직은 대체적으로 행정업무가 아닌 정치를 담당하는 공무원, 자유로이 임면하는 것이 바람직한 공무원, 직무의 성질상 별도로 인사관리를 하는 것이 바람직한 공무원 등을 그 대상으로 하고 있다(총무처, 1993: 33).

둘째, 현업공무원과 비현업공무원으로 분류되고 있다.[13] 전자는 구 「국영기업노동관계법」에서 규정한 네 개의 사업(4현업: 우정사업, 국유임야사업, 인쇄사업, 조폐사업)에 종사했던 공무원으로서 노동3권의 행사와 관련하여 국가공무원법의 적용을 일부 받지 아니하고, 급여에 관해서도 「일반직공무원의 급여 등에 관한 법률」 대신 「국영기업에 근무하는 직원의 급여 등에 관한 특례법」의 적용을 받았다.[14] 그러나, 2003년에 인쇄사업과 조폐사업은 독립행정법인조폐국과 독립행정법인인쇄국으로 이관되었고, 우정사업은 2007년 민영화, 국유임야사업은 2013년에 특별회계에서 일반회계로 이관되면서 국영기업은 없어지고, 국가의 현업은 폐지되었다.

셋째로는 상근공무원과 비상근공무원이 있다. 일반직 공무원은 정규근무시간(주당 40시간, 선원 등 일부는 예외)에 따라 근무하는가의 여부에 따라 상근과 비상근공무원으로 구분되고 있다. 그런데 「국가공무원법」은 원칙적으로 상근공무원에 적용되며, 비상근공무원에 대해서는 인사원규칙에서 필요한 특례를 따로 정하고 있다.

(2) 공무원의 규모

위에서 설명한 공직분류체계를 토대로 일본정부의 인력규모에 대해 알아보기로 하자. 2018년 현재 예산정원을 기준으로 총정원이 약 332.8만명이며, 그 중 국가공무원은 약 58.3만명(17.5%)이고, 지방공무원은 약 274.4만명(82.5%)을 차지하고 있다. 즉, 지방공무원이 국가공무원의 3배 이상이다. 국가공무원 중 특별직은 전체의 51.1%인 약 29.8만명이며, 이는 국회(약 4,000명), 재판소(약

13) 현업이란 적극적으로는 육체적·기계적·기술적 성격의 업무를 뜻하고, 소극적으로는 공권력행사를 내용으로 하지 않는 업무를 의미한다.

14) 이런 연유로 현업공무원은 급여특례법적용공무원, 비현업공무원은 급여법적용공무원이라고 각각 불리기도 한다.

26,000명), 대신 및 고위외무직(약 500명), 방위성 직원(약 26만8천명) 등으로 구성되어 있다. 한편 일반직은 약 28.5만명으로 48.9%를 차지하고 있는데, 각 성청에 근무하는급여법적용직원이 약 27.5만명, 검찰관이 약 3천명, 행정집행법인 직원이 약 7,000명에 이르고 있다([그림 3-3] 참조).

이러한 규모는, 미국・영국・독일 등은 전체 인구의 약 6~9%가 공무원인 데 비해 일본은 단지 약 3.7%에 지나지 않는다.

일본의 국민대비 공무원 규모는 서방 선진국들과 비교할 때 매우 낮은 실정인데, 그것은 일본정부가 1960년대 후반 이후 총정원법에 근거하여 정원 삭감노력을 체계적이고도 지속적으로 추구한 결과 1960년대부터 국가공무원의 규모가 오히려 축소된 데 따른 것이다(Pempel, 1992). 정원의 최고한도를 설정하고 그 범위 내에서 효과적인 인력운용을 도모하기 위한 정원삭감계획의 내용 및 실시방법은 「금후 행정관리에 대하여」라는 안이 각의에서 의결되면서 구체화되었고, 그 후 3차에 걸친 국회의 심의를 거쳐 1969년 5월 16일 「행정기관 직원의 정원에 관한 법률」 일명 '총정원법'이 공포됨으로써 동년 4월 1일부터 소급 적용되기 시작하였다(박중훈, 1995). 또한 2001년부터 시행된 '중앙성청등 개혁기본법'에서 국가공무원의 정원을 2000년부터 10년 동안 25%를 감축하기로 했다. 이러한 법률은 정부의 각 부처가 주어진 기능을 수행하기 위하여 기관 내에 둘 수 있는 특정 국가공무원 규모의 최고한도를 규정하고 있다. 여기에 기초한 정원의 감축관리는 "관료제는 스스로 성장될 수밖에 없다"는 서구의 행정이론과 직접적으로 상반되고 있다.

2000년 이후의 일본공무원수의 변화추세를 살펴보면 다음과 같다. 첫째,국가공무원의 경우, 2000년 이후 감소추세를 보이고 있다. 일반직국가공무원은 중앙성청재편 이후 정원삭감과 독립행정법인화, 국립대학법인화, 우정공사의 민영화 등을 통해 약 55만명이 감소하여, 2017년 현재 약 28.5만명의 일반직국가공무원이 있다. 일반직국가공무원에 특별직국가공무원을 합친 국가공무원수는 약 58.4만명으로 전체 공무원의 약 17.6%를 차지하고 있다. 둘째, 국가공무원과 마찬가지로, 지방공무원도 꾸준히 감소추세를 보이고 있다. 전체적으로 보면, 1994년 이후 약 54만명이 감소하여, 2017년 현재 약 274만명의 지방공무원(전체 공무원의 약 82.4%)이 있다. 지방공무원수의 변화를 분야별로 보면, 경찰/소방 분야에서는 직원수가 증가하였지만, 그 외의 분야에서는 직원수가 꾸준

그림 3-3 일본의 공무원 종류와 수(2017년 현재)

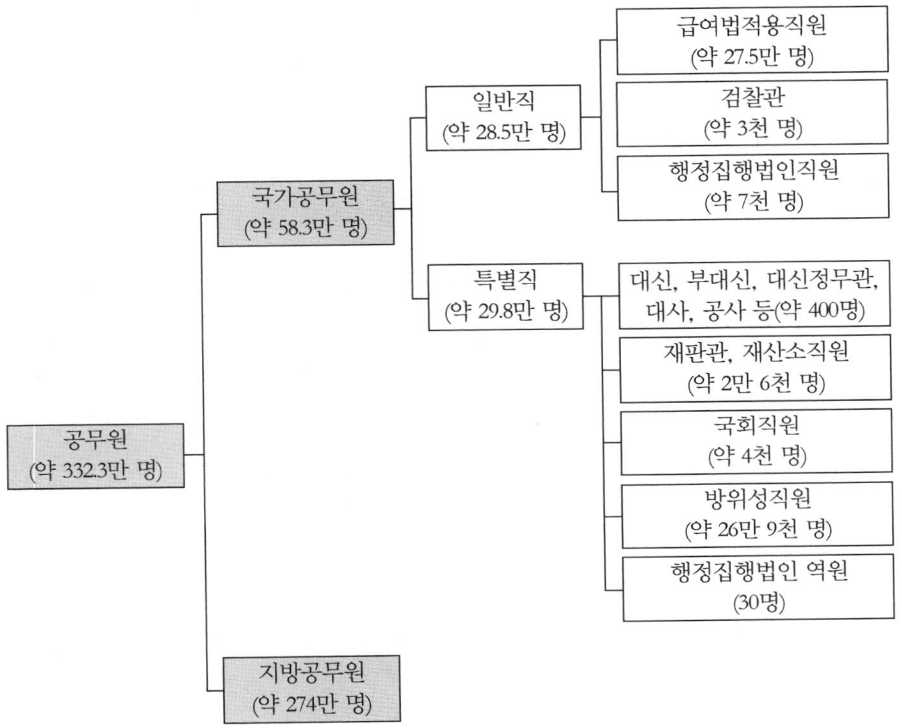

자료원: 인사원,「공무원제도와 인사원 5 국가공무원의 수와 종류」

히 감소하고 있다. 단, 2017년 4월 1일 현재, 지방공무원 수가 가장 많았던 1994년 이후 23년 만에 총직원수가 증가하였다(5,333명). 이는, 아동상담소 및 복지사무소 이외에도 관광과 지방창생에 대응하기 위해 일반행정부문의 직원수가 증가추세로 돌아섰고, 특별지원학교의 아동수 증가에 따른 교직원의 증원 등에 따라 교육부문 직원수의 감소폭이 축소되고 있기 때문이다.[15]

2. 계급구조

「국가공무원법」 및 「국가공무원의 직계제에 관한 법률」에 의거하여 직계제(직위분류제)를 채택하였으나 실시되지 못한채 2009년 4월 1일에 폐지되었다.

15) 총무성(2017),「지방공공단체 정원관리조사결과」.

그 대신, 「일반직 공무원의 급여 등에 관한 법률」상의 봉급지급기준인 직무의 級의 분류가 직위분류제상의 직급에 대신하는 분류로 사용되고 있다. 직위분류제가 완전히 실시되고 있지는 않으나 각종 공무원 채용시험이 직무의 종류에 따라 실시되며, 급여에 있어서도 직무의 종류에 따라 봉급표를 별도로 정하고 있고, 직무의 내용 및 책임의 정도에 의한 직무의 급에 따라 급여를 달리하고 있는 등 직위분류제적 요소가 인사행정에 많이 도입되고 있다(총무처, 1993: 43).

국가공무원의 계급체계는 직종에 따라 다양하다. 가장 대표적 직종인 행정직(1)은 다른 직종에 속하지 아니하는 모든 공무원을 포함한다. 1956년 이래 8등급 체계를 유지하였으나 행정이 복잡화·전문화·세분화됨에 따라 동일등급에 포함되어 있는 직위의 경우도 직위간에 담당업무의 난이도 등에 많은 격차가 생겨 '동일직무에 동일보수'equal pay for equal work라는 원칙에 부합되지 않았기 때문에 1985년 7월 1일자로 11등급으로 개편하였다. 현재는 10등급으로 나누어져 있다. 부와 성을 기준으로 할 때 9～10급은 과장, 7～8급은 실장, 5～6급은 과장보좌, 3～4급은 계장, 1～2급은 계원에 해당한다.[16] 나머지 직종들은 3등급~11등급에 이르기까지, 직종에 따라 다양한 계급구조를 지니고 있다.[17]

3. 공무원의 임용 및 관리

일본의 인사행정은 적어도 표면적으로는 민주성과 능률성을 가장 기본적 원칙으로 삼고 있다. 즉 모든 국민은 공직에 임용될 균등한 기회를 가지고 있으며, 실적에 의해 채용되고 승진되기 때문이다. 그러나 우리나라와 마찬가지로 이러한 원칙이 현실에서 잘 지켜지지 않고 있다. 아래에서는 주로 공무원의 임용 및 경력관리상의 실태에 관해 살펴보고자 한다.

(1) 임 용

일본의 경우 공무원에 대한 임명권은 법률에 별도의 규정이 있는 경우를 제외하고는 내각(내각직속지위에 한함)·각 대신(내각총리대신 및 각 성의 대신)·회계감사원장·인사원 총재·국내청장관·각 외국의 장에게 부여되어 있으며,

16) 인사원(2017), 「국가공무원급여의 실태: 평성29년국가공무원급여등실태조사의 결과개요」
17) 인사원, 「행정직봉급표」

표 3-1 채용시험종류

대학졸업정도	고교졸업정도
국가공무원채용종합직시험(대학원졸업정도, 대학졸업정도) 국가공무원채용일반직시험(대학졸업정도) 황궁호위관채용시험 법무성전문직원(인간과학)채용시험 재무전문관채용시험 국세전문관채용시험 식품위생감시원채용시험 노동기준감독관채용시험 항공관제관채용시험	국가공무원채용일반직시험(고교졸업정도) 황궁호위관채용시험 형무관채용시험 입국경비관채용시험 세무직원채용시험 항공보안대학교학생채용시험 해상보안대학교학생채용시험 해상보안학교학생채용시험 [해상보안학교학생채용시험 (특별)] 기상대학교학생채용시험

자료원: 인사원(2018),「평성30년도 국가공무원채용시험실시상황」

외국의 장에 대한 임명권은 각 대신이 갖는다(국가공무원법 제55조 1항). 임명권자는 본래의 임명권 이외에 휴직·복직·퇴직 및 면직에 관한 권한 및 징계처분권도 지닌다. 그리고 임명권자는 임명권을 그 기관 내의 고위공무원에게 위임할 수 있으나, 위임받은 자는 그것을 재위임할 수는 없다.

국가공무원 채용은 공개경쟁시험에 의하는 것이 원칙이며, 인사원규칙에 정한 관직에 대하여는 다른 방법에 대한 채용이 가능하다.[18] 직종별로 볼 때는 행정직(1), 세무직, 공안직(1), 연구직 등에서만 시험을 통해 공무원을 채용하고 있으며, 나머지 직종의 경우 대부분이 전형에 의해 특별채용되고 있다. 채용시험은 인사원이 실시하는 것이 원칙이며, 인사원이 정한 채용시험의 경우 인사원이 정하는 국가기관이 실시할 수 있도록 되어 있다. 이에 따라 인사원이 실시하는 시험은 〈표 3-1〉에서 보는 바와 같이 국가공무원채용종합직시험과 국가공무원채용일반직시험 등이 있으며, 인사원의 지정에 따라 타국가기관이 실시하는 시험은 외무성이 실시하는 외무성 전문위원 채용시험등이 있다.[19]

그리고 1985년 이후 각종 채용시험의 응시자 수의 추이를 보면, 1980년대 후반은 감소하기 시작하다가 1990년대 들어와서 꾸준히 증가하여 1995년에 정점에 달한다. 그 후 감소하기 시작했지만 1999년에는 전년에 비해 16.4%나 증

18) 일본국가공무원법 제36조.

19) 통상 '캐리어'라고 불리우는 종합직시험 합격자는 성청의 핵심요원으로 성장하는 반면종합직시험 이외의 시험 합격자는 '논캐리어'라고 칭해지며 실무형 관료로 양성된다.

가하였다. 2000년부터 다시 감소하였으나 2003년에는 일본우정공사의 채용이 신설되면서 35.3%나 큰 폭으로 증가하였다. 그러나 그 후 공무원에 대한 인기가 하락하면서 2009년도에는 응시자 대비 합격자 수는 평균 8:1 정도이다.

일본 공무원의 채용상의 특징을 우리나라의 고시에 해당하는 종합직시험의 예를 들어 정리하면 다음과 같다. 첫째, 채용시험은 대학원졸업정도의 경우, 행정, 인간과학, 공학, 수리과학/물리/지구과학, 화학/생물/약학, 농업과학/수산, 농업농촌공학, 삼림/자연환경, 법무로 구분되어있고, 대하졸업정도의 경우, 정치/국제, 법률, 경제, 인간과학, 공학, 수리과학/물리/지구과학, 화학/생물/약학, 농업과학/수산, 농업농촌공학, 삼림/자연환경, 교양으로 구분되어 있다.

둘째, 채용시험은 우선 제1차 시험으로, 공무원으로 필요한 일반적인 지식 및 지능을 보는 '기초능력시험'과 구분시험마다 필요한 전공지식, 기술 등을 보는 '전문시험(다지선택형)'을 실시한다. 2차시험으로는 '전문시험(논술식)'과 정책의 기획입안에 필요한 능력 등 종합적인 판단력, 사고력 등을 보는 '정책논문시험', 그리고 인성, 커뮤니케이션 능력 등을 보는 '인물시험'(면접시험)을 실시한다. '전문시험'은 필수문제와 선택문제군으로 나누며, 필수문제는 전문적 지식능력을 적절하게 검증하기 위한 다지선다식이고, 선택문제는 6과목 중 3과목을 선택하여 기술식으로 시행한다.

셋째, 1차 시험에서 합격자 발표까지 일정을 대폭 축소하여 짧아졌다는 것이다. 2018년의 경우, 1차 시험일은 4월 29일이고 최종합격자 발표는 6월 29일이다. 종래에는 최종합격자 발표 전에 부성별로 내정하는 관습이 있었으나, 이를 없애고 각 부성에서 채용면접 및 내정을 할 수 있도록 하기 위해서이다.

넷째, 2017년도 응시자 및 합격자를 학력별로 보면, 대학 졸업자가 차지하는 비율이 응시자가 약 88%, 합격자가 약 66.7%이고, 대학원 수료자는 응시자가 약 11.9%, 합격자가 약 33.2%를 차지하고 있다. 시험 계열별 합격자를 보면, 법문계에서 대학 졸업자가 77.2%로 다수를 점하고 있는데 비해, 이공계 및 농학계에서는 대학원 수료자가 다수를 점하여 이공계 약 46.5%, 농학계 약 46%이다.20)

다섯째, 전통적으로 일본은 남성우위의 사회이다. 이러한 점은 공무원 채용에서도 잘 나타나고 있다. 그러나 최근에는 여성의 진출이 두각을 나타내고

20) 2017년도 국가공무원채용종합직시험 합격자발표

있는 것도 특징이다. 2017년 여성 응시자는 7,221명으로 1985년 대비 2.1배 증가하였으며, 응시자 전체 대비 35%를 차지하고 있다. 합격자수는 484명으로 전체 합격자에서 차지하는 비율이 25.8%이다. 최근에는 인사원에서 '여성국가공무원의 채용·등용의 확대에 관한 지침'을 수립하여 여성의 채용을 확대하고 있다.[21)]

여섯째, 2017년도 합격자 수를 출신학교별로 보면, 국립대학 출신이 1,337명(71.2%), 공립대학 출신이 60명(3.2%), 사립대학 출신이 475(25.3%), 그 외 외국대학 등 출신이 6명(0.3%)이고, 합격자를 배출한 121개 대학 중 28개 학교에서 10명 이상의 합격자를 배출하였다.

일곱째, 공무원임용권은 상당히 분권화되어 있다.[22)] 즉 각 성청의 인사권은 원칙적으로 해당 성청의 기관장(대신 또는 외국의 장)에게 귀속되어 있어 인사원이 규정한 기준에 위배되지 않는 한 자율적으로 행사되고 있다. 비록 각 성청의 장이 지닌 임용권의 행사에 있어서 제한적으로 사전에 인사원의 승인·심사·협의 등을 거치도록 되어 있으나 실제로는 형식적인 의미가 크다(인사원 규칙 8-12). 또한 상당한 정도의 임명권 행사가 내부 고위공무원에게 위임되어 있어 실질적으로는 각 기능영역의 책임자(국장급)가 그 권한을 행사하고 있다. 그러나 이러한 기관별 임용으로 인해 보다 우수한 후보자를 위한 경쟁이 촉발되는데, 이는 일본관료제의 지배적 특징인 할거주의sectionalism 현상을 초래하는 한 요인이 되기도 한다(Koh, 1985: 294).

마지막으로 시험에 통과하였다고 해서 모두가 공무원으로 임용되는 것은 아니다. 일본에서는 성청별로 채용이 이루어지기 때문에, 인사원의 시험에 합격이 채용을 의미하는 것이 아니라, 인사원 시험에 합격 후, 근무를 희망하는 성청에서 채용을 위한 면접이 별도로 이루어진다. 2018년의 경우, 6월 말에 인사원에서 최종합격자발표가 난 다음, 성청별로 면접을 보고官廳訪問, 10월 달 쯤에 채용내정을 받게 된다.

21) 2017년도 국가공무원채용시험실시상황

22) 일본은 공무원시험 합격자 가운데서 필요한 인원을 각 성청별로 선발하는 '선발-채용 분리주의'를 채택하고 있다. 각 성청에서는 엄격한 면접 및 심사를 실시하기 때문에 상당히 어려운 관문이라 볼 수 있는데, 실제 인기가 높은 대장성, 통산성 등에는 도쿄대학 출신의 시험성적이 좋은 수재들만이 들어갈 수 있을 정도로 그 자격요건이 까다롭다(이호철, 1996: 53).

(2) 경력관리

일본공무원은 일반적으로 20대 초반에 대학교육을 이수한 후 공무원으로 채용되어 50대 초·중반에 은퇴하는 비교적 예측가능한 경로를 밟고 있다. 공무원이 성공적으로 업무를 수행할 경우 보통 초임 후 15년이면 과장, 25~28년이면 국장의 직위에 오른다. 그리고 극히 소수의 공무원에게만 해당되지만 28~30년이 지나면 사무차관이 되며, 보통 2~3년간의 재직을 거쳐 은퇴하게 된다.[23] 이러한 경력과정과 관련된 몇 가지 특징을 지적하면 다음과 같다.

첫째, 공직사회는 상당히 폐쇄적 성격을 띠고 있다. 여기서 폐쇄적이라 함은 민간부문으로부터의 상위 또는 중간직 관료로의 수평진입lateral entry 기회가 거의 없다는 것을 의미한다. 그러나 기관간의 상호인사교류는 매우 활발한 편이다. 실제 성청간, 중앙과 지방정부, 그리고 정부와 민간기관 사이에 보통 2년을 기한으로 인사교류를 하고 있는데, 그 범위도 상당히 넓다. 2013년 총무성의 발표에 따르면,[24] 본성청 실장급이상 중 다른 성청에서 근무한 경험이 있는 직원은 2013년 현재 1,076명으로 과거 5년간 꾸준히 증가하고 있다. 또한, 새로 본성청 과장급으로 취임한 직원 중, 다른 성청에서 근무한 경험이 있는 직원의 비율은 2012년 현재 81.2%(260명 중 211명)에 이르고 있다. 이와 같은 소위 '슛코우'出向라는 제도는 기관간의 전문성 보완 및 상호이해 증진의 측면에서 큰 이점을 지니고 있다(이호철, 1996: 72-75).

둘째, 승진은 원칙적으로 인사원규칙에 의거하여 선임순위seniority, 근무성적 등을 토대로 결정되기 때문에 정치적 영향권에서는 벗어나 있다. 그러나 실제상의 승진은 능력의 요소보다는 큰 하자가 없는 한 선임순위에 의해 자동적으로 이루어지고 있다. 이에 따라 본청의 과장급 이상만 사무차관-관방장-인사과장의 선에서 담당하고, 그 외의 일반공무원은 근무연수를 고려하여 기계적으로 반복되고 있다. 또한 동기생은 같은 해에 함께 승진하며, 후배가 먼저 국장, 차관에 승진할 경우 선배들은 일제히 옷을 벗는 것이 거의 관행처럼 되어 있다(이호철, 1996: 60-61).

셋째, 캐리어와 논캐리어에 있어서 경력관리는 다른 양상을 보여주고 있는데, 전자의 경우 소속기관 내에서는 3~4년 단위로 전보가 이루어지고 있으

23) 「국가공무원법」에 따르면, 정년은 원칙적으로 60세이며 몇 가지의 특별한 경우에만 62세에서 65세까지의 예외를 인정하고 있다.

24) 총무성(2013), 「부성간인사교류의 실시상황」

나, 다른 기관으로의 전보는 그다지 흔하지 않다. 후자의 경우에는 전보가 빈번하게 이루어지지 않고 있다. 따라서 일본공무원의 경력관리는 전문성의 확보 측면에서 보면 상당히 효과적이라고 할 수 있겠다. 끝으로 은퇴하는 나이에도 여전히 왕성한 사회활동이 가능하기 때문에 많은 퇴직공무원들은 자신의 전문성 발휘와 경제적·심리적 욕구의 충족을 위해 다른 일자리를 찾게 된다. 그 결과 공직에서의 업무 또는 소속기관과 연관이 있는 공기업 또는 사기업체 등에 전직관료들이 낙하산식으로 임용되는 경우天下リ가 빈번하다(Pempel, 1992: 23). 여기에는 전직관료들이 정부기관과 긴밀한 관계를 유지하는 데 일조할 것이라는 기대가 숨어 있는데, 그로 인한 부작용도 결코 만만치 않다.

Ⅳ. 재정제도

1. 재정의 법적·제도적 기반

재정이란 정부가 공익을 창출하기 위해서 민간부문으로부터 재원을 동원하고 배분하는 경제적 활동을 뜻한다. 일본의 재정은 헌법, 재정법, 회계법, 세법 등에 의하여 그 활동내용과 범위가 규정되어 있으며, 이와 같은 재정활동의 틀을 재정제도라 부른다(김동건 외, 1992: 323). 일본의 재정제도는 수지계획을 세워 그것을 실시하기 위한 예산제도, 수입의 중심인 조세의 조달에 관한 조세제도, 예산집행의 경리를 정한 회계제도 등을 중심으로 모든 면에서 자세히 법령에 규정되어 있으며, 그 구조 또한 복잡한 편이다.

재정의 중요성을 감안하여 일본은 헌법에서 그 기본구조 및 원칙에 대해 규정하고 있다. 이와 관련된 주요 내용은 다음과 같다.

① 예산의 편성 및 국회제출은 내각의 전속권한이다.
② 조세의 부과, 예산 및 결산의 심의 등은 반드시 국회의 의결에 의해서만 결정·실시될 수 있다(의회주의 원칙).
③ 재정상황은 국회와 국민에게 반드시 공개·보고토록 의무화되어 있다(공개성의 원칙).
④ 예산결의에 있어서 참의원과 의견이 일치되지 않거나 일정기간 내에 참의원이 의결하지 않으면 중의원의 의결대로 예산이 자연 성립된다(중의원의 의결 우선 원칙).

이상과 같은 헌법의 취지를 구체화 하여 재정법을 비롯한 관련법령에는 사전의결의 원칙(예산의 집행 전에 미리 국회의 의결을 받을 것), 총계예산주의의 원칙(국가의 수입과 지출은 전액 예산에 계상할 것), 단년도주의 원칙(예산은 매회계 연도마다 작성되어야 할 것), 회계연도 독립의 원칙(특정 회계연도의 지출은 당해 회계연도의 수입으로 충당해야 할 것) 등의 예산원칙들이 포함되어 있다(김동건 외, 1992: 324-325).

중앙예산기관의 유형은 국가마다 서로 다르나, 일반적으로 행정수반직속, 재무성소속, 중앙기획기관소속 등으로 분류될 수 있다. 종래에 일본은 이 중 영국, 프랑스 등과 마찬가지로 중앙예산기관을 세입 및 국고를 관리하는 재무성에 두는 유형에 속했다. 일본은 영국, 프랑스의 재무성과 같은 대장성을 두고 있었다. 대장성은 내각 중에 가장 강력한 권한을 갖고 있는 기관이었다. 이 때문에 대장성을 둘러싼 문제들이 계속 발생하여 비판 및 개혁의 압력이 높아졌다. 2001년 정부조직개혁에서 대장성 개혁은 하나의 타켓이 되었다.

이 개혁으로 대장성은 금융과 재정을 분리하였다. 즉 내각부 소속의 경제재정자문회의와 금융청, 그리고 재무성으로 이분화되었다. 경제재정자문회의는 수상의 리더십을 강화하기 위해 설립된 것으로 경제 전반의 운영기본방침 · 재정운영의 기본 · 예산편성의 기본방침 기타 경제재정정책에 관한 중요사항의 조사심의, 전국종합개발계획 기타 경제재정정책에 관한 중요사항에 대하여 정책의 일관성 및 정합성을 확보하기 위한 조사심의 등의 기능을 수행한다. 금융청은 내각부의 외국外局으로 총무기획국, 검사국, 감사국의 3국체제로 운영되고 있다. 총무기획국은 종래 대장성의 금융기획국의 업무를 대부분 이어받은 곳이고, 검사국과 감사국은 민간금융기관 등의 검사 및 감독을 행하는 기관이다.

그리고 재무성은 종래 대장성의 사무 중, 예산 · 조세 · 국세 · 국고 · 재정투융자 · 국유재산 · 외환 등에 관한 행정사무를 이어받고 있다. 한편 재무성의 조직을 보면, 재무대신 밑에 부대신 2명, 대신 정무관 2명이 있고 그 아래 일반직의 최고직인 재무사무차관, 재무관, 재무대신비서관이 있다. 재무성에는 대신관방, 주계국, 주세국, 관세국, 이재국, 국제국이 있으며, 이들 조직에는 국장 1명(대신관방에는 관방장)과 국의 크기에 따라 차장이 없는 곳(주세국, 관세국)에서 최고 3명(주계국)까지 존재한다.

2. 예산의 내용, 종류 및 규모

정부가 국회에 제출하는 예산의 내용은 예산총칙, 세입세출예산, 계속비, 이월비繰越明許費[25] 및 국고채무부담행위로 구성된다. 그리고 예산의 종류로는 일반회계예산, 특별회계예산 및 정부관계기관예산이 있다. 국가의 일반적인 세입세출을 경리하는 회계를 일반회계라고 하는데, 이것은 세금 등의 재원을 받아들여 사회보장, 교육 등 국가의 기본적 경비를 조달하는 회계이다. 한편 재정법에는 국가가 특정한 사업을 운영할 때, 혹은 특정한 자금을 보유하여 운용할 때, 기타 특정한 세입으로 특정한 세출에 충당하고 일반적인 세입세출과 구별하여 경리할 필요가 있는 경우에 한해서 특별회계를 설치할 수 있도록 되어 있다.[26]

국회의 의결과 승인을 필요로 하는 정부관계기관에는 1994년도현재국민금융공고, 주택금융공고, 농림어업금융공고, 중소기업금융공고, 북해도동북개발금융공고, 공영기업금융공고, 중소기업신용보증공고, 환경위생금융공고, 오키나와진흥개발금융공고의 9개 공고公庫와 일본개발은행, 일본수출입은행의 2개 은행이 있었으나, 정책금융개혁에 의한 조직개편등을 통해, 2015년 현재 일본정책금융공고, 오키나와진흥개발금융금고, 국제협력기구의 유상자금협력부문, 국제협력은행의 4기관이 존재한다. 이들 정부 융자에 관한 기관은 각각 독립된 법인이며, 능률적인 경영을 위해 정부와 분리해서 설치되었고, 기본적으로 민간기업의 경영원칙 하에 운영된다. 그러나 이들 법인의 자본금은 정부가 전액 출자하므로 정부관계기관의 예산은 국회의 통제 하에 있다.

한편 일본의 재정규모를 살펴보면, 중앙정부의 3대 예산인 일반회계세출예산, 특별회계세출예산, 정부관계기관세출예산을 중심으로 알아보면 〈표 3-2〉와 같다.

---

25) 세출예산 중, 연도 내에 지출이 끝나지 않을 것으로 예상되는 분을, 국회의 의결을 통해, 다음 연도에 이월해서 지출할 수 있도록 하는 제도이다.

26) 2017년 현재, 특별회계는 3종(사업특별회계, 자금특별회계, 구분경리특별회계)으로 구분되며 13개(교부세 및 양도세 배부금, 지진재보험, 국채정리기금, 외환자금, 재정투융자, 에너지 대책, 노동보험, 연금, 식량안전공급, 국유임야사업채무관리, 특허, 자동차안전, 동일본대지진복구)로 구성되어 있다.

《 표 3-2 》 일본의 일반회계, 특별회계, 정부관계기관

(단위: 10억엔)

회계연도	일반회계 세출	특별회계 세출	정부관계기관 세출
1990	66,237	175,486	5,523
1995	70,987	241,718	8,086
2000	84,987	318,689	7,661
2005	82,183	411,944	4,678
2010	92,299	367,074	3,135
2013	92,612	386,630	2,510
2014	95,882	411,426	2,337
2015	96,342	403,553	2,216
2016	96,722	403,852	2,077
2017	97,455	393,429	1,845

자료원: 총무성통계국(2018), 「제67회 일본통계연감」.

3. 예산과정

매년 정부는 예산을 편성해서 국회에 제출하고, 그 의결을 받으며, 의결을 받은 예산에 따라 국가의 수입과 지출을 실행하고 있는 것으로 되어 있다. 아래에서 일본의 예산과정에 대해 보다 구체적으로 살펴보기로 하자.

(1) 예산의 편성

예산을 편성하여 국회에 제출할 수 있는 것은 내각의 권한이다. 내각 중에서 실제로 예산의 기본방침은 내각부의 경제재정자문위원회의에서 결정하고, 예산편성의 임무를 맡아 담당하는 것은 재무대신이다. 다만 국회, 재판소, 회계검사원의 예산에 관해서는 내각이 예산면에서 이러한 독립기관의 활동을 제약하는 일이 없도록 재정법상 특별한 절차가 정해져 있다.

일본의 회계연도는 매년 4월 1일에 시작되는데, 이 때부터 사실상 각 성청은 다음 연도의 예산견적작업을 시작한다. 7월에는 재무성이 예산의 대략적 규모와 개산요구의 편성지침을 각 성청에 하달하며, 각 성청에서는 이 지침에 따라 8월 말까지는 재무성에 개산요구서를 작성·제출토록 되어 있다. 바로 이 단계에서 각 성의 고위관료들은 여당의 예산관련 의원들의 지지를 획득하기 위해 긴밀한 접촉을 시도한다. 개산요구서가 제출되면 9월부터 주계국이 중심이 되어 각 성으로부터 설명과 자료제시를 받아 개별경비에 대한 사정을

실시한다. 그 이후에 최종적인 예산안이 결정되기까지 각 성청, 재무성 및 여당 사이에 예산배정을 둘러싼 정치적 게임이 지속되며, 이 단계에서 각자의 이해를 반영하기 위해 최선의 노력을 경주한다. 일단 조정과 절충을 거친 예산안의 개산이 각의에서 12월 말에 의결되면, 재무성은 이에 대한 세부적인 계수정리를 한 후 1월 말경에 정부예산안으로서 각의의 공식적 승인을 받아 국회에 제출하고 심의를 받게 된다(김동건 외, 1992: 329-330; Neary, 1992: 63-64).

(2) 예산의 심의

정부예산안은 매년 1월 하순에 중의원의 예산선의권에 따라 중의원에 먼저 제출된다. 예산이 중의원에 제출되면 재무대신은 예산의 편성방침이나 그 내용, 특색, 재정정책에 관한 방향 등에 관하여 설명한다. 이를 재정연설이라고 하는데, 이와 같은 연설은 같은 날에 참의원에서도 행해진다. 이후 예산은 중의원의 예산위원회에서 상세히 심의되고 다시 한번 본회의에서 심의・의결된다. 중의원에서 가결된 예산안은 통상 3월 초에 참의원에 회부되어 거의 비슷한 절차를 거쳐 3월 말에 가결・성립된다. 참의원이 중의원과 다른 의결을 한 경우에는 양원협의회를 열게 된다. 하지만 양원협의회에서도 의견이 일치되지 않거나 참의원에 회부된 후 30일 이내에 의결되지 않을 때는 중의원의 의결이 국회의 의결로 된다. 이를 예산의 '자연성립'이라 한다(김동건 외, 1992: 330).

국회는 정부예산안을 증액 또는 감액 수정을 할 수 있으나 내각의 예산 제안권을 침해하는 전면적 수정은 허용되지 않고 있다. 정부원안을 수정・제안하기 위해서는 본회의에 있어서 중의원 50명 이상, 참의원 20명 이상의 찬성을 필요로 한다.

(3) 예산의 집행

국회의 의결에 의해 예산이 성립되면, 그에 따라 내각은 각 성청의 장에게 집행해야 할 세입세출예산을 배부하게 된다. 세출예산의 집행은 지출의 원인이 되는 계약의 단계(지출부담행위)와 수표의 발행 등 현금지불의 단계(지불)로 나누어지며, 부당・위법한 예산집행을 방지할 수 있도록 지출부담행위담당관(재무관)과 지출관의 직무를 엄격히 구분함으로써 그 책임소재를 명확히 하고 있다.

예산의 집행시에 각 성청의 장은 공공사업 등의 경비에 관해서 그 지출부담행위의 실시계획을 작성하여 재무대신의 승인을 받아야 한다. 그 취지는 예산의 편성과정에 있어서 경비의 성질상 또는 시기적인 이유 등에 따라 그 구체적인 내용이 집행단계가 되지 않으면 확정할 수 없는 것에 관해서 적정한 집행을 확보하려는 것이다. 또한 각 성청의 장은 4분기별 지불계획을 작성하고 재무대신은 국고금, 세입 및 금융의 상황 등을 기안한 뒤에 지출계획을 승인한다. 승인된 지불계획은 재무대신으로부터 일본은행에 통지되어 원만한 현금지불이 가능하도록 준비하게 한다. 지불은 원칙적으로 지출관이 일본은행 앞으로 국고수표를 발행함으로써 행해진다.

(4) 결 산

당해 회계연도의 예산집행이 완결되면 각 성청의 장은 세입세출의 결산보고서를 작성하여 익년도의 7월 31일까지 재무대신에게 송부해야 한다. 재무대신은 이를 기초로 하여 결산을 작성한다. 결산은 각의 의결을 거쳐 회계검사院에 익년도의 11월 30일까지 송부하는 것이 원칙이나(재정법 제39조) 결산작성의 촉진 및 조기제출을 통해 재정감독상의 효과를 제고하기 위하여 최근에는 주로 9월 초에 행해지고 있다.

회계검사원은 결산검사를 한 후 검사보고서를 11월 초까지 내각에 반송하며, 내각은 결산에 검사보고서를 첨부해서 차기 국회에 제출하여 심의를 받는다.[27] 결산의 심의는 양 의원에서 독립적으로 이루어지고 각 원의 결산위원회의 심의를 거쳐 본회의에 보고된다. 심의의 결과 부정부당한 사실이 있으면 정부의 정치적 책임이 추궁되지만, 결산은 국회의 의결을 요하는 의안이 아니기 때문에 양원의 의결에 따라서 예산집행의 효력이 좌우되는 일은 없다.

결산의 결과 잉여금이 발생하면 통상 세계잉여금으로서 익년도의 세입에 이월하게 된다. 결산상의 잉여금 중 당해연도에 새로이 생긴 잉여금신규발생잉여금에서 세출예산의 이월액 및 지방교부세 등 재원충당액을 뺀 금액을 순잉여금이라고 한다. 이 순잉여금의 1/2 이상인 금액은 당해 잉여금이 생긴 연

27) 재정법 제40조에 의하면, 내각은 회계검사원의 검사를 거친 세입세출결산을 익년도에 개회되 정기국회에 제출하도록 되어 있다. 그러나 2003년 결산 이후부터는, 참의원의 요청에 의해 결산제출시기를 앞당겨, 결산검사를 받은 해의 11월 20일 전후로 국회에 결산을 제출하고 있다.

도의 익년도까지 공채의 상환재원에 충당하여야 한다. 한편 연도말까지 사전에 세입부족이 예상될 경우에는 보정예산을 편성하여 부족재원을 마련하는 것이 가능하지만, 연도말 직전 또는 연도경과 후에 있어서 부족이 분명해진 경우에는 이에 대한 대처가 어렵게 된다. 따라서 1977년도 이후 결산조정자금을 설치하여 이런 경우에 동자금으로부터 일반회계에 이전·보전할 수 있게끔 하고 있다.

4. 국가수입

일본정부의 대표적인 일반회계 수입은 예산구분에 따라 ① 조세 및 인지수입, ② 관업익금 및 관업수입(인쇄특별 회계수입과 병원수입 등), ③ 정부자산정리수입, ④ 잡수입(국유재산 이용수입, 중앙경마회의 납부금 등), ⑤ 공채금 및 ⑥ 전년도 잉여금수입 등 6개항으로 구분된다. 일반회계 세입은 그 주종이 조세 및 인지수입이며, 최근에는 이들이 전체의 80% 수준을 넘어서고 있다. 인지수입을 포함한 광의의 조세는 국가 또는 지방공공단체가 행정서비스에 필요한 경비를 조달하기 위해서 직접적인 반대급부 없이 징수하는 수입이다. 이를 과세방식에 따라 직접세와 간접세로 분류되는데, 전자에는 소득세·법인세·상속세와 증여세 등이 있으며 후자에는 소비세·주세·담배세·휘발유세 등이 있다. 현행 국세는 직접세 중심의 구조(70.9%)를 띠고 있으며, 소득세와 법인세를 합한 금액이 총국세의 2/3나 되고 있다. 직접세의 비중은 1950년대에 50%를 약간 넘는 수준이었으나 그 이후 계속 증가하여 왔는데, 이는 1949년 '샤우프 Shoup 권고'를 바탕으로 획기적인 세제개혁을 시도한 데 그 배경을 두고 있다.

국민소득 대비 국민부담률[28]은 1970년대까지는 20%대에 머무르고 있었으나 1979년에 30%대를 돌파한 이래, 계속 증가하여 2018년에는 42.5%에 이르고 있다. 이를 비교의 관점에서 보면, 2015년 현재, OECD국가 35개국 중에서 멕시코 20.2%, 칠레 24.3%, 미국 33.3%, 스위스 34.8%, 한국 37.8%, 오스트레일리아 38.9%를 제외하고는 가장 낮은 수치를 보이고 있다. 특히 룩셈부르크의 경우에는 87.2%에 육박하고 있다.

---

28) 국민부담률은 조세부담률과 사회보장부담률을 합한 것이다. 조세부담률은 국민소득 대비 국세와 지방세의 합이 차지하는 비중을 말하며, 사회보장부담률은 국민소득 대부 사회보장부담이 차지하는 비중을 말한다.

한편 국가가 그의 경비를 조달하기 위하여 행하는 차금을 국채라고 부른다. 이 경우 증권을 발행하는 것을 협의의 국채라고 하며, 그 이외의 것을 차입금이라고 한다. 국채를 상환기간별로 분류할 경우 1년 미만의 단기국채와 2~5년 정도의 중기국채, 그 이상의 장기국채로 나눌 수 있는데, 일본은 장기국채, 특히 그 중에서도 10년채가 발행량·발행잔고 모두에서 가장 큰 비중을 차지하고 있다. 또한 일본은 국채발행에 있어 재정법 제4조는 공공사업비, 출자금 및 대부금의 재원에 충당하는 경우에만 국채를 발행할 수 있도록 하는 「건설국채의 원칙」과 재정법 제5조의 국채의 일본은행인수에 의한 발행을 원칙적으로 금하는 「시중소화의 원칙」을 견지하고 있다.

Ⅴ. 행정문화 및 행태

행정문화란 관료들이 공유하고 있는 태도, 신념, 가치관 등의 총합이라고 정의될 수 있다. 이는 관료들의 행태 내지 행동에 큰 영향을 미친다는 점에서 의미가 있다. 물론 행정행태는 문화적 요소에 의해서만 결정되지는 않는다. 법적·제도적 장치나 정치사회적 환경에 따라 인식이나 가치관은 그대로 표출되거나 또는 제어되기 때문이다. 예를 들어, 물질추구성향이 강한 관료라 할지라도 금품수수에 따른 처벌이 아주 강력하다면 행정부조리는 어느 정도 억제될 것이다.

그럼에도 불구하고 여기서는 일본관료들의 문화와 행태를 하나로 묶어서 설명하고자 한다. 그 이유 중 하나는 여전히 관료들의 행태가 문화적 요소에 의해 큰 영향을 받는다고 생각되기 때문이며(Jun & Muto, 1995), 다른 하나는 관련자료의 제약상 양자를 구분하여 설명하는 것이 쉽지 않은 까닭이다. 일본의 행정문화 및 행태상에서 나타나는 주요 특징들을 간략히 정리하면 다음과 같다.

1. 통치수단으로서의 법의식

일본은 메이지유신 이후의 근대화과정에서 법치주의가 행정문화의 한 요소로 뿌리내리기 시작하였다. 그러나 주권재민의 민주주의 원칙하에서 발전된 구미선진국가들의 법치주의와는 그 성격을 달리하고 있다. 즉 국민의 자유와 평등을 위한 것이 법이라는 구미국가들과는 달리 일본에서는 근대화를 위한 국가의 통치수단이라는 측면이 강한 것이다(加地伸行, 1993: 49). 따라서 국민의 입장에선 법은 자기측이 아닌 국가라고 하는 상대측에 존재한다고 여기고 있으며, 공무원(특히 고위관료)은 국민을 지도한다는 의식을 지니고 있다. 일본의 관청이 민간산업에 대해 많은 인허가권을 가지고 행정지도를 하고 있는 것은 하나의 예에 속한다.29)

이러한 통치수단으로서의 법에 대한 강조는 일본인의 법률관과도 깊은 연관이 있다. 인치주의적인 법률관을 지닌 우리나라에 비해 일본인의 그것은 다분히 법치주의적인 성격을 띠고 있다. 다르게 표현하면, 전자는 "법이 없어도 살 수 있는 사람"이라는 표현이 있듯이 법의식 저변에는 자연히 조화를 유지할 수 있다는 생각이 깔려 있는 반면 후자는 "법 없이는 못사는 사람들"이란 표현처럼 법에 따라 사는 것이 개인의 본성보다 앞서야 한다는 논리이다(김만기, 1991: 202).

2. 권위주의적 의식

권위주의란 다의적인 개념이긴 하지만 그 근저에는 지배복종이나 우열관계를 바탕으로 한 계층적 마음가짐mental hierarchies이란 요소가 짙게 깔려 있다(백완기, 1975: 85). 이는 동아시아의 세 국가에서 보편적으로 나타나는데, 그 배경으로서는 모든 인간관계를 수직적으로 파악하는 유교의 교리가 흔히 지적되고 있다. 그런데 권위주의적 의식은 관민관계와 일반적 인간관계에서 약간 다른 양상을 보일 수 있기 때문에 이를 구분하여 살펴볼 필요가 있다.

먼저 관민관계의 경우에서는 일본이 한국이나 중국에 비해 그 정도가 덜하다고 한다. 이는 유교의 영향이 상대적으로 적었을 뿐만 아니라 일본의 토착문화가 특정인에 의한 자유로운 권력행사를 허용하지 않는 구조를 가지고 있기 때문일 것이다(김만기, 1991: 199). 한 예로 관료들이 통제의 목적으로 규칙이나 계획을 만들 경우 민간에서는 권위주의 또는 관치주의를 이유로 즉각 반발한다는 것이다. 따라서 일본의 고위관료들은 거대한 권력을 장악하고 있다

29) 유사한 예를 독점금지법의 운영에서도 찾아볼 수 있다. 자유를 경제원칙으로 하는 구미에서는 과점이나 독점이 발생했을 때만 독점금지법으로 엄하게 단속하는 반면 일본에서는 독점금지법의 적용 예외를 규정한 42개 법률, 68개 제도가 있을 정도로 국가의 개입이 심한 편이다(김인수 역, 1994: 315).

는 외부의 지적과는 달리 실제로는 그렇지 못하다는 지적도 있다(최길성 역, 1981: 141).[30]

그러나 사회 내의 인간관계 측면을 보면, 일본에서는 계급성을 바탕으로 하는 서열의식이 이를 지배하다시피 하며, 한국이나 중국에 비해 상대적으로 강하게 작용하고 있다(김만기, 1991: 203). 심지어는 아랫사람이 자기의 견해를 피력하는 데 있어서 서열을 지켜야 하며, 그렇지 않을 경우 비난의 대상이 되곤 한다. 김용운(1981)이 일본을 세로縱의 사회라 칭하는 것도 이러한 연유에서다. 같은 맥락에서 Jun과 Muto도 일본은 모든 인간관계가 개인의 계층적 직위, 학력, 연공서열 및 성에 기초하는 수직적인 사회이며, 고위관료들의 지도력 또한 업무상의 능력보다는 학연과 지연 등을 바탕으로 선·후배직원들과 인간적인 관계를 잘 형성·유지하는 능력에 달려있다고 지적하였다. 또한 관료들은 신분상의 위상을 매우 소중히 여기기 때문에 의사소통에 있어서도 언어적 격식을 강조하고 있는 것이다(Jun & Muto, 1995: 126, 129-130).

그렇다면 일본인의 강한 계급의식은 어디로부터 나오는 것인가? 계층의 차가 덜 심하였고 계층간의 이동가능성도 다소 존재했던 한국이나 중국과는 달리 과거의 일본에서는 무인지배의 봉건체제하에서 사회계층의 구별이 엄격하고 사회계층간의 이동이 거의 불가능하였다. 그 결과 경직된 사회계층구조의 틀로부터 벗어날 수 없는 일본인들은 주어진 위치에서 자신의 생활을 풍부하게 만드는 데에만 몰두하는 경향이 강하였던 것이다(김만기, 1991: 204). 일인칭인 나를 나타내는 말이 10여개가 넘을 정도로 존대말과 낮춤말이 다양하며, 신분이 낮은 사람이 치부를 하여도 당장 행세를 할 수 없는 것 등은 일본사회의 뿌리깊은 계층의식을 잘 보여주는 예들이라 하겠다.

3. 일반주의

일반주의는 혼자 모든 것을 다 할 수 있다는 의식구조로서 세상사물을 일반적인 상식의 수준에서 이해하고 해결할 수 있다는 사고를 그 바탕으로 하고 있다(백완기, 1989: 192). 이러한 사회에서는 전문직업화가 정착되기 어려우며, 권한의 위임이나 행정의 전문화도 기대하기 힘들다.

---

30) 그러나 일본에서 중앙과 지방간에 종적 관계가 깊이 자리잡고 있는 것을 보면 행정구조내에서는 권위주의적 의식이 여전한 것으로 보인다(김인수 역, 1994: 34 참조).

일본의 경우에서도 최소한 다음의 두 가지 측면에서 일반주의적 행정관을 찾아 볼 수 있다. 하나는 임용과정에서 나타난다. 고위관료의 등용은 일찍부터 매우 경쟁적인 국가고시를 통해 이루어졌는데, 국가고시는 기본적으로 영국의 제도와 유사하게 전문가specialist보다는 일반적인 상식을 갖춘 자generalist를 선발하는 데 그 의도가 있다. 이러한 시험을 통해 선발된 일본 고위관료의 특징은 그들의 대부분이 동경(제국)대학 등 매우 제한된 교육기관 출신들로 이루어져 일본사회 최고의 엘리트로서 매우 높은 지명도와 함께 지위를 인정받고 있다. 다른 하나는 일본관료제에서도 우리의 경우와 마찬가지로 하위직에서 상위직으로 올라가면서 전문가에서 일반행정가로 옮겨가는 경향을 띠고 있는 것이다. 고위관료는 이를 선호하는데, 여기에는 유교적 전통이 짙게 깔려 있는 것으로 보인다.[31] 따라서 고위관료는 전문성을 가진 정치가, 즉 '관료정치가'라고 불리기도 하는데, 여기서의 전문성은 이공계의 경우처럼 특수한 기술적인 것이 아니라 국민생활 일반에 폭넓게 대응할 수 있는 자질을 뜻한다(加地伸行, 1993: 51).

4. 집단주의

일본은 관리에 있어서 개인보다는 집단 또는 조직을 우선시 하고 있다. 즉 조직내에서는 개인보다는 집단의 생존을, 사회 전체로서는 개인보다 조직의 생존을 중요하게 여기는 것이다(Jun & Muto, 1995: 126). 이러한 집단주의적 문화는 결과적으로 업무상의 실적보다는 규율, 연공서열에 기초한 상하관계, 권위주의적 통제, 연대책임, 조화 등을 강조하게 된다. 또한 개인의 욕구나 권리를 경시하는 반면 한 배에 같이 타고 있다는 공동체적 운명을 중시하고 있다. 더욱이 집단주의적 의식은 관료들로 하여금 자신이 소속된 부서나 기관에 대해서 헌신적으로 충성 또는 봉사하는 계기가 되나 부서간이나 기관간에 지나친 경쟁을 초래한다는 면에서 큰 우려를 낳아 왔다. 즉 부처할거주의라는 심각한 부작용이 대두된 것이다.

부처할거주의sectionalism란 내각을 구성하는 중앙행정기관들이 횡적 유대 및

31) 논어에 "군자는 그릇이 될 수 없다"(君子不器)라는 말이 있다. '器'란 용기이며 특정한 역할밖에 할 수 없다. 이러한 한정적인 기능을 담당하는 그릇 같아서야 정치를 담당할 수 없기 때문에 일본의 고급관료는 지위의 상승에 따라 여러 상황에 대응할 수 있는 일반행정가가 되기를 원하는 것이다(加地伸行, 1993: 52).

협력을 바탕으로 하기보다는 제각기 종적으로만 움직이는 것을 뜻한다. 따라서 조정과 타협보다는 지나친 경쟁과 갈등으로 인해 여러 부작용이 나타난다. 앞에서 살펴 보았듯이, 일본의 경우 이러한 할거주의는 우선 공무원 채용상의 부처별 독자성에 기인하는 바가 크다. 뿐만 아니라 여당의 파벌적인 다원성도 이를 강화시키는 요인이 된다. 언제나 내각의 구성은 몇 개 파벌이 연립하는 형식으로 이루어지기 때문에 총리의 영향력은 제한될 수밖에 없으며, 실권은 각 성의 장관들이 지니게 된다(박동서 외, 1994: 239). 그로 인한 부처간의 지나친 경쟁의식은 기관의 수준에서뿐만 아니라 그 구성원인 관료들 사이에서도 깊이 뿌리내리고 있는 것이다.

전체적으로 보면, 일본의 전통적 문화는 집단우월, 충성심, 조화 등을 강조하여 왔으며, 그로 인해 개인적 창의성과 비판적 사고, 기관간의 협조, 시민참여, 혁신적인 정책개발 등에 있어서는 큰 장애요인이 되어 왔음을 알 수 있다(Jun & Muto, 1995). 이런 맥락에서 볼 때 동북아시아권에 속하는 한국, 일본, 중국은 행정문화 및 행태에 있어서 상당히 유사한 성격을 띠고 있다. 그러나 개별적인 특성의 강도는 나라마다 다소 차이가 난다는 것이 일반적인 견해이다. 예를 들면, 법의식이나 사회적 서열의식은 일본이 한국과 중국보다 강한 반면 관민간의 권위의식은 반대의 성향을 보이고 있는 것이다. 그리고 이러한 흐름은 세 나라 중 한국과 중국이 상당히 비슷한 반면 일본은 비교적 독특하다는 것을 시사한다. 그 이유를 김만기(1991: 206)는 다음과 같이 설명하고 있다.

전반적으로 보아 중국과 한국의 경우가 보다 '유교적'이고 일본은 중국과 한국의 경우보다는 비교적 '서구적'인 편에 가깝다고 볼 수 있지 않나 느껴진다. 일본의 경우 분명히 베버M. Weber가 말하는 청교도윤리The Protestant ethic가 존재해 있었다는 견해가 많고 또한 실제로 3국 중 가장 앞서 근대화를 달성하는 데 성공하였다는 사실도 일본의 이와 같은 행정문화의 특성과 관련이 있을지도 모른다.

Ⅵ. 지방자치

일본의 지방자치는 아주 오랜 역사를 지니고 있으나 근대적 의미의 지방자치제는 메이지유신 이후에 제정된 1878년의 삼신법郡區町村編制法, 府縣會規則, 地方稅

規則에 그 근거를 두고 있다. 이 때에는 3계층(부현 · 군 · 시정촌)의 자치구조를 갖추었으나 그 후 군제의 폐지, 의원직선제 및 의원권한의 확대를 통한 부현제 · 시정촌제의 강화 등과 같은 변화를 겪었다. 그러나 만주사변을 계기로 이러한 자치제도는 거의 쇠퇴의 길을 걷다가 종전終戰과 함께 1947년에 지방자치법이 제정 · 공포됨으로써 현대적 자치제도의 기틀을 마련하게 되었다.32) 현행의 제도는 국가와는 다른 지역단체가 자치권을 가지고 지방자치를 실시하는 '단체자치'와 지역주민이 스스로의 의사와 책임으로 사무를 처리하는 '주민자치'가 결합되어 있다는 데 특색이 있다(총무처, 1991). 전자는 메이지시대에 도입한 독일의 프로이센제도에, 그리고 후자는 미국점령하에서 받아들인 영미식의 주민자치제에 그 역사적 뿌리를 두고 있다. 아래에서는 지방자치단체의 종류, 기능, 행정조직 등을 살펴본 후 그 주요 특징을 요약 · 제시해 보기로 하겠다.

1. 지방자치단체의 종류

(1) 보통지방공공단체

일본의 지방자치법은 광범위한 사무와 기능을 가진 지방자치단체의 종류로서 보통지방공공단체와 특별지방공공단체를 두고 있다. 보통지방공공단체는 광역적 지방자치단체로서의 도도부현과 기초적 지방자치단체로서의 시정촌 등 2계층으로 구성되어 있다. 우선 도도부현은 기본적으로 같은 광역자치단체이나 도都는 특별구제도, 도지사의 보조부국으로서의 국局설치 등과 같은 특례가 인정되고, 도道는 보조부국 · 지청의 설치 등 부현과 다른 위상을 지니고 있다. 부현은 명칭만 다를 뿐 특례가 인정되지 않고 있다.

도도부현이 국가와 시정촌과의 중간단체로서 국가적 성격이 강하다면 시정촌은 자치단체로서의 성격이 짙다고 하겠다. 그러나 기초자치단체의 하부행정보조단위가 존재하지 않기 때문에 주민들의 민원에 적절히 대응하기 위하여 지역센터community center 또는 문화센터cultural center를 설치 · 운영하는 시정촌도 있다. 여기서는 민원서류발급, 교양 및 취미활동, 아동교육, 노인복지 등과 같

32) 지방자치법 제정 이후에도 많은 변화를 거듭하였다. 1950년대 중반부터 신중앙집권화 경향에 의해 지방행정도 균일화 · 기계화된 바 있으며, 일본경제가 안전성장기에 접어든 1970년대 중반 이후에는 지역중심의 행정체제로 전환하면서 지방자치를 위한 실질적인 개혁이 이루어졌다. 일본의 지방자치 연혁에 관한 구체적인 설명은 한국지방자치학회편(1995: 130-138)을 참조.

그림 3-4 일본지방자치단체의 종류지방자치단체

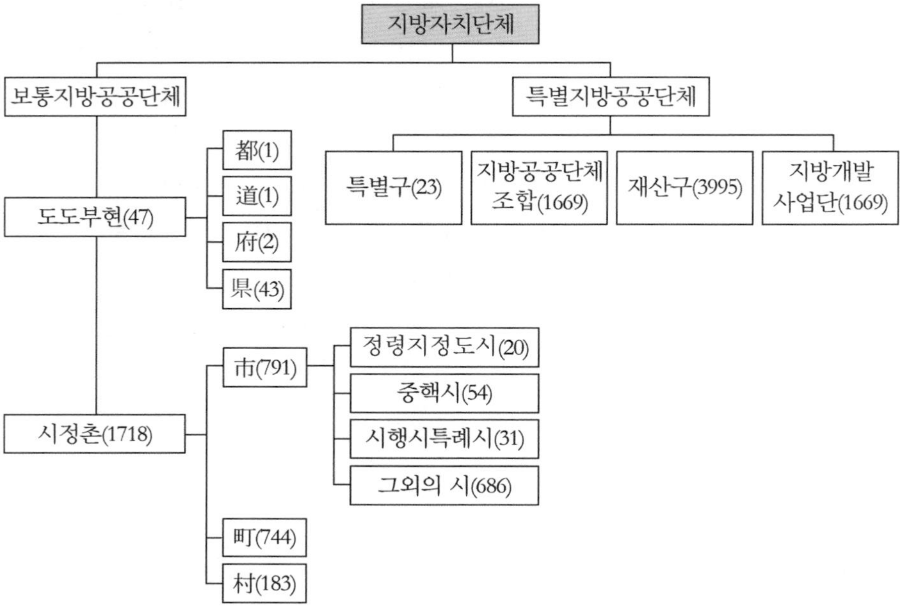

은 서비스를 주로 제공하고 있다(한국지방행정연구원, 1986: 415).

2018년 현재 광역자치단체로서의 도도부현은 1都동경도, 1道북해도, 2府교토부, 오사카부, 43縣 등 총 47개가 있다. 그리고 시정촌의 수는 매년 감소 추세를 보이고 있으며,[33] 2018년 현재 791시, 744정, 183촌으로 총 1,718개의 기초자치단체가 존재한다. 또한 일반시와 구별되는 정령지정도시, 중핵시, 시행시특례시施行時特例市[34]를 두고 있다. 정령지정도시는 지방자치법에 의하여 정령으로 지정된 인구 50만 이상의 시, 중핵시는 인구 20만 이상의 시 중에서 신청에 의하여 정령으로 지정하여 이들 시가 된다(北村・青木・平野, 2017: 126-131). 2018년 현재 정령지정도시 20개, 중핵시 54개, 시행시특례시 31개가 있다. 이렇게 도시를 구분한 것은 시의 능력에 따라 거기에 걸맞는 권한과 책임을

33) 1945년 이후 시는 숫자가 늘어난 반면 정촌은 감소하여 전체적으로는 조금씩 줄어들고 있는 실정이었다. 그러나 2000년대 중반 평성 대합병으로 기초자치단체의 수가 급격하게 줄었다.

34) 2000년 시행된 특례시제도는 2014년 지방자치법 개정으로 폐지되었다. 종래의 특례시는, 중핵시 등으로 이행하지 않은 경우 시행시특례시로 부르고, 경과조치로 2020년 3월 31일까지는 인구가 20만명 이하여도 중핵시로의 이행이 인정되고 있다.

부여하기 위하여 행정상의 특례가 허용하고 있다. [그림 3-4]는 2018년 현재의 자치단체의 유형 및 수적 규모를 보여주고 있다.

(2) 특별지방공공단체

일본의 특별지방공공단체는 자치정책상 특정의 목적을 수행하기 위하여 설치되는 것으로 구역, 조직, 기능 등이 특수한 경우가 이에 속한다. 여기에는 네 가지 유형이 있는데, 먼저 대도시제도로서의 도의 기초적 행정기구인 특별구는 구역 내에서 가능한 한 주민의 일상생활과 밀접한 사무를 도와 연계성을 가지면서 자주적으로 처리한다. 즉 공공사무, 법령에 의하여 시에 속하는 사무 및 국가사무에 속하지 아니하는 기타 행정사무를 처리한다. 2018년 현재 동경도의 특별구는 23개에 달하고 있다.[35]

지방공공단체의 조합은 지방자치단체가 단독으로 사무를 처리하기보다는 공동으로 처리하는 것이 능률적・합리적일 경우 지방자치단체가 공동으로 설치하는 복합적 공공단체이다. 여기에는 ① 일부사무조합(단체사무 또는 기관위임사무의 일부를 공동으로 처리하기 위하여 보통지방자치단체 및 특별구가 설치하는 조합), ② 광역연합(광역적으로 처리하는 것이 적당하다고 인정되는 사무를 처리하기 위해 설치)등이 존재한다. 2017년 11월 현재 전국의 조합수는 1,669개이다.

재산구는 시정촌 또는 특별구 내의 일부 구역이 공유지나 공공시설 등과 같은 재산을 가지고 있는 경우에 그 관리 및 처분을 목적으로 설치된 지방공공단체이다. 이는 자체적인 의결기관과 집행기관을 가지고 있으며, 재산의 이용・관리・처분 등에 있어서 자치권을 보유하고 있다(조창현, 1990: 156).

마지막으로 지방개발사업단은 일정 지역의 종합개발을 목적으로 개발계획의 수립, 토지취득 및 조성, 건설 등의 사업을 광역적 차원에서 능률적으로 실시하고자 두 개 이상의 보통지방자치단체가 공동으로 설치하여 해당사업을 위탁한 비상설적 지방공공단체이다. 2011년 8월에 시행된 지방자치법 개정에 의해, 더이상 새로운 사업단을 설치할 수 없게 되었고, 현재는 아오모리현신산업도시건설사업단青森縣新産業都市建設事業團만이 남아있다.

---

35) 특별구에는 의회와 집행기관인 구장(區長)・위원회 등이 있고 의원은 60명 이내이며, 구장은 주민에 의해 직접 선출된다. 특별구는 원칙적으로 시에 관한 규정이 적용되며, 그 조직이나 기능도 약간의 제약은 있으나 대체로 일반시와 같다.

2. 지방자치단체의 기능

일본에 있어서 지방자치단체의 기능배분은 지방자치법 제2조에 구체적으로 명시되어 있다. 우선 도도부현은 시정촌을 포괄하는 광역자치단체로서 다음과 같은 사무를 주로 맡고 있다.

① 광역사무: 지방종합계획의 책정, 치산치수, 전원개발, 천연자원의 보전 및 개발 등 광역에 걸친 사무
② 통일사무: 의무교육 기타 교육수준의 유지, 문화재보호・관리, 경찰의 관리・유지, 사회복지사업, 의사・약사의 규제, 각종 영업의 허가, 노동쟁의조정 등 통일적 처리를 필요로 하는 사무
③ 연락조정사무: 국가와 시정촌 사이의 연락, 시정촌의 조직・운영의 합리화에 대한 조언, 권고 및 지도 등의 사무
④ 보완사무: 고등학교, 박물관, 연구소 등 시정촌이 설치・관리하기에 부적합하다고 인정되는 규모의 사무

시정촌은 기초자치단체로서 주민생활과 밀접한 서비스를 제공하고 있다. 쓰레기 및 오물처리, 상하수도・도로 등 시설정비와 관리, 생활보장 등 광역자치단체가 처리하는 것을 제외하고는 일반적으로 모든 사무를 시정촌이 처리할 수 있도록 되어 있다.

그런데 도도부현과 시정촌은 모두 독립된 보통지방자치단체로 자치제도상 대등한 입장을 가지고 있으며, 원칙적으로 상하관계는 아니다. 그러나 도도부현은 시정촌을 포괄하는 광역자치단체이며, 시정촌은 그 일부를 구역으로 하는 주민에 가장 가까운 자치단체이기 때문에 전자는 후자의 적정규모의 권고, 경계의 조정, 통제조례의 제정, 사무의 합리화 등 넓은 입장에서 지도, 권고 및 연락조정의 기능을 수행하고 있다.

3. 지방자치단체의 행정조직

지방자치단체는 사무처리를 위한 집행기관으로서 단체장을 정점으로 부지사부시정촌장, 부・과조직 외에 회계관리자, 전문위원, 위원회 등 다양한 형태의 조직을 두고 있다. 지방자치법에 규정된 지방행정조직을 간략히 표시하면 [그림 3-5]와 같다.

그림 3-5 **지방자치단체의 행정조직**

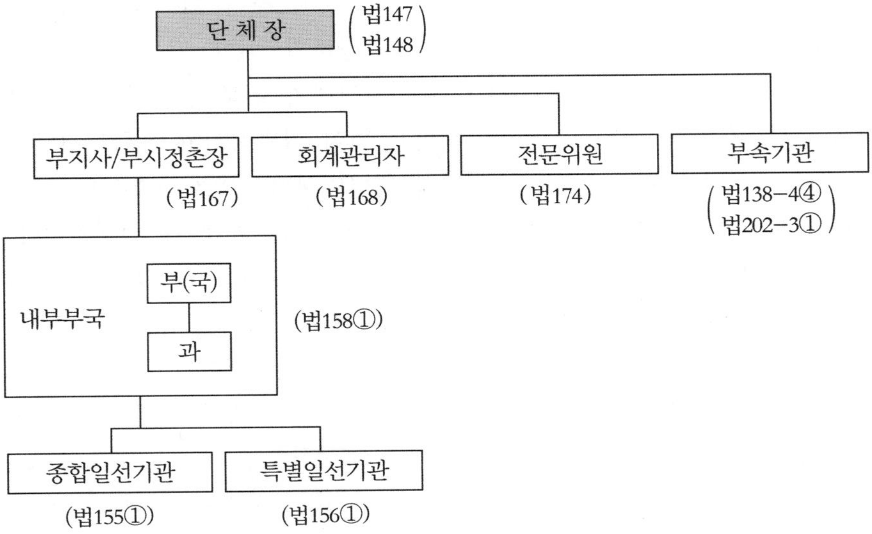

자료원: 총무성, 「장과 그 조직」.

우선 도도부현의 장인 지사는 주민 직선에 의해 선출되는 임기 4년의 지방자치단체장으로서, 자치단체의 집행기관으로서의 성격과 국가기관으로서의 성격을 동시에 갖는다. 그 결과 지사는 권한의 일부를 하부기관인 시정촌장에게 위임할 수 있고, 시정촌장의 사무집행에 대해 취소·정지·지도 및 시정요구를 할 수 있다. 시정촌장 역시 지사와 마찬가지로 주민에 의해 선출되는데(임기 4년), 지방자치단체기관이면서 국가기관이라는 이중적인 지위를 갖고 있다. 우선 자치기관의 지위에서 ① 의회의 의결사항을 집행하고, ② 소속공무원들을 지휘·감독하며, ③ 의회의 소집과 의안의 제출권 등을 갖고 있다. 국가기관의 지위에서는 상급자치단체나 국가의 법정수탁사무를 처리하게 되는데, 이 때에는 도도부현의 지사나 중앙정부 대신의 제한된 통제를 받으며 지방의회는 원칙적으로 법정수탁사무에 관여할 수 있다.

한편 단체장의 보조기관으로서 도도부현은 부지사, 시정촌은 부시정촌장을 각각 두고 있다. 의회의 동의를 거쳐 임명되는 이들은 원칙적으로 1명씩을 두게 되어 있지만 이를 두지 않거나 그 수를 증가시킬 수도 있다.[36] 또한 회계사무처리를 위한 장의 보조기관으로서 도도부현에는 출납장을, 시정촌에는 수입역을 두고 있는데, 이들의 수는 각각 1명이며 장이 의회의 동의를 거쳐 임명하고 있다. 그리고 단체장의 업무를 분장하기 위한 기능별 조직으로서 국·부·과 등을, 장의 사무를 지역적으로 분장하기 위해 일선기관이 각각 설치되어 있다. 후자의 경우는 다시 업무의 성격이 일반적이고 종합적이냐 아니면 특정한 것이냐에 따라 종합일선기관과 특별일선기관으로 구분된다.

일본의 지방행정조직과 관련하여 특징적인 것은 행정위원회제도이다. 위원회는 지방자치단체의 집행기관이면서 단체장으로부터는 독립된 지위 및 권한을 갖는 합의제기관인데, 그 설치의도는 단체장의 권한집중을 방지하고 행정의 중립적인 운영을 확보하는 데 있다. 따라서 민주적이고 공정한 역할 수행이 가능하도록 위원구성시 자격이나 선임방법 등에 대한 배려가 있으며, 위원회의 종류에 따라 2년 내지 4년의 임기를 보장하고 있다(총무처, 1991: 36-37). 일반적으로 모든 자치단체에는 교육위원회, 선거관리위원회, 감사위원회, 인사 또는 공평위원회 등이 공통적으로 설치되어 있으며, 도도부현에는 지방노동위원회, 공안위원회, 수용收用위원회 등이, 그리고 시정촌에는 농업위원회나 고정자산평가심사위원회가 각각 추가적으로 존재한다.

4. 현행 지방자치제도의 특색 및 문제점

앞에서의 설명을 바탕으로 현재의 일본지방자치에서 나타나고 있는 몇 가지의 특징을 간략히 정리해 보면 다음과 같다(총무처, 1991: 11-12; 조창현, 1990: 151, 157). 첫째, 전국적으로 일률적인 모습을 지니고 있어 어느 자치단체를 보더라도 큰 차이점을 발견하기 어렵다. 즉 지방자치단체의 조직과 운영은 물론 자치단체가 실시하는 도로, 하수, 도시계획 등 개개의 행정에 있어서도 국가법령으로 자세히 규정하고 있기 때문에 지방자치단체의 자유재량 여지가 극히 제한되어 있는 것이다. 특히 정보화사회의 진전과 더불어 지방자치단체와 유사단체 상호간의 정보교환이 빈번해지고 있는 것도 그들간의 유사성을 더욱 강하게 만드는 요인이 되고 있다.

둘째, 일본 지방자치단체를 설명할 때 흔히 '3할 자치'라는 표현을 쓰고 있는데, 이는 지방자치단체의 평균 재정자립도가 30%밖에 되지 않는다는 것

36) 동경도의 경우는 4명의 부지사를 두어 각각 다른 업무를 담당케 하고 있다.

에 대한 자조적인 의미를 담고 있다. 특히 보조금은 지방자치단체의 재정에 있어서 지방교부세와 함께 매우 중요한 비중을 차지하는바, 중앙정부의 각 성청은 보조금을 지방자치단체에 대한 효과적인 통제수단으로 운영하고 있다(이것을 '조건부 보조금'이라고도 한다).[37] 또 최근에는 이러한 중앙정부의 재정적 통제를 완화시키기 위하여 삼위일체의 개혁을 추진하고 있다. 삼위일체의 개혁이란 지방의 자립성을 높이는 구조개혁을 추진하기 위하여 국고 보조부담금의 폐지・감축, 지방교부세의 감축, 세원이양을 포함한 재원배분을 일체적으로 검토하여 개혁하려는 것이다(北村, 2006: 153-155).

셋째, 국가와 지방자치단체 사이에 통제적 관계가 형성되어 있다. 법제상으로는 국가・도도부현・시정촌이 역할과 기능만 다를 뿐 상하의 주종관계는 없다고 규정되어 있으나 실제로는 그렇지 못하다. 즉 지방자치단체는 국가에 의해, 그리고 시정촌은 도도부현에 의해 관여나 규제를 받는 일이 많은 것이다. 특히 최근 들어 행정적 통제가 강화되는 경향을 보이고 있는데, 한 예로 중앙정부는 지방자치단체에 대해 재무관계의 보고 및 서류・장부제출을 요구하며, 사무감독 및 출납검사를 행하고, 지방채 발행에 관한 승인권을 행사한다.

아울러 국가보조금의 경우 보조조건 및 운영감독을 통한 중앙통제가 심하고, 지사, 부지사 및 총무부장 등과 같은 고급관리직들이 자치성을 비롯한 중앙관청으로부터의 낙하산 인사에 의해 채워지고 있어 지방정부의 자율성은 심각할 정도로 제약되고 있다.[38]

넷째, 지방정부권력이 다원적이고 분산적 구조를 띠고 있다. 우선 집행기관과 의회 사이의 대립형 관계를 통해 행정부의 독주를 막는 동시에 입법의 횡포를 방지하는 견제와 균형의 역할을 맡도록 하고 있다. 또한 집행기관 자체도 다원화되어 단체장의 독단적 행정수행을 견제하기 위해 여러 개의 행정위원회를 설치・운영하고 있는 것이다. 그러나, 단체장은 의회에 대해 예산안 제출권, 재의청구권, 의안제출권을 가지며, 의회에서 단체장에 대한 불신임결의안이 가결될 경우 의회를 해산할 수 있는 권한을 갖는 등 단체장이 갖는

37) 지방자치단체가 중앙정부의 보조금으로 어떤 사업을 실시하는 경우 매우 세부적이고 기술적인 부분에 이르기까지 관계 성청의 감독이나 허가를 받아야 하는 경우가 많다. 예를 들면, 버스정류장을 몇 미터 위로 이동한다거나, 건물을 지었을 경우에 그 출입문의 방향이나 형태에 대해서도 중앙정부가 관여를 하는 것 등이 있다. 따라서 보조금은 일종의 지방자치단체에 대한 통제수단으로서 사용되는 측면이 강하다.

38) 여기에 관한 구체적 설명은 김인수 역(1994: 28-53)을 참조.

권한은 강력하다. 실제로 많은 지방자치단체에서 단체장이 제출하는 조례안의 비율이 90%를 넘고, 단체장이 제출한 안은 대부분 원안대로 가결된다(北村・青木・平野, 2017: 4).

5. 지방자치의 최근 동향

일본은 지방자치와 관련하여 크게 두 방향으로 개혁이 이루어졌다. 첫째는 중앙지방관계에서의 개혁이다. 종래의 중앙성청주도의 획일행정을 주민주도의 개성있고 종합적인 행정시스템으로 바꾸어, 즉 '획일에서 다양화로'라는 시대적 흐름에 대응하는 분권형사회를 창조하기 위해 1999년 지방분권일괄법이 성립하였다. 이로써 지방자치법 등 총 475개에 달하는 관계법률이 개정된 것이다. 이의 주된 내용은 중앙통제의 상징이었던 기관위임사무가 전폐되었다는 것이다. 기존의 기관위임사무는 자치사무와 법정수탁사무로 재편되어, 법정수탁사무에 해당하는 사무는 지방차지법의 별표에 열거되고, 각 개별법에 법정수탁사무인 것을 명기하고 있다. 이와 함께, 필치규제(중앙정부가 지방자치단체에 특정조직, 직원 등을 설치하도록 하는 규제)의 폐지, 국가지방계쟁처리위원회(국가와 지방간에 다툼이 있을 경우, 공평하고 중립적으로 조정하는 역할)가 설치되었다. 둘째, 도도부현으로 구성되는 광역자치단체와 시정촌으로 이루어지는 기초자치단체를 근간으로 하는 기존의 제도적인 틀 외에 도주제道州制에 관한 논의도 이루어지고 있다.

이와 같은 움직임과 함께 현행 지방자치제도를 혁신적으로 개편하여 새로운 체제를 출범시키자는 논의도 제기되고 있다. 먼저 도주제/연방제는 지역의 자주적, 자립적인 운영을 실현하기 위하여 집권적인 국가체제를 분권적으로 재구성하기 위한 제도적인 구상이다. 이는 최근의 수도이전 문제와 함께 논의되고 있으며, 종래에 일본상공회의소를 비롯한 경제계에 의하여 주장되어 왔다. 한편 최근에는 광역연합의 실적을 파악한 이후에 전국에 9~10개의 지방정부를 만들자고 하는 단계적인 주장도 나타나고 있다. 이는 중앙정부하에서 권한을 이양하는 의미에서의 도주제와는 차이가 있으나, 미국과 독일의 주와 같이 각각의 주가 주권을 가지고 자립된 경제 및 문화권을 형성한다는 점이 그 의의로서 강조되고 있다. 그러나 도주제 논의는 결국 결실을 보지 못하고 시정촌합병에 박차를 가하게 되어 1990년대 후반 3,200여개의 시정촌이 2016

년에는 1,718개로 대폭 줄었다.

이와 같이 일본에 있어서의 지방자치는 제도적 측면에서 다양화 하고 있으며, 향후 방향에 대해서도 활발한 논의와 함께 행정개혁의 일환으로서 그 개혁에 관한 구체적인 작업이 진행되고 있다. 이에 대해서는 행정개혁을 언급하는 부분에서 다시 설명하기로 하겠다.

제 4 절 정부관료제의 정책과정에서의 역할

Ⅰ. 정책과정의 전반적 특징

일본은 1990년대 초에 이르기까지 거의 30여년 이상을 자민당이 정권을 장악한 나머지 그 정책결정과정이 여타 선진국들에 비해 매우 특이하다고 할 수 있다. 즉 정권담당자인 자민당을 주축으로 관료집단과 재계중심의 이익집단이 맞물려 가변적이고 복잡하지만 전체적으로는 안정된 정책결정틀이 이어져 내려오고 있다. 따라서 일본의 정책결정과정은 기본적으로 이들 삼자간의 역학관계속에서 해석될 수 있다. 하지만 이들 삼각구도를 통한 정책결정과정에 대한 분석도 그 내용면에서 조금씩 변화되어 왔는데, '엘리트 지배론,' '제한된 다원론,' '관료정치론' 및 '분산형 다원론'fragmented pluralism이 가장 대표적인 모델로서 지적될 수 있다(이시원 · 김찬동 역, 1995: 23-69).

첫째, 엘리트 지배론elitist model은 미국정부의 정책결정모형을 나타내는 '철의 삼각구도'iron triangle에서 유래한 개념으로 일본의 정책결정과정을 정 · 관 · 재계의 엘리트 집단이 일본의 정책결정권한을 독점적으로 소유한 채 자신들의 이익을 위해 행사하는 것으로 파악하는 폐쇄적이고도 정적인 모형이다(Scalapino & Masumi, 1962). 즉 재계는 자민당을 중심으로 한 보수세력에게 정치자금과 선거를 지원하였고, 재계는 이에 대한 반대급부로 1982년의 독점금지법 개정 등 정책을 통한 현실적인 이익과 함께 자유경제체제의 안정적인 존속을 보장받았다. 한편 고위관료는, 자민당 의원의 1/4 정도가 관료출신인 데에서 볼 수 있듯이, 자민당에 대한 고정적이고 안정된 고급인력의 공급원이 되고 있으며, 당은 이들 관료들을 통해 지역구와 이익단체에 대한 혜택을 확보한다. 또한 관료들은 재계의 이익을 보장해 줌으로써 퇴직 후의 일자리를 보장받기도 한다.

그러나 엘리트 지배론은 각 엘리트집단 내에 존재하는 이견이나 갈등, 집단간의 권력의 상대적 크기를 제대로 간파하지 못하다는 점에서 비판의 소지가 있다. 이에 착안하여, 둘째, 제한된 다원론limited pluralism은 엘리트 집단의 정책결정에 있어서의 지배적 역할을 인정하면서도 당내의 파벌, 부처간의 대립, 재계내부의 알력 등과 같은 집단내부의 세력다툼 및 다원론적인 양상을 중시하고 있다(Fukui, 1972). 이는 엘리트 지배론과 같이 정당, 재계, 관료 등 한정된 주체들에 의해 정책이 결정된다고 보고 있으나 각 집단들은 성격상 통일된 집합체가 아니라 자체적으로 파벌과 대립이 내재화되어 있으며, 대립과 타협 속에서 정책을 결정해 나간다는 입장이다.

셋째, 관료정치론은 일본의 정책결정체제를 삼각관계 구도나 자민당을 축으로 설명하는 입장을 비판하면서 관료를 정책결정과정의 핵심세력으로 인식하고 있다(Fukui, 1977: 22-59). 전쟁을 전후로 관료출신자들은 중요한 정치세력으로 등장하여 정치세력의 전면에서 가장 독보적이고 강력한 힘을 발휘하는 집단이 되었다. 특히 정당인보다 관료를 선호하는 요시다 수상의 개인적 취향은 국회를 경시하는 반면 관료들에게 정책결정을 의존하였다(三澤潤生, 1967: 12-13; Craig, 1975: 17-30). 또한 관료집단이 정책결정에 있어 주도적 역할을 담당한 근거로 Pempel(1974)은 국회에 제출·통과된 법안 중 내각법안이 차지한 압도적인 비율을 제시하였으며, Luri(1976: 2109-2121)는 '통달행정'으로 표현되는 관료의 재량행위를 통한 실질적인 정책결정권한을 제시한 바 있다. 하지만 이러한 관료정치론에 대해 정책사안에 따라서는 관료의 기능과 역할에 상당한 차이가 있으며(Richardson, 1977: 239-268), 또한 외형적인 정부법안의 우위와는 달리 그 이면에는 관료집단이 정책입안과정에서 이미 자민당의 의도를 충분히 반영하고 있다(村松岐夫, 1979: 112-125; Muramatsu & Krauss, 1984)는 등의 반론들이 제기되어 왔다.[39]

마지막으로 정당(주로 보수당인 자민당)을 중심으로 하는 정책결정모형이 80년대 중반 이후 강하게 부각되고 있다. 특히 아키라와 유즈르는 1973년 석유위기를 계기로 대두된 정치경제적 상황의 변화는 고도성장에 기초한 기존의

39) Muramatsu와 Krauss(1984)는 일본의 정책결정을 관료에 의한 독점이라기보다는 관료와 당(자민당을 축)간에 권력이 공유되는 '정형화된 다원주의'(patterned pluralism)로 파악하였다.

획득형 양상의 정책결정에 중대한 변화를 초래하였다고 지적하면서 '분산형 다원론'fragmented pluralism을 제창하고 있다(이시원 · 김찬동 역, 1995: 18). 이들에 따르면, 1973년의 석유위기는 보수당과 관료, 이익집단을 둘러싼 종래의 관계를 와해시킴으로써 고도성장에 기초하여 관료가 경제자원의 배분권을 장악하여 실질적인 정책결정을 담당하고 보수당 의원들의 주된 활동은 지역구나 지원집단의 요구를 관료에게 중개하여 몫pie을 차지하도록 노력하던 종래의 질서는 더 이상 존속될 수 없었다고 한다. 즉 석유위기와 함께 이제는 몫 자체가 축소되었음은 물론 그 배분방법에 있어서도 전환이 요구되었다. 이로 인해 정책결정을 둘러싼 고도의 정치적 조정과 타협이 요구되었으며, 결과적으로 정책결정의 중추가 보수당 중심의 정치인으로 옮겨지게 된 것이다.

보다 구체적으로는 자민당 내에서 정책심의기관인 '정무조사회'와 그에 속하는 부회가 정책결정을 위한 정치적 조정의 핵심으로 등장하게 되었다.[40] 즉 정무조사회의 부회를 중심으로 보수당 의원과 관료, 그리고 재계를 중심으로 한 이익집단의 삼자간 연합이 형성되어 보수당을 축으로 하는 정책결정이 이루어진다는 시각이다(Park, 1986). 이러한 족중심의 정치는 정책결정에 있어 자민당 의원들이 통합된 일체로서 활동하는 것이 아니라 소속된 부회를 중심으로 특정정책분야에 관심을 갖고 그 분야의 정책결정에 상당한 영향력을 행사함을 의미한다.

그러면 당내의 정책연구기관인 정무조사회가 국가정책의 결정에 큰 영향력을 행사하게 된 배경은 무엇인가? 일본의 법률안은 우리와 마찬가지로 국회에 제출된 후 상임위원회의 토의를 거쳐 본회의의 가결로 성립된다. 그런데 의회의 절대다수를 차지해 온 자민당은 모든 법률과 정책이 정무조사회의 사전심의를 거치도록 하였고, 여기에서 통과된 법률안은 당의 의결기관인 총무회의 승인을 통해 당의 공식입장으로서 의회를 통과하게 되는 것이다. 따라서 각 성청은 법률안 및 예산요구 등을 제출할 때, 우선 소관 부회의 족의원들을 중심으로 사전교섭 및 업무협조를 구하게 된다(이호철, 1996: 89). 아울러 부회의 의사결정방식이 만장일치라는 점도 족의원의 정책적 발언권을 강화시키는 요

---

40) 족의원(族議員)이란 소속된 상임위원회에서의 활동을 통해 행정부서와 밀접한 관계를 맺고, 주로 그 정부부서의 업무를 의회 차원에서 지원하는 역할을 하면서 반대급부로 해당부서의 이권을 나누어 갖는 의원들을 경멸하는 뜻으로 부르는 명칭으로서 문부족, 운수족 등이 있다(김인수 역, 1994: 21).

인이 되어 왔다(이시원 · 김찬동 역, 1995: 60-61).

이상에서 본 바와 같이 일본에 있어서의 정책결정과정에 대한 해석과 이론은 1990년대 초까지 단독집권을 이룩한 강력한 자민당을 중심으로 하는 정책결정모형이 주류를 이루어 왔지만 그에 대한 해석은 다양하다. 종래의 다수설은 엘리트 지배론이었으나 점차 다원론이 힘을 받고 있으며 또한 그러한 확산되고 있다. 이러한 경향은 1993년 여름 자민당의 단독집권 체제가 무너지면서 더욱 탄력을 받고 있다. 즉, 1993년 7월에 실시된 제40회 총선거에서 자민당이 과반수 의석 확보에 실패하면서 사회당, 신생당, 공명당, 일본신당, 민사당, 신당사키가케, 사민련과 참의원내회파 민주개혁연합 등 7개 정당 1개 회파가 당시 신당사키가케의 당수였던 호소카와 모리히로細川護熙를 수상으로 하는 비자민 연립정권을 출범시켰는데, 이는 과거 38년간 지속되었던 자민당의 단독정권시대에 종지부를 찍는 전후 정치사상 획기적인 사건이었다. 이를 계기로 정책결정과정에 있어서 당내 족의원의 영향력은 축소되어 가는 반면, 의회 상임위원회의 역할이 증대될 것으로 예측되고 있다. 이는 종래에 자민당을 기반으로 하여 관료와의 안정적이고 폭넓은 관계를 통해 정책형성에 중요한 역할을 했던 족의원들이 그들의 굳건한 기반이었던 여당의원이라는 지위와 영향력을 상실하면서 가져오게 된 결과이기도 하다.

Ⅱ. 정책참여자의 역할과 기능

1. 의회의 역할과 기능

의회에서 생성되는 정책산물은 크게 법률, 예산 및 조약의 세 가지로 대표될 수 있다. 이미 앞에서 논의한 바와 같이 입법활동에 있어서는 관료제가 의회와 상호작용을 하면서 서로 영향을 미치고 있다.[41] 예산은 행정부의 각 성에서 준비하여 내각에 제출 · 심의된 후 다시 수상에 의해 의회에 제출되고 심사되며, 조약의 경우도 내각에 의해 체결된 것을 의회에서 승인함으로써 효력을 발생한다. 따라서 전반적으로 볼 때 의회는 소극적이고 사후적인 역할을

41) 정관관계에 대해서는 서로 다른 학설이 존재한다. 전통적으로 츠지(辻清明) 교수를 중심으로 한 관료우위론이 우위를 점했지만, 현재는 무라마츠(村松岐夫) 교수를 중심으로 한 정치우위론이 그 세력을 확대하고 있다.

수행하는 것으로 이해될 수 있다. 여기서는 의회의 가장 핵심적인 기능인 입법활동을 중심으로 의회의 정책과정상의 역할과 기능을 좀더 구체적으로 살펴보기로 하겠다.

일본의회의 입법과정에 있어서 가장 큰 특징 가운데 하나는 우리나라의 경우와 마찬가지로 의원에 대한 정당의 구속력이 강하다는 점이다. 그러나 이러한 특징은 내각이 의회를 통해 구성되는 의원내각제하에서 정당투표제party vote가 일반적이기 때문에 표결에 있어서 정당의 구속력이 크다는 단순한 의미의 것만은 아니다. 오히려 표결에 이르는 과정에서 그러한 특징이 잘 나타나고 있는 것이다. 일본의회는 원칙적으로 모든 의원이 법안의 심의에 참가하는 영국의 경우와는 달리 미국식의 위원회제를 채택하여 각 위원회가 법안심의의 중심적인 역할을 수행하고 있다. 이로 인해 모든 의원이 법안심의에 참여하는 경우는 드물며, 해당위원회에서 법안심의에 관계한 의원들 이외에는 그 구체적 내용이나 과정에 대해 제대로 파악하지 못할 가능성이 있다. 따라서 본회의 이전에 의원 운영위원회議運를 통해 소속정당의 해당법안에 대한 입장과 함께 찬반여부를 소속의원들에게 명시한다. 거의 모든 법안에 찬성하는 여당인 자민당에 비해 찬반이 공존하는 야당의 경우에 의원의 투표성향에 대한 구속력은 더욱 두드러진다(이시원 · 김찬동 역, 1995: 71).

한편 정책결정측면에서 볼 때, 의원내각제에 입각하여 상하 양원으로 구성된 의회는 가장 결정적인 영향력을 행사할 것으로 예상되나 본의회나 상임위원회을 통한 법안형성활동의 경우 실제로는 그렇지 못하다. 의회 또는 의원들의 법안을 통한 정책결정 영향력은 의회에 제안된 법안 중 의원발의의 비중, 의회과정에서의 법안에 대한 개정정도, 의회통과율 등을 통해 분석될 수 있는데, 어느 측면에서나 의회/의원보다는 내각 또는 관료가 상대적으로 강력한 권한을 행사하는 것으로 나타나고 있다.

이에 대해 나카무라 아키라中邨章와 타케시타 유즈루竹下讓는 의회의 입법활동에서의 정책적 역할을 살펴보기 위해 경험적 연구를 시도한 바 있다(이시원 · 김찬동 역, 1995: 74-86). 그들은 1965년에서 1981년 사이에 예산, 결산, 조약, 결의 등을 제외한 총 4,316건의 제출법안(내각 제출법안 2,243건, 의원 제출법안 2,076건) 가운데 표결대상이 된 2,154건(내각 제출법안 1,900건, 의원 제출법안 254건)의 법안을 대상으로 분석하였다. 먼저 의회와 내각의 법안형성과정에서의 역할을 비교해 보면, 내각 제출법안 중 84.7%가 표결의 대상이 된 반면 의원 제출법안은 단지 12.2%만이 표결의 대상이 되었다. 나아가 내각에 의해 제출된 법안은 표결대상 1,900건 중 1,741건이 성립되어 91.6%의 통과율을 보였고, 의원 제출법안은 표결대상 254건 중 241건이 성립되어 94.9%의 통과율을 보였다. 즉 법안성립을 둘러싼 의회와 내각간의 상대적 영향력의 차이는 의원 제출법안의 대부분이 실질적으로 표결의 대상에도 오르지 못하였다는 데에서 찾아볼 수 있다. 그나마 표결대상이 된 의원 제출법안 254건 중 216건은 모든 정당이 상임위원회 과정에서 합의한 위원장 제출법안이었음을 감안하면 특히 그러하다.

정당의 구속력을 보면 분석대상이 된 2,154건의 법안표결에 있어 자민당은 모두에 찬성하였으며, 신자유클럽은 96.5%, 민사당은 86.5%, 공명당은 79.7%, 사회당은 72.7%, 그리고 공산당은 단지 44.0%에만 찬성하였다. 또한 표결에 있어 야당의 찬성률은 의원 제출법안의 경우가 내각 제출법안의 경우에 비해 약 0.5%에서 4.0%정도 높았는데, 이는 의원 제출법안이 이미 각 당에 의해 상임위원회 과정에서 합의된 위원장 제출법안이기 때문이다.

그러나 입법안의 제출건수나 통과율만을 가지고 의회가 내각을 비롯한 관료제에 비해 그 영향력이 떨어진다고 단정하기는 어렵다. 앞에서 지적했듯이, 1970년대 중반 이후의 경제적 상황의 변동으로 인해 정책결정권한의 비중이 과거의 관료지배적 양상에서 점차 정당, 특히 여당인 자민당소속의 의원들에게로 옮겨지고 있기 때문이다. 오랜 자민당의 일당지배로 인한 정·관·업계의 강한 유착관계를 감안할 때 사안이나 각자의 이해관계에 따라 정책적 영향력의 행사는 다양한 모습을 띤다는 설명이 보다 타당할지도 모른다.

2. 정부관료제의 역할과 기능

(1) 내각(수상)의 일반적 기능

내각을 주축으로 한 행정부는 헌법에 의해 국무집행업무가 부여되어 있는데, 내각의 구체적 기능으로서는 ① 법의 충실한 집행, ② 국가 업무의 수행, ③ 외교업무의 처리, ④ 조약의 체결, ⑤ 행정서비스의 제공, ⑥ 예산준비 및 의회에의 제출, ⑦ 헌법과 법률의 집행을 위한 시행령의 제정, ⑧ 사면, 처벌의 대체 및 시민권의 박탈과 복권에 대한 결정 등이 있다. 이러한 권한을 행사하는 데 있어서 원칙적으로 수상은 각의에서 '협의'를 거쳐 결정된 시정방침에 의거하여 행정각부를 지휘·감독해야 하며, 다만 시정방침을 구체적인 사례에 적용할 때에는 재량권을 발휘할 수 있다(김동훈 역, 1982: 182). 이 경우 물론 수상의 지휘감독권이 행정각부에 대해 어떠한 형태로 어느 정도까지 개입할 수 있는가에 대해서는 논란의 여지가 있다. 이 외에도 내각법은 주무대신간 권한의 이의에 대한 재정 역시 '각의에서 자문을 받아서' 하도록 규정하고 있어, 단독으로 정강을 정하고 그것에 근거하여 행정각부를 지도하는 독일 수상의 경우와 비교할 때 그 지위가 다른 각료에 비해 결코 우월하다고 보기 어렵다.

따라서 수상의 국정운영에 있어서 각의는 중추적인 과정일 뿐만 아니라 그 자체가 헌법에 규정된 국정의 최고의사결정기관이다. 각의는 수상에 의해 소집될 수 있는데, 정례각의는 매주 화요일과 금요일에 개최되는 것이 관습으로 되어 있으며, 추가적으로 임시각의가 소집되기도 한다. 각의안건에는 내각의 정식적인 의사결정을 요하는「각의결정」사항, 특정한 성청의 소관사항이나 중요사항으로서 각의에서 다른 성청의 양해를 요하는「각의양해」사항 및 각종 심의회의 답신 등 중요한 조사보고 중에서 각의에 보고되는「각의보고」사항 등이 있다.

수상은 내각의 수장으로서 각의를 주재한다. 합의체 기관인 내각의 운영을 위한 보좌기구로서 내각직속의 내각관방이 설치되어 있는데,[42] 국무대신인 내각관방장관이 그 사무를 총괄하며 그 밑에는 내각관방부장관이 있다. 관방장관은 수상과 함께 국정을 분담하는 수상의 분신으로서 수상에 이어 내각을 대표하는 동시에 수상의 뜻을 받아 내각 내에서의 조정역을 수행하고 있다. 이러한 관방장관은 수상의 절대적인 신임에 의하지 않고는 그 직을 수행할 수 없다.

내각관방에 있어서 수상의 핵심참모로서 그의 인격의 연장이 되는 것은 관방장관과 세 명의 부장관, 세 명의 내각부부대신, 세 명의 내각부대신정무관, 한 명의 내각부사무차관, 두 명의 내각부심의관, 수명의 특명담당대신(오키

42) 관방장관이 통솔하는 내각관방은 각의 사항의 정리 및 기타 내각의 서무, 각의에 심의받을 사항에 대한 종합조정, 기타 행정각부의 시책에 관한 조정 및 내각의 중요 정책에 관한 정보의 수집조사에 관한 사무를 담당하고 있다(내각법 제12조 2항). 또한 수시로 또는 각의가 끝난 뒤 기자회견을 통해 정부의 시책을 발표하고 지지를 호소하는 것도 중요한 업무의 하나이다.

나와, 북방영토 및 금융청 소관담당은 필치기관)을 두고 있다. 그리고 그 밑에 1대신관방 7정책통괄관 3국으로 구성되어 있다. 여기에 근무하는 일반직 정원은 2001년 말 현재 483명이다.

(2) 내각의 정책조정역할

정책과정에 참여하는 일본관료제의 가장 큰 특징으로선 종할행정구조를 들 수 있다. 이 구조는 자기 관할로 설정되어 있거나 인지되는 정책문제들에 대해서는 책임을 지고 비교적 신속하게 대처해 나가지만 다른 중앙행정조직과 관련되는 영역이나 문제들에 대해서는 사전에 상호조정의 과정을 거치는 것을 의미한다(村松岐夫, 1982). 그런데 종할구조는 정책결정에 많은 시간이 소모되며 책임소재의 불분명에 따른 책임회피 가능성이 높다는 문제점이 제기된다(이시원·김찬동 역, 1996: 178-179). 따라서 일본관료제의 정책과정은 그 종할구조로 인해 부처할거주의의 폐해가 만만치 않은 것으로 지적되고 있으며(김인수 역, 1994),[43] 그 결과 부처간의 정책조정에 관한 필요성이 높다고 볼 수 있다.

내각제를 취하고 있는 일본의 행정부에서는 정책조정에 관하여 '총합조정'이라는 개념을 널리 사용하고 있다. 전체적 의미에서는 큰 차이가 없으나 총합조정은 조직과 조직간의 조정, 즉 서로 다른 조직끼리 공동목표의 달성을 위해 의사를 결합하는 행위임을 특히 강조하고 있다(이성우, 1993: 69). 그리고 이러한 역할은 원칙적으로는 수상의 리더십에 의해 행해지고 있다.[44] 여기에는 단순히 행정적 합리성에 따른 정보나 절차를 넘어서는 정치적 결단과 책임이 요구된다. 특히 최근 들어 급격히 증가되고 있는 부처간의 이견, 무역 등을 중심으로 한 외국과의 갈등, 그리고 연합정부의 형성으로 인한 이념적인 갈등으로 인해 점차 내각총리대신의 직접적인 결정이 중요하게 되었다. 비록 이러한 입장은 나카소네에 의해 1980년대부터 주장되었다. 이와 같이 수상의 리더십 강화에 대한 목소리가 높아지자, 2001년의 조직개편에서 그러한 의도가 반영되었다.

---

43) 참고로 경제단체연합회가 임시행정개혁추진심의회에 제출한 「종적 행정의 실례」에 의하면, 운수·도로, 에너지·보안, 토지이용·개발 등 모든 분야에 걸친 사례가 수백 항목에 걸쳐 자세히 열거되어 있다(김인수 역, 1994: 138-148 참조).

44) 내각법 제6조는 내각총리대신은 각의에서 결정한 방침에 근거하여 행정각부를 지휘·감독한다고 규정하고 있다.

우선 이러한 개혁이 이루어지기 전에 정책결정과정을 살펴보자. 수상의 총합조정 역할을 실질적으로 보좌하는 기능을 맡고 있는 기관은 내각관방이다.[45] 이 중에서도 사무담당 관방부장관은 각 성청의 사무차관회의를 실질적으로 주재하는데, 이 회의에서는 각 성청의 안건이나 법안을 심의하며 합의가 이루어진 경우에만 각료회의에 상정되었다. 심지어는 “일본의 정책을 결정하는 최고의 기구는 차관회의이고 권력중추의 음지의 핵심은 관방부장관”이라고 정도로 그 조정역할은 중요시되고 있었다(이시원 · 김찬동 역, 1996: 179). 이를 좀 더 구체적으로 보면, 내각은 행정권의 행사에 있어 의회에 대해 연대책임을 지기 때문에 각의의 결정은 만장일치일 것이 요구되었다. 하지만 주 2회, 15분짜리 회의로 구성되는 각의는 정책결정에 있어 기대만큼 커다란 영향력은 미치지 못하며, 대부분의 결정은 실질적으로 해당성청에서 만들어지고 있었다. 따라서 성청간의 조정과 각의에서의 국무대신들간의 원만한 의견조율을 위해 사무차관회의가 정규각의 하루 전인 월요일과 목요일에 소집되었다. 직업관료 출신으로 구성된 이 회의에서 주요 정책들이 사실상 결정되고 있는 셈이다. 특히 서방국가들에 비해 매우 짧은 국무대신들의 재임기간(수상, 대장상, 외상, 그리고 통산상의 경우만이 12개월 이상임)은 대신들이 복잡한 문제를 결정하는 데 있어 상당한 제약이 되고 있었으며, 각 성청 내에서도 국무대신의 정책결정에는 사무차관의 조언이 절대적인 영향을 미치고 있었다.[46]

2001년 내각의 보좌지원체제를 강화하기 위한 행정개혁은 그러한 폐해를 시정하여 내각의 지도성, 즉 정치의 행정에 대한 우위를 확립하려는 것이다. 내각기능의 강화와 관련된 행정개혁의 구체적인 내용은 다음과 같다.

① 국민주권의 명기/내각의 행정권과 국민주권의 관계를 확인

- 내각이 직권을 행사함에 있어서 국민 주권의 이념에 따를 것을 명기함과 동시에 내각의 국회에 대한 연대 책임을 규정하고 있다(내각법 제1조).
- 주권자인 국민의 신탁에 기초하여 국회가 내각총리대신을 지명하고 내각총리대신 및 내각총리대신이 임명하는 국무대신으로 조직되는 내각에

45) 내각법 제12조 2항은 총합조정이 내각관방의 주요 업무임을 명백히 밝히고 있다.

46) 일본의 내각총리대신의 평균재직기간은 2차대전 전에는 17.7개월이던 것이 2차대전 후에는 27.3개월로 연장되었다. 하지만 국무대신의 평균재직기간은 전전에 13.8개월이며 재임을 연속하여 계산하더라도 15.5개월이었으나 전후에는 평균재직기간이 각각 11.6개월과 12.7개월로 단축되었다 (김동훈 역, 1982: 184-185).

행정권이 속한다고 하는 국민 주권의 이념에 따른 행정을 명확하게 했다(내각법 제2조 제1항).

② 총리대신의 발의권을 명기하여 그 입안을 돕는 내각부의 신설

- 내각총리대신의 '내각의 중요정책에 관한 기본적 방침'에 대한 발의권을 명기하고(내각법 제4조 제2항), 새롭게 내각관방이 그 기획입안을 할 수 있게 했다(내각법 제12조 제2항).
- 이와 같은 내각총리대신의 발의에 관한 기획입안을 돕기 위해 내각부를 신설하고 내각총리대신의 리더십을 발휘할 수 있는 체제를 강화했다(내각부설치법). 구체적으로는 내각부에 내각의 네 가지 중요정책에 관한 기획입안 및 종합조정을 위해 경제재정자문회의, 종합과학기술회의, 중앙방재회의, 남녀공동참획회의를 설치하고, 내각총리대신 자신이 의장이 되어(남녀공동참획회의는 내각관방장관) 각각 내각총리대신이 선임하는 전문가와 관계 대신을 의원으로 조사심의를 한다(내각부설치법 제18조~제36조).
- 또한 내각부에는 특명담당대신을 둘 수 있게 하여 오키나와·북방대책과 금융청 소관사항에 대하여는 담당대신을 반드시 설치게 하고, 내각총리대신이 정하는 특정한 사항에 대하여는 담당대신을 반드시 설치케 하고, 내각총리대신이 정하는 특정한 사항에 대하여 특명담당대신이 담당할 수 있게 하고 있다(내각설치법 제9조~제11조).

③ 정치임용/내각관방의 간부는 특별직으로 정치임용화

- 종래부터 설치하고 있는 내각관방부장관 외에, 특별직으로 내각관방부장관보(3명), 내각홍보관(1명) 및 내각정보관(1명)을 내각관방에 신설하였다.
- 이들 관직은 내각총리대신이 직접 선임하여(특별직), 내각이 총사직한 때에는 신내각에서 새로 선임절차를 밟게 하여 내각총리대신의 주도성을 발휘할 수 있게끔 강화하였다.
- 또한 내각총리대신보좌관은 정수의 상한을 3명에서 5명으로 높였다.

④ 부대신제 등/각성 대신의 정치주도를 지원하는 보좌체제를 신설

- 각 성청에서 정치주도의 정책판단을 신속하게 하도록 대신의 정치적 정책판단을 보좌하는 기능을 강화하기 위해 부대신 및 대신정무관을 신설하였다(국가행정조직법 제16, 17조).

⑤ 정책심의회의 조정/정책결정은 내각의 책임하에 한다는 것을 명확화

- 기본정책의 심의에 대한 비판, 즉 숨겨져 있어 알 수 없다는 비판과 할거행정을 조장한다는 폐해의 지적 등 기본정책을 심의하는 심의회에 대해서는 극히 수를 한정(약 6분의 1)하여 정책결정을 심의회가 아니고 내각 또는 국무대신의 책임하에 할 수 있도록 명확화 하였다.
- 내각 또는 국무대신이 정책을 결정할 때 심의회는 전문가 등의 의견을 참고로 청취하므로 위원의 의견을 구태여 일원화할 필요가 없다는 것을 결정하였다.

(3) 관료제의 정책역할

정책과정에서 일본의 관료가 담당하는 중심적인 역할로 인해 정부관료제는 기획자이자 변화추진자의 가장 대표적인 사례로 인정받고 있다(Pempel, 1992; Neary, 1992). 정치체제상 주도적 역할을 담당하고 있는 일본의 관료들은 스스로를 공공에 대한 봉사자로서보다는 공공에 대한 지도자로 인식하고 있다. 미국등 서방국가들과는 달리 정무직의 범위가 매우 좁고 경력직 관료들의 비중이 상대적으로 큰 일본관료제는 정권담당자의 교체에도 불구하고 고위공직자를 중심으로 일관성을 유지하여 왔다. 그 결과 자주 변하는 정권담당세력에 비해 관료는 매우 안정적이고 지속적인 활동을 수행하기 때문에 각 성청의 국무대신이나 총리대신 등 최상층의 정치적 임용자들은 관료들을 장악하기에는 상당히 역부족이다. 이러한 정치행정적 환경으로 인해 경력직 관료들은 정책의 형성에서 집행에 이르는 과정을 통해 서구에 비해 보다 큰 영향력을 행사하고 있다.

① 정책결정과 관료제: 해석에 따라 정도와 방식의 차이는 있겠지만 일본정부의 관료는 정책결정과정에서 상당한 역할을 하고 있는 것으로 널리 인식되고 있다. 이러한 사실은 관료들을 대상으로 한 인식조사에서도 잘 반영되고 있다. 일본의 고위관료들에 대한 여론조사에 의하면, 그들의 약 80% 정도는 일반적인 정책과제를 의회를 중심으로 한 정치인보다 관료들이 해결한다고 답하였다. 이와 같은 응답결과는 영국의 21%, 독일의 16% 등에 비하면 압도적으로 높은 비율로서, 이는 일본의 고위관료들이 그만큼 자신들의 정책역할을 적극적으로 간주하고 있음을 보여준다(Pempel, 1992).

그런데 관료들의 정책결정에 대한 영향력 행사는 여러 경로와 방법을 통해 이루어진다. 이를 보다 구체적으로 설명하면, 첫째 관료의 정책결정에서의 영향력 정도는 먼저 법안형성을 통해 분석될 수 있다. 제1회 국회에서 제100회 국회까지의 법안성립 상황을 보면, 이 기간 중 약 9,300여건이 제출되어 6,300여건의 법안이 성립되었다. 또한 제출된 총법안 중 내각에 의한 것은 약 67%에 이르며, 성립된 법안 가운데서 내각이 제출한 것은 약 85%를 차지하는 반면 의원입법은 약 15%에 불과하다.

둘째, 관료들은 기본계획, 기본법, 법률 및 예산편성 등을 통해서도 영향력을 행사한다. 주요 분야에 있어서의 정부활동 방향을 수립·제시하는 기본계획은 서구에서는 볼 수 없는 특별한 것으로, 해당분야의 목표와 장기적인 추진계획을 내포하고 있으나 법규적인 성격은 없다. 기본법은 일반적인 원칙을 나타내는 것으로, 이를 근거로 구체적인 일련의 정책이 해당 성청에서 개발된다. 예산편성은 회계연도가 시작하는 4월 1일 이후에 각 성청이 차기연도의 예산요구를 준비하면서 시작되는데, 각 성청의 예산요구는 8월 31일까지 재무성에 송부된 뒤 정부예산안이 마련되어 의회에 제출된다. 특히 재무성에서의 정부안 편성과정에서 각 성청과 그 하부조직은 당의 族구성원이나 상임위원회 위원의 지지를 기반으로 예산을 확보하고자 노력한다.

셋째, 정책결정에서의 관료의 중심적 역할은 일본공무원의 구성과 관련한 제도를 통해서도 짐작할 수 있다. 앞에서도 지적되었듯이, 일본의 국가공무원 중 정치적인 임용이 허용되는 범위는 각 중앙행정부처에 있어 기관장인 국무대신과 정치인(의원)출신의 부대신, 대신정무관 및 관료출신의 사무차관 등에 불과하다. 따라서 부처 내의 정책형성에 있어 경력직 공무원, 특히 고위관료의 역할이 상당하리라는 추론이 가능하다. 실제 Jun과 Muto(1995: 130)는 새로운 입법안의 준비과정에 있어서 실무자인 중간관리자가 깊이 개입하고 있음을 지적한 바 있다. 그들에 따르면, 법률의 기안은 과장선에서 시작되어 국장의 수정·보완을 거친 후 여당에 제출되는 과정을 거친다고 한다.

그러나 이러한 사실만으로 정책형성과정에서 관료들이 배타적인 영향력을 지니고 있다고는 볼 수 없다. 이미 일본의 정책결정모형의 변화에서 논의하였듯이, 관료의 역할은 1980년대 이후 상대적으로 위축되고 있다. 즉 석유파동 등으로 인한 경제의 위축은 관료를 중심으로 한 추가 몫의 분배틀이 더 이상

적용될 수 없고, 대신 기존 몫의 재분배를 위한 정치권의 적극적인 개입이 이루어지고 있는 것이다(이시원 · 김찬동 역, 1995). 그 구체적 조짐을 다음의 몇 가지 점에서 찾아볼 수 있다.

우선 관료들은 정책결정과정에서 사전에 핵심 여당 및 의회관계자들과 충분한 교감을 형성하는 동시에 그들의 의중을 반영하고자 노력한다. 각 정책분야에 따라 자민당 정무조사회 내 부회部會의 핵심구성원들과 이루어지는 소위 '족族정치'는 이를 잘 보여준다. 또한 성청들은 정책입안의 대상이 되는 이슈가 사회적으로 여파가 아주 크거나 또는 여타 부처와의 조정이 필요한 경우에 관계학자, 이익단체 등으로 구성되는 자문위원회를 활용하기도 한다. 아울러 최근의 국가공무원 감축을 비롯한 행정개혁의 추진에서 볼 수 있듯이, 정치권의 영향력 및 정치사회적인 다원화 구조의 신장과 더불어 관료들의 영향력은 점차 축소되고 있는 것으로 여겨진다.

② **정책집행과 관료제:** 정책의 집행은 일반적으로 법률 등으로 표현된 정책의 구체적인 실현과정을 의미한다. 일본관료제는 고위관료를 중심으로 한 적극적인 국정집행을 통해 짧은 기간 내에 국가형성과 경제적 · 사회적 발전을 이룩하는 데 크게 기여했다고 널리 인정받고 있다. 즉 일본관료제의 정책집행은 매우 신속하면서도 확실하고, 또한 효과적으로 이루어지고 있다는 것이다(Pempel, 1992). 따라서 Cochran(1987) 같은 학자는 미국이 정책집행과정의 정치화로 인해 집행상의 실패를 거듭하고 있다고 지적하면서, 그 개선을 위해서는 일본과 같이 정책집행을 관료의 전문성에 일임함으로써 중립적이고 객관화시킬 것을 주장하기도 한다.

그러나 일본관료들의 정책집행상의 역할을 명료하게 설명하는 것은 쉽지 않다. 그 주된 이유는 정책의 결정과 집행이 어디까지나 용어상의 구분일 뿐 현실에서는 엄격하게 구분되지 않기 때문이다(Heclo, 1974). 다시 말해서 정책집행은 주로 법률 또는 명령 등으로 표현된 정책의 해석과 적용에 있어서 관료들이 재량권을 행사하는 활동이라 할 수 있는데, 이는 곧 정책의 구체적인 실현이자 또 다른 의미의 정책형성으로 간주될 수 있다. 따라서 정책집행에서의 관료의 역할과 기능도 결정과정과 관련하여 또는 그 연장선상에서 논의되어야 할 것이다.

집권당(의회)과 이익집단과의 연계 속에서 정책결정에 강한 영향력을 행사하고 있는 일본관료들은 집행에 있어서도 결코 예외가 아니다. 즉 그들은 정책형성에도 크게 관여하고 있을 뿐만 아니라, 법률 등 정책의 구체적인 실천을 위한 각종 시행령(정령, 성령·부령, 훈령 등) 및 지침의 마련을 통해 집행과정을 주도하고 있다.[47)]

정령은 내각의 의결을 통해 이루어지고, 성령과 부령은 각 성 또는 총리부의 대신에 의해 확정되며, 통달은 소관인 성청의 국이나 과단위에서 만들어진다. 의회에서 통과된 대부분의 법률은 일반적으로 사안을 광범위하게 규정하고 있기 때문에 집행을 위해서는 행정부 내에서 마련되는 이러한 별도의 하위법령이 필요한 것이다. 이 과정에서 관료들의 활동은 전문성에 기초하여 객관적이고 중립적으로 이루어져야 함에도 불구하고 매우 기술적이고 세부적인 부분에 이르기까지 통달에 의존함으로써 지방자치단체에 대한 통제수단으로 사용되는 등의 부작용이 있다. 이 밖에도 관료들의 정책집행에서의 절대적인 영향력은 장·차관 등 정치적 피임명자의 짧은 재임기간으로 인한 부처장악능력의 부족 내지는 관료의 실무지식 및 경험상의 우월성에서 기인되기도 한다.

한편 각종 행정규칙들은 품의제라는 문서의 회람과정을 통해 결정된다. 하급관료에서 시작하여 상급관료의 결재를 거치게 되는 이러한 과정은 일상적인 내용을 다룰 때는 별 문제가 없지만 여러 부서간의 협의를 필요로 하는 비일상적인nonroutine 의사결정시에는 많은 시간이 소요된다는 문제점이 있다. 또한 품의제는 조직 내의 참여와 합의를 중시한다는 면에서 긍정적이긴 하지만, 그것이 민주주의 원칙을 기초로 하기 보다는 인간관계와 충성심을 촉진하는 수단이라는 점에 주목할 필요가 있다(Jun & Muto, 1995: 131). 아울러 합의를 강조하기 때문에 의사결정 내용은 쇄신적이기보다는 점진적인 성격을 띠는 것이 일반적이다. 이는 가장 합리적인 의사결정과는 다소 거리가 있지만 모든 참여자들이 만족할 만한 의사결정을 내림으로써 집행시의 저항을 줄인다는 데 의의가 있다.

③ 직업관료와 정치관료간의 권력관계: 일본의 정치관료들은 각 성청의 장과 부대신, 대신정무관에 그 범위가 한정되어 있다. 이와 관련하여 헌법 제

47) 시행령 또는 행정지침은 의회의 심의와 승인이 필요 없이 내각내에서 완성되는 것으로, 일반적이고 모호하게 규정된 법규의 실현을 위해 구체적 내용과 함께 실현방안을 마련하는 것이다. 그러나 의회의 승인을 받지 않기 때문에 관료들이 특정집단의 이익을 반영하는 집행규칙(implementation rules)을 만들 가능성도 존재한다(Jun & Muto, 1995: 130).

68조는 “국무대신의 수는 20인 이내로 하되, 과반수는 국회의원 가운데서 선발하지 않으면 안 된다”라고 규정하고 있다. 그러나 실제로는 내각의 국무대신 거의 대부분이 국회의원 중에서 임명되어 왔다.48)

그렇다면 일본에서 중앙행정기관의 사령탑을 직업관료나 외부전문가가 아닌 정치인에게 맡기고 있는 이유는 무엇인가? 그 배경을 이호철(1996: 29-30)은 다음과 같이 설명하고 있다. 패전 전까지 일본관료들은 천황의 신하라는 명분을 내세워 의회를 따돌리고 국민 위에 군림하는 통치자적 역할을 자임하였다. 그러나 침략전쟁에 일익을 담당했던 관료사회는 패전과 더불어 천황의 신하에서 국민의 봉사자로 탈바꿈될 필요가 있었다. 이런 맥락에서 관료는 내각 밑에 들어가 국가행정사무를 수행하는 공복의 역할을 담당하게 되었고, 내각의 모체인 다수당의 통제와 소수당의 감시하에 두어졌던 것이다. 즉 각 성청의 대신과 장관은 국민과 의회에 책임의식을 가진 국회의원이 맡게 되었으며, 사무차관을 정점으로 하는 관료조직은 전문성을 살려 정치가인 장의 지휘하에 사무적인 집행업무만 담당토록 했던 것이다. 하지만 일본식의 관료주의가 지닌 권력이 사라진 것은 아니다. 전후의 고도경제성장을 이끈 주체로서 그 실질적인 힘은 오히려 강화되었다고도 볼 수 있다. 이로 인해 직업관료와 정치관료의 관계에 있어서 관고정저라는 현상이 대두되기도 하였다.

관료의 인사권 문제는 양자의 관계를 짐작할 수 있는 흥미로운 예가 될 수 있다. 일본의 경우 법률적으로는 성청의 장이 관료의 인사권을 쥐고 있다. 또한 외형상으로는 차관이나 국장의 임명도 각의사항으로 되어 있다. 만약 이러한 인사권이 실질적으로 행사된다면 정치적 입김이 행정에 큰 영향을 미칠 수 있는 권력구조를 띠고 있는 셈이다.

그러나 대신이 인사권을 행사한다는 것은 형식적일 뿐이며, 실질적으로는 사무차관을 정점으로 하는 관료사회에게 맡겨져 있다(이호철, 1996: 36). 물론 여기에는 나름대로의 필요성이 존재한다. 우선 정치적인 책임을 중시하는 내각책임제의 특성상 의회해산이나 내각총사퇴가 빈번하여 관료사회의 안정성 및 정책의 지속성 유지가 더욱 요구되기 때문이다. 이로 인해 정권의 변동과 상관없이 공직사회는 정규적인 인사를 자체적으로 행하고 있는 것이다. 또한 정

48) 2차대전 이후부터 1990년대 초에 이르기까지 임명된 총 대신의 수는 529명인데 비해, 이들 중 의원직을 겸임하지 않았던 대신은 16명에 불과하였다(이호철, 1996: 28).

치가출신인 대신이나 장관의 입장에선 전문가집단인 관료들을 잘 포용하여 그들이 최대한의 능력을 발휘토록 유도하는 것이 중요하기 때문이다. 이를 위해서는 관료에게 최대한으로 인사상의 자율성을 부여해 주는 것이 도움이 된다. 따라서 전체적으로 볼 때, 일본의 경우에는 정치관료가 직업관료에 대해 대결적 접근방법confrontational approach이 아닌 설득적 접근방법persuasion-oriented approach을 취하고 있는 것으로 이해해도 큰 무리가 아닐 것이다.49)

3. 이익집단의 역할과 기능

일본의 관료는 어떤 형태로든 재계를 중심으로 한 이익집단의 요구에 접하고 있으며, 나아가서는 자신이 귀속되어 있는 각 성청과 관할 이익단체간의 이해관계속에서 정책활동을 펴고 있다. 특히 최근의 정책체제는 의회 또는 정당과 더불어 이익단체의 영향력이 점차 확대되어 가는 '정형화된 다원론'의 형태를 띠고 있다(Neary, 1992; Muramatsu & Krauss, 1984). 따라서 상당히 지속적이고 일관된 주체들이 상대적으로 예측가능한 선에서 정책과정에 영향을 미치고 있는 것이다. 이러한 흐름은, 앞에서 설명된 바와 같이, 석유파동 이후 국부의 분배과정에 대한 대립이 나타나면서 시작되었다. 예산을 수반하는 정책이나 규제정책을 마련함에 있어서 정치적 타협과 조정의 중요성이 부각되면서 정당을 중심으로 한 의회와 이익단체의 역할이 더욱 두드러지게 된 것이다.

일본의 정책형성과정에서 가장 큰 영향력을 행사하는 이익단체는 재벌그룹을 중심으로 한 재계단체이다. 경제단체연맹(경단련), 경영주단체연맹 및 경제개발위원회 등 경제3단체가 가장 대표적인 재계의 이익단체이다. 이들 단체는 서로 대치하거나 독자적인 이익을 추구하기보다는 보완적 입장에서 관료 및 정계의 정책결정자들에게 상당한 영향력을 행사하고 있다. 이 중 경단련은 가장 핵심적인 단체로 약 700여개의 대기업, 100여개의 거대 금융/상업기관, 그리고 약 100여개의 분야별 무역협회를 대표하고 있다.

이들 단체들은 주로 해당 부서와의 일상적인 접촉, 통상산업성과 같은 각 성의 개별관계자들과의 접촉, 그리고 당 및 의회지도부와의 접촉 등을 통해 영향력을 행사하고 있다. 그 밖에도 경제단체 등 이익단체들은 성의 기관장인

49) 정치적 피임명자와 직업관료의 관계에 대한 구체적인 설명은 박천오·박경효(1996: 153-158)를 참조.

국무대신의 자문위원회격인 심의회의 구성원이나 국무대신 또는 국장 등의 사적간담회의 구성원으로서 정책결정에 참여하기도 한다. 통상산업성 등 관계기관은 심지어 경단련과 직원교류를 행하고 있으며, 관계 협회직원들에게 준공적 지위를 부여하여 대외협상에 같이 임하는 등 재계와 관계의 협조관계는 단순한 정보교환 차원을 넘어서고 있는 실정이다. 대기업을 중심으로 한 단체들의 정책영향력에 비해서는 미약하나 이익단체로 부각되는 여타 경제단체로는 중소기업을 구성원으로 하는 일본상공회의소, 농경인들로 구성된 농협, 의사들로 구성된 의료협회, 교사연맹, 각종 노동조합 등이 존재한다. 아울러 중앙무대가 아닌 지방무대에서 가장 활발하고도 영향력 있는 이익단체로서는 시민단체나 소비자단체를 들 수 있다. 이들 단체는 항구를 중심으로 한 환경오염문제를 제기했고, 환경오염의 가능성을 이유로 공단개발을 저지하기도 하였다.

제 5 절 정부관료제의 개혁

1990년대는 '행정개혁의 시대'라 불릴 만큼 전세계적으로 국가경쟁력 강화를 위한 정부의 노력이 활발하게 진행되고 있다. 대외적으로는 우루과이 라운드의 타결에 따른 새로운 국제경제질서에 대응하는 동시에 대내적으로는 정부의 비능률, 지나친 민간규제 등을 해소하려는 데 그 공통적인 특징이 있다.[50] 이러한 흐름은 일본이라고 해서 예외는 아니다. 특히 지난 1993년에는 임시행정개혁추진심의회가 정부에 행정개혁건의서인 「최종답신」을 제출함으로써 스즈키 내각 이래 추진되어 온 12년간의 개혁노력을 마무리한 바 있다. 본절에서는 전후 일본의 행정개혁과정 및 추진배경, 최종건의서에 담긴 주요 개혁내용 등에 대해 알아보고자 한다. 아울러 1990년대 이후의 행정개혁의 성과를 간략히 평가하고, 마지막으로 최근의 행정개혁 동향에 관해 논의할 것이다.

50) 한국행정연구원이 발행하는 「한국행정연구」(1994년 봄호)에는 미국, 영국, 독일 등 주요 선진국들의 행정개혁에 관한 특집이 실려 있으니 참조하길 바란다.

Ⅰ. 전후 일본의 행정개혁과정

전후 일본의 행정개혁은 두 차례에 걸쳐 설립된 임시행정조사회와 세 번의 임시행정개혁추진심의회에 의해 주도되어 왔다. 여기서는 이들의 역할을 중심으로 행정개혁의 내용 및 추진배경을 파악하고자 한다.

1. 제1차 임시행정조사회

세계는 2차대전 후 산업구조에서부터 일반시민생활이나 사회체계에 이르기까지 광범위한 변화를 경험하기 시작하였다. 이러한 경향과 함께 일본에서도 새로운 헌정질서하에서 쇠퇴한 국력을 회복하기 위한 행정개혁의 필요성이 나름대로 존재하였다. 다만 미국의 점령하에서 관료제가 온존하였다는 것과 일본관료 특유의 기술성과 순응성이 잘 발휘된 결과 패전 후 변화의 물결에 무난히 적응하였기 때문에 본격적인 행정개혁은 오히려 지연되었다(오재일, 1994: 64).

1956년 일본은 전쟁 전의 생산 수준을 어느 정도 회복하였고, 1960년 당시의 이케다 수상이 소득배증계획을 제창한 것을 계기로 민간기업 각 부문이 보다 큰 국내생산판매 이익을 획득하기 위해 새로운 경쟁체제로 돌입하게 됨으로써 이른바 고도경제성장기로 진입하게 되었다. 그런데 기술혁신이나 경영합리화에 부심하는 각 기업에 있어서 행정기관의 각종 규제나 사무능률의 열악성은 사업활동에 큰 장애가 되었다.

이러한 상황 속에서 1962년 정부는 미국의 후버위원회를 모델로 하는 임시행정조사회(이하 '임조')를 발족시켜 체계적이고 종합적인 행정개혁을 추진하였다. 제1차 임조는 동년 11월 총리부에 임시로 설치된 부속기관으로서 1964년 9월 '행정개혁에 관한 의견'을 제시하고 해산할 때까지 2년 반 동안 운영되었다. 7인의 민간지식인을 위원으로 하여 21명의 전문위원 및 다수의 조사원을 배정하여 행정의 제도나 운영 전반에 관한 조사·심의를 하도록 하였다. 당시에 제시된 개혁내용은 내각의 종합조정기능의 강화, 행정조직의 개폐, 지방공공단체에로의 사무이양, 사무운영의 합리화, 인허가의 폐지 등 16개 항목에 이르렀다(佐々木晴夫, 1992: 40). 이 답신의 취지를 살리기 위해 그 후 정부가 행정개혁본부를 중심으로 실행에 옮긴 시책은 1성 1국 삭감과 국가공무원의 정원 삭감계획 및 총정원법의 제정 등이다. 그러나 출발부터 행정개혁의 과제조차도 지니지 않은 행정개혁이라는 비판이 있듯이 제1차 임조의 활동에 대해서는 많은 의문이 제기되었다. 그 가장 큰 이유는 제1차 임조 최종답신이 제출될 당시에는 행정개혁에 대한 국민적 지지가 강했지만 그 후의 올림픽 개최와 고도경제성장에 따라 국민적 관심이 줄어들었기 때문에 정부의 소극적 대응 내지는 불순응이 가능하였다는 데 있다(오재일, 1994: 65).

2. 제2차 임시행정조사회

1973년의 석유파동으로 인해 고도의 경제성장시대가 막을 내리고 민간기업은 불황에 허덕이게 되었다. 정부도 1975년의 보정예산 시기 이후 세입부족으로 인해 매년 대규모의 적자국채를 발행하지 않을 수 없게 되었지만, 이 때부터 정부는 매년 예산편성 시기에 과의 삭감, 지방 지분부국支分部局의 축소, 특수법인의 통합·폐지 등을 내용으로 하는 각년도의 행정개혁계획을 책정하게 되었다. 그 후 민간기업은 경영합리화로 위기를 극복하였지만 정부가 증세와 대량의 적자국채에 의존하는 데 대해 강한 불만을 표출하였다(佐々木晴夫, 1992: 40). 그리하여 정부는 1981년에 제2차 임시행정조사회(이하 '제2차 임조')를 설치하고, 그 답신을 토대로 광범위한 개혁을 실시하게 되었던 것이다.[51]

확실히 제2차 임조臨調가 출발하였던 1980년대 초의 정치경제적 및 행정적 상황은 고도성장속에서 행정영역의 확대가 당연시되던 제1차 임조 때와는 많이 달랐다(오재일, 1994: 67-68). 우선 행정기구가 중앙과 지방을 불문하고 현저하게 비대화되었을 뿐만 아니라[52] 민관유착의 폐해가 심각할 정도로 부각되고 있었다. 또한 정부의 재정이 적자인 반면 경기침체로 인해 세입의 증가에는 한계가 있어 필요한 재정을 조달하기가 매우 어려웠다.[53] 그러나 경제적 상황 외에도 정치적 문제에 대한 비판적 인식이 행정개혁의 한 정당성으로 작용하였다. 다나카 수상이 연루된 Lockheed scandal이 1976년에 터져 나왔고, 이는 관료들의 재정운용상의 비리로 확대되었다. 또한 부처할거주의로 인해 정

51) 제2차 임조(臨調)는 각계 각층의 국민을 대표하는 위원 9명과 다수의 전문위원, 참여자 및 조사원으로 구성되었으며, 특히 도고 회장의 개인적 명성으로 인해 국민적 신망이 높았다.

52) 1970년에 GNP의 20%를 차지하였던 정부지출(중앙 및 지방)이 1980년에는 거의 34%에 달하였다.

53) GNP성장률을 보면 1970년에는 15.8%, 1975년에는 10.2%이던 것이 1979년에 8.0%로 낮아진 이후 계속 한 자리 수의 성장률을 보였다.

부의 통합·조정기능이 결여된 관계로 환경변화에 적극적으로 대응하지 못한다는 문제점도 제기되었다. 결과적으로 "정부는 관료들의 낙원이다"라는 냉소적 유행어가 나돌 정도로 정부는 민간부문에 비해 비효율적이고 비도덕적인 존재로 낙인지어졌던 것이다(Wright & Sakurai, 1987: 124).

따라서 본 조사회가 개혁이념으로 내세웠던 향후 국가기본방향으로서의 '활력있는 복지사회의 건설'이나 '국제사회에 대한 적극적 공헌'과는 달리 '증세 없는 재정재건'이 개혁의 전면에 나서게 되었다. 같은 맥락에서 종합성의 확보, 간소·효율화, 신뢰성의 확보 등의 행정개혁방향을 제시하면서 국토, 사회보장 등 기본제도의 개선, 국철·전신전화·담배전매 등 삼공사의 민영화, 중앙정부 보조금의 삭감, 행정기구의 합리화, 지방공공단체에의 권한이양 등 행정 전반에 관한 방안들이 강구·추진되었다.

한편 제2차 임조의 활동과 관련된 몇 가지 특징을 지적하면 다음과 같다. 첫째, 정부와 여당인 자민당은 이 조사회의 설립 초기부터 답신의 완전 실시를 공약하고, 각료 및 당간부를 중심으로 행정개혁추진본부를 구성, 답신의 내용을 심의하고 그에 대한 최대한 존중을 결의하여 단계적으로 실행해 나갔다. 다만 답신의 실시를 위한 국회심의과정에서 야당, 노조 및 이해관계자로부터의 반대가 있었으나 당시 나까소네 총리의 강력한 지도력과 여론의 지지에 힘입어 거의 전면적으로 실천에 옮겨졌고, 그 결과 행정의 합리화 및 재정의 효율화에 크게 기여한 것으로 평가되고 있다(佐々木晴夫, 1992: 41).

둘째, 당시의 임조는 나까소네에 대한 두뇌제공집단으로서의 성격이 농후하였던 것으로 평가된다(Wright & Sakurai, 1987: 122). 1982년에 나까소네는 전임 수상인 스스끼로부터 행정개혁의 주도권을 이어 받았다. 그런데 임조의 전문위원과 조사원 중 상당수는 나까소네의 동료나 친구들로 충원되어 소위원회 또는 실무집단의 리더로서 일하였다.

셋째, 행정개혁에 대한 접근은 '우산전략'umbrella strategy이라고 불릴 만큼 그 범위가 규제완화, 긴축, 민영화 및 재조직화에 이르기까지 광범위하였다. 실제 나까소네는 행정개혁을 '거시적 국가정책의 문제'a matter of grand national policy로 간주할 정도였다. 이러한 면에서 일본의 행정개혁은 조직구조 및 과정의 변화에 초점을 두어 온 미국의 경우와 구분된다(Wright & Sakurai, 1987: 123).

3. 제3차 임시행정개혁추진심의회

일본은 제2차 임조가 그 임무를 마치고 해산된 뒤에도 3차례의 임시행정개혁추진심의회(이하 '행혁심') 설치를 통해 지속적으로 행정개혁을 추진하여 왔다. 제1차 행혁심은 1983년 7월, 제2차 행혁심은 1987년 4월, 제3차 행혁심은 1990년 10월에 설치되어 각각 3년 동안씩 활동을 한 바 있다. 그 중에서도 특히 제3차 행혁심은 1980년대 이후의 일본행정개혁의 대단원을 마감한 것으로 평가되고 있다. 이는 행정개혁을 추진하기 위한 수상의 심의기관으로서 법률에 근거하여 발족되었으며, 그 최종답신을 1993년 10월 27일에 제출하고 해산되었다. 그 동안 정식 심의회 개최가 123회, 기타 전문위원회 등을 포함하면 총 428회에 달하는 모임이 있었고, 그 검토결과는 10번의 제언(답신 6건, 의견 4건)으로 정리・종합되어 정부에 제출되었다(오재일, 1994: 71). 또한 일본정부는 각의에서 최종답신에 담긴 건의내용을 추진하기 위하여 1994년 2월 8일에 「행정개혁의 추진방안」을 작성・제시한 바 있다.[54] 제3차 행혁심은 '최종답신'에서 새로운 상황 속에서 21세기를 대비하기 위한 행정시스템 변혁의 기본방향으로서 정부부문의 역할제고와 종합적이고 일체적인 행정시스템의 구축을 제시했다.

Ⅱ. 1990년대 이후 행정개혁

1990년대 이후 행정개혁의 배경은 다음과 같이 세 가지로 요약할 수 있다. 첫째, 급속하게 진행되고 있는 인구의 고령화와 함께 각 가정마다 자녀를 적게 가지려는 경향이 심화됨으로써 사회보장급부와 관련된 재정부담이 증가하고, 장기적으로 볼 때 노동력의 부족 등에 따른 일본경제의 잠재적인 성장력의 저하가 우려됨에 따라 이에 대한 대책과 개혁이 요구되었다. 둘째, 빈번히 발생하고 있는 관료들의 오직사건, 특히 경제계와 경제관료들의 유착 등으로 인하여 국민의 행정에 대한 불신이 높아지고 있어서 이에 대한 개혁의 필요성이 대두되었다. 셋째, 3할자치, 통달행정 등 자조적으로 표현으로 묘사되

54) '행정개혁의 추진방안'은 행정개혁추진본부에 의해 발표되었는데, 이는 1993년 2월 8일 각의의 결의로서 총리 자신이 본부장이 되고 전 각료를 위원으로 하여 구성된 기구이다.

는 지방자치에 있어서도 기존의 획일적인 구조에서 자립적이고 주체적인 지방자치로 전환하여 21세기 어울리는 지방자치로 구현하기 위한 근본적인 개혁이 요구되었다.

이와 같은 필요성을 인식하여 1996년에 집권한 하시모토橋本 수상은 행정개혁, 재정구조개혁, 사회보장구조개혁, 경제구조개혁, 금융시스템개혁, 교육개혁의 6대 개혁을 추진하였다. 이러한 일련의 개혁작업들은 완전히 별개의 것은 아니며 서로 깊이 연관되어 있었고, 행정개혁이 다른 개혁을 주도해 나갔다고 할 수 있다. 이 때의 행정개혁에는 중앙성청개혁, 규제완화, 지방분권, 정보공개, 특수법인의 개혁이 초점이었다. 이들 행정개혁의 추진체제는 규제완화와 정보공개 등을 담당하는 행정개혁위원회, 중앙성청개혁, 특수법인의 개혁을 담당하는 행정개혁회의, 지방분권을 담당하는 지방분권추진위원회이다. 이하에서 이들 추진체제의 추진과정 및 내용을 알아본다.

1. 행정개혁회의(1996~1998)

정부조직법상 총리의 직속기관으로서 1996년 11월에 당시 하시모토 수상을 회장으로 하여 설치되었으며, 1998년 6월 30일까지 설치하도록 예정된 한시적인 위원회이다. 이 회의는 행정개혁을 추진하기 위한 실질적인 총괄부서로서 1997년 12월에 행정개혁에 대한 최종보고서를 제출하였으며, 그 내용의 요체는 다음 세 가지이다. 첫째, 내각·관저 기능의 발본적 확충·강화를 도모하고 중앙성청을 행정목적별로 재편함으로써 행정의 종합성, 전략성, 기동성을 확보하는 것, 둘째 행정정보공개와 국민에 대한 설명책임의 철저, 정책평가기능의 향상을 도모함으로써 투명한 행정을 실현하는 것, 셋째 관민분담에 의한 사업의 발본적 수정, 독립행정법인제도를 창설함으로써 행정을 간소화·효율화 하는 것이다. 이 중 첫째, 즉 정부조직개편안의 주요 요지는 다음과 같다.

① 내각법에 있어서 수상의 기본방침 및 정책에 대한 발의권을 명확히 한다.
② 내각부에 수상, 관계각료, 학계 전문가로 구성되는 경제재정자문회의 및 종합과학기술회의를 설치하여 종합전략을 구체화한다.
③ 새로운 성의 국은 원칙적으로 10개를 넘지 않도록 한다.
④ Agency제를 도입하고, 공무원은 신형공무원과 비공무원의 신분으로 한다.
⑤ 내각부에 오키나와의 진흥과 북방영토문제를 담당하는 특명상을 둔다.

⑥ 방위시설청은 방위청의 내국에 통합한다.
⑦ 건설성의 지방건설국과 운수성의 항만건설국을 블록단위로 지방정비국으로 통합하고, 본청으로부터 대폭 권한을 이양한다.

이를 토대로 1998년 6월에 중앙성청등개혁기본법이 성립되고, 1999년에 성청등 개혁관련 법안이 78개가 성립하였다. 이렇게 하여 2001년 1월 6일에 기존의 1부 22성청이 1부 12성청체제로 정부조직이 새롭게 탄생하였던 것이다.

또한 영국의 agency제도를 참고하여, 정책 실시의 효율성과 투명성 향상을 목적으로, 정책의 실시를 담당하는 기관을 성청으로부터 분리독립시키는 독립행정법인이 2001년 4월에 설치되었다. 독립행정법인이 성립한 이래, 2018년 4월 현재 87개의 독립행정법인이 있다. 2003년에는 국립대학법인법이 제정되어, 2004년 4월 이후로 국립대학까지 법인화되었다.

2. 행정개혁위원회(1994~1997 최종의견)

본 위원회는 정부조직법상 심의회의 성격을 띠고 있는 것으로서 규제완화와 활동분담, 정보공개 등에 대하여 관여하고 있다. 실제로 1996년 12월에 51개 항목에 걸친 규제완화, 민관의 활동분담에 대한 재검토, 정보공개법의 조속한 제정 등 세 가지의 의견을 수상에게 제출하였다. 이러한 의견을 받아 1999년 5월에 「행정기관이 보유하는 정보의 공개에 관한 법률(행정기관정보공개법)」이 성립되었으며, 2001년 12월에는 「독립행정법인 등이 보유하는 정보의 공개에 관한 법률(독립행정법인등정보공개법)」이 성립되었다. 그리고 규제완화와 활동분담도 사무별로 꾸준히 추진되고 있다.

3. 지방분권추진위원회(1995~2001 최종보고)

지방분권추진위원회는 중앙정부의 권한이나 재원을 지방자치단체에 이관하여 자립적, 개성적인 지장자치의 실현을 목적으로 1995년 5월에 제정된 지방분권추진법과 임시행정개혁추진심의회의 최종답신(1993년 10월)에 따라 각의에서 결정된 지방분권대강(1994년 12월)에 의거하여 설치되었으며, 민간, 지방대표 및 학계를 대표하는 7인의 위원으로 구성되어 있다. 본 위원회의 권고에 따라 내각이 지방분권추진계획을 작성하도록 되어 있다.

위원회의 성격은 수상의 자문기관으로서 2000년까지의 한시적인 위원회인데, 지방분권추진위원회가 발족함으로써 지방분권의 문제는 구체적인 실천의 단계로 접어들게 되었다. 지방분권추진위원회는 1996년 3월 중간보고를 거쳐 4차에 걸친 권고를 행한다.

이의 권고를 받아 1999년 7월 16일 공포되고 2000년 4월에 시행된 지방분권일괄법에 의하여 기관위임사무가 폐지되고 법정수탁사무가 새롭게 탄생한다. 기관위임사무는 국가가 직접 집행하는 사무, 사무자체가 폐지된 사무, 자치사무와 법정수탁사무라는 새로운 사무구분 형태로 정비되었다. 또한 지금까지 단체위임사무 등의 구분도 개정되어 자치사무로 정비되었다.

법정수탁사무는 제1호 법정수탁사무와 제2호 법정수탁사무로 나누어진다(지방자치법 제2조 제9항). 제1호 법정수탁사무는 법률 또는 정령에 의해 도도부현, 시정촌 등이 처리하기로 되어 있는 사무 중 국가가 본래 해야 하는 역할과 관련된 것으로서 국가가 적정한 처리를 특히 확보할 필요가 있는 것으로 법률 또는 정령으로 특히 정한 것이고, 제2호 법정수탁 사무는 법률 또는 정령에 의해 시정촌 등이 처리하기로 되어 있는 사무 중 도도부현이 본래해야 하는 역할과 관련된 것으로서 도도부현이 적정한 처리를 특히 확보할 필요가 있는 것으로 법률 또는 정령으로 특히 정한 것이다.

Ⅲ. 행정개혁의 최근 동향

2000년 이후의 행정개혁은 「행정개혁대강」(2000년 12월 1일 각의결정, 2006년 6월 16일 일부개정)과 「앞으로의 행정개혁의 방침」(2004년 12월 24일 각의결정)에 기초하여 이루어졌다.

행정개혁대강은 서문에서 21세기 일본 경제사회를 자율적인 개인을 기초로 하는, 보다 자유롭고 공정하게 하기 위해 지금까지 국가와 지방의 행정조직과 제도, 행정과 국민간 관계 등을 근본적으로 수정하여 새로운 행정시스템을 구축할 필요가 있다고 한다. 그리고 앞으로 행정개혁의 주요과제로서 첫째, 새로운 시대의 적합한 행정조직과 제도로의 전환을 목적으로 특수법인 등의 개혁, 공무원제도개혁, 행정평가시스템의 도입, 공회계의 수정과 개선, 공익법인에 대한 행정관여의 개혁, 둘째 국가와 지방의 관계를 수정하여 지방공공단체의 자주성과 자립성을 높이기 위해 철저한 지방분권의 추진, 셋째 행정과 민간의 새로운 관계를 구축하기 위한 규제개혁, 넷째 기타 전자정부의 실현을 비롯하여 성청재편에 따른 운영과 정책의 융합화, 행정의 조직과 사무의 감량과 효율화 등을 추진한다.

위와 같은 목표하에 2005년까지 각종 행정계획을 집중적·중점적으로 실시한다고 하면서 구체적인 개혁내용을 제시하고 있다. 이 행정개혁의 추진체제는 내각총리대신을 본부장으로 하는 새로운 행정개혁추진본부를 내각에 설치하고 있다.

'앞으로의 행정개혁의 방침'에서는 행정개혁대강의 성과를 인정하면서도 행정개혁은 부단히 추진할 과제라고 하면서, 앞으로의 구조개혁의 중점을 '민간이 할 수 있는 것은 민간에', '지방이 할 수 있는 것은 지방에'라는 관점에서 강력히 추진할 필요가 있다고 한다. 이를 위한 방침을 결정하여, 간소하고 효율적인 정부를 구축하고, 재정을 개혁함과 동시에, 행재정 운영의 개선과 투명화, 국민생활의 편리성 향상을 도모한다고 한다.

2006년에는 「간소하고 효율적인 정부를 실현하기 위한 행정개혁 추진에 관한 법률(행정개혁추진법)」이 성립되어, 이 법에 근거해서 내각에 행정개혁추진본부가 설치되었다. 그 후, 민주당 정권을 거쳐, 전 각료가 참가하는 행정개혁추진본부(본부장은 총리)가 2013년에 설치되어, 행정개혁추진본부 하에서, 행정개혁에 관한 중요사항을 조사·심의하기 위한 행정개혁추진회의(의장은 총리)가 열리고 있다.

이들에 기초한 최근 개혁의 내용과 과제를 이하에서 살펴본다.

1. 특수법인 등 개혁

특수법인은, 1950년대에서 60년대에 걸쳐 행정수요의 다양화와 고도화에 대응하기 위한 수단으로 정부에 의해 설립되었다. 그러나, 당초의 목적을 달성하고, 민간기업의 성장등을 통해 특수법인의 필요성이 없어진 이후에도 존속하고 있는 것이 문제시 되어, 1990년대 이후, 정리의 대상이 되었다(伊藤·出雲·手塚, 2017: 150). 일본에서는 1995년 2월과 3월에 결정된 특수법인의 정리합리화계획을 실시하고, 중앙성청의 개혁논의와 병행하여, 여당에서의 검토를 받아 1997년 6월에 특수 법인 6개, 인가법인 5개를 폐지하였다. 또한, 동년 9월에는 정부관계 금융기관의 정리합리화를, 동년 12월에는 임원정수 등 공통사항 및 24개의 특수법인과 2개의 인가법인의 개별정리 등 합리화사항을 각의에서 결정하였다.

행정개혁대강에서는 모든 특수법인의 사업 및 조직 전반에 대하여 발본적 개혁을 한다고 되어 있으며, 이를 받아 행정개혁추진사무국(특수법인등개혁기본법(2001)의 시행 후에는 특수법인등개혁추진본부사무국을 겸무함)에서 2001년 1월부터 검토를 시작하였다. 행정개혁추진사무국은 2001년 4월 3일에 「특수법인 등 사업개혁의 논점정리」를 정리하여 6월 22일에 「특수법인 등 사업개혁 중간정리」를, 12월 19일에 「특수법인 등 정리합리화계획」을 각의에서 결정하였다. 이 합리화계획은 163개의 특수법인 및 인가법인을 대상으로 한다. 공제조합 45법인을 제외한 118법인에 대하여 17법인을 폐지하고, 45법인을 민영화, 38법인을 독립행정법인으로 이행한다는 것이다. 또한 임원급여·퇴직금의 적정화, 정보공개를 철저히 할 것을 결정하였다. 2002년 3월 15일에 「특수법인 등의 임원급여·퇴직금 등에 대하여」를 각의에서 결정하였다. 동년 4월 26일에 민간화된 특수법인 등 임원인사, 정보공개 등에 관한 정부로서의 통일적인 지도감독기준을 제시한 「특별한 법률로 설립된 민간법인의 운영에 관한 지도감독기준에 대하여」를 각의에서 결정하였다. 2002년 통상국회에서 석유공단을 폐지하고, 동년 임시국회에서 49개를 특수법인 등의 폐지·독립행정법인화, 민영화를 내용으로 하는 법률을 개정하였다. 이로써 정리합리화계획에서 조치하기로 한 163개 특수법인 중, 118개 법인의 조직형태에 대하여 구체적인 조치를 완료했다.

2001년 이후의 개혁을 통해, 대부분의 특수법인은 폐지되거나, 민간법인 또는 독립행정법인이 되어 그 수는 급격히 감소해, 현재 33개의 특수법인이 있다.[55)]

2. 공무원제도 개혁

1997년 4월에 총무청에 설치된 공무원제도조사회에서 국가공무원제도 및 그 운영 전반에 대하여 조사심의를 하여, 1999년 3월 16일에 「공무원제도개혁의 기본방향에 관한 답신」을 정리하였다. 이를 받아 「중앙성청 등 개혁의 추진에 관한 방침」에 중앙성청 등 개혁과 동시에 추진해야 할 국가공무원제도의

55) 소관부성별특수법인일람(2018년 4월 1일 현재)

구체적인 방책이 들어가 있다. 2000년 3월에 「민간교류법」을, 동년 11월에 「임기부직원법」을 시행하는 등 정책을 착실히 시행하고 있다.

「행정개혁대강」의 규정에 기초하여 정부주도 아래, 신분보장에 안주하지 않고 공무원이 가져야 할 능력을 최대한 발휘하고, 국민의 신뢰를 확보하기 위해, 공무원제도의 근본적 개혁을 하기로 하였으며, 행정개혁추진사무국은 「공무원제도 개혁의 틀」을 2001년 3월 27일에 정리하였다. 6월 29일에는 '공무원제도 개혁의 기본설계'를 정리하여 정부행정개혁추진본부에서 결정하였다. 12월 25일에는 「공무원제도개혁 대강」을 각의에서 결정하였다. 그 내용은 능력등급제도의 도입 등 새로운 인사제도의 구축, 다양한 인재의 확보, 적정한 재취직규칙의 확립, 조직의 성과 향상 등을 골자로 하는 새로운 공무원제도를 구축한다는 것이다. 2002년 8월 2일에는 「채용시험의 발본개혁의 방향」을 정리해 정부행정개혁추진본부에서 결정되었다. 그러나, 행정조직의 개혁과 대조적으로, 공무원제도의 개혁은 계획처럼 이루어지지 못하였고, 최근에 들어 집중적으로 개혁이 이루어졌다(伊藤・出雲・手塚, 2017: 150). 이하, 개혁 내용에 대해 살펴보겠다.

첫째, 인사평가제도의 도입을 들 수 있다. 2007년에 「국가공무원법등의 일부를 개정하는 법률」이 공포되어, 2009년에 시행되었다. 이에 따라, 국가공무원에 대한 능력평가(연 1회)와 업적평가(연 2회)를 실시하여, 평가결과를 승진과 급여에 반영함으로써, 인사평가를 통한 인재육성을 도모하고 있다.

둘째, 공무원채용시험의 개혁을 들 수 있다. 2012년도부터, 종래의 Ⅰ종, Ⅱ종, Ⅲ종으로 구분하는 채용시험을, Ⅰ종, Ⅱ종의 일부를 통합해 종합직채용시험으로, Ⅱ종의 일부와 Ⅲ종을 통합해 일반직채용시험으로 재편하였다. 그 이유로는, 종래의 Ⅱ종시험은 2년제 대학졸업자를 대상으로 하였지만, 실제로는 합격자의 대부분이 4년제 대학졸업자여서, Ⅰ종시험과 구분할 필요가 없어진 점, Ⅰ종시험 합격자를 자동적으로 간부공무원(캐리어)으로 승진시키는 시스템에 대한 비판 등을 들 수 있다.

셋째, 앞서도 언급한 내각인사국의 설치를 들 수 있다. 2014년에 내각관방에 내각인사국이 설치되어, 간부공무원의 능력과 인사에 대해 적격성심사등을 통해 일원적으로 관리하고 있다.

3. 공익법인 등 개혁

1996년 9월에 「공익법인의 설립허가 및 지도감독기준」 및 「공익법인에 대한 검사 등의 위탁 등에 관한 기준」을 각의에서 결정하는 등 공익법인에 대한 지도・감독을 적정화 하고, 공익법인에 의한 행정대행적 행위의 투명한 실시를 도모해왔다.

행정개혁추진사무국은 2001년 4월 13일에 「행정위탁형 공익법인 등 개혁의 시점과 과제」를 정리하여, 7월 23일에 「행정위탁형 공익법인 등 개혁을 구체화 하기 위한 방침」을 정리하여 정부행정개혁추지본부에서 결정하였고, 12월 18일에 「행정위탁형 공익법인 등 개혁의 실시계획(보조금 등 관계) 중간정리」를 정부행정개혁추진본부에서 승인하였다. 그 내용은 제3자분배형, 보조금의존형, 임원보수원조에 대하여 각 사업의 조치내용을 정리한 것이다. 그리고 2002년 3월 29일에 「공익법인에 대한 행정관여의 개혁 실시계획」 및 「공익법인제도의 발본적 개혁을 위한 대처에 대하여」를 각의에서 결정하였다. 2002년 8월 2일에 공익법인제도의 발본적 개혁에 관한 중간 정리를 하여 「공익법인제도의 발본적 개혁을 위하여(논점정리)」를 발표하고, 2003년 6월에는 공익법인제도의 발본적 개혁의 기본특과 스케쥴 등을 명확히 한 「공익법인제도의 발본적 개혁에 관한 기본방침」이 각의에서 결정되었다. 기본방침에는 (1) 공익성의 유무와 상관없이, 준칙주의에 의해 간편하게 설립할 수 있는 일반 비영리법인제도를 창설할 것, (2) 공익성을 가질 경우의 우대조치에 대해서는, 법인제도의 전체적인 정합성에 유의하면서, 공익성에 관한 객관적이고 명확한 판단기준과 판단주체에 관해 검토할 것 등, 개혁의 기본적 방향이 제시되었다. 그 후, 공익법인제도개혁에 관련3법(일반사단법인 및 일반재단법인에 관한 법률, 공익사단법인 및 공익재단법인의 인정 등에 관한 법률, 두 법률의 시행에 수반한 관계법률의 정비 등에 관한 법률)이 2006년에 공포되어, 2008년 12월 1일 전면적으로 시행되었다.[56)]

4. 행정의 감량과 효율화의 추진

일본은, 앞서 언급한 독립행정법인 이외에도, 행정의 감량과 효율화를 위

56) 행정개혁추진본부사무국(2008), 「공익법인제도개혁의 개요」

한 여러가지 개혁을 추진하고 있다.

첫째, 민영화이다. 민영화는 행정조직을 축소시킴과 동시에 공무원 수를 줄이는 효과가 있다. 1980년대에 3공사(일본국유철도, 일본전신전화공사, 일본전매공사)가 민영화 했고, 2005년에는 도로4공단(일본도로공단, 수도고속도로공단, 한신고속도로공단, 혼슈시코쿠연락교공단)이, 2007년에는 일본우정공사가 민영화되었다.

둘째, 민간위탁이다. 민간위탁은 국가와 지방자치단체가 사무사업을 직접 처리하지 않고, 민간업자에게 위탁하는 수법이다. 최근에는 특히 지방자치단체에서 청사의 청소나 경비, 쓰레기 수거 등, 민간에서 실시 가능한 업무를 민간에 위탁하는 사례가 증가하고 있다. 또한, 2003년에 지방자치법의 일부 개정을 통해 지정관리자제도가 도입되어, 공공시설의 관리, 운영을 지방자치단체와 지방자치단체가 50%이상 출자하는 외곽단체 이외에도, 민간기업과 NPO에도 위탁할 수 있게 되었다.

셋째, 시장화테스트(관민경쟁입찰)이다. 시장화테스트는 공공서비스를 담당부서와 민간이 대등하게 참가하는 경쟁입찰에 부쳐서, 질과 가격의 관점에서 종합적으로 뛰어난 쪽이 공공서비스를 제공하는 수법이다. 2005년에 일부 사업에 시행적으로 도입된 수, 현재는 전 부성으로 확대되었다.

넷째, PFI이다. PFI는 공공시설등의 건설, 유지관리, 운영 등에 민간의 자금, 경영능력 및 기술적능력을 활용하는 수법으로, 사회자본정비에 공적자금뿐 아니라, 민간의 자금과 노하우를 활용함으로써 효율성과 경제활성화를 도모하고 있다. 1999년에 PFI법(민간자금등을 활용한 공공시설등의 정비 촉진에 관한 법률)이 시행된 이후, 사업수가 꾸준히 증가하고 있다.

5. 전자정부의 실현

국민의 편리성 향상, 국민에 개방된 행정실현, 행정운영의 간소화, 효율화를 도모하기 위해 「행정정보화추진기본계획」(2007년 12월 개정), 「행정개혁대강」 등에 기초하여 행정정보의 전자적 제공, 신청·신고 등 절차의 온라인화, 문서없는 내부사무화의 실시를 종합적 계획적으로 추진하고 있다.

고도정보통신네트워크사회추진전략본부(IT전략본부)는 2001년 1월 22일에 5년 이내 세계 최첨단 IT국가가 되기 위해 정한 'e-Japan전략'을, 동년 3월 29일에 e-Japan전략을 구체화 하기 위해 정부가 신속하고 중점적으로 실시해야 할 정책의 내용을 명기한 'e-Japan중점계획'을 수립하였다. 2002년 6월 18일에 e-Japan중점계획을 수정하여, 새롭게 외국과 비교의 관점에서 일본의 실태와 지금까지의 성과를 평가하고 목표달성을 더욱 확실하게 하기 위해, 'e-Japan중점계획-2002'를 수립하였다. 업무개혁을 포함하여 행정 정보화 등을 더욱 추진하기 위해 9월 18일 IT전략본부에 '각부성정보총괄책임자CIO연락회의'를 설치하였다.

행정절차는 원칙적으로 모두 온라인에 의한 절차를 진행할 수 있도록 하기 위한 공통된 사항을 정하는 등 필요한 법정비를 내용으로 하는 「행정절차 등에서 정보통신기술의 이용에 관한 법률」 등(행정절차 온라인화 관계 3법안)이 2002년 말에 성립하였다.

그 이후로도 전자정부를 실현하기 위한 전자정부구축계획(2003), 전자정부추진계획(2006), 전자행정추진에 관한 기본방침(2011), 정보통신기술관계시책에 관한 평성26년도 전략적 예산중점계획(2013) 등을 수립, 실행하고 있다. 그 결과, UN 경제사회국에서 조사한 일본의 세계전자정부랭킹은 2003년에는 18위였으나, 2014년에는 6위까지 순위를 끌어 올렸다. 2016년 현재 11위에 위치하고 있다.[57]

6. 정책평가

2001년 1월에 새로운 성청의 발족과 동시에 정책평가제도가 전정부에서 도입되었다. 그 실효성을 높이고 이에 대한 국민의 신뢰를 향상시키기 위해, 「행정기관이 수행하는 정책평가에 관한 법률」이 2001년 성립되어 2002년 4월부터 시행되었고, 2001년 말에서는 「정책평가에 관한 기본방침」이 각의에서 결정되었다. 각 부성의 평가전담기관은 총무성의 행정평가국이다. 실시한 정책에 관해서, 기본적으로 각 부성이 자체적으로 정책의 효과를 측정하고 평가를 함으로써, 그 결과를 차기 정책의 입안과 실시에 활용하도록 되어있고, 행정평가국에서는, 평가가능의 강화를 위한 '행정평가 등 프로그램'을 책정하고, 정부내에서 평가기능을 담당하는 타기관과 연계해서, 정책평가의 추진, 행정평가국 조사, 행정상담 등의 업무를 담당하고 있다.

각 부성이 실시하는 평가는 크게, 사무사업의 기대되는 효과를 추계해서,

57) https://publicadministration.un.org/egovkb/en-us/Data/Country-Information/id/85-Japan/dataYear/2016

사업의 실시여부를 판단하는 '사업평가', 부성의 주요한 시책을 대성으로 목표의 달성정도와 수정으로 목적으로 하는 '실적평가', 특정 테마를 대상으로 사후적으로 정책효과의 발현 상황을 다각적으로 분석하는 '종합평가'가 있다. 행정평가국은, 복수의 부성에 관계되는 정책에 대해, 정부 전체의 통일성과 종합성을 확보하기 위한 평가를 실시하고, 각 부성이 실시한 평가를 점검하는 활동을 한다.58)

7. 지방분권의 추진

정부는 지방분권추진위원회의 4차에 걸친 권고를 최대한 존중하여, 1998는 5월 29일에 기관위임사무제도의 폐지를 내용으로 하는 지방분권추진계획을 작성하였고, 이를 받아 1999년 7월에 지방분권일괄법이 성립하여 2000년 4월 1일부터 시행하였다. 지방분권추진위원회는 1998년 11월 19일에 국가 직할사업의 수정과 통합보조금의 창설 등을 내용으로 하는 제5차 권고를 정리하였다. 정부는 1999년 3월 제5차 권고에 대응하는 제2차 지방분권추진계획을 작성하였고, 2001년 6월 14일에 최종보고를 정리하였다.

지방분권을 더욱 추진하기 위해, 2001년 7월 3일 내각부에 지방분권개혁추진회의를 설치하여, 국가와 지방공공단체의 역할분담에 따른 사무 및 사업, 세재원배분, 지방공공단체의 행정재개혁의 추진 등 행정체제정비 기타 지방제도에 관한 중요사항을 조사하고 심의하게 했다. 지방분권개혁추진회의에서는 2001년 12월 12일에 국가와 지방의 역할분담에 따른 사업사무 수정의 기본적 인식과 논점을 정리한 '중간논점정리'를, 2002년 6월 17일에 '사무사업에 관한 중간보고'를, 10월 30일에 '사무사업에 관한 의견'을 정리하여 총리대신에 제출하였다. 정부에서는 이와 같은 의견들을 고려하여 2002년 12월 24일에 '국가와 지방에 관한 경제재정운영과 경제개혁에 관한 기본방침'을 결정하였다.

국가와 지방의 역할분담에 관한 논의와 함께, 2000년대 초반에는 지방자치단체의 재정자립도를 높히기 위한 개혁도 실시되었다. 국고보조금의 폐지, 삭감과 지방교부세의 삭감, 그에 따른 세원이양을 통해(삼위일체개혁), 지방자치단체의 자주재원비율을 늘리는 방향의 개혁이었다. 결과적으로, 약 3조엔의 세원이 지방으로 이양되었으나, 보조금과 교부금이 세원이양분 이상으로 삭감되

58) 총무성행정평가국(2017), 「정책평가 Q&A」

어, 소규모 지방자치단체는 오히려 재정상황이 악화되었다.

한편 일본은 지방행정체제 개편도 수행하고 있다. 시정촌 합병과 도주제 개혁이 그것이다. 일본의 시정촌 합병은 '고이즈미 구조개혁'하에서 지금까지의 자주적 합병정책에서 합병불가피론 내지는 합병강제론으로 급선회하였다(평성대합병). 그 결과, 1999년도에 3,229개였던 일본의 시정촌은 2016년 10월 현재 1,718개로 1,500여개가 감소하게 되었다. 이와 같은 시정촌 합병과 병행하여, 도주제의 논의도 활발히 진행되었다. 도주제는, 복수의 도도부현을 합병해서 도주를 설치하고, 국가로부터 보다 큰 자치권을 이양하는 제도적 구상이다. 제28차 지방제도조사회는 2006년 2월 28일에 도주제 도입의 필요성을 역설하는 '도주제에 관한 답신'을 제출한다. 일본 정부는 2006년 9월에 도주제 담당대신을 두고 2007년 1월에 도주제 담당대신 하에 '도주제비전간담회'를 설치한다. 그리고 여기서 도주제 도입에 관한 기본적인 사항을 검토하여, 2008년 3월 24일에 중간보고를 했고 2010년 최종보고를 위해 계속적인 검토를 하고 있다. 그러나 2008년 12월에 도주제비전간담회는 지방분권개혁추진위원회와 분권이 먼저인가, 도주제에 의한 사무권한의 수용체제를 만드는 것이 먼저인가 하는 노선문제가 생겨 그 활동은 진전되지 않았다. 2009년에는 8월 16일에 최후의 회의가 있었으나(上林陽治, 2009: 50), 그 후 민주당으로의 정권교체로 2010년 3월로 활동이 종료되었다. 도주제 구상은, 오래동안 유지되어 온 도도부현제를 수정하는 것에 대한 불안과, 도주제 도입에 따른 이점이 불명확하다는 점, 도주의 구획획정의 어려움 등의 문제로 실현 가능성은 현재로서는 낮다고 할 수 있다.

8. 규제개혁의 추진

일본에서의 규제완화는 1995년의 '규제개혁추진계획', 1998년의 '규제완화추진3개년계획'이 기초하여 분야별로 착실히 규제완화를 추진하고 있다.

2000년 12월 12일에 행정개혁추진본부 규제개혁추진위원회가 '규제개혁에 대한 견해'를 정리했고, 2001년 3월 30일에 규제개혁추진위원회의 견해, '경제구조의 변혁과 창조를 위한 행동계획'(2000년 12월 1일 각의결정), 'e-Japan중점계획'에서 밝혀진 규제개혁 관련사항을 포함시켜 '규제개혁추진3개년 계획'을 각의에서 결정하였다. 이 계획은 2002년에 개정되었다.

규제개혁은 경제구조개혁의 일환으로 추진되었으므로 주무관청은 내각부이다. 2001년에 내각부에 종합규제개혁회의를 설치하였고, 2004년까지 여기에서 규제개혁에 대한 답신을 총리대신에게 제시하여 규제개혁을 추진하였다. 그 후, 규제개혁・민간개방추진회의(2004～2007), 규제개혁회의(2007～2010), 행정쇄신회의의규제・제도개혁위원회(2010～2012), 규제개혁회의(2013～2016)를 거쳐, 현재는 규제개혁추진회의(2016～현재)가 설치되어 행정절차, 농림, 수산, 의료・개호, 보육・고용, 투자 등의 분야 별로 규제개혁에 대해 논의를 하고 있다.

규제개혁과 관련하여, 지속 가능한 경제성장을 이룩하기 위해 아베 정권이 내놓은 경제정책(아베노믹스)에는, 금융・재정정책과 더불어, 지역진흥과 국제경쟁력 향상을 위해 지역과 분야를 한정해서 규제완화와 세제우대를 하는 국가전략특구가 포함되어 있다. 2017년 10월 현재, 10개의 구역이 특구로 지정되어 있다.

제 4 장

중국의 행정과 관료제*

제 1 절 서 론

중국은 현재 세계 4대 제조업 생산국이며 아시아지역으로 유입되는 외국자본의 45% 가량을 유치하면서 생산 및 소비기지로서 다국적기업의 최대 투자처라는 지위를 공고히 하고 있다. 향후 2015년에는 일본을, 2030년에는 미국을 추월하여 세계 최대 생산국으로 부상할 것이라는 예측도 나오고 있다.

중국정부는 이렇게 빠른 속도로 발전하고 있는 자국 경제에 장애가 되지 않도록 정부 기구와 기능에 대해서도 대폭적으로 개혁을 하고 있다. 필요 없는 조직과 인력을 폐지 · 축소하고 정부기능을 능률적이고 효율적인 수행을 위한 시스템으로 개조하고 있다.

외국자본의 유치를 위해서라면 관련 법률과 정책의 개정뿐만 아니라 필요한 모든 조치를 즉각 시행하는 등 정부역량을 경제발전과 효율성 증진에 두고 있다. 사회주의 국가라고 믿기지 않을 정도로 빠르게 자본주의식 경제에 적응해 나가고 있는 것이다. 현재와 같은 발전추세라면 머지않아 중국은 우리나라에게는 무서운 경쟁상대국이 될 것이며 실제 현재도 여러 부분에서 우리나라와 대등하거나 추월한 분야가 나오고 있는 실정이다.

---

*조이현(중소기업연구원 수석연구위원)

이와 같은 연유로 중국에 대한 많은 관심과 연구가 학자들 사이에 활발히 이루어지고 있다. 그러나 이러한 연구가 대부분 정치적인 면과 경제 분야에 치중하고 있어 정부의 행정측면에서의 접근도 필요한 실정이다. 물론 중국은 공산당과 전국인민대표대회에서 중요한 정책을 결정하고 비준하지만 실제 주요 개혁·개방정책들은 행정부 즉 국무원에서 입안·집행·관리하기 때문이다. 즉, 예전처럼 공산당이 결정한 정책을 집행하고 관리하는 수준이 아닌 전문적인 지식과 기술로 주요 정책의 입안과 결정에 깊이 관여하고 있기 때문이다. 실제 후진타오 현 주석 역시 기술관료 출신이기도 하다. 이러한 기술관료 출신의 증가는 향후 더욱 심화될 것으로 보인다. 예전의 충성심 위주의 공산당 관료들로서는 오늘날의 빠른 환경변화와 전문성을 요하는 시대적 요구에 적응해 나갈 수 없다는 사실을 인식한 것이다.

이러한 배경하에 비교행정의 관점에서 중국 정부의 관료제에 대한 분석은 나름대로 그 의미가 있다고 본다. 본장에서는 중국 정부의 외부환경과 내부적 특성 그리고 정부관료들의 정책과정상의 특성과 전국인민대표대회의 정책결정과정을 분석해 본다. 마지막 절에서는 중화인민공화국 설립 이후 지속적으로 추진해 오고 있는 정부관료제 개혁과정과 그 특징들을 살펴보기로 한다.

제 2 절 정부관료제의 외부환경

Ⅰ. 입 법 부

근대 민주국가에 있어서 정치제도의 특징은 '주권재민의 원칙'에 따라 국민이 선출하는 대의기구에 국민 의사결정의 최종적 권한이 부여되어 있는 것이다. 중국은 당정국가로서 국정운영에 대한 최종적 결정권한은 당黨이 장악하고 있다. 이처럼 당우위의 정치체제에도 불구하고 당이 국가사무에 영향력을 행사할 경우에는 반드시 헌법이 규정하는 바에 따라 법률적인 과정을 거쳐야만 비로소 국가 시정방침으로서의 효력을 지니게 된다.[1] 뿐만 아니라 당의 지

1) 중국공산당 제14차 전국대표대회(1992. 10. 18)에서 통과된 장정(章程) 서문 하단에서 "… 당은 헌법과 법률의 범위 내에서 활동해야 한다. 당은 국가의 입법·사법·행정기관, 경제문화조직 및 인민단체가 적극적이고 능동적이며 독자적으로 책임을 지고 함께 협력하여 활동할 수 있도록

도는 국가의 모든 영역에 대한 무제한적인 것이 아니라 주로 정치·사상 및 당조직에 대한 지도이며 그것도 당은 개혁·개방과 사회주의 현대화 건설의 필요에 적응하기 위해 당의 지도를 개선하고 강화해야 한다고 규정함으로써 공산당의 활동 영역을 분명히 하고 있다.

이처럼 '당우위의 체제'를 견지하고 있는 중국에서 당이 국가를 움직이는 합법적 필요기구로서 역할을 하는 기관이 곧 입법기관인 전국인민대표대회(이하 전인대)이다. 현행 헌법[2] 제3장 제1절 제57조에 의하면 "중화인민공화국 전국인민대표대회는 최고의 국가권력기관이다. 그 상설기관은 전국인민대표대회 상무위원회이다"고 하여 전인대가 최고의 권력기관임을 명백히 하고 있을 뿐만 아니라, 제58조에서는 전국인민대표대회와 전국인민대표대회 상무위원회는 국가의 입법권을 행사한다"고 하여 전인대만이 입법기관임을 명확히 규정하고 있다.

전인대는 서구민주주의 국가의 의회가 단지 입법권과 행정부에 대한 감독권만을 가진 것과는 달리 입법·행정·사법권을 모두 가지고 있는 의행합일제議行合一制의 특징을 가지고 있다. 즉 전인대는 ① 헌법의 수정 및 개정, ② 법률의 제정 및 개정과 같은 입법권[3]과 함께 ③ 국가주석 및 부주석의 선거, ④ 주석의 지명에 의한 국무원총리의 인준, 국무원 총리의 지명에 대한 부총리·국무위원, 각부 부장, 위원회 주임, 심계장·국무원 비서장의 인준, ⑤ 중앙군사위원회 주석의 선거와 그의 지명에 의한 위원 및 기타 구성원의 인선 등과 같은 행정부의 구성 권한[4]을 가진다. 뿐만 아니라 전인대는 ⑥ 최고인민법원 원장의 선거, ⑦ 최고인민검찰원 검찰장의 선거라는 사법 및 검찰기관의 구성 권한[5]을 보유함으로써 명실공히 입법, 행정 및 사법 전반에 걸쳐 광범위한 권한을 갖고 있는 기관으로 자리매김되고 있을 뿐만 아니라 ⑧ 국민경제·사회발전 계획과 계획집행 상황의 보고에 대한 심사, ⑨ 국가의 예산 및 예산집행 상황 보고에 대한 심사 및 승인을 함으로써 국가운영의 기본계획 수립을 최종적으로 결정하는 권한[6]을 지니고 있다.

보장해야 한다. …"고 명시적으로 규정하고 있다.

2) 제9기 전국인민대표대회 제2차회의(1999년 3월 15일)에서 통과된 헌법을 지칭한다.
3) 헌법 제62조 1항, 2항, 3항.
4) 헌법 제62조 4항, 5항, 6항.
5) 헌법 제62조 7항, 8항.
6) 헌법 제62조 9항, 10항.

마지막으로 전인대는 ⑩ 성(省)・자치구・직할시 등 구역 조정의 승인, ⑪ 전쟁 및 평화문제에 대한 결정권을 가짐으로써 외교 및 국방문제에 대한 최종적 판단 권한[7]까지 지니고 있다.

전인대에는 민족위원회・법률위원회・재정경제위원회・교육과학위생위원회・외사위원회・화교위원회 및 기타 필요한 전문위원회를 설치하되 이들은 전인대 폐회 기간중 상무위원회의 지도를 받는다. 뿐만 아니라 이들 위원회는 전인대 및 상무위원회의 지도하에 유관 의안을 연구・심의・제정한다.[8] 전인대 및 그 상무위원회가 필요하다고 인정할 때에는 특정문제에 관한 조사위원회를 구성하고 그 보고에 따라 상응한 결의를 한다. 조사위원회가 조사를 진행할 때에는 모든 관계 국가기관, 사회단체와 공민은 필요한 자료를 제공하여야 한다.[9] 전인대 및 상무위원회에 부여된 이러한 권한은 전인대의 지위를 격상시키고 있으며, 그 기능을 활성화하는 데 매우 커다란 기여를 하고 있다.

Ⅱ. 사 법 부

중화인민공화국이 수립되기 전에는 중국공산당이 지배하고 있던 각 지역정부에서 집권적 독자재판제도가 운영되고 있었다. 건국 직후에는 사회주의 국가제도를 설립하기 위해 사법제도 역시 소련에서 도입한 내용이 주를 이루었지만, 1951년 공포된 '인민법원 잠정조직조례', '중앙인민정부 최고인민검찰서 잠정조직조례', '각급 인민검찰서 지방조직준칙'은 재판기관과 검찰기관의 독립을 명확히 한 것으로, 각 지역정부의 특색을 그대로 유지하고 있었다.

따라서 건국 후의 방침에 기초한 재판제도의 확립은 1954년 국가기구의 공식화를 통하여 최초 헌법과 '인민법원조직법', '인민검찰원조직법'에 의해 비로소 달성되었다(이만희, 1994: 215).

중국의 사법제도는 중국헌법(1982년)에서 규정한 바와 같이 "인민법원은 국가의 심판기관이다"(헌법 제123조), 또한 "법원은 국가의 재판기관이며 그 법원은 최고인민법원, 지방각급 인민법원 및 군사법원 등의 전문인민법원으로 구성되어 있다"(헌법 제124조)라고 명시되어 있다. 지방각급 인민법원은 기층인

---

7) 헌법 제62조 12항, 13항, 14항.

8) 헌법 제70조.

9) 헌법 제71조.

민법원, 중급인민법원, 고급인민법원으로 나누어져 있고 또 전문인민법원은 군사법원 외에 해사법원, 철도운수법원 등으로 구성되어 있다.

최고인민법원장은 전국인민대표대회에서 5년의 임기로 선거되며 중임은 2회 이상이 불가하다. 부위원장 및 재판원은 전국인민대표대회 상무위원회에 의해 임면된다. 마찬가지로 지방각급 인민법원장은 대응하는 각급인민대표대회에 의해 선거로 임면되며 마찬가지로 부위원장 및 재판원은 각각의 인민대표대회 상무위원회에 의해 임면된다.

1. 법원의 조직

(1) 최고인민법원

최고인민법원은 국가의 최고재판기관이며(헌법 제127조) 원장 1명, 부원장, 재판관 약간 명으로 구성되며 형사재판정, 민사재판정, 경제재판정, 고소재판정, 교통운수재판정, 기타 필요에 따른 재판정을 설치할 수 있다. 그리고 재판정에는 정장, 부정장이 있다. 최고인민법원은 수도 북경에 설치되며 원장 이하 부원장 4명, 재판원, 서기 등이 있다. 최고인민법원은 법률・법령의 정함에 따라 그 관할로 된 사건 및 스스로 재판해야 된다고 인정한 사건에 대해 제1심의 재판을 행한다. 전국적 의미를 갖는 중대한 형사사건, 전국적으로 영향이 있는 중요 민사사건에 대해서도 당연 제1심으로 재판한다. 또 고급인민법원, 전문인민법원의 판결 및 결정에 대한 상고, 항고사건, 최고인민검찰원에 의한 항고사건을 심리한다. 나아가 지방각급인민법원 및 전문인민법원의 재판활동을 감독할 책임을 지고 있다. 최고인민법원에 설치된 심판위원회를 중심으로 하급심으로부터의 질의에 회답하고 판례를 정리하며 사법해석을 제시하는 등의 활동에 의해 재판의 통일을 확보하고 있다(唐鳴・陳業宏, 2000: 151).

(2) 고급인민법원

고급인민법원은 성, 자치구, 직할시에 설치되고(법원조직법 제26조), '북경시 고급인민법원'과 같이 호칭된다. 마찬가지로 원장, 부원장, 재판원으로 구성되고 형사, 민사, 경제재판정을 설치하고 또 필요에 따라 기타의 재판정을 설치할 수 있다. 고급인민법원은 법률・법령이 규정하는 바에 따라 전성(자치구, 직할시)적 의의를 갖는 중대 형사사건, 영향이 큰 중요한 민사사건 등에 관한 제

1심재판을 행한다. 하급심으로부터 이송된 제1심 사건에 대해서도 제1심법원으로서 심리한다. 또 상소법원으로서 하급심의 판결, 결정에 대한 상고사건 및 항고사건, 인민검찰원에 의한 항고사건 등을 심리한다(唐鳴 · 陳業宏, 2000: 153).

(3) 중급인민법원

기층인민법원의 한 급 위의 법원으로서 성, 자치구, 직할시의 각 지구, 성 자치구의 시, 자치주에 설치되고(법원조직법 제23조) 원장, 부원장, 재판장으로 구성되고 형사재판정, 민사재판정, 경제재판정을 설치할 수 있다. 각각의 재판정에는 정장, 부정장이 있다. 중급인민법원이 제1심법원으로서 취급하는 것은 반혁명사건, 무기징역 및 사형을 판결하는 통상 형사사건, 외국인에 의한 범죄, 외국인에 대한 범죄, 섭외민사사건 및 영향이 중대한 민사사건 등 법률 · 법령이 규정한 사건이다. 제2심법원 또는 상소법원으로서는 기층인민법원이 이송한 사건, 기층인민법원의 판결, 결정에 대한 상소, 항고사건, 인민검찰원에 의한 항고사건을 취급한다. 중급인민법원이 수리한 사건으로 사건의 성질상 보다 상급의 법원에 이송하는 것이 필요하다고 판단되는 경우 상급인민법원에 사건을 이송할 수 있다(唐鳴 · 陳業宏, 2000: 153).

(4) 기층인민법원

통상사건의 제1심법원으로서 법원체계 중 가장 초급법원이다. 이 서열에 속하는 법원은 현縣인민법원, 시市인민법원, 자치현自治縣인민법원, 직할시의 구區 인민법원 등이다. 기층인민법원은 원장, 부원장, 재판원으로 구성된다. 기층인민법원은 그 지역의 사정이나 인구의 상황 등에 기초하여 인민법정을 설치할 수 있다. 법률에 정하는 경우를 제외하고는 통상의 형사, 민사, 경제사건의 제1심법원으로서 활동하고, 수리한 사건이라도 중대한 사건으로서 보다 상급의 법원심리가 필요하다고 인정된 때에는 당해사건을 상급법원에 이송하도록 요구할 수 있다(唐鳴 · 陳業宏, 2000: 154).

(5) 전문인민법원

통상의 사법법원 이외의 분야별로 특별법원이 있어 전문인민법원이라고 불리우고 있다. 1983년 수정된 인민법원조직법 제2조 제1항 제2호는 국사법원

그림 4-1 법원의 조직

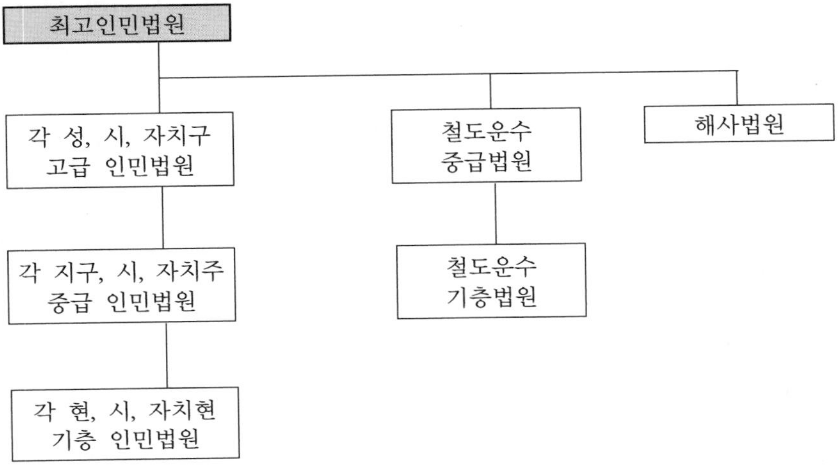

의 설치를 정할 뿐 아니라 전국에 고급인민법원 1개소, 중급인민법원 10개소, 기층인민법원 43개소의 설치를 정하였다(唐鳴 · 陳業宏, 2000: 154).

2. 법원의 재판활동 원칙

현재 중국에서 시행하고 있는 심급제도는 4급 2심제이다. 심급제도란 원래 법률이 정하는 바에 의해 소송사건이 종결하기까지 몇 단계의 법원의 심리를 필요로 한다는 제도를 말하지만 각 나라마다 차이가 있다. 중국은 건국초기에는 3급 3심을 적용한 적이 있지만 1954년 이후 4급 2심 즉 2심 종심제로 되었다. 2심 종심이라 함은 일반사건은 기층인민법원을 중심으로 하고 중급인민법원에 상소하면 종심으로 된다. 중급인민법원, 고급인민법원 및 최고인민법원이 심판하는 제2심사건의 판결 · 재정, 최고인민법원이 심판하는 제1심사건의 판결 · 재정은 어느 것이나 종심인 판결 · 재정 즉 바로 법적 효력을 갖는 판결 · 재정이다. 2심 종심제에 의해서 압도적 다수의 사건이 그 지구 · 성 · 시에서 비교적 신속하게 해결되고 있다(이만희, 1994: 221-222).

어느 급의 법원의 종심, 판결, 재정으로 법적 효력이 생긴 후 법률로 정한 재판감독절차에 의해 오심의 가능성이 있으면 그것을 바로잡을 수 있다. 당사자, 피해자 및 가족 또는 기타 공민은 이미 법적 효력이 생긴 판결 · 재정에 대해서 인민법원 또는 인민검찰원에 불복신청을 할 수가 있지만, 단 판결·재정의 집행을 정지할 수는 없다. 각급 인민법원 원장은 이미 법적 효력이 생긴 그 법원의 판결·재정에 대해서 사실인정, 또는 법률적용에 확실히 오류가 있는 것을 발견한 경우에는 심판위원회에 제출하여 처리하지 않으면 안 된다. 최고인민법원은 이미 법적 효력이 생긴 각급 인민법원의 판결재정에 대해서 상급인민법원의 경우에는 하급인민법원의 판결재정에 대해서 확실한 오류가 있는 것을 발견한 경우에는 스스로 재심을 행하거나 또는 하급인민법원에 명하여 재심토록 할 권한이 있다.

3. 재판권의 독립

근대적인 법치국가에 있어서 재판은 국가의 적법성을 보장하는 체제라고 간주되고 있다. 그러므로 재판기관에 대해서는 타 국가기관으로부터 상대적으로 독립한 지위를 부여받아 국가에 의한 권력의 자의적 행사가 방지되도록 하고 있다. 즉 자본주의 국가의 경우는 일반적으로 입법, 행정, 사법이라는 삼권분립제 아래서 사법권의 독립을 보장하고 있지만 이에 비해 사회주의 국가의 경우는 일반적으로 중앙집권적인 민주집중제가 채택되어 있기 때문에 권력의 분립은 부정되고 사법권의 독립은 존재할 수 없다. 그러나 동시에 권력의 분립에 유사한 기관분업체제가 채택되고 있고 각 국가기관 사이에 견제와 균형의 관계가 성립하도록 하고 있다(唐鳴·陳業宏, 2000).

중화인민공화국이 성립되기 이전의 중국공산당 지배지역의 권력기구 중에는 재판기관은 행정기관의 일부에 지나지 않았다. 신중국의 성립에 수반하여 재판기관은 행정기관으로부터 독립하여 그 자신의 권한을 행사하게 되지만 국가기구가 일당독제제의 원칙아래 구성되었기 때문에 형식적인 국가기구의 분업체제를 이루었고 당 기관과의 관계에 있어서는 종속관계를 형성하게 되었다. 즉 1954년의 헌법체제는 사회주의국가로서 필요한 민주주의적 여러 원칙을 채택하여 국가기관으로 운용하는 것이지만 여기서의 민주주의는 어디까지나 당의 지도 범위 내에 한정되는 것이며, 국가기관은 당의 지도가 민주주의와 대립하지 않고 원만하게 실시되도록 하는 임무를 수행해야 했다.

중국도 권력분립제를 택하지 않는 여타 사회주의 국가와 마찬가지로 사법권의 독립은 존재하지 않지만 전국인민대표대회를 정점으로 하는 중앙집권적

체제 아래에서 그와 유사한 기관분립체제를 취하고 있어 재판기관의 상대적 독립이 인정되고 있다. 단, 재판기관독립의 의미는 기타 사회주의국가와는 조금 다른 점을 지니고 있다.

1954년의 조직법제정에 있어서는 소련과 마찬가지로 재판원의 독립을 규정해야 한다는 의견도 일부 있었지만 결론적으로는 민주집중제의 원칙을 유지하여 재판원의 독립이 아니라 법원의 독립을 규정하는 데 그쳤다. 이 의미는 재판원의 독립을 규정할 수 없는 것은 당시 아직 재판원의 전반적 업무수준이 낮았기 때문에 언젠가 수준이 향상되면 규정을 개정하는 것이 당시의 사고였다. 따라서 법원의 독립이라는 규정은 과도적인 것이라고 생각되었지만 그 후에도 업무수준의 향상이 실현되지 못하여 아직까지 법원의 독립을 규정하는 데만 그치고 있다.

사회주의 국가들의 헌법을 보면 당의 지도적 지위를 명문으로 규정함과 동시에 당의 지도 및 그 활동이 헌법과 법률의 범위 내에서 행해져야 할 것을 정하고 있다. 중국의 현행 헌법도 당의 지도에 대해서는 그 전문에서, 당의 활동에 대해서는 제5장서 다른 국가기관과 함께 다소 소극적 표현으로 규정하였다. 즉 당의 활동이 헌법적 제약 아래 두어지는 것을 규정한 현행 헌법이 처음이다. 문화대혁명 전후의 시기까지 포함하여 적법성 침해의 최대요인이 초법적 지위에서 있던 당인 것을 고려한다면 이 규정이 갖는 의미는 크다. 그런데 법원의 독립이 보장되어 있다고는 해도 그 실태는 법률상의 규정과는 달리 중요한 안건을 중심으로 당에 의한 실질적인 지도와 개입이 행해지고 있다. 즉 당이 심사의 대상으로 한 안건에 대해서는 법원은 단지 참고의견을 진술할 권리를 부여받고 있을 뿐 판결은 실제로는 당위원회에 의해 결정되었던 것이다. 요컨대 중국에 있어서의 재판은 실질적으로 당에 의해 엄격한 통제아래 놓여져 재판원은 물론이고 법원에도 자율적인 재판권은 거의 없다고 볼 수 있다.

4. 사법권 독립저해요소 및 개혁과정

중국 헌법에는 사법권 독립을 보장하고 있으나 명문상의 규정과 실제적으로 운영면에서는 다르다고 할 수 있다. 중국 헌법에는 '법관의 독립'에 대해서는 어떠한 규정도 없으며 현실적으로 개별 법관의 신분 보장이 매우 취약한 상태에서 법원 내의 당위원회 및 심판위원회 등에 의한 여러 가지 내부적 통제와 간섭이 행해지고, 각급 인민법원장에게도 재판감독권이 주어져 있으므로, 구체적인 사건의 처리에 있어서 담당 재판부의 재판상의 독립이 보장되기는 어렵다고 보인다. 또한 중국에서 사법이란 법원의 심판활동 및 검찰원의 검찰감독활동 등을 포함하고 있는데, 사법은 형사, 민사, 경제 및 행정 안건을 심판하는 활동이지만, 또 한편으로는 심판전담인 법원과 검찰감독 전담의 검찰원 모두 사법기관으로 포함되고 있다.[10] 이러한 경향은 첫째, 중국 전통 정치법률제도의 영향을 받은 것이라 할 수 있다. 즉 중국 봉건시대의 정치법률제도에 있어서, 서구와 같은 독립적, 체계적, 단일적 심판기구가 존재하지 않았으며, 사법기능은 하나의 복합적인 정부로써 대신하게 되었다. 따라서 일련의 정부라는 것은 행정기관일 수도 있었으며, 사법기관을 포함하고 있었고 또한 동시에 정찰기관과 감독기관을 병행하였던 것이다. 따라서 중국전통의 행정관은 사법관 및 군관까지도 일체적이었으며, 사법활동은 행정의 형태로 존재하였고, 사법 그 자체의 독립적인 지위가 존재할 수 없었다. 따라서 전통적인 중국행정의 관은 바로 사법행정감찰군의 종합적인 개념이었다.[11] 이러한 정치법률제도의 전통아래서 자연히 서방과 같은 사법관념은 형성되기가 어려웠다. 둘째, 신중국 성립 이후, 법제 실천의 제약을 들 수 있다. 중화인민공화국 성립이후, 수십년 동안 공안기관, 검찰기관 및 법원은 모두 프롤레타리아 개념의 독재 행사기관으로서, 정법기관으로 칭해졌으며 특성 또한 법 집행활동과 사법활동 등으로 완연히 구분되지 않았다.

현재 중국의 사법주체는 법원과 검찰원의 양대기관을 포함하고 있는데, 이 양대기관은 중국 사회주의 체제하의 권력행사에 있어 평등한 지위에 있으며, 심지어는 검찰원이 우위에 있을 수도 있다. 사법기관의 기능으로 볼 때, 일반 국가의 사법기관 기능은 심판업무를 수행하는 것으로써 심리와 각종 형사사건의 분쟁을 해결하는 단일기능을 갖고 있다. 그러나 중국의 사법기관의 기능은 심판과 검찰, 감독의 이원성 기능을 가지고 있다.

과거 중앙계획적인 행정명령 제도하에서는 법률적인 문제가 경제영역에서 중요하지 않았기 때문에 사법기구는 축소되었고 기업 간의 분쟁 또한 법원이

10) 孫國華, 「法理學」(北京: 北京法律出版社, 1999), p. 23.
11) 張培田, 「法與司法的演進及改革考論」(北京: 中國法政大學出版社, 2002), p. 10.

외의 전문 행정기관에서 해결하곤 하였다. 그러나 개혁·개방 이래 시장경제가 발전한 이후 시장주체들 간의 분쟁은 법률적 체계로써 해결하는 추세가 되었으며 또한 법률에 의거함으로써 사법종사자들의 권력남용을 방지하고 소송절차의 권리를 보장하는 요구가 제고되기 시작하였다. 시장경제체제가 점점 활성화되고 그에 따른 이해관계의 소송이 증가됨에 따라 많은 분쟁안건이 법원에서 판결 되어야 하며 그 처리과정은 복잡하고 다양성을 띄게 되었다. 이에 따라 변호사 조직형태도 변화되었는데 1996년 5월에 변호사법이 반포되었으며 이 법의 제2조에는 '본 법에서 지칭하는 변호사란 법에 의거하여 변호사 직업증서를 취득한 자로서 사회의 법률서비스를 제공하는 직업인을 뜻한다'라고 규정하고 있다. 이로써 변호사는 국가의 법률종사자에서 사회의 법률종사자로 법적인 지위속성이 변환되었다.

2001년 6월 30일 중국은 1995년에 반포된 법관법, 검찰관법에 대하여 개정을 하였으며 초임법관, 검찰관 및 변호사 자격 취득에 관하여 통일된 국가사법고시제도를 시행할 것을 규정하고 있다.[12] 이에 2001년 10월 31일 최고인민법원과 최고인민검찰원 및 사법부 연합으로 국가사법고시실시반법을 반포하고 동시에 국가사법고시협조위원회를 발족하게 된다. 2002년 3월에는 정식으로 고시를 실시하였으며 이는 법률직업단체자격의 고시형태로서 법률직업군의 자질문제를 해결하려 하였다.[13] 즉, 현재 중국 법관교육 및 사법체제의 현실은 법률직업과 법률교육간에 상당한 괴리가 있다는 것이다. 1980년 이래로 중국법원과 사법행정 부분은 법률교육과 사법훈련에 상당한 관심을 두고 있었지만 법관과 검찰관의 육성에 대해서는 기본적으로 전문대를 포함한 학력교육과 대학 본과 졸업생들이 법률 직업에 종사하기 전 연수제도가 근본적으로 존재하지 않다는 점이다. 따라서 학력식의 육성모델은 그 부분적인 육성으로 마감되기 때문에 상호 통용이 되지 못하는 폐단이 있었으며 이것이 바로 중국 법률 교육과 법률직업군이 분리되는 가장 중요한 원인으로 인식되고 있다.[14]

---

12) 중화인민공화국 법관법 제12조 검찰관법 제13조에 따라 초임법관, 검찰관 및 변호사 자격시험은 중국 공무원 사법행정부에서 관할 실시하였다.

13) 중국대륙법계는 영미법계 국가의 법관 임명 자격 기준과 임명방식은 서로 다르지만 대체로 다음과 같이 볼 수 있다. ① 정식으로 법학교육을 받거나 법학학위를 받은 자. ② 일정한 자격고시를 통과한 자. ③ 전문적인 법관 직업훈련 혹은 변호사 직업경험을 가진 자이다.

14) 남종호, "중국 사회주의 체제하에서의 사법체계운용 연구", 「국제지역연구」 제13권 제3호 (한국외대 중국연구소 2009), pp. 70-74.

시진핑 정부는 출범후부터 사법제도가 국가의 기초라는 점을 강조하면서 사법개혁의 필요성을 언급해왔다. 2012년 11월에 개최한 중국공산당 18차 전국대표대회는 사회적 관심이 쏟아진 개혁을 시작했다. 중국공산당 18차 전국대표대회 보고서는 전면적인 법치 추진과 중국적인 특색이 있는 사회주의법률체계 개선을 제시했다. 또한 사법체제 개혁을 심화하고 중국의 특색이 있는 사회주의 사법 제도를 견지하고 개선하여 재판 기관, 검찰기관이 법에 의거하여 독립적이고 공정하게 재판권과 검찰권을 행사할 수 있게 한다는 내용을 제시했다.[15]

2013년 11월 12일 중국공산당 제18차 삼중전회에서 통과된「개혁 심화의 중대한 문제에 관한 중공중앙의 결정中共中央關於全面深化改革若幹重大問題的決定」은 사법체제개혁을 심화하여 공정하고 효율적이며 권위 있는 사회주의 사법을 신속히 마련한다고 밝혔다. 헌법 법률의 권위 수호, 행정 기관의 법집행체제 개혁심화, 법에 의거하여 독립적이고 공정하게 재판권과 검찰권 행사하는 것을 보장, 사법권한 운영체제완비, 인권의 사법보장제도 개선을 포함한다.[16] 제18차 삼중전회후 상술한 개혁 조치가 일부 지역에서 시범적으로 실시되고 있으며 그 중 사법체제개혁의 시범실시가 큰 주목을 받고 있다. 이러한 기초위에서 최고인민법원은「인민법원 제4차 5개년 개혁 요강人民法院第四個五年改革綱要(2014~2018)」을 제정하고 2014년 7월 9일 발표했다. '제4차5개년개혁요강'은 개혁의 전체적인 사고의 방향을 명확히 했다. 즉, 대중이 모든 사법 사건에서 공평과 정의를 느끼게 한다는 목표를 중심에 놓는다. 시종일관 인민을 위한 사법, 공정한 사법을 업무의 기본으로 삼아 사법의 공정에 영향을 미치고 사법 능력을 제약하는 심층적인 문제를 해결하는 것이다. 인민법원의 법에 의거한 독립적이고 공정한 재판권 행사를 보장하며 공정하고 효율적이며 권위 있는 사회주의 사법제도를 신속히 마련하는 것이다. 이로써 국가통치체계와 통치능력의 현대화를 추진하고 2018년까지 중국의 특색이 있는 사회주의 재판권한 운영체계의 기초단계를 완성한다는 계획이다.

---

15) 중국공산당 18차 전국대표대회에서 후진타오(胡錦濤)주석 보고, 인민망(人民網), http://cpc.people.com.cn/n/2012/1118/c64094-19612151.html

16) 中共中央關於全面深化改革若幹重大問題的決定, 新華網, http://news.xinhuanet.com/fortune/2013-11/15/c_118164235.htm

Ⅲ. 행 정 부

중국의 정부구조는 크게 '당黨'과 '정政'으로 나누어지는데 黨은 '중국공산당'이, 政은 '국무원'이 대표하고 있다. 주요 정책의 결정은 당에서 주도를 하고, 이 정책의 집행과 관리는 국무원이 주관하고 있다. 즉 국무원은 행정부의 역할을 하는 정부기구라 할 수 있다.

1. 국무원의 위상

중화인민공화국 국무원 즉 중앙인민정부는 최고국가권력기관의 집행기구이며 최고국가행정기관이다. 이것이 국무원의 성격을 특징지우는 것이며 국가기구에서의 지위를 의미한다. 좀더 구체적으로는(浦興祖, 1999: 145-146), 첫째, 국무원은 중앙인민정부이다. 1949년 「공동강령」과 「중앙인민정부조직법」규정에 근거해서 당시의 중앙인민정부는 대외적으로 중화인민공화국을 대표하고 대내적으로는 국가정권의 중앙인민정부위원회와 그 기관이 통괄하는 4대기관(국가정부최고집행기관의 정무원, 국가군사최고통솔기관인 인민혁명군사위원회, 국가최고사법기관인 최고인민법원과 국가최고검찰기관인 최고인민검찰서)을 영도함을 가리킨다고 한다. 당시 정무원은 중국정부의 한 부분이었다.

1954년 제1기 전국인민대표대회(이하 전인대)는 사회주의헌법을 통과시켰다. 헌법규정에 의거 정무원은 국무원으로 개칭되었다. 국무원과 정무원의 최대 차이점은 정무원은 군사행정에는 관여할 수 없었다. 따라서 국방부를 하위기관으로 두지 않았다. 국무원이 독립된 중앙인민정부로서 설립이 되고, 또한 국무원은 전인대와 그 상임위원회의 집행기관이 되었으며 국가의 최고 행정권력을 행사하게 되었다.

둘째, 국무원은 최고국가권력기관의 집행기관이다. 이 말의 의미는 '국무원은 전인대와 그 상임위원회의 종속적인 지위에 있다'라는 것이다. 국무원은 최고국가권력기관이 만들었기 때문에 최고권력기관에 대해 책임이 있고 그 감독을 받는다는 것이다. 이와 관련해서 국무원의 주요 직책은 전인대와 상임위원회가 통과한 헌법과 법률, 결의 등을 철저히 집행하며 업무에 대한 보고의 의무가 있다. 전인대에서 국무원 총리가 보고를 하며 대회심의를 제청하며 헌법의 규정에 의거 전인대 상임위원회는 국무원이 제정한 헌법, 법률과 저촉되는 행정법규나 결정, 명령들을 폐지할 권한을 가지고 있다.

셋째, 국무원은 최고국가행정기관이다. 이는 국무원은 모든 국가행정기관 체계 중 최고의 영도지위에 있다는 것을 명확히 규정한 것이다. 중국의 국가행정기관체계는 최고국가행정기관과 각급 국가행정기관으로 구성되어 있다. 그리고 각급 국가행정기관은 모두 동급의 국가권력기관이 만든다. 즉 전인대와 지방 각급 인대가 각각 자신들의 집행기관을 설립한다. 중앙에서 지방의 성(자치구, 직할시), 시(자치주), 현(자치현, 시, 시 산하 구), 향(민족향, 진)까지 완전한 국가행정체계를 이루고 있는 것이다. 이러한 체계 중 국무원이 최고의 국가행정기관이며 통일적으로 각 부, 위원회의 업무와 국가차원의 업무 그리고 전국 각급 국가기관의 업무를 영도한다. 전국 각급 지방기관도 국무원의 영도에 반드시 따라야 한다. 이러한 연유로 국무원은 각 부, 위원회, 지방 각급 행정기관이 공표한 부당한 명령이나 지시, 규정 등을 수정 혹은 폐지시킬 수 있는 권한을 가지고 있다.

2. 조직 및 임기

국무원은 그동안 여러 차례에 걸쳐 조직의 변화가 있어 왔다. 1954년 이전에는 국무원의 전신인 중앙인민정부 정무원이었고, 중앙인민정부위원회가 총리와, 약간명의 부총리, 그리고 비서장 1명, 정무위원 약간명을 임명하여 구성하였다. 정무위원은 반드시 정무원 소속위원회의 주임위원 혹은 부장을 겸임하였고 정무위원이 겸임한 주임, 부장은 정무원의 구성원에 속하는 것은 아니었다(浦興祖, 1999: 147).

1954년 헌법규정에 의거 국무원은 더 이상 정무위원을 두지 않았다. 국무원의 구성인원은 총리, 부총리 약간명, 각 부처의 부장, 각 위원회 주임과 비서장이다. 1975년과 1978년 헌법에서는 국무원 조직원 중에서 비서장직위를 폐지하였다. 1982년 제정된 현행 헌법규정에 의하면 국무원은 총리, 부총리 약간명, 국무위원 약간명, 각 부 부장, 각 위원회 주임, 심계장, 비서장으로 구성된다.

국무원총리는 헌법규정에 의거 국무원 조직원 중 최고권력의 지위에 있다. 부총리는 총리의 업무에 협조하며 어떤 부총리는 부장 혹은 위원회 주임을 겸임하고 있다. 비서장은 총리 영도하에 국무원의 일상 업무를 책임지고 있으며 심계장은 국가재정과 재정수지활동의 감독업무를 책임지고 있다.

국무원 임기와 전인대 임기는 5년으로 같으며 총리와 부총리, 국무위원은 연속으로 2회 이상 연임할 수 없다(高民政 主編, 1993).

3. 직 권

국무원의 직권은 1954년 헌법규정에 근거하여 확대·개정해서 총 18개 항으로 이루어져 있다. 헌법규정에 의한 국무원의 직권은 다음 9개로 분류하여 설명할 수 있다(浦興祖, 1999: 148-150).

첫째, 행정입법권으로서 국무원은 헌법과 법률에 근거하여 전국적으로 효력을 발할 수 있는 행정법규를 제정할 권한을 가지고 있다. 1982년 현행 헌법에서 국무원에 이와 같은 권한을 부여하였다.

둘째, 행정제령권으로서 국무원의 행정조치를 규정하고 결정과 명령을 수립·공표할 권한을 가지고 있다. 행정조치를 규정하고 명령과 결정을 공표하는 것은 국가행정기관이 특정의 구체적 사안에 대하여 행하는 행정행위이며, 이는 행정법규와는 다르며 행정입법에 속하는 것이 아니다.

셋째, 행정제안권으로서 국무원은 전인대와 그 상임위원회에 대하여 그들 직권범위내의 의안을 제출할 수 있는 권한을 갖는다. 이러한 직권을 통하여 국무원은 필요시 최고국가권력기관에 행정행위중 발생하는 상황과 새로운 문제를 반영할 수 있으며, 건의서를 제출하면 입법기관의 법률적 절차를 통하여 국가법률·결의로 성립된다.

넷째, 행정영도권으로서 국무원은 각 부와 위원회의 임무와 직책을 규정할 권한이 있으며 그들 기관의 업무를 영도하고 한 부서에 속하지 않는 국가적 차원의 행정업무도 영도한다. 또한 지방 각급 국가행정기관에 대해 국무원은 그 업무를 총괄적으로 영도하며 중앙과 성급 국가행정기관간의 직권과 구체적 분담에 대해서도 규정을 한다.

다섯째, 행정감독권으로서 국무원은 각 부, 위원회 그리고 각급 지방행정기관이 공표한 부당한 명령이나 지시, 결정, 규정 등을 개정 혹은 폐지시킬 수 있는 권한을 가지며 이로써 전국 각급 국가행정기관의 헌법과 법률, 그리고 국무원의 행정법규 등에 대한 충실한 집행을 보장케 하는 권한을 가지고 있다.

여섯째, 관리권으로 국무원은 전국의 내정과 외교 등 각 방면의 업무를 총괄·영도하고 관리한다. 그 주요 내용으로는 ① 경제방면으로서, 국민경제와 사회 발전계획, 그리고 국가예산을 편성·집행하며, 경제업무와 도시와 농촌건설을 영도·관리한다. ② 사회분야로서 교육, 과학, 문화, 위생, 체육, 계획생육 업무 등을 영도·관리하며, 민정, 공안, 사법행정과 감찰 등의 업무, 그리고 민족사무, 소수민족의 평등권보장과 민족자치지역의 자치권보장 등의 업무를 영도·관리한다. 또한 귀국교포와 그 가족들에 대한 합법적 권리와 권익보호를 관장한다. ③ 국방분야로서, 국방건설사업에 대한 영도・관리를 한다. ④ 외사분야로서, 대외사무를 관리하고 외국과의 조약과 협정을 체결하며 화교의 정당한 권리와 권익을 보호한다. ⑤ 행정구획방면으로서, 성, 자치구, 직할시의 구역구분을 비준하고, 자치주, 현, 자치현, 시의 건설과 배치, 구역구분 등의 비준 업무 등을 관장한다.

일곱째, 계엄권으로서 국무원은 성, 자치구, 직할시의 범위 내 부분지역에 대한 계엄권을 행사할 권한을 가진다.

여덟째, 인사권으로서 행정기구의 편제를 심의・확정하고, 법률규정에 따라 공무원의 임면, 육성, 시험, 상벌 등의 권한을 갖는다.

아홉째, 전인대와 그 상임위가 부여하는 기타 직권이 있다.

Ⅳ. 정 당

정당정치는 현재 전세계 각국 정치제도의 구성 요소이자 중요한 특징이다. 국가의 상황에 따라 다당제, 일당제 등 여러 유형의 제도를 실시한다. 중국의 정당정치는 중국의 역사적 배경하에 형성된 것으로 고유의 특징을 가지고 있다. 일당제, 양당제, 다당제도 아닌 일당 지도체제하의 다당합작제도이다. 집권당과 야당이 상호 대립하지 않으며 정권을 교체하지도 않고 일당이 집권한 상태에서 여러 당이 정치에 참여하고 공동으로 국가를 관리하는 형식이다.

중국 공산당은 기본적으로 중앙집권적이고 계층적인 구조로서 중앙조직, 지방조직, 기층조직의 피라미드구조를 이루고 있다. 이는 당장(黨章)에 당은 민주집중제에 따라 조직・통합된 집합체라고 규정한 것에서도 알 수 있다.

1921년 중국 공산당은 전국대표대회, 중앙집행위원회, 중앙국을 중앙조직으로 창당하였다. 이후 1927년 이후 당의 중앙조직은 전국대표대회, 중앙위원회 및 중앙위원회 총서기, 중앙정치국, 중앙정치국 상무위원회, 중앙감찰위원회로 정비하였고 1943년 중앙서기초를 신설하여 이후 중국공산당의 중앙조직은 이러한 구조를 기본골격으로 상황에 따라 조금씩 변화되었다.

전국대표대회는 명목상 중국공산당의 최고권력기관이다. 당장은 전국대표대회를 5년마다 개최하고 중앙위원회가 소집하게 하였다. 그리고 전국대표대회 대표의 인원수 및 선거방법 역시 중앙위원회가 정하도록 하였다. 당 대회는 통상 1~2주 개최되며 많은 인원수의 참여와 짧은 회의 기간으로 인하여 전국인민대표는 그 기능에 있어서 중앙위원회에서 이루어진 결정을 추인하는 형식적인 기관이라고 할 수 있다. 또한 중앙위원과 중앙고문위원회와 중앙기율검사위원회의 선거에 있어서도 후보자 예비명부가 미리 작성되고 형식적으로 승인하는 절차라고 할 수 있다.

중앙위원회는 당의 최고 정책결정기구라고 할 수 있다. 당장에 의하면 중앙위원회의 위원과 후보위원의 인원수는 전국대표대회가 결정하며 위원의 임기는 5년이다. 중앙위원회 전체회의는 중앙정치국이 소집하여 매년 적어도 1회 이상 개최하며 중앙위원회는 전국대표대회의 폐회중에 전국대표대회의 결의를 실행하고 당의 전체활동을 지도하며 대외적으로 중국공산당을 대표한다. 이러한 중앙위원회는 규모가 점차 커지게 되면서 정책결정기구로서는 비효율적이라 할 수 있다. 따라서 중앙위원회의 권한은 대부분 중앙정치국 및 중앙정치국 상무위원회가 실질적으로 행사한다. 그러나 중앙위원회는 당 중앙정치국, 중앙정치국 상무위원회 및 중앙위원회 총서기를 선출하고 중앙과 지방의 핵심관료들로 구성되는 집단이기 때문에 중국 공산당의 최고 엘리트 간부들로서 정책결정과정에 중요한 영향력을 가지는 집단이다.

당 중앙정치국과 중앙정치국 상무위원회는 중국공산당의 실질적인 최고 정책결정기관으로 당의 최고 권력기관이라 할 수 있다. 당장은 당 중앙정치국과 중앙정치국 상무위원회는 중앙위원회 폐회중에 중앙위원회의 직권을 행사한다고 규정해 놓았으며 중앙정치국과 중앙정치국 상무위원회는 중앙위원회 전체회의에서 선출한다고 하였다. 하지만 중앙정치국의 권한이 무엇인지에 관해서는 당장에서 구체적으로 규정해 놓고 있지 않다. 그러나 중앙정치국은 중앙위원회 폐회중에 그 직권을 행사한다는 규정에 따라 당과 국가의 중요한 정책을 결정하고 더불어 당·정·군의 주요 인사를 장악하고 있다. 또한 중국공산당의 중앙조직에는 중앙위원회의 산하기구인 중앙서기처, 당중앙군사위원회, 중앙기율검사위원회, 중앙고문회 등이 있다(朱光磊, 1997: 66-69).

중국공산당은 비록 영도적인 위치에 있지만 반드시 일당독재인 것만은 아니다. 중국에는 몇 개의 민주당파가 있는데 공산당은 그들의 정치참여와 의정활동을 받아들이고 공동으로 일을 수행하며, 민주당파는 공산당을 통해 더욱더 뛰어난 지도자적 역량을 발휘하도록 도와준다.

중국은 현재 8개의 민주당파가 있다. 첫째, 중국국민당혁명위원회로서 구성원은 주로 원래 국민당 인사였거나 국민당과 역사적으로 관련이 있는 인사들이다. 둘째, 중국민주동맹이다. 구성원은 주로 문화, 교육계의 중·상류층 지식계급 계층으로 이루어져 있다. 셋째, 중국민주건국회이다. 구성원은 주로 경제 분야와 그와 관련이 있는 전문 학자들로 이루어져 있다. 넷째, 중국민주촉진회의 구성원은 문화와 교육, 출판, 과학, 기타 업무에 종사하는 지식계급으로 이루어져 있다. 다섯째, 중국농공민주당으로서 구성원은 주로 의약학 계열, 위생계 분야와 과학, 기술, 문화, 교육계의 중·상류 지식계급으로 이루어져 있다. 여섯째, 중국치공당은 귀국 화교, 해외동포 본국 거주가족으로 구성되어진 당이다. 일곱째, 구삼학사는 과학, 기술, 중상층의 엘리트층으로 이루어져 있다. 여덟째, 대만민주자치동맹은 대륙에 거주하고 있는 대만동포들로 이루어져 있다.

중국 각 민주당파의 대다수는 항일 전쟁과 국민당 정권을 반대하던 시기에 성립되었다. 그들은 원래 민족자본가계급, 도시 상류층 소자본가 계급, 그들 지식 계층에 소속된 사람 및 기타 애국 민주인사들을 사회적 기반으로 삼았다. 그들의 정치적 주장은 공산당의 당시 혁명취지와 서로 일치하는 것이었다. 그래서 그들은 공산당과 연합하고 사회주의 중국 건립에 큰 기여를 하기도 하였다.

중국공산당과 각 민주 당파는 집권당과 정치 참여 정당으로 나누어졌는데 연합정치의 기조는 사회주의 중국과 공산당 영도를 견지한다는데 있으며, 합작의 기본 방침은 “장기적인 공존과 상호 감독하며 상조하고 명예와 치욕을 함께 한다”는 데 있다. 각 민주 당파의 정치 참여의 기본 내용은 국가 정권을 가지고 있는 기구에 참여하며 국정 방침과 국가 지도자 선거 협상에 참여하고 국가 사무의 관리 감독과 국가 방침, 정책, 법률, 법규의 제정에 참여한다는 것이다(朱光磊: 70-77).

Ⅴ. 이익집단

국가의 정책은 정치·경제·사회를 구성하는 주요한 사회세력, 또는 이익집단들간의 복잡한 정치관계를 반영하기도 한다. 흔히 다양한 이익집단들이 주요 정책 이슈에 적극적으로 참여하고 자신들의 이익을 정책 결정과정에 반영하려고 노력한다.

중국에서도 점차로 정책결정과정이 분권화, 개방화되면서 중앙정부의 독점적 영향력이 약화되고, 지방정부와 지역 이익집단들, 그리고 군부와 같은 집단들의 영향력이 증가되고 있는 경향이 나타나고 있다. 사실 중국에서는 미국에서와 같이 다양한 이익집단들이 공개적이고 분명하게 주요 정책 결정과정에 참여해서 자신들의 이익과 주장을 적극적으로 표방하고 있는 것은 아니지만, 그렇다고 해서 중앙의 소수 지도자들이 마음대로 결정하는 것도 아니다. 중국사회의 다원화, 다양화가 진행되면서 중국에서도 이익집단들이 자신들의 견해와 이익을 표출하고 있으며, 주요 정책 이슈에 대해서도 적극적으로 자신들의 입장과 주장을 제기하고 있다.

이를테면 중국의 WTO 가입 문제와 관련해서 중국의 내륙지방은 연해안 지방과는 달리 지나친 개방화에 우려를 표명하고 있으며, 농업과 일부 국유기업의 이익을 보호해야 한다고 주장하면서 지나친 양보를 요구하는 미국이나 또는 개방파들의 주장을 비난하기도 하였다. 또한 대만 문제에 대해 군부는 전통적으로 강경한 목소리를 내면서 미국과의 교류 협력을 중시하는 중국 정부 내 협상파들을 비판하기도 한다.

따라서 중국도 예전의 소수 영도자 중심의 정책결정과정에서 점차로 집단지도체제 모델이나 관료주의 모델의 성격을 띠면서 다양한 지역과 집단들의 이익 갈등이 표출되는 경향을 보여주고 있다고 하겠다.

중국의 학자들이 중국사회의 이익집단을 분류하는 유형을 살펴보면, 중국의 전통적인 사회구조분석에서 사회학자들은 대부분 계급과 계층이라는 표현을 사용하고 있다. 1980년대 중반 이후부터는 일부 사람들이 이익집단이라는 표현을 쓰기 시작하였다. 개혁개방 이후에 사람들의 이익획득과 이익손실의 상황에 근거하여 중국 사람을 수익자 특수집단, 수익자 일반집단, 상대적 이익손실집단, 그리고 사회하층집단이라는 네 개의 이익단체 혹은 이익집단으로 분류하기도 한다. 4개의 이익단체라는 관점의 모델은 최초로 리치앙 교수와 쑨리핑 교수, 선위엔 박사가 '사회구조' 과제에 대한 토론에서 공동으로 제기한 것이다(顧杰善·劉紀興, 1995: 5). 4개 이익단체라는 표현은 전통적인 사회집단분석의 한계를 뛰어넘는 것이었다. 전통적으로 중국의 사회학자들은 공인, 농민, 지식인층, 간부 등으로 분류하고 이들이 중국의 기본적인 사회집단이라고 말해왔으며, 그 후에 개체호, 민영기업가 등이 더해졌다. 개혁개방부터 지금까지 사회이익구조의 시각으로 보면 기존의 사회계층 분화구조의 틀로는 현재 각 집단들을 설명하기는 한계가 있다는 것이다.

농민집단을 예로 들면 그 안에는 서남, 서북과 같이 빈곤한 지역의 극빈 농민도 있고 백만장자와 같은 농민도 있으며 지명도가 매우 높은 일부 농민기업가도 있다. 지식인층 집단도 요즘 계층분화가 심해 일류배우, 유명가수, 아나운서들은 거물급 인사가 되었고 일부 시골학교의 교사들은 임금도 제때에 받지 못해 생활이 매우 궁색한 실정이다. 그래서 지식인층이라고 해도 그들의 이익수요는 확연히 달라 리교수는 이익구조의 변화라는 시각에서 사회집단을 상술한 4개의 이익집단으로 분류하고 있다.

남개대학 주광뇌 교수는 중국사회의 이익단체 종류를 전통형의 사회이익단체와 신흥사회이익단체로 구분하여 설명하고 있다(朱光磊, 1997: 84-99).

전통적인 사회이익단체의 종류로는 산업공인단체, 관인, 지식분자, 농업종사 노동자, 군인 등을 들고 있다.

첫째, 산업공인의 의미는 여러 가지 뜻을 함유하고 있다. 중국공산당 건국 후 현재까지 모든 도시노동자, 정신・육체 노동자를 포함하며 1차・2차・3차 산업종사자를 포괄하며 지식인 및 간부들도 이 공인계급에 포함된다. 이 부류는 직공이라고 표현하며 중국사회의 주축을 이루는 집단으로 정치적 영향력의 중심에 있다.

둘째, 관인으로서 당・정 기관, 인민단체 등에서 국가와 사회의 업무를 담당하고 관리하는 정신노동자를 일컫는다. 그들이 다른 사회이익단체와 다른 점은 정책결정과 집행분야에 실질적으로 참여한다는 데 있으며 다른 이익단체의 의견을 수렴하여 정책결정에 반영하고 조정하는 역할을 수행한다. 그러나 이들은 계급에 따라 정치적, 경제적, 복지적 수준이 다르게 대우를 받기 때문에 이익표출도 계급에 따라 다르다 할 수 있다.

셋째, 중국의 경우 지식분자라 함은 중등 이상의 전문교육을 받은 정신적 노동자들을 일컫는다. 이들은 중국 전체인구의 약 3%정도를 차지하고 있으며, 주요 특징은 사회적 책임의식이 크며 사회개혁의식이 강하다 할 수 있다. 그러나 이들의 경제소득수준은 그리 높지 않으며 정치적으로 불만이 많아 정치적 충돌가능성의 잠재력을 항상 가지고 있는 집단이라 할 수 있다. 그들은 현실 정치, 경제의 모순에 대해 많은 불만을 가지고 있으며 여론 형성에도 많은 영향력을 끼치는 집단이라 할 수 있다.

넷째, 농업노동자 집단으로서 중국에서는 인구의 절대적 숫자를 차지하는 집단으로서 1990년대 초반까지만 해도 전체인구의 약 30% 이상을 차지할 정도였다. 그러나 농업종사자가 개혁개방 이후 탈농촌화의 바람을 타고 도시로 떠나는 바람에 순수 농업에 종사하는 인구는 급격히 줄고 있는 추세이다. 또한 농업의 형태도 그 규모와 경영기법이 날로 발전하여 비교적 큰 규모의 농업종사자는 그 지역에서의 정치적 영향력이 상당히 큰 것이 특징 중의 하나이다.

다섯째, 군인집단으로서 중국인민해방군은 중국사회에서 상당한 정치적 영향력을 가진 집단이다. 전체 병력수는 세계 2위이며 인구당 군인수는 세계 6위로서 중국정치과정에서 제일 중요한 위치를 차지하고 있다 할 수 있다.

다음으로 신흥사회이익단체는 개혁개방 이후 중국사회에서 새로운 이익단체로 떠오르는 사회단체로서 개체사영단체, 향진기업 직공단체, 3資기업 직공단체, 대학생, 모순적 의견표현집단 "양서인" 등으로 분류하고 있다.

첫째, 개체사영단체를 들 수 있다. 이들의 구성 면면을 보면 주로 농촌의 잉여노동력, 향진의 취업대기인력, 사회의 일반적 유휴인력인 퇴직자, 이직자로서 주로 공업, 운수업, 상업, 요식업 등에 종사하며 연령은 40세 이상으로 학력수준도 비교적 낮은 사람들이다.

사영기업주는 노동자의 노동대가로 인한 잉여가치를 소유한 사람들로서 개체노동자와는 불가분의 관계에 있다. 이들의 종사분야는 주로 공업, 건축, 상업, 서비스업 등이다. 이들 사영기업주들은 개혁개방의 수혜자들로서 정부정책의 지지자들이며 정책의 안정과 사회의 안정을 희구한다. 또한 정책의 변화에 대해 항상 불안감을 갖고 있다. 이들은 자신들의 경제이익에 매우 민감하게 반응하며 서로 간에는 일치된 행동을 한다. 또한 사회활동을 활발히 하면서 기부행위도 하며 적극적으로 기층집단의 선거공작에 개입하기도 한다. 이들의 대표적 조직으로는 각 성, 시의 공상인연합, 공상인협회 등을 들 수 있으며 상당한 정치적 영향력을 행사한다.

둘째, 향진기업직공단체로서 향진기업의 노동자들은 1990년대 중반 1억천여명에 달할 정도로 중국노동자의 상당한 부분을 점유하였다. 과거 이들의 학력수준이 매우 낮아 노동의 질도 상당히 낮았으나 그 후 많은 사회교육의 수혜를 받아 현재는 이들의 65% 이상이 중등교육 이상을 이수하였다. 이들은 대부분 농민들이나 때에 따라서는 공인으로 전환하기도 한다. 이들은 정부의 직접적 영향력을 받는 시민사회에 비해서는 정치적 영향을 덜 받지만 그 잠재력은 상당하다 볼 수 있다. 또한 이들 중 성공한 사람들은 자신들 집단의 대변자역할을 하며 스스로를 공인계급이라 평하기도 한다. 이들의 신사고방식과 생활방식은 주위 농민들에게 상당한 영향을 미치며 향후 10~20년 내 가장 빠른 성장잠재력을 지닌 집단이라 볼 수 있다. 현재 통계숫자로는 약 2억명 정도로 추산하며, 중국의 공업화와 도시화가 빠르게 진전되면 될수록 이들의 향후 중국정치에서의 역할은 상당하리라 예견된다.

셋째, 3자기업三資企業(중외합자, 중외합작, 외상독자) 직공단체로서 중국의 개혁개방 이후 가장 괄목할 만한 발전을 한 기업군이 삼자기업이다. 이들 기업은 개혁개방의 직접적 산물로서 여러 분야에서 새로운 기풍을 만들어낸 신조류의 집단이다. 이들의 주요 특징은 규모는 작지만 성장추세는 가장 빠르며 경제적 수입이 가장 많은 집단이다. 이들 기업의 보수체계는 기존 중국의 전통적 보수체계를 대체하여 비교적 높은 임금수준을 보이고 있으며 시장경제의 탐색자이며 시범자(개척자)라고 할 수 있다. 이들의 경제적 사고방식 등 신사고는 일반인들에게는 없는 새로운 것으로서 중국 사회에 새로운 기풍을 창조해 가고 있다.

넷째, 대학생집단으로서 어느 사회에서나 사회개혁의 중심으로서 대학생들의 역할은 상당하리라 본다.

다섯째, 양서인으로서 두 가지의 모순된 의견을 표출하는 집단이다. 즉 동시에 두 가지의 집단에 이중으로 속하는 집단으로서, 당정간부이면서 경제실체의 현직에 있는 사람, 장기휴가를 내고 다른 직업을 구하는 사람 등 전환기 사회 속에서 주로 나타나는 집단을 의미한다.

제 3 절 정부관료제의 내부적 특성

I. 조 직

중국 중앙인민정부로서 또한 행정을 담당하는 중국최고의 행정기관은 국무원이다. 국무원은 전국인민대표대회와 그 상무위원회가 제정한 법률과 정책

등을 집행하고, 전국인민대표대회와 그 상임위원회에 대하여 책임을 진다. 또한 위의 기관에 대해여 중요 국가행정업무에 대한 각종 보고업무도 수행한다.

국무원은 권한 내에서 행정업무의 집행을 위한 각종 조치와 행정법규를 제정하고 결정하며 각종 행정명령의 공포와 시달을 한다. 국무원은 총리, 부총리, 국무위원, 각 부 부장, 각 위원회 주임, 심계장, 비서장으로 구성되어 있다.

최고의 국가 행정기관인 국무원은 1949년 중화인민공화국 건국시 정무원으로 시작해 1954년 헌법 제정과 더불어 국무원으로 개편되었다. 문화대혁명기 10년 동안 국무원의 기능은 마비상태였으나 1976년 모택동 사망과 등소평의 복권, 화국봉 총리 퇴진, 조자양의 등장과 퇴장, 이붕의 등장으로 이어지면서 역할이 강화되었다.

국무원은 각 부 · 위원회 및 전국의 각급 지방 행정기관의 업무를 통일적으로 지도하는 한편, 전인대(폐회 기간중에는 전인대 상무위원회)에 대해서 책임을 지고 업무를 보고한다.

1. 국무원 총리

총리는 국가주석의 제청에 의해 전인대에서 선출되며 임기는 5년이고 1회에 한하여 연임이 가능하다. 또한 총리는 국무원 전체회의와 상무회의를 소집 · 주재한다. 국무원 전체회의는 국무원 구성원 전체가 참석하는 회의이며, 상무회의는 총리 · 부총리 · 국무위원 · 비서장이 참석하는 이른바 '핵심내각'의 성격을 띤 회의이다.

2. 국무원 부총리 및 국무위원

국무원 부총리는 총리가 인선하여 제청하며, 전인대의 결정에 따라, 국가주석이 임명한다. 그리고 국무위원은 1982년 상반기 국무원 기구개혁중 부총리 수를 줄이기 위해 신설한 것으로 부총리와 동격이다. 부총리는 경제, 재정 · 금융, 외교, 국유기업개혁 등 국가운영의 핵심사무를 보며, 국무위원은 기타 분야의 중요한 전문 사무를 본다. 국무위원 중 일부는 부장 혹은 위원회 주임을 겸하고 있다.

3. 각 부 · 위원회

중국 국무원 내의 각 부 · 위원회는 계선으로서 해당부문의 직권을 책임지고 행사한다. 각 부 · 위원회는 전국적인 명령체계를 지휘할 권한과 책임이 있으며, 중앙에서 지방에 이르기까지 수직적 지휘체계를 형성하여 국무원의 통일적 지도하에 전국적인 행정업무를 집행한다. 국무원 각 부장과 각 위원회 주임의 권한과 지위는 동등하다. 부와 위원회의 차이점은 위원회의 업무가 종합적이고 광범위하게 여러 관련 부분과의 연락이 필요한 반면, 각 부의 업무는 비교적 전문성을 띠고 있다는 점이 다르다.

구체적으로 설명하면 첫째, 부는 비교적 전문적 업무부문을 관리하고, 통상적으로 해당 조직계통을 통하여 업무를 완성하며, 업무내용이 상대적으로 단순하다. 예를 들어, 외교부, 국방부, 공안부, 국가안전부, 감찰부, 민정부, 사법부, 재정부, 인사부, 노동부, 지질광산부, 건설부 등을 들 수 있다. 둘째, 위원회는 국무원의 또 다른 업무부문으로 그 관할업무는 종합성을 띠고 있으며, 통상적으로 비교적 많은 부문과 관련되고 업무내용이 상대적으로 복잡하다. 예를 들어, 국가계획위원회, 국가가족계획위원회 등이 그것이다. 셋째, 국무원의 세 번째 종류의 업무부문은 부 · 위와 동일급의 기구로서 중국인민은행[17] 및 심계서[18]가 있다.

4. 국무원 판공청

국무원의 종합적인 일상 사무기구이며 국무원 비서장이 직접 영도한다. 부비서장의 수는 약간명이다. 또한 국무원 비서장은 국무원의 상무회의에 참석할 수 있다.

5. 국무원 직속기구

국무원 직속기구는 전문업무를 담당하는 기구로서 업무의 성격이 특수하거나 독립된 담당부처를 설치하기에 부적절한 경우 설치 · 운영되고 있다.

이 기구의 행정적 지위는 부 · 위 · 행 · 서보다는 낮으며 국무원조직법의

17) 중국의 국가은행으로 국가금융을 관리하는 행정기관이다.
18) 독립적으로 국가회계 감독권을 행사하는 국가행정기관이다.

규정에 의거 그 설립과 폐지, 개편 등을 국무원 상무위원회에서 결정하도록 되어 있다. 이 기구의 수장은 차관급이며 국무원상무위원회의 결정을 통해 총리가 임면하며 국무원의 조직구성원은 아니다.

2011년 현재 15개 부서이며 구체적 명칭은 국무원 조직도를 참조하면 된다.

6. 판사기구

국무원 판사기구는 전문사항에 대하여 총리를 보좌하기 위하여 설치한 기구이다. 예를 들어, 국무원 법제국 등이 그것이다. 현재 4개가 설치되어 있다. 국무원 내부기구로 총리를 보좌하여 전문적인 업무를 취급하며 판사기구의 설치·합병·철폐는 국무원이 결정하며, 책임자는 국무원 총리가 임명한다.

7. 국 가 국

국가국의 정식명칭은 국무원부위관리국가국이다. 국가국은 관련 부위(部委)의 영도를 받으며 상대적으로 독립성을 갖고 있으며 부위 내부의 국·사와는 다르다. 국가국은 어떤 국은 원래 국무원의 직속기구였으나 국가국으로 개편된 후 더 이상 국무원의 직접적 영도를 받는 것은 아니다. 이들 국가국은 기업관리에 직접적으로 관여치는 않고 업종기획과 관련정책의 수립을 책임지고 수행하며 업종관리 등의 업무를 책임지고 있다.

1998년 3월 개최된 제9기 전국인민대표대회 제1차회의에서 국무원기구개혁방안이 통과되었다. 방안에 의하면 국무원조직에 대해 조정과 간소화 작업이 진행되었는데 이에 따라 국무원의 조직은 위에서 언급하였듯이 총 29개 부·위·행·서, 그리고 1개 판공청, 15개 직속기구, 6개 판사기구로 이루어졌다. 이들 기구들을 직능별로 분류하여 살펴보면(浦興祖 主編, 1999: 157-158), 첫째, 거시통제부문으로서 이 부문의 주요 업무는 경제의 총량적 평형을 유지한 것이며 통화팽창을 억제하며 경제구조의 견실화, 경제의 지속적 발전과 거시통제의 건전화, 경제·법률수단의 완성과 거시통제메커니즘의 개선 등의 업무를 맡고 있으며 주관 부서는 국가발전계획위원회, 국가경제무역위원회, 재정부 그리고 중국인민은행이다.

둘째, 전문적 경제관리부문으로서 경제와 관련된 전문부서로 철도부, 교통부, 건설부, 농업부, 수리부, 대외무역경제합작부, 신식산업부, 국방과학기술공

【그림 4-2】 국무원 조직

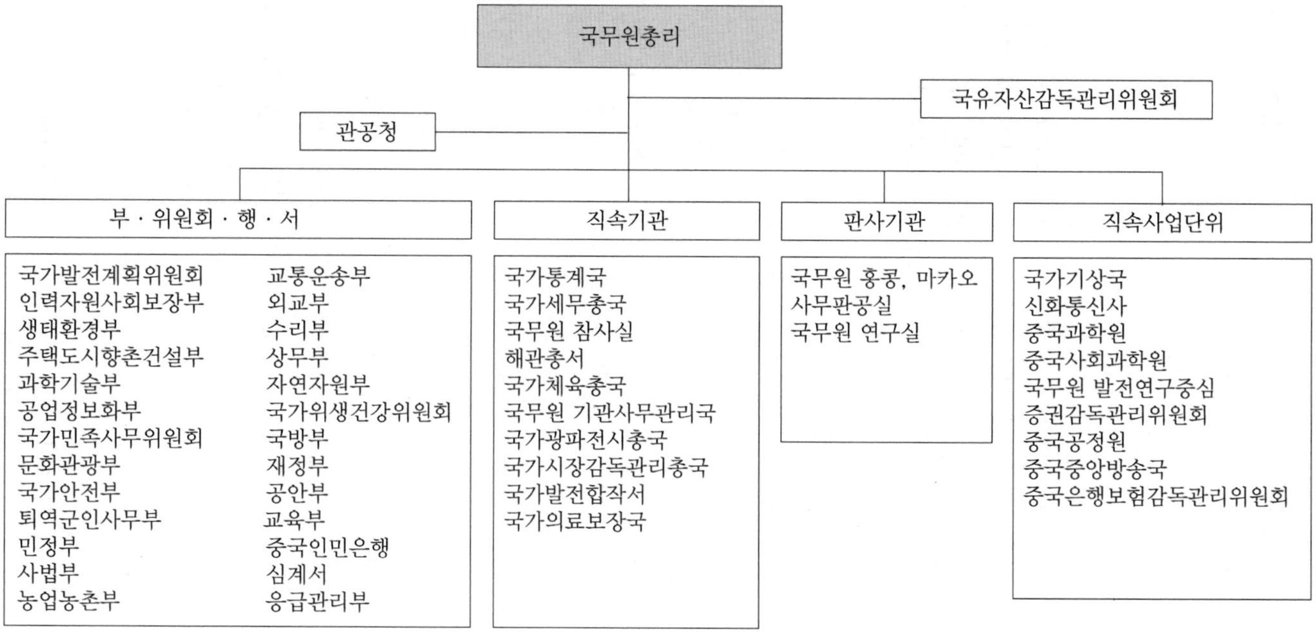

출처: 중화인민공화국중앙인민정부 홈페이지 참조(http://www.gov.cn/guowuyuan/zuzhi.htm 검색일 2018.5.29.)

업위원회 등을 들 수 있다. 주요 직책은 해당분야의 정책과 계획수립, 해당업종관리와 상품구조의 조정, 관련업종간 공정한 경쟁유도 및 보호관리 등의 업무를 수행한다.

셋째, 사회보장자원관리부문으로 담당부서는 노동·사회보장부, 인사부, 국가계획생육위원회, 국토자원부 등이다.

넷째, 국가정무부문으로 담당 부서는 외교부, 국방부, 사법부, 공안부, 국가안전부, 국가민족사무위원회, 민정부, 감찰부, 심계서가 있다.

다섯째, 교과문위관리부문으로 이 부문은 교육부와 과학기술부, 문교부, 위생부가 있다.

Ⅱ. 인사체제

중국은 1978년 개혁개방정책을 추진한 이후 정부의 여러 부문에 대해서 개혁조치들을 수행하였다. 그 개혁조치에는 공무원제도에 대한 개혁도 포함되어 있었다. 이전에는 공산당의 주도하에 당 간부와 당원 중심으로 정부의 공무원을 대신하였고 당과 정부에서 일하는 공무원의 구분도 명확치 않은 불합리한 점들이 많았기 때문이다.

또한 급속도로 발전하고 있는 경제발전에 현 공무원체제가 안고 있는 불합리성과 비효율성 등은 많은 장애가 되고 있다. 따라서 중국정부는 경제에 방해가 되지 않기 위해 관료조직에 대대적인 개혁을 단행하였는데, 인사기구들에 대한 개편작업과 함께 지방정부들은 중앙부처와 함께 서구의 공무원제도(공개채용시험제도)를 도입·시행하기 시작하였다. 또한 UN 원조하에 외국의 인사관리전문가를 초빙하고 중국의 행정관료들을 서구 선진국에 유학을 보내 그들의 선진 인사관리제도를 배우고 연구하게 하였다.

이상과 같은 중국의 공무원제도 개혁과정이 어떻게 발전되고 현재 어떻게 수행되고 있는지를 간부관리제도와 공무원 운영시스템을 중심으로 살펴본다.

1. 간부관리제도

중국은 오랫동안 공무원의 의미로 '국가간부' 혹은 '간부'라는 개념을 폭넓게 사용해 왔다. 간부라고 지칭되는 자들은 대략 6개군으로 분류될 수 있는데

① 국가기관 간부, 즉 권력기관에 종사하는 간부, ② 당의 간부, 즉 중공중앙의 지방 각 위원회와 산하 기구에 종사하는 당원과 기타 정당의지도급 인사, ③ 군대 간부, ④ 사회정치단체의 간부, ⑤ 전문기술간부, ⑥ 기업의 행정간부 등이 포함된다.

이러한 간부관리제도는 중화인민공화국 수립 당시에는 매우 엉성한 체계로 이루어졌으나 그 후 지속적인 체계개편작업을 통해 많은 발전을 해오고 있다. 중국의 간부관리제도의 변화·발전과정을 3단계로 나누어 설명하면 다음과 같다(浦興祖, 1999: 210-212).

(1) 1단계(중화인민공화국 수립 후 17년간): 형성과 탐색단계

이 기간 동안 간부관리제도와 관련된 성과와 업적은 첫째, 공산혁명전쟁 수행시 당·정·군 간부 합일의 원칙하에 운영되었으나, 정권수립 후에는 당·정·군이 각각 분리하여 독립된 관리체계를 이루었다는 점이다.

둘째, 1949년 11월 설립된 정무원 인사국은 정무원 직속기관의 정부업무 담당자들에 대한 자격심사, 조정, 임금, 복지, 교육훈련 등을 관장하였고, 1950년 11월 설립된 중앙인민정부 인사부는 전국의 정부기관 인사업무를 총괄관리하게 되었다. 이외에도 「중앙인민정부임면국가기관공작인원판법」, 「현이상인민위원회임면국가기관공작인원조례」, 「과기간부조례」, 「국무원관우국가행정기관공작인원적장징잠행규정」 등의 법규와 제도를 제정, 공표하여 간부관리제도의 기본틀을 갖추기 시작하였다.

또한 1954년 9월 「국무원조직법」에 근거하여 중앙인사부가 폐지되고 국무원인사국이 설립되었다. 이로써 정부간부에 대한 업무는 당 간부업무의 주요 일부분이 되었고 인사담당부서가 각 조직부서의 인사관리업무에 대해 협조하게 되었다.

(2) 2단계(문화대혁명 10년간): 혼란과 방해의 단계[19)]

문화대혁명 기간 동안에는 공식적인 정부기관의 업무가 사실상 제 기능을 발휘하지 못하였고 많은 기구와 기능들이 폐지 또는 비정상적인 운영을 하였

19) 문화대혁명과 관련된 중국의 여러 문헌들은 대부분 부정적인 평가를 내릴 뿐 구체적인 내용들은 기술하고 있지 않다.

기 때문에 많은 문제점이 발생하였다고 볼 수 있다.

(3) 3단계(中共 11기 3중전회 이후): 회복 · 발전 · 개혁의 단계

중앙조직부에서는 1979년 「관우실행간부고핵적의견」을 발표하였고, 1980년에는 전인대 상위회의 통과를 거쳐 「국무원관우노간부이직휴양적규정」을 반포하였으며, 1982년에는 「관우건립노간부이휴제도적결정」을 공표하였다. 같은 해 노동인사부는 「흡수녹용간부적약간규정」을, 1986년에는 중공중앙에서는 「관우엄격안조당적원칙선발임용간부적통지」 등을 발표하였다.

그러나 이상과 같은 중국의 간부관리제도는 또한 많은 문제점을 노출시키기도 하였다. 즉 국가간부의 대상이 너무 많고 방만하게 운영되며 정확한 구분이 되어 있지 않는다는 점이다. 둘째, 관리방식의 진부함으로 인재의 발전을 꾀하기 어렵고 인사관리권한의 과도한 집중과 자의적인 인사권 운영의 소지가 많다는 점 등을 들고 있다(浦興祖, 1999: 211-212). 따라서 이러한 비판에 직면하게 된 중국정부는 간부관리제도의 개혁을 착수하게 된 것이다.

2. 국가공무원제도의 운영시스템

간부관리제도의 폐단에 대해 1980년 등소평은 그 문제점의 지적과 함께 개선작업을 지시하였다. 그 후 현재까지 중국정부는 간부관리제도를 지속적으로 개편하여 오고 있는데, 개략적 내용은 간부들의 노령화추세 방지, 공무원의 전문화 향상, 그리고 공무원신분의 종신제 폐지, 인사권의 분권화, 평등경쟁, 임용방식의 개선 등을 개혁하였다. 이와 같은 일련의 개혁경험들을 종합하여 중공 13대에서 국가공무원제도를 제정하게 된 것이다.

(1) 공무원의 개념과 범위

"공산주의 국가에서는 모든 조직의 근로자들은 공무원이라고 생각하기 쉽다. 이는 모든 근로자들이 정부로부터 임금을 받으며 정부의 통제하에 관리되기 때문이다." 이 말은 중국을 방문한 미국의 행정학자 Suzanne Ogdem의 말이다. 이는 사회주의 계획경제체제 국가의 특징이기도 하다. 그러나 정부의 관리대상이라고 해서 모두 공무원으로 포함되지는 않으며 그 직무의 특성과 소속기관에 따라 다르다.

중국은 정부에 의해 운영되거나 혹은 재정지원을 받는 조직을 여러 범주로 분류하여 구분하고 있다. 일반적으로 서비스조직(학교, 병원), 전국적 범위의 조직(여성위원회, 청년동맹), 정당(공산당과 기타 중소정당), 산업단위, 그리고 정부조직 등으로 분류하고 있다. 그러나 공무원제도에 대한 개혁이 있기 전에는 어느 조직의 구성원이 공무원인지는 명확하게 규정하지도 않았으며 구분도 없었다. 실제 그들도 자신들의 신분이 공무원인지를 잘 모른다고 미국 행정학자는 밝히고 있다.

따라서 이러한 문제점을 해결하기 위해 중국정부는 1993년 새 법규정에서는 다음과 같은 공무원의 개념과 범위를 정립하였다.

첫째, 공무원은 행정기관의 사업인원이다. 행정기관에서 선거에 의해 선출된 자, 초청으로 임용한 자, 시험 등의 형식을 통해 채용된 사업인원 등은 모두 공무원 범위에 속한다고 규정하고 있다. 그리고 행정기관 이외에 국가기관, 정당조직, 사업단체 및 기업·사업단위의 인원은 공무원의 범위에 속하지 않는다고 밝히고 있다.

둘째, 공무원은 행정기관 중 행정권력을 행사하고 국가공무를 집행하는 사업인원을 말한다. 행정기관 중에서 국가공무를 집행하지 않거나 행정권력을 행사하지 않는 인원은 공무원의 범주에 속하지 아니한다.

셋째, 공무원은 중앙으로부터 지방의 각급 국가행정기관에서 국가공무를 집행하고, 국가행정권력을 행사하는 사업인원을 의미하며 중앙과 몇몇 지방행정기관의 공무원만을 가리키는 것은 아니다(國家公務員暫行條例 第1章).

(2) 직위분류제

실적주의의 적용을 받는 경력직 공무원을 분류하는 방식으로 가장 대표적인 것은 계급을 중심으로 공직의 계층적 구조를 형성하는 계급제와 직무를 중심으로 공직을 구조화하는 직위분류제이다. 오늘날은 대부분의 나라에서 직무의 특성에 따라서 직위를 분류하는 직위분류제적 요소를 채택하고 있으나 오랜 전통을 가진 계급제적인 요소도 전혀 배제하고 있지는 않다.

계급제는 공직분류를 인간을 중심으로 하는 것으로서 공무원 개개인의 자격과 능력을 기준으로 계급으로 분류하는 것이다. 이 제도는 주로 농업사회로부터 오랜 관료제의 전통을 지닌 한국, 일본, 독일, 프랑스 등이 운용하고 있다.

반면 직위분류제는 공직을 직책을 중심으로 각 직위를 직무의 난이도와 책임의 경중도에 따라 등급으로 분류하는 것이다. 산업화된 미국과 이의 문화적 영향을 받은 캐나다, 필리핀, 중남미 제국 등이 대표적으로 이 제도를 채택하고 발전시켰다. 한국은 계급제를 기본으로 하고 채용, 승진 및 전직에서 직위분류제의 요소를 활용하고 있다.

중국은 한국과 같이 사람에 기초를 두는 계급제를 채택하고 있다. 공무원은 징계조치가 아니고서는 비록 그들이 책임감이 덜한 곳의 직위로 옮겨 갈지라도 계급은 변하지 않는다. 보수는 계급에 기초를 두고 있는데, 실제 현금으로 지급되는 보수는 낮지만 시장에서 쉽게 구입할 수 없는 상품과 서비스 등을 제공받아 이것이 또한 보수에 책정된다. 이러한 부수입은 각 직장의 운영능력에 따라 다양하며 경영실적이 좋은 직장단위는 그렇지 못한 직장단위보다 좋은 조건의 보수와 주택 등을 제공받는다. 연금은 계급에 기초를 두고 있으며, 많은 인민들은 그들의 퇴직금을 올리기 위해 퇴직기간을 연장하기도 한다.

한편 중국은 사람중심 인사관리의 폐해를 극복하기 위하여 업무중심으로 직위를 설립하는 직위분류제를 도입하였다. 이에 따라 각급 기관은 직위설치에 대한 조사·분석을 실시하고, 각 직위를 업무성격·책임경중·난이도 및 요구되는 자격조건에 따라 직책과 임용자격요건을 포함하는 직위설명서(직무명세서)를 제정하여 공무원의 임용·평정·승진·보수·복지 등을 제공하는 근거로 삼고 있다. 그러나, 경쟁보직제의 실시와 관련된 경우에만 한하고 대부분은 계급제에 의해 운영되고 있다.

중국은 「국가공무원잠행조례」의 규정에 의거해서 직위분류제도를 시행하고 있는데 그 내용은 다음과 같다(浦興祖, 1999: 218-220).

국가공무원은 영도직 공무원과 비영도직 공무원으로 나뉜다. 영도직 공무원이라 함은 국무원 및 지방 각급 인민정부의 지도급 인사 및 각급 사업부문의 정·부직 행정수장을 일컫는다. 예를 들면 총리, 부총리, 성장, 부성장, 국장, 부국장, 과장, 부과장 등을 말한다.

비영도직 공무원이라 함은 각급 국가행정기관 중에서 직무를 담당한 직원(실무자들)으로 예를 들면 부주임소속인원, 주임소속인원, 조리조연원, 조연원, 조리순시원, 순시원 등을 말한다.

중국의 국가공무원은 15급으로 나뉘는데 직급과 직무는 다음과 같다.

㈎ 1급 공무원: 국무원 총리
㈏ 2급에서 3급 공무원: 국무원 부총리, 국무위원
㈐ 3급에서 4급 공무원: 부급 정직, 성급 정직
㈑ 4급에서 5급 공무원: 부급 부직, 성급 부직
㈒ 5급에서 7급 공무원: 사급 정직, 청급 정직, 순시원
㈓ 6급에서 8급 공무원: 사급 부직, 청급 부직, 조리순시원
㈔ 7급에서 10급 공무원: 처급 정직, 현급 정직, 조연원
㈕ 8급에서 11급 공무원: 처급 부직, 현급 부직, 조리연구원
㈖ 9급에서 12급 공무원: 과급 정직, 향급 정직, 주임과원
㈗ 9급에서 13급 공무원: 과급 부직, 향급 부직, 부주임과원
㈘ 9급에서 14급 공무원: 과원
㈙ 10급에서 15급 공무원: 사무원

(3) 인사관리기구

국가공무원 관리기구체제는 중앙관리기구와 지방관리기구로 그 체계가 이루어져 있고, 또한 성격에 따라 종합관리적 인사관리기구와 부문적 관리기구로 나누어 설명할 수 있다.

먼저 중앙과 지방의 관리기구는 첫째는 중앙인민정부와 그 산하 각 공무원관리기구이다. 즉 국무원 인사부와 각 부·위·직속기구 등의 내부에 설립되어 있는 인사국이 그것이다. 둘째는, 지방인민정부와 그 산하 관리기구인데 즉, 현급 이상 지방인민정부의 인사부문으로서 성·자치구·직할시 인민정부의 인사청(국), 계획시와 구가 설립되어 있는 시, 자치주 인민정부의 인사국(처), 시·현·자치현 인민정부의 인사과(국) 등이다.

다음으로 성격에 따라 종합관리기구는 중앙에서 지방 각 인민정부가 설립한 여러 가지 관리기능과 권한을 가지고 있으면서 주로 사무적인 업무와 업무성격상 거시적이고 간접적인 인사관리를 하는 기구를 의미한다.

반면 각급 정부 각 부서내부에 설립되어 있는 인사기구는 집행기구로서 직접적인 인사관련 업무를 수행한다. 예를 들면 국무원 산하 각 부·위의 인사사, 성·자치구·직할시의 인사청(국, 처) 등이 그 예이다.

중앙정부 국무원의 인사관리기구인 인사부의 주요기능은 다음과 같다.

㈎ 인사제도개혁의 계획·방안을 연구, 수립하고, 인사관리 정책·법규를 입안하며, 과학화·법제화의 인사관리제도를 수립 및 감독·검사를 진행하고, 기구개혁

인원의 보직 및 퇴출에 관한 정책규정을 연구하고 입안한다.

(나) 국가기관 및 사업단위 업무인원에 관한 총체적 계획 · 구조조정 · 급여분배에 관한 거시정책을 입안하고, 국가기관 · 사업단위 인력계획 및 급여계획을 편성하는 업무를 담당한다.

(다) 전국 전문기술직 및 전문기술인력 양성업무를 관리하고, 고급 전문인재 교육훈련 업무를 담당하며, 현저한 공헌을 한 청년 전문가 · 정부의 특수수당지급 전문가에 대한 선발업무를 실시한다.
재중 거주(또는 귀국한) 전문가에 대한 관리업무를 담당하며, post-doctor 제도를 연구 · 개선하고, 유학생의 귀국 후 배치 · 업무조정 및 관련 과학기술 연구경비 보조업무를 담당하며, 전문기술자의 지속적인 교육업무를 담당하고, 전문기술 핵심인재의 출입국 및 외국기구가 초빙한 전문기술 핵심인재 관리에 관한 정책 · 법규를 연구 · 입안한다.

(라) 사업단위 인사제도개혁에 관한 총체적 방안을 연구 · 입안하고, 사업단위 직원전문기술자 및 고용직 관리에 관한 정책 · 법규를 연구 · 입안한다.
기술자들의 직위, 명칭, 업무를 전담관리하고, 전문기술직무 초빙제를 개선하고, 전문기술 직업자격제도를 추진하며, 전문기술자격 고시제도를 개선한다.

(마) 국가공무원제도를 개선하고, 각종 국가공무원 관리에 관한 정책 · 법규를 입안하고, 각 지방 · 각 부문의 국가공무원제도의 시행을 지도 및 협조한다.

(바) 국무원이 감독 · 관리하는 국유 대형기업 및 기업집단의 주요 경영자에 대한 임면사항을 담당하고, 국무원이 감독 · 관리하는 국유 대형기업 및 기업집단의 주요 경영자에 대한 선발 · 근무평정 · 교육훈련 등 관리업무를 담당하며, 중앙 대형기업 업무위원회의 일상업무 및 지시한 사항을 처리하고, 기업인사제도 개혁업무를 연구 및 지도한다.

(사) 국무원이 국유 중점 대형기업 및 기업집단에 파견한 계찰특파원稽察特派員에 대한 관리업무를 담당하고, 계찰특파원의 업무규정을 연구 · 수립하여 계찰특파원제도를 개선하며, 계찰특파원을 파견할 기업명단을 관련부문과 협의 및 입안하여 파견방안을 수립하고, 계찰특파원의 계찰보고서를 관련기관에 보내어 심사하게 하고 규정에 따라 국무원에 보고하며, 계찰특파원의 임면 · 교육훈련 · 파견 등 사항을 처리하고 계찰특파원 조리에 대한 선발 · 임면 · 교육훈련 등 업무를 담당하고, 계찰특파원 및 그 조리에 대한 상벌제도를 연구 · 수립 및 실시하고 계찰특파원 및 그 조리에 대한 감독 · 검사 및 일상 관리업무를 담당한다.

(아) 인력자원 계획 · 개발 업무를 담당하고, 인재유통 정책 · 법규를 입안하며, 인재시장을 발전 · 규제하고, 국내외 인재기구 및 조직이 국내 인재시장에의 가입을 허가하는 제도를 수립하며, 인사쟁의 중재제도를 수립하고, 고등교육기관 졸업생 취업제도 개혁 및 고등교육기관 졸업생 취업정책의 입안에 참여하며, 국가가 시급히 요구하고 반드시 보장해야 하는 고등교육기관 졸업생에 대한 지령적 분배계획을 제시하고, 국가가 특별히 요구하는 인원에 대한 선발 · 배치 업무를 처리하며, 업무분장에 따라 농업인구를 비농업인구로 전환하는 정책 · 법규를 연구 · 입안하고 시행한다.

(자) 기관·사업단위 및 외국주재 공관업무인원에 대한 급여제도·정책 및 기준과 조정조치를 연구·입안하고, 지역수당 제도를 연구·수립하며, 격오지·위험 근무수당제도를 개선하고, 국가기관·사업단위 업무인원에 대한 이퇴직 정책·법규를 연구·개선하고 시행한다.
(차) 국가의 상훈제도를 연구·입안하고, 국가명의로 부여되는 상훈 대상자를 심의하며, 정부의 상훈업무에 지도·협조하고, 국무원 명의로 시행되는 상훈활동을 심사한다.
(카) 군 전직간부에 대한 배치정책을 입안하고, 배치 및 교육훈련 계획을 수립 실시하며, 사회주의 시장경제 체제에 맞는 군대의 전직간부 배치제도를 연구·수립한다.
(타) 인사·인력 관리 방면의 국제교류 및 협력을 지도 및 협조하고, 정부간 인사업무 관련 협정·협의 항목의 시행 업무를 처리하며, 국제조직에 파견하는 직원에 대한 관리 및 협조 서비스 업무를 담당하고, 중국이 참여하는 국제 인력자원 기구에 대한 협조업무를 처리한다.
(파) 정부계통과 정부부문의 인사업무에 대하여 지도·감독·검사의 추진 및 협조 서비스를 담당하고, 인사계통에 대한 홍보·연구 및 정보 업무를 담당한다.
(하) 중앙이 관리하는 일부 고위급 지도자들에 대한 임면수속관련 행정사항의 처리 업무를 담당한다.

내부조직으로는 판공청, 정책법규사, 계획재무사, 전문기술인력관리사, 공무원관리사, 기업경영자관리국, 계찰특파원총서 판공실, 인재유통개발사, 급여복지 및 이퇴직사, 장교전직배치사-전직 군 간부의 직업교육 및 배치, 국제교류 및 협력사, 기관당위 등이 있다.

3. 국가공무원제도 개혁의 영향요인

중국은 현재 시행하고 있는 일련의 개혁과정을 통해 일관되게 주장하고 있는 것이 바로 중국적인 것을 잃지 않고 중국만의 특성을 가진 개혁을 지향해야 한다는 것이다. 그러면 바로 이런 중국적인 것이 무엇인가?

Suzanne Ogdem이 주장하기를 중국정부의 모든 결정들은 다음 세 가지의 가치에 근거하고 있다고 한다(Ogdem, 1989: 6-7).

첫째, 전통적인 중국문화가치에 영향을 주는 요소들로서 유교사상, 공무원시험, 학계의 지도자, 인간관계라고 알려진 중국의 인격주의 등이다.

둘째, 사회주의가치에 영향을 주는 요소들로서 공산당, 당의 간부들, 노동단위, 평등주의 등이다.

셋째, 발전이라는 가치에 영향을 주는 요소로서 중국의 크기와 빈곤문제, 교육수준 등을 지적하고 있다.

위의 가치들은 정치적 정세의 변화에 따라 그 우선순위가 변하기도 하는데 중국의 공무원개혁은 바로 이러한 가치들 사이의 갈등을 반영하는 것으로 보고 있다. 즉, 공무원개혁은 일부 지도급 인사들 중에서는 경제발전에 필요한 부수적인 것으로 인식되었다. 개혁운동이 요구하는 것 중에서 당과 정부의 분리주장은 공무원 선발시 정치적인 기준보다는 기술적인 능력을 기준으로 하자는 것이었고, 발전이라는 가치를 위해서는 사회주의라는 가치를 약화시키자는 것이었다. 그러나 천안문사태와 소련과 동유럽의 붕괴로 과다한 서구의 영향력 증대로 인한 그 폐해를 주장하는 당내 강영론자들은 사회주의 가치를 더욱 강하게 주장하였다. 발전이라는 가치가 최우선순위로 강조될 때, 다른 한쪽에서는 '중국의 특성에 따라'라는 슬로건이 항상 발전이라는 가치를 제한하곤 한다는 것이다. 따라서 앞으로도 중국적 가치들에 대한 중국지도자들의 우선순위에 대한 변화가 앞으로의 개혁흐름의 방향을 결정짓는다고 보고 있다. 좀더 구체적으로 개혁에 영향을 주는 중국의 가치들에 대해 고찰해 보면 다음과 같다.

(1) 중국의 전통문화

① 유교사상: 공자의 가르침은 중국에 지대한 영향을 끼쳤는데, 수세기 동안 학자들은 공자사상을 인용하며 도덕적 생활을 하는 데 필요한 기본개념들에 대해 설명하고 있다. 중국의 학자들은 현재의 복잡한 문제의 해결이나 미래에의 지침으로서 또한 행동의 정당성을 위한 정의로서 공자의 사상을 그 토대로 삼고 있다는 것이다.

그러나 서구의 여러 학자들은 과연 유교사상이 현대의 중국에 적절한 것인가라고 의문을 가지고도 있다. 20세기의 중국은 유교사상을 거부하기도 하고 또한 포용하기도 한다. 그러나 유교사상으로부터 완전히 벗어날 수는 없는 것 같다. 1994년 9월 인민일보의 공산당 사설에서 현재의 금전만능주의로 인한 도덕적 진공상태를 채우기 위해 유교사상의 부활이 필요하다고 역설하였다. 이것은 유태인의 기독교사상에 대한 가치와 같은 의미이기도 하다.

서양 관료제의 계급제는 유교사상의 위계질서사상과 일맥상통한다고 볼 수 있다. 번영이란 사회가 안정되고 엄격한 계급적 관계에 의한 위계질서가 있을 때에 온다는 것이다. 자식은 부모를 따라야 하고 백성은 관료를 따라야 하고 관료는 임금을 따라야 한다는 것이다. 그러나 자식으로서 부모에 대한 효성과 충성심을 일반조직에 적용하려는 공자의 사상은 실적주의와 갈등을 야기할 수 있다는 점이다.

백성들의 충성의 대가로 정부는 안정유지와 번영의 책임을 맡고 있다. 사람은 무가치한 지도자를 섬기지 말아야 하며 필요하다면 원칙을 위해 기꺼이 목숨도 희생할 각오가 되어 있어야 한다는 것이다. 중국정부가 1997년 홍콩의 중국이양에 대해 언급하면서 항상 안정과 번영이라는 두 단어를 사용하는 것은 우연이 아니라는 것이다. 따라서 중국은 사회적 충격을 최소화하기 위해서 개혁을 천천히 점진적으로 신중히 그리고 꾸준히 시행할 것이다.

② **전통적 공무원채용시험:** 수세기 동안 논어가 중국의 공무원등용의 주 시험과목이었다. 비록 그 제도는 시험에 필요로 하는 막대한 수업료를 납부할 수 있는 양반가문의 자제들에게는 선호되었지만 또한 가난한 자들을 위한 학교도 있었기 때문에 똑똑하지만 가난한 사람들에게는 신분상승을 위한 하나의 좋은 수단이기도 하였다. 극소수만이 모든 시험을 통과하였고 궁극적으로는 높은 관직에 등용될 수 있었다. 그들은 높은 지위와 안락함을 보장받았다. 선발시 학자들은 논어에 대한 해석을 기초로 결정하였다. 이것은 서구의 법률중심의 시험과는 상당히 다른 것이었다. 현재 중국의 시험내용이 마르크스주의 철학을 해석하는 것에 많은 비중을 차지한 것과 일맥상통하는 것이라고 볼 수 있다.

한편, 그러한 시험의 엘리트주의적 성격은 공산주의의 계급이 없는 이상적 사상과 모순이 된다는 점이고 이것이 또한 갈등을 야기한다는 것이다. 이러한 연유로 공산당은 실제로 여러 차례 반지식운동을 했었고 모택동의 경우 "사람은 책을 많이 읽으면 읽을수록 더 어리석어진다"는 주장을 하기도 했으며 이로 인해 중국의 문화대혁명이 일어나기도 했다.

③ **인간관계:** 인간관계라는 것은 개인간의 친밀한 호의적인 관계와 지역연고, 학파, 혈연관계로부터 오는 의리 등을 의미한다. 이러한 종류의 의리는 미국에서는 일시적이고 예측하기 힘들지만 중국에서는 공식적이라는 것이다. 미국에서 실적주의는 엽관주의의 폐해로부터 나온 것이지만 중국의 인간

관계는 미국의 엽관주의와는 비교하기 어려운 중국 특유의 복잡한 사회적, 경제적 전통에 기인한 것이라고 볼 수 있다.

중국에서는 많은 상품(용역을 포함)을 위한 자유시장이 부족하기 때문에 이러한 인간관계에 의한 거래가 더 활성화되어 있다고도 할 수 있다. 그러나 이러한 인간관계가 업무의 효율성이나 능률성 측면에서 부정적인 효과를 줄 수도 있다.

(2) 사회주의 가치

① 공산당의 역사적 역할: 자유민주주의체제에서 살고 있는 사람들에게는 공산당이라는 개념을 객관적으로 인식하는 것은 쉬운 일이 아닐 것이다. 중국의 공무원개혁의 배경을 이해하려면 중국의 역사적 배경에서 공산당을 알아야만 한다. 20세기 초 중국은 봉건주의와 자본주의의 나쁜 점 등을 진열하는 장소와 같았다. 서구열강들이 19세기 중엽 중국인들을 아편에 중독되게 하는 등 결국 아편전쟁으로 인해 강압적으로 중국을 개방시켰다. 소수의 지주들만 부유하게 살고 나머지 수많은 인민들은 기근에 시달렸다. 부유한 서구의 치외법권지역들은 중국 도시들의 중심지로부터 발전해 나갔다. 지방에서는 산적들이 들끓었고 그 당시 이상주의적인 민족주의 운동 또한 갈수록 부패해져 갔다.

마르크스의 계급과 착취, 자본주의의 붕괴라는 역사적 불가피성 등에 대한 논쟁은 많은 호소력을 가지게 되었다. 중국의 현 지도층 중 80대 이상의 사람들은 그러한 시대에 살았고 이상주의를 추구하는 젊은 시절에 당에 가입했으며 1949년 공산당이 정권을 잡은 후론 상당한 발전을 가져왔다.

공산당은 2차대전 후 장개석의 국민당정부를 물리치고 정권을 잡았다. 장개석의 국민당이 대만으로 후퇴하고 난 후, 많은 국민당 추종자들은 중국대륙에 남아 공산당으로부터 중국대륙을 다시 찾기 위해 지속적인 투쟁을 벌였다. 이러한 배경 때문에 공산당은 공산주의에 대한 충성심이 정부관료를 선발하는데 있어서 가장 중요한 판단기준이 되었던 것이다.

국민당의 잔존세력에 대한 두려움 때문에 공산주의자들은 중국의 오래된 부정부패의 일소와 새로운 중국건설의 필요성을 제기하면서 이를 위한 여러 정책들을 추진하였다. 이 과정에서 충성심이 의심되는 사람은 자아비판과 사형집행으로 다스리기도 하였다.

새로운 중국공산당 지도자들의 건국초기 강경한 행태에도 불구하고 인민들은 여러 가지 이유로 인내할 수 있었다. 전쟁과 각종 지방봉기, 부정부패후의 평화는 환영할 만한 것이었다. 토지개혁과 여러 개혁조치들이 소작농민들의 부를 향상시켜 주었다. 국민당과 일본에 비해 공산당 지도자들과 인민해방군들은 정직하고 예의바른 사람들이었다. 결국 이러한 새로운 지도자들에 의해 중국은 번영할 수 있었다.

그러나 중국정부의 반우익운동과 대약진운동은 첫 번째의 정책실패였다. 문화대혁명은 공산당 명예에 큰 손상을 가한 재앙이라고 평가받고 있다. 중국의 모든 국민들은 문화혁명의 아픈 상처로 인해 가해자와 피해자 모두인 것이다.

문화혁명에 대한 일종의 반발로서 1978년 등소평에 의해 거대한 개혁이 단행되었는데 그것이 바로 서구의 시장원리 도입과 중국경제의 발전을 위한 일련의 개혁조치인 개혁개방정책인 것이다. 소련과는 달리 중국 공산당은 권력의 중심부에 여전히 남아 있다. 비록 당 내부에 갈등이 남아있지만 권력은 경제발전을 추구하는 당 지도자들의 수중에 여전히 남아 있다. 따라서 향후 중국의 어떠한 개혁정책들도 중국공산당의 지대한 영향을 받는다는 것은 의심의 여지가 없다.

② 당과 정부의 관계: 중국에서의 행정부는 당의 정책을 집행하는 데 이용되는 하나의 도구이다. 경제개방 이후 당과 정부의 관료 사이에는 꾸준한 갈등이 있어 왔으나 항상 당의 의견이 받아들여졌다. 기술적 전문가가 중요한 반면 더 중요한 것은 전문성이 추구하는 목적인 것이다. 당 간부들에게는 기술적 전문가는 중립적인 것으로 보여지지 않는다. 왜냐하면 부분적으로 그들은 서구의 영향을 받았고 지금도 관계를 맺고 있기 때문이라는 것이다. 따라서 단지 전문적인 기술 하나만 가지고 공무원을 선발하는 것은 그들에게는 생각할 수도 없는 것이다. 당과 정부는 공산당의 이념에 충성하는 관료를 확보하도록 조직되어 있다.

비록 전인대가 중국에서 최고의 권력을 가지고 있지만 실제로 당이 통제권을 갖고 있다. 또한 중국은 이중적인 관료제를 가지고 있다. 당관료의 일부분은 정부관료제의 내부에 상근해 있다. 전인대의 주요간부 임명권은 당에 의해 승인받아야만 한다. 이와 같은 관계는 모든 유형의 정부관료제에게 적용된다. 당관료들은 모든 조직의 내부에 있으면서 명령계통에 의해 당에 보고를 하는데 그들의 주목적은 현재의 정치이념에 대해 정부관료들을 교육시키고 그들의 충성심을 감시·감독하기 위해서이다. 그들은 이의 효율적 수행을 위해 노동자 정치회의와 인사결정에서 거부권을 행사한다. 많은 정부 관료들이 당원이기 때문에 당의 통제는 더욱 효율적이고 가중되어 있다 볼 수 있다.

지난 10년 동안의 개혁은 당과 정부를 분리하는 시도에서부터 시작되었는데 정부와 당 업무의 중복은 비능률일 뿐만 아니라 기술전문가들을 비전문가인 당 충성파에 의해 희생당하기도 하기 때문에 더욱더 당·정 분리주장이 강하게 제기되고 있고 따라서 인식의 폭도 확대되고 있다.

③ 당원자격의 의미: 중국공산당은 여러 의미에서 서구의 정당과는 달리 사적 단체와 비슷한 점을 많이 발견할 수 있는데 그 대표적인 예로서 당원자격이 상당히 배타적이라는 것이다. 인구의 5%도 안 되는 5,000만명 정도가 당원이다. 당원자격은 당의 정치적 사상에 신념을 갖고 열심히 일하면서 헌신하는 사람에게 주어진다고 명시되어 있다. 당원이 아닌 사람들이 주요 직위에 오를 수 있지만(기술전문가에 한함) 그러나 그 수는 극히 소수이며 대부분의 경우는 당원인 사람만이 중요한 자리에까지 승진할 수 있다.

당원이 되는 방법은 여러 가지인데 공산주의를 진실로 믿는 자는 미래에 대한 보장을 확실히 받을 수 있는 가장 좋은 방법이라는 것이다. 동유럽의 변화에도 불구하고 중국인들은 서구자본주의도 사회주의적인 성격을 가지고 있는 것처럼 공산주의도 여러 형태가 있을 수 있다고 중국의 현 체제에 대해 옹호한다. 그들은 또한 사회주의 국가로 도달하기 위해서는 자본주의 단계를 거쳐야 한다고 주장하기도 한다.

그들에게 있어서 삶의 질을 향상시키는 유일한 방법은 공산당원이 되는 것이다. 따라서 당원이 주는 의미는 그들에게 있어서는 상당한 것이다.

④ 직장단위: 중국노동자들은 직장단위에 많이 의존해 있고 이것은 개혁운동에 중요한 영향을 미친다고 볼 수 있다. 사회·경제적 의존도를 측정하는 데는 두 가지 요인을 들 수 있는데, 첫째 요인으로는 직장에서의 만족도이다. 중국인들에게 이것은 매우 높게 나타나고 있다. 두 번째 요인으로는 다른 직장으로의 취업용이성이다. 중국에서는 이것은 매우 낮다. 상품시장의 수는

상당히 많이 증가하였는데 상품과 서비스를 이용할 수 있는 것은 단지 직장단위에 의해서만 이용 가능하다는 것이다. 개인이 아닌 직장단위는 승용차와 여러 장비들을 소유하고 있으며 직장 구성원들은 이를 이용할 수 있다. 직장을 그만둘 권리 역시 직장단위에 의해 통제를 받고 있다.

일자리를 포함해서 부족자원의 할당을 통제하는 직위는 높은 가치와 선망의 대상이다. 중국사람들은 직업선택의 대안이 별로 없기 때문에 직장내의 권력을 가진 지위를 갈망한다. 그러므로 중국공무원들에게는 서방의 실적주의제도는 인간관계와 그 외의 비실적주의 요소에 의해 현재 결정권한을 가지고 있는 권력층에게는 상당히 위협적인 요소인 것이다.

⑤ **평등주의:** 평등주의는 공산주의가 추구하는 이상주의적 요소 중 중요한 요소의 하나이다. 중국공산당은 소작농민과 노동자들에게 부와 높은 지위를 부여하고, 이전의 지주들에게는 더 낮은 지위로 격하시키는 것과 같은 평등주의 정책을 시행하여 많은 인민들의 환영을 받아 왔다.

또한 중국사회는 공식적으로는 여자는 남자와 평등하다. 실제로는 어느 정도의 불평등이 존재하지만 그러나 현재 여자들의 지위는 예전에 비해 많이 향상되었다. 반면 지식인들의 지위는 아직 애매모호한 상태라고 볼 수 있다. 예전의 봉건제도하의 지배계층에서 그들의 역할과 높은 지위에 비해서는 지금은 아직 초라한 위치라고 볼 수 있다.

계급 없는 이상주의적 사회에서 관료제의 계층제(계급제)는 모순을 나타낸다. 1989년 봄 천안문사태 때 학생들에 대한 많은 노동자들의 지지는 당 고위층의 부정부패에 기인한다고 볼 수 있다. 시장개혁으로 인해 이미 몇몇 고위층 사람들의 재산축적과 같은 문제점들이 드러나고 있으며 이것은 위화감과 심각한 사회문제를 야기시킬 수 있는 잠재성이 내재해 있다고 볼 수 있다.

또한 실적주의에 의한 공무원임용은 평등주의와 갈등을 야기할 수 있다고 본다. 당 고위층 특히 원로들은 실적주의에 의한 시험임용은 노동자와 소작농민들보다 지식인들에게 특혜를 주는 것이 아니냐는 문제제기를 하고 있는 것이다.

(3) 발전의 가치

발전이라는 가치에 대해서는 대부분의 세계 여러 나라가 이미 긍정적으로 받아들이고 있는 가치이다. 질 좋은 의료서비스와 생활조건, 교육 등을 통한 삶의 질 향상과 같은 발전의 가치를 모두가 수용하고 추구하고 있는 것이다. 중국에 있어서의 발전과 관련된 가장 중요한 요인은 규모이다.

북경에서는 버스에 타기 위해 수많은 사람들이 밀치곤 한다. 비슷한 경쟁 현상들이 주택과 교육 그리고 직업구하기 등에서 나타나고 있다. 중국은 인구의 92%를 차지하는 한족과 그 외의 55개의 민족들이 같이 살고 있다. 그들은 다른 지역민들끼리는 의사소통도 되지 않는다. 그들은 지역간 방언의 이질성이 무척 심하기 때문에 일반적으로 언어소통을 하기 위해선 북경언어를 사용해야만 한다. 문자로는 의사소통이 가능하지만 한문을 배우는 데에는 많은 어려움이 있으며 중국인들의 상당수가 아직 문맹이기도 하다.

또 다른 요소로는 낮은 교육수준과 낮은 경제수준이 개혁운동에 중대한 영향을 미친다. 해변도시들은 경제의 붐을 일으키고 있지만 중국인구의 75%가 내륙의 시골에 살고 있으며 그곳은 아주 낙후되어 있기 때문이다. 삶의 질 향상을 위한 욕구가 개혁운동을 하게 하는 동기가 되었으며 시장원리를 도입하게 한 것이었다. 공무원들은 그들의 월급보다는 노점상이 더 돈을 많이 번다는 사실을 깨닫게 되었고 사기업체의 월급이 고위공무원 월급의 10배 이상인 현상에 대해 많은 공무원들이 갈등을 하고 있다. 비록 정부의 공무원직이 안정되고 부수입이 있을지라도 임금차이가 너무 커서 많은 훌륭한 공무원들이 이직을 할 것으로 예측되고 있다.

중국에는 많은 양질의 교육을 받은 사람이 있지만 그보다 더 많은 사람들이 교육을 받질 못했다. 정부와 당, 인민조직, 기업, 각 기관의 8백만 간부들 중 단지 6%만이 대학을 졸업했고 42%는 단지 중학교 졸업이며, 2%는 거의 문맹에 가깝다는 것이다. 개혁가들은 중국의 개혁추진을 위해 양질의 교육을 받은 전문인들을 고용하려 하지만 그러한 사람이 많지 않다는 것이 문제이다. 교육을 제대로 받지 못한 간부들은 실적주의가 위협적인 것으로 생각될 것이다. 아마 그들은 자신들의 직위를 위협하는 이러한 개혁운동에 대해 저항을 할지도 모른다.

4. 공무원 교육훈련제도

공무원 교육훈련의 주체는 기능의 범위에서 보면 교육훈련의 관리기구와 교육을 집행하는 기구로 구분된다.

(1) 관리기구 체계

각 급의 정부 인사부서는 공무원 교육훈련의 종합 관리기관이다. 국가 인사부는 중국 공무원 교육훈련을 전국적으로 주관하는 기구이며 국가공무원 교육훈련과 관련된 법규와 정책을 입안하고 교육훈련의 기획안을 수립하고 조직화와 집행과 관련된 업무를 총괄 책임지고 있다. 교육훈련담당자의 교육훈련 내용 및 교육관리이론과 관련된 연구를 수행하며 '급과 직류'원칙에 따라 국가공무원 교육기구에 대한 업무를 지도 감독한다.

국무원의 각 공작부문과 지방 각 급의 정부 인사부서는 각자의 직능범위 내에서 지도·기획·조직을 책임지고 해당 부문, 지역 공무원의 교육훈련업무를 수행하고 교육기구를 지도·감독하는 업무를 수행한다.

(2) 교육훈련 운영체계

중국 공무원 교육훈련 운영체계는 행정학원, 간부관리학원 및 기타 교육훈련기구로 3원화 되어 있다. 1985년 전국에서 첫 번째로 성급 행정학원인 광동성 행정학원이 설립되었다. 그리고 전국 첫 번째 공무원 교육훈련기구인 중국고급공무원 교육훈련센터가 1988년 9월에 설립되었다. 이 기구는 국가인사부에 직속된 교육훈련기구이자 연구자문기구이기도 하다.[20]

① 행정학원: 중국의 행정학원체계는 각 급의 국가공무원에 대하여 교육훈련을 실시하는 주요 교육기구로서 국가행정학원과 지방행정학원으로 구분된다. 국가행정학원은 공무원 교육훈련업무의 정규화와 제도화를 실현하기 위하여 중국 정부가 국가 상황과 외국의 선진 경험을 기초로 1994년 9월 북경에 전문적 공무원 교육훈련기관으로서 설립한 것이다. 본 학원은 국무원의 직속기구로서 중국 중앙정부의 직접적인 지시를 받고 업무면에서는 국가인사부의 지도를 받는다. 주요 기능은 고급과 중급 공무원 및 국무원 각 부분 초급 공무원의 재직교육훈련, 임용교육훈련, 그리고 계속교육과 각종 유형의 단기적인 순환교육훈련을 담당하고 있다. 또한 규정제정 및 편찬, 각급 공무원의 교육계획과 요강을 수정·보완하는 것을 담당하고 있으며, 교육업무에 대한 수요를

20) 趙森, 「讓我們共同建設公務員之家」(中共公務員, 1996), 第4期.

제시하고 고급·중급 공무원을 배양하기 위한 교재 등을 편찬한다. 그리고 업무에 있어서는 지방행정학원을 지도한다.

지방행정학원은 중국 지방 각급 정부에서 조직하고 건설한 지역의 공무원 교육훈련 전문기구이다. 주요 기능은 동급 인민정부 인사부문의 관련 공무원 교육훈련의 구체적인 방침·정책·계획을 수립·집행하고 학습요강 등을 마련하는 등 관리업무를 총괄한다.

② 간부관리학원: 간부관리학원은 각 부문 각 분야에서 공무원을 훈련하는 중요한 기관이다. 교육훈련의 주요 목표는 공무원 업무수준을 제고시키고 공무원조직의 전문화를 촉진하는 것으로 되어 있다. 각 부서에는 수많은 간부교육훈련센터가 있는데 이러한 기구는 중국 중앙정부 인사부의 자격인허가를 취득해야만 국가 공무원 교육훈련기능을 수행할 수 있다. 훈련내용은 전문적인 업무교육훈련과 소양지식 교육훈련으로 구성되어 있다.

③ 기타 교육훈련기구: 고등교육기관과 중등전문학교에서도 위탁받아 공무원 교육훈련을 시행하고 있다. 대학의 경우 공무원교육의 상당부분을 담당하고 있으며 단기연수와 공무원들의 학위과정을 담당하고 있다.

(3) 교육훈련의 기본원칙[21)]

① 이론에 실천을 연계: 교육훈련과정에서 훈련을 받은 공무원을 인도하여 마르크스 레닌주의, 모택동사상과 등소평 이론을 학습하게 하고 그들의 입장, 관점과 방법을 활용하여 정부업무에서 발생하는 문제들을 분석하고 해결하는 데 활용토록 한다는 것을 의미한다

② 학용일치: 이는 교육훈련과 실제 업무와의 활용이 일치되도록 한다는 의미이다. 공무원이 교육훈련기간에서 배운 지식과 기능은 직위, 직책의 요구에 부합해야 한다는 것이다. 공무원을 교육·훈련하는 목적은 공무원의 정치사상 수준을 제고시키고, 문제를 해결하는 업무능력을 향상시키기 위한 것이기 때문에 이러한 원칙이 강조된다는 것이다.

③ 수요에 의한 교육: 이는 서로 다른 시기의 사회와 경제발전에 따른 수요와 각 분야 각 급의 공무원 직위에 따라 그 수요에 근거하여 교육훈련 내용을 결정하며 실제에 부합되는 교육훈련을 시행해야 함을 의미한다.

---

21) 梁昆義, 「國家公務員制度新論」(江蘇: 江蘇人民出版社, 1999), pp. 174-176.

④ **실제효과의 중시:** 공무원 교육훈련의 목적은 관리목표를 실현하기 위한 것이므로 실제 효과를 중시하고 질을 확보할 수 있도록 하는 것이 중요하다는 의미이다. 이러한 원칙은 주도면밀한 교육훈련계획을 수립해야 하며 전통적인 교육훈련 내용과 방식은 개혁을 통해 개선해야 하고, 교육훈련의 대상과 배양과정, 활용과정 등은 유기적으로 결합해서 활용해야 한다는 것을 의미한다.

Ⅲ. 예산과정

1. 예산관계법의 변천

중국공산당은 1949년 정권수립 이전에도 각지에서 이미 예산제도를 도입하여 시행하고 있었다(Jinyan Li, 1991: 1-26). 1931년 11월 소비에트형 경제의 근거가 생기면서 재정수지를 통일하고 재정업무의 계획화를 진행하였으며 동년 12월 중국 공산당은 「중화소비에트공화국 잠정재정조례」를 공포하고 회계검사제도와 국고제도를 도입하여 예산체제를 확립하였다. 그 후 중국공산당은 대장정을 거쳐 북방으로 이동하는 등 항일투쟁기에는 통일적인 예산결산제도를 실시하는 것이 불가능하여 지역별로 독자적인 예산결산을 편성하여 사용하기도 하였다.

중화인민공화국의 성립과 동시에 공포된 「중화인민정치협상회의 공동강령」은 헌법이 제정되기 전까지 임시헌법의 역할을 하였는데 동 강령에서 국가예산과 관련하여 "국가의 예산결산제도를 확립하여 중앙과 지방의 재정범위를 구분하고 간소함과 절약을 장려하고 재정수지를 균형시키며 국가의 생산자금을 축적한다"라고 규정하였으나 정식으로 예산관련 기본법이 제정되기까지는 약 2년의 기간이 소요되었다.

1951년 7월 20일 정무원은 「예산결산잠정조례」를 공포하고 예산결산제도에 대해서 규정하였다. 이 조례는 재정관리체제와 행정조직의 개편에 따라 약간의 수정이 가해졌지만 1991년 「국가예산관리조례」가 제정되기 이전까지 40년간 국가예산에 관한 기본법이었다. 다만 문화혁명기간중에는 좌의 영향으로 예산관리의 강화와 재정균형을 유지하는 것이 우경보수 또는 소극적 균형이라는 비판을 받았기 때문에 정식으로 예산결산보고가 행해지지 않는 등 초기의 2년간은 국가재정사의 공백기간이 되었다. 예산체제개혁이 심화됨에 따라 예산관리상의 여러 가지 개혁조치들은 기본법의 개정보다는 국무원의 통지 등을 통하여 보완되었다.

1978년 이래 중국의 재정체계에 가장 큰 변화는 그 때까지 총수총지統收統支[22)]의 상징이었던 중앙집권적체제에서 탈피하는 분권화개혁이었다. 분권화는 중앙에 집중된 권한을 하부기관으로 이양하는 것과 지방으로 이양하는 두 가지 방향으로 추진되었다.

전자의 경우 대표적인 조치로는 정기분리政企分離[23)]인데, 1979년부터 도입된 기업이윤 유보제도와 1983년부터 시작된 이개세利改稅이다. 이러한 개혁을 통하여 1987년부터 국영기업에 대한 경영책임제가 보편화되었다.

후자에 있어서도 다양한 실험이 수행되었다. 1980년 이래 '획분수지劃分收支, 분급포간分級包干'제도[24)]를 도입하고 이를 중심으로 다양한 개혁을 실험하였다. 기본건설투자의 발개대撥改貸[25)]를 포함한 이상의 재정체제계혁으로 중앙과 지방, 정부와 기업간의 이익관계가 합리적으로 조정되어 지방정부의 재정권이 강화되고 기업이 중요한 경영주체로서 등장하였다(소유섭, 1990: 21).

광범위한 경제개혁과 시장메커니즘의 도입, 특히 예산권의 지방분권화와 하부기관으로의 이전으로 계획경제체제를 기본으로 제정된 기존 예산법의 부분적인 수정, 개조만으로는 국가예산의 효율적인 관리가 어렵게 됨에 따라 새로운 예산법의 제정이 불가피하게 되었다.

1990년 전인대에서 입법예고된 「국가예산관리조례」가 1991년 전인대에서 통과되었고 1992년부터는 새법에 따라 국가예산이 관리되게 되었다. 동법은

---

22) 모든 자원을 중앙정부가 장악하여 이를 계획적으로 분배하는 사회주의 계획경제체제에서의 예산관리방식 중의 하나이다.

23) 국영기업의 경영을 정부와 분리함을 의미한다. 사회주의의 소유제도는 전인민소유제와 집단소유제로 되어 있으며 이 중 전인민소유제의 형태인 국영기업의 비중이 압도적으로 높다(양필승 외, 1989: 279-282).

24) 이 제도는 재정관리체제의 효율성을 기하기 위하여 중앙에 집중되어 있던 권한을 지방정부에 이양하는 분권화 개혁의 하나이다. 핵심적인 내용은 재정수지를 중앙과 지방으로 구분하며 각 지방을 경제적 격차에 따라 등급별로 나누어서 각각 중앙정부에 대해 재정수지를 책임지는 것이다.

25) 국가예산에서 국영기업의 고정자산 투자자금을 지급하던 것을 1985년부터는 각 기업이 중국인민건설은행으로부터 대출을 받도록 한 조치이다. 상환능력이 없는 사회간접자본건설 등에 대해서는 이 조치에서 제외되었다.

그간의 경제개혁을 통해서 이루어진 결과들을 명문화하고 회계검사제의 강화, 중앙재정과 지방재정의 분리, 복식예산제도의 도입 등에 관한 기본적인 내용을 규정하고 있다.

특히 「가예산관리조례」의 규정에 따라 각종 재정수지를 성격의 차이에 따라 관련 과목에 포함시키고 있다.

2. 예산제도의 변천

(1) 재정포간제財政包干制

① 1980-1984년: 재정포간제는 1980년의 '획분수지劃分收支, 분급포간分級包干'으로부터 시작되었다. 이 제도의 도입목적은 '통수통지統收統支'체제를 개혁하여 중앙재정의 재원확보를 전제로 지방재정에 보다 큰 권한과 수입증대를 위한 인센티브를 주는 것이었다. 그 실시방법은 다음과 같다.

먼저 경제관리체제가 규정하는 종속관계에 기초하여 중앙과 지방의 수지범위를 명확히 한다. 이런 수지범위를 기초로 하고 각 성, 직할시의 1979년도의 수지실적을 참조하여 개산[26]을 실시하며, 그 결과를 중앙정부의 지방에 대한 재정포간을 위한 기초자료로 삼는다. 즉 개산을 한 결과 수입액이 지출액보다 클 경우 초과분을 일정비율에서 상납하는 것으로 결정하고 개산지출이 수입보다 클 경우 부족분에 대하여 공상세의 일부를 조정수입으로 하여 일정비율만큼 지방에 주는 것으로 중앙정부와 지방정부가 계약을 체결한다.

공상세를 전부 지방의 재정보조에 사용하여도 적자가 발생하는 개별지역에 대해서는 중앙재정에서 정액의 보조금을 교부한다.

이 제도는 일부지역을 제외한 대부분의 지방에 적용되었다. 빈곤지역과 소수민족지역 등에 대해서는 중앙에서 지방재정을 보조하는 별도의 정책이 또한 북경, 천진, 상해에는 '총액분성, 일년일정[27]'체제를, 광동, 복건성에는 '대포간[28]'이 실시되었다.

② 1985-1987년: 이개세제도가 1단계로 1983년에 부분적으로 도입되

26) 槪算은 국가예산초안을 작성하기 위한 준비단계에서 재정부가 전년의 예산집행상황, 국민경제계획, 물가, 세율 등 각종 정보를 토대로 작성하는 당년의 예산수지통계표이다.

27) 중앙과 지방간에 재정수지를 구분하지 않고 해당지역의 총재정수지를 중앙과 지방이 일정비율로 나누고 그 비율은 매년 결정하는 방식이다.

28) 중앙과 지방의 수지를 각각 구분하고 해당지방의 수입이 지출을 초과하면 정액상납하고 지출이 수입을 초과하면 정액보조하는 방식이다.

고 1984년 10월에 본격적으로 실시되기에 이르렀다(김태홍, 1987: 73). 이개세에 의한 이윤상납제의 조세로의 전환은 이윤의 개념과 회계제도의 혁신을 뜻하며 기업관리자들에게는 이윤이란 국가에 몰수되는 것이 아니라 국가와 공동분배되는 것이라는 새로운 인식의 전환과 인센티브의 개선을 의미한다(Carver, 1986: 122-123). 이에 따라 여기에 상응하는 재정관리체계의 개혁이 필요하게 되었으며, 1985년 '획분세종, 핵정수지, 분납포간'[29]체제가 실시되기에 이르렀다.

이 체제는 중앙세와 지방세를 구분하는 점에 있어서 분세제와 비슷하다. 전체 재정수입에서 차지하는 비중을 보면 총재정수입 중 중앙과 지방의 고정수입은 약 50%에 못 미치고 중앙과 지방의 공동수입은 나머지 50%를 상회하고 있다. 지방과 중앙의 재정수입은 1983년 실적을 기준으로 하고 이개세 제2단계의 효과를 감안하여 산출한다. 재정지출은 사업단위의 소속관계에 의해서 중앙재정지출, 지방재정지출, 자연재해 등에 대한 중앙의 전용지출로 구성된다.

중앙과 지방간의 재정수지배분과 조정은 1980년대 초 5년간 실시한 '획분수지, 분급포간'과 유사하다. 이러한 재정포간제를 전국적으로 실시하지만 광동, 복건 두 지역은 종래의 대포간을 계속 실시하였는데 이 경우도 이개세 제2단계에 의한 조정을 한다. 자치구와 자치구 대우의 성에 대해서는 정액보조를 매년 10%씩 증액하였다. 그리고 중경, 무한, 심양, 대련, 하얼빈, 서안, 광주의 7개 도시는 성, 시, 자치구와 동등한 포간제를 실시하였다.

③ 1988년 이후: 1986년 이래의 중앙재정의 적자확대를 배경으로 중앙과 지방과의 마찰이 격화되자 중앙과 지방과의 재정관계를 안정시키기 위하여 1988년부터는 제3단계의 재정체제개혁이 있었다. 그 당시까지 국영기업에 대하여 실시하고 있던 '승포책임제'[30]를 모방한 수입체증포간제를 비롯한 6종류의 재정청부제를 실시하기 시작하여 오늘에 이르고 있는데 중앙과 지방간의 구체적인 분배비율은 약간의 조정이 계속되고 있다.

(2) 예산외자금제도

① 의 의: 중국의 국가재정은 예산과 편입되지 않는 예산외자금이라는

29) 이 제도는 각종 조세를 중앙세와 지방세로 구분하여 중앙과 지방의 수지범위를 확정하고 각 지방을 경제적 격차에 따라 등급별로 나누어 각각 중앙정부에 대해 재정수지를 책임지게 하는 제도이다.

30) 청부책임제(請負責任制) 혹은 도급책임제(都給責任制)를 의미한다.

이중적인 구조를 가지고 있다. 특히 최근에는 예산외자금이 팽창하여 국가예산에 거의 필적하고 있다. 이 때문에 예산외자금은 제2의 예산이라고 불리울 정도로 국가의 경제건설에 큰 영향을 미치고 있다.

예산외자금은 국가예산에 들지 않는 각 지방, 각 부문, 각 단위가 직접 수입 및 지출하고 직접 관리·사용하는 재정자금이다. 건국초기 중국의 재정경제는 계속 분산관리의 상황에 있었기 때문에 각 지구, 각 기관의 자금수요에 대응하기 위하여 일부의 예산외자금을 인정할 수밖에 없었다. 당시의 예산외자금은 다음 두 가지 항목으로 나누어져 있었다.

농업세부가의 징수에 의해 형성되는 농촌지역의 자기조달자금과 기관의 생산수입이다. 전자는 주로 농촌의 문교, 위생, 향 정부의 경비와 기타 소액지출에 사용되고, 후자는 주로 기관의 소액지출에 사용되었다.

이후 국가제도가 정비되면서 매우 중앙집권적인 재정체제가 형성되었기 때문에 각 지방, 부문, 단위들의 유동성자금에 대한 수요를 해결해 주기 위하여 예산외자금은 계속 유지되었다. 1980년대 이후 재정체제의 분권화가 이루어지면서 그 역할이 막대해지고 있다(杜峻峰, 1984: 605-610).

이와 같이 예산외자금은 국가예산자금에 대한 보충적 성격을 띠고 있다. 따라서 재정제도상의 규정에 의거 예산외자금의 사용도 계획관리에 포함된다. 각 지방, 각 부문, 각 단위들에서는 예산외자금의 범위를 임의로 확대하지 말아야 하며 각 항 부가비율과 각 항 자금의 할당비를 높게 책정해도 안 된다. 또한 예산 내 수입을 예산외 수입으로 전환시켜 예산 내의 자금을 차지해서도 안 된다. 건국초기에는 전체 국가예산의 약 3-4%에 불과하였던 예산외자금의 규모가 대약진기간인 1958년도 이후에는 총예산의 15%에 이르렀다. 재정관리체제의 지방분권화에 의해 기업의 이윤유보제도가 도입되는 등으로 예산외자금이 크게 증가되었기 때문이다. 경제조정기에는 중앙집권화가 강화되어 예산외자금에 대한 통제가 강화되었고 문화혁명기에는 자금의 집중과 분산이 강조되는 등 자금관리제도와 국가예산제도가 혼란상태에 있었다.

문혁 이후 1990년까지 총예산 대비 예산외자금의 비중은 점진적으로 증가해 왔다. 특히 11기 3중전회 이후 적극적인 경제개혁이 전개되어 정경분리政經分離, 정기분리政企分離가 확대되고 중앙과 지방의 재정권과 재정력의 구분에 대한 일대 조정이 이루어지면서 예산외자금의 규모와 범위가 확대되는 추세이다.

② 관 리: 예산외자금의 규모와 범위가 점차 확대됨에 따라 국무원은 1983년 2월 「예산외자금관리시행변법」을 공포하여 예산외자금의 범위, 계획 및 편성방법 등을 규정하고 있다(재정부, 1983: 43).

예산외자금의 범위로는 지방재정부문이 관리하는 예산외자금, 사업단위 또는 행정단위가 관리하는 예산외자금, 국영기업 및 기타 주관부문이 관리하는 전용자금, 그리고 지방과 중앙주관부문 소속의 예산에 들어가지 않는 기업수입 등을 규정하고 있다.

예산외자금의 지출은 경신개조, 대수리비, 기본건설지출, 복지장려금지출, 도시유지지출, 간이건축비지출, 유동자금 추가보상지출, 행정사업비 지출 등으로 구성된다.

예산외자금도 각급 재정부문이 사전에 순차적으로 계획을 수립해야 한다. 그러나 국가예산과는 달리 지방에 계획의 심사, 승인 권한이 부여되고 있다. 예산외자금의 결산절차는 국가예산의 결산절차와 비슷하며 재정부에 의해 각급이 작성한 예산외자금 수지결산과 각 급 최하층단위 및 부문이 작성한 부문별 예산외자금 결산을 기초로 편성된다.

예산외자금의 범위와 항목이 확대되어 공공사업, 공익사업, 공공복리 등 국민생활과 밀접하게 됨에 따라 예산외자금의 역할이 갈수록 확대되고 있다. 예산외자금이 국가예산에 거의 필적하게 됨에 따라 국가의 기본건설비용에 사용되어 계획경제에 영향을 미치게 되었기 때문에 이를 관리하는 문제가 대두되고 있다. 그러나 이로 인해 지방과 기업의 적극성이 저해되어서는 안 되기 때문에 중국의 재정당국도 신중을 기하고 있다.

3. 현행 중국 국가예산제도

(1) 국가예산의 기본제도

① 예산관리의 운영체계와 기본원칙: 현재 중국은 중앙과 지방행정제도에 따라 각각 정부예산을 집행하고 있다. 중국의 행정제도는 모두 5단계 급수로 구분되어 있는데 즉, ① 중앙(급) ② 성, 자치구, 직할시(급) ③ 구가 설치된 시, 자치주(급) ④ 현, 자치현, 구가 없는 시, 시 관할 구(급) ⑤ 향, 소수민족 향, 진(급) 등으로 편제되어 있으며 각급 정부에 따라 예산관리가 이루어지고 있다(朱光磊, 1997: 166).

중앙정부예산은 중앙부처의 각 부·위와 직속단위의 예산으로 구성되어 있다. 지방예산은 각 성과 자치구, 직할시의 총합예산으로 구성되어 있다. 단위예산은 부처예산을 포함한 국가기관, 사회단체, 기타 단위의 수지예산을 지칭하는 것이다.

중앙예산의 총액은 지방정부가 중앙정부에 보낸 세입금 등 각 재정수입의 총액수와 중앙정부가 지방정부에 대해 반환 혹은 보조한 금액을 모두 합한 금액을 나타낸 것이다.

각급 지방정부의 예산은 해당 급 정부가 구성하여 집행하며, 구체적인 집행업무는 해당 급 정부의 재정담당 부서에서 책임지고 수행하도록 되어있다.

예산법의 규정에 의거 중국정부예산의 기본원칙은 예산은 수입과 지출이 평형을 이루어야 한다는 수지평형의 원칙과 중앙과 지방의 분리세제의 실시, 그리고 해당 급의 인민대표대회 비준을 통과한 예산은 법적 절차에 의하지 않고서는 변경해선 안 된다는 등의 원칙에 따라 운영되고 있다(朱光磊, 1997: 166-167).

② 국가예산관리체제의 변천과정: 중국의 국가예산관리체제에서 관리의 기본원칙은 민주집중제이며 구체적으로 표현하면 "통일영도, 분급관리"의 이념이다. 중화인민공화국수립에서 문화대혁명이 끝날 때까지 근 30년 동안 예산관리체제는 줄곧 불안정한 상태에 있었다. 예를 들면 건국초기의 "통수통지"원칙하에서는 수입이 비교적 많은 편이었고, 때에 따라서는 그리고 어떤 시점에서는 적당히 예산관리의 권한을 지방정부에 이양하였을 때도 있었다. 예로서 지방정부가 거둔 만큼 지출할 수 있도록 허용한 적도 있었다. 이러한 시기의 예산관리체제의 주요 특징은 첫째, 중앙집중제이며, 둘째, 경제불안정과 세제의 부담 등으로 국가재정이 흑자도 적자도 아닌 늘 평형유지의 상태에 있었다는 것이다.

당의 제11기 삼중전회 이후 국가는 재정체제에 대해 일련의 중대한 개혁조치를 단행하였다. 1980년부터 시작하여 정부는 3대 직할시(북경, 천진, 상해)에 대해서는 "총액분성, 일년일정"의 체제를 계속 유지하여 시행하도록 하고, 기타 성, 자치구에 대해서는 "획분획수, 분급포간, 일정오년불변"의 체제를 시행하였다.

그 주요 특징은 첫째, 전국이 "일조흘반"에서 "분조흘반"으로 바뀌었다는

것이다.[31)]

둘째는, 수입·지출범위의 구분은 비중과 보조액수로 나누고, 회기는 5년으로 정하여 비교적 안정적으로 운영하도록 하였다.

셋째는, 지방의 책임, 권한, 수익을 통일시켜서 지방의 재정수익을 증가시키고 지출은 절약하는 적극성을 가져오게 하였다. 위의 방안이 5년간 시행된 후인 1985년에는 "획분세종劃分稅種, 핵정수지核定收支, 분급포간分級包干" 시책을 또 다시 시행하기 시작하였다. 이 시책의 주요 내용은 첫째, "이개세"[32)]이며, 둘째는, 중앙과 지방의 두 재정수입을 구분하여 하나는 중앙예산고정수입이고 또 하나는 지방예산고정수입이며 나머지 하나는 공동의 수입인 것이다(朱光磊, 1997: 168).

지출방면은 여전히 예속관계에 의해 지출되는데 특정항목지출은 여전히 중앙의 특정방안에 의해 지출된다. 상술된 범위가 확정된 후 지방재정고정수입이 지출보다 많은 부분에 대해서는 일정액을 중앙에 납부하며 그 나머지는 해당 지방정부에 귀속된다. 지방고정수입이 지출보다 적을 경우, 공동수입 중 확정된 비례할당비를 지방정부에 보조금으로 지급한다. 지방정부 전체 고정수입과 공동수입 전부를 지방에 보조하여도 여전히 수입보다 지출이 많을 때(수지가 맞지 않을 때) 중앙정부에서 일정액을 보조한다. 전체적인 운영원칙은 수입이 적으면 적게 지출하고少收少支, 많이 수입하면 많이 지출한다多收多支이다. 그래서 자체적으로 수지평형을 이루게 하는 것이다. 세 번째, 광동성, 복건성, 두 성은 '재정대포간'을 시행하며, 일정액을 중앙정부에 납부하거나 혹은 보조한다.[33)] 넷째, 5개 자치구와 민족자치지역과 같은 대우를 하던 성(운남성, 귀주성, 청해성)에 대해서는 배려성 차원의 보조를 하였는데 그 액수는 매년 10%씩 증가하였다.

중점도시의 발전을 가속화하기 위해 국무원은 일련의 경제계획 단열시점 도시(예: 武漢, 沈陽, 大連, 廣州 등)를 비준하였다. 이 도시들은 계획단열을 시행하며 재정적으로는 省과 같이 단독채산수지비율제도를 시행한 것이다(朱光磊,

31) 직역을 하면 한 식당에서 같이 밥을 먹다가 각기 다른 식당에서 나누어 식사를 한다는 의미로 통합관리에서 분할로의 변화를 의미한다

32) 이윤을 세금으로 바꾸다의 의미이며, 국영기업에 대해 종래에 취했던 이윤상납제도를 법인세를 징수하는 제도로 바꾸는 것을 의미한다.

33) 두 성은 중국의 22개성 중에서 지방재정수입의 최상위에 속한다. 개혁개방정책 시행 후 세계 각국의 자본투자로 급속한 경제성장을 이룬 결과이기도 하다.

1997: 168).

이와 같은 지방 "재정포간"이 주요 내용이며, "방권양이"[34]가 주요 특징인 재정관리체제는 재정이 여유롭지 못한 상황하에서는 계획체제를 타파해서 지방정부의 활력을 증강시켜 1980년대의 경제상황을 좋게 하는 데 중요한 작용을 하였던 것이다.

정부과정의 시각에서 볼 때, 이러한 "중앙-지방정부의 재정포간제도"의 가장 명확한 단점은 이 제도는 일종의 "비표준화된 제도"라는 데 있으며 또한 "지방정부와 중앙정부간 좀더 많은 보조금과 여러 재정상 혜택을 누리기 위한 중앙과 지방간 흥정의 구실"이 되었다는 데 있다(報刊文稿, 1993. 2. 1자). 여론에서도 이미 널리 인식하는 바로서, "중국은 근 10여년간 '包'자가 핵심인 각종 재정제도의 최대 폐단으로 즉 장기간 중앙과 지방정부간 일 대 일 담판중이라는 상태에 처해 있다"라고 지적하고 있다. 즉 예산편성시 우선순위에서 우선항목으로 배정받기 위해 경쟁하며, 예산항목을 위해 경쟁하며, 보조금을 위해 경쟁한다는 것이다(經濟日報, 1994. 3. 25자). 또한 중앙정부도 경제발전이 가져온 재정의 증가분 중 단지 아주 소량만을 얻을 수 있다는 것이다. 이것이 바로 "분세제"이며 1990년대에 결국 정부의 의사일정에 의안으로 상정되었다.

(2) 분세제

위에서 언급된 폐단을 극복하기 위해 더욱 빠른 경제발전을 위해서 가능한 한 빨리 사회주의 시장경제체제에 적응하였고, 그리고 각 정부의 급수에 따라 재정관계를 규범화하기 위해서 중앙재정의 통제능력을 보장하고 지방정부로 하여금 상대적으로 독립된 재정을 갖게 하였는데 중국은 1992년 시범지역부터 실시하였고 1994년부터는 국제적으로 통용되는 분세제를 전면적으로 실시하였다.

분세제의 주요 내용은 중앙과 지방의 직권분담과 두 가지 적극성유발의 원칙에 따라 새로이 중앙재정고정수입과 지방재정고정수입, 공동수입으로 나누고, 재정지출우선순위를 심의하여 중앙정부에의 상납과 보조액수를 합리적으로 확정한다는 것이다.

국가권익과 거시통제에 필요한 세금종류는 모두 중앙고정수입이 되는데,

---

34) 권한의 이양과 수익의 양도를 의미한다.

즉 관세, 중앙국유기업소득세, 소비세, 중앙기업의 중앙정부에 상납하는 이윤, 철도, 은행, 보험 등의 납부수입 등도 역시 중앙고정수입이 되는 것이다.

지방경제와 사회발전과 긴밀한 관련이 있는 세금종류는 모두 지방의 고정수입이 되며, 농·목업세, 차량사용면허세, 교역세 등 13가지 전통세수항목 외에도 이번에 새로 추가한 세수항목은 지방국영기업소득세, 집체기업소득세, 외자기업과 지방합자기업소득세 등으로서 이번에 지방세수항목으로 분리·편입되었다.

경제발전과 직접 관련이 있는 세는 일반적으로 공동세인데 예를 들면 상품세, 증치세, 영업세 등이다(朱光磊, 1997: 169-170). 이외에 중앙은 소수민족지역에 대해서는 계속 보조금을 지급한다.

정부의 시각에서 볼 때 분세제를 시행하는 의미는 첫째, 수입을 구분하던 방식을 세수원을 구분하는 방식으로 바꾸었다는 것이다. 즉 분양식(양식을 나누는 것)을 분토지(토지를 나누는 것)로 변화시켰다는 것이다.

두 번째, 세정통일의 기초 위에서 정부가 기업을 분류하는 계통상의 폐단을 바꾸어 기업의 행정예속관계를 타파하였고 정부기능의 변화와 기업공정 경쟁유도에 대해 큰 장점으로 작용하였다.

셋째, 정부가 지방의 산업을 우수한 산업구조로 유도하는 데 유리하게 작용한다는 것이다.

(3) 국가예산의 편성형식과 수입지출범위

① 예산편성형식: 중화인민공화국 수립 이래, 중국은 줄곧 단식예산제를 채택해 왔다. 즉 국가재정수지를 하나의 통일된 예산표에 집성하였다. 이러한 편성형식은 구조가 간단하고 방법이 간편해서 예산의 전모를 명확히 반영할 수 있다. 단, 단점은 각 항목의 수입과 지출의 차이점과 재정적자의 원인을 명확히 반영할 수 없다는 것이다. 국민수입구조의 변화와 정부직능, 정부관리방식 등의 변화에 따라 단식예산은 변화된 상황과 경제체제의 개혁수요에 더 이상 적응할 수가 없게 되었다.

한편, 복식예산은 국가의 재정수지를 성질에 따라 경상성예산과 건설성예산[35]으로 구분한 것이다.

---

35) 중국의 건설성예산은 서구 국가의 자본예산과 유사한 것이다. 朱光磊,「當代中國政府過程」

수입의 시각에서 볼 때, 경상성수입은 국가는 사회관리자의 신분으로서 취득한 것이며, 건설성수입은 정부가 국유자산관리자(혹 대리자)의 신분으로서 취득한 국가자산의 이윤이며, 또한 경상성예산의 흑자부분도 여기에 속한다.

지출의 시각에서 볼 때는, 경상성지출은 사회발전과 국가기관활동의 유지, 국가안전보장 등의 방면에 지출되는 데 사용하는 것을 가리키며, 건설성지출은 경제발전분야에 지출되는 것을 가리킨다. 정부는 자신의 소비가 세수보다 적은 상황하에서는 경상성예산의 흑자부분을 활용하여 투자를 할 수 있게 되는 것이다. 이것은 정부의 건전하고 바람직한 재정상태를 반영하는 것이다. 바로 이것이 국가직능상 복식예산을 시행하는 객관적인 근거가 되는 것이다.

중국이 이러한 예산편성방법을 시행하는 것은, 예산관리를 강화하는 데 유리하고 예산사용의 효율성을 향상시키며, 예산의 평형상태를 반영해 주고 적자생산의 원인을 명확히 분석하는 데 유리하여 유효한 조치를 채택할 수 있기 때문이다. 동시에 이러한 방법은 재정업무의 투명도를 증가시켰으며, 인대대표의 심의와 예산의 편성과 집행에 대한 감독을 실시하는 데에도 많은 편리한 점을 제공하였다.

1994년 3월 중국은 제일부예산법을 공포하였는데 국가입법의 형식으로 "중앙예산과 지방 각급 정부예산은 복식예산에 따라 편성한다"라고 명확히 규정하고 있다.

② **경상성예산:** 경상성예산의 지출항목은 비생산성 기본건설지출, 사업발전과 사회보장지출(그 중 농·림·수산사업비, 문교·과학·위생사업비와 사회구제지출 등을 포함), 국가정권건설지출(그 중 행정관리비, 국방비 등 포함), 가격보조금지출, 기타지출 등으로 이루어져 있다.

관례에 따라 경상성 예산수입과 지출의 상쇄잉여분은 건설성예산으로 전입된다. 1993년 중국의 이러한 성격의 금액이 725.57억 위엔으로 경상성예산수입의 18%를 점하였다(朱光磊, 1997: 171).

③ **건설성예산:** 건설성예산수입은, 경상성예산수입 잉여금전입부분, 특정항목 건설성수입(에너지·교통센터 건설자금수입과 도시유지보호건설세 등), 기업수입, 조달자금, 수입이 감소된 생산성기업의 적자결손보조금 등으로 이루어져 있다.

(天津: 天津人民出版社, 1997), p. 170.

건설성예산지출은, 생산성기본건설지출, 기업개발·개조자금과 신상품시험제작비, 기업운영자금증가비용, 지질탐사비, 농업생산지원지출, 도시유지보호건설지출, 경제 낙후지역 지원·발전기금, 국내외채무 원금·이자지급 등으로 구성되어 있다(朱光磊, 1997: 172).

④ **정부적자와 정부차입금:** 건설성예산의 수입관련 첫 항목이 경상성예산의 잉여금이기 때문에 그 기본용도는 건설에 대한 투자이다. 따라서 건설성예산은 경상성예산에 비해 더 복잡한 관계에 있는데, 즉 정부효율과 정부소비, 정부투자, 정부차입간의 관계를 의미하고 있는 것이다. 중국정부활동에 대한 조정과 국가예산편성방법의 변화로 이러한 중요한 관계는 더욱 명확하게 되었다. 1993년 및 그 전에는 중국정부는 채무수입을 총수입으로 계상하고, 상환채무의 원금과 이자지출을 총지출범위 내에서 계상하였다. 수지상쇄후의 차액은 재정의 경성적자가 되며, 인민은행으로부터의 차관을 통해 보충했다.

정부수지의 평형상황과 채무규모를 더 잘 반영하기 위해서 1994년부터 경상성예산의 잉여금을 바꾸어 건설성예산으로 전입시켰으며, 건설성 예산수입을 상쇄한 차액 전부는 중앙재정에 반영하였다. 예로서, 1993년 이 차액금이 898.84억 위엔이었는데 내국공채로 384.84억 위엔을 차입하고, 국외차관으로 309억 위엔을 보충하고 그 나머지 205억 위엔은 인민은행차관으로 보충을 했다(朱光磊, 1997: 172). 1994년부터 이 차액 전부는 채무를 통해 보충하였고 기간이 되면 또한 전부를 차관을 통해 상환하였던 것이다.

(4) 국가예산의 편성절차

① **국가예산편성의 준비업무:** 국가예산편성업무는 재정부가 관련 부·위의 협조하에 책임지고 업무를 수행한다.

가) 당해 연도 예산집행상황에 대한 예측과 분석: 당해 연도 예산집행상황에 대한 예측과 분석은 차기 연도 예산편성의 기초가 된다. 이 작업의 기본기능은 차기 연도 각 항목수입의 우선순위를 객관적으로 확정하는 것이다. 이 업무는 일반적으로 당해 하반기에 시작한다. 그 방법으로는 몇 차례 분석을 통한 예측을 시행하며 연말이 다가올수록 실제에 가까운 분석과 예측을 한다. 기본방법은 예년의 수지규칙에 근거하여 경제발전추세진행비교분석을 한다. 분석을 통해서 예산집행상황의 좋고 나쁜 원인을 찾아내고, 당해 연도 잔여기

간 내 수익증가와 지출절약의 구체적 요구를 제의해서, 차기 연도의 수지안배를 위한 기초를 제공한다(朱光磊, 1997: 173).

나) 차기 연도 예산수지지표의 설정: 재정부가 정식으로 예산편성을 하기 전에 해당 부서는 국가예산수지지표를 설정하여 각 지역과 부서의 예산편성을 위한 근거를 제공하여야 한다. 소위 '예산수지지표'는 수지규모와 발전속도를 가리키며, 각 부문의 투자비율, 중앙과 지방의 자금분배, 각 지역간의 종합적인 평형 등 주요 경제계수를 가리키는 것이다. 실제 정부과정 중 재정부의 예산수지지표를 확정하는 업무와 국가계획위원회의 경제지표 확정업무는 거의 동시에 진행된다. 그들 각 부처가 기초적 예측방안을 제출한 후 협상을 통해 양대지표의 조정방안을 제출해서 두 지표가 서로 연계되도록 한다. 예산지표 설정 이후, 전국계획회의가 지방의 의견을 충분히 수렴해서 반복적으로 여러 차례 협상을 진행하여야 하며, 마지막으로 정식으로 확정된 예산지표를 하달하여 지방과 각 부서의 예산편성의 근거가 되게 하는 것이다.

종합적으로 볼 때 재정부의 예산편성업무는 국가계획위원회의 국민경제계획편성업무와 상호 밀접히 연관되어 이루어져야 하며 대체적으로도 이 계획에 따라야 한다. 재정상의 수지는 필연적으로 모든 국민경제의 운행과 발전상황이 기초가 되어야 하기 때문이다(朱光磊, 1997: 174).

다) 예산수지의 개략적 추산과 구체적 추산: 예산수지에 대한 개략적 계산이란 예산회기 전체 연도의 예산집행상황에 대한 예측과 분석하에서 예년의 수지규칙을 참조하여 연내 경제발전 진행상황과 결합한 것을 의미한다. 개략적 계산이란 바로 연말결산을 의미하는 것이다. 차기 연도 수지총규모를 조기 측정하기 위해서는 관련 예측과 분석업무를 가능한 앞당겨 추진할 수밖에 없으며 이러한 이유로 재정부는 정확히 계산하기가 어렵고 단지 개략적인 계산만이 가능한 것이다.

예산수지의 구체적 추산은 개략적 계산의 기초에서 진행되며 개략적 계산으로부터 점진적으로 구체화됨을 의미하는 것이다. 이 업무는 국민경제계획에 근거한 유관지표와 정해진 예산액을 각 수지지표에 대해서 적절히 추산하는 작업을 의미한다(朱光磊, 1997: 174).

② 국가예산의 편성절차: 먼저 각 성급 지방정부와 중앙정부 각 부문은 자신들의 계획 연도 수지건의액수를 재정부에 제출·보고한다. 그런 연후 재

정부는 국민경제지표에 근거하여 보고된 건의액수를 참조하고, 이를 토대로 예산수지통제지표를 설정하여 국무원비준을 거쳐 하달한다. 이것이 하나의 '일상일하'이다.

두 번째 '일상일하'는 각 성급 지방정부와 중앙 각 부문이 국무원의 요구에 근거하여 관할 지역과 소속단위의 예산편성방안을 안배하고, 급에 따라 총괄 편성한다. 성급 지방정부 혹은 중앙 주관부문의 심사를 경유하여 결과를 집산한 후 재정부에 보고한다. 그런 연후 재정부는 보고된 예산초안에 대해 심의를 진행해서 최종적으로는 국무원에 보고하여 심사한 안이 국가예산초안이 되는 것이다.

정부가 시행하고 있는 "양상양하" 즉 급에 따라 종합·편성하는 방법은 효과가 비교적 좋았으며 기본적으로는 예산편성업무의 정확성을 보장하였고 각 방면의 참여하에 편성업무를 수행하는 적극성을 불러일으켰다는 점이다.

국가예산초안의 편성과 동시에 국가예산설명서를 작성하여야 한다. 그 주요 내용은 다음과 같다

㈎ 예산편성은 당 중앙과 국가의 방침·정책의 정황분석을 철저히 수행해야 한다.
㈏ 예산편성이 근거한 주요경제지표는 예산의 안배를 나타낸 것이다.
㈐ 계획 연도예산과 전년도예측완성수의 비교, 수지증감의 주요원인 설명
㈑ 전년도 예산완성 상황과 예산관리 중의 주요경험과 문제를 분석·검사

재정부는 중앙예산초안과 지방예산초안에 대해 상세한 심사를 한 후, 정식으로 국가예산초안으로서 종합·편성한다. 그 후 국무원에 대한 보고를 경유하여 전인대 전체회의 심의·비준을 제청하는 것이다(朱光磊, 1997: 174-175).

(5) 전국인민대표대회의 국가예산초안에 대한 심의와 비준

헌법의 규정의 의하면 전국인민대표대회는 "국가예산과 예산집행상황의 보고를 심사·비준하는 권한을 가지고 있다"고 되어 있다. 이러한 비준절차를 통해서 국가예산초안은 비로소 법률로서 효력을 가진 국가예산이 되는 것이다. 전인대가 행하는 비준수속 주요 과정은 다음과 같다.

① **심의 전 준비업무:** 전인대 정기회의 개최 전 1개월 정도 전인대 재정

경제위원회는 국민경제와 사회발전계획, 그리고 계획집행상황에 대한 보고를 청취해야 하며 국가예산과 예산집행상황에 대한 종합보고에 대해서도 청취를 해야 한다. 그리고 국가계획위원회, 재정부, 중국인민은행, 국가통계국, 국무원 생산판공실 등 10여개 부문이 경제업무상황과 당해 연도 업무계획진전상황에 대한 소개에 대해서도 청취를 해야 한다. 위원회는 자신들이 조사하고 연구하여 이해한 내용들을 종합하여 토론을 진행하고 의견과 건의를 취합하여 문건으로 제출한다(法制日報, 1992. 3. 19자). 재경위원회는 관련사항에 대해 기초심사를 진행한다.

② 국무원의 전인대 전체회의에 대한 보고서 제출과 설명: 전인대의 매년 정기전체회의에서 재정부는 당연히 아래의 보고 혹은 문건을 회의에 제출한다. 즉, ① 국가예산과 예산집행상황에 대한 보고, ② 국가예산수지표(초안), ③ 국가예산집행상황수지표(초안) 등이다.

또한 국무원(국가계획위원회)이 동시에 보고·제출해야 하는 것은, ① 국민경제와 사회발전계획, 그리고 계획집행상황의 보고, ② 국민경제와 사회발전계획 주요지표(초안) 등이다.

재정부장관과 국가발전계획위원회 위원장은 국무원의 위탁을 받아 각각 위 두 가지 사항에 대해 대회에서 보고를 한다(朱光磊, 1997: 176).

③ 전인대회의 심의와 비준: 각 대표들은 보고내용과 관련자료에 대해 심사를 진행한다. 심사업무의 편의를 위하여 재경위원회는 철저한 심의를 진행해야 하며, 대회 주석단에 심사보고서를 제출할 책임이 있다. 그 보고서는 주석단 심의를 통과한 후 대회전체회의에서 표결이 진행된다. 현재 국가예산초안이 전인대 비준을 얻지 못한 사례는 한 번도 없다. 표결통과 후 국가예산초안은 즉시 법률성을 가진 정식 문건이 되며 국가예산집행의 근거가 되고 각급 정부도 이에 대해 책임을 진다.

④ 국가예산의 조정: 국가예산이 전인대의 비준을 통과한 후 만약 집행과정중 조정이 필요할 때 국무원은 당연히 조정방안을 전인대 상임위원회에 심사를 제청한다. 비준을 얻고 나야만 조정방안을 시행할 수 있다. 일반적으로 이러한 조정은 국민경제와 사회발전계획의 조정과 서로 부합돼야 한다.

⑤ 전인대의 국가예산집행상황에 대한 감독: 근래에 전인대 재경위원회는 매분기 국무원 종합부문(부서)과 전문부문(부서)을 초청하여 국민경제와 발전계

획, 국가예산집행상황에 대한 소개를 하게 한다. 그 내용에는 업무진행상황과 현존하는 문제도 포함된다. 소개를 듣고 난 후 재정경제위원회는 종합적인 연구를 진행하고 형세를 분석해서 공적을 인정하기도 하며 문제점을 발굴해서 국무원 관련 부서에 건의를 하기도 하며 위원회 회의에서 보고를 한다. 국무원 유관부문은 이러한 건의에 대해 중시하는 것은 당연하다.

4. 새 예산법의 개정[36]

중국의 예산법은 1994년에 제정되어 경제발전에 따른 예산환경의 변화를 제대로 반영하지 못하고 있다. 현행 예산법은 예산법 편제가 세분화되어 있지 않고 예산집행과정이 불투명하며 체계적인 예산관리 및 감독기능이 불완전하다. 또한 각 지방정부가 현행 예산법의 허점을 이용하여 지방정부 산하 융자 플랫폼을 통한 지방채무를 급속하게 증가시킴에 따라 지방정부의 채무문제가 재정세제 분야에서 시급히 해결해야 할 과제로 부각되고 있다.

새 예산법은 최근 발표한 재정세제 개혁안의 실행을 뒷받침하는 핵심 기초로 작용할 것이다. 2011년 11월 예산법 개정안이 국무원 상무회의에서 통과된 이후 전인대 상무위원회에서 세 차례 심의를 거쳐 2014년 8월 31일에 최종 수정안이 전인대 상무위원회에서 통과되었다.

새 예산법의 입법취지는 정부의 재정 수입지출행위 규범화, 예산규제 강화, 예산의 관리와 감독기능 강화, 전면적으로 규범화되고 투명한 예산제도 확립 등이다. 투명한 예산제도 확립은 새 예산법에 새로 추가된 입법취지로 예산 심의에서 집행에 이르기까지 모든 내역을 공개하도록 하는 규정이 추가 제정되었다. 새 예산법의 주요 내용을 보면 다음과 같다.

(1) 예산관리 및 감독 강화

중앙정부의 예산범위를 현행 예산법보다 확대하여, 예산내 자금과 예산외 자금을 일괄적으로 정부의 법정예산 범위에 포함시키도록 법으로 규정하고 있다全口径预算. 이는 개별 부서에서 각종 벌금과 과태료 등을 국고로 귀속시키지 않고 임의로 운용하는 관행을 철폐하기 위한 목적이다.

---

36) 중국 새 예산법의 주요내용과 평가(KIEP 북경사무소 브리핑, 2014.12)에서 관련 내용을 요약 정리하였다.

또한 중앙정부의 예산범위는 공공재정, 정부기금, 국유자본경영 및 사회보장기금 4가지 항목이 포함되며, 이 4가지 항목의 기능과 편제 및 상호 관계도 정립하였다.

지방정부 예산의 범위는 중앙정부, 성급, 시급, 현급, 향급을 모두 포괄하는 5단계 예산으로 획정되었으며 인민대표대회의 감독권한 강화를 위해 예·결산 감독 관련 세부 규정을 새로 제정하였고, 인민대표대회의 승인을 거치지 않은 일체의 예산편성 및 지출은 금지할 예정이다. 일반 공공예산 관리를 위해 전국인민대표대회 및 재정부의 심의 권한 세부규정을 명문화하고 연간 예산자금의 부족분을 보충할 예산안정기금을 설립할 수 있는 규정을 신설하였다.

(2) 지방정부의 채무관리 강화

각급 지방정부의 채무가 급격히 증가되면서, 지방정부의 채무문제는 재정세제 분야에서 시급히 해결해야 할 과제로 부각되었다. 새 예산법에서는 지방채 발행부터 상환까지 엄격한 조건을 준수한다는 전제하에, 지방정부의지방채 발행을 허용하였다.

새 예산법에서는 지방정부 채무발행의 주체, 채무의 용도, 상환방식 및 리스크관리 원칙 등 채무관리에 관한 내용을 분명하게 정립해 두고 있다.

(3) 이전지급제도 개선

재정 이전지급제도는 지역간 재정적 차이를 축소하고, 지역 균형발전에 기여하기 위한 취지로 시행되어 왔으나, 그 본연의 취지가 실현되지 못하고 있다는 지적이 제기되어왔다. 현행 재정이전제도에서는 특수목적 이전지급 항목이 과다하고 관련 규정이 없기 때문에 예산집행이 관행적으로 이루어져 투명성이 부족하다는 문제점을 가지고 있었다. 새 예산법에서는 재정이전제도가 일반 이전지급을 위주로 시행된다는 원칙하에, 특수목적 이전지급항목에 대한 규정이 신설되었다.

특수목적 이전지급 항목에 대한 정기적인 평가를 시행하고 평가기준에 미치지 못하는 항목은 퇴출시키는 규정을 신설하고 시장경쟁체제로 해결 가능한 항목은 특정이전지급을 금지하도록 규정하였다.

또한 국무원이 규정하는 중앙정부와 지방정부가 공동으로 담당하는 사항

외에 중앙정부가 특수목적 이전지급의 업무 처리 시 지방정부가 담당하는 매칭펀드에 간섭할 수 없다는 규정도 신설하였다.

(4) 예산관리 체계의 투명성 제고

새 예산법에서는 투명한 정부, 책임정부를 구현하기 위해 예산공개를 규범화, 제도화하였다. 각급 정부의 재정부서는 각급 인민대표대회 혹은 인민대표대회 상무위원회가 비준한 예산, 예산조정, 결산 및 예산집행 상황에 대한 보고사항을 비준 후 20일 이내에 일반 대중에게 공개하도록 규정하였다.

동시에 재정이전 집행 현황, 채무상황 및 3공 경비(공무 접대비, 관용차 구매・운영비, 해외출장비) 등 중요사항에 대해서 부가설명을 하도록 규정하였다.

이번 예산법 개정은 중국의 경제 및 정치체제 개혁의 기초적인 토대를 마련했다는 데 큰 의의가 있으며, 경제발전 방식의 전환, 민생개선, 중앙정부와 지방정부의 관계정립과 같은 여러 이슈와 밀접한 관련이 있다고 볼 수 있다. 새 예산법은 지방정부의 채무문제 해결에 긍정적인 역할을 하게 될 것으로 기대되는 바 중국경제의 지속적인 발전에 장애요인이 되는 지방정부의 채무문제가 긍정적으로 해결될 수 있는 계기를 제공할 것으로 기대된다.

또한 일반 대중과 시민단체의 공개적인 정부예산 감시가 가능하게 될 것이며 예산자금과 예산외 자금을 통합 관리하면 예산범위가 일반공공예산, 정부성 기금예산, 국유자본경영예산, 사회보장기금 예산으로 포괄적으로 정의되어 향후 포괄적이고 세밀한 예산감시가 가능할 것으로 예상된다.

또한 예산안의 작성, 심의에서부터 결산에 이르기까지 전 과정을 공개함으로써 제도적인 부패방지를 실현하는 데 큰 역할을 할 것으로 기대된다.

제 4 절 정부관료제의 정책과정상의 역할과 특징

중국정부에서 행해지는 정책결정은 여러 형태가 있지만 크게 다섯 가지로 분류할 수 있는데(朱光磊, 1997: 142-185), 입법과정, 정부공작보고 제정과정, 국가생활의 중대사항결정과정, 국가예산의 편성과 심의과정, 인사결정과정이 그것이다. 본 절에서는 실질적 중국행정부가 행하는 정책결정에 초점을 두고 정부공작보고 제정과정과 국가생활의 중대사항 결정과정을 중심으로 살펴보기로 한다.

1. 정부업무보고 제정과정: 시정강령

매년 한 차례씩 개최되는 전국인민대표대회 전체회의의 첫 번째 의정과정은 국무원총리가 당 대회에서 정부업무에 대한 보고를 하는 것이다. 보고한 내용에 대해 각 대표들이 심의를 한 후 정식 표결수속을 거쳐 비준여부를 결정한다. 비준에 통과되면 업무보고서는 즉시 법률적 효력을 지닌 문건이 되는 것이다. 그리고 본회기 5년간 혹은 당해 정부의 주요 업무들에 대해 법적 구속력을 갖게 되는 것이다. 따라서 정부업무보고는 실질적으로 중화인민공화국 정부가 대외기관에 제출하는 시정강령인 것이다.

이러한 정부업무보고는 그 제정과정으로 다섯 단계를 거치는데(朱光磊, 1997: 150-157) ① 보고의 주제와 기조 확정, 그리고 보고서 초고 완성, ② 중공 정치국에 발송 및 토론, ③ 각계 각층의 여론 수렴, ④ 총리의 보고서 완성, ⑤ 전국인대 전체회의 심의와 통과 등의 단계이다.

이에 대해 좀더 구체적인 설명을 하면 다음과 같다.

(1) 보고주제와 기조 확정, 보고서 초고 완성

중화인민공화국 헌법 제92조의 규정에 의거 국무원은 전국인민대표대회에 대해 업무에 대한 책임과 보고의 의무가 있다. 단 전인대 폐회기간 중에는 전인대 상임위원회에 대해 그 책임과 의무를 진다. 국무원이 매년 한 차례의 전국인민대표대회에 대한 보고업무의 기본형식은 정부업무보고서를 작성하는 것이다.

「정부공작보고」는 국무원이 전인대에 대해 업무를 보고하는 정식문서의 표제이며 또한 법률적 성격을 띤 정부문건이다. 국무원총리가 매기 전인대 제1차 회의에 회부하는 정부업무보고의 기본형식은 지난 5년간 업무상황을 총결산하고 향후 5년간의 업무상 임무에 대한 보고인 것이다. 매기 전인대의 2차에서 5차 전체회의의 정부공작보고서 기본양식은 전년도 업무상황의 총결산과 당해연도 업무에 대한 내용을 담은 것이다.

일반적으로 매년 12월 한달 동안 다음 연도 전인대의 심의용 정부업무보고서 초안을 작성하고 교부하는 업무가 시작된다. 국무원 총리가 보고자가 되며 친히 보고서초안 작성관계자들을 소집·접견하며 총결산과 본 회기 업무를 검토·정리하고, 금후 정부업무의 구상을 토대로 명확하게 초고작성 담당자들에게 보고서작성의 주제와 기본사상을 제시한다(瞭望週刊 14期, 1989: 3-6).

주제와 기조가 확정된 후 보고서초안 업무팀의 정식업무가 시작된다. 초고작성 소요기간은 일반적으로 1개월 정도이며 2-3번의 초고작성을 통해 비교적 정식의 완성된 "보고서 초고"가 완성된다. 총리는 이 팀들과 원고수정작업을 하며, 총리의 지도성 의견을 근거로 업무팀들이 몇차례 재수정을 하며 마침내 '보고적토론고'를 완성하는 것이다.

(2) 中共中央 정치국에의 송부와 토론

정부업무보고서의 토론원고가 완성된 후, 먼저 국무원 상무회의가 대략적으로 기초예비 심의와 토론을 하고 위원들과 같이 수정안을 제출하여 동의를 얻는다. 그러나 국무원은 총리책임제이며 총리는 국무원 상무회의의 소집 주체자이자 의장이며 또한 정부업무 보고자이며 보고초안 작성자들을 조직하는 책임자라는 이상과 같은 요인들을 고려해서 국무원 상무회의는 정부업무보고에 대한 심의에 있어서 단지 내부수정의 차원에 속하는 것이다. 이러한 내부심의의 주요 의의는 보고토론원고를 중공중앙 영도기구 심의 전에 반드시 갖추어야 할 법정절차에 포함되어 있다는 것이다.

정부업무보고의 토론원고는 국무원 상무회의의 '원칙동의'를 얻은 후, 즉시 중공중앙 정치국 전체회의 심의에 송부된다. 국무원이 정부업무보고서를 전인대 심의에 제출하기 전에 먼저 중공중앙 영도기구에 송부하는 것은 중국공산당이 정부업무에 대한 정치적 영도지위에 있다는 것을 나타내는 것이며 중국정부의 정책결정은 중국공산당이 영도한 의견의 종합적 과정이 기초가 된다는 것을 구체적으로 나타낸 것이라고 할 수 있다.

(3) 폭넓고 다방면에서 여론수렴

이 업무는 일반적으로 전인대 전체회의 소집 전 한달 시한 내에서 진행된다. 우선 국무원 총리는 국무원 전체회의를 소집하고 국무원 각 부·위 장관들로 하여금 일정한 기간 내(약 1주일) 보고서에 대한 수정·보충 의견을 제출케 한다. 또한 각 성 · 자치구 · 직할시 인민정부와 각 유관기관 책임자에게도 의견을 구한다. 뒤이어 중공중앙 통전부는 의뢰를 맡아 각 민주당파 중앙기관과 유관단체, 종교, 민족단체장을 초청, 좌담회를 갖고 그들의 의견을 수렴한다. 좌담회의 규모는 보통 100명 내외이다.

정부업무보고서는 또한 정협 전국위원회, 상무위원회에게도 발송되어 의견을 수렴한다. 이와 함께 국무원 총리도 친히 각 분야 인사들과 몇 차례 좌담회를 갖고 그들의 의견을 수렴하는 활동을 한다.[37)]

(4) 총리의 최종결정

초고작성팀이 각 분야의 의견과 건의를 수렴하여 이에 근거한 두세 차례의 원고 수정 후 총리는 친히 보고서에 대한 최종 편집을 한 후 내용을 확정한다. 이 원고가 바로 전인대회의에 교부될 정식문건인 것이다.

(5) 전인대 전체회의 심의와 통과

전국인민대표대회의 제1차 전체회의에서 국무원 총리는 전체대표에게 「정부업무보고」를 하며 전인대대표에게 심의를 요청하고 동시에 관례에 따라 전국정협 위원들에게도 의견제의를 청한다. 회의를 마친 후 대표들은 정부공작보고에 대해 심의를 시작하는데 심의의 일반과정은 다음과 같다.

① 각 대표단 전체회의, 대표단 소회의가 토론방식에 의거 심의를 진행한다.
② 대회 비서처는 각 대표단이 제출한 의견을 수집, 정리하며 대회 주석단에 보고한다.
③ 대회 비서처는 각 대표단이 제출한 의견을 집약한 후 국무원에 전달함으로써 보고서 개정작업을 할 수 있도록 준비한다.
④ 대회 비서처는 대표단의 의견과 대회 주석단의 요구에 근거하여 「관우정부공작보고적결의」 초안을 작성한다.
⑤ 위에서 언급된 결의초안을 인쇄해 각 대표단에 발송, 의견을 구한다.
⑥ 대회 비서처는 대표단의 의견과 주석단의 요구를 근거로 결의초안을 수정 · 작업한다.
⑦ 대회 주석단은 결의초안을 심의하고 정식으로 대회표결에 회부한다.
⑧ 대회 전체회의는 「관우정부공작보고적결의」에 대해 표결을 진행한다.

---

37) 人民日報, 1994. 2. 25. 26자 참조.

전인대가 「정부공작보고」를 심의함과 동시에 국무원은 총리의 영도하에 팀을 구성하여 인대대표, 정협위원의 의견과 대회 주석단의 요구를 참조해서 전체회의가 「관우정부공작보고적결의」에 대한 표결을 진행하기 전에 보고서에 대한 성실한 수정작업을 한다.38)

이 결의가 정식 정부공작보고로 비준된 후 신화사는 전문을 발표하고 국내 각 주요신문들도 간행·발표한다. 이 때부터 최고국가권력기관 비준을 통과한 정부의 기본정책결정이 되는 것이다.

2. 국가생활 중 중대사항의 결정과정

국가생활 중의 중대사항이라 함은 국민경제와 사회발전규획과 계획, 국가적으로 중대한 건설공정항목, 성급 행정구획사안, 전쟁과 평과, 중요 수권사안 등이 이에 포함된다. 헌법의 원칙에 근거해서 국가생활 중 중대사항의 결정권은 당연히 전인대 대회에 속한다.

그러나 정부과정의 시각에서 볼 때 이 중대사항의 결정과정은 대단히 복잡한 과정인데 최고결정을 하기 이전에 중공중앙과 국무원, 전국정협과 관련 국가중추기관의 여러 준비작업과 체계적인 기초작업이 수반된다. 그리고 법에 의거 공식적으로 정책결정이 이루어지고 난 후에는 담당 정부조직에서는 집행업무를 책임지고 구체적 실행계획을 수립한다.

이 과정은 두 단계로 나누어 설명할 수 있다.

(1) 국가 정치중추조직이 진행하는 정책결정 준비과정

현대 중국정치의 틀 속에서 국가중대사항 결정과정업무의 특징은 첫째, 이 과정은 中共中央이 영도하며 당의 기본노선과 방침, 정책이 서로 일치하며 중공중앙이 각 분야의 의견을 종합한 것을 기초로 삼는다.

둘째, 정책결정 준비과정업무는 대체로 국무원이 구체적으로 조직하고 실시하며 각 분야의 전문가, 관원의 참여를 유도한다. 국무원은 이 과정에 필요한 비용을 제공하며 전인대에 대해 업무에 대한 책임을 진다.

셋째, 중공중앙 고문위원회, 전국정협과 관련사회단체들은 중공중앙과 국무원에 필요한 자문과 참모의 역할도 하며 업무협조를 하는 등 여러 면에서

38) 中國青年報, 1992. 4. 4자 참조.

협력을 한다.

이러한 과정의 이해를 돕기 위해 삼협공정을 사례로 각 과정별 설명을 하면 다음과 같다.39)

① **중공중앙과 국무원의 정책결정동의안을 만듦(1950-1986):** 중국정부 수립 이후 수리부 장강수리위원회는 바로 삼협공정을 위한 일련의 작업, 즉 측량과 과학적 연구, 설계, 시험 등의 작업을 시작하였다. 1958년 중공중앙은 「관우삼협수리추뉴장강유역규획적의견」을 통과시켰다. 이후 삼협공정에 대한 연구가 지속적으로 수행되었으며, 1979년에는 댐의 부지를 선정·결정하였다. 1983년 장강유역규획판공실은 댐 정상 담수수위를 150m, 댐 최고높이는 165m로 하는 제1차 삼협공정 실현가능성 연구보고서를 작성·제출하였다.

한편, 1984년 9월 중경시정부는 국무원에 대한 보고서에서 정상 담수수위의 높이를 180m로 해야 만톤급 이상 선박이 중경항에 직접 정박할 수 있다고 건의하였다.

이 기간중 국내 유관기관과 인사들은 삼협댐 건설과 관련, 긍정적인 면과 부정적인 면들에 대해 각기 서로 다른 의견들을 제출하였다. 1986년 중공중앙 국무원은 「관우장강삼협공정논증유관문제적통지」를 발표하였고, 삼협공정에 대한 좀더 심도있고 폭 넓은 논의를 하도록 결정하였다. 정책결정의 과학화, 민주화를 실현하여 민족과 자손후대에까지 책임을 지는 정신으로 다시 새롭게 실현가능성 연구보고서를 제출하도록 한 것이다.

② **정부부문 관련조직 전문가 논증(1986-1989):** 위의 통지정신에 근거하여 이 단계에서는 각 방면의 전문가를 광범위하게 조직하여 각계가 제출한 문제와 새로운 건의를 둘러싸고 기술적, 경제적으로 진일보된 연구논의를 하였다. 그리고 과학적 근거가 있는 결론을 도출하여 새로이 실현가능성 연구보고서를 작성·제출하여 국가를 위해 정책결정을 할 수 있는 근거를 제공하였다.

이 단계에서의 업무는 수리전력부가 주관 책임부서이다. 이 부서는 삼협공정논증영도소조를 창설하였다. 이 영도소조는 14개 전문가팀으로 구성하여 중국과학원 원사, 교수, 부교수, 연구원, 부연구원, 고급엔지니어 등 총 40여 전문분야의 전문가 412명을 초빙하였다. 또한 특별히 21명의 고문을 초청하여 연구논증을 시작하였다. 각 전문가팀의 업무협조를 위해 전국의 관련단체·기

39) 鄒家華, 「關于提請審議興建長江三峽工程的議案的說明」, 1992.3.21 참조.

관에 연구용역을 의뢰해 실제 이 연구논증에 참가한 인원수는 3,200여명에 달하였다.

이 논증의 내용은 삼협공정의 기술적인 가능성, 경제적 합리성, 건설시기 3개 방면에 대해서 진행되었다. 이 논증작업은 1986년 11월에 시작되어 1988년 11월에 종료되었다. 14개 전문가팀이 각자의 보고서를 제출하였고 그 중 9개 보고서가 통과되었다. 생태환경보호, 홍수예방, 전력, 종합기획과 수위, 종합경제평가 등 5개 분야를 그 내용으로 하는 논증보고서였다.

1989년 장강수리위원회는 삼협공정 가능성연구보고서를 다시 편성하였는데 이 보고서의 결론은 댐건설에 대한 기술적인 면은 실현가능하며 경제적으로도 합리적이어서 건설하는 것이 건설하지 않는 것보다 더 유익하고 또한 조기에 건설하는 것이 더 바람직하다는 결론을 내렸다.

삼협공정은 건설방안에 대해서는 "일급개발, 일차건성, 분기축수, 연속이민"의 방안채택을 추천하였다. 즉 큰 댐의 정상높이는 185m, 1차 건설 후 초기 운행수위는 156m, 최종 정상적 담수수위는 175m, 주민이주는 20년에 걸쳐 완료한다는 것이다. 총공사기간은 18년이며 총투자액은 1986년 화폐가치로 361.1억위엔이다. 이러한 결론을 내리는 동안 전인대, 전국정협, 민주당파, 인민단체 유관책임자들은 여러 차례에 걸쳐 현지 시찰을 하였으며 많은 의견과 건의를 하였다.

③ 국무원의 가능성연구보고서 심의(1990-1992): 1990년 7월 국무원은 장강삼협공정논증 현황에 대한 종합보고를 청취하고 각 분야의 의견을 여러 차례 들은 뒤 "국무원 삼협공정심사위원회"설립을 결정하였다. 본 위원회에서는 163명의 전문가를 초빙하여 10개 전문분야별 예비심사조를 구성하였으며, 실현가능성보고서에 대해 전면적인 예비심사를 진행하였다. 1991년 7-8월간 심사위원회는 최후심사를 하였고 1991년 8월 3일 개최한 심사위원회 최후 1차 전체회의에서 국무원에 보고한 「삼협공정가행성연구보고」에 대한 심의의견이 통과되었다. 내용은 "삼협공정은 필요한 작업이며, 기술적으로도 실현가능하고 경제적으로도 합리적이다"라는 것이다.

1991년 1월 17일 국무원 상무회의는 위 연구보고서 심사의견을 심의하고 이 문제의 결정과정 마지막 단계인 제7기 전국인민대표대회 제5차 회의 심의에 회부하기로 결정한 것이다.

(2) 전국인민대표대회 정책결정과정의 특징

삼협공정사례의 심의·결정과정을 보면 다음과 같은 절차로 이루어졌다 (朱光磊, 1997: 162-163).

첫째, 국무원 부총리 추가화는 국무원의 위탁을 받고 1992년 3월 21일 제7기 전국인민대표대회 제5차회의의 전체회의상에서「관우제청심의흥건장강삼협공정적의안적설명」을 행하였다. 회의의 심의과정이 시작된 것이다.

둘째, 전국인민대표대회 주석단은 "삼협공정"의 의안을 각 대표단과 재정경제위원회에 심의를 맡기기로 결정하였다. 각 대표단은 이 공정의 각 방면 문제를 진지하게 토의하고 각종 의견을 제출하였다. 이와 동시에 재정경제위원회는 전문적인 심의를 수행하고 난 후, 진모화 주임위원이 대회주석단에게 정식으로 심의보고서를 제출하였다.

셋째, 대회 주석단은 만리 위원장의 주제하에 본 의안을 전체회의의 표결에 부치기로 심의·결정하고 결의초안을 통과하였다.

넷째, 1992년 4월 3일 오후 3시 20분 제7기 전인대 5차 회의는 삼협공정에 대한 의안의 표결을 진행하였다. 회의는 찬성 1,767, 반대 172, 기권 664로 통과되었다. 한 명의 전인대대표가 표결이 끝난 뒤 "오랫동안 결정이 되지 않았던 삼협공정이 드디어 결정되었습니다"라고 총체적 평가를 하였다.

전국인민대표대회심의와 국가생활 중 중대사항문제의 결정에 대한 구체적 절차에 대해서 부연설명을 하면 다음과 같다.

첫째, 국무원 등 국가기관이 제출한 의안은 직접 의사절차에 포함되며, 전인대 주석단이 각 대표단과 관련 전문위원회에 심의를 의뢰하며 그 후 대회 주석단이 의안을 대회 전체회의 표결에 부칠 것인지의 여부를 결정한다. 그리고 대표단과 대표(30인 이상 동의)가 제출한 의안이 의사절차에의 상정여부, 즉 본 회기 대회일정에 포함될지 여부는 대회 주석단이 결정한다. 의사일정에 들어간 후의 심의절차는 전술한 내용과 같다.

본 회기 대회일정에 상정되지 못한 의안은 건의, 비평, 혹은 의견으로 될 수 있으며 대회 비서처가 법에 의거 처리한다.

둘째, 이미 대회의사일정에 삽입되었더라도 해결하기 어려운 중대한 문제가 있어서 좀더 심도있는 연구가 있어야 비로소 결정될 수 있다면 대회주석단의 제의를 통해서 대회 전체회의가 결정하여 다음 2가지 방법 중 하나로서 처리할 수 있다. ㉠ 다음 전체회의에 재심을 요청한다. ㉡ 전국 인대 상임위원회에 심의결정권을 부여한다. 단, 반드시 다음 전체회의에 등록을 보고한다.

셋째, 집행절차의 시각에서 볼 때, 전인대가 중대사항에 대해 내린 결정은 어떤 기관이 조직과 집행을 책임지든지 간에(대부분 국무원임) 모든 국가기관과 공작인원에 대해 구속력을 갖는다. 그러나 국무원 자체에서 정한 행정정책결정사안에 대해 조직하여 집행하는 것은 이런 보편적이고 일반적인 구속력은 없다. 효율성을 높이기 위해 전인대가 결정한 중대사항은 국무원이 조직하고 집행 등을 결정할 수 있다. 단 전인대의 권한부여와 비준을 얻어야만 한다. 이것도 바로 광의의 정부정책결정과 협의의 정부정책결정과정 간의 주요 차이점의 하나이다(謝慶奎 主編, 1991: 135-136).

실제 중국의 주요 결정에 대해 전인대가 최종 결정권한을 가지고 있지만 주요 업무는 즉 결정에 필요한 전문적이고 필요한 모든 업무과정은 국무원의 책임하에 이루어지고 있다는 것이다.

한편, 1983에서 1993년까지 전인대 대표가 제출한 의안이 매년 21.4%씩 증가하였지만 의사일정에 진입한 건수는 매우 제한되었다. 그 원인은 그들의 안건이 질적으로 상당히 부족한 것이 한 원인이었기 때문이다(賈義猛, 1993).

제 5 절 정부관료제의 개혁

Ⅰ. 서 론

대부분의 국가는 국민의 요구에 부응하기 위해 정부의 서비스기능을 확대해가다 보면 그에 비례해서 정부기구와 인원이 증가하기 마련이다. 그러나 필요이상의 기구증설로 인한 기능중복과 위인설관식의 기구설립 남발은 예산의 낭비와 업무수행의 비효율성을 야기한다. 이에 따라 정부는 적정시점에 혹은 정권이 바뀔 때 행정개혁의 일환으로 정부기구개편을 단행한다.

중국 역시 1949년 중화인민공화국수립 이후 많은 정부기구들이 생겨나고 사라졌다. 특히 중앙집권식 계획경제체제인 중국의 경우는 모든 부분을 정부가 관여하고 통제하기 때문에 역할과 기능이 사회전체체제에 미치지 않는 곳이 없었으며 이에 비례해서 많은 기구들이 필요하였다. 더구나 사회주의 특성상 평등주의를 지향하고 이를 위해 '대과반정책大鍋飯政策'[40] 즉 대규모 국영기업을 설립해서 인민들에게 일자리를 제공하는 정책의 시행으로 이의 관리와 경영도 책임지는 전천후의 기능과 역할을 해야 함으로써 더 많은 정부기구들

40) 큰솥에서 밥을 하여 공동으로 취식을 하는 방식을 의미한다.

이 필요하게 되었던 것이다.

지금까지 중국은 중앙정부 혼자의 힘으로 이 모든 것을 감당하여 왔으나 개혁개방 이후 시장경제체제를 받아들이기 시작하면서 중앙집권적인 방만한 정부운영방식으로는 더 이상 체제를 꾸려나가기 힘들게 되었음을 인식하게 되었다.

방만한 기구와 많은 인력은 비능률과 비효율 등의 문제를 야기했고, 이의 해결을 위해 중국정부는 여러 차례에 걸쳐 정부기구개혁을 추진하였다. 기구 축소를 위한 개혁뿐만 아니라 정부의 기능과 권한도 대폭 민간부문으로 이양하고 중앙정부에 집중된 여러 권한도 지방으로 이양하는 분권화 조치들을 취한 것이었다. 또한 그 동안 정부가 관리해 온 여러 국영기업들도 이젠 자율적 경영을 하도록 정부기업 분리정책을 지속적으로 추진하였다.

본 절에서는 지속적인 정부개혁을 추진해 오고 있는 중국 정부의 개혁과정을 통해 그 특징과 한계를 살펴보고 이를 중심으로 향후의 개혁방향을 예견해 보고자 한다. 이를 위해 정부기구의 개혁과정을 살펴보는데 특히 중국의 행정부인 국무원을 중심으로 고찰해 본다. 그리고 정부구조뿐만 아니라 공무원 인사제도는 어떻게 개혁을 추진하였는지를 살펴본다. 경제발전에 장해가 되지 않기 위해 관료조직에 대한 대대적인 개혁작업이 어떤 제도개혁을 통해 이루어졌는지 그 성과와 한계점들을 고찰한다. 마지막으로 이러한 내용들을 토대로 앞으로의 중국정부 개혁방향을 예견해 본다.

Ⅱ. 중국 정부의 발전과정

1. 정부체제의 변천과정

중화인민공화국(이하 중국)의 정부체제는 마르크스주의 이론의 영향 아래 혁명과 국가형성과정의 실천적 경험을 통하여 그 기초 위에서 점차적으로 형성·발전되기 시작하였다. 1928년 이후 중국공산당의 영도하에 전국의 혁명근거지에서 연이어 인민정권을 수립하고 정부로서의 기본적 활동들을 하기 시작하면서 여러 행정업무와 관련된 조직·기능들이 만들어지기 시작하였다. 이 시기의 「민서소비에트정권조직법(1930년 3월 25일)」이 현존하는 중국 혁명문헌

중 가장 오래된 행정법규성 문헌이다. 1931년 11월 중화소비에트 제1차 전국대표자회의가 강서성 서금에서 개최되었다. 이 대회에서 중화소비에트공화국의 성립을 선포하고 「중화소비에트공화국헌법대강」을 통과시켰다. 여기에는 "전국노동자·농민회의대회가 최고의 정권이다"라는 것을 규정하고 있으며, 대회 폐회기간 동안에는 전국소비에트중앙집행위원회가 최고행정기관이 되며 중앙집행위원회 산하에 인민위원회를 조직하여 일상업무를 처리하며 모든 법령과 결의안을 공포한다고 규정되어 있다. 당시에 합법적인 법에 근거하여 조성된 것이 모택동이 주석인 인민위원회이며 이것이 중국인민정권의 중앙국가정부기관의 효시인 것이다.

항일전쟁시기에 중국공산당 영도하에 각 지방정부는 각기 따로 행정기관을 만들었고 위원회제를 채택하여 그 지역의 정무를 책임지고 처리하였다. 해방전쟁시기에는 혁명의 새로운 형세전환에 근거하여 새롭고 해방된 크고 작은 여러 도시가 계속해서 군사관제위원회와 인민정부를 수립하여 과도기적인 정부기관의 역할을 하였다(조이현, 2002: 20-22). 이러한 중국의 정부체제의 발전과정을 시기별로 4단계로 구분하여 설명할 수 있다(浦興祖, 1999: 131-133).

(1) 점진적 형성단계: 1949년－1954년

1949년 9월말 중화인민정치협상회의가 통과한 「공동강령」은 새로운 중국국가행정제도의 창건을 위해 민주집중제와 엄격한 근검절약, 반관료주의 등의 기본원칙을 확립하였다. 1949년 10월 1일 중앙인민정부가 수립되고, 곧 정무원이 국가정무의 최고집행기관으로서 설립되었다. 그 해 12월, 중앙인민정부위원회가 「정무원급소속각기관조직통칙」을 반포하고, 정무원 소속 청·사(국)·처·과·실, 그리고 회의 직책을 규정하였다. 이어서 지방정부의 창건작업도 이루어졌다. 같은 해 말 정무원은 「대행정구인민정부위원회조직통칙」을 통과시켜 대행정구인민정부위원회 혹은 군정위원회가 일급 지방정권[41]이며 동시에 정무원의 대표기관임을 확정하였다. 1950년 정무원은 계속해서 성·시·현·대도시의 구·향의 인민정부조직통칙을 공포하였다.

1952년 8월 중앙인민정부위원회는 「민족구역자치실시강요」를 통과시켰고,

41) 일급행정구는 중앙정부 아래 30개 구로 나누어지고, 22개의 성, 5개의 소수민족 자치구와 중앙직할의 북경, 천진, 상해 등 3개의 특별시가 있다.

이로써 중앙에서 지방까지 국가행정체제의 기초가 세워진 것이다.

1954년 헌법에서는 중화인민공화국 국무원이 최고국가행정기관이며 지방 각급 인민위원회는 지방 각급 국가행정기관임을 규정하였다. 동시에 헌법과 조직법은 각급 국가행정기관의 권한, 구성 그리고 주요 직무수행절차 등을 명확히 규정하였다.

(2) 초보발전단계: 1955년 – 1966년

정부체제가 정식으로 수립된 후 제도 시행과정중에도 지속적인 개선이 이루어졌다. 1955년 국무원은 「감찰부조직간칙」을 공포하고, 국가행정감독기관으로 확정하였다. 이어서 각 소속기구의 조직조례를 제정하고 공무원의 임면과 상벌제도 그리고 임시규정을 공포하였다. 이러한 규정들은 당시 중국의 국가행정체제를 내실화하는 데 큰 기여를 했다.

(3) 훼손단계: 1966년 – 1976년

1966년 발생한 문화대혁명은 국가행정체제에 심각한 훼손을 가했다. 중앙에서는 '중앙문혁영도소조'가 한동안 최고국가행정기관 위에 군림하여 국무원 각 부처의 업무를 거의 마비상태에 빠지게 하였다. 지방에서는 '혁명위원회'가 각급 국가행정기관을 대신하여 국가행정업무의 효과적인 수행이 힘들었다. 이러한 상태는 1975년까지 지속되다가 4차 人大가 개최되어서야 비로소 변화를 맞게 되었다.

(4) 회복과 발전단계: 1977년 – 현재

문화대혁명이 끝난 후 원래의 행정체제가 점차 회복되기 시작하였다. 1979년 「지방조직법」의 개정과 특히 1982년 신헌법과 새로운 국무원 조직법은 국가행정조직과 행정권한, 행정지도체제 등에 대해 새로이 규정하고 있었다. 이를 토대로 중국의 국가행정체제는 전면적인 개혁과 발전단계로 진입하게 되었다.

1987년 중공13대에서는 정치체제와 행정체제의 개혁 목표와 단계를 규정하였고, 행정체제개혁의 관건은 정부기능의 전환이라고 제시하였다. 이후 중국 국가행정체제개혁은 주로 정부기능의 전환과 국가공무원제도의 건립이라는 두 가지 방향에 맞추어 발전하게 되었다. 1992년 개최된 중공14대는 사회주의시장경제체제 건설이라는 목표를 명확히 제시하여 국가행정제도개혁을 위한 새로운 방향을 제시하였던 것이다.

1997년 개최된 중공15대에서는 '업무수행의 효율성제고, 원활한 업무협조, 행동규범의 행정관리체제'라는 개혁목표를 제시하였고, 이어서 개최된 9기 인대 1차 회의에서는 새로운 국무원기구개혁방안을 비준했다. 이와 같은 일련의 조치와 지속적인 노력으로 중국의 국가행정체제의 개혁은 많은 성과를 보이고 있다.

2. 국무원의 구성

중국의 정부구조는 크게 "당黨"과 "정政"으로 나누어지는데, 당은 "중국공산당"이, 정은 "국무원"이 대표하고 있다. 주요 정책의 결정은 당에서 주도를 하고, 이의 집행과 관리는 국무원이 주관하고 있다. 즉 국무원은 행정부의 역할을 하는 정부기구라 할 수 있다.

국무원은 그동안 여러 차례에 걸쳐 조직의 변화가 있어 왔다. 1954년 이전에는 국무원의 전신인 중앙인민정부 정무원이었고, 중앙인민정부위원회가 총리와, 약간명의 부총리, 그리고 비서장 1명, 정무위원 약간명을 임명하여 구성하였다. 정무위원은 반드시 정무원 소속위원회의 주임위원 혹은 부장을 겸임하였고 정무위원이 겸임한 주임, 부장은 정무원의 구성원에 속하는 것은 아니었다(浦興祖, 147).

1954년 헌법규정에 의거 국무원은 더 이상 정무위원을 두지 않았다. 국무원의 구성인원은 총리, 부총리 약간명, 각 부처의 부장, 각 위원회 주임과 비서장이다. 1975년과 1978년 헌법에서는 국무원 조직원 중에서 비서장직위를 폐지하였다. 1982년 제정된 현행 헌법규정에 의하면 국무원은 총리, 부총리 약간명, 국무위원 약간명, 각 부 부장, 각 위원회 주임, 심계장, 비서장으로 구성된다.

국무원 총리는 헌법규정에 의거 국무원 조직원 중 최고권력의 지위에 있다. 부총리는 총리의 업무에 협조하며 어떤 부총리는 부장 혹은 위원회 주임을 겸임하고 있다. 비서장은 총리 영도하에 국무원의 일상업무를 책임지고 있으며 심계장은 국가재정과 재정수지활동의 감독업무를 책임지고 있다.

국무원 매기의 임기와 전인대 매기 임기는 5년으로 같으며 총리와 부총리, 국무위원은 연속으로 2회 이상 연임할 수 없다(高民政, 1993: 259).

Ⅲ. 시대별 정부기구개혁의 과정과 특징

중국의 정부구조개혁은 그 특징에 따라 ① 1949(건국)~1993년, ② 1993년~1998년, ③ 1998년 이후로 나누어 설명할 수 있다(浦興祖, 150-156). 또한 그 이후의 정부기구 개편에 대해서는 2008년도 전인대 11차 대회의 내용을 중심으로 설명하고자 한다.

1. 건국(1949)~1992년: 하방의 시기

중화인민공화국 수립초기 정무원은 35개의 산하기구를 두고 있었는데, 하나의 비서청과 30개의 부급기관(부, 회, 원, 서, 행), 정치법률위원회, 재정경제위원회, 문화교육위원회, 인민감찰위원회 등으로 구성되어 있었다. 4개 위원회 중 전자의 3개 위원회는 각각 관련 부서의 업무를 지도하고, 그들에게 결의와 명령을 발하고 업무에 대한 심사를 할 수 있는 권한을 가지고 있었다. 인민감찰위원회는 국가행정기관과 공무원의 업무수행에 대한 감찰책임을 가지고 있었으며 당시의 국무원 소속 공무원 수는 1만여명 정도였다.

1952년 대규모 계획경제건설이 시작되면서 중앙집권적인 지도, 감독을 위해 중공업부를 일기부, 이기부, 건설공정부, 지질부로 분리·증설하고 교육부를 고등교육부, 체위, 소맹공작위원회 등으로 분리하여 정무원기구를 확충하였다. 이런 결과로 1954년에 이르러서는 정무원기구가 42개로 증가하였다.

1954년 9월 정무원은 국무원으로 개칭되었으며 정치법률, 재정경제, 문화체육, 인민감찰 4개 위원회가 폐지되고 정법, 문교, 중공업, 경공업, 재무금융, 교통, 농림수리, 대사개조 등 8개 부문을 증설하여 국무원소속 단위는 35개 부서가 되었다. 이외에도 국가통계국과 국가계량국 등 20개 직속기구副部級를 신설하여 각 전문분야의 업무를 주관하게 하였다. 이로서 국무원 소속의 행정기구는 비서청을 포함해 총 64개로 증가하였다.

이후에도 2년 동안 지속적인 부처의 기구조정과 증설을 하였는데 1956년 말 국무원 행정기구는 86개에 달하였고 그 중 部·委가 48개, 공무원 정원은 5만 여명에 달하였다. 당시 국무원은 지방정부와 유관기관, 그리고 기업들을 직접 관리하여 기구가 상당히 비대해지고 있었으며 권력도 중앙에 집중되는 결과를 낳았다.

관련 업무 역시 전문화되고 세분화됨에 따라 산하 정부기구는 갈수록 증설되어 이로 인한 예산의 증가와 많은 비효율성을 낳게 되었다. 이러한 비효율성의 문제를 해결하기 위해 마오쩌뚱의 지시에 의해 국무원은 중앙의 일부 권한을 지방에 이양하는 조치를 취하기 시작하였다. 즉 1958년 2월 제1기 전인대 제5차회의에서는 「관우조정국무원소속조직기구적결정」을 제정하여 국무원 소속기구에 대한 간소화작업과 조정, 그리고 기구통폐합을 단행하였던 것이다.

1959년 제2기 전인대가 개최되었을 때 국무원이 설립한 행정기구는 60개로 감소되었으며 그 중 부·위 39개, 직속기구 14개, 판공실 6개소, 비서청 1개, 공무원수는 3만6천여명으로 감소되었다. 그러나 1961년부터 시작된 국민경제의 '조정, 공고, 충실, 제고'등의 방침을 시행하기 위해 1958년 이래 지방정부에 이양했던 각종 권한과 기업관리와 관련된 권한 등을 다시 중앙정부에 집중·통일하기 시작함에 따라 행정기구가 다시 증가하기 시작하였다. 이로 인해 1964년에는 국무원 소속기구는 총 79개로서 부·위 49개, 직속기구 22개, 판공실 7개, 비서청 1개, 공작인원은 4만천여명으로 다시 증가하였다.

1966년 문화대혁명의 혼란으로 국가기구가 많이 폐쇄되고 그 기능의 상실과 인원감축 등으로 국무원소속 기구는 단지 32개소만 남았으나 그 중에는 군사위, 중앙문혁소조 등이 있어 이들을 제외하면 19개소 1만여명의 공무원만이 있었다. 이 때가 건국 이래 국무원기구가 가장 왜소한 상태였다. 1976년 문화대혁명이 끝나고 국무원은 '문혁' 전의 관리체제에 근거해서 조직을 정비해 1981년 말경에는 행정기구는 100개소 공직인원은 5만1천여명에 달하였다. 이는 건국 이래 최고 수준이었다(浦興祖: 170).

그러나 그 후 등소평은 정부권한의 고도한 집중과 방대한 기구조직, 간부층의 심각한 노령화, 지도층 직책의 종신제 등이 개혁개방과 현대화 건설사업에 걸림돌이 된다고 지적하고 이의 개혁을 강력히 주장하였다. 이에 1982년 제5기 전인대 상임위원회 23차 회의에서 「관우국무원부위기구개혁실시방안적결의」가 심의·통과하였다. 여기서 기능이 중복되는 기구의 폐지와 업무가 서로 비슷한 기구의 합병 등 원칙을 제시하여 국무원의 기구축소를 통해 부·위는 43개소로 줄었고, 직속기구는 15개로, 판사기구는 2개소로 줄였고 대신 판공청이 하나 증설되어 모두 61개소로 되었다. 간부층 역시 4화(혁명화, 지식화, 전문화, 연소화)방침을 채택하고 정상적인 간부 이·퇴직제를 실시하여 공무원 수도 3만9천 여명으로 줄었다. 이 당시에 유일하게 신설된 기구는 국가경제체제개혁위원회로서 국무원총리가 주임으로 겸직하여 국가경제체제개혁과 관련된 연구와 기획 등을 관장하였다. 1982년 국무원 기구개혁은 많은 성과를 거두었지만 그 후 다시 기구가 증가하여 1987년에는 또 많은 기구들이 생겨나고 있었다.

이상과 같이 중국의 정부기구는 '구조조정 → 팽창 → 재구조조정 → 재팽창' 등의 악순환이 되풀이되었다. 따라서 이의 시정을 위해 1988년 제7기 전인대 제1차 회의에서 '정부기능의 전환'을 목적으로 하는 개혁방안을 비준하였다. 정부기능의 전환, 정부와 기업의 분리원칙에 따라 기업에 대한 정부의 직접관리를 간접관리로 전환하고, 자금과 물자의 직접관리 권한을 이양하고, 정책결정·자문·감독·정보제공 등의 기능을 강화해서 정부의 기업에 대한 직

표 4-1 국무원(정무원) 기구현황(1949~1993)[42]

연 도	총 계	부·위원회	직속기관	판사기관	비 고
1949	35	29	6	6	
·	·	·	·	·	
1952	42	38	4	4	
·	·	·	·	·	
1954	64	35	21	21	
·	·	·	·	·	
1959	60	39	15	15	
·	·	·	·	·	
1964	79	49	23	23	
·	·	·	·	·	
1970	32	26	5	5	
·	·	·	·	·	
1981	100	52	43	43	
1982	61	43	15	15	
·	·	·	·	·	
1988	68	41	19	8	
·	·	·	·	·	
1992	70	42	19	9	

42) 최월화, 「중국의 중앙정부조직」(서울: 한국행정연구원, 2000)을 참조하여 재편성.

접관리를 간접관리로 그 기능을 전환한다는 것이다(조이현: 171). 그리고 원래 정부가 주관하던 업무를 각종 유관업종의 협회에 청부를 한다는 것이다. 이러한 원칙에 따라 기구개혁을 단행하여 1987년에 72개였던 국무원 기구수를 1988년에는 68개소로 감소시켰다. 이 수는 1992년까지 거의 변함없이 유지되었다.

중화인민공화국이 수립된 이후 1993년까지의 중국 정부의 기구개혁 특징은 분권화의 시기라 할 수 있다.[43] 분권화는 집권화된 정부의 폐해를 시정하기 위한 경향이기도 하다. 그러나 공공서비스의 성격에 따라 집권화가 더 효과적일 때가 있으며 반면에 분권화가 더 효과적일 때도 있다. 즉 전통적인 국가 역할로 간주되어온 국방, 외교, 소득재분배 등의 역할은 중앙정부가 집권적으로 수행하는 것이 더 효과적이며 지역주민의 특수한 개별적인 수요에 대응하기에는 지방정부에게 권한을 위임하는 것이 더 효과적일 것이다.

중국의 경우는 초창기 국가수립 이후 소련식의 사회주의 계획경제체제를 채택함에 따라 정부기능도 중앙집권식이었으며, 국민의 의식주를 정부가 해결해 주어야 하는 전천후 정부여야 하는 까닭에 정부의 역할과 기능은 처음부터 과중한 상태에서 출발하였다. 그러나 시간이 지남에 따라 그 부담은 더욱 증가하였고 이러한 과부하에 걸린 정부는 방만한 정부의 권한과 기능을 하나 둘씩 이양을 하는 과정이었다고 할 수 있다.

2. 1993년~1998년: 조정의 시기

이 시기의 정부구조개혁의 특징은 과도기적 상황에 적응하기 위한 노력의 시기라고 볼 수 있다. 1992년 공산당의 14차 회의에서는 사회주의 시장경제체제를 건설해야 한다고 역설하였고 이를 위해 1993년 3월 제8기 전인대 1차회의에서는 새로운 국무원 기구개혁방안을 비준하였다. 이번 기구개혁에서의 가장 큰 차이점은 사회주의 시장경제체제에 적응하기 위한 기구개혁을 목표로 삼았다는 것이다.

주요 내용은 정부기능의 전환과 정기분리에 초점을 두고 기업에 속한 권한은 기업에 이양하고 정부의 행정기능은 주로 기획과 정책 수립, 정보수집 및 분석, 서비스제공, 감독관리 등에 역점을 둔다는 것이다. 이를 위해 종합경

43) 중국에서는 下放의 時期라 표현한다.

제부문을 강화하였는데, 즉 국가경제무역위원회를 신설하고 그 기능으로서 국민경제의 주요 문제에 대해 협조하는 것이었다.

그 외 전문경제부문 역시 중대 개혁을 단행하였는데, 항공항천공업부를 폐지하고 항공공업총공사와 항천공업총공사로 분리·설립하였다. 그리고 경공업부, 방직공업부를 폐지하고 중국경공총회, 중국방직총회로 분리·설립하였다. 주요 기능은 업종에 대한 기획, 정책집행, 거시관리와 기업에 대한 서비스 제공 등이다.

1993년 기구개혁은 종합경제부문의 중점을 거시통제체제의 강화에 두었고 전문경제부문에서는 부처에서의 관리가 업종에서의 관리로 바뀌고 부문의 한계와 소유제의 한계를 타파하고 경제, 법률수단 위주의 간접관리를 시행하는 것이었다. 동시에 국무원 직속기구와 판사기구에 대해서도 개혁을 단행하여 국무원 행정기구는 59개로 감소되었다. 즉 부위가 41개, 직속기구와 판사기구 18개로 감축되었고, 대신 판공청 1개만이 증설되었다. 비상설기구는 85개에서 26개로 대폭 감소되었다.

1997년에 개최된 당의 15대에서는 '정치체제개혁의 지속적 추진'을 강조하였고, 경제체제개혁에의 적응과 사회주의 현대화건설로 지속적 발전을 추구하자고 역설하였다. 그 중 재차 강조한 부분이 '기구개혁의 추진'이었다.

1998년 3월 제9기 전인대 제1차 회의에서는 1998년 국무원기구개혁방안을 심의·통과하였다. 이 방안에 근거한 기구개혁의 목표는 업무수행의 효율성제고, 업무협조, 복무규범에 대한 관리체계수립, 정부기능의 전환, 정부기업분리 등으로 확정하였다. 정부기능은 거시통제, 사회관리, 공공서비스부문으로 전환해서 생산경영권을 기업에 이양하고, 간소화·통일화·효율성의 3원칙하에서 정부기구를 조정하며, 또한 지속적인 기구와 인원의 감축을 실현해 나가며, 거

표 4-2 국무원 기구현황(1949~1993)[44]

연 도	총 계	부·위원회	직속기관	판사기관	기 타
1993	59	41	13	5	
·	·	·	·	·	
1998	53	30	17	6	

44) 최월화, 「중국의 중앙정부조직」(서울: 한국행정연구원, 2000)을 참조하여 재편성.

시경제 통제부처를 강화할 뿐만 아니라 전문경제부처의 조정과 감축, 사회서비스부문에 대한 적절한 조정을 하는 것이었다.

또한 인치가 아닌 법치를 위한 법집행과 감독부문에 대한 강화와 사회중개조직의 발달, 국가공무원제도의 완비, 국가행정간부의 자질과 전문성 향상, 사회주의 시장경제체제에 적응하는 중국특색의 행정관리체제 구축 등으로 규정하였다. 이 방안에 근거하여 전문경제관리부서를 폐지하여 업종협회를 설치하였으며 각 부서의 직능·기구·편제를 확정하고 대량의 직능을 하급기관으로 분산·이관하였으며 대폭 부위 내 기구를 감축하여 국무원 소속 공무원수를 3만2천여명에서 1만7천여명으로 거의 절반을 감축하였다(任曉, 1998: 218-227).

1998년 기구개혁은 중국 공산당 건국 이래 최대규모의 기구개혁으로서 주요 특징을 한마디로 말한다면 전환의 시기라 할 수 있다. 이전의 기구개혁은 계획경제의 틀 내에서 진행된 개혁이며 그 특징은 하방이라고 전술하였다. 그러나 1998년 진행된 기구개혁은 경제체제가 시장경제체제로 전환하며 지령성 계획[45]이 최저로 축소되었으며 시장 역시 공급자(판매자)시장에서 구매자(수요자) 시장으로 전환되었으며 내핍경제에서 과잉경제로 전환되는 이러한 일련의 체제전환의 배경하에서 이루어졌기 때문이다. 지금까지의 정부기구 개혁과정을 보면 축소→팽창→재축소→재팽창 등으로 이루어졌으나 이러한 악순환을 끊는 계기가 되었다는 점에서 의미가 있다 하겠다.

또한 1998년 기구개혁은 1999년부터 시작된 省이하 각급 정부기구개혁에 모델이 되어 성급 정부기구는 평균 55개에서 40개로 감소되었고, 시급 정부기구는 평균 45개에서 35개로 감소되었다. 현급 정부는 28개에서 18개로 감소되었다. 공무원 정원 역시 성급 정부는 48.2%, 시·현·향 각급 당·정·민간기

45) 중국의 계획제도는 지령성 계획부문, 지도성 계획부문, 그리고 비계획부문(시장부문)으로 구분되어 있다. 지령성 계획은 중앙계획당국이 생산목표를 개별산업체에 대하여 강제적으로 지령하는 경우를 의미한다. 이 경우에는 주로 비교적 규모가 큰 국영기업체가 생산하는 원자재, 생산재, 내구소비재 등 전국대상 공급품이 포함된다. 반면에 지도성 계획은 중앙계획당국이 제공한 계획지침을 토대로 각급 지방정부가 시행계획을 작성하여 개별산업체의 생산목표량을 할당하고 있으나 실제 시행과정에 있어서는 지방정부와 개별산업체가 융통성 있게 운용할 수 있도록 상당한 재량권을 허용하고 있는 경우를 의미한다. 이 경우에도 주로 중소규모의 국영기업체 또는 다수의 집단기업체가 생산하는 광범위한 지역대상 공급품이 포함된다. 그리고 비계획부문(시장판매부문)은 지방도시의 소규모공장과 농가부업과 같이 계획대상에 포함되지 않는 경우와 계획대상에 포함되어 있다 하더라도 국영기업을 비롯한 대부분의 산업체들이 계획목표량 또는 지도할당량을 초과하여 생산한 제품을 시장에 판매할 경우가 여기에 해당된다고 할 수 있다(張成福·兒文杰 主編, 1992: 182).

관은 19.4% 감축하였다(汝信, 2001: 108).

이 시기의 정부개혁은 1978년 개혁개방 이후 급변하는 환경변화에 제대로 그 기능을 발휘하지 못하고 오히려 개방에 따른 경제발전의 걸림돌이 된다는 위기의식 속에서 환경에 적응하고 살아남기 위한 개혁의 과정이라고 할 수 있다.

3. 1999년 이후의 개혁: 전환의 시기

1998년도 기구개혁의 기초위에서 1999년도와 2000년도에도 정부기구개혁이 이루어졌다. 큰 골간은 1998년의 개혁에서 이루어졌고 1999년도와 2000년도에는 부분적인 보완의 의미가 강하다고 볼 수 있다.

(1) 1999년도의 개혁조치

이 시기의 정부기구 개혁에서는 기구감축은 없었으며 다음과 같은 내용으로 이루어졌다.

첫째, 성급이하 질량기술감독부처의 상하 수직적 영도체계의 시행이다. 1999년 3월, 당중앙과 국무원은 질량기술감독관리체제에 대한 중요한 개혁의 추진을 결정하였다. 그 내용은 성 이하 질량기술감독체제는 수직관리를 한다는 것이었다. 즉 지급시와 현급시 질량기술감독국은 상위 질량기술감독국의 직속기구가 되는 것이며 각급 기술기구는 동급 질양기술감독국의 직속사업단위가 되며, 수직관리의 원칙에 따라 통일관리를 시행한다는 것이다.

둘째, 1999년 7월 6일 중공중앙부문 기구개혁회의가 열렸는데 이 당시 기구개혁은 큰 틀에는 변화가 없었으나 중요한 것은 순리적 관계, 간소화, 내부기구와 인원편성의 조정, 우수한 인력구조, 기관 활성화 증대 등이 주요 내용이었다. 이 회의의 결과로 인원이 20% 감축되었으며, 당중앙의 18개 부서에 대한 개혁방안이 비준을 받았다.

셋째, 1999년 7월 23일, 전국지방정부 기구개혁공작회의가 개최되었는데 지방정부 기구개혁의 주요 내용은 직능전환, 순리관계, 간소화된 기구, 인원감축 등이다. 기능전환은 정기분리, 정사분리를 의미한다. 또한 기관간부의 자질향상을 도모하며 간부들의 직무교류체제를 확립하여 행정능력의 향상을 꾀한다는 것이다.

넷째, 1999년 9월 22일 중공 15기 4중전회에서는 「중공중앙관우국유기업개혁화발전약간중대문제적결정」을 통과하였다. 주내용 중 하나는 정기분리였는데 이는 정부의 행정기능과 자산관리기능의 분리를 의미하고 정부의 기능은 정부의 행정권 범위 내로 한정해야 한다는 것이다. 국유자산 관리기능은 그 권한범위가 국유자산에 한해서이며 모든 사회자산에 대한 관리가 아니라는 범위와 한계의 명확성을 주지시켰다. 따라서 이와 관련한 소유권문제는 민사법규에 의해 중재하기로 하였다.

또 다른 것으로서 정기직책의 분리이다. 이는 기업은 시장수요에 따라 생산경영을 하고 경제효율성을 제고시키는 것이 주요 목적이므로 정부는 기업의 생산경영활동에 직접 간여하지 않는다는 것이다.

다섯째, 1999년 12월 2일 국무원은 각급 정부와 정부부문은 법에 의한 행정업무수행의 철저한 이행을 결의하였다. 법에 의한 행정이란 각급 정부와 정부부문, 그 영도간부들은 헌법과 법률, 법규를 엄격히 준수하여 당과 국가의 정책을 집행하고 기율을 엄격히 준수하며 법에 의거 직무를 수행하며 정책을 결정하고 문제를 처리해야 한다는 것이다. 또한 행정기관은 헌법과 법률이 부여한 직책을 성실히 이행하고 법정권한과 절차에 따라 국가사무를 관리해야 한다는 것이다(汝信, 112-114).

(2) 2000년도의 개혁조치

1년여의 준비 끝에 2000년 초부터 전국의 지방정부들은 기구개혁을 시작하였고 2000년 말에는 대부분의 지방정부 기구개혁은 마무리되었다. 예로서 해남성 성급 정부는 53개의 정부부처를 40여개로 감축하였고, 공무원 수도 절반으로 줄였다. 해남성 정부기구는 38개에서 32개로 줄어 16%를 감축하였다.

북경시 정부기구는 67개에서 46개로 감축되었으며 공무원 수도 거의 절반으로 줄었다. 광서장족자치구 정부기구는 59개에서 40개로 줄어 32%의 감축률을 보였다. 이와 같이 전국의 지방정부에서도 기구개혁을 단행하여 많은 구조조정을 하였는데 다음과 원칙에 따라 수행되었다.

첫째, 소정부・대사회이다. 소정부란 간소화된 정부로서 사회치안, 질서유지, 공공서비스 제공, 기초시설건설 등이 주요 기능인 정부를 의미한다. 이외의 기업관련 기능들은 모두 사회로 환원한다는 것이다. 둘째, 소정부・대시장이다. 정부의 기능 중 하나는 시장에 대한 감독과 관리이다. 정부는 전국적인 큰 시장을 건립하고, 각 시장을 통일화하여 전국적인 특성을 갖도록 하고 이러한 큰 시장이 경제를 촉진케 함으로써 많은 인원도 필요하지 않고 이러한 시장을 작은 정부가 관리만 하면 된다는 것이다. 셋째, 소정부·대복무이다. 정부의 사회에 대한 관리는 봉사위주여야 하며, 사회의 발전을 위하여 거시적·정책적 서비스를 제공하는 것이다. 그리고 작은 정부가 오히려 방만한 정부보다 더 좋은 서비스를 제공할 수 있다는 것이다. 넷째, 지방정부의 직능은 다음과 같이 전환해야 한다는 것이다. ① 계획경제기능에서 시장경제기능으로 ② 조잡·방만형 기능에서 집약형 기능으로 ③ 운영형 기능에서 감독관리형 기능으로 ④ 분할형 기능에서 종합협조형 기능으로 ⑤ 동원형 기능에서 관리형 기능으로. 다섯째, 지방정부 기구와 중앙정부 기구는 부분적으로는 서로 협조하고 또 다른 한편으로는 경쟁해야 한다는 것인데, 호응해야 하는 부분으로서 재세·사법·공안·농업 등을 들고 있다. 그러나 각 성·시정부는 국무원의 감독을 받고 직무를 수행해야 하지만 각지의 여건과 상황에 따라 자주권을 발휘하여 자신들의 필요한 기구와 인원을 확정해야 하며 동급 인민대표대회와 그 상임위원회의 법률의 제한을 받는다. 여섯째, 지방정부 기구개혁은 통일성이 있어야 하고 또한 다양성이 있어야 한다. 각 지방은 자연조건과 주거인구도 서로 다르고 경제수준도 상이한 차이가 있기 때문에 각지의 상황과 실정에 따라 개혁을 추진하지만 기본원칙을 준수하여 통일성을 기하고, 구체적인 시행은 지방특색에 따라 실시해야 한다는 것이다.

이처럼 1999년 이후의 개혁은 지방정부의 개혁이 그 주요 특징이며 행정과 기업경영의 분리에 많은 초점을 두었던 기존의 개혁과는 달리 각 지역실정에 맞는 개혁의 추진을 강조하고 행정의 법제화를 추구하였다는 점에서 나름대로 의미가 있다.

4. 2008년도 정부기구개편

국무원 개혁안이 11기 전국인민대표자회의 1차 회의에서 심의되었다. 이번 기구개혁의 특징은 6가지로 요약해서 설명할 수 있다.[46)]

46) 中國改革報, 2008. 3. 17. 참조.

(1) '종합' 강조

이번 개혁안은 개혁의 장기목표와 현단계적 필요성을 종합적으로 고려하였을 뿐만 아니라, 국제 환경과 국내 경제사회발전의 현황, 그리고 각 분야의 요구와 발전 가능성까지도 종합적으로 감안하였다.

또 이번 기구개혁안에서 제기된 것은 중국의 새로운 시대와 단계가 요구하는 임무와 수요에 부응하기 위한 배경이 있는데 16차 당대회 이래 중국은 과학적 사회주의와 조화로운 사회 구축의 전략을 제시해 중국특색의 사회주의 이론시스템을 풍부하게 만들었다. 이러한 시대배경에 부합하고자 행정관리체제 개혁을 본격화하고 기관개혁을 추진하게 된 것이라고 설명할 수 있다. 17차 2중전회2中全會에서 통과된 '행정관리체제 개혁을 본격화하기 위한 의견'에서는 2020년까지 중국특색의 사회주의 행정관리체제를 종합적으로 보완, 구축해야 한다는 전체 목표를 제시하였다.

(2) '전환' 강조

중국은 1988년 정부의 기능전환을 제기한 이래 20년 동안 커다란 성과를 거두었으며, 중국의 현행 행정관리체제는 기본적으로 경제사회발전의 요구에 부응하기 위해 지속적으로 노력한 결과이다. 그런데 계획경제에서 사회주의 시장경제로의 전환은 끊임없는 탐색과 보완의 과정이 필요하다. 그러나 현재 중국 정부의 기능전환이 현실적 업무에서 아직 완전하지 못하고, 기관의 설치와 기능배치 면에서도 많은 문제점들이 존재하고 있기 때문에 개혁의 필요성이 제기되었다. 그래서 이번 개혁안은 정부의 기능전환에 초점을 맞추어 서비스형 정부 구축의 요구를 실현시켰다. 또 이번 개혁은 최초로 수평적 관계로서 정부가 경제조절, 시장감독관리, 사회관리, 공공서비스 분야 기능의 중점과 요구를 명확히 하는 동시에 최초로 수직적 관계의 중앙정부와 지방정부 간의 기능과 직책에 대해서 명확히 하였는바, 이는 각급 정부가 기능전환의 요구를 실현하는데 유리하게 작용할 것으로 평가되고 있다.

또 이번 개혁안은 정부의 기능전환을 부서기능의 배치와 연계하였다. 일례로 국가발전개혁위원회의 거시조정 기능을 합리적으로 배치한 점을 꼽을 수 있다. 개혁안에 따르면, 국가발전개혁위원회는 거시조정에 역점을 두며, 국민경제의 평형을 종합적으로 유지시키며, 경제체제개혁을 종합적이고 조화롭게 추진시키고, 경제운영 중 발생하는 문제를 해결할 것을 제기하였다. 반면, 국가발전개혁위원회의 미시관리사무와 구체적인 심사사항의 역할은 축소시킬 것을 제기하였다. 그리고 신설 부처, 조정규모가 큰 부처, 존치부처를 막론하고 모두 기능을 전환시킬 것을 제기하였다.

(3) '대형' 강조

이번 개혁안은 '대부처체제大部處體制'를 구성한다는 점에서 새롭다고 할 수 있다. 소위 '대부처체제'란 정부부처 설치 과정에 기능이 유사한 부문을 통합해 '寬 기능, 大부처'의 조직구도와 체제메커니즘을 형성하는 것을 말한다. 이번 개혁안은 간소화, 통일, 효능의 원칙에 따라 결정권, 집행권, 감독권의 상호제약과 조화의 요구에 따라 약간의 大부처를 구성하였다.

일례로 새로 구성된 공업정보화부도 하나의 大부처에 속하는데, 이는 지난날 공업관리부로의 회귀가 아니라, 공업화와 정보화의 융합, 첨단기술산업과 전통공업개조의 결합, 군민 결합의 요구에 따라 산업 규제와 계획, 정책의 수립을 담당하는 부처로서 기업의 시장경영 활동에는 관여하지 않는다. 또 새로 구성될 교통운수부 또한 도로, 수로, 민항을 일체화시켜서, 교통운수구도를 최적화함으로써 편리하고 원활할 뿐만 아니라, 고효율적이며 안전한 종합운수시스템을 형성하는데 큰 촉진역할을 할 것으로 기대된다. 그리고 인적자원사회보장부는 기관과 기업 인력을 관리하고 인력시장과 노동력시장을 통합한 것인데, 이는 인적자원의 육성과 발전, 취업에서부터 퇴직 후의 사회보장에 이르는 시스템의 구축에도 유리할 것으로 기대된다. 그 밖에 에너지관리기관 관련 안의 설계는 어느 정도 大부처체제 방향을 따랐는데, 고차원의 국가에너지위원회를 설치하고 그 사무기관을 새롭게 구성될 발전개혁위원회 산하 국가에너지국에 두는 것이다. 에너지는 민생에 직접 관계될 뿐만 아니라, 국가안전에도 관련되기 때문에 거시경제적 전략과 거시조정수단이 필요하다. 그런데 에너지관리기관의 새로운 배치는 민생과 국가 안전 두 분야를 유기적으로 통합시킬 수 있다.

(4) '민생' 강조

기관개혁의 효과를 측정하는 기준은 인본주의적 집정 여부, 민생개선 여부, 국민의 근본이익을 위한 개혁 여부, 국민의 개혁발전성과 향유 여부 등이다. 그런데 이번 국무원 개혁안은 민생보장, 민생개선을 중점으로 하여 사회관리 및 공공서비스 부문의 통합을 강화하였기 때문에 그 효과에 대해 많은 관심을 두고 있다.

새롭게 구성될 주택도시농촌건설부는 주택보장시스템을 신속히 구축하고, 저소득층의 주택난을 해결하기 위해 주택보장 분야의 기능을 도시와 농촌 건설 기능과 통합시킨 산물이다. 또 환경보호총국을 환경보호부로 개편하고 국무원 구성부문에 포함시켰는데, 이는 국가경제사회발전 전략, 계획, 정책에 있어서 환경보호의 필요성을 강조할 뿐만 아니라, 환경보호부처의 통일조정능력을 강화시켜 인간과 자연의 조화로운 발전을 촉진시키기 위해서이다. 또 국민이 식품안전 감독관리체제를 보완하고 식품안전에 대한 종합감독책임 등의 문제에 큰 관심을 보이는 상황에서, 위생부의 종합감독기능을 명확히 함으로써 식품 감독에 있어서 객관적이고, 실사구시적 원칙을 반영한 것으로 평가되고 있다.

(5) '실사구시' 강조

이번 개혁안은 실사구시의 태도에 따라 각 지방의 적극성과 자주성, 그리고 융통성을 존중하였으며, 중앙이 원칙적인 일치성을 요구한 것을 제외하고는 지방에서 현실상황으로부터 출발해 현지 실정에 맞게 기관을 설치하도록 허락하였다. 이렇게 처리하는 것이 중국의 개혁발전의 요구에 부합될 뿐만 아니라 땅이 넓고 인구가 많고 지역발전이 불균형적인 중국의 실제상황과도 부합되기 때문이다.

(6) '간소화' 강조

이번 안은 개혁 후의 정부급의 기관수를 4개로 줄였다. 국무원판공청을 제외하고 국무원을 기존보다 한개 부분 줄어든 27개의 부문으로 구성하였다. 게다가 개혁안은 그 어떤 기관도 증가시키지 않았을 뿐만 아니라, 승격시키지도 않음으로써 간소화의 원칙을 견지하였다. 그러나 이번 개혁에서 조정 및 개편된 기관수가 15개에 달하기 때문에, 개혁의 강도는 결코 낮은 것이 아니다. 아울러 이번 국무원 개혁은 단독적인 기관만의 개혁이 아니라 사업단위의 개혁도 함께 통일적으로 고려하였다. 개혁안은 유형별 사업기관에 대해서 개혁과 관련된 명확한 요구를 제기하였으며, 국민과 사회조직이 공공사무 관리의 역할을 더욱 잘 발휘하도록 인도할 것을 요구하였다. 이러한 조치들은 중국이 행정관리체제와 기관개혁을 본격화하는데 양호한 사회 환경과 여건을 제공할 것으로 보인다.

5. 2018년도 정부기구 개편[47)]

중국 국무원은 2018년 3월 13기 전국인민대표대회 1차 회의에서 대대적인 개편 내용을 담은 기구 개혁 방안을 제출했다. 이번 개편안은 1998년 주룽지 총리 이후 20년 만에 최대폭의 정부기구 개편이라고 할 수 있다. 부처 개편에 따라 국무원 장관급 부처는 8개가 감소되고 차관급 부처는 7개가 감소되어 국무원 부처는 모두 26개이다.

주요 내용을 보면 퇴역군인사무부, 응급관리부 2개 부처가 신설되고 감찰부는 신설된 국가감찰위원회로 편입되었다. 국토자원부, 환경보호부, 농업부, 문화부는 각각 생태환경부, 농업농촌부, 문화여유부, 국가위생건강위원회로 조정되었으며 과학기술부, 사법부, 수리부, 심계서는 부서 명칭은 변경 없이 직무가 조직되었다. 이번 개편의 특징을 정리하면 다음과 같다.

(1) 당 주도의 개혁 심화

시진핑 집권 이후 '당이 모든 것을 영도한다'는 원칙에 따라 중국 경제, 사회, 외교 전반에 대한 당의 통제가 강화되고 있으며 국무원 주요 기능이 당 산하 위원회 등으로 이관되면서 상대적으로 국무원 기능이 약화될 것으로 분석하고 있다.

(2) 시장에 대한 감독 · 관리를 강화

신설된 국가시장감독관리총국은 국무원 직속기구로 기존의 공상행정관리총국, 질량감독검험검역총국, 식품약품감독관리총국의 업무를 통합하면서 시장감독관리 기능이 강화될 것으로 보인다.

---

47) 중국 및 한국 언론들의 중국정부조직개편에 대한 기사들을 기초로 필자가 정리하였다.

(3) 아름다운 중국美麗中國기조에 따라 환경을 중시

생태환경부를 신설해 기존 국토자원부의 수질오염업무, 수리부의 수자원 기능, 농업부의 농업오염원 관리, 국가해양국의 해양보호, 국무원의 남수북조 프로젝트 환경보호 책임과 기능을 모두 생태환경보호부로 이관해 통합 관리하였다.

(4) 아름다운 생활美麗生活기조에 따른 민생 중시

국가위생건강위원회를 신설, 기존의 국가위생계획생육위원회, 국무원 의료위생체제개혁심화영도소조 판공실, 전국노령공작위원회 판공실, 국가안정생산감독관리총국의 직업안전건강감독관리 등의 업무가 국가위생건강위원회로 이관되었고, 응급관리부를 신설해 국가안전생산감독관리총국, 국무원 판공청의 응급관리, 공안부의 소방관리, 민정부의 재난구조, 기타 지진, 수해, 화재, 산림방화, 가뭄재해 등 각종 안전 관련 업무를 응급관리부로 이관하였다.

Ⅳ. 인사제도의 개혁과정

중국의 인사제도 개혁은 정치체제 개혁의 일환으로 1980년대 간부제도를 공무원제도로 전환하려는 공식적 노력으로 표출되었다. 중국에서 '간부cadre'라는 용어는 사회적 변혁기에 혁명투쟁에서 대중들을 지도하기 위하여 필요한 일정한 지도능력, 즉 정치력과 이데올로기적 자각을 갖춘 사람들을 의미한다.

반면에 '공무원civil servant'은 공개적이고 경쟁적인 시험을 통해 충원되는 합리적이고 효율적이며 유능한 행정관료를 의미한다. 따라서 공무원 제도의 도입은 대중운동과 계급배경에 기반을 두고 관리들을 선발하는 모택동 방식에 종언을 고하고, 당 간부와 행정관리를 분리시킴으로써 행정부에게 자신들의 관리들을 관리할 수 있는 권한을 부여하는 것이다.48)

이상과 같이 중국 정부의 인사제도는 1980년대 개혁개방정책의 실시 이후 뚜렷한 차이점을 보이는데 정부 수립후 어떤 과정을 거쳐 개혁을 이루어 나갔으며 그 내용은 무엇인지를 살펴본다.

---

48) Lee, Hong Yung / 강경성 역, *From Revolutionary Cadres to Party Technocrats in Socialist China*(중국의 정치엘리트: 혁명간부 세대로부터 기술관료 세대로)(서울: 나남출판사, 1997), p. 379.

1. 1949년 정부 수립 후~1966년 문혁 전

이 기간 동안 간부관리제도와 관련된 개혁성과를 보면 공산혁명전쟁 수행시 당·정·군 간부합일의 원칙하에 인사관리가 운영되었으나, 공산정권수립 후에는 당·정·군이 각각 분리하여 독립된 관리체계를 이루었다는 점이다.

그리고 1949년 11월 설립된 정무원 인사국은 정무원 직속기관의 정부업무 담당자들에 대한 자격심사·조정·임금·복지·교육훈련 등을 관장하였고, 1950년 11월 설립된 중앙인민정부 인사부는 전국의 정부기관 인사업무를 총괄·관리하였다. 이외에도 「중앙인민정부임면국가기관공작인원판법」, 「현이상인민위원회임면국가기관공작인원조례」, 「과기간부조례」, 「국무원관우국가행정기관공작인원적장징잠행규정」 등의 법규와 제도를 제정·공표하여 간부관리제도의 기본틀을 갖추기 시작하였다.

1954년 9월에는 「국무원조직법」에 근거하여 중앙인사부가 폐지되고 국무원 인사국이 설립되었다. 이로써 정부간부에 대한 업무는 당간부 업무의 주요 일부분이 되었고 인사담당부서가 각 조직부서의 인사관리업무에 대해 협조하게 되었다(浦興祖, 210-213).

이 시기의 인사관리의 특징 및 한계로는 첫째, 중국은 공산당이 국가를 선도하고 이를 위해 당이 간부를 총괄 관리하는 방식을 취하고 있다. 따라서 모든 간부를 당이 관리하고 간부는 역시 당의 간부가 되는 것을 의미하는 것이다. 이런 결과로 간부들은 국민을 위해 봉사한다기보다는 당을 위해 존재한다고 볼 수 있다. 둘째로는 인치위주의 인사관리 방식이 선호되어 개인의 능력을 중시하고 계급과 능력을 연계시키는 계급제가 유지되었으며 특정 직위의 직무특성이 요구하는 자격요건 등은 강조되지 않았다는 점이다. 셋째로는 간부의 관리권한은 상급 당위원회에 집중되어 국정장악에는 유리하였지만 각급 행정기관의 자율성이 저하되어 인사관리 수단을 통한 업무적극성과 창의성 유발, 그리고 전문성 제고에 저해되는 요인으로 작용하였다. 넷째, 국가간부는 모든 당정기구, 국가권력기구, 검찰기구, 재판기구, 인민단체, 전민소유제기업의 공직자를 포함한다. 이로 인해 간부의 개념이 애매모호하고 복잡하여 관리의 혼란을 야기하였다. 이상과 같은 내용들을 살펴보았을 때 이 시기는 중국 인사제도의 형성과 탐색단계라고 특징지을 수 있다.

2. 1967년~1977년: 문혁기간

문화대혁명 기간 동안에는 공식적인 정부기관의 업무가 사실상 제 기능을 발휘하지 못하였고 많은 기구와 기능들이 폐지 또는 비정상적으로 운영되었기 때문에 인사제도 역시 여러 문제점으로 제대로 기능하지도 발전하지도 못하였다.

3. 1978년 이후

시대의 발전과 사회의 진보 특히 시장체제의 수립을 특징으로 하는 개혁개방정책으로 전통적인 간부 인사제도의 폐단이 나타나 개혁은 필연적인 추세가 되었다.

개혁의 중심내용은 정부의 업무를 정치 중심에서 경제건설 중심으로 전환하는 것이다. 중국은 일련의 체제개혁을 통해 경제발전속도를 높이고 경제적 낙후에서 벗어나려는 것이다. 경직화된 정치체제와 행정체제를 변화시켜야 함을 인식하였는데 그 중 중요한 내용은 바로 조직과 인사제도의 개혁이며 이것이 경제체제개혁의 성공여부를 결정하는 것임을 인식하였다.

중국 공산당이 취한 인사제도의 핵심개혁내용들을 보면, 첫째 간부종신제 폐지 및 이직·퇴직제도의 수립이다. 중국은 1960년대초에 퇴직제도를 제정하였고 퇴직연령제한을 두었으나 당시의 간부들이 일반적으로 나이가 젊었고, 특히 문화대혁명으로 이러한 규정은 사실상 공허한 문서가 되었던 것이다. 그러나 중앙 조직부에서는 1979년 「관우실행간부고핵적의견」을 발표하였고, 1980년에는 전인대 상무위원회의 통과를 거쳐 「국무원관우노간부이직휴양적규정」을 반포하였다. 그리고 1982년에는 「관우건립노간부이휴제도적결정」을 공포하였는데 이 규정들에는 노간부 이직퇴직 및 2선후퇴에 대해 명확한 규정을 하였다. 이를 통해 실질적으로 존재하는 간부직 종신제를 없애고 신간부로 교체하였다는 데 중요한 의의가 있다. 폐쇄적인 위로부터의 인사관리, 관성과 부패 등의 문제극복을 위한 노력이었으며 이와 함께 능력위주, 인사고과를 통한 인사관리로 명예퇴직제를 도입하고 일부 상위직에 최고연령제한을 두게 되었다는 점이 그 주요 특징이라고 볼 수 있다.

1986년에는 중공중앙에서는 「관우엄격안조당적원칙선발임용간부적통지」 등을 발표하였다. 이 규정에 의해 1987년 공산당 중앙위원회 조직부, 노동인사부는 읍과 면의 당정기관 및 인민단체의 책임자를 일률적으로 선거에 의해 선출하도록 하고 보충적으로 읍면간부는 초빙하도록 하여 종신고용제를 타파하였다. 간부의 임용에서 경쟁요소를 도입하여 상위기관의 임명, 시험을 통한 임용, 선거에 의한 임용, 대외초빙 등 다양한 임용제도를 실시하였다. 일부 지방에서는 공개적인 경쟁을 통한 임용제도를 실시함으로써 행정간부의 수준을 높이고 사회의 적극적인 호응을 얻었다. 과학기술체계개혁과 교육체계개혁이 심화됨에 따라 전문기술직에서도 초빙제를 실시하였는데 1986년 국무원에서 제정한 전문기술직의 초빙제도에 대한 규정의 주요 내용은 실제 수요에 근거하여 전문기술직을 설치하고 명확한 직책과 직무임용조건을 제정하며 고급·중급·초급 전문기술직의 합리적인 비례를 확정하였다. 이렇게 인재시장을 발전시켜 시장이 인력자원의 배분에서 중요한 역할을 하게 하였다.

또한 1982년 기구개혁과 함께 직위책임제崗位責任制를 수립하였다. 각 지역의 부서는 간부를 시험에 의해 선발하고 인사권한의 지나친 집중을 막았다. 즉 하관이급下管二級(아래 두 개급을 관리)에서 하관일급下管一級(아래 한 개급을 관리)으로 바꾸었다(浦興祖, 213-219).

이상의 노력에도 불구하고 간부관리제도는 상술한 바와 같이 국가간부의 대상이 너무 많고 방만하게 운영되며 정확한 구분이 되어 있지 않는다는 점, 그리고 관리방식의 진부함으로 인재의 능력발전을 꾀하기가 어려웠고 인사관리 권한의 과도한 집중과 자의적인 인사권 운영의 소지가 많다는 점 등으로 많은 학자들의 비판을 받게 되었다(浦興祖, 1999: 211-212). 따라서 이러한 비판에 직면하게 된 중국정부는 간부관리제도의 개혁을 착수하게 되었고 이러한 노력의 결과로 1993년 서구식 공무원제도인 「국가공무원잠정조례國家公務員暫定條例」를 공포하였다.

그 주요 특징들을 보면 첫째, 서방국가들의 공무원제도에서는 공무원의 정치적 중립과 정무직과 일반경력직으로 공무원을 크게 두 분류를 하지만 중국에서는 이러한 구분이 없으며 모든 공무원은 당과 일치를 유지할 것을 요구하고 있다. 또한 국가기관 가운데 정부조직원과 비정부조직원이 있는데 그 선출방법은 달라도 필요에 따라 상호 전직이 가능하다는 것이다. 공무원간의 보직이동을 통한 상호교환뿐만 아니라 당기관, 대중단체 및 기업체, 사업체 직원도 상호교환이 가능하다. 이것이 바로 중국 사회주의 정치제도의 특징 중의

하나라고 볼 수 있다. 둘째로는 인사관리에 있어 실적주의의 도입과 민주적·공개적 충원, 과학적 직무분석, 승진·교육훈련·해임 등에 관한 규정, 직위분류의 체계화 등을 포함하고 있다. 셋째로는 국가공무원의 범위를 명확히 규정하였다. 따라서 공무원제도는 국가행정기관에 적용되며 당과 대중단체, 인민대표대회, 정치협상회의는 국가공무원제도를 참조하여 관리한다. 그리고 기업체의 인사관리는 상호 구별하여 지금까지 어떤 간부이든 같이 취급하여 관리하는 방식을 바꾸어 국가행정기관원이 국가간부에서 분리되어 나와 관리된다. 이렇게 국가공무원제도의 수립은 기존의 방만하게 운영되는 인사관리제도의 효율성 제고에 크게 기여하였다고 볼 수 있다. 마지막으로는 비교적 완비된 법률적 체계를 갖추어 공무원관리가 법제화되었다는 점에서 그 의미가 있다 할 수 있다.

이상과 같이 중국의 인사제도가 기본적으로 서구적인 제도에 기초함으로써 정부공무원의 충원과 관리 등에 있어 합리성을 기할 수 있게 되었다. 중국의 국가 공무원제도 개혁은 권위주의적 당정체제가 갖는 내재적 한계에도 불구하고 입법화의 과정에서 타협과 협상을 통해 충분한 합의에 기초한 개혁을 이끌어내었고, 또한 천안문 사태로 인한 정치적 영향하에서도 정무직과 업무직의 구분, 그리고 이에 상응하는 직무분류체계의 확립 등을 개혁파들이 관철시켰으며, 적극적 모집에 관한 규정이 개혁내용 속에 포함됨으로써 형평성과 대표성이 제고되었다고 볼 수 있다(정해용, 1999: 275-276). 이러한 공무원 제도의 확립은 공개적 경쟁을 통해 시장경제에 정통한 전문기술 인력의 충원을 용이하게 함으로써 관료조직의 기술적 합리성을 제고시키고, 이는 국가가 목표로 하는 시장화 개혁에 관료조직이 상당한 기여를 하게 될 것으로 본다.

4. 시진핑 시대의 간부 채용[49]

중국 공산당 「당정영도간부선발임용공작조례黨政領導幹部選拔任用工作條例」를 일부 수정, 보완하여 2014년 1월 15일 당중앙위원회에서 통과시켰다. 제2조에서 당정 영도간부 선발 임용시 ① 당관간부 원칙, ② 오호사해, 임인유현五湖四海, 任人唯賢 원칙, ③ 덕재겸비, 이덕위선 원칙, ④ 성과중시, 군중동의 원칙, ⑤ 민주, 공개, 경쟁, 최적선택 원칙, ⑥ 민주집중제 원칙, ⑦ 법에 의한 처리 원칙을 고

49) 중국은 어떻게 엘리트를 충원하는가(성균차이나포커스 18호, 2015.5), pp.22-23 참조.

수해야 한다고 밝혀고 있다. 이러한 원칙을 기반으로 간부 선발과 선출을 위한 제도로서 '공개차액선발公開差額選撥제도'를 시행하고 있다. 차액선발 간부제도는 간부제도 개혁의 핵심 내용으로 추진되는 중요한 제도 가운데 하나이다. 중공중앙은 「2010-2020 간부인사제도개혁심화규획강요2010-2020年深化幹部人事制度改革規劃綱要」를 발표하면서 공개차액선발을 간부제도의 핵심 중대개혁 과제로 제안하였다. 즉 간부 선발과정에서 이른바 '민주성'을 강화하기 위한 소위 '민주적인 선발'의 새로운 내용으로 공개차액선발제도를 실험적으로 구현해 나갈 것임을 분명히 제시하였다. 공개차액선발제도는 차액지명差額提名, 차액추천差額推薦, 차액심사差額考察, 차액표결差額票決 등 공개적인 절차를 거쳐서 간부를 선발하는 제도이다. 이와 같은 차액선발 방식의 도입은 "좋은 사람 중에 우수한 사람을 선발하고, 우수한 사람 가운데 강한 사람을 선발한다好中選優, 優中選強"는 점에서 간부선발에서 경쟁시스템을 본격적으로 도입했다는 것을 의미한다.

V. 결 론

경쟁력을 제고하기 위한 정부혁신의 방식과 전략은 나라마다 차이가 있으나 상당부분 공통적인 요소를 내포하고 있다. 즉 구체적인 전략에 있어서는 다양성을 보이고 있으나 기본적인 방향에 있어서는 커다란 흐름을 공유하고 있다. 그 가운데 하나가 정부부문의 역할을 축소하고 시장메커니즘에 정부기능의 상당부분을 양도하고 있다는 점에서 비교적 일치된 모습을 보이고 있다 (박우순, 2002: 309).

중국의 정부개혁 역시 그동안 비효율적·비대응적이던 정부부문의 개혁을 통해 행정의 효율성과 대응성을 제고시키고 나아가 행정체제를 시장경제에 보다 상응할 수 있도록 구조화함으로써 체제개혁을 더욱 심화시키고자 노력하는 과정이라 볼 수 있다.

현재 중국의 시장경제체제로의 개혁은 자발적인 시장의 교환관계보다는 국가의 광범위한 선택적 개입에 의해 추진되고 있으며, 이러한 개입은 향후 개혁과정에서도 필연적으로 확대될 전망이다. 즉 기존 중국의 경제성장이 생산요소의 투입에 의한 외연적 방식에 의존하고 있었지만 향후의 발전전략은 효율의 향상을 통해 산출의 증대를 실현하는 내포적 방식으로의 전환이 필요하며(이태환, 1999: 256-257). 이를 위해 중국정부 역시 구조와 기능에 대한 개혁 조치가 지속적이고 강력하게 추진되리라 본다.

그러나 정부조직의 재구조화 작업에 있어서 여러 문제점과 한계가 나타나기도 한다. 즉 상이한 정책성향을 지닌 관료집단의 강제적 통합에 따른 관료조직의 응집성 저하 문제이다. 경제부문의 경우 기존 주관경제부문들은 과거 산하 국유기업들에 대한 직접소유를 통해 자신들의 재정적 기반을 강화하였으며, 국유기업에 대한 체계적인 개혁이 시도된 이후로도 자신들의 권력기반을 상실하지 않기 위하여 정책결정을 주도하는 권력중심의 개혁목표에 상당 정도 저항하여 왔다. 이러한 전통을 지닌 축소된 관료집단은 여전히 국유기업에 대한 지배력을 유지하려 노력할 것이며 이에 따라 개혁목표에 보다 충실하여 온 기존의 국가경무위 관료들과는 상호 모순과 충돌을 야기할 수 있다.

또 다른 문제는 급격한 정부의 구조조정에서 야기될 수 있는 기업에 대한 통제능력의 저하 문제이다. 중국에서 국가의 계획관리체제가 축소되고 그 권력과 기능을 일부는 시장으로 일부는 정부의 거시조절부문으로 이관하는 것이 경제체제의 자연스런 진화과정으로 받아들여진다. 그러나 이 과정에서 업무의 승계가 이루어지지 않을 때의 권력공백은 국가의 기업에 대한 통제력 상실로 이어질 가능성을 내포하고 있는 것이다. 따라서 중국의 경제체제가 과거의 계획경제체제에서 시장경제로 전환하는 과정에서 시장의 자율성을 확대하는 분권적 개혁도 중요하지만 그 과정에서 국가의 통제력을 상실하지 않고 시장을 견인할 수 있는 제도적 장치 역시 중요하리라 본다.

인사제도의 경우 중국 관료제 자체의 민주화발전 지체로 그 개혁성과도 한계를 지니고 있다. 정치체제개혁이 부진한 것도 한 원인이며 당의 조직기구가 여전히 정부기구의 기능을 행사하는 당정의 미분리, 전인대와 같은 국가권력기관의 민주성결여와 그로 인한 정부관료에 대한 통제 미약, 행정권력에 대한 사회의 통제시스템 결여 등이 그러하다.

중국이 끊임없이 체제내적 개혁을 통해 경제발전과 사회주의 현대화라는 국가과제를 달성하기 위해 노력하지만 이를 위해서는 보다 근본적으로 정치체제의 민주화가 선행되어야 하고 이를 통해 민주적인 환경하에서 운행되어야만 그 소기의 성과를 거두리라 본다.

제 5 장

영국의 행정과 관료제*

제1절 서 론

영국은 지난 2016년 6월 23일 국민투표를 통하여 브렉시트Brexit를 결정하였고, 그 결과 2019년 3월 29일 EU를 떠나게 된다. 이런 사례에서 보듯이 영국은 유럽국가 들 중에서도 독자성이 강한 편이며, OECD 국가들 중에서도 행정개혁을 포함한 공공부문 개혁에서 가장 선도적인 위치를 차지하고 있는 국가들 중의 하나라고 할 수 있다. 2017년 기준으로 1인당 GDP는 40,095 US 달러, 인구는 6,365만명이며 국가경쟁력은 (World Economic Forum 기준) 세계 8위에 랭크되어 있다(한국은 26위). 2012년부터 지금까지 국가경쟁력 면에서 세계 10위권을 벗어난 적이 없으며, 사회의 분쟁들을 해결하는 법적 프레임워크의 효율성이나 정책결정의 투명성 등 공공부문의 투명성이나 정책운영의 거버넌스 면에서 우수한 국가에 속한다. 영국은 특히 1979년 이래로 정권변동과 관계없이 다양한 분야에서 공공부문을 개혁하기 위한 조치들을 취해 왔다. 책임운영기관Next Step Agencies, 마켓테스팅Market Testing, 강제경쟁입찰제도Compulsory Competitive Tendering, 분권화Devolution, 성과평가Performance Evaluation, 자치단체간 통합을 통한 단

*최영출(충북대학교 행정학과 교수). 영국편은 김상묵 교수(서울과학기술대학교)의 초기 원고 내용을 바탕으로 필자가 일부 수정 · 보완하였음.

층자치단체Unitary Authority 창설, 굿 거버넌스good governance의 추구 등이 이러한 예에 속한다. 이 장에서는 이러한 공공부문 개혁 정책들이 영국에서 가능하게 된 배경, 구조, 그리고 특징들을 비교행정과 관료제적 시각에서 다루어 보기로 한다.

Ⅰ. 국가적 특성

영국은 유럽대륙의 서부해안에 위치한 섬나라로, 정식명칭은 '그레이트 브리튼 및 북아일랜드 연합왕국'(United Kingdom of Great Britain and Northern Ireland)이며,[1] 잉글랜드, 웨일즈, 스코틀랜드 및 북아일랜드로 구성되어 있다.[2] 영국은 입헌군주(현재의 국왕은 엘리자베스 2세 여왕)를 국가의 원수로 하는 단일국가체제unitary system를 형성하고 있다.[3]

영국의 총면적은 242,534km²으로 한반도 면적의 약 1.1배이며 프랑스의 절반 규모이다. 잉글랜드의 최남단에서 스코틀랜드의 최북단까지는 약 1천km의 거리이고, 동서로 가장 폭이 넓은 곳의 거리는 5백km에 달한다. 지역별 면적을 보면, 잉글랜드가 가장 넓어 전국토의 2분의 1 정도를 차지하며, 그 다음이 스코틀랜드7만7천km², 웨일즈2만km², 북아일랜드1만3천5백km² 순이다. 영국의 인구는 2017년 현재 약 6,365만 명 정도로 유럽에서는 세 번째이며 세계적으로는 21위의 인구규모에 해당한다. 지난 10년간 총인구수는 거의 변동이 없었던 반면, 평균 연령은 지속적으로 높아지고 있는 편이다.

각 지역의 특징을 살펴보면, 먼저 아일랜드Ireland는 12세기 잉글랜드의 침략을 받은 이래 1800년까지 잉글랜드의 식민지였다. 총독은 잉글랜드정부의 명령을 받았으며, 아일랜드 지방의회(18세기)는 대부분 잉글랜드 출신의 지주와 상인들로 구성되었다. 1800년부터 1922년까지 아일랜드는 영국의 일부분으로 편입되었으며, 영국법령에 의해 통치되었다. 아일랜드 독립을 위한 게릴라전의

1) 'Britain'이란 명칭은 영국의 정식국명의 약칭으로 사용되며, 'Great Britain'은 잉글랜드, 웨일즈 및 스코틀랜드를 의미한다.

2) 영국에 대한 개괄적인 소개는 영국 외무부(1993), 한동만(1996) 참조.

3) 영국 국기는 흔히 '연합기'(Union Flag) 또는 '유니온 잭'(Union Jack)으로 불리고 있는데, 이는 영국 국기가 잉글랜드 기와 스코틀랜드 기를 합쳐서 만들어졌기 때문이다. 현재 영국 국기는 십자모양(+)과 대각선 모양(×)이 합해진 것인데, 십자모양은 잉글랜드 기이며 대각선 모양은 스코틀랜드 기이다. 가운데 붉은 십자가는 잉글랜드를, 흰색사선 십자가는 스코틀랜드를, 적색사선 십자가는 아일랜드(현재는 북아일랜드만이 영국의 일부임)를 상징한다(박재희, 1997: 7).

결과로 아일랜드는 독립을 성취하였으며, 현재 아일랜드지역의 대부분은 아일랜드공화국Irish Republic으로 형성되었다. 하지만 북동부의 6개 카운티counties는 영국의 준자치지역partially self-governing province으로 남아 있다. 아일랜드 사회와 정치는 잉글랜드와는 상당한 차이가 있다. 1969년 북아일랜드지역의 정치폭동이 영국군에 의해 진압된 후, 1972년부터 자치의회가 해산되고 영국정부의 직접적인 통치를 받아왔다. 그러나 영국계 신교세력과 북아일랜드 구교세력간 분쟁을 종식시키기 위한 노력이 계속되면서, 북아일랜드에 대한 영국의 직접 통치를 종식시키고 자치의회를 설립하기 위한 평화협정이 1998년 4월 타결되고, 이어 주민투표에서 압도적 지지로 통과되었다.4) 1998년 6월 북아일랜드 자치의회 구성을 위한 총선거가 실시되고, 자치의회는 자치정부 총리와 부총리를 선출하였다. 1999년 12월 영국 정부는 다시 권한을 북아일랜드의회로 이양하였으며, 이후 북아일랜드의회는 과거 영국 중앙정부의 북아일랜드부가 관장하던 사항에 관해 완전한 입법권과 행정권을 행사하게 되었다. 그러나 아일랜드공화국군IRA에 의한 북아일랜드 자치정부 비밀문서 탈취사건을 둘러싼 신교계와 신페인Sinn Fein(IRA의 정치단체)측간 대립 격화로 2002년 10월 북아일랜드 자치정부의 기능이 중단되고 영국 중앙정부의 직접통치체제로 전환되었으며, 이러한 상황은 신・구교계간의 갈등으로 인해 2017년 말 현재까지도 완전히 해결되었다고 보기는 어렵다.

웨일즈Wales지방도 아일랜드와 마찬가지로 12세기에 잉글랜드의 침략을 받았으며, 1536년에 잉글랜드에 정치적으로 통합되었다. 그 후 이 두 지방은 한 지역으로 통치되었으며, 1964년의 분권화가 이루어질 때까지 두 지방의 정치체제는 거의 차이가 없었다. 웨일즈와 잉글랜드의 사회적 통합은 정치적 통합보다 매우 점진적인 과정을 통해 이루어졌다. 1536년 영어English가 정부의 공식어로 지정되고 웨일즈의 중산층들이 영어와 잉글랜드의 문화를 수용하였음에

4) 평화협정의 요지는 다음과 같다. ① 북아일랜드의회 구성: 1998년 6월 비례대표제 선거를 통해 행정권과 입법권을 행사하는 의회(정원 108명)를 구성한다. 이 기구는 재정과 경제발전, 보건, 교육, 복지, 환경, 농업 부문을 책임지며 별도 자치내각을 구성한다. ② 북아일랜드와 아일랜드간 각료회의 구성: 북아일랜드의 새 자치정부 각료들과 아일랜드 정부각료들간의 정보교환 및 협력방안 모색을 위한 회의기구를 구성한다. ③ 아일랜드와 영국간 회의기구 구성: 아일랜드, 영국 및 북아일랜드의 3의회 의원들간의 정기적인 회의기구를 구성한다. ④ 헌법 개정: 아일랜드는 북아일랜드를 자국 영토로 규정한 헌법을 개정하며, 그에 관한 국민투표를 실시한다. 영국도 아일랜드 관련법을 수정한다. ⑤ 무장해제: 평화협정 당사자들은 모든 준군사조직의 전면적인 무장해제와 2년 이내에 모든 무기에 대한 사용중지 의사를 재확인한다.

도 불구하고, 19세기까지 대다수 웨일즈인들은 자신들의 민족언어Welsh를 사용하였다. 하지만 19세기 이후 산업화의 진전으로 인한 잉글랜드인들의 유입과 교육언어로서의 영어의 지위가 공식화됨에 따라, 1981년 조사에 의하면 웨일즈인 중 단지 19%만이 웨일즈어를 다소나마 알고 있을 뿐이다(Birch, 1991: 4). 1997년 9월 웨일즈의회 설립여부가 주민투표에서 지지를 받아, 카디프에서 1999년 개원한 웨일즈 의회National Assembly for Wales는 4년에 한 번씩 직접선거를 통해 선출되는 60명의 의원을 갖는다. 1998년 웨일즈정부법Government of Wales Act이 제정되고, 1999년 7월 1일부터 웨일즈부의 권한과 책임은 웨일즈의회로 이관되고, 의회가 웨일즈지역에 대한 정책의 개발과 집행을 담당한다. 웨일즈의회는 행정권을 의회에서 선출한 수석장관First Secretary에게 위임하였으며, 수석장관은 각 분야별 장관들을 임명하여 의회내각Assembly Cabinet을 구성한다(National Assembly for Wales, 1999).

스코틀랜드의 경우는 아일랜드나 웨일즈와는 달리 수세기 동안 독립국가의 지위를 누렸으며, 1707년 잉글랜드 및 스코틀랜드와의 정치적 통합도 점령에 의한 것이 아니라 협정에 의해 성립되었다. 통합에 따라 스코틀랜드의회가 해산을 결의한 이후에도, 스코틀랜드의 사법체제, 교육체제 및 장로교회는 지금까지도 원래의 모습을 유지하고 있다. 수세기 동안의 정치적 결합에도 불구하고 여전히 스코틀랜드인은 민족적 정체성을 유지하고 있으며, 이는 다시 스코틀랜드의 독립을 추구하는 민족주의 정당의 기반이 되고 있다. 영국 정부는 자치권 확대정책을 통해 스코틀랜드에 더 큰 자치권을 부여하고 있다. 1997년 9월 스코틀랜드의회 설립여부에 대한 주민투표에서 압도적인 지지를 받아, 1999년부터 스코틀랜드의회가 구성되었다. 에딘버러에 소재한 스코틀랜드의회Scottish Parliament는 129석의 의석을 가지게 되며, 73개 의석은 지역구를 기준으로 직접 선출되며, 추가로 56석은 비례대표제로 선출하여 1999년부터 4년제 임기로 출범하였다. 스코틀랜드의회는 현재 스코틀랜드부 담당장관의 권한과 동일한 권한을 가지며, 입법이나 기본 소득세 3%의 인상 또는 하락을 결정할 수 있다. 1998년 제정된 스코틀랜드법Scotland Act에 의하여 스코틀랜드의회와 함께 스코틀랜드행정청Scottish Executive이 설립되어, 1999년 7월 1일부터 정식으로 출범하였다(Scottish Office, 1999). 스코틀랜드의회의 다수 의석을 차지한 정당 또는 정당연합이 스코틀랜드 행정부를 구성한다.

영국에서는 1066년 노르만족의 정복에 이르기까지 오랜 역사적 과정을 거쳐 다양한 종족의 교류와 혼합이 이루어져 왔으며, 영국인의 단일성은 상실되었다. 하지만 오늘날 영국인을 앵글로·색슨Anglo-Saxon족이라고 부르는 이유는 다른 종족들이 앵글로·색슨족으로 동화되었기 때문이다. 또한 지난 수백년에 걸쳐 정치적 또는 종교적 박해를 피해서 혹은 경제적 자립을 위해서 많은 외국인들이 이주해 온 역사적 전통을 가지고 있다. 제2차 세계대전 직후 유태인의 대거 이민을 비롯하여 1970년대에는 인도·파키스탄인들의 영국이민이 크게 늘어나, 현재 영국에는 중국인, 그리스인, 터키인 등을 포함하여 약 270만 명의 소수민족이 거주하고 있는 것으로 알려지고 있다.

영국의 경우 모든 유색인종을 통칭하여 유색인coloured 혹은 black이라 부른다. 그 수는 전체 인구의 약 5% 정도이지만, 유색인과 영국인간의 갈등은 점점 고조되고 있다. 대다수의 영국인들은, 유색인은 영국인이 될 수 없으며 외국인이라고 믿고 있다. 영국 정부는 인종간의 갈등을 완화하기 위하여, 1960년대 초부터 영국으로의 이민을 극도로 제한하면서 동시에 인종차별로부터 유색인을 보호하기 위한 많은 노력을 기울이고 있다(Moran, 2005: 47-48).

영국 국민들의 직업 분포를 보면, 호텔·레스토랑·유통업 종사자가 전체의 23%, 행정·교육·의료서비스 종사자가 24%, 재무·경영서비스 종사자가 19%, 교통·통신업 종사자가 6%, 기타 서비스업 종사자가 6%로 서비스업 종사자가 전체 직장인의 78%로 가장 많고, 제조업 종사자가 13%, 건설업 종사자가 7%, 농·어업 종사자가 2%, 에너지·급수 종사자가 1%이다(Office for National Statistics, 2016).

영국의 제1종교는 기독교이지만, 힌두교, 유대교, 이슬람교, 시크교를 믿는 대규모의 공동체들이 있고, 바하이교, 불교, 자이나교, 조로아스터교를 믿는 소규모의 공동체들도 있으며 신흥 종교들의 추종자들도 있다. 영국의 정식국교는 잉글랜드의 성공회Church of England 또는 Anglican Church 및 자매교인 스코틀랜드의 장로교회Church of Scotland이지만, 교회가 영국 정부로부터 직접 재정지원을 받는 것은 아니다. 또한 국교가 있다고 해서 국민의 종교의 자유가 침해되지는 않는다.

1919년 모든 성인에게 투표권이 부여된 이후, 사회계급social class이 유권자의 정당 선택에 큰 영향을 주었다. 영국의 사회계급은 주로 직업에 의해 결정되는데, 대체로 육체노동자blue-collar를 노동계급으로, 사무직노동자white-collar를 중산층으로 묘사한다. 인종, 언어, 종교와 같은 사회적 차별이 미미하기 때문에, 계급은 영국 정치의 기반으로 여겨져 왔다. 노동계급은 노동당을, 중산층은 보수당을 지지하는 경향을 지녀왔다.

영국의 정부체제는 역사와 사회적 특성에 의해 영향을 받을 뿐만 아니라 영국인의 정치적 태도와 가치에 의해서도 영향을 받는다. 영국인의 정치적 태도와 가치는 크게 세 가지 점에서 그 특징을 찾아볼 수 있다(Birch, 1990: 13-16).

첫째, 영국인들은 개인적 자유를 침해할 수 있는 어떠한 규제에도 반대하는 성향을 지니고 있으며, 일상적인 생활의 사소한 부분에 대해서도 정부의 규제나 간섭을 거부하는 성향을 지니고 있다.

둘째, 정부에 대한 영국인의 태도는 변함 없이 실용적이라는 점이다. 영국은 성문헌법이 없으며, 누구도 헌법을 만들고자 시도한 적도 없다. 국가에 대한 공고한 이론도 없다. 영국인들은 일련의 정치체제를 대대로 물려받아 끊임없이 수정과 보완을 통해 새로운 모습으로 변화시켜 왔다고 볼 수 있다. 따라서 급진적 개혁안이 때로 만들어진다고 해도, 타협과 점진적 보완을 선호하는 국민적 특성에 의해 불가피하게 거부되거나 수정과정을 겪게 되는 것이다.

마지막으로 영국인들은 강력한 정부지도력을 선호한다는 점이다. 대처정부의 경우 비록 사회정책에 대한 국민들의 평판이 매우 낮았음에도 불구하고, 1982년 포클랜드전쟁에서의 강력한 대응으로 인해 국민들의 지지도가 80년대 내내 지속되었다는 점에서 그 예를 찾아볼 수 있다. 하지만 영국인들이 실제 강력한 정부를 경험해 왔다는 것은 아니다. 오히려 반대로 많은 분야에서 타협과 이익집단에 대한 양보가 정부정책의 전형적인 모습으로 나타나고 있는 실정이다.

Ⅱ. 행정문화

영국의 행정체제에 영향을 미치는 요소로서 행정문화를 들 수 있다. Peters & Waterman(1982)은 성공적인 조직은 가치관이 공유되는 문화를 개발한다고 하면서 공공개혁이나 훌륭한 조직관리를 위한 처방안 중의 하나로서 '실천적인 가치 추진적 관리'hands-on value driven management를 포함시키고 있다. 영국의 전통적인 행정문화는 크게 3가지로 — 영속성permanence and continuity, 중립성impartiality, 익명성anonymity — 요약할 수 있다(Pilkington, 1999: 44-8).

먼저, 영속성이다. 영국의 정부는 총선거 이후 정치적 색채를 바꿀 수 있으며 정부의 장관들은 수상의 의지에 따라 새로 충원되기도 하고 개편되기도 한다. 그러나 장관밑에서 일하는 공무원들은 마치 아무일도 일어나지 않은 것처럼 그들의 업무를 지속하며 행정의 안정성과 지속성을 유지한다. 이는 선거때마다 고급공무원들이 바뀌는 미국식 체제와는 크게 다르다. 영국의 경우 장관들은 임명될 때 해당 부처 업무에 대해 잘 알지 못하며 대신 고급공무원들은 전문행정가로서 오래 한 분야에 근무하였기 때문에 충분한 전문성과 경험을 가지고 있다. 따라서 부처 업무의 영속성이 항상 유지된다. 이러한 현상은 공무원들 입장에서는 모험적인 업무태도를 갖지 못하게 하는 원인이 되기도 한다. 왜냐하면, 공무의 영속성은 현재의 상태와 이전의 정책으로부터 크게 벗어나지 않음으로써 영속성을 유지할 수 있으며 공무원들은 불안한 정책변화를 회피하는 경향을 띠기 때문이다. 두 번째, 중립성이다. 행정의 영속성 문화는 공무원들로 하여금 어떤 정치적 색채를 지닌 정부가 집권하던지 간에 자신들의 정치적 견해를 드러내지 않고 어떤 집권자에게도 봉사하도록 하게 하는 중립성을 유지하도록 하게 되었다. 결국 공무원들은 정책을 결정하지 않고 정치인들에 의하여 결정된 정책을 단순히 집행하도록 하게 만들었다. 이는 공무원들이 정치적으로 중립적이고 비당파적인 성격을 띠도록 하게 만든다. 공무원들은 국가적 수준에서 어떤 정치활동을 해서는 안되며 정부여당이나 야당의 정파적 이익에 봉사하는 것으로 해석될 수 있는 어떤 행위를 하여서는 안된다. 또한 정치적으로 논쟁이 된 이슈에 대해서 공적으로 발언하거나 글을 쓰는 것이 허용되지 않는다.

세 번째, 익명성이다. 전통적으로 공무원들은 정책과 관련하여 그들의 이름이 외부에 노출되지 않는데 그 이유는 다음의 두 가지이다. 첫째는 특정 정책형성과 관련하여 공무원들의 이름이 외부에 노출되지 않으면 이익집단에 의하여 뇌물이나 위협에 노출될 수 없다. 익명성을 유지함으로써 공무원들은 중립성을 유지하는 것이 보다 용이함을 알고 있다. 두 번째는 공무원들의 익명성이 유지됨으로써 공무원들은 그들의 장관들에게 결정적인 조치를 취하거나 솔직한 정책자문을 할 때 두려워할 이유가 없으며 설령, 그들의 조치나 자문이 잘못되었다 하더라도 비난받을 수 없기 때문이다. 그러나 이러한 익명성유지가 절대적이라거나 보편적이라는 것은 아니다. 주로 하위공무원들, 가령 대민관련 공무원들은 명찰을 달고 일반대중들과 대면접촉을 해야 하기 때문에 노출되게 된다. 그럼에도 불구하고 특히 고급공무원들의 경우에는 그들의 익명성이 보장됨으로써 국가의 이익이나 공직수행면에서 유리하다고 인식하고 있다.

Ⅲ. 정치체제

영국의 정치는 국왕을 정점으로 하여 비교적 안정되어 있다는 평가를 받고 있으며, 왕실은 지난 천년간 단 한번(1649~1660년간의 공화국시대)밖에 단절되지 않았다. 오늘날 영국의 여왕은 국가의 원수일 뿐만 아니라 또한 국가의 단결을 의미하는 중요한 상징이다.

영국의 입법부는 상원과 하원으로 구성되는 양원제兩院制를 채택하고 있다. 영국의 의회는 그 권위에 대한 헌법적 차원의 제한이 없다는 점에서 무한한 권력을 가지고 있다고 볼 수 있다. 의회의 실권은 하원에 있으며, 상원은 하원에 대항한다기보다는 보완한다는 원칙에 의해 그 권한이 제한되어 있다. 일단 양원을 통과한 법안은 국왕의 재가를 받아 발효된다. 하원의원 선거는 최소한 5년에 한번씩 실시되는데, 투표권은 만 18세부터 부여되며 하원의원의 선출방식은 단순 최다수 득표 당선제도를 채택하고 있다. 2017년 6월에 실시된 총선에서는 보수당이 전체 650석 중 317석을 차지하여 과반의석인 326석 확보에 실패하였으며 그 결과, 소위 '헝 의회'(Hung Parliament)의 상태가 되었다. '헝 의회'란 어떤 정당이 과반을 얻지 못한 경우에 특정 정당이 단독으로 법안을 처리할 수 없어서 불안하게 '걸려 있다'는 의미이다. 이 총선은 당초 2020년에 예정되어 있던 총선을 앞 당겨 실시한 것으로서 유럽연합과의 브렉시트 협상을 앞두고 테리사 메이 총리가 자신의 리더쉽을 확고히 다지기 위해 요청했던 것이다. 그러나, 전술한 바와 같이 과반수 확보 실패로 인하여 향후 브렉시트 협상과정에서 총리의 입지 및 권한은 다소 축소될 가능성도 있다고 생각된다.

영국의 정치는 정당정치를 기반으로 하고 있으며, 정당조직은 영국의 헌정체제를 운영하는 데 불가결한 요소 중 하나이다. 영국의 정당은 등록을 하

표 5-1 2017년 6월 총선 결과

구 분	의원 수	총 투표자 수
보수당(Conservative Party)	317	13,636,684
노동당(Labor Party)	262	12,877,858
자유민주당(Liberal Democrat)	12	2,371,861
SNP	35	977,568
녹색당(Green Party)	1	512,327
신페인당(Sinn Fein Party)	7	238,915
DUP	10	292,316
Plaid Cymru Party	4	164,466
Independent	1	151,471
Speaker	1	34,299

주: 의석을 얻지 못한 당은 제외함.

거나 법에 의해 공식적인 인정을 받을 필요는 없으나, 실질적으로 입후보자의 거의 전부는 주요 정당에 속하고 있다. 1945년 이후의 총선거에 의해 노동당은 8번, 보수당은 8번 정권을 장악했지만, 의회에는 몇몇 소규모 정당에 속하는 의원도 포함되어 있다.

소규모 정당이 다수 있음에도 불구하고, 영국 정치는 전통적으로 보수당과 노동당에 의한 양당체제two-party system를 기반으로 하고 있다.[5] 양당체제는 사회적으로는 계급체제와 관련되어 있으며, 의회에서는 단일 정부와 단일 야당이라는 분명한 구분을 가능하게 하고, 총선거에서 유권자로 하여금 정부를 지지할 것인가 아니면 반대할 것인지에 대한 선택을 간단명료하게 만든다. 아울러 선거에서 승리한 다수당에 의해 정부가 성립된다는 사실은 내각의 응집

5) 주요 정당 명칭의 원류는 다음과 같다. 보수당(Conservative Party) 및 연합당(Unioinst Party)의 역사는 18세기 후반 토리당(Tories)으로 거슬러 올라간다. 토리당은 지방 향리, 상인계급, 정부 관료의 이익을 폭넓게 대변했다. 1832년 선거법 개정 이후, 구 토리당원들은 새로운 "보수 연합"을 형성했다. 보수당은 전통적 가치와 준칙을 유지하고자 "보수"란 명칭을 사용했다. 보수당은 오늘날 주요 우파 정당이다. "토리"란 말은 오늘날 정치적으로 보수적 관점을 가진 사람을 지칭한다. 노동당(Labour Party)은 원래 명칭이 "노동대표위원회"이며, 노동자계급의 이익을 대변한다는 점을 명확히 보여준다. 1900년 영국 노동조합 총협의회는 독립노동당(1893년 창당)과 공동으로 노동대표위원회당을 설립했다. 이후 1906년 노동당으로 이름을 바꾸었다. 자유당(Liberal Party)은 19세기 중반 역사적인 휘그당(Whigs)의 후임으로서 부상했다. 18세기 후반 휘그당은 선거, 의회 및 박애 등에 관한 개혁을 추구하는 당으로 대변되었다. 대부분이 귀족 출신인 휘그당에는 1832년 다수의 중류계급 출신들이 가입했다. 1839년까지 자유당이란 명칭이 사용되었고, 1868년 최초의 자유당정부가 구성되었다. 1988년 구 자유당과 사회민주당(SDP)이 통합하여 자유민주당(Liberal Democrats)으로 창당하였다.

력을 강화하는 데 도움이 된다. 영국 주요 정당의 특징을 정리하면 다음과 같다(Kavanagh, 1991: 26-27).

첫째, 영국 정당들은 실용적이다. 총선에서 각 정당은 향후 펼칠 정책을 요약한 공약을 발표하고, 정당지도자들과 입후보자들은 이런 정책을 중요하게 생각한다. 물론 이런 공약은 유권자의 투표에 영향을 미치는 하나의 요인에 불과하지만, 입후보자나 정당지도자의 성격이나 명성과 비교해 볼 때 정당의 정책과 능력은 유권자의 투표에 보다 큰 영향을 미치고 있다.

둘째, 영국 정당은 규율이 엄격하다. 하원의 투표에서 의원들은 소속정당의 방침에 의거하여 투표권을 행사한다. 정당의 방침을 지속적으로 위반하는 의원은 소속정당의 원내교섭단체 구성원으로서의 자격을 박탈당한다. 최근 평의원들의 의견 불일치가 증가하고 있는 경향이지만, 여전히 영국 정당은 투표에서 일치된 노선을 견지하고 있다.

셋째, 영국 정당은 집권적이다. 정당의 지구당이 후보자를 천거하지만, 지구당은 당 지도부가 사전에 승인한 예비후보자 명단에서 후보자를 선출하거나 혹은 지구당의 선출은 당 지도부의 사후 승인을 받아야만 한다. 정당의 정책결정, 선거전략 및 정치적 전술은 모두 중앙당에서 결정한다.

영국의 정치문화는 독특한 정치체제와 정당정치에 의해 형성되었다고 할 수 있다. 정당체제에 의해 유권자들은 입후보자뿐만 아니라 정부에 대해서도 그 선호도를 표시하는 것이 되며, 실제 많은 유권자들이 차기 정부를 구성하기 바라는 정당에 대해 투표하고 있다. 따라서 정당을 통해 효과적인 정부의 구성이 가능해진다고 여기고 있다(Merelman, 1991: 172).

영국의 경우 행정부는 입법부로부터 분리되어 있지 않다. 내각은 의회, 실제로는 하원에서 만들어지며, 영국의 각료는 의원 중에서 선출되지만 여전히 의원직을 보유한다. 행정부의 각료가 상원의원이나 하원의원이어야 한다는 법률상의 규정은 없지만, 이러한 자격요건은 각료가 의회에 대해 책임을 지도록 만드는 데 중요하다고 여겨지고 있다. 하원의 제2당(야당)은 야당내각과 당수를 가진 공식야당의 체계를 가지고 있다. 공식야당은 정부의 정책에 이의를 제기하며 또한 대체정책을 제시해야 하는 의무를 지니고 있다.

정부의 정책은 정치적 중립성을 유지하는 관료로 구성된 정부 부처와 각급 행정기관에 의해 실행된다. 관료의 역할은 어떠한 정부가 집권하고 있건

정부의 정책을 그대로 이행하는 데 있다. 또한 지방선거를 통해 선출된 지방정부는 국회에서 부여한 주택, 교육, 사회복지, 경찰 및 소방 등에 대한 권리와 의무를 지니고 있다.

제2절 정부관료제의 외부환경

Ⅰ. 전반적 특징

영국의 경우 성문헌법이 존재하지 않기 때문에 정책과정의 흐름을 알 수 있는 정부기관과의 관계에 대한 명확한 규정이 없는 실정이다. 의회의 권위에 대한 어떠한 헌법적 제한이 없다는 점에서 영국 의회는 최고의 권력을 지니고 있다.[6] 즉, 영국의 헌법체계에는 견제와 균형이 존재하지 않으며, 정부의 권력과 책임성 모두가 의회에 집중되어 있다는 점에서 매우 특이하다고 볼 수 있다. 실제적 권력의 균형이나 의회와 행정부간의 영향력 관계에 대한 설명은 헌법을 어떻게 해석하느냐에 따라 달라진다.[7]

영국 헌법체계의 또 하나의 특징은 어떠한 不同意도 불가능하다는 점이다. 따라서 법원의 정치적 영향력은 매우 제한되어 있다. 수세기 동안 법원은 보통법common law을 통해 개인의 자유권을 규정하고자 노력하였지만, 법률에 대해 법원이 이의를 제기할 수 있는 아무런 힘도 갖고 있지 않다. 왜냐하면 어떤 법률이 개인적 자유를 침해한다는가 혹은 입법영역을 벗어난 어떤 규정을 제정하였다는가 하는 이유로 법원이 그 법률을 비헌법적이라고 규정할 수 없

6) 성문헌법에 의한 제한이 없기 때문에, 유럽연합(EU) 회원국으로서의 의무만 준수한다면 영국의회는 원하는 어떤 입법도 할 수 있다.

7) 헌법을 어떻게 해석하느냐에 대한 접근은 두 가지의 상이한 언어로써 표현되고 있다(Birch, 1990: 21-29). 현재의 지배적인 언어는 '자유주의적 언어'(liberal language)로 표현되고 있으며, 중심개념은 '의회의 통치권'이다. 영국 정부체제에 있어서 의회는 절대권력을 지니며, 입법에 대한 직접적·포괄적 통제와 행정부 활동에 대한 간접적 통제를 행사한다. 의회 내에서도 하원이 권력의 핵심이며, 하원의원들은 선거구민에 대해 책임을 져야 하기 때문에 이런 점에서 '국민의 통치권'(sovereignty of the people)이라고도 한다. 이와 대비되는 언어는 '정부 언어'(Whitehall language)로, 영국 헌법에서의 국왕의 중요성과, 각료와 관료가 자신들의 공익에 대한 관점에 따라 행동하는 국왕의 신하라는 점을 강조하고 있다. 이런 점에서 의회는 권력을 행사하는 실체가 아니라 여론이 논의되고 불만이 토의되는 한 쌍의 토론장으로 본다. 헌법에 대한 이러한 두 가지 입장은 모두 일리가 있으며, 동시에 영국 정부를 균형적으로 이해하는 데 필요한 요소들이다. 하지만 현대 영국의 정치체제는 자유주의적 언어에 기반을 두고 있다.

기 때문이다.

영국의 정부기관들은 상호 중첩적임에도 분명하게 구분될 수 있다. 먼저 국가의 원수인 국왕을 들 수 있다. 하원과 상원으로 구성된 의회가 입법기능을 담당하며, 통치권을 행사한다. 행정부executive는 국가정책을 책임지는 내각과 장관, 국가 행정을 담당하는 각 부처, 지방행정을 담당하는 지방자치단체, 국영산업을 담당하는 공기업 및 정부의 통제를 받는 기타 기관들로 구성된다. 사법부는 법률을 해석하고, 재판과 법원행정을 관장한다(Foreign & Commonwealth Office, 1993: 2).

영국왕실은 영국에서 가장 오래된 세속제도로서 지난 1천여 년간 한 차례 중단(1649~1660년간 크롬웰에 의한 공화정)을 제외하고는 세습원칙에 따라 오늘날까지 계속되어 오고 있으며, 국왕은 국가의 원수Head of State일 뿐만 아니라 국민적 통합의 상징이 되고 있다. 1·2차 세계대전을 거치면서 대부분의 식민지가 독립한 이후 영국 국왕은 54개 영연방국가들의 상징적 수장Head of Commonwealth으로서의 역할을 수행하고 있으며, 17개 영연방국가의 국가원수이기도 하다(주한영국대사관 홈페이지, 2018.1.4).

국왕은 법적으로는 (1) 행정부의 수장Head of Executive이며, (2) 입법부의 불가분의 구성부분이며, (3) 사법부의 총수이며, (4) 영국군의 총사령관이며, (5) 영국국교회의 수장supreme Governor이다.

지난 수백년간 국가권력은 내각에 위임되는 추세를 보여왔음에도 불구하고, 상징적·형식적 의미에서 여전히 국왕은 주요 정부활동에 참여하고 있다. 국왕의 역할은 (1) 의회의 개회 및 폐회, 해산, (2) 의회를 통과한 법률의 승인, (3) 정부 주요 관직에 대한 임명, (4) 爵位의 수여, (5) 수상의 임명을 들 수 있으며, 관례에 따라 국왕은 하원 다수당의 당수로 하여금 정부를 구성하도록 요청한다. 국왕의 권위를 존중하여 영국 정부를 '여왕의 정부'Her Majesty's Government라고 부른다.

국제 문제에 대하여는 국왕은 국가의 원수로서 선전포고 및 휴전을 선언하고, 외국과 정부에 대한 승인, 조약 및 영토 합병·할양에 대한 결정을 내릴 권한을 갖는다. 하지만 몇 가지 예외적인 경우를 제외하고는 '국왕의 특권'royal prerogative적인 권한의 사용은 행정 각부에 의해 이루어진다.[8)]

8) 국왕이 공적 의무를 수행하는 데 사용되는 지출은 의회가 정한 王室費(Civil List)에 의해 충

입법부는 국왕, 상원House of Lords, 하원House of Commons의 3부분으로 구성된다. 이 세 부분간의 동의에 의해 법률이 제정되지만, 국왕의 역할은 상징적일 뿐이다. 하원은 유권자에 대해 직접적인 책임을 지며, 20세기 들어 상원은 하원의 통치권을 인정하고 있다. 입법부의 주요 기능은 (1) 법률의 제정, (2) 정부의 업무수행을 위한 조세권의 부여, (3) 예산안을 포함한 정부 정책 및 행정에 대한 심의, (4) 주요 정치현안에 대한 토의이다. 관습에 의해 모든 중요한 국제조약과 동의안이 비준되기 전에 의회에 보고되지만, 조약을 채결하는 것은 정부의 자문을 토대로 행사하는 국왕의 특권이기 때문에 의회의 승인을 필요로 하지 않는다.

영국은 단일국가임에도, 잉글랜드와 웨일즈, 스코틀랜드와 북아일랜드 모두 독자적인 사법체제를 갖추고 있으며, 법률과 조직 및 절차에 있어서도 상당한 차이가 있다. 하지만 근대적 입법의 대부분은 영국 전역에서 적용되고 있다. 법률은 크게 형법criminal law과 민법civil law으로 이루어져 있으며, 소송절차와 담당 법원이 다르다. 사법부는 행정부로부터 독립되어 있으며, 사법부의 결정은 행정부의 지시나 통제의 대상이 되지 않는다. 스코틀랜드를 제외하고 사법부의 총수는 대법원장이며, 상원의장Lord Chancellor이 대법원장을 겸임한다.[9] 즉, 상원이 대법원의 역할을 수행한다. 대법원은 대법원장인 상원의장과 9명의 대법관으로 구성되어 상고심을 관할한다. 대법원장은 재판절차 및 모든 법원 행정에 대한 책임을 지며, 판사임명에 대한 추천권을 가진다. 즉, 영국에서는 상원이 대법원의 역할을 담당하지만, 실질적으로는 고위 법관직 혹은 오랜 변호사 경험을 가진 상원의원(법률귀족)들이 항소를 심리하며, 다른 상원의원들은 상원의 사법업무에 참여하지 않는다. 판사들은 주로 변호사 중에서 선임한다.

사법부가 정부 권력을 제한할 수는 없지만, 정부의 독단적 행정행위에 대한 통제는 옴부즈만ombudsman(정식 명칭은 Parliamentary Commissioner for Administration)에 의해 수행되고 있다(Rasmussen, 1993: 141-142). 옴부즈만의 본래 취지는 행정상의 잘못을 미연에 방지하거나 또는 불이익을 받을 경우 구제할 수

당되고, 국왕전용기 및 왕실요트 등에 대한 비용은 행정부가 담당한다. 1990년 의회에 의해 왕실비는 향후 10년간 연간 790만 파운드로 고정되었으며, 왕실비의 3/4 정도가 왕실관련 직원의 인건비로 지출된다. 통치자로서의 국왕의 개인적 지출은 내탕금(Privy Purse)에서 지불하고, 이는 대부분 랭카스터공령(Duchy of Lancaster)의 세입으로 충당한다.

9) 스코틀랜드의 경우는 '스코틀랜드민사대법원장'(Lord President of the Court of Session in Scotland)이 대법원장의 역할을 담당한다.

있는 제도적 장치를 마련하기 위한 것으로, 민의 수렴 및 반영에 활용하고 있다. 의회의 기관으로 준사법적 권한을 가진 옴부즈만은 '부적절한'thoroughly bad in quality 정부의 행위에 대하여 조사한 후 그 결과를 의회에 보고하며, 정부기관에 대하여 시정과 보상을 권고할 수 있다. 옴부즈만은 통상 의원들을 통해 제기되는 민원만을 조사대상으로 하고 있기 때문에 그 권력은 제한적이지만, 존재 그 자체로 부당한 행정행위를 제지하는 역할을 담당하고 있다. 관료들은 행정의 책임성을 요구하는 의회와 옴부즈만의 존재를 알고 있기 때문에 자의적이고 독단적인 행정행위를 하기 어렵다는 점을 인식하고 있다.

행정부는 국왕에 의해 임명되는 수상과 수상의 추천에 의해 국왕이 임명하는 각료로 구성된다. 영국은 상징적·의식적象徵的·儀式的 기능을 담당하는 국가원수인 국왕과 정책 형성과 조정, 집행에 대한 감독기능을 담당하는 정부수반(수상)으로 기능이 이원화되어 있다는 의미에서 '이원적 행정부'dual executives이지만, 실제 권력은 수상Prime Minister과 내각Cabinet에 집중되어 있다(Rasmussen, 1993: 61). 행정 각부의 수와 명칭은 가변적이며, 필요에 따라 부서가 신설 또는 폐지되기도 하며 기능이 다른 부서로 이관되기도 한다.

영국 정부체제의 가장 큰 특징인 권력의 융합은 주로 입법부와 행정부간의 관계를 의미한다. 즉, 행정부의 수반과 장관들은 의원들 중에서 선출되며, 의회는 언제든지 행정부를 사퇴시킬 수 있다. 이러한 권력의 융합 현상은 입법부와 사법부간의 관계에서도 나타나고 있다. 영국의 대법관들은 상원의원들이며, 상원의장이 대법원장을 겸직하고 있다는 점을 들 수 있다. 또한 상원의장은 전통적으로 내각에 참여하기 때문에, 입법·행정·사법의 3권이 융합되어 있다고도 볼 수 있다. 아울러 영국의 사법부는 정부의 활동과 절차를 명확하게 규정할 수 있는 근본적인 권한을 보유하고 있지 않다.

Ⅱ. 입 법 부

1. 입법부와 행정부간의 관계

영국 정부운영의 기본 원칙에 의하면 의회Parliament의 기능은 국가를 통치하는 것이 아니라 정부를 통제하는 것이다. 의회는 실제 행정각부의 활동을 통제할 수 있는 권한을 가진 유일한 기관이다.[10] 영국 정부는 의회의 승인을 획득한 법에 저촉되지 않은 사항이라면 무엇이든지 할 수 있는 권한을 가지고 있다. 정부의 책임성은 두 가지 헌법적 관례에 의해 확보되고 있다고 말할 수 있는데, 그것은 (1) 각료들은 정부 정책에 대하여 의회에 대해 '집단적인 책임'collective responsibility을 지며, 또한 (2) 각각의 각료는 자신의 부서 업무에 대해 의회에 대하여 '개별적인 책임'individual responsibility을 진다는 것이다.[11] 이러한 관례는 의회와 정부간의 분리를 가정하는 헌법이론에 의하면 비현실적이라고도 볼 수 있다. 하지만 실제 근 100명에 달하는 의원들이 행정각부에 참여하고 있고 300명이 넘는 의원들이 정부에 대한 열렬한 지지자라는 측면에서 보면, 영국의 경우는 정부와 의회간의 분리가 아니라 정부와 야당간의 분리라고 보아야 할 것이다.

집단적 책임의 핵심적 요소는 (1) 정부의 각료는 정부 정책을 옹호하기

그림 5-1 입법부와 행정부간의 관계

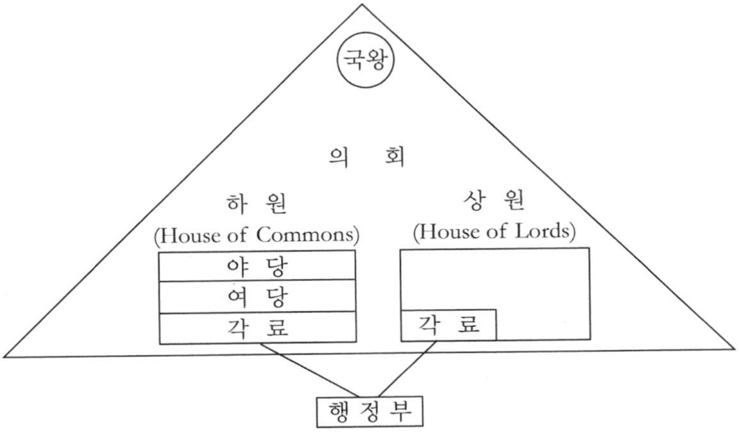

자료원: Cocker(1993: 24).

10) 영국의 경우 집행부의 활동이 헌법의 원칙에 위배되는지를 판단하는 권한을 가진 미국의 대법원(Supreme Court)이나 독일의 헌법재판소(Constitutional Court)와 같은 사법기관이 존재하지 않는다.

11) 이러한 책임성을 '각료의 책임성'(ministerial responsibility)이라 칭하기도 하기 때문에, 수상과 내각에 대한 설명에서 다루는 것이 적절하다고 볼 수도 있으나, 영국의 경우 입법부와 행정부간의 권력의 융합이 두드러진 특징이며, 하원의 다수당이 내각을 구성하고 다수당의 당수가 수상이 되며 실제 대다수 정부 각료가 의원직을 겸임하고 있기 때문에 입법부에 대한 설명에서 먼저 다루었다.

위해 비록 개인적으로는 찬동하지 않는다고 하더라도 일단 정부의 정책으로 확립되었다면 의회에서 한 목소리로 공동전선을 형성하여야 하며, (2) 만약 하원이 수상에 대한 신임투표에서 불신임을 의결한다면 수상은 국왕에게 의회의 즉각적인 해산을 요청하거나 아니면 모든 각료와 함께 사임하여야 한다는 것이다.

이러한 관례는 1780년부터 1832년 사이의 기간 동안 정립되었다. 1832년의 제1차 개혁법the first Reform Act에서 1867년의 제2차 개혁법the second Reform Act까지의 기간 동안 모든 정부가 의회의 불신임을 받아 의회해산과 총선거 실시라는 과정을 경험하였다. 이 기간 동안 집단적 책임이라는 관례는 행정부에 대한 입법부의 통제를 보장해주는 효과적인 장치로 정립되었고, 35년 동안 10개의 정부가 하원의 불신임으로 퇴각하였다. 그러나 20세기에 들어와 정당의 규율이 보다 엄격해지기 시작하면서 1900년부터 1979년까지의 기간 동안에는 단지 3개의 정부만 의회의 불신임을 경험하였다.

아울러 비록 예외적인 경우지만 '집단적인 책임'이 면제되는 경우도 있다. 중요한 원칙과 관련된 정부정책에 대하여 각료들에게 의회에서 '자유롭게 개인적 의사에 따라 투표할 수 있는'free vote 기회가 허용되기도 한다. 예를 들면, 1994년 2월 동성애 허용연령을 현행 21세에서 18세로 낮출 것인지에 대한 의회의 표결에서 각료들은 자유롭게 개인적 소신에 따라 투표할 수 있도록 허용되었던 사례가 있다.

둘째 관례인 개별적 책임은, (1) 정부 부처를 책임진 각료는 부처의 모든 활동에 대하여 의회에서 답변을 하여야 한다는 것과, (2) 만약 중대한 실패나 실수가 발생하여 의회가 불신임을 의결한 경우에는 보직에서 사임하여야 한다는 것을 의미한다. 각료의 의회에서의 답변 책임은 의원들로 하여금 행정적 결정에 대한 정보획득권을 보장해 준다는 점에서 매우 중요하다. 이를 통해 의원들은 지역구민의 불만사항이나 주장을 정부 고위층의 차원에서 제기할 수 있다. 또한 각료 개인에 대한 불신임권 행사는 특히 야당의원들로 하여금 정부 정책의 문제점과 행정 능률성의 부족을 규명할 수 있도록 도와주며, 이를 통해 야당은 정부의 약점에 대한 언론과 국민의 주의를 환기시키고 다음 선거에서 승리할 가능성을 증진시킬 수 있다.

의회에 대한 정부의 책임성은 영국 정부체제의 중심적 특징이다. 이로 인한 내각의 사퇴나 각료의 퇴임이 일반적인 현상은 아니지만 지속적으로 정부는 의회에서 활동과 계획에 대하여 설명하고 정당화하여야 하기 때문에, 이는 의회와 정부간의 중요한 의사전달 채널로서의 역할을 담당한다.

2. 의회의 구성 및 입법과정

영국 의회는 14세기부터 상원과 하원의 양원체제를 확립하였으며, 1911년 의회법의 제정이 있기 전까지는 상원과 하원은 대등한 지위를 향유하였다. 하지만 오늘날 귀족과 고위 성직자들로 구성된 상원은 선거를 통해 구성되는 하원에 대해 종속적인 입장이다. 상원은 성직귀족, 세속귀족 및 법률귀족(대법관)으로 구성되며, 이는 종신직이다. 세속귀족은 세습귀족과 종신귀족으로 구분되며, 종신귀족은 정치・경제・사회・과학 등 각 분야에서 국가에 크게 기여한 자를 수상 제청에 따라 국왕이 임명하며, 지위가 후손에게 승계되지는 않는다. 2018년 현재 상원은 대주교 및 주교 26명, 종신 귀족 674명과 세습 귀족 90명 등 790명으로 구성되어 있으며, 상원의원 가운데 여성은 126명이다.

상원의 권한은 1911년과 1949년의 의회법에 의해 점차 축소되어, 오늘날에는 하원을 통과한 법률안을 1년 동안 보류시킬 수 있는 권한과 주요한 사법적 역할을 담당하고 있다. 또한 상원은 비록 20명 정도의 상원의원인 법률귀족Lords of Appeal in Ordinary들에게 그 역할이 제한되어 있지만, 최고의 최종적인 항소법원이다.

상원의 주요 기능은 다음과 같다. (1) 하원으로부터 제출된 법률안을 심의하며, 1년(실제로는 9개월) 동안 법률안을 보류시킬 수 있는 권한을 가지고 있다. (2) 재정 관련 법안을 제외한 다른 모든 법률안(전체의 약 3/4 정도)에 대해 수정할 수 있는 권한을 가진다. (3) 헌법적 관례를 통해 하원이 모든 중요한 법률안을 제출할 수 있는 권한을 가지지만 때로는 정부가 상원에 법률안을 회부하기도 하며, 윤리 문제, 특히 낙태, 이혼, 동성애, 동물보호 및 환경 문제와 관련된 법률안은 상원에서 제기되는 경우가 많다. 사법private bills에 대해서는 상원이 하원과 동등한 부담과 권한을 갖고 있다. (4) 정부 활동에 대한 토론과 질의를 통해 정부의 책임성을 촉구한다. (5) 만약 상원이 폐지되면 헌법적 문제가 제기된다. 상원은 의원의 임기 연장과 관련된 법안에 대한 절대적인 거부권을 보유하고 있기 때문에, 헌법의 수호기능을 담당하고 있다(Cocker, 1993:

51-54). 1998년 노동당 정부는 상원 개혁을 위해 내각 위원회를 구성하였다. 1999년 통과된 상원개혁법안House of Lords Act 1999은 1단계로 모든 세습귀족의 상원의원 권한을 폐지하고, 2단계 개혁이 이루어질 때까지 이들 중 약 10%인 92명의 세습귀족만 상원의원으로 잔류하도록 하였다. 그 후 2017년 현재까지 상원 개혁을 위한 상·하원 합동위원회Joint Committee on House of Lords Reform를 구성하는 등 보다 민주적이며 대표성을 지닌 상원을 만들기 위한 노력을 지속해 오고 있다.

하원과는 달리 상원의 경우 정당의 규율이 매우 느슨한 편이며, 무소속 의원들도 많은 편이다. 최근까지 상원은 보수당에 대해 편향적이었으나, 지금은 보다 독립적인 입장을 견지하고 있는 편이다.

하원은 영국 헌법에 의해 국왕과 각 선거구의 주민을 대표하는 649명의 국회의원으로 구성된다.

하원은 각종 위원회를 통해 의안을 심의하고 의제를 토론하는데, 전체 의원들이 참여하여 중요한 법안을 논의하는 전원위원회Committee of the Whole House, 일상적인 법안을 심의하는 법안심의위원회Standing Committee,12) 특정 분야를 집중적으로 담당하는 상임위원회Select Committee, 양원간의 합의 도출을 위한 합동위원회Joint Committee, 의회 내 비공식적인 정당조직과 위원회를 지칭하는 정당위원회Party Committee가 있다.

하원의 주요 기능은 다음과 같다. (1) 각 선거구에서 선출된 의원들을 통해 영국의 모든 지역과 주민들의 의사를 하원에서 대변하고, (2) 최근에는 정부가 법률안을 만들고 의회가 정부가 제출한 법률안을 심의하고 표결을 통해 '합법화'하는 방식으로 입법절차가 이루어지는 것이 대부분이지만, 여전히 하원은 입법과정에서 중요한 기능을 수행하고 있으며, (3) 정부정책 및 법률안에

---

12) 법안심의위원회는 ① 법률안 심의를 위한 위원회, ② 위임입법을 위한 위원회, ③ 유럽공동체 법률안 심의를 위한 위원회, ④ 지역위원회의 네 가지 유형이 있다. 법률안 심의를 위한 법안심의위원회는 구체적 명칭이 없이 A, B, C 등으로 구분하며, 위임입법 심의를 위한 위원회는 첫째, 둘째, 셋째 등으로 구분되며, 위원들은 각각의 법안에 따라 배속된다. 이들 위원회는 16명 내지 50명의 의원들로 구성되며, 정당간 의석비율에 따라 의원들이 배정된다. 유럽공동체 법률안 심의를 위한 법안심의위원회는 A, B, C 3개이며, 각 13명으로 구성된다. 지역위원회의 경우, 스코틀랜드위원회(Scottish Grand Committee)는 스코틀랜드지역 출신 59명의 의원으로 구성되며, 스코틀랜드와 관련된 문제를 논의한다. 웨일즈위원회(Welsh Grand Committee) 또한 40명의 웨일즈 출신 의원들로 구성되어 웨일즈와 관련된 문제를 논의하며, 북아일랜드위원회(Northern Ireland Committee)는 북아일랜드지역 출신 18명의 의원들로 구성되어 있다(House of Commons, 2003).

대한 비판 및 심의기능을 수행하는 것이다.

회의진행은 의장Speaker이 주재하며, 의장은 의회가 구성될 때 동료의원에 의해 선출되고 의장이 퇴임하기 전까지는 재선출하지 않는다. 일단 선출되고 나면 의장은 완전히 당파성을 탈피하고 중립적으로 의회를 운영한다.

백년 전만 해도 영국의 하원House of Commons은 상당한 권력을 향유하였다. 의원들은 소속정당에 대해 상대적으로 독립적이었으며, 토론과정을 통해 정당의 방침과는 다른 투표성향을 보이기도 하였다. 하원은 정부를 구성하기도 하고 해산하기도 하였으며, 법률안을 제안하고 정부의 재정을 통제하였다. 하지만 규율을 강조하는 대중프로그램적인 정당의 등장은 의회정부를 정당정부로 전환시켰다. 요즈음에는 중요한 결정이 하원에서 이루어지는 경우는 매우 드물며, 오히려 내각과 관료, 이익집단의 수뇌부에 의해 결정이 이루어진다고 볼 수 있다. 하원이 입법기관임에도 불구하고, 법률안의 제안은 주요 의무 중 단지 사소한 부분에 불과하다. 보다 중요한 하원의 역할은 정부를 지탱하는 것이며, 결국 정부가 유지되는 것은 하원의 다수당이라는 기반 때문이다. 실제 모든 하원의원들은 자신들이 정당이라는 상표 때문에 선출되었다고 생각한다 (Kavanagh, 1991: 47).

의회에 제출되는 법률안은 정부 각료, 상·하 양원 또는 청원에 의하여 제안될 수 있다. 법률안이 통과되기 위해서는 하원과 상원에서 3번의 독회reading를 받아야 하며, 또한 상·하 양원에서 통과되어야 한다. 그러면 국왕의 승인을 얻어 의회의 법률로 제정되는 것이다. 입법과정의 첫번째 단계는 법률안을 의회에 제출하고 '첫번째 독회'를 받는 것이다. 이 단계는 형식적인 성격이 강하며, 법률안의 제목만 의회에서 소개된다. 몇 주 후에 두번째 단계인 '두번째 독회'를 하는데 법안의 요지가 본회의에서 논의된다. 의회는 법률안을 법안심의위원회에 회부할 것인지를 반드시 물어야 한다. 상임위원회 회부가 결정되고 나면 법률안은 법안심의위원회 중 하나에 회부되고, 위원들은 법률안을 상세히 심의한다. 수정된 법률안은 본회의에서 논의되는데, 이를 '보고단계'라고 부르며, 새로운 조항의 삽입이나 또 다른 수정이 이루어지기도 한다. 그 후 법률안은 '마지막 독회'를 하게 되고, 일단 하원에서 통과되고 나면, 상원에서 다시 비슷한 과정을 거쳐 승인이 이루어진다. 그리고 국왕의 재가를 얻어 법률로 공포된다.

3. 특별위원회Select Committee

의원들이 대정부 질의, 질의응답 및 토론 등을 통해 영향력을 행사하는 데 있어서 중요한 장애요인은 의원들의 정부활동에 대한 전문지식의 부족이라고 볼 수 있다. 각료들은 자신의 부처의 모든 자원을 동원하여 필요한 정보를 확보할 수 있기 때문에, 야당이 수집한 정보보다 훨씬 상세한 자료를 이용하여 의회의 공격에 대응할 수 있다.

이러한 의원들의 전문성 부족 문제를 해결하기 위하여 전문인력의 도움을 받는 일련의 특별위원회 설치를 위한 개혁이 추진되었다. 1979년 의회는 기존의 정부회계위원회Committee of Public Accounts를 제외한 나머지 위원회를 조정하고 행정각부의 활동에 대응할 수 있도록 새롭게 위원회를 설치하여 모두 14개의 '부처별 특별위원회'Departmental Select Committee를 새로 설립하였다. 현재에는 모두 18개 특별위원회가 있으며, 각 위원회는 11명~17명의 위원으로 구성되며 약간명의 전문위원을 두고 있다. 또한 주로 특별위원회의 위원장으로 구성된 섭외위원회Liaison Committee를 두고 있다.

특별위원회는 주요 행정부서와 유관기관의 예산집행, 행정 및 정책을 분석하는 기능을 담당한다. 이를 위해 관련공무원의 출석 및 자료의 제출을 요구할 수 있고, 위원회 활동결과를 담은 보고서를 발행하고, 위원회 활동과 관련된 전문가를 초빙할 수 있는 권한을 행사한다.

이러한 특별위원회의 설립은 하원의 정부 부처의 업무에 대한 지속적인 조사·분석에 대하여 큰 기여를 하고 있다. 전문위원과 자문인력들로부터 자문을 구하고, 이익집단들의 의견을 청취하며, 공무원에 대한 반대심문을 통해 정부의 업무를 분석하며, 소속정당의 입장에 구애받지 않고 열심히 활동한다는 측면에서 긍정적인 평가를 받고 있다. 하지만 위원회는 활동결과인 보고서를 의회에 제출하는 것 이외에는 아무런 권한이 없다는 한계가 있다. 위원회는 의회가 활용할 수 있는 정책결정과 집행에 대한 전문적 정보의 양과 질을 향상시키는 데 기여하지만, 실제 어느 정도 정부활동에 대해 영향을 미치는지는 확실하게 말할 수 없다.

4. 야당의 역할

20세기에 들어와 영국 의회는 보수당과 노동당이라는 두 주요정당에 의해 지배를 받아왔으며, 그 중 소수의석을 차지한 정당은 공식적으로 야당Her Majesty's Opposition으로 인정된다. 야당당수는 공식적인 지위와 보수를 받는다. 영국의 야당은 다른 나라에 비해 보다 특권적인 지위를 누리지만, 정당에 대한 충성심과 정당의 규율이 엄격한 상황하에서 여당보다 의석이 적기 때문에 야당이 주요 문제에 대하여 정부를 이길 수 있는 기회는 없다고 보아야 할 것이다.

야당의 주요 기능은 정부의 정책에 대하여 반대하는 것이다. 이를 위해 야당은 매회기 동안 자신들이 토론의 주제를 정할 수 있는 20일간의 회기를 부여받는다. 영국의 의회민주주의는 어떤 정당이나 집단이 정치적 지혜를 독점해서는 안 된다는 신념을 기반으로 하고 있다. 모든 정책은 문제점을 안고 있으며, 야당이 이 점을 지적하는 것이 적절하다고 생각한다. 의회에서 정책을 방어해야 할 필요성은 장관들로 하여금 정책을 채택하기 이전에 각 정책의 장단점을 보다 주의 깊게 고찰하도록 유도한다. 또한 정부의 정책이나 활동이 의회에서 지속적으로 비판을 받는다는 것은 국민들이 정부활동에 대한 정보를 갖도록 하는 데 효과적인 방법이기도 하다. 정부활동에 대한 공론화를 통해 국민에 대한 교육적 효과뿐만 아니라 정부활동에 대한 이해당사자들의 주의를 촉구시키고, 유권자들이 정부정책의 능률성과 형평성을 판단하는 데 기여한다고 볼 수 있다.

아울러 야당은 그림자정부shadow government 또는 대체정부alternative government로서의 기능을 수행한다. 야당은 여당의 각료에 대응하는 그림자내각Shadow Cabinet(일명 예비내각)을 구성하는데, 예비내각은 매주 1회 이상 회합하여 정책토의 및 정책결정을 행한다. 만약 총선거에서 승리하여 집권당이 되면 예비내각 구성원들이 대체로 정부 각료로 임명된다(한동만, 1996: 135).

비록 야당이 의회에서 정부안을 부결시키기는 힘들다고 하지만, 수정을 통해 법률을 변경할 수 있으며, 비판과정을 통해 정부의 자신감을 약화시키고, 정부에 대한 지지를 저하시킬 수 있다. 야당은 그림자내각을 통해 정부와 정책을 논의하고 상호 협력하기도 한다. 특히 정부의 각료와 그림자내각의 각료가 서로 짝을 이루어 상호관심사를 논의하는 것은 매우 흔한 일이다.

Ⅲ. 수상과 내각

1. 수 상

영국 정부의 수반은 총선에서 다수당을 차지한 정당, 즉 여당의 당수인 수상Prime Minister이다.[13] 영국의 수상은 동료 각료들과 비교할 때 '동등한 가운데 첫째'first among equals라고 묘사되지만, 실제로는 그 이상의 권한을 지니고 있다. 수상은 내각회의의 의장일 뿐만 아니라, 국가의 지도자로서 해외에서 국가를 대표하며, 의회에서 정부를 대변하고, 그리고 정당의 지도자로서의 역할을 담당한다. 수상은 (1) 각료에 대한 임면권, (2) 의회해산권, (3) 내각회의의 주재권을 갖고 있다는 점에서 내각의 각료들과 구분된다(Kavanagh, 1991: 44). 이러한 수상에의 권력 집중으로 인해 영국 정부를 '수상제 정부'Prime Ministerial Government라고 부르기도 하며, 주로 내각, 관료제, 정당의 세 가지 측면에 대한 수상의 지배적인 권력에 대해 논의가 이루어지고 있다(Rasmussen, 1993: 74-77).[14]

먼저 수상의 내각에 대한 지배는 각료에 대한 임면권, 내각회의의 소집 및 의제 선정에 대한 권한, 내각위원회의 구성에 대한 권한 등을 통해 이루어진다. 수상은 각료의 임명, 승진, 전보, 강등, 해임에 대한 권한을 보유하고 있다. 각료에 대한 임면 및 전보권은 동료들에 대한 지배적인 영향력을 가지는 토대가 되지만, 영국 수상의 각료 임면권은 미국이나 한국의 경우보다는 상당

13) 형식상 행정부의 최고기관은 추밀원(Privy Council)이다. 추밀원은 국무에 관한 국왕자문회의로서 18세기까지 국가 행정권력의 중심기관이었으나, 점차 권한의 대부분이 내각 및 정부 각 부처로 위임되어 지금은 그 역할이 미미하다. 오늘날 추밀원의 주요 기능은 국왕의 대권행사에 따른 추밀원령을 인가하도록 국왕에게 권고하는 일과 의회 소집 및 해산 등 국왕의 포고권 행사와 관련하여 자문하는 역할 그리고 영국 연방국가의 사법적 최종심으로서 실질적인 기능을 수행하고 있다(강성남, 1999: 130). 추밀원 위원은 수상의 추천으로 국왕이 임명하며, 영국의 각료는 각료 임명과 동시에 자동적으로 추밀원 위원으로 임명된다(한동만, 1996: 219).

14) 개인적 성향에 따라 정부를 지배하는 수상의 역할도 달라지게 된다. 이런 점에서 역대 수상들은 (1) 중매인, (2) 조타수, (3) 프로그램추진자의 세 개 범주로 유형화할 수 있다(Birch, 1990: 129-130). 중매인으로서의 수상의 역할은 정당의 단합을 유지하고, 위기상황에서의 손실을 최소화하며 차기 총선에서의 지지를 확대하는 역할을 담당하며, 수상 자신의 정책목표는 대체로 두루뭉실한 용어로 정의한다. 조타수로서의 수상은 정부의 활동에 대해 보다 적극적인 부분을 담당하며, 일반적으로 정당의 지도부에 의해 합의된 목표를 향해 국가라는 배를 이끌어간다. 마지막으로 프로그램추진자는 정부활동에 대한 자신의 목표를 설정하고 동료들로 하여금 이러한 목표를 추구하도록 고무하는 역할을 담당한다.

표 5-2 역대 정부(1945년 이후)

총 선	다수당	수 상
1945	노동당	Clement Attlee
1950	노동당	Clement Attlee
1951	보수당	Winston Churchill (1951-1955) Anthony Eden (1955)
1955	보수당	Anthony Eden (1955-1957) Harold Macmillan (1957-1959)
1959	보수당	Harold Macmillan (1959-1963) Alec Douglas-Home (1963-1964)
1964	노동당	Harold Wilson
1966	노동당	Harold Wilson
1970	보수당	Edward Heath
1974(2월)	노동당	Harold Wilson
1974(10월)	노동당	Harold Wilson (1974-1976) James Callaghan (1976-1979)
1979	보수당	Margaret Thatcher
1983	보수당	Margaret Thatcher
1987	보수당	Margaret Thatcher (1978-1990) John Major (1990-1992)
1992	보수당	John Major
1997	노동당	Tony Blair
2001	노동당	Tony Blair
2007	노동당	Gordon Brown
2010	보수당+자유민주당	David Cameron
2017-현재	보수당	Theresa May

히 제약되어 있다. 정부의 각료가 될 수 있는 후보자들은 정치적 경륜이 있는 여당의 정치지도자들을 먼저 고려하여야 하며, 뿐만 아니라 정당내의 권력균형, 연령별 분포 및 유능한 신진인사의 등용 및 지역적 안배도 아울러 고려해야 할 사항들이다.

수상은 또한 내각회의Cabinet meeting의 의장으로서, 내각회의의 의제를 결정하며, 토론을 주도하고 의결사항을 공포한다. 내각회의의 의제를 결정하는 권한은 자신이 회피하고자 하는 주제는 의제에서 제외하고 선호하는 주제에 대해서만 내각회의에서 논의할 수 있도록 할 수 있으며, 또한 수상이 공식적인

'내각결의'Cabinet Conclusions를 내리기 때문에 수상이 토론을 주도할 수 있는 기반을 제공한다. 각료들은 수상이 발표한 정책에 대해 지지를 하여야 하며, 만약 수상의 승인 없이 정책의 수정을 주장할 경우 자리에서 물러날 것을 각오해야 한다.

더욱이 수상은 '내각위원회'Cabinet Committee의 구성 여부, 활동범위 및 절차를 규정하며, 위원장을 임명하는 권한을 갖기 때문에 더욱 내각에 영향력을 행사할 수 있다. 또한 통상 내각의 구성원은 20명 내외로 구성되지만, 구성원에 대해서는 어떤 헌법적 규정도 없기 때문에 수상은 필요에 따라 내각의 규모와 참여대상을 결정할 수 있는 권한을 갖고 있다.

마지막으로 '내부내각'Inner Cabinet의 구성을 들 수 있다. 수상의 권력은 단순히 내각과 내각위원회와 같은 공식적 채널을 통해 행사될 뿐만 아니라, 내각 내외의 자문집단에 상당히 의존하고 있다는 점을 간과해서는 안된다. 내부내각은 통상 부정되거나 비공식적으로 알려져 왔으나, 포클랜드전쟁과 걸프전쟁, 그리고 1984년~1985년의 광산파업과 같은 위기상황에서 내부내각은 공식적 기반을 갖는다. 단지 몇 명의 핵심적인 충직한 각료들만 참여시킴으로써 수상은 권력기반을 강화하고, 주요 정책에 대해 보다 신속한 결정을 내릴 수 있다.

둘째, 관료제에 대한 지배는, 수상은 전통적으로 '재무부 수석장관'First Lord of the Treasury과 공무원담당장관Minister for the Civil Service의 역할을 겸임하기 때문에 관료제 전반에 대한 권력을 행사한다는 의미이다.[15] 수상은 행정각부의 최고위 직업관료인 사무차관permanent secretary을 임명하는 권한을 가질 뿐만 아니라, 의사결정에 필수적인 정보의 흐름을 통제하는 내각부Cabinet Office를 통솔한다.

셋째, 정당에 대한 지배는 주로 보수당의 특징이었으나 이제는 노동당도 유사한 성격을 지니고 있다. 영국의 선거는 어느 정당에게 정부를 구성하도록 할 것인가, 그리고 누가 수상이 되길 원하는가 라는 '수상과 여당'의 선택성이 강하게 부각되고 있다. 수상은 지난 총선거를 승리로 이끌었을 뿐만 아니라 다음 총선거에서의 승리에 대한 강한 책임을 지닌 여당의 선출직 당수라는 점에서 그 지위는 더욱 강력해진다. 따라서 선거에서 정당의 당수인 수상의 영

15) 1878년 이전에는 수상이 재무부장관을 겸임하였고, 그 이후 항상 재무부 수석장관이라는 명칭을 동시에 지니고 있다. 현 수상의 공식 명칭도 '수상, 재무부 수석장관 겸 공무원담당장관'(Prime Minister, First Lord of the Treasury and Minister for the Civil Service)이다.

향력은 더욱 증대되고 있기 때문에 수상의 정당에 대한 통제력은 더욱 강화되고 있다.

2. 내각 및 각료

내각Cabinet의 권한, 기능 및 구성원에 대한 법적 근거는 거의 없으며, 대부분 관습에 의존하고 있다. 행정부의 어느 장관이 내각에 참여할 수 있는지, 규모는 어느 정도인지에 대한 실정법적 규정은 없다. 따라서 공식적인 법적 권한은 거의 보유하고 있지 않다. 하지만 의회 다수당의 지도자들로 구성되어 있기 때문에 실제 막강한 권한을 행사하는 정부기관이다. 입법부와 행정부간의 권력의 분립이 아닌 권력의 융합으로 인해 내각은 중심적인 조정 역할을 담당하고 있다고 볼 수 있다.[16)]

20세기 초에는 중앙정부에 단지 15개 부처만 존재하였으며, 각 부의 장관은 자동적으로 내각의 구성원이 되었다. 하지만 이후 정부의 업무영역은 급속히 팽창되었으며, 따라서 정부부처도 확대되었다. 내각회의가 20명이 넘으면 효과적인 토론이 이루어지지 않는다고 보기 때문에, 영국의 모든 각료가 내각회의의 구성원이 되는 것은 아니다.

내각은 평상시 약 20명으로 구성되는데, 1946년 이후에는 최소 16명, 최고 23명으로 구성되어 왔다. 대부분의 수상은 내각을 소규모로 만들어 토론의 능률성을 증진시키고자 하였지만, 내각은 단순한 결정기구 이상의 역할을 담당하기 때문에 주요 부처의 장관을 포함시키고 정당 내 상이한 정치적 관점을 대변할 수 있을 정도의 크기는 되어야 한다. 내각의 규모에 대한 수상의 결정은 대표성에 대한 요구와 능률성간의 균형을 고려하여 이루어진다고 볼 수 있다(Kavanagh, 1991: 43). 또한 내각에 참여하는 구성원에 대한 결정도 (1) 경제적·정치적·사회적·국제적 환경의 변화를 반영하여야 하며, (2) 각료의 정치적·행정적 역량을 감안하여야 하고, (3) 정당 내 주요 집단(파벌)간의 세력균형을 고려하여 이루어진다고 볼 수 있다.

2018년 현재 테리사 메이Teresa May 수상의 내각은 모두 25명으로 구성되어

---

16) 정부(Government)와 내각이란 용어는 종종 혼용되어 사용되고 있지만, 그 의미는 분명히 다르다(Cocker, 1993: 201). 정부라고 할 때, 이는 모든 각료와 보좌인력을 포함하여 약 100명 정도 행정각부의 고위직을 모두 포함하는 의미이다. 하지만 내각은 원래 국왕에 대해 집단적인 자문을 하는 수상에 의해 초빙된 소수의 정치인들을 의미한다.

표 5-3 내각 구성원 및 명칭(Theresa May 내각, 2018. 6)

수상 (Prime Minister, First Lord of the Treasury and Minister for the Civil Service)
부수상 (Deputy Prime Minister)
재무부장관 (Chancellor of the Exchequer)
외무부장관 (Secretary of State for Foreign and Commonwealth Affairs)
환경식품농촌부장관 (Secretary of State for Environment, Food and Rural Affairs)
교통부장관 (Secretary of State for Transport)
유럽연합탈퇴부장관 (Secretary of State for Exiting the European Union)
보건부장관 (Secretary of State for Health and Social Care)
랭카스터공작령장관 (Chancellor of the Duchy of Lancaster)
북아일랜드부장관 (Secretary of State for Northern Ireland)
국방부장관 (Secretary of State for Defence)
비즈니스, 에너지 및 기술부장관 (Secretary of State for Business, Energy and Industrial Strategy)
주택, 커뮤니티 및 지방정부장관 (Secretary of State for Housing, Communities and Local Government)
문화 미디어체육부장관 (Secretary of State for Digital, Culture, Media and Sport)
내무부장관 (Secretary of State for the Home Office)
재무부 공공지출 담당 국무상 (Chief Secretary to the Treasury)
스코틀랜드 장관 (Secretary of State for Scotland)
웨일즈 장관 (Secretary of State for Wales)
무임소장관 (Minister without Portfolio)
상원 여당 대표 겸 추밀원 의장 (Leader of the House of Lords and Lord President of the Council)
사법부장관 겸 대법원장 (Secretary of State for Constitutional Affairs and Lord Chancellor)
국제개발부장관 (Secretary of State for International Development)
노동연금부장관 (Secretary of State for Work and Pensions)
교육부장관 (Secretary of State for Education)
상원 원내총무 겸 의장대장 (Lords Chief Whip and Captain of the Gentlemen at Arms) - 내각 구성원은 아니지만 배석

있다. 정부부처를 맡고 있는 장관들이 보통 내각의 구성원이 되며, 이 외에도 추밀원의장, 랭카스터공작령장관, 국쇄상서, 재무부 공공지출 담당 국무상 등 전통적 직책을 맡고 있는 장관들이 있으며 수상은 이들에게 특별한 임무를 부여한다. 특히, 유럽연합탈퇴업무를 주관할 유럽연합탈퇴부(Department for Exiting the European Union)가 구성되어 있는 것이 특이하다고 할 수 있다. 이 부는 유럽연합에서 탈퇴하는 것과 관련한 각종 교섭 및 향후 유럽연합과의 관계 설정 등의 업무를 맡고 있다. 또한 내각에 참여하는 각료는 2명까지 특별보좌관 special adviser을 임명할 수 있으며, 이들은 모두 수상의 승인을 얻어야 한다. 현

정부에서는 약 80명의 보좌관이 활동하고 있는데, 이들은 정부가 바뀌거나 자신을 임명한 장관이 퇴임하게 되면 물러나야 한다.

내각의 기능과 역할은 변화하는 헌법적·정치적 요구에 대응하여 점진적으로 변화해 왔다. 내각이 수행하는 기능은 주로 내각회의Cabinet meeting를 통해 이루어진다. 내각회의는 국회가 개원 중 일 때에는 매주 목요일 오전에 3시간 동안 열리며, 그 외에는 수상이 필요하다고 소집할 때 개최된다.

내각의 주요 기능으로는 (1) 정부의 주요 정책에 대한 결정, (2) 정부의 정책 및 행정에 대한 조정, (3) 의회와 관련된 의사결정, (4) 정당에 대한 정치적 지도력 행사 등을 들 수 있다.

내각회의의 과도한 부담을 줄이기 위해 주요 현안과 관련 있는 각료들로 구성되는 내각위원회Cabinet Committee가 활용되고 있다. 이 내각위원회는 내각회의에서 논의될 의제를 사전에 심의하기 위한 기관이 아니라, 내각위원회의 결정이 바로 내각회의의 결정으로 효력을 가지는 특징을 지닌다(박영훈, 1994: 14). 내각위원회의 유형으로는 (1) 상임위원회Standing Committee, (2) 특별위원회Ad Hoc Committee, (3) 실무위원회Ministerial or Official Committee, (4) 합동위원회Joint Committee가 있다. 상임위원회는 수상의 재임기간 동안 존속하며, 정부 정책과 관련된 부처들을 상호 연결시키는 역할을 담당한다. 현재의 상임위원회는 국방·대외정책위원회, 경제정책위원회, 내무·사회위원회, 환경위원회, 지방정부위원회 등이 있다. 특별위원회는 재무부와 집행부서간의 분쟁 해결과 같은 특정 문제를 해결하기 위해 구성하는 위원회이다. 실무위원회는 직업관료들로 구성되며, 상임위원회와 병행하여 운영된다. 합동위원회는 각료들과 관료들로 구성되며, 내각체제의 능률성을 증진시키기 위해 도입되었으나 관료들이 각료들의 견해에 대해 반대하기를 싫어하는 경향 때문에 1974년 폐지되었다(Cocker, 1993: 216-218). 필요한 경우, 내각 비서실장과 내각부 고위관료들이 내각회의나 내각위원회에 참석하기도 한다.

제1차 세계대전 이전에는 내각은 주로 비공식적으로 운영되었으며, 수상이 회의 결과를 국왕에게 보고하기 위해 보내는 짧은 서신 이외의 회의에 대한 어떤 기록도 남기지 않았다. 이러한 운영방식은 종종 혼란을 야기하였으며, 특히 전쟁시기에는 심각한 문제가 되기 때문에 1916년 내각서기Cabinet Secretariat를 두게 되었는데, 이것이 현재의 내각부Cabinet Office로 조직화되었다. 주요 기능은 (1) 내각회의의 소집 및 회의 의제를 준비하고, (2) 필요한 문서 및 자료의 배부, (3) 토론내용 및 내각회의의 결정 등 의사록을 작성하는 것이다. 또한 내각사무처를 통해 조정이 이루어지는데, 내각회의 결과를 행정각부에 전달하고, 결정에 따른 적절한 행동이 이루어졌는지를 점검하는 것을 의미한다. 각 의제에 대한 결정을 수상이 요약한 기록은 내각회의의 결정을 반영하고 있으며, 정부가 이러한 결정을 집행하게 된다.

내각부는 정부의 주요 정책 추진을 지원함으로써 수상을 보좌한다. 내각부의 주요 사명은 ① 정부를 이끌어가는 수상을 지원하고, ② 정책 및 운영에 있어서 정부 부처간 조정을 담당하고, ③ 정부 부처와 공무원의 역량 강화를 통해 행정서비스를 개선하고, ④ 전 부처에 걸친 정부개혁작업을 주도하는 것을 등을 포함한다(Cabinet Office 홈페이지, 2010). 2018년 현재 테리사 메이 정부의 경우, 내각부는 내각부장관Minister for the Cabinet Office, 랭카스터공작령장관Chancellor of the Duchy of Lancaster, 내각비서실장 겸 공무원담당 부장관Secretary of the Cabinet and Head of the Home Civil Service, 무임소장관 겸 노동당의장으로 각료진이 구성되어 있다. 내각 비서실장은 수상에게 직접 보고하는 고위 직업공무원이며, 1983년부터 공무원담당 부장관의 역할을 겸임하고 있다. 이들 내각부 각료들 아래 정부 부처간 조정업무를 담당하는 그룹, 정부 역량 강화를 담당하는 그룹 및 내각부 관리·운영을 담당하는 그룹이 구성되어 있다. 각 그룹들은 다시 여러 개의 팀과 부서들로 조직되어 있으며, 2018년 현재 약 1,200여 명의 직원이 근무하고 있다. 또한 수상을 보좌하는 수상실Prime Minister's Office, No. 10 Downing Street이 정부의 수장인 수상의 역할 수행을 지원하고 있다. 내각부와 함께 정책에 대한 자문 제공, 정책의 개발 및 집행에 대한 심사·검토, 의회·언론·국민과의 효과적인 의사전달 기능을 담당한다.

내각은 행정기구일 뿐만 아니라 정당지도자들로 구성되어 있다는 점에서, 내각회의에서 수상은 각료들 간의 의견차이를 해결하고, 특정 부서가 주창하는 정책에 대해 각료들의 이해와 지원을 얻을 수 있도록 하여야 한다. 각료들은 또한 앞 절에서 설명한 바와 같이 의회와의 관계에 있어서 집단적 책임과 개별적 책임이라는 두 가지 측면의 '각료의 책임성'ministerial responsibility을 부여받고 있다. 수상은 또한 내각회의에서 다양한 정책적 문제들이 논의되도록 회의를 주재하여야 하며, 정치적 전략에 대해 수상의 입장을 지원하도록 각료들을 설득하여야 한다.

정부 각 부서를 책임지는 각료간에도 복잡한 계층제가 존재한다. 각료들은 (1) 담당장관Departmental Ministers, (2) 비담당장관Non-Departmental Ministers, (3) 법률자문관Law Officers, (4) 부장관Ministers of State, (5) 하급장관Junior Ministers으로 구성된다 (Foreign & Commonwealth Office, 1993: 19). 내각에 참여하는 담당장관들 간에도 계층이 존재하는데, 외무부장관, 재무부장관, 내무부장관은 스코틀랜드부장관, 북아일랜드부장관보다 선임자라고 할 수 있다.

담당장관은 정부 부처를 책임지며, 통상적으로 내각에 참여한다. 명칭은 주로 'Secretary of State' 또는 'Minister'라고 불리지만, 재무부장관Chancellor of the Exchequer처럼 특별한 명칭을 갖기도 한다.

비담당장관은 다양한 전통적 관직을 가진 각료들로, 주로 추밀원의장, 랭카스터공작령장관, 국쇄상서, 지불총감Paymaster General과 때로는 무임소장관도 이 범주에 속한다. 비담당장관에 대해서는 수상이 특정 업무를 수행하도록 책임을 부여할 수 있다.

법률자문관은 모두 네 명으로, 잉글랜드와 웨일즈지역을 관장하는 검찰총장Attorney General과 검찰차장Solicitor General 및 스코틀랜드를 관장하는 법무장관과 법무차관이 있다. 이들 법률자문관들은 검찰청Crown Prosecution Service 등에 대한 감독과 공익에 대한 수호자로서의 역할을 수행한다. 또한 정부의 법률 및 입법정책과 관련한 법적 문제들을 다루며, 정부에 영향을 미치는 국제법과 유럽연합 관련 법률 그리고 정부가 관련된 주요 국제·국내 소송에 대하여 자문역할을 수행한다.

부장관(일명 국무상)은 담당장관과 함께 정부부처를 통솔하는 기능을 수행한다. 통상적으로 특정한 책임이 부여되고, 이에 걸맞는 직명이 첨부되기도 한다. 각 부에는 통상 한 명 이상의 부장관을 두고 있다. 예를 들면, 교육부에는 3명의 부장관이 있는데 각자가 담당하는 업무영역에 따라 '학교기준'Minister of State for School Standards, '평생교육 및 고등교육'Minister of State for Lifelong Learning Further and Higher Education, '아동·청년 및 가정'Minister of State for Children, Young People and Families이라는 분야가 직명의 뒤에 명시되어 있다. 일반적으로 전체 부장관 중 한 명 정도는 내각에 참여하게 된다.

하급장관은 일반적으로 '정무차관'Parliamentary Under Secretary of State이라고 부르

며, 소속부처의 각료장관을 Secretary of State라고 부르지 않는 경우(예를 들면, 환경식품농촌부)에는 단순히 '정무장관'Parliamentary Secretary이라고 부른다. 이들은 소속부처의 업무와 의회업무를 담당하며, 담당장관의 지시에 따라 특정 업무에 대한 책임을 부여받기도 한다.

통상적으로 정부의 장관들은 상하 양원의 의원들이 등용되며, 대다수는 하원의원들로 구성된다. 하지만 내각을 보다 강화하기 위하여 간혹 의원이 아닌 인사도 각료로 등용하는 예외적인 경우도 있다. 대부분의 경우 열의 아홉 정도의 비율로 의원들이 각료로 등용되며, 의원이 아닌 인물이 각료로 등용되는 경우 관례에 따라 상원의원이 되거나 빠른 시간 내에 하원의원으로 선출되어야 한다. 영국의 경우 새로 임명된 비의회 출신 각료가 보궐선거를 통해 의원이 될 수 있도록 하기 위해, 오랜 의원생활을 한 여당의 다선 의원이 은퇴하면서 상원의원이 되고 자신의 지역구를 물려주는 것은 그다지 문제가 되지 않는다(Birch, 1990: 125).

Ⅳ. 관 료 제

2017년 기준으로 영국에는 518만명 정도 인력이 중앙정부, 지방정부, 국영기업체와 공공기관 등 다양한 형태의 공공부문에 종사하고 있다. 이 중 약 43만 정도(2018년 3월 기준)가 중앙정부공무원이다. 지방공무원은 206만 5천명 정도 되며, 공기업 직원도 19만 9천명 정도 된다. 나머지는 국민보건서비스National Health Service, NHS가 164만, 기타 공공기관 경찰, 군인 등으로 구성되어 있다(Office for National Statistics, 2018).

영국의 공공부문public sector에 종사하는 직원을 크게 공무원public servant이라고 부르며, 중앙정부공무원은, Civil Servant, 그리고, 지방공무원은 Local Government Employee 등으로 불린다. 중앙정부 공무원은 영국의 9개 권역에 흩어져 있는데, 국가균형발전 차원에서 런던에 소재해 있던 중앙부처 공무원들을 기관과 함께 지방으로 이전시켜 온(civil service relocation) 정책의 결과이다. 다음 〈표 5-4〉는 영국 중앙부처 공무원들의 9개 역별 분포를 보여주고 있다.

표에서 보는 바와 같이, 런던에는 전체 국가공무원의 16.7%만 배치되어 있고 나머지 공무원들은 전국의 권역별로 분산되어 있다는 점이 우리나라와

표 5-4 국가공무원의 지역적 분포 (단위: 천명)

구분	중앙정부 공무원 수자	비율(5)
North West	65,207	12.6
North East	35,645	6.8
Yorkshire and Humberside	41,211	7.9
West Midlands	35,135	6.7
East Midlands	26,158	5.0
East of England	30,778	5.9
London	86,529	16.7
South East	53,276	10.3
South West	53,866	10.4
Scotland	49,776	9.6
Wales	34,633	6.7
Northern Ireland	4,484	0.8

자료원: Office for National Statistics(2018)의 자료를 재구성.

같은 경우와는 크게 다르다. 이러한 점은 국가공무원이 지역균형발전차원에서 여러 지역에 흩어져 있다는 점을 시사해주고 있다.

관료들은 원칙적으로 국왕의 충복servants of the Crown이지만, 실제적인 의미에서 국왕은 집권당에 의해 대변되고 있다고 본다. 대부분의 경우 국왕의 행정적 권력은 내각에 의해 수행되며, 내각은 결국 의회에 대해 책임을 지고 있다. 관료는 집권당에 의해 구성된 정부의 책임과 분리된 헌법적 책임은 지니지 않는다. 즉, 관료 개개인의 의무는 행정각부를 책임지고 있는 각료들에 대한 것이다. 각료가 바뀐다고 해서 관료의 신상에 영향을 미치지 않는다.

관료는 정책형성에서부터 일상적인 행정업무의 처리에 이르기까지 다양한 정부활동을 수행하고 있다. 하지만 공무원은 각료들의 정당정치적 업무를 지원해서는 안 되며, 통상 집권당이 주관하는 모임에는 참석하지 않는다.

V. 이익집단

국민은 모든 국가권력의 원천으로 정부와 정당에 대해 일정한 선호도를 지닌 유권자이지만, 국민은 분명한 이익과 가치를 추구하며 특정 정책에 대해 명확한 입장을 지닌 정치적 실체가 되기에는 그 실체가 너무 다양하다. 국민들은 정부에 대한 태도를 구체화하기 위해 정당활동에 적극적으로 참여하기도 하지만, 일부는 자신들의 특정한 이익과 가치를 보호하기 위하여 노력하기도 한다.

영국에는 정부정책에 영향력을 행사하기 위해 설립된 많은 이익집단interest group or pressure group들이 존재하고 있다. 정당이 정권을 장악하기 위해 활동하는데 비하여, 이익집단은 입법이나 행정의 책임을 지지 않으면서도 권력의 핵심에 영향력을 행사함으로써 자신의 목적을 달성하고자 한다. 이러한 이익집단들은 그 특성이 매우 다양하지만 세 가지의 범주로 구분할 수 있다(Birch, 1990: 101-103).

첫째 유형은 이익집단 구성원의 이익을 보호하기 위해 형성된 단체들을 들 수 있다. 노동조합trade union이나 경제인연합회trade associations가 대표적인 예이며, 그 외에도 종교, 스포츠, 인종 등과 관련된 이익집단들도 이 범주에 포함된다. 이 범주에 포함된 이익집단들은 나름대로 집단구성원을 위해 여러 가지 서비스를 제공하지만, 아울러 정부활동에 의해 집단구성원의 이익이 위협을 받거나 혹은 정부활동에 대한 다른 이익집단의 영향력으로 인해 구성원의 권익이 침해될 경우에는 직접 정치에 개입하기도 한다. 하지만 정부활동의 범위가 더욱 확대됨에 따라 대다수의 이익집단들이 수시로 정치적 역할을 담당하고 있다고 보아야 할 것이다. 이 범주에 속하는 몇몇 이익집단들을 소개하면, 전국철도노동자연맹The National Union of Railwaymen, 문인협회The Society of Authors, 출판업자보호협회The Bookmakers' Protection Association, 전국학생연맹The National Union of Students, 자유교회전국연합The Free Church Federal Council 등을 들 수 있다.

둘째 유형은 집단구성원의 이익을 보호하기보다는 사회적·윤리적·정치적 과제의 개선에 보다 관심을 갖는 이익집단들이다. 이러한 집단들은 촉진집단promotional group으로도 불리며 정책과정에서 중요한 역할을 담당한다. 이러한 촉진집단의 정치적 활동의 성패는 회원의 확대 또는 대중적인 캠페인 등에 의존한다기보다는 얼마나 그들의 주장이 설득력이 있는가에 달려 있다고 볼 수 있다. 이 범주에 속하는 몇몇 집단들을 소개하면, 동물학대 반대를 위한 왕립협회The Royal Society for the Prevention of Cruelty to Animals, 잉글랜드농촌보존협회The Council for the Preservation of Rural England, 핵무기철폐운동The Campaign for Nuclear Disarmament, 지구의 친구들The Friends of the Earth을 들 수 있다.

셋째 유형은 특정 법률안을 통과시키기 위해 형성된 집단들로 법률안 통과여부가 확정되고 나면 해산하는 이익집단들을 들 수 있다. 정부가 고속도로, 발전소 또는 공항 등을 건설하고자 할 때 이러한 계획으로 인해 자신들의 이익이 침해받는다고 생각하는 지역주민들은 단기간 내에 계획 저지를 위한 대규모 이익집단을 형성하여 활동한다. 이러한 집단들을 '소방대집단'fire-brigade group이라고도 부른다(Finer, 1966).

이익집단들은 다양한 방법을 사용하여 자신들의 이익을 보호하고자 노력한다. 언론을 통해 자신들의 주장을 공표하기도 하고, 대중집회나 시위를 통해 동조자를 규합하기도 하며, 의회에서 발언을 하거나 정부의 자문위원회에 참석하기도 한다. 아울러 행정각부와 직접적인 협상을 벌이기도 한다.

정부는 정책과정에서 관련된 이해당사자들과 상의하는 것을 적절하고 필요한 일이라고 생각한다. 관련된 이해당사자들 중에는 논란이 되는 문제에 대해 관심이 있는 사람들이 거의 모두 포함할 것이라는 측면에서 적절하다고 본다. 왜냐하면 이들이야말로 실정을 가장 잘 파악하고 있으며, 무엇이 문제이고 또한 무엇이 가장 적절한 해결방안인지 등을 잘 알고 있기 때문이다. 정부정책에 대한 궁극적인 책임은 행정각부에 있기 때문에 정부각료가 이러한 이해당사자들이 정책을 주도하도록 허용하지는 않지만, 영국의 정치적 전통은 정책에 대한 입법부의 심의 이전에 미리 장관과 관료들이 관련 이해당사자들과 충분한 협의를 거치는 것이 보다 적절하다고 보고 있다.

이해당사자들과의 지속적인 협의는 두 가지 점에서 보다 촉진되고 있다. 그 중 하나는 영국공무원들이 전문가가 아니다는 점이다. 영국공무원들은 특정 문제해결에 필요한 충분한 교육을 받은 유능한 인재들이지만, 기술적 문제에 대한 자문을 필요로 하며 실제 이러한 부족한 점은 이익집단과의 협의를 통해서 가장 편리하게 보완될 수 있다고 본다. 다른 하나는 정부의 정책이 성공적으로 수행되고 능률적이기 위해서는 행정각부와 관련 국민들과의 상호협력이 필요하다는 점이다. 예를 들면, 경제정책이 성공하기 위해서는 경영자와 노동자 모두의 협력이 필요하며, 교육정책은 교육자와 지방자치단체의 협력을 필요로 한다. 협의가 상호협력을 보장하지는 않지만, 협의가 수반되지 않는다면 반발을 초래하게 될 것이다. 이러한 협의는 성공적인 정책집행을 위한 충분조건은 아니지만 필요조건인 것이다.

이익집단들은 압력행사에 있어서 의회보다는 행정부를 보다 중요하게 생각한다. 법안의 대다수가 관료들에 의해 입안되기 때문에 법률안이 상정될 때까지 기다리기보다는 법률안의 기안단계에서부터 압력을 행사하는 것이 보다 효과적이라고 판단하며, 정부도 법률안이 의회에서 대폭 수정되는 것을 바라지 않기 때문이다. 행정각부와 이익집단간의 협의과정은 사안에 따라 다양하며, 관련된 이익집단의 수에 따라서도 달라진다.

영국의 이익집단 활동에 대한 평가는 공통된 합의점을 찾기 힘들지만, 긍정적인 측면에서는 (1) 정책에 대한 국민의 참여를 증진시키고, (2) 국민들의 영국 정치체제에 대한 이해를 증진시키고 주요 문제에 대한 실질적인 공감대를 형성하는 데 기여하며, (3) 소수집단의 권익을 보호하고, (4) 사형제도, 낙태, 환경보전과 같은 특정문제에 대한 정부와 의회의 개입을 요구함으로써 합법화기능을 수행하고, (5) 정부활동에 대한 비판기능과 정당화기능을 수행한다고 평가할 수 있다. 하지만 부정적인 측면에서는 (1) 의회민주주의를 제약하고, (2) 강력한 이익집단의 권익이 상대적으로 과도하게 대변되는 결과를 초래하며, (3) 이기적인 성향과 함께 국민 전체의 이익보다는 자신들의 부분적인 이익 실현을 우선시하는 경향을 지니며, (4) 행정의 비밀성·비공개성을 지속시키려고 한다는 점에서 비판받기도 한다(Cocker, 1993: 170-173).

제 3 절 정부관료제의 내부적 특성

Ⅰ. 수립배경

영국의 경우 현대적인 의미의 관료제는 1854년 노스코트-트레벨리안Northcote-Trevelyan보고서의 개혁정책에 의해 성립되었다. 1848년 트레벨리안卿과 노스코트卿을 중심으로 한 공무원조사위원회가 설치되었으며, 이 위원회는 공무원제도의 개혁방안을 담은 보고서를 의회에 제출하였다(박동서 외, 1986: 135). 노스코트-트레벨리안 보고서는 (1) 정부부처 인력의 개별적인 충원에 반대되는 개념인 직업공무원제에 대한 인식, (2) 정치지도자가 아닌 국왕에게 충성하지만, 국왕을 대변하는 각료들의 명령을 수행해야 할 의무를 지니는 공무원을 강조하였다는 점에서 그 중요성이 있다. 이 보고서는 관료제에 대한 일련의 원칙을 설정하였고, 이러한 원칙들은 지금까지도 별 다른 변화 없이 지켜지고 있다.

보고서의 주요 내용은 (1) 공개경쟁시험에 의한 채용, (2) 실적주의에 의한 승진, (3) 단일의 통합적 운영체제, (4) 일반직intellectual과 기술직manual의 구별 등이다. 보고서에 바탕을 둔 개혁정책의 꾸준한 추진으로 영국은 20세기에 들어서면서 이미 엽관주의獵官主義의 폐단을 제거하고 상당히 발전된 행정체제를 구축하였다.

그러나 보고서의 일부 주장은 당시로서는 너무 급진적이어서 완전한 실행은 1921년 휘틀리위원회National Whitley Council의 보고서가 나온 후에야 이루어졌다. 영국관료제의 계급체계를 행정계급, 집행계급, 서기계급, 사무보조계급으로 구분하고, 각 계급의 채용조건을 규정한 것도 바로 이 시기부터이다(이종수, 1994: 29-30).

이러한 체제는 1960년대 말까지 큰 변화 없이 지속되어 왔지만, 급격한 과학기술의 변화와 나쁜 경제적 여건은 영국 관료제에 대한 심각한 의문을 제기하였으며, 그 결과 1968년 풀턴위원회Fulton Committee의 보고서는 몇 가지 기본원칙에 대한 의문을 제기하면서 새로운 개혁방안을 제시하였다. 이 보고서가 제기한 문제는 (1) 전통적 행정관료제가 아마추어리즘에 기초하고 있으며, (2) 계급제적 분류체계로 인해 새로운 행정업무를 위한 인적 자원의 배분이 제약되고 있으며, (3) 전문가들이 고위 관리직으로 승진하지 못하고 있고, (4) 공무원들의 관리에 대한 전문지식의 부족 및 교육훈련의 결여를 지적하고 있다(이종수, 1994: 30). Fulton보고서의 주요 정책건의는 다음과 같이 정리할 수 있다(Fulton Committee, 1968: 69).

① 모든 계급을 폐지하고 통합된 단일의 직급구조로 전환해야 한다. 각 지위에 대한 정확한 직급은 직무분석을 통해 결정되어야 한다.
② 공무원의 전문성 강화, 채용후 교육훈련, 일반공무원의 특정분야에 대한 전문가로의 육성이 필요하다.
③ 대학졸업자를 채용할 때, 사회과학이나 자연과학과 같은 관련분야 전공자를 보다 선호하여야 한다.

④ 행정학, 경영학, 경제학 및 관련분야를 교육시키기 위해 공무원교육원을 설립하여 채용 후 교육훈련을 제공하여야 한다.
⑤ 행정각부는 기획부서planning unit를 신설하고, 기획부서 책임자가 장관과 직접 접촉할 수 있도록 하여야 한다.
⑥ 정부, 대학 및 민간기업간의 교류, 임시직 및 채용적령기가 지난 인재의 공직에 대한 기회를 보다 확대하여야 한다.
⑦ 관료제를 관리하기 위해 가칭 인사부Civil Service Department와 같은 부서를 신설하여야 한다.
⑧ 비밀에 대한 규칙을 완화하고, 행정과정을 보다 공개적으로 만들어야 한다.

이에 따라 인사부가 설치되어, 그 동안 재무부가 관장해온 공무원에 대한 통제 책임과 인사위원회Civil Service Commission의 채용기능을 담당하게 되었고, 공무원교육원Civil Service College이 1970년에 설립되었다. 1971년부터 공직에 대한 계급체제가 폐지되고 단일 계급구조로 통합되었다. 하지만 실제적으로 세 가지 계급체계, 즉 행정계급administrative class, 집행계급executive class, 서기계급clerical class의 틀은 어느 정도 유지되어 왔는데, 그 이유는 채용시 학력기준 및 시험의 내용이 다르기 때문이다.

풀턴보고서에 의한 개혁 이후, 관료제에 대한 과감하고 실제적인 변화는 대처정부Mrs. Thatcher's Government, 1979～1990에 와서야 추진되기 시작하였다고 볼 수 있다.

대처정부에서의 급진적인 정부개혁은 비용절감을 핵심 목표로 추진되었으며, 신자유주의적 시장이념neo-liberal market ideology과 공공선택이론에 의해 영향을 받았다. 초기 개혁은 1979년부터 시작된 공기업 민영화이었으며, 이를 통해 1979년의 공공부문가운데 약 50% 정도와 80만 명의 인력이 민간부문으로 이전되었다. 이후 영국 정부는 효율성연구팀Efficiency Unit, 후속조치Next Steps, 시민헌장Citizen's Charter, 공공서비스의 가치value of public services, 최고의 가치 주창Best Value initiative 및 지방정부 개혁local government modernization 등으로 대표되는 일련의 행정개혁을 지속적으로 추진하여 왔으며 2017년의 메이 정부에 들어와서도 여전히 계속되고 있다.

Ⅱ. 정부조직

1. 전반적인 특징

정부부처와 기관들은 정치적으로 중립적인 공무원들로 구성되어 있으며, 의회가 통과시킨 정부정책을 집행하고 각료들에 대한 자문기능을 수행한다. 중앙정부의 각 부처는 지방정부, 법적 근거를 가진 위원회 및 다양한 유형의 정부통제를 받는 정부지원기관과 협력하여 업무를 수행하기도 한다. 조직개편에 의해 정책상의 변화가 동반됨에도 불구하고, 정부조직의 변화가 반드시 일반적인 정부기능에 영향을 미치는 것은 아니다(HMSO, 1994a: 64).

중앙정부의 업무는 부처에 따라 대상의 범위가 다르다는 특징을 지니고 있다. 국방부와 같은 몇몇 부서의 업무는 영국 전체를 대상으로 한다. 노동연금부와 같은 몇 개의 부서는 북아일랜드를 제외한 지역만을 대상으로 한다. 교육부와 같은 부서는 주로 잉글랜드와 웨일즈지역을 대상으로 하고 있다.

정부부처department 이외에도 중앙정부 활동에서 일정한 역할을 담당하면서도 정부부처나 산하기관이 아니며 각 부처와는 독립되어 업무를 수행하는 '비부처 형태의 공공기관'non-departmental public body, NDPB이 있는데, 그 숫자는 2017년 현재 391개 정도 된다. 이들 기관들은 크게 집행기능, 자문기능, 심판기능, 그리고 독립적 모니터링 위원회 형태등 네 가지 유형으로 구분할 수 있다(Cabinet Office, website 2010). 집행적 성격을 가진 기관들은 집행·행정·규제·영리기능을 수행하는 기관들로, 중앙정부가 설정한 포괄적인 정책범위 내에서 기능을 수행하지만 운영상의 독립성 정도는 다양한 양태를 보이고 있다. 예를 들면, 잉글랜드예술위원회Arts Council of England, 환경청Environmental Agency, 보건안전청Health and Safety Executive을 들 수 있다. 자문기능적 성격을 지닌 기관은 특정 문제에 대하여 정부부처와 각료들에 대한 자문 역할을 담당하도록 각료의 재량에 의해 구성된 자문위원회들이다. 자문위원회의 구성은 주로 관련 이익집단과 전문가집단의 대표자들로 구성된다. 자문위원회의 예로는 공공생활기준위원회Committee on Standards in Public Life, 최저임금위원회Low Pay Commission를 들 수 있다. 몇몇 왕립위원회들도 자문기능을 가진 비부처적 형태의 공공기관으로 분류되고 있다. 심판기능을 가진 기관Tribunal NDPB들은 특정 법률분야에 대한 관할권을 가지고 있으며, 일반적으로 법적 근거를 가지고 운영되며 정부부처나 공권력에 대한 국민의 권리와 의무를 결정하며, 사법부와는 독립적으로 운영된다. 정부의 행정명령이나 결정에 대하여 국민들이 이의를 제기할 수 있는 기회를 제공하기 위하여 설치된 준사법적 기관이다. 예를 들면, 특수교육요구·장애심판소Special Education Needs & Disability Tribunal, 경마징세심판소Horserace Betting Levy Appeal Tribunal 등이 있다. 마지막으로 독립적인 모니터링 위원회는 교도소와 같은 기관에 대한 독립적 감시기구 같은 기관이 포함된다.

각 정부부처 산하에는 다수의 책임운영기관Executive Agency이 존재한다. 책임운영기관이란 정부가 수행하는 사무 중 공공성을 유지하면서도 경쟁원리에 따라 운영하는 것이 바람직한 사무에 대하여 책임운영기관의 장에게 행·재정적인 자율권을 부여하고 운영성과에 따라 보상을 하거나 책임을 지도록 함으로써 한정된 자원을 활용하여 보다 능률적이고 효과적으로 정부서비스를 제공하고자 도입된 제도이다. 책임운영기관을 설립하기 전에 해당 정부기능에 대하여 폐지, 민영화, 민간위탁, 합병 또는 합리화 등의 모든 대안들이 먼저 고려된다. 책임운영기관은 1988년 영국 대처정부의 후속조치Next Steps프로그램을 통해 도입되었으며, 영미계통의 분사형 기업조직형태에 의해 크게 영향을 받았다(김근세, 2004). 1988년 3개 기관이 설립되어 6천명의 공무원이 근무하였으나, 이후 지속적으로 증가하여 1994년에는 102개 기관으로 증가하였고 그 후 다시 감소하여 2017년에는 65개 기관이 운영되고 있다.

중앙행정기관의 명칭은 편의상 부部로 번역하였지만, 실제 명칭은 Department, Ministry, Office 등 다양하다. 아래에서는 2018년 현재 메이Thereasa May 수상의 정부구성을 토대로 소개하고자 한다.

2. 중앙행정기관

(1) 경제분야

① 재무부HM Treasury: 재무부는 영국 정부의 재정정책과 경제정책을 수립하고 집행하는 책임을 지며, 지속적인 경제성장, 국부國富의 증진, 경제적·고용 기회 창출을 목표로 하고 있다. 아울러 경제적 안정성, 낮은 물가상승률, 건전한 정부재정, 효율적인 공공서비스와 보다 생산적인 경제를 이룩하기 위

하여 노력한다.

재무부장관Chancellor of the Exchequer을 중심으로 공공지출 담당 부장관Chief Secretary to the Treasury, 지불총감Paymaster General, 재정담당 부장관Financial Secretary, 경제담당 부장관Economic Secretary이 있으며, 통계청Office for national Statistics을 비롯한 5개 책임운영기관과 2개의 자문위원회를 두고 있다.

② **비즈니스, 에너지 및 산업전략부**Department of Business, Energy and Industrial Strategy: 비지니스, 에너지 및 산업전략부는 높은 수준의 지속적인 성장과 생산성을 유지하고자 경쟁력과 과학적 수월성을 증진하고자 하며, 민간기업과의 연계를 통해 성공적인 창업을 장려하고 영국 기업의 해외시장 진출과 수출을 지원한다. 아울러 공정경쟁을 조장하고 상품정보 제공을 지원함으로써 소비자를 보호하고, 최저임금 보장 및 직장-가정 균형 확립을 비롯한 피고용자의 권익을 보호하며 고용문제에 대하여 노・사측과 협력한다. 또한 영국의 과학기술 진흥을 위하여 대학의 연구개발을 지원하며, 안전하고 다양하며 지속가능한 에너지를 저렴한 가격에 공급하기 위하여 에너지문제를 다루고 있다.

③ **환경식품농촌부**Department for Environment, Food and Rural Affairs: 환경식품농촌부는 환경을 보호하고 농촌지역을 보다 살기 좋고 방문하기 좋으며 일하기 좋은 지역으로 만들기 위한 정책을 개발하며, 환경청Environment Agency과 함께 환경오염을 줄이고 홍수를 예방하고자 노력하고 있다. 국제적으로는 지구 온난화 방지 및 지속가능한 개발 추진을 위해 노력하고 있다. 농업과 어업이 소비자의 요구를 충족할 수 있도록 지원함으로써 안전하고 신뢰할 수 있으며 경쟁력 있는 식품을 유통하도록 하고, 식품 생산에 대한 규제를 설정한다.

환경식품농촌부장관Secretary of State for the Environment, Food and Rural Affairs을 중심으로 농촌문제 및 지방환경의 질 담당 부장관, 환경 및 농업환경 담당 부장관, 하원 담당 정무차관 겸 자원 보존 및 어업 담당 부장관, 상원 담당 정무차관 겸 농업, 식품 및 지속가능한 에너지 담당 부장관이 있으며, 환경・어업・해양과학연구소Centre for Environment, Fisheries and Aquaculture Science를 비롯한 7개 책임운영기관과 51개 공공기관NDPB을 두고 있다.

④ **교통부**Department for Transport: 교통부의 목표는 국토환경을 보존하면서 국민과 산업계의 요구에 효율적으로 대응할 수 있는 신뢰할 만하고 안전하며 안정적인 교통체계 구축을 감독하는 것이다. 교통부장관 겸 스코틀랜드부장관

Secretary of State for Transport and Secretary of State for Scotland을 중심으로 1명의 부장관과 2명의 정무차관이 있으며, 운전・자동차면허관리소Driver and Vehicle Licensing Agency를 비롯한 8개의 책임운영기관과 공기업인 민간항공청Civil Aviation Authority, 그리고 15개의 공공기관NDPB을 두고 있다.

(2) 국방・외교분야

① **국방부**Ministry of Defence: 국방부는 영국과 해외 영토의 안전과 방어를 보장하기 위한 국방력을 제공하며, 평화와 안전과 관련된 정부의 외교정책 목표를 지원한다. 육・해・공군의 정규군 20만 명과 예비군 47,000여 명을 포함한 국방력의 유지, NATO 및 UN을 통한 국방외교정책의 추진, 갈등 예방, 위기관리 및 작전에 영국이 개입하는 경우 전략적 지침의 제공, 국방장비 및 군수품의 조달, 군수품 수출에 대한 지원 및 재향군인에 대한 서비스 제공 등을 담당한다.

국방부장관Secretary of State for Defence을 중심으로 3군(軍) 담당 부장관, 정무차관 겸 국방조달 담당 부장관, 정무차관 겸 재향군인 담당부장관이 있으며, 국방인사국Armed Forces Personnel Administration Agency을 비롯한 35개 책임운영기관과 20개의 공공기관NDPB을 두고 있다.

② **외무부**Foreign and Commonwealth Office: 외무부는 국외에서의 영국의 국익을 증진하고 강력한 세계공동체world community를 형성하기 위하여 국제기구들과 협력하며, 외국 정부 및 국제기구와의 사업 수행에 대한 책임을 진다. 또한 EU, 영연방 및 UN의 회원국으로서의 영국의 역할 증진과 아울러 세계 안전, 민주화 및 인권 증진을 도모하며, 외국 주재 영국 시민의 보호, 해외통상 증진 및 영국문화의 전파 등의 역할을 담당하고 있다.

외무부장관Secretary of State for Foreign and Commonwealth Affairs을 중심으로 3명의 부장관과 2명의 정무차관이 있으며, 책임운영기관으로 윌튼파크컨퍼런스센터Wilton Park Conference Centre와 10개의 공공기관NDPB을 두고 있다.

③ **국제개발부**Department for International Development: 국제개발부는 해외에서의 빈곤 축소 및 발전을 촉진하기 위한 영국의 정부부처로, 핵심 목표는 외국과 협력하여 2020년까지 극빈층의 비율을 대폭 축소하는 것이다. 즉, 우리나라에서 공적개발원조라 불리는 ODAOfficial Development Assistance 문제를 주로 다룬다고

볼 수 있다. 이를 위하여 기본적인 보건의료 증진과 보편적인 초등교육과 관련하여 아프리카, 아시아, 라틴아메리카 및 동유럽에서의 프로젝트를 지원하고, 세계화 과정에 대한 보다 적절한 관리와 지역환경의 보호를 통해 경제상황을 개선하려는 가난한 지역사회를 지원하고, 전쟁 · 자연재해 · 가난으로 인한 희생자들에 대한 인도주의적 지원을 제공하고자 협력하고 있다. 국제개발부장관Secretary of State for International Development과 정무차관이 있으며, 3개의 공공기관NDPB을 두고 있다.

(3) 사회 · 문화분야

① **부수상실**Office of the Deputy Prime Minister: 부수상실은 지역번영, 주거지역 개선, 사회적 통합을 증진하기 위한 정책, 경제 활성화를 위한 지방정부 정책, 지방자치단체의 서비스 질 개선을 포함한 지방정부 현안문제, 주택 및 노숙자 문제, 투표 형태 개선, 중앙정부와 스코틀랜드 · 웨일즈 · 북아일랜드 자치정부와의 관계, 빈곤문제와 낙후지역 재개발, 국토이용의 효용성 증진 등의 문제를 담당하고 있다.

부수상Deputy Prime Minister을 중심으로 지방 · 지역정부 담당 부장관, 재건 · 지역개발 담당 부장관, 주택 · 기획 담당 부장관과 2명의 정무차관이 있으며, 소방학교Fire Service College를 비롯한 5개 책임운영기관과 17개 공공기관NDPB을 두고 있다.

② **내무부**Home Office: 내무부는 잉글랜드와 웨일즈 지역의 내정(內政)을 책임지며, 범죄예방, 치안 확립, 영국에의 입국 규제 등의 정책을 통해 안전하고 정의로우며 관대한 사회를 만들고자 노력하고 있다. 형사법과 관련한 중요한 업무들은 내무부 소관이다. 경찰력은 지역별로 조직되어 있으며, 내무부는 청소년범죄율 축소를 비롯한 범죄율 축소를 위한 국가적 목표를 설정하고 범죄 예방을 위한 정책을 지원한다. 내무부는 경찰, 검찰, 교도 및 보호관찰을 담당하는 기관에 대한 예산을 배정하며, 이민과 국적에 대한 정책을 담당한다. 내무부장관Secretary of State for the Home Department을 중심으로 3명의 부장관과 3명의 정무차관이 있으며, 범죄과학수사국Forensic Science Service을 비롯한 4개의 책임운영기관과 34개의 공공기관NDPB을 두고 있다.

③ **교육부**Department for Education: 교육부는 잉글랜드지역의 모든 연령층의

주민들에게 학습기회를 제공하기 위하여 노력한다. 교육훈련의 질을 향상시키기 위한 전국적 기준을 설정하고 관련 법률을 마련한다. 영·유아를 위한 탁아·교육, 19세 이하 학생들에 대한 교육, 대학에 대한 재정 지원, 기술교육 및 평생교육, 그리고 청소년 대상 서비스 등을 담당한다.

1995년 조직개편 이전에는 고용부와 교육부로 구분되어 있다가 1995년 교육고용부Department for Education and Employment로 통합되었다가 2001년 조직개편시 사회보장부Department of Social Security와 교육고용부는 교육부와 노동연금부Department for Work and Pensions로 재편되어 지금까지 이르고 있다.

교육부장관Secretary of State for Education을 중심으로, 학교기준 담당 부장관, 평생교육 및 고등교육 담당 부장관, 아동·청년 및 가정 담당 부장관과 아동·가정 담당 정무차관, 성인교육 담당 정무차관, 학교 담당 정무차관이 있으며, 책임운영기관은 없으며 17개 공공기관NDPB을 두고 있다.

④ **보건부**Department of Health amd Social Care: 보건부는 잉글랜드지역의 보건 및 사회보호체제에 대한 전략적 책무성을 통하여 국민의 건강과 안녕을 증진하고자 한다. 보건부가 직접 국립보건소National Health Service나 병·의원을 운영하는 것은 아니며, 오히려 환자 보호 및 병원서비스에 대한 전국적인 기준 설정 및 국민의 건강 증진을 위한 규제 등을 담당한다.

보건부장관Secretary of State for Health and Social Care을 중심으로 2명의 부장관과 3명의 정무차관이 있으며, 건강보호청Health Protection Agency을 비롯한 5개 책임운영기관과 49개 공공기관NDPB을 두고 있다.

⑤ **문화미디어체육부**Department for Digital, Culture, Media and Sport: 문화미디어체육부는 예술, 미디어, 스포츠와 국가적 역사유적의 경제적 기여 및 교육적 가치를 증진하기 위한 부처로, 시청자·청취자를 위한 방송기준의 설정, 예술단체에 대한 지원, 문화유산에 대한 보존, 복권사업, 스포츠 증진, 도박 및 경마 등도 관장하고 있다.

문화미디어체육부장관Secretary of State for Digital, Culture, Media and Sport을 중심으로 예술 담당 부장관, 스포츠 담당 부장관, 미디어·유적 담당 부장관이 있으며, 책임운영기관인 왕립공원the Royal Parks과 39개 공공기관NDPB을 두고 있다.

⑥ **노동연금부**Department for Work and Pensions: 노동연금부는 정부의 복지개혁 의제에 대한 책임을 지며, 실업자, 연금수령자, 아동, 장애인 및 고용주에 대하

여 잉글랜드, 스코틀랜드 및 웨일즈 지역의 지방사무소 네트워크를 통하여 지원과 자문 서비스를 제공하고 있다. 노동연금부의 기능은 주로 고용안정청 Jobcentre Plus, 연금청Pension Service 및 아동지원청Child Support Agency과 같은 책임운영기관을 통해 수행된다.

노동연금부장관Secretary of State for Work and Pensions을 중심으로 노동 담당 부장관, 연금 담당 부장관, 아동·청년·가정 담당 부장관과 3명의 정무차관이 있으며, 청원국Appeals Service, 고용안정청, 연금청, 아동지원청의 4개 책임운영기관과 14개 공공기관NDPB을 두고 있다.

(4) 법무분야

① **사법부**Department for Justice: 사법부는 정부 내에서 정의, 인권, 민주주의를 구현하는 책임을 진 부처이며, 주요 목적은 ① 모든 국민에게 효과적이고 실현가능한 정의의 실현, ② 국민의 권리와 책임의 보장, ③ 법률과 헌법의 수정을 통한 민주적 자유의 증진 등이다. 국민에게 보다 효과적으로 봉사하기 위하여 사법부는 사법체제를 개선하고 헌법을 보완하며, 국민들로 하여금 정의를 획득하고 권익을 보호하며 투명하고 책임성 있는 민주적 과정에 참여할 수 있는 권한을 부여하고자 노력하고 있다.

사법부는 법원청을 통해 대법원, 주州법원 및 다수의 재판정을 관리하는 업무를 수행하며, 지방정부가 관리하는 경범죄재판소와 검찰청Official Solicitor's Office을 감독하며, 모든 사법 및 사법 관련 업무를 담당하고 민사·형사 법률구조, 법률위원회Law Commission, 민법의 일반적 개혁의 촉진 등에 대한 전반적인 책임을 진다. 아울러 스코틀랜드와 웨일즈 지역에 대한 분권화 정책과 권한위임이 순조롭게 이루어지도록 지원하는 역할도 담당하고 있다. 스코틀랜드부와 웨일즈부는 사법부에 속해 있으나 독립적인 정부부처이다.

사법부장관 겸 대법원장Secretary of State for Constitutional Affairs and Lord Chancellor과 3명의 정무차관이 있으며, 법원청Court Service, 토지등기청HM Land Registry, 장애인보호국Public Guardianship Office, 국가기록보존소National Archives의 4개 책임운영기관과 22개 공공기관NDPB을 두고 있다.

② **유럽연합탈퇴부**Department for Exiting the European Union: 이 부는 영국이 브렉시트 투표를 통해서 유럽연합으로부터 탈퇴를 결정한 뒤 이 문제를 구체적적

으로 다루기 위하여 생긴 부이다. 유럽연합과의 교섭 및 2019년에 탈퇴이후 유럽연합과의 관계 설정 등의 문제를 다루는 부이다.

(5) 지역행정 분야

① **스코틀랜드부**Scotland Office: 스코틀랜드는 독자적인 법률체제와 광범한 행정자치administrative autonomy를 시행하고 있다. 스코틀랜드지역과 주민의 독특한 여건과 요구는 스코틀랜드법률에 반영되고 있으며, 스코틀랜드지역에만 한정적으로 제공되는 행정서비스에 대해서는 일반 법률의 조항에도 아울러 반영되어 있다. 영국 중앙부처 중 스코틀랜드지역도 책임지는 부처는 스코틀랜드에 지청을 두고 있으며, 스코틀랜드부와 긴밀한 협력관계를 형성하고 있다.

스코틀랜드는 최근 커다란 변화를 경험하고 있고, 이에 따라 스코틀랜드부도 큰 영향을 받고 있다. 지난 1997년 9월 스코틀랜드 주민투표에서 스코틀랜드의회Scottish Parliament 구성이 결정되었고, 1998년 제정된 스코틀랜드법Scotland Act에 의하여 스코틀랜드의회와 스코틀랜드행정청Scottish Executive이 설립되었다. 1999년 5월 스코틀랜드의회 의원들이 선출되고, 행정청의 내각이 임명되었다. 1999년 7월 1일부터 스코틀랜드행정청이 정식으로 출범하게 되었다. 스코틀랜드의회는 1999년 7월부터 입법권을 행사하며, 스코틀랜드행정청의 업무에 대한 감독권을 갖는다. 스코틀랜드부가 수행해온 정부프로그램들은 1999년 7월부터 스코틀랜드행정청으로 이관되었다. 스코틀랜드행정청은 그동안 스코틀랜드부가 수행해온 집행책임을 담당하며, 스코틀랜드행정청 내각의 지휘를 받는다. 내각은 영국정부 내각과 유사하게 대부분 스코틀랜드의회 의원들로 구성되며, 수석장관과 10명의 장관, 검찰총장으로 구성되어 있으며, 차관과 검찰차장이 이들을 보좌하고 있다. 그럼에도 불구하고, 스코틀랜드부장관은 계속해서 영국 정부각료의 일원으로 남아 있다. 물론 스코틀랜드부장관은 스코틀랜드행정청의 일원은 아니다(Scotish Office, 1999).

스코틀랜드부는 영국 의회에서 스코틀랜드의 이익을 대변하고 스코틀랜드의 자치권을 증진하는 역할을 담당한다. 1999년 7월 이후 스코틀랜드행정청과 수석장관은 보건, 교육, 치안, 주택 및 경제개발 분야를 담당하며, 영국 정부는 고용, 재정·경제정책, 조세, 사회보장, 연금 및 외교·국방 분야를 담당한다. 스코틀랜드행정청에는 보건부, 교육부, 기업·교통·평생학습부, 재무부, 개발부, 사법부, 환경 · 농촌부가 있다.

스코틀랜드부장관은 영국 의회와 행정부 및 스코틀랜드행정청간의 협력관계 진작을 통해 권한위양이 적절히 이루어지도록 하는 역할을 수행한다. 스코틀랜드부는 현재 사법부에 속해 있으며, 사법부가 소속 직원의 보수 및 행정적 지원을 담당하고 있다. 스코틀랜드부에는 스코틀랜드부장관Secretary of State for Scotland과 정무차관, 상원 대변인 및 정무보좌관이 있다.

② **웨일즈부**Welsh Office: 1964년 이후 영국 정부는 웨일즈문제를 담당하는 웨일즈부를 운영해 왔으나 웨일즈부도 최근 큰 변화를 경험하고 있다. 지난 1997년 9월 웨일즈 주민투표에서 웨일즈의회 구성이 결정되었다. 1998년 웨일즈정부법Government of Wales Act이 제정되어 웨일즈의회National Assembly for Wales가 설립되었다. 1999년 7월 1일부터 웨일즈부의 권한과 책임은 웨일즈의회로 이관되고, 의회가 웨일즈지역에 대한 정책의 개발과 집행을 담당한다. 웨일즈의회는 정책집행권한을 의회에서 선출한 수석장관First Secretary에게 위임하였으며, 수석장관은 각 분야별 장관들을 임명하여 의회내각Assembly Cabinet을 구성한다. 2017년 현재 내각은 수석장관과 8명의 장관들로 구성되어 있다. 웨일즈의회 출범 이후에도, 영국 내각의 일원으로서 웨일즈부장관은 웨일즈의 이익과 요구가 영국 정부의 정책에 반영되도록 하는 역할을 담당한다. 웨일즈정부법에 의하면, 웨일즈부장관은 웨일즈의 예산을 재무부에서 웨일즈의회로 양도하는 권한을 가지며 웨일즈의회의 입법활동을 자문하고, 비록 투표권은 없으나 웨일즈의회 본회의에 참석할 수 있다(National Assembly for Wales, 1999).

1999년 이후 웨일즈의 현안에 대한 대부분의 결정은 카디프Cardiff에 있는 웨일즈의회가 담당하고 있다. 웨일즈의회는 웨일즈 지역의 경제, 교육, 보건, 기획, 교통 및 관광에 대한 결정권한을 가지며, 다른 분야는 영국 중앙부처가 담당한다. 웨일즈의회정부에는 환경 · 계획 · 농촌부, 역사유적부, 경제개발부, 문화 · 여가부, 교육부, 보건부, 지방정부부, 사법 · 재개발부, 사회정책부, 교통부, 웰시(웨일즈어)언어위원회 등의 부서가 있다.

웨일즈부장관은 웨일즈 지역에 대한 권한위양이 적절하게 진행되도록 하며 영국 정부에서 웨일즈의 이익을 대변하고 웨일즈에서 영국 정부를 대변하는 역할을 담당한다. 웨일즈부에는 웨일즈부장관Secretary of State for Wales과 정무차관이 있다.

③ **북아일랜드부**Northern Ireland Office: 1972년부터 영국 정부는 북아일랜드 문제를 담당하는 북아일랜드부를 운영해 왔으나, 최근 큰 변화를 경험하고 있다. 북아일랜드에 대한 영국의 직접 통치를 종식시키고 자치의회를 설립하기 위한 평화협정이 1998년 4월 타결되고, 이어 주민투표에서 압도적 지지로 통과되었다. 1998년 6월 북아일랜드 자치의회 구성을 위한 총선거가 실시되었고, 이를 통해 설립된 자치의회는 자치정부 총리와 부총리를 선출하였다.

북아일랜드행정청Northern Ireland Executive은 총리・부총리실과 농업・농촌개발, 문화・예술・레저, 교육, 고용・학습, 기업・무역・투자, 환경, 재정・인사, 보건・사회보장・공공안전, 지역개발 및 사회발전을 담당하는 10개 부처를 두고 있다.

권한이 북아일랜드행정청으로 이양됨에 따라 북아일랜드부는 북아일랜드 지역의 사법적 문제와 안전문제에 대한 책임을 지고 있다. 그런데 2002년 10월 신・구교간 대립 격화와 정국 불안으로 인해 북아일랜드의회와 북아일랜드 행정청의 권한행사는 중지되고, 이후 다시 북아일랜드부가 북아일랜드행정청이 담당하던 기능을 수행하고 있다. 북아일랜드부장관Secretary of State for Northern Ireland과 1명의 부장관, 3명의 정무차관이 있으며, 북아일랜드보상청Compensation Agency for Northern Ireland을 비롯한 5개의 책임운영기관과 8개의 공공기관NDPB을 두고 있다.

3. 행정구조

내각은 집행부의 최고위층으로 구성되기 때문에, 대부분의 구성원들은 담당장관Secretary of State이라는 공식적인 직책을 갖고 있다. 부장관과 차관과 함께 담당장관은 행정부처에 대한 정치적인 지도감독을 한다. 수상은 담당장관과의 협의를 통해 부장관과 차관과 같은 최고위층을 선정한다(Rasmussen, 1993: 83-89).

장관급 수준에서 정책과 행정은 혼재되어 있다고 볼 수 있다. 대부분의 장관들은 의회와 행정부 모두에 참여하기 때문에, 이들은 정책결정자이면서 동시에 행정가라고 볼 수 있다. 장관들은 하원에서의 토론에 많은 시간을 소비하며, 또한 유권자와의 접촉, 정당활동에의 참여, 내각 및 내각위원회의 회의에도 상당한 시간을 소비해야 하기 때문에, 실제 행정가로서의 업무를 수행하기 위해 투입하는 시간은 얼마 되지 않는다.

그림 5-2 영국 정부의 전형적인 행정구조

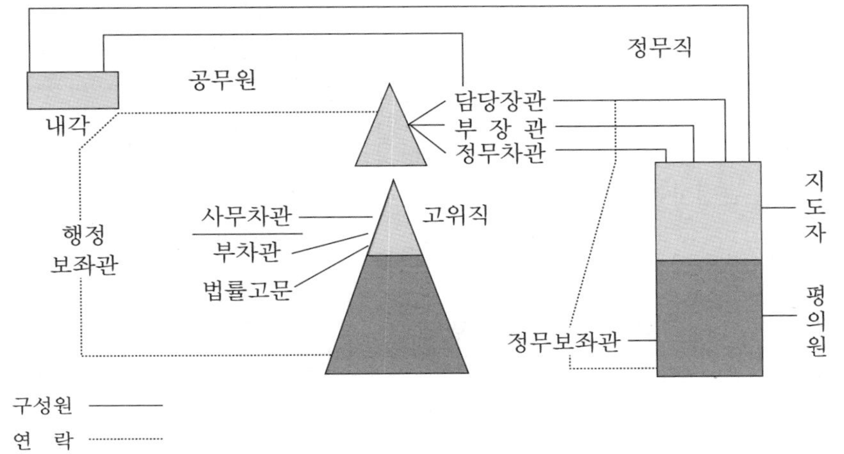

자료원: Rasmussen(1993: 84).

담당장관들은 부장관, 정무차관 등 다양한 직책의 정치적 보좌인력들에게 자신의 업무를 위임할 수 있으며, 이들 중 부장관은 상당한 재량권을 갖고 있다. 그러나 정무차관은 보다 덜 중요한 문제를 다룸으로써 담당장관을 보좌한다. 행정각부의 담당장관부터 정무차관까지의 고위층을 각료member of the Government라고 부른다. 이들에 대한 임명권은 전적으로 수상에게 있기 때문에 수상의 행정부에 대한 권력은 막강하다고 볼 수 있다.

대부분의 담당장관과 정무차관들은 하원이나 상원의 의원들이다. 만약 담당장관이 상원의원일 경우, 직속 부장관은 반드시 하원의원이어야 한다. 이를 통해 상하 양원 모두에서 정부 정책을 방어할 수 있다.

또한 장관의 보좌인력으로 정무보좌관Parliamentary Private Secretary을 두는데, 정무보좌관도 역시 하원의원이지만 엄격히 말하면 각료는 아니며, 행정부 활동을 돕는다고 해서 추가적인 보수를 받지도 않는다. 각료가 아니기 때문에 하원의 투표에서 얼마간의 자유를 구가하도록 허용되지만, 모든 중요한 결정에서는 정부를 지지하지 않을 수 없게 된다. 의회에서 정부정책에 반대할 경우 정무보좌관직을 그만둘 수밖에 없기 때문이다. 직책이 다른 각료들보다 덜 중요하기 때문에 정무보좌관은 의회의 평의원들과 자유롭게 어울릴 수 있으며,

이를 통해 평의원들의 의견을 상급장관들에게 전달하여 의원들의 지지를 받을 수 없는 정책안들은 상정하지 않도록 장관들에게 자문을 하기도 하며, 아울러 장관들의 견해를 의원들에게 설명하기도 함으로써 행정부의 고위층과 일반의원들과의 원만한 관계를 형성하는 데 기여한다.

장관을 비롯한 정치관료partisan executive들의 임무는 정책을 결정하는 것이지만, 정책을 집행하는 것은 직업관료merit executive들의 임무이다. 하지만 실제로는 이러한 책임의 구분은 분명하지 않으며, 고위 직업관료들은 실제 정책결정에 관여하고 있다.

행정각부의 정치인들 바로 밑에는 직업관료의 최고위직인 사무차관Permanent Secretary이 있다. 사무차관은 부처의 조직과 능률성, 장관을 위한 자문에 대한 책임을 지고 있으며, 그 밑의 직업관료들은 사무차관의 승인 없이 담당장관과 직접 만날 수 없다. 대부분의 경우 사무차관은 장관들보다 오랫동안 그 부서의 고위계층에서 근무하였기 때문에, 능숙한 솜씨로 정책에 영향을 미친다. 영국 직업관료제 구조는 관료가 고위층이 되면 정책결정에 보다 가까이 근접할 수 있는 여지를 마련해주고 있다.

장관과 매우 밀접한 관계를 갖는 직업관료로는 사무차관 외에 행정보좌관Principal Private Secretary이 있는데, 주로 촉망받는 젊은 관료가 등용된다. 불필요한 약속과 서류뭉치로부터 장관을 보호하는 역할을 담당하며, 또한 부처 내의 사무차관과 중간계층 직업관료들간의 관계를 원만하게 유지하는 기능을 수행한다. 특정 정책에 대한 부처 내의 완전한 합의를 도출하기 위하여, 그리고 정책대안의 범위를 줄임으로써 결정을 보다 용이하게 만들기 위하여 사무차관은 대립적인 견해를 보고하지 않으려는 성향을 갖지만, 행정보좌관은 대립적인 견해와 회의적인 의견이 아무런 왜곡 없이 장관에게 전달될 수 있도록 하여야 한다. 중간계층의 직업관료들은 사무차관보다는 행정보좌관과 보다 자유롭게 의견을 교환하는데, 그 이유는 행정보좌관이 이들의 상관이 아니며 경력관리에 직접적인 통제를 하지 못하는 위치에 있기 때문이다. 직업관료에 대한 행정보좌관의 역할은 의회에 대한 정무보좌관의 역할과 매우 유사하다.

영국의 고위 직업관료들은 자신들의 정치적 견해와는 관계없이 장관을 비롯한 정치관료들에 대하여 충실하게 보좌한다고 평가되고 있다(Rasmussen, 1993: 88-89). 정치적 영역에 개입하지 않으며, 익명성을 유지함으로써 이들은 자신의 업무를 충실하게 수행할 수 있다. 장관을 비롯한 정치관료들은 이미 오랫동안 부처에서 근무해온 직업관료들의 도움을 받아 업무를 수행한다. 직업관료들의 승진은 정치인들에 의해 거의 영향을 받지 않으며, 또한 직업관료들도 승진에 대해 정치인의 도움을 받을 수 있을 것이라고 기대도 하지 않고 있다. 모든 장관들에 대한 충성스런 봉사의 전통이 영국의 장관들로 하여금 행정부서를 통해 소속정당의 정책을 집행할 수 있도록 만든다.

Ⅲ. 인사체제

영국의 공무원은 국왕의 시종Crown Servants이다. 대부분의 경우 국왕의 행정권은 장관들이 행사하거나 최소한 장관의 권고에 의하여 행사되며 장관들은 국회에 대하여 책임을 진다. 따라서 공무원은 당시 정부의 헌법적 책임과 독립되어 있으며 어떠한 헌법상의 책임도 없다. 개별 공무원의 의무는 처음부터 끝까지 소속 부처를 책임지는 장관에게 복종하는 것이다. 장관이 경질된다고 하여 소속 부처 공무원의 교체를 동반하지 않고, 공무원들은 장관의 소속 정당 업무를 지원하지도 않으며 집권당의 집회에 참석하지도 않는다.

현대 영국의 공무원 인사체제는 1854년의 노스코트-트레빌리안 보고서와 1968년의 풀턴보고서를 기반으로 발전해 왔으며, 직업공무원제를 기반으로 하고 있다. 1854년 이래 정착되어온 영국의 공무원 인사체제는 몇 가지 기본적인 특징을 갖고 있다(Birch, 1990: 137-138). 첫째, 공무원은 학업을 마친 직후 학업내용과 직접적인 관련이 있는 내용에 대한 공개경쟁시험을 통해 충원되어야 한다는 원칙이다. 경쟁시험의 장점에 대한 믿음은 동년배 중에서 가장 우수한 인재를 공무원으로 선발하고자 하는 소망과, 우수한 인재는 채용 후 도제제도apprenticeship를 통해 필요한 업무수행능력을 훈련시킬 수 있다는 지배적 견해를 반영하고 있다. 둘째, 공무원은 특별한 결격사유가 없는 한 정년까지 신분을 보장해 줌으로써 공직은 평생직이 되어야 한다는 원칙이다. 현재에도 공무원의 약 80%정도는 공직 이외의 다른 부업을 갖고 있지 않다. 셋째, 공무원은 특정 직위나 특정 부서를 위해 충원하는 것이 아니라 일반적인 업무수행을 위해 충원하여야 한다는 원칙이다.

중앙정부와 지방정부, 그리고 공기업 종사자를 모두 포함한 정부부문 종

표 5-5 영국 공공부문 종사자의 규모

(단위: 천 명)

연 도	중앙정부	지방정부	공기업	공공부문 전체	이중 국가공무원
1991	2,306	3,072	600	5,978	589
1995	2,156	2,758	454	5,368	552
1999	2,091	2,741	374	5,206	501
2003	2,403	2,837	393	5,634	556
2010	2,572	2,885	557	6,014	515
2018	3,095	2,064	199	5,358	430

자료원: Office for National Statistics(2018).

사자들의 수는 1991년 5,978천 명에서 1998년 5,163천 명으로 감소하였다가 2003년에는 5,634천 명으로 증가하였고 2010년에는 6,014천명으로 다시 증가하였으며, 2018년도에는 5,358천명으로 감소하였다. 이 가운데 중앙부처 및 소속기관에 근무하는 국가공무원civil service의 규모를 보면, 1991년 589천 명에서 1999년 501천 명으로 감소하였다가 2003년에는 556천 명으로 증가하였고 2010년에는 다시 515천명으로 감소하였다가 2018년도에는 430천명으로 크게 감소하였다. 2017년 현재 국가공무원의 약 70%가 책임운영기관에서 근무하고 있다.

그 동안 영국의 국가공무원 분류체계는 계급제를 근간으로 하고 있었으며, 각 계급은 독자적인 경력구조를 갖고 있고 계급간 구분도 상당히 엄격하였다. 1996년 이전만 하더라도 직종, 직군, 계급 등에 의해 다양하게 분류되어 채용, 보수, 승진 등 인사관리면에서 다양한 규정의 적용을 받았으나, 1996년 4월부터 공무원직 전체에 적용되는 계급grade은 존재하지 않게 되었다. 이로써 그 동안 영국 공무원제도의 특징이었던 계급제적 특성은 약화되고 직위분류제적인 특성이 강하게 반영되었다. 이전에는 사무차관Grade 1부터 행정사무요원Grade 14까지의 14등급으로 구분하고, 1급Grade 1에서 3급Grade 3까지를 고위개방구조Senior Open Structure로 하여 다른 등급과 구분되는 인사관리체계를 적용하여 왔다. 1996년에 1급에서 5급까지의 고위직 공무원을 대상으로 계급을 폐지하고 하나의 관리계층집단으로 통합한 고위공무원단Senior Civil Service을 구성하면서, 이제는 고위공무원단SCS과 비고위공무원단으로 구분하여 관리하는 단순한 모습을 보여주고 있다. 따라서 공무원직에 있어서 계급을 이용한 비교는 부적절하게 되었으며, 이제는 책임도responsibility level 개념을 사용하여 직위간 비교를 할 수 있다(중앙인사위원회, 1999: 103-110).[17] 2017년 기준으로 고위공무원단 소속 공무원은 약 4,700명 정도이며, 이들 중 1/3 이상이 변호사, 의사, 세무전문가 등 전문가들이다. 이들이 정책형성에 있어서 중요한 역할을 담당하고 있다.

고위공무원단제도의 주요 특징은, ① 직위분류제적 특성의 강화 및 외부 채용 확대, ② 성과와 연계한 보수체계 수립, ③ 공식 계약서에 의한 계약, ④ 공통의 평가시스템 사용 등이다. SCS 아래의 공무원에 대해서는 1996년부터 각 부처별로 조직의 수요에 맞추어 분류체계, 보수 및 직급체계 등을 정할 수 있도록 하고 있다.

공무원 인사관리에 있어서 영국은 기회균등equality of opportunity에 중점을 두고 있으며, 실적merit 위주의 채용 및 승진, 여성・소수인종・장애인에 대한 균등한 승진기회 부여를 위한 인사정책을 실시하고 있다. 이로 인해 공무원 가운데 여성, 소수인종 및 장애인의 비율이 점차적으로 증가하는 추세를 보이고 있다. 고위공무원단 소속 공무원가운데 여성의 비율은 1998년 17.8%에서 2017년에는 35%로 증가하였으며, 소수인종의 비율도 1998년 1.6%에서 2017년에는 4.6%로 증가하였고 장애인의 비율도 1998년 1.5%에서 2017년 2.9%를 차지하고 있다(Cabinet Office, 2017). 2017년 12월 1일 기준으로 보면, 중앙부처와 소속기관에 근무하는 전체 국가공무원가운데 54%가 여성이며 여성비율이 지속적으로 증가하고 있다.

공무원의 채용은 공정한 공개경쟁을 통한 실적에 근거한 선발원칙을 기반으로 하고 있다. 독립적인 인사위원회Civil Service Commissioners가 고위직 공무원의 선발에 대한 직접적인 감독책임과 행정각부 및 기관의 공무원 임용에 대한 감독기능을 담당한다. 중간계층에 대한 공무원 임용은 행정각부와 기관이 책임지고 담당하며, 행정각부는 자체적으로 공무원을 선발하거나 혹은 민간채용기관에 의뢰하기도 한다. 특정 기술과 경험이 필요한 직위에 대해서는 공직외부로부터의 충원이 직접적으로 이루어지기도 하며, 공무원과 민간부문간의 인사교류도 권장되고 있다(Office for National Statistics, 2018).

교육훈련에 대해서는, 개별적인 행정부서가 소속공무원의 실적에 대해서

---

17) 책임도 수준은 ① SCS Level, ② Level 6, ③ Level 7, ④ Senior Executive Officer Level, ⑤ Higher Executive Officer Level, ⑥ Executive Officer Level, ⑦ Administrative Officer Level, ⑧ Administrative Assistant Level의 8단계로 구분된다.

책임을 지기 때문에 행정각부는 자체적으로 공무원에 대한 교육훈련을 담당하고 있다. 대부분의 교육훈련이 행정부서 내에서 이루어지지만, 고위직에 대한 관리 및 전문교육은 공무원교육원Civil Service College에서 담당한다. 모든 공무원은 정부로부터 재정지원을 받아 학업을 지속할 수 있으며, 관심영역에 대한 조사와 연구를 수행할 수 있는 기회를 부여받고 있다.

공무원의 역할은 상이한 정당이 집권한 정부에 대해서도 지속적으로 수행되기 때문에 공무원의 개인적인 정치적 견해가 공무수행에 영향을 미치지 않는다고 인식되고 있다. 따라서 공무원의 정치활동에 대해 최대한의 자유를 허용하고 있다. 다만 고위직(Level 7 이상)인 '정치적으로 제한된' 집단은 전국적인 차원의 정치활동에는 참여할 수 없지만 지방정치활동은 허용되고 있다. 아울러 일반적으로, 공직 의무와 상충되지 않는 공무원의 사적 활동에 대해서는 아무런 제약이 없다.

영국의 공무원 인사제도는 주로 옥스브리지(Oxbridge, 옥스포드대학과 케임브리지대학의 합성어) 출신을 대상으로 한 엘리트의 충원, 고도의 전문가적 훈련을 받은 인력보다 재능 있는 아마추어를 선호하는 인사구조라는 점에서 비판받고 있다. 고위직 공무원 채용과정에서 필기시험과 면접시험이 부과되는데, 필기시험에서는 여러 과목 중 지원자가 선택한 2~3개 과목에 대한 지식, 영어 사용의 능통성, 일반상식을 측정한다. 따라서 기술적 전문성과 전문적 영역의 훈련을 측정하기보다는 일반적 능력에 대한 평가를 기초로 채용이 이루어지기 때문에, 고도의 기술적·관리적 문제를 다루기에 부적절한 옥스브리지 출신의 인문과학 등을 전공한 아마추어들이 주로 채용된다는 점이다. 또한 면접시험에서는 비록 지식이 부족하더라도 좋은 사회적 배경을 가진 지원자들이 공직에 보다 적절하다고 평가되는 경향이 있다.[18]

고위직으로 갈수록 노동계급 출신의 비율은 극히 적으며, 정책에 영향을 미칠 수 있는 고위직의 대부분을 공립학교를 나온 옥스브리지 출신들이 차지하고 있다. 영국의 고위직 공무원들이 매우 우수하며 유능하다는 점에는 별다

18) 몇 가지 조사결과에 의하면, 1968년의 경우 옥스브리지출신은 전체 지원자의 35%이었지만, 전체 합격자의 59%에 이르고 있다. 1987년의 경우 옥스브리지출신은 전체 지원자의 13%에 불과하였지만, 전체 합격자의 54%에 달하였다. 1987년 옥스브리지출신 합격자 중 인문과학 전공자가 60%로 사회과학 전공자(23%), 과학·공학 전공자(17%)의 비율보다 월등히 많았다(Birch, 1990: 141-142).

른 이견이 없지만, 이들이 또한 과학기술 및 관리기법에 대해 거의 지식이 없다는 데에 문제가 있다. 고위직 공무원의 사회계급적 기반이 제약되어 있다는 사실은 국민에 대한 대표성과 책임성의 측면에서 볼 때 우려의 대상이 되고 있다. 마지막으로, 상위계급 출신 중 옥스브리지에서 교육을 받은 고위공무원들은 쇄신과 변화에 대해 보다 소극적이며 회의적이다. 아울러 장관의 개혁 추진에 저항하는 보수적인 성향을 지니고 있다고 평가되고 있다(Rasmussen, 1993: 89-91).

Ⅳ. 예산의 규모와 모니터링

영국은 1년단위로 예산규모를 확정짓는 우리나라의 단년제 예산과는 달리 다년제 예산제도를 가지고 있다. 따라서, 2016년 10월 20일 재무부에서 발표한 지출검토안spending review을 보면, 2016년부터 2019년까지 각 부처가 사용할 수 있는 예산규모의 상한선 및 사업내역별 예산규모가 확정되어 있다. 다음 〈표 5-[illegible]〉은 2016년에서 2019년까지의 분야별 예산규모를 보여주고 있다.

영국은 예산과정에서 모니터링 제도가 잘 수립된 나라이다. 이 과정에서 가장 중심이 되는 기관은 재무부이며, 이와 관련되는 기관으로서는 OGCOffice of Goverment Commerce, 각 부처, 의회 공공회계위원회Public Account Committee, 감사원National Audit Office, 내각위원회Cabinet Committee, 내각부Cabinet Office의 서비스 전달국Delivery Unite 등이 있다. 재무부는 각 부처에 대하여 향후 3년동안 지출해야할 지출한도액을 지출검토안spending review에 정해 놓고 매년도 지출해야 할 한도액을 의회의 승인하에 배정하며, 초과지출부분에 대한 통제를 수행한다. 매년도 각 부처는 필요 세출예산을 의회에 제출화고 의회가 당해 연도 예산을 위해 필요한 자원을 할당해 주도록 요구한다. 각 부처는 1년도의 지출한도액을 배정받고 그 범위 내에서 수행하는 프로젝트에 대해서 자금을 지원한다. 이 정해진 한도내의 예산을 배정하고 관리하는 것은 각 부처의 책임이다. 배정된 예산범위를 벗어나는지 여부에 대한 집행 모니터링이 재무부의 주된 업무이며 초과될 가능성이 있는 경우에는 1년 지출범위내에서 우선순위를 재조정하여 그 범위내에서 지출되도록 한다.

표 5-6 영국의 다년도 예산규모(2016-2019)

(단위: 십억파운드)

구 분	2016	2017	2018	2019
연금	154.7	156.1	160.5	164.7
보건	138.5	144.3	146.8	149.7
교육	84.8	87.2	86.0	85.3
국방	44.8	44.7	45.4	47.2
복지	113.6	111.5	114.4	109.8
안전보호	29.9	30.2	29.5	30.3
교통	27.8	29.6	31.7	30.1
일반행정	13.8	15.1	17.5	17.6
기타지출	108.5	112.4	123.9	139.2
이자	45.9	49.1	56.5	53.0
수지균형	0.0	0.0	1.8	1.8
총지출	762.3	780.3	814.0	828.6

자료원: HM Treasury Spending Review(2018).

Ⅴ. 지방행정

지방정부는 여러 법률에 의해 부여된 권한의 범위 내에서 업무를 수행한다. 지방정부는 매우 다양한 기능을 수행하고 있으며, 이는 법률에 의하여 지방정부가 반드시 수행해야 하는 위임사무와 지방정부가 원하는 서비스를 제공할 수 있는 권한이 부여된 고유사무로 구분할 수 있다. 위임사무의 경우 중앙부처 장관은 공중보건 감시 또는 시민의 권익 보호에 대한 단일한 기준을 적용할 수 있는 권한을 갖고 있으며, 만약 지방정부가 부여된 법적 권한의 범위를 넘어서는 경우 법률을 위반한 것으로 간주되어 법원에 제소될 수 있다.

주민자치의 전통에 기초하였던 영국은 정책의 확대, 경제의 쇠락, IMF의 구제금융을 거치면서 점차 중앙집권체제로 변화되었다. 1979년 대처의 보수당 정부는 경제재건을 목표로 강력한 중앙집권적 지방정책을 실시하였다. 이 후 노동당 정부는 보수당의 중앙집권적 지방정책을 분권적 정책으로 전환하였다. 노동당은 공약으로 웨일즈, 스코틀랜드 지역의 정치적 분권, 런던광역시Greater London Authority의 설립, 지방정부 구조개혁 등 분권적 정책을 시사하였으며, 1997

년 노동당의 집권으로 이러한 지방정책들이 구체적으로 실현되기 시작하였다(김순은, 2001: 58-60). 1997년 노동당은 지방정부의 의사결정에 대한 중앙정부의 제약은 축소되어야 하며, 지방정부는 지역주민에 대하여 보다 책임을 져야 한다고 선언하였다. 분권화 및 주민참여 증대를 선언한 노동당 정부는 또한 1997년 지방정부가 자신의 책임하에 주요 공공문제를 규제하고 관리하는 권한과 능력을 보장하는 유럽지방정부헌장European Charter of Local Self-Government에 서명하였다. 이 서명은 중앙-지방 관계의 증진과 지방 민주주의의 신장을 위한 영국정부의 노력을 보여주는 매우 중요한 상징적 의미를 지닌다(Wilson, 2000: 279). 비록 중앙정부에 의해 설정된 틀 안에서이지만, 지방의회와 다른 공공기관, 지역 내 주민단체 및 민간기업간의 네트워크, 연합 및 파트너십 형성을 통한 지방정부 차원의 지역문제 해결이 보다 장려되고 있다. 특히, 2017년 메이 정부가 들어서면서 중앙정부의 권한을 지방정부에 보다 더 이양할려는 정책방향을 설정하고 있다.

잉글랜드의 경우 지방정부에 대한 중앙정부의 책임과 재정 지원은 부수상실Office of the Deputy Prime Minister이 담당하지만, 교육부, 노동연금부, 보건부 및 내무부 등 다른 중앙부처도 또한 다양한 지방정부 기능에 대하여 관여하고 있다. 스코틀랜드, 웨일즈 및 북아일랜드의 경우 지방정부에 대한 중앙정부의 책임과 재정 지원은 스코틀랜드행정청, 웨일즈의회 지방정부부, 북아일랜드행정청 환경부가 담당하고 있다.

영국의 지방정부 구조는 매우 복잡하여 영국 국민들도 종종 혼란스러워 한다. 그것은 1973년의 대규모 지방정부 개편과 1986년과 90년대의 부분적 개편으로 인해 많은 변화가 있었기 때문이다. 1972년의 지방정부법Local Government Act(1974년부터 시행) 재정 이후 1973년 지방정부가 재편되어 지방정부 단위는 카운티의회County Council(스코틀랜드의 경우 Regional Council)와 이들 카운티의회가 관할하는 지역 내에 있는 디스트릭트의회District Council로 구성되었다. 하지만 런던지역Greater London과 잉글랜드의 6개 대도시에는 1985년의 지방정부법 개정을 통해 카운티의회가 폐지된 이래 단일계층으로 된 지방정부가 책임을 지고 있다. 따라서 대도시와 런던 자치구London Borough, 그리고 북아일랜드 지역은 단일계층구조를 가지며, 잉글랜드, 웨일즈, 스코틀랜드 지역은 카운티County와 디스트릭트District의 이중 계층구조two tiers of councils를 갖고 있었다(Byrne, 1994).

이후 노동당정부는 1986년 대처정부에 의해 폐지되었던 런던광역시Greater London Authority(폐지 이전에는 Greater London Council)를 부활하여 광역시의회의 구성과 주민 선거에 의한 시장 선출 여부를 묻는 주민투표를 1998년 5월 실시하였으며, 이는 72%의 지지로 통과되었다. 1999년 런던광역시를 재설립하는 법안이 통과되고, 2000년 5월 광역시의원 선거와 함께 역사상 최초로 런던광역시장을 직선으로 뽑는 투표가 실시되었다. 런던광역시장은 런던 전역의 문제인 교통, 경제개발, 공간개발 및 환경 문제 등을 관장한다. 런던지역은 런던광역시와 32개의 자치구와 런던시Corporation of London가 갖게 되었다.

또한 1995년부터 1998년에 걸쳐 대대적인 지방정부 통폐합이 추진되었다. 잉글랜드 지역의 경우 5개 카운티의회와 58개 디스트릭트의회가 폐지되고 새로이 이중 계층의 지방정부를 단일 계층으로 개편한 46개의 단층자치단체Unitary Authority가 설립되었으며, 웨일즈의 경우 8개 카운티의회와 37개 디스트릭트의회가 22개 단층자치단체로 통합되고 스코틀랜드에서는 9개 카운티의회, 53개 디스트릭트의회 및 3개의 도서의회Island Council가 32개의 단층자치단체로 통합되어, 이 기간 동안 모두 73개 지방의회가 폐지된 바 있다(Wilson, 2000: 260-261). 그 이후에도 지방정부를 통합하는 시도가 지속되어 왔으며, 2009년도에도 20여개의 자치단체를 통합하여 9개 단층자치단체로 출범시킨 바 있다. 현재 영국의 지방정부체계의 특징은 다음과 같다.

첫째, 잉글랜드의 대도시 이외 지역은 이중 계층구조를 가진다. 약 50만~150만 명 정도의 인구규모를 가진 지역을 관할하는 카운티의회와 약 10만 명 정도의 인구규모를 관할하는 디스트릭트의회로 구성되는데, 일반적으로 하나의 카운티의회 지역에는 4~14개 정도의 디스트릭트의회가 있다. 즉, 우리나라의 광역자치단체인 시·도에 해당하는 것이 카운티의회이며, 기초자치단체인 시·군에 해당하는 것이 디스트릭트의회라고 볼 수 있으나, 해당 지방정부의 인구규모는 우리나라보다 적은 편이라고 하겠다. 두 지방정부 계층이 담당하는 기능은 다음과 같이 구분된다.

둘째, 스코틀랜드, 웨일즈, 북아일랜드 전 지역과 잉글랜드의 6개 대도시, 그리고 잉글랜드 지역 가운데 카운티의회를 폐지하고 단층자치단체를 만든 지역은 단일 계층구조를 가진다. 대도시지역의 경우, 혼란을 피하기 위하여 소방, 경찰, 대중교통 등 몇 가지 기능은 인근 여러 지방의회가 모두 위원을 파

표 5-7 지방정부의 담당 기능

카운티의회 담당	디스트릭트의회 담당	공 동
교 육	지역 계획	레크레이션
사회복지서비스	주 택	문화 창달
교 통	지역 간선도로	
전략기획	건축 규제	
소 방	환경 보존	
소비자보호	쓰레기 수거	
쓰레기 처리		
소규모 농지		
도서관		

자료원: http://www.gwydir.demon.co.uk/uklocalgov/structure.htm

표 5-8 영국 지방정부의 구조

이중 계층구조 (two-tier structure)		
카운티의회 (County Councils)		34
디스트릭트의회 (District Councils)		238
단일 지방정부 (all-purpose authorities)		
런던 자치구 (London Boroughs)	32	196
런던시 (Corporation of London)	1	
대도시 자치구 (Metropolitan Districts)	36	
도서지역(島嶼地域)의회 (Isles of Scilly)	1	
잉글랜드 단층자치단체 (English Unitary Authorities)	46	
스코틀랜드 단층자치단체 (Scottish Unitary Authorities)	32	
웨일즈 단층자치단체 (Welsh Unitary Authorities)	22	
북아일랜드 카운티의회 (Northern Ireland District Councils)	26	
합 계		468

자료원: http://www.gwydir.demon.co.uk/uklocalgov/structure.htm

견하는 연합위원회Joint Board를 통해 수행한다.

셋째, 필요에 따라 디스트릭트의회 밑에 패리쉬의회Parish Council, 읍의회Town Council 또는 지역의회Community Council를 둘 수 있다. 잉글랜드의 경우 패리쉬의회나 읍의회는 디스트릭트의회보다 작은 지역을 관할하는데, 3만 명 이하의 인구규모를 대상으로 하지만 통상 이보다도 훨씬 적은 주민수를 대상으로 한다. 대규모 도시지역에서는 존재하지 않으며, 지역적인 서비스나 환경 개선 등과 같은 매우 한정된 영역만을 담당한다. 패리쉬의회와 읍의회간에 권한의 차이는 없으며, 단지 읍의회는 보다 도시지역에 있다. 웨일즈 지역의회도 이와 유사하며, 스코틀랜드 지역의회는 법적으로 부여된 기능을 갖고 있지는 않다. 인구규모가 적은 패리쉬의 경우에는 선출직 의원은 없으며, 주요 결정은 선거권을 가진 주민들이 참석하는 패리쉬회의에서 이루어진다. 최근 조사에 의하면, 잉글랜드 지역에는 10,376개의 패리쉬의회가 있고, 웨일즈 지역에는 867개의 지역의회가 있으며 스코틀랜드에는 약 1,200개의 지역의회가 있다고 한다.

지방자치단체는 선거를 통해 지방의회를 구성하며, 선거제도는 비례대표제를 활용하는 북아일랜드의 경우를 제외하고는 하원의원 선거방식과 유사하다. 지방의회 의원은 기본적으로 무보수 명예직으로 기본수당만 받지만, 회의참석이나 특별한 임무를 부여받을 때에는 부가적인 수당과 비용을 지불받는다.

지방의회 의원Councillor은 다양한 역할과 책임을 수행한다. 의원들은, ① 주민의 대표자, ② 옴부즈만: 주민의 불만사항 해결, ③ 지역사회의 지도자, ④ 관리자: 공정하고 능률적인 행정을 위한 감독기능 수행, ⑤ 정책결정자: 지방정부의 주요 정책과 계획에 대한 결정, ⑥ 정치인으로서의 역할을 담당한다 (Byrne, 1994: 186-187).

지방의회 의원의 임기는 4년이다. 잉글랜드 지역의 모든 카운티의회, 런던자치디스트릭트의회, 대도시 이외 지역의 디스트릭트의회 가운데 약 2/3는 4년마다 지방의회 선거를 실시한다. 대도시 디스트릭트의회를 포함한 다른 디스트릭트의회 의원들도 임기는 4년이지만, 카운티의회 선거가 있는 해는 제외하고 3년 동안 매년 전체 의원의 1/3을 선거로 선출한다. 하지만 일부 대도시 이외 지역의 디스트릭트의회는 곧 2년에 한 번씩 선거를 실시하여, 전체 의원의 1/2씩을 선출하게 된다. 스코틀랜드, 웨일즈 및 북아일랜드에서는 4년 주기로 지방의회 선거가 실시된다.

전통적으로 지방의회는 시장(Mayor, 스코틀랜드에서는 Provost)을 선출해왔다. 시장은 "제1 시민"First Citizen으로서의 의전역할과 의회를 주재하는 의장으로서의 역할만 담당하며, 집행권한은 갖지 않는 명예직이었다. 그러나 2000년 개정된 지방정부법Local Government Act은 주민 직선에 의한 시장 선출방안을 포함하여 새로운 의사결정구조를 적용하도록 지방정부에게 요청하고 있다.

영국의 지역주민들이 선택할 수 있는 지방정부 기관구성의 형태는 대체로 3가지로 요약된다. 첫째는 집행부의 장인 시장을 주민 직접선거에 의해 선출하여 강력한 권한을 부여하고 지방의원 가운데에서 내각을 임명하는 기관분립형의 제도를 도입하는 방안Mayor & Cabinet 방식, 둘째는 지방의회에서 지도자leader를 선출하고 내각 또한 지방의원 가운데에서 선출하거나 지도자가 임명하는 전통적인 의회지배적인 기관통합형의 틀 내에서 소수의 지방의원들로 하여금 집행부서를 강력히 장악하도록 하여 책임을 명백하게 하는 방안Leader & Cabinet 방식, 셋째는 주민 직접선거를 통해 시장을 선출하고 지방의원 중에서 전임관리자(full-time manager)를 선출하여 전략적인 정책과 일상적인 결정권한을 위임하는 전통적인 의회 우위의 기관통합형을 유지하는 방안Mayor & Council Manager 방식이다. 이러한 방안 내에서 지방자치단체는 지역 여건을 반영하여 구성 형태를 수정할 수 있는 상당한 신축성을 행사할 수 있다. 대부분의 잉글랜드 및 웨일즈 지역의 지방정부는 두 번째 방안Leader & Cabinet 방식을 선택하고 있다. 이 체제는 지금까지처럼 지방의회를 주민 직선에 의해 선출한 후, 선출된 지방의원들로 하여금 지방정부 집행부를 담당할 내각을 구성하도록 하는 것이다. 내각으로 선출된 의원들은 다른 지방의원들보다 권한과 책임이 크고, 나머지 지방의원들은 기존의 지방의회가 했던 것처럼 감시와 견제 역할을 수행하는 형태이다(이종수, 2002: 306; Wilson, 2000: 264).

영국 지방정부에는 약 2백만 명의 인력이 근무하고 있으며, 이 가운데에는 학교 교사, 경찰, 소방관 등이 포함된다. 교육은 지방정부가 제공하는 서비스 가운데 가장 큰 비중을 차지하며, 약 90만 명이 종사하고 있다. 지방의회는 개별적으로 지방정부의 인력구조를 결정할 수 있는 권한을 보유하고 있다.

지방정부가 제공하는 행정서비스는 주로 주민보호(경찰, 소방, 소비자보호, 동물관리, 인허가, 민방위), 환경(고속도로 및 교통, 환경보건, 지역계획, 공원), 주민서비스(교육, 고용, 주택, 사회사업, 의료보호), 레크레이션(체육시설, 박물관 · 전시장, 공연장, 캠프시설), 지역경제(시장, 수송, 중소기업) 관련 서비스를 들 수 있다(Byrne, 1994: 74-105).

지방정부의 재정규모는 전체 정부지출의 약 1/4을 차지하고 있다. 지방정부는 지방자치세council tax를 통해 전체 세입의 약 1/4 정도를 충당하며, 나머지는 중앙정부나 상급기관의 보조금에 의해 충당한다. 지방정부의 연간 회계는 감사위원회(잉글랜드와 웨일즈는 Audit Commission, 스코틀랜드는 Accounts Commission for Scotland)에 의해 임명된 독립적인 회계감사원에 의해 회계감사를 받아야 한다. 북아일랜드 지역에서는 수석지방정부감사관Chief Local Government Auditor이 이 역할을 담당한다. 감사위원회는 지방정부의 관리형태나 정책의 경제성·능률성·효과성 증진에 방해가 되는 요소를 분석·개선하여 지방정부의 비용 절감과 행정서비스의 질 향상을 위해 노력하고 있다. 지방정부의 행정상 잘못으로 주민이 피해나 불이익을 받았을 경우와 행정처리에 대한 불만사항 및 고충에 대한 조사는 지방감독관Local Commissioner(옴부즈만)이 담당한다(한동만, 1996: 248-249).

지방정부행정조직의 수장을 수석행정관chief executive officer이라 부르고, 각 부서별로 국장director을 두고 있으며, 이들 고위공무원들을 고위집단chief officers' group이라 부른다. 지방자치단체의 약 90% 정도가 수석행정관을 두고 있지만, 그 기능은 지방자치단체에 따라 상당한 차이가 있다.

수석행정관의 주요 기능은 (1) 능률적 관리와 정책 집행을 위한 공무원조직의 수장으로서의 역할, (2) 의회의 정책문제에 대한 자문역할을 담당하는 고위공무원들의 대표로써 의견 조정 및 상호협력 유도, (3) 정책의 능률적·효과적 집행 및 자원의 효율적 배분, (4) 행정조직 전반에 대한 검토와 보고, (5) 효과적이고 형평적인 인사관리에 대한 책임, (6) 우호적인 대내외 관계의 유지 등을 담당한다.

지방공무원과 지방의회와의 관계는 법률적으로 정의되어 있지는 않지만, '전국지방정부관리강령'National Code of Local Government Conduct에서 지방의원은 주민에 대해 책임을 지며, 공무원은 의회에 대한 자문과 의회 결정의 수행을 통해 의회에 대해 책임을 진다고 규정하고 있다. 즉, 지방공무원의 기본적 기능은 의회가 결정한 정책을 집행하는 데 있다. 도로·교통, 사회사업, 주택관리, 도시계획, 건축 등의 전문영역에 대한 정책집행을 담당하고 있다. 두번째 기능은 정책에 대한 자문기능이다. 의회의 정책결정기능과 공무원의 집행기능간의 구분이 불투명해짐에 따라, 오랜 경험과 전문적 훈련을 바탕으로 고위공무원들은 의원들 특히 의회 위원회의 위원장과의 접촉을 통해 정책결정에 영향을 미치고 있으며, 아울러 정책결정에 대한 상당한 권한이 고위공무원에게 위임되어 있는 실정이다. 또한 의원들도 일상적인 행정업무에 자주 개입하고 있다. 따라서 영국 지방정부의 경우 의회와 공무원간의 정책 결정과 집행권은 구별하기 힘들며, 정도의 차이는 있으나 의회와 공무원 모두 정책과 행정에 개입되어 있다고 볼 수 있다. 하지만 전반적으로 볼 때, 무보수 명예직인 의원들보다 관련분야의 전문성을 지닌 직업공무원들이 지방자치단체를 지배하고 있는 실정이라고 볼 수 있다(Byrne, 1994: 284-287).

하지만 지방정부는 정치적 기관이기 때문에 정책결정은 영향력 있는 지방의원이나 고위공무원들간의 엘리트 연합elite axis만에 의해서 이루어지는 것이 아니며, 오히려 다양한 이해관계자들의 참여에 의해 이루어진다고 할 수 있다(Wilson, 2000: 268-271). 대부분의 지방정부에게 있어서 가장 중요한 요소 가운데 하나는 정당의 역할이다. 전체 지방정부 가운데 4/5 이상의 경우 대부분의 지방의원들은 주요 정당을 등에 업고 당선되었다. 물론 농촌지역에서는 정당의 영향력이 적어서 무소속 당선자도 상당하지만, 최근에는 노동당이 지방의원 선거에서도 두각을 나타내고 있다. 최근의 지방정부 개편과 보다 광역적인 단층자치단체의 확산으로 인해 앞으로도 지방정부에 대한 정당정치의 영향력은 보다 확대될 것이다. 아울러 지역의 압력단체도 정책 형성에 있어서 중요한 세력이 되고 있다. 많은 압력단체들은 지역서비스 제공에 있어서 지방정부와 협력하고 있으며, 지방정부는 이에 대한 반대급부로 지역단체에 보조금을 주거나 서비스수준협정을 채결하고 있다. 지방정부와 지역단체간의 계약 채결은 이들 집단의 활동을 제약하는 결과를 초래하기도 한다. 따라서 이제는 선출된 지방의원이 자동적으로 지역 정치체제의 중심이 되는 시기는 지났다. 지역 집단들은 유럽 뿐만 아니라 외부 기관들로부터 후원을 받거나 재정지원을 받는 경향이 증가하고 있으며, 또한 프로그램 이행이나 서비스 제공에 있어서 지방정부는 보다 자발적인 지역단체에 의존하는 경향이 증가하고 있다.

제 4 절 정부관료제의 정책과정상의 역할과 기능

Ⅰ. 정책과정상의 특징

1854년 노스코트-트레빌리안Northcote-Trevelyan개혁에 의해 영국 중앙정부는 통합적 단순 구조 형태를 취하였다. 정부의 주요 기능은 국방, 외교 및 식민지문제, 법과 질서의 유지, 조세 및 무역 진흥이라는 전통적인 기능이었으며, 주요 부처도 해군 및 전쟁부Admiralty and War Office, 외무부Foreign Office, 식민지부Colonial

Office, 내무부Home Office, 재무부Treasury 및 무역위원회Board of Trade의 순이었다. 이러한 부처들은 모두 수상관저Whitehall 인근에 위치하고 있었다. 공무원은 중앙집중적으로 충원되고 부처간 보직이동이 자유로웠으며, 부처의 지출은 재무부에 의해 엄격히 통제되었다. 부처간 필요한 조정은 상호 안면이 있는 고위공

그림 5-3 수상과 핵심 측근

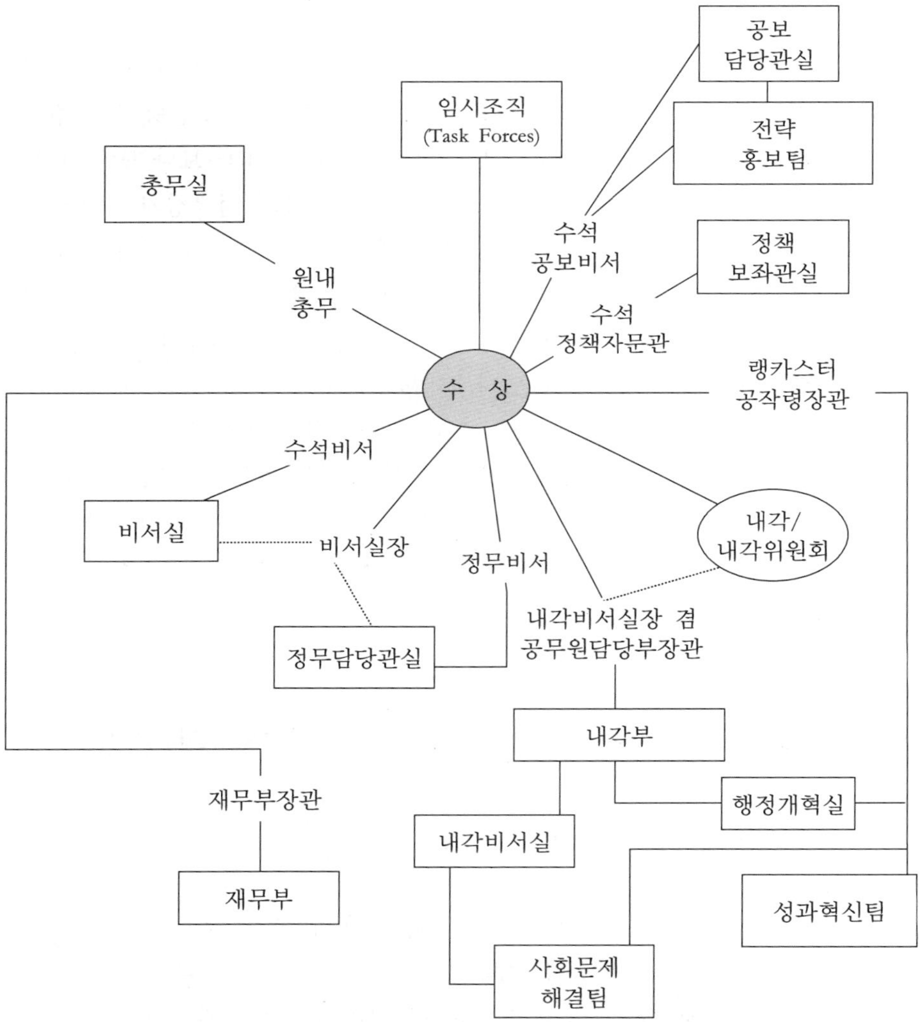

자료원: Barberis(2000: 32).

무원에 의해 이루어졌으며, 만약 여의치 않을 경우에만 각료간이나 내각회의에서 해결되었다. 20세기에 들어 정부 활동영역이 대폭적으로 확대됨에 따라 정부체제는 보다 복잡한 모습으로 변화하였다. 새롭게 업무들이 추가됨에 따라 아무런 원칙도 없이, 일부는 기존 부처의 업무로 편입되고 나머지 일부는 새로운 기관이 수행하도록 부가되었다. 영국 정부가 담당하는 주요 업무영역은 환경 및 사회분야서비스, 사회복지서비스, 민간부문에 대한 지원, 국영기업체 관리, 국가 경제관리라는 다섯 가지 영역으로 구분할 수 있다(Birch, 1990: 151-154).

정책과정상의 조정과 통제는 행정각부, 재무부 및 내각회의가 주로 수행한다(Birch, 1990: 154-156). 행정각부는 공공부문에 종사하는 인력의 약 10% 정도를 고용하고 있음에도 불구하고, 공공부문의 전반적 활동에 대한 효과적인 통제를 수행하고 있다. 지방정부, 공기업 및 기타 공공기관이 행정각부로부터 법적·공식적 독립성을 보장받고 있지만, 충분한 행정적 독립성을 행사하지는 못하고 있다. 예를 들면, 교육은 지방정부의 책임영역이며 중앙정부는 교사를 고용하거나 학교를 보유하고 있지도 않다. 하지만 교육행정은 교육부의 방침에 의해 영향을 받으며, 교육방법도 정부 감독관에 의해 규제를 받는다. 중앙부처의 지시에 복종하지 않는 지방정부는 즉각적인 교부금 지급정지를 받게 되어 사업에 대한 재정조달이 어려워지게 된다. 협력이 잘 이루어지지 않는 공기업에 대해서는 투자계획을 승인하지 않거나 경영진에 대한 갑작스런 사퇴를 요구한다. 따라서 다른 행정기관에 대해 미치는 중앙정부의 권한은 막강하다고 볼 수 있다.

행정각부 내에는 잘 설정된 의사결정의 계층제가 확립되어 있기 때문에, 각 담당자는 자신의 권한이 무엇이며 어떤 결정사항을 상관에게 보고해야 하는지를 잘 알고 있다. 중앙정부에 있어서 행정에 대한 기본적인 기술 중의 하나는 파일file을 순환시키는 것(결재과정)으로, 문서전달자에 의해 파일은 관련부서에 전달되고 또 전달받는다. 파일이 그 사안에 대해 결정권한을 가진 관리자에게 전달되면 특별한 문제가 없는 한 결정을 내린다. 이런 파일순환은 노동연금부와 같은 부서에서는 매우 드물게 일어나지만, 외무부와 같은 부서에서는 통상 일어나는 일이다.

의사결정과 관련된 문제 중 하나는 부처간의 갈등유발 가능성이다. 예를 들어 지방의 실업문제에는 비즈니스, 혁신 및 기술부와 노동연금부가 관련되어 있다. 이런 경우 관료는 행동을 취하기에 앞서 관련기관의 관료들과 협의를 하여야만 한다. 관료들 간에 합의가 이루어지면 다행이지만, 그렇지 못할 경우에는 상관에게 이 문제가 보고된다. 종종 부처간의 문제는 비공식회의나 위원회와 같은 방식을 통해 해결되기도 하지만, 불가능할 경우 조직계층을 따라 사무차관이나 장관에게까지 파일이 올라간다. 이 외에도 정책집행과정상 나타나는 예기치 못했던 문제의 발생이나 애매한 상황이 발생하는 경우, 일상적인 결정의 집행이 정치적 논란을 야기하는 경우에도 의사결정과 관련한 문제가 발생한다. 이러한 행정과정상 야기되는 중요한 문제는 사무차관에게까지 보고되고, 사무차관은 이를 장관에게 보고해야 할지 여부를 결정한다. 또한 장관은 제기된 문제를 내각회의에서 다룰 것인지 여부를 결정한다. 영국의 정책조정과정의 특징을 그림으로 나타내 보면 [그림 5-4]와 같다.

【그림 5-4】 영국의 중앙부처간 정책조정시스템

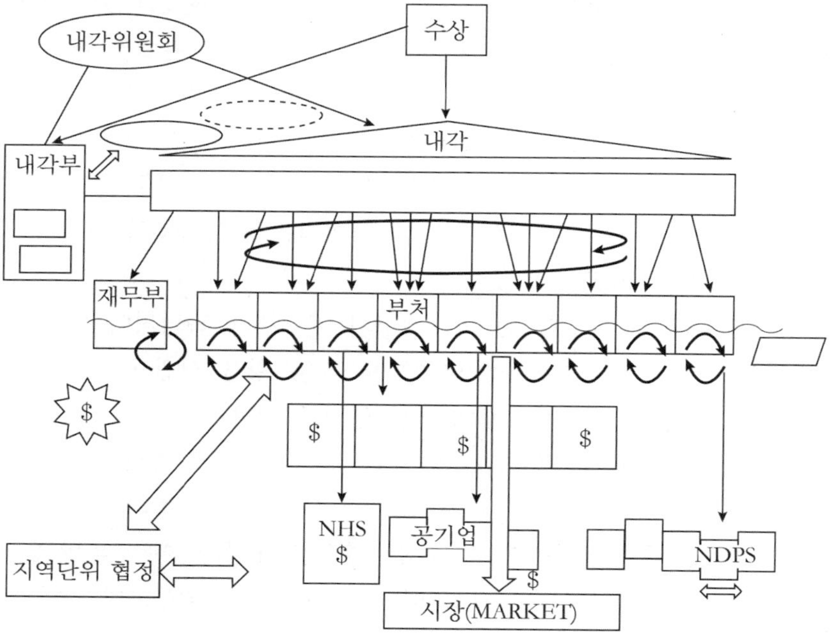

자료원: Bouckaert et al.(2010: 128).

정책조정과정에서 중요한 역할을 담당하는 것은 재무부이다. 재무부는 자금면에서 모든 행정활동을 조정하는 권한을 가지고 있으며, 주로 예산편성 및 배분과정을 통하여 행정각부의 계획안들을 검토하여 우선순위를 조정·결정하는 역할을 담당한다(이성우, 1993: 106). 재무부의 권력은 지출에 대한 통제권에 그 기반을 두고 있다. 정부 부처의 모든 지출은 재무부의 사전승인을 필요로 한다. 매년 각 부처는 차기연도 예산안을 수립하여 재무부와 협의를 해야 하며, 이 과정에서 대부분 부처 예산안에 대한 삭감이 이루어진다. 일단 예산안이 승인된 후에도, 재무부의 승인이 있어야만 항목간의 전용이 가능하다. 지출에 대한 통제를 강화하고자 재무부는 각 부처가 필요한 양보다 더 많은 지출을 하지 않도록 월별로 부처의 지출액을 배분해준다.

내각회의는 부처간의 의견대립이나 갈등과 같은 중요한 문제를 해결할 수 있는 유일한 장소이다. 이러한 문제 이외에 모든 입법안, 각부가 해결할 수 없는 문제, 정부의 명성과 관련된 주요 주제 등이 내각회의에 회부된다. 내각회의에서는 의제와 관련된 부처의 장관이 먼저 발언을 하고 나면 다른 참여자들이 토론을 하고 마지막으로 수상이 결론을 내리며, 의제에 대한 표결은 하지 않는다.

정부부처는 보통 정책을 결정하기 이전에 먼저 관련 이익집단과의 협의를 거친다. 첫째 이유는 관료들은 정책과 관련된 당면문제에 대한 전문적 정보를 필요로 하며, 이익집단 또는 이해당사자들의 대표들은 필요한 정보를 가장 용이하게 구득할 수 있는 정보원이기 때문이다. 정부부처가 자체적으로 어떤 자료를 구입하고자 하는 경우에도, 관련된 집단이나 협회의 도움을 필요로 한다. 둘째로는 이러한 협의를 통해 정부부처의 결정을 관련 집단들이 보다 용이하게 수용할 수 있도록 도와주며, 정책의 집행과정상의 상호협력이 가능하도록 하기 때문이다. 셋째 이유는 조직화된 이익집단들은 정부와 다양한 이해당사자들간의 완충역할을 담당하여, 정부정책에 대한 반대를 줄여주는 역할을 수행한다. 이러한 이유로 인해 정부부처와 이익집단의 대표자들간의 정기적인 협의는 좋은 정부의 원칙으로 간주되고 있다(Birch, 1990: 156).

이러한 협의체계의 특징은 각 정부부처는 공동의 목표를 추구하거나 공감대를 가진 집단들을 대변하는 일련의 고객조직들과 관계를 맺고 있다는 점이다. 통상산업부는 노동조합과, 환경식품농촌부는 전국농민연맹과 밀접한 관계를 유지하고 있는 등 대부분의 부처가 고객조직들과 관계를 유지하고 있다.19) 이 외에도 정부부처는 다양한 자문위원회에 크게 의존하고 있다. 자문위원회는 관련 이익집단 대표, 전문가, 공무원, 일반인들로 구성된다. 자문위원회의 기능은 정부부처에게 전문적인 정보와 검토의견을 제공하는 것이다.

따라서 고위관료들이 전문가가 아님에도 불구하고 부처의 장관과 고위관료들은 전문적인 자문을 충분히 받고 있다고 볼 수 있으며, 이러한 다양한 집단과의 협의는 정부부처가 환영하는 관습으로 여겨지고 있다. 또한 다양한 관련 집단과의 접촉과 협의를 통해 관료들은 장관에게 정책대안의 분석에 대한 자문을 제공할 수 있다.

영국 정책과정상의 주요 특징을 요약하면, 중앙정부 차원의 정책에 대한 조정과 통제는 주로 재무부와 내각회의가 담당하며, 정책결정에 있어서 관련 이익집단과의 협의를 중요시한다는 점을 들 수 있다.

Ⅱ. 정부관료제의 역할과 기능

직업관료의 두 가지 기본적인 역할은 정책적 문제에 대하여 장관을 지원하는 것과 결정된 정책에 대한 집행을 담당하는 것이다. 이러한 두 가지 역할을 분명히 구분할 수는 없으며, 대부분의 관료는 정책결정과 정책집행의 두 가지 기능을 모두 수행하고 있다. 정책문제에 대하여 관료들은 정책대안에 대하여 장관에게 자문하고, 장관의 결정을 집행하여야 할 책임이 있다.

장관들은 정책을 결정하며, 의회와 국민에 대하여 자신이 결정한 정책에 대하여 책임을 져야 한다. 하지만 장관들은 행정의 전문가인 관료들로 하여금 정책대안을 검토하도록 기대하고 있다. 관료들은 정책대안에 대한 분석과 평가, 정책과 관련된 문제에 대한 철저하고 객관적인 자문, 정책대안에 대한 비용·편익의 분석 등을 담당한다. 그뿐만 아니라 관료들은 자신들의 지식과 경험, 관련 기관 및 이익집단과의 협의, 자체적 조사와 연구를 바탕으로 정책에 대한 배경 설명, 정책 대안의 집행과 예상되는 결과에 대한 평가와 집행과정상의 문제점에 대한 자문역할을 담당한다. 아울러 고위관료들은 국민, 이익집

19) Marsh and Rhodes(1992)는 이러한 관계 형성을 '정책망'(policy network)으로 부르며, 각 정부부처별 정책결정과정을 정책망 개념을 사용하여 분석하고 있다.

단 및 정책의 영향을 받는 이해당사자들과의 협의 및 토론과정에서 종종 정부부처를 대변하기도 하며, 정책과 관련한 장관의 대외적 설명과 설득활동에 필요한 관련자료의 준비와 자문을 한다. 정책결정과 관련된 관료들의 역할은 통상 고위공무원의 책임영역으로 간주되고 있다. 역사적 관점에서 볼 때, 가장 두드러진 현상은 중앙정부의 의사결정과정이 거의 변화하지 않고 있다는 사실이다. 지난 백여년의 기간 동안 공무원수는 20배 증가하였으며, 다양하고 복잡한 준독립기관들이 설립되었음에도 불구하고, 중요한 결정은 여전히 개인적 인간관계와 지속적 의사소통을 유지하고 있는 고위관료에 의해 이루어지고 있다는 점이다. 영국의 경우 부처간의 의견차이나 상반된 이해관계가 나타날 때에도 각 부처가 상반된 정책을 추구하기보다는 고위관료 차원에서 해결이 이루어진다. 내각정부의 발전에 따라 관료들의 정책결정과정에의 역할은 점점 증대되고 있는 실정이다. 따라서 비록 정책에 대한 최종적 결정은 장관이 담당하지만 고위관료들이 장관의 결정권에 큰 영향력을 행사하고 있는 실정이다.

일단 장관이 정책을 결정하고 나면, 관료들은 정책을 집행하는 책임을 지며, 필요한 입법의 준비, 정책집행을 위한 관련 정부기관 및 민간부문과의 협력, 정책결과에 대한 평가 등의 기능을 수행한다. 정책집행과 관련된 관료들의 역할은 다양한 행정서비스의 제공이다. 행정서비스는 정부기관이 직접 제공하거나 또는 민간부문과의 계약을 통해 제공하고 있다. 관료들은 장관이 결정한 정책목표를 달성할 수 있도록 행정서비스를 제공할 책임을 지고 있으며, 아울러 정책집행상의 신축성과 대응성을 가져야 한다. 정부는 관료들로 하여금 사회, 기술, 국제정세, 세계경제 등의 변화에 따른 행정수요의 변화에 대응하는 능력을 요구하고 있다.

각료와 직업관료들의 정책에 대한 영향력 행사 정도를 비교해볼 때, 다른 선진국들과 마찬가지로 영국의 경우에도 전반적으로 정책에 대한 권한이 점점 각료진에서 직업관료들에게로 이전되고 있다고 볼 수 있다. 즉, 정책형성에 있어서 각료들의 역할보다 직업관료들의 역할이 보다 증가하고 있다는 점이다. 국가의 일반적인 정책문제를 해결하는 것은 각료들이라기보다는 직업관료라고 할 수 있다. 다른 선진국들과 마찬가지로 그 이유는, 정부기능의 확대로 인해 관료들의 재량권이 증가하였다는 점과, 전문기술과 직업적 전문용어들이 정부정책에 개입됨으로 인해 각료들의 사회적·정치적 논리가 직업관료의 기술적 논리로 대치되는 현상이 나타나고, 관료들이 정책과 관련된 정보를 생산·보급하는 데 중심적 역할을 담당한다는 점 등을 들 수 있다(Haque, 1994: 270-271).

제 5 절 행정개혁

1979년 이후 이루어지고 있는 영국의 행정개혁은 19세기 중반의 노스코트-트레빌리안Northcote-Trevelyan개혁 이후 가장 중요한 영국의 행정개혁으로 일컬어지고 있다. 대처 보수당정부에서의 급진적인 변화는 비용절감의 긴박성에 의해 촉진되었으며 또한 신자유주의 시장이념neo-liberal market ideology과 공공선택이론public choice theory의 영향을 받았다(Löffler, 2003; Choi, 1999).

개혁의 전반적인 기조는 책임성과 효과성의 증진이라고 볼 수 있다. 행정부처에 대한 목표의 명확한 설정과 실적의 평가를 통한 효과성의 증대, 그리고 정부가 수행해온 기능 전반에 대한 재검토를 바탕으로 정부가 책임져야 할 영역과 위임해야 할 영역의 명확한 구분을 통해 모든 행정기관들로 하여금 자신의 업무영역에 대한 분명한 책임성을 부여하기 위한 개혁을 추진하여 왔다. 이러한 개혁은 관료들에 대한 집권 정치지도자들의 지도력을 더욱 강화하고, 목표설정과 실적평가를 통해 관료제에 대한 통제를 강화하려는 의도로도 해석할 수 있다(김근세, 1996).

영국 행정개혁의 기본틀을 보면, 근본적으로 정부조직의 효율성 문제에 대하여 민간조직의 경영방식으로 많은 문제를 해결할 수 있다는 생각을 가지고 있으며, 이는 후속조치들Next Steps에서 잘 나타나 있다(O'Toole & Jordan, 1994). Next Steps의 기본적 아이디어는 부서의 장이 정해진, 대부분 계량화된 성과목표에 대하여 책임을 위임받고, 동시에 해당 조직에 대한 모집 및 보수 등의 인사권을 위임받는 것이다. Next Steps를 통해 추진되는 영국의 행정개혁은 정부부처에서 맡고 있는 상업적 집행기능에 대하여 민영화, 공사화, 외부계약contracting out 등을 '우선적 선택대안'prior options으로 채택하도록 하고, 그래도 정부내에서 계속 수행할 필요가 있다고 판단될 경우에는 이를 부처조직에서 떼어내서 독립된 집행기관으로 만들어 나간다는 총체적인 구조개편 전략이다(Osborne and Plastik, 1998: 25). 즉 정부부문에 적극적으로 시장원리를 도입하되,

전면적으로 시장원리를 도입하기에 무리가 따르는 부문은 잠정적으로 사업부서화 하는 것이 영국 행정개혁의 전략이다(박희봉 · 김상묵, 1998: 24-25).

영국의 그동안의 행정개혁의 흐름을 살펴보면, 대처수상은 먼저 정부의 범위를 축소하고, 효율성연구팀을 구성하고, 재무관리개혁을 통해 책임적 관리를 추진하였다. 뒤이어 메이저 수상은 고객지향적인 행정을 강화하기 위하여 시민헌장제도를 도입하였다(Lam, 1997: 406). 그리고 이러한 개혁 추세는 블레어나 고든 브라운 노동당 정부에서도 지속적으로 추진되어 온 바 있다. 2017년 출범한 메이 정부의 경우에도 정부개혁은 중요한 정책어젠다이며, 특히 재정적자가 늘어남에 따라 정부의 효율성을 특히 강조하고 있다. 그 기조는 '큰 정부'가 아니라 '큰 사회'라는 것이며 이전의 캐머런 정부와 같이 서비스 공급주체를 정부중심에서 민간, 사회적 기업, 자선단체 등 다양한 주체들로 확대시키고, 지방정부의 역할을 강조하고 있는 것이 그 특징이라고 할 수 있다.

1979년 대처 수상은 내각사무처 내에 민 · 관이 혼합된 14명의 효율성연구팀Efficiency Unit을 구성하여 부처별로 주요 업무에 대한 능률성 진단작업을 추진하도록 함으로써 불필요한 직무의 폐지 · 축소 · 민간이양, 절차 및 서식의 개선 · 간소화, 내부감사의 강화, 공무원 정원관리의 강화 등의 방안을 모색하였다. 이 결과 영국 공무원의 업무관리방식에 근본적인 결함이 있는 것이 발견하였다. 즉, 장관에 대한 정책자문과 보좌하는 일은 열심히 하나 일상적인 정책집행과 서비스 전달 업무는 소홀히 수행하며, 경제성 · 능률성 · 효과성 · 성과의 질보다는 규정 제정 및 규정의 공평한 해석, 적용만을 강조한다는 점이 지적되었다(Osborne and Plastik, 1998: 25).

다음 단계로 1982년에 도입된 재무관리개혁Financial Management Initiative은 정부부처에 (1) 목표 및 목표달성도(성과) 측정방법에 대한 명확한 인식, (2) 산출물과 금전적 가치에 대한 철저한 조사 등을 포함한 자원의 적절한 활용에 대한 명확한 책임의 부여, (3) 비용 등 모든 정보 및 권한의 효과적 사용에 관한 정보와 관리기법을 제공하기 위해 고안된 것이다. 책임적 관리를 구축하기 위한 재무관리개혁은 '고위관리체제'TMS, '위임된 예산 통제'DBC, '성과지표'PIs의 세 가지 요소로 구성되어 있으며, 각 부처는 또한 분명한 운영계획과 이러한 발전의 통합 · 통제구조를 구축하도록 압력을 받았다(Gray and Jenkins, 1992: 170).

재무관리개혁이 큰 효과를 거두지는 못했지만, 각 부처로 하여금 수행하는 업무에 대한 비용을 정확하게 숙지할 수 있도록 하였으며, 특히 영국 정부에 '관리주의'managerialism를 도입시킴으로써 관료사회의 문화를 변화시키는 데 기여했다고 평가받고 있다. 하지만 관료들의 불안과 의심, 예산권 위임에 대한 재무부의 반발 등으로 집행이 성공적이었다고 볼 수는 없다. 이 전략은 '후속 조치들'에 의한 '후속 집행기관'Next Steps Agencies의 설립을 위한 토대가 되었다고 볼 수 있다(Smith, 1995).

재무관리개혁 다음으로 1988년 입스Ibbs보고서에 입각한 Next Steps라는 정부 개혁정책이 추진되었다. '후속 조치들'이란 정부관료제의 모습과 문화를 변화시키기 위한 조치로, 주어진 가용재원 내에서 행정서비스를 보다 능률적·효과적으로 공급하여 정부관리의 개선을 추구하는 세 가지 변화의 축을 담고 있다. 첫째, 각 부처의 업무는 수행되는 직무에 초점을 두어 조직화되어야 한다. 즉, 부처의 체제와 구조는 정책과 서비스의 효과적인 전달을 보장하여야 한다. 둘째, 각 부처를 운영하는 데 있어서 정부의 핵심기능을 효과적으로 수행하는 데 필요한 경험과 기술을 갖춘 관료들을 확보하여야 한다. 셋째, 각 부처의 정책과 서비스의 전달에 있어서의 능률성 제고를 위한 실제적이고 지속적인 압력이 있어야만 한다는 것이다. 아울러 보고서는 '정부부처가 수립한 정책과 자원배분의 틀 안에서 정부의 집행기능을 수행하기 위한 집행기관들이 설립되어야 한다'고 건의하고 있다(HMSO, 1994b: 12-13). 중앙부처는 집행기관과의 합의로 설정한 집행기관의 목표달성 여부를 정기적으로 평가하여 행정의 책임성을 확보하고 중앙부처는 의회에 대해 책임을 지는 관계 설정이 요구되는 것이다(HMSO, 1994b: 12-13; 김근세, 1996: 138). '후속 조치들'을 통해 집행기관이 설립되는 과정을 요약하면 [그림 5-5]와 같다.

'후속 조치들'의 의도는 각 부처와 기구들의 획일성을 없애고, 모든 사람들에게 적절한 서비스를 제공하기 위한 것이다. 정부 각 부처를 정책결정을 중심으로 하는 중심부분과 직접적인 서비스를 제공하는 주변부분으로 나누자는 제안인 것이다(Smith, 1995: 36). 대처 수상에 의해 '후속 조치들'이 최초로 발표되었을 때 변화는 상대적으로 미약할 것으로 예상되었다. 각 부처의 책임과 권한에 대한 전반적인 수정은 거의 불가능한 일로 받아들여졌으며, 새로운 '책임운영기관'Executive Agency의 설립에 대해 재무부와 행정부처간의 갈등을 야기하였다.

그림 5-5 책임운영기관의 설립과정

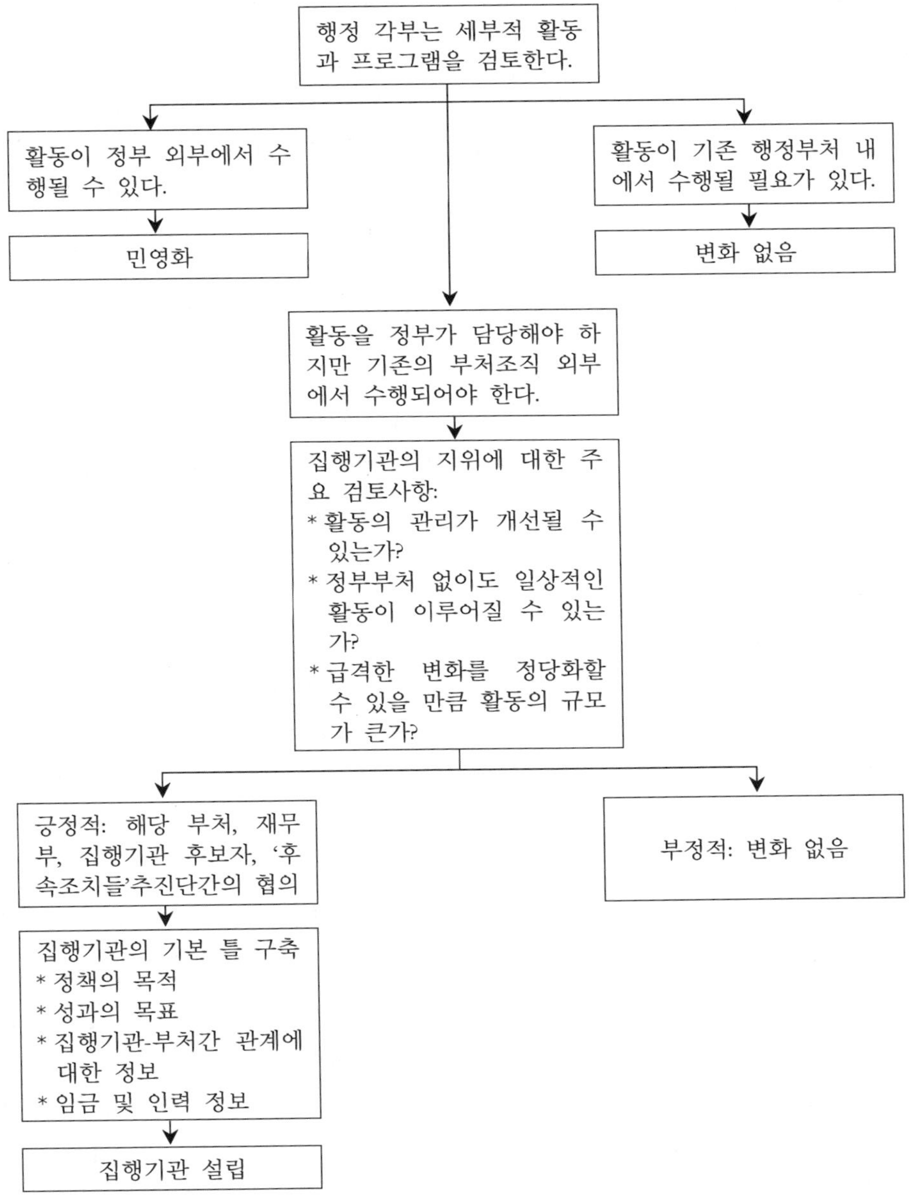

자료원: Cocker(1993: 231).

'후속 조치들'은 정부의 업무와 관리 전반에 대한 변화를 초래하고 있다고 볼 수 있으며, 주요 변화는 (1) 서비스의 질과 능률성을 중심으로 한 성과에 대한 강조, (2) 책임성 및 행정 공개에 대한 강조, (3) 인력관리에 대한 새로운 방법의 도입을 들 수 있다. '후속 조치들'의 핵심은 업무수행에 적합한 조직구조와 과정의 설계에 대한 관리적 책임을 집행기관의 장에게 위임하는 것이다. 동시에 정부부처와 집행기관과의 보다 구조적인 관계의 발전은 중앙정부로 하여금 정책결정이나 집행기관에 대한 전략적 경영에 보다 몰두하도록 함으로써 본연의 임무에 보다 중점을 두도록 하고 있다.

영국 정부는 '후속 조치들'의 실행을 통해 상당한 성과를 거두고 있다고 밝히고 있다. 목적과 목표의 명확한 설정, 관리 책임의 위임, 산출과 성과에 대한 분명한 관심과 같은 '후속 조치들'의 원칙이 관료사회에 확산되고 있다. '후속 조치들'은 정부 운영방식을 근본적으로 변화시켰다고 영국정부는 평가하고 있다(HMSO, 1994b: 13). 물론 이로 인한 문제점의 발생도 적지 않다. 책임소재의 불명확, 정책 결정과 집행간의 구분의 어려움, 정부규모의 축소가 미흡하다는 점 등을 들 수 있다(Smith, 1995).

'후속 조치들'로 인해 새로운 행정용어가 등장하였는데, 그것은 집행기관에서 가장 빈번하게 사용하는 '고객'customer이란 단어이다. 실적 평가를 강조하는 추세속에서 집행기관의 근무자들은 중앙부처 장관들보다 고객(서비스의 구매자)의 필요에 보다 대응적인 행동지향을 갖고 있어야 한다. 이러한 고객지향은 정부에 대한 일련의 '소비자의 권리'consumers' rights를 제도화하려는 정부의 노력을 반영하고 있다(Christoph, 1994: 583).

이와 아울러 1991년 영국 정부는 '시민헌장백서'the Citizen's Charter White Paper를 출간하였다. 시민헌장에서 확립한 행정의 원칙은 모든 공공기관이 제공하는 서비스의 수준과 그들의 목표 달성여부 발표 및 제공하는 서비스에 대한 포괄적인 정보의 제공, 서비스사용자(고객)와의 상담, 서비스에 대한 불만족 발생시의 배상 또는 시정, 보다 엄격하며 독립적인 검사 및 감사의 실시 등을 요구하고 있다. 헌장의 핵심은 산출 위주로 업무를 정의하고, 가능한 한 선택과 경쟁을 토대로 한 테스트를 통해 추출된 최선의 방법으로 업무를 수행하도록 하는 데 있다.

이를 계기로 1992년 5월 메이저 수상은 내각부에 총무과학부를 신설하고

'시민헌장조직'Citizen's Charter Unit을 설치하였다. 이 부서는 각 부처가 시민헌장에서 규정하고 있는 바와 같이 책임을 다하고 있는지를 지속적으로 점검하고 그렇지 않을 때는 각 부처에 대해 그 원인을 추궁할 수 있다. 모든 부처들이 자신의 헌장을 마련하여 구체적인 서비스의 공급목표를 설정하고 잘못된 경우에는 시정을 할 수 있는 수단을 강구하고 있으며 2018년 현재까지도 지속되어 오고 있다.

'후속 조치들'과 시민헌장의 영향으로 영국의 공공기관은 매년 자원을 능률적·효과적으로 사용하여 양질의 행정서비스를 제공하는지에 대한 평가를 하고 있다. 주요 평가목표는 재정적 성과, 제공한 서비스의 질, 능률성, 목표달성도 등이며, 주요 평가목표 및 측정방법에 대해서는 재무부가 지침을 제공하고 있다(HM Treasury, 1992).

또한 공무원 인력관리분야에 있어서도 크게 두 가지 개혁을 추진하였는바, 뉴질랜드와 같이 고위공무원(사무차관 이하 과장급)에 대해 개방임용계약제를 도입하는 것과, 각 부처와 집행기관들로 하여금 매년 종합적인 능률개선계획Efficiency Plan제도를 시행하는 것이다(박희봉·김상묵, 1998: 25-26). 이에 따라 전통적으로 공직 내부에서 폐쇄적으로 임용되어 오던 고위공무원들은 집행기관의 책임자와 같이 공개모집을 통하여 선발하는 계약임용방식이 도입되고, 이들에 대한 계급제도가 폐지되었다. 또한 고위직의 보수수준도 업무책임도에 따라 폭넓게 책정된 보수등급의 범위 내에서 각 부처 사무차관이 개인별로 결정한다. 다만 부처간 형평성을 도모하기 위해 중앙에서 각 부처의 운영상황을 감시하고 인건비총액을 통제하는 방법을 사용하고 있다(총무처, 1997: 18).

그동안 이루어져 왔던 영국공공부문의 개혁중 가장 큰 영향을 미쳤던 보수당정부의 행정개혁은 다음과 같은 특징을 지니고 있다(박희봉·김상묵, 1998, Pollitt, 2017). 첫째, 행정개혁은 정부부처에 대해 신뢰성을 두지 않고 진행된다고 할 수 있다. 가급적 정부부문을 민영화하려고 하고, 현실적으로 민영화가 어려운 부문에 대해서는 책임운영기관화하여 민간경영방식을 도입하고 능률성을 제고하는 데 역점을 두고 있다. 책임운영기관은 해당사업을 효율적으로 수행하기 위해 포괄적 자율권을 부여받고 결과에 따라 책임을 지는 자율책임체제로 운영된다. 둘째, 행정개혁은 본질적으로 정부부문이 축소되는 것이 행정효율화를 이룰 수 있는 것으로 생각하여 정부규모 축소 또는 인원 감축을 우선적 목표로 설정하였다. 셋째, 행정개혁은 수상 직할의 내각부가 맡고 있어 수상의 리더십 하에 추진되었다는 점을 들 수 있다.

1979년 이후 대처정부는 또한 지방정부의 개혁을 추진하였는데, 공공부문 대 민간부문 및 타기관과의 경쟁의 도입, 서비스 공급에 대한 지방정부의 독점적 역할 축소 및 민간위탁, 고객(주민)의 서비스 선택권 확대 등이 주요 특징이다(김상묵, 1996: 185-186). 특히 1980년의 「지방정부 계획 및 토지에 관한 법률」Local Government and Land Act과 1988년의 「지방정부법」Local Government Act은 지방정부로 하여금 특정 범위의 서비스에 대해서는 경쟁입찰제를 실시하도록 규정하였다. 입찰을 통한 계약을 채결하기 위해서 지방정부는 비경제적 고려는 가급적 제한하고 경제적(금전적) 고려를 보다 중요하게 고려하여야 한다. 의무경쟁입찰의 목적은 직접 고용된 인력을 민간업체간의 경쟁에 노출시킴으로써 효율성, 책임의식, 성과를 향상시키려는 제도이다. 또한 입찰명세서 작성과정을 통하여 서비스를 가장 잘 제공하는 방법과 품질을 유지하는 방법에 관심을 집중시키려는 목적도 가지고 있다. 첫 대상이 된 지방정부의 서비스는 1980년 가격제한선을 넘어선 건설관리 업무였으며, 1988년 「지방정부법」에 의해 쓰레기수거, 거리청소, 학교 및 복지사업, 기타 대민봉사사업, 차량관리, 토지관리 등의 서비스에도 확대 적용되고 있다(영국 외무부, 1994: 25; Choi, 1999: 36-38). 이러한 '의무경쟁입찰'compulsory competitive tendering의 도입은 공공부문에서 보다 확대되고 있으며, 이미 그 영향은 막대하여 서비스의 약 20% 정도가 민간에 이양되고 생산성의 향상과 인력의 축소, 지방정부의 조직개편과 관리과정의 변화를 초래하고 있다(Stewart and Walsh, 1992: 502-503).

경쟁의 도입으로 인해 얻게 되는 긍정적인 결과로는 (1) 지방정부로 하여금 서비스에 대한 전반적인 검토를 하도록 만들며, (2) 목표 달성정도에 대한 평가를 강화하고, (3) 서비스와 비용에 대한 정보와 지식의 확충을 가져오며, (4) 재정지출을 줄이고, (5) 서비스집행기관에 대한 관료적 통제를 줄이고, (6) 분명한 성과목표를 설정하도록 한다는 점이다. 한편 부정적인 결과로는 (1) 관리의 복잡성 증대, (2) 지방공무원 지위의 약화를 들 수 있다(Walsh and Davis, 1993: vi).

또한 1992년 「지방정부법」 개정을 통해 감사위원회의 감독하에 지방정부에 대한 실적평가지표의 개발을 법규화하여, 지방정부로 하여금 감사위원회의 평가지표체계를 바탕으로 매년 상세한 실적평가를 실시하고 이를 공포하도록 규정하였다(Stewart and Walsh, 1992: 505).

보수당정부에 이어 1997년 집권한 블레어 정부는 보수당정부의 개혁의제들을 지속하면서, 특히 서비스의 품질 증진에 중점을 두어 왔다. 모든 공공서비스에 대한 점검을 강화하고, '실패하는 서비스'를 제공하는 원인이 무엇인지를 파악하기 위하여 공공기관에 대한 조사도 보다 빈번해졌다. 한편으로는 보건과 교육서비스에 대한 재정지원 증대 등 공공서비스에 대한 투자를 증대하면서 경쟁에 대한 강조는 줄어들었으나, 서비스 이용자 및 자원단체와 민간부문의 협력조직과의 공동생산co-production 철학과 함께 공공서비스에 대한 가치를 강조하였다(Löffler, 2003).

한편, 전술한 바와 같이, 2010년 출범한 캐머런 정부는 출범하자 마자 소위 '큰 사회'Big Society를 슬로건으로 내걸고, 다양한 분야에서 정부개혁조치를 취한 바 있다.[20] 그러나 가장 큰 분야는 바로 중앙과 지방간의 관계 재설정이라고 할 수 있다. 즉, 중앙과 지방관계를 이전과는 완전히 새로 구성하고자 시도하였다. 여기서 '큰 사회란', '큰 정부'Big Government가 아니라 지방정부와 지역사회, 민간부문들이 파트너쉽을 강화하게 하여 지방정부중심으로 많은 참여가 보장되는 사회를 구성하겠다는 것이다. 2017년 출범한 메이 정부도 지방정부에 대하여 분권화를 더욱 강화할려는 움직임은 있다고 할 수 있으나 아직 구체적이고 가시적인 조치들은 없는 편이다. 중앙과 지방정부관계의 재구성을 주도하고 있는 부처는 내각사무처Cabinet Office와 커뮤니티 및 지방정부 부DCLG, Department for Communities and Local Government이다. 중앙-지방정부간 관계를 재구성할려는 정책은 '지방분권 및 지방주의 법안'Decentralisation and Localism Bill과 DCLG의 구조개혁계획(2010)에 포함되어 있다.

영국의 최근 행정개혁에 있어서 추가적으로 언급할 한 가지 사항은 소위 '좋은 거버넌스' 또는 '좋은 행정'으로 이해할 수 있는 '굿 거버넌스'good governance에 관한 것이다(임도빈 외, 2017). CIPFAThe Chartered Institute of Public Finance and Accountancy와 IFACInternational Federation of Accountants에서는 2013년 9월에 'Good Governance in the Public Sector'라는 자문보고서를 통해서 영국행정개혁에 있어서 지향해야

20) 중앙과 지방간의 관계 분야는 필자가 공동연구원으로 참여한 한국행정연구원의 연구보고서인 '영국과 싱가폴의 행정' 보고서에 게재된 내용임.

할 '좋은 행정'의 프레임워크를 제시한 바 있으며, 영국 정부는 이 보고서를 기초로 '좋은 행정'을 공공부문에서 제도화해 나가고 있다. 이 '굿 거버넌스' 프레임워크는 전체 시스템에 바탕을 둔 접근방법(whole-system based approach)이며, 동시에 원칙에 바탕들 둔 접근방법(principle-based approach)이라고 할 수 있다. 이 프레임워크의 핵심원칙은 모두 7개로 구성되어 있다. 이 중 2개는 조직 전체의 방향에 관련되는 것이고 나머지 5개는 실제 운영과 관련된다고 할 수 있다.

영국의 공공부문에서 적용되고 있는 '좋은 행정'의 프레임워크는 아래 [그림 5-6]에서 보는 바와 같다. 그림에서 보듯이 공공조직의 '좋은 행정'의 상위 핵심가치는 진실성, 윤리적 가치 및 법의 지배(A)라고 할 수 있으며, 조직의 운영에는 개방성을 바탕으로 포괄적인 이해관계자들이 관여(B)하는 것을 전제

그림 5-6 영국의 '좋은 행정' 프레임워크 작동과정

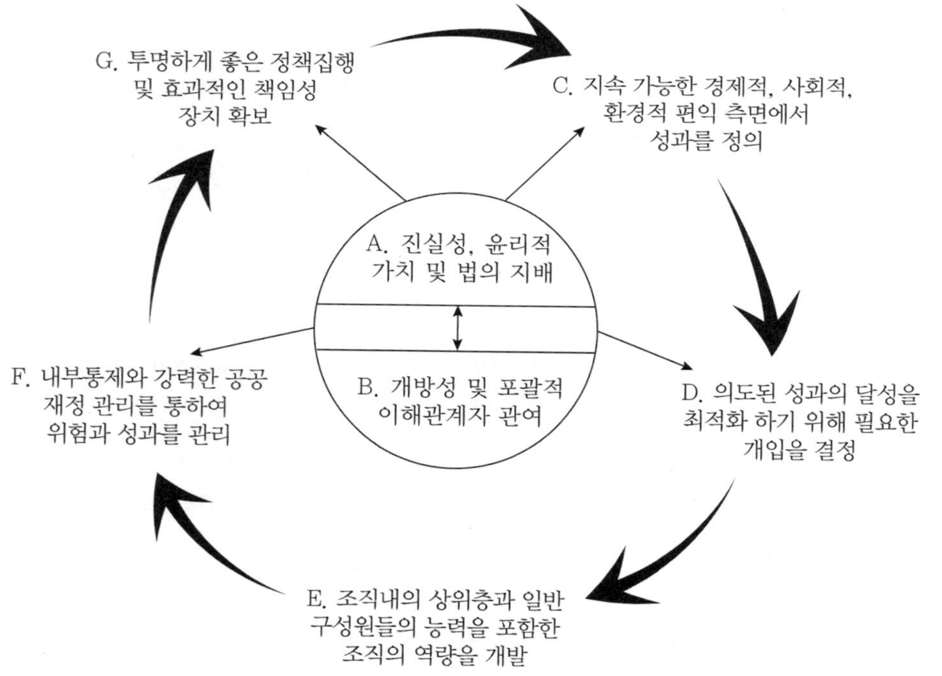

자료원: CIPFA/IFAC(2013: 12); 임도빈 외(2017).

로 하고 있다. 위의 프레임워크 구성 원리 중 A와 B는 '좋은 행정'프레임워크의 기반에 해당된다고 할 수 있다. 이러한 기반위에서 조직의 운영과 관련해서는 먼저, 조직이 달성해야할 성과를 정의하는데 이러한 성과정의는 지속가능한 경제적, 사회적, 환경적 편익 측면에서 이루어져야 한다는 것(C)이다.

다음으로는 이러한 성과를 달성하기 위한 필요한 수단들을 결정하는 데 이 과정에서는 최적수단이 결정되어야 한다(D)는 점이 중요하다. 다음에는 조직 내의 상급자와 일반 구성원들의 능력을 포함한 조직의 역량개발이 이루어져야 하고(E), 내부통제와 재정관리를 통하여 위험과 성과를 지속적으로 관리하는 것(F)이 필요하다는 점이다. 그리고 마지막으로는 좋은 정책들을 집행하고 이에 대한 책임성 장치확보를 통해서 책임 있는 행정이 이루어지도록 한다는 것(G)이다. 영국에서의 '좋은 행정'은 단순히 산출물이나 목표달성, 성과중심이 아니라 지속가능성을 고려한 목표와 성과 정의, 절차와 기본가치 중시, 현재적, 잠재적 이해관계자의 참여를 통한 행정의 인본주의 실현 등을 함축한 개념이라고 할 수 있다. 한마디로 말한다면, 영국의 '좋은 행정'은 행정개혁에 있어서 인본주의적 행정을 실현하려는 노력이 반영되어 있다고 할 수 있다. 각 국가가 처한 정치, 사회적 상황은 다르겠지만 영국의 '좋은 행정' 사례는 우리나라가 향후에 지향해야 할 행정의 방향이나 기본원칙을 정하는 데 있어서도 유익한 정보를 제공해 줄 수 있다고 생각한다.

제 6 장

프랑스의 행정과 관료제*

제1절 서 론

프랑스는 지난 1982년 지방자치행정을 지향하는 행정개혁을 단행한 이래 일련의 계속적인 개혁으로 나폴레옹 이후 굳건히 뿌리내려온 중앙집권적 행정제도에 새로운 변화가 일고 있는 전환기에 놓여 있다. 이러한 상황은 1988년 이래 지방자치시대를 열기 시작한 우리나라의 상황과 적어도 외형적으로는 비슷한 사회적 요구 속에 있게 되어 프랑스의 정치행정체제, 특히 정부관료제의 역할과 특성을 살펴보는 것은 매우 큰 의의가 있다고 하겠다. 프랑스는 흔히 정치적 소용돌이와 행정적 안정 속에서 변화와 안정을 추구해온 전형적인 모델로 우리에게 시사하는 바가 크다.

프랑스는 유럽에서 영국과 더불어 가장 오랜 역사를 지닌 나라 가운데 하나이다. 프랑스의 지리적·정치적 통일은 중세 후반에 이르러 확립되었고 국왕 루이 14세에 의해 파리 근교에 건설된 베르사유 궁은 영국에서 웨스트민스터 궁이 세워진 것과 같이 프랑스의 정치적 통일의 상징으로 남아 있다. 일찍이 19세기에 향유하였던 국제관계에서의 지배력은 잃어가고 있지만 프랑스는 독일과 더불어 여전히 유럽의 주요 열강으로 구주연합 속에서 막강한 영향

---

*서성원(명지대학교 행정학과 명예교수)·변혜옥(University of Orleans 행정학 교수)

력을 가지고 있다.

프랑스는 서구의 다른 나라들과 마찬가지로 국민국가Nation-State의 건설부터 자유국가Liberal State의 발전, 현재 복지국가Welfare State로서 발전되어 오기까지 국가를 이끌어 온 정부의 역할이 매우 중요하였다(Chevallier, 1996: 67-73). 프랑스는 농산물의 수출로 농업의 중요성이 큼에도 불구하고 노동력의 15.6%만이 농업에 종사하며(INSEE, 2017) 전체인구의 75%가 넘게 도시에서 살고 있다(Centre d'observatoire de la société, 2017). 경제적으로는 서구의 이웃나라들과 유사한 시장경제체제로 특히 국가의 유도계획제도를 도입하여 2차대전 후 일찍이 고도성장을 기록하기도 하였다.

프랑스의 다양한 사고방식은 모든 면에서 역설적으로 모순처럼 느껴질 정도의 다양성이 공존하도록 하고 있다. 예컨대 개인의 기본적 인권을 가장 강조해 온 나라이면서 주민자치행정보다는 통일성을 강조하는 중앙집권적 행정을 발전시켜 왔던 것이다. 정당만 해도 영국이나 미국처럼 양당제도가 아니고, 극우로부터 극좌에 이르기까지 다양한 색깔을 지닌 다수정당제도가 그렇다. 1982년 이후 지방자치 행정개혁에서도 여전히 중앙행정의 통일성과 지방자치행정의 다양성의 조화를 도모하기 위한 행정체제의 발전을 기하고 있다. 프랑스 사람들의 다양한 사고와 이에 대한 존중은 가장 기본적인 합의를 전제로 하는 정치체제에서도 그들의 헌정사를 보면 군주제, 공화제를 둘러싼 다양한 정치체제의 교체내용에서도 엿볼 수 있다. 영국의 경우는 1688년의 명예혁명을 제외하고는 별로 큰 정치적 혁명이 없이 의회민주주의가 계속되어 왔으며, 미국도 1776년 건국 이래 남북전쟁을 치르는 한 번의 내란은 있었으나 대통령제 민주주의는 중단 없이 오늘에 이르기까지 지속되고 있다. 반면, 프랑스는 1789년의 프랑스 혁명 이후에도 몇 차례의 혁명이 거듭되었고 지난 2세기 동안 무려 16차례의 다른 헌법을 제정하여 매우 다양한 정부형태를 취해 왔던 것이다. 즉, 입헌군주제를 세 번이나 취하고 제정정치를 두 번, 반독재정치를 한 번, 공화제를 다섯 번째 채택하여 현재의 제5공화국에 이르고 있다(Stevens, 2003: 7).

행정은 프랑스 정치제도의 핵심이다. 프랑스에서 행정은 국가권력의 수행자로서 항상 고도의 합법성을 부여받았다. 이러한 특권적 위치는 제3공화국 이래 국가정책형성에 있어서 행정의 중요한 역할과 함께 행정이 차지하는 경제적 비중에서 기인한다. 공무원들은 개별적이고 상충적인 이해집단들에 대해서 공익의 수호자로서 공정하고 합법적인 국가 개입이라는 개념을 대변할 수 있었다. 정부관료제는 그 기능과 영역에서 중앙집권적 정책 스타일의 특징에 밀접히 연관되어 국가 규제의 권력을 가지고 지방자치단체와는 별도로 국가의 행정조직이 지방에까지 조직되어 국가의 지방행정과 지방자치단체의 지방자치행정을 연결하도록 하였다. 역사적 전통에 뒷받침된 프랑스 행정은 두 가지 주요한 모습으로 특징지어질 수 있다.

첫째, 국가발전의 기술적 전문성을 집중시키는 데 있어서의 정부의 고위관료, 특히 고위공무원단grands corps의 기본적 역할이 강조된다. 고위공무원단에 속한 고위공무원들은 국가의 정책결정, 사회개혁, 경제발전에 밀접히 연결되었다. 국정원Conseil d'Etat, 심계원Cours des Comptes, 재정감사원Inspection Générale des Finances과 같은 고위공무원단들의 상당히 유동적인 구성원들은 공공서비스 행정에 있어서 행정법의 강화와 통일성을 가져오도록 통제해 왔다. 더욱이, 이들은 제2차 세계대전 이후 경제구조를 현대화하는 데 중요한 역할을 한 핵심적 집단이었다. 정부 두뇌집단의 일원이나 공기업의 장으로서 고위행정엘리트 공무원들은 사회적으로 그 비효율성 때문에 통렬한 비난의 대상이 되었던 정치엘리트들을 대신하는 역할을 하였다. 이러한 추세는 적어도 1980년대까지 제5공화국의 대부분의 기간 동안 특히 강화되어 많은 연구자들이 정치엘리트와 행정엘리트가 서로 구분되지 않는다는 결론을 내릴 정도였다.

둘째, 위로의 사회적 유동에 행정이 차지하는 역할의 중요성이 강조된다. 제3공화국 시절부터 행정은 근면한 젊은이들에게 매력적인 사회적 진출로 간주되었다. 19세기 후반 공무원 경력제의 도입으로 직업으로서의 장점이 널리 인정되게 되었다. 프랑스를 농업국가에서 도시국가로 전환시킨 사회변화들은 주로 경찰, 군대, 철도와 같은 특정 공공서비스 부문들에서 이루어진 사회적 통합 과정을 통하여 나타난 것이다. 그 결과 행정은 중산층의 사회화 과정의 주요 요소가 되었다. 이는 민간부문의 임금 노동자들이 언제나 공공부문을 그들의 사회발전의 본보기로서 삼고 있는 데서 찾아볼 수 있다.

그러나 전통적인 프랑스의 국가행정은 오늘날 새로운 프랑스식 행정모형을 수립하기 위한 전환기에 있다고 하겠다(Rouban, 1995, 1993). 즉, 종래의 중앙집권적 국가행정이 지방자치적 행정체계의 보완과 더불어 새로운 균형을 모색하고 있기 때문이다. 그 엄정성으로 특징지어지는 신화적인 '나폴레옹식' 행정체제이기보다는 행정은 복지국가계획들의 수행을 위한 유연성 있는 수단으로서, 그리고 조직혁신의 주요 원천으로서 간주되고 있다. 제5공화국 행정의 특성은 이전 공화국하의 개인 회사나 법률적 전통에서도 찾아볼 수 없는 제도적인 현대화에 근거하고 있다. 국가기획, 경제예고절차, 그리고 대규모 과학계획들을 추진하기 위해서는 독창적인 행정구조와 행정망을 갖춘 정부관료제에 의존하고 있는 것이다.

제 2 절 정부 관료, 외부 환경

프랑스 행정은 무엇보다 정치적 환경 속에서 가장 큰 영향을 받으며 오늘날까지 프랑스 사회를 이끌어 왔다. 프랑스의 정부관료제의 외부환경으로서 정치와 행정체제의 연결관계를 살펴보면 [그림 6-1]과 같다. 여기서는 우선 행정부를 중심으로 입법부인 의회와 사법부인 법원제도 및 정당과 이익집단 및 압력단체에 대해서 검토하고자 한다.

Ⅰ. 행 정 부

프랑스의 정부형태는 미국식 순수한 대통령제도 아니고 영국식 내각책임제도 아닌, 국가의 최고 권력이 대통령과 수상 두 최고 책임자에 의해 분점된 이원적 정부제를 취하고 있다. 프랑스의 대통령은 국가의 수반이며, 수상은 정부의 수반이다.

프랑스 제5공화국의 헌법은 대통령에게 많은 권력을 부여하고 있다. 대통령은 국가의 수반으로 수상을 임명(국회의 동의 없이)한다. 그리고 수상의 제청으로 다른 장관들을 임명하고 또한 해임한다. 대통령은 정령décret에 의해 국회의 특별회기를 개폐할 수 있으며, 국회를 해산할 수 있는 권한도 부여받고 있다. 수상은 정부의 수반으로서 정부활동을 지휘・감독한다. 수상은 규칙제정권을 가지며, 그 일정한 권한을 장관들에게 위임할 수 있다. 수상은 정부의 이름으로 법률안을 국회에 제출할 수 있다. 그리고 국회(하원)에 대해 정부의 책임

그림 6-1 프랑스 정치·행정체제

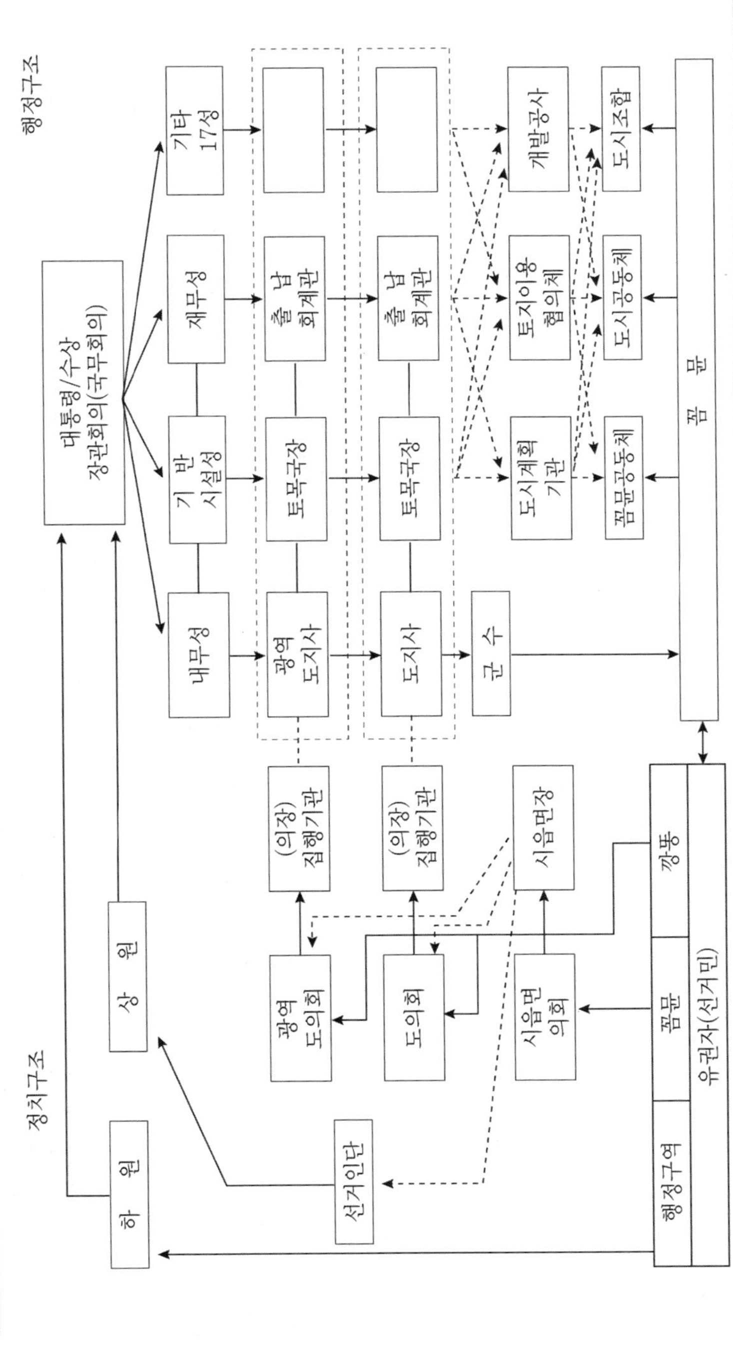

주: 실선은 공식적 영향을 표시하고 점선은 비공식적 또는 간접적 영향을 표시한다.
자료원: Ashford(1982: 22)의 프랑스정치행정체제 모형

을 진다. 대통령과 수상은 밀접한 제휴 내지 협조를 바탕으로 한 이원적 통치 구조를 이루고 있다. 그러나 1986년 미테랑 대통령과 자크 시락 수상과 같이 정당이 다른 소위 동거cohabitation체제의 경우에는 양자간에 긴장관계가 존재하기도 한다.

정부는 수상을 비롯한 각 장관들로 구성된다. 장관의 숫자는 정부에 따라 다양하며, 장관들에는 일정한 서열이 있다. 장관은 먼저 국가장관ministre d'Etat, 일반장관ministre, 위임장관ministre délégué 및 정무장관secrétaire d'Etat으로 나누어진다. 이 중 국가장관은 보다 중요한 부성을 담당하며 조정적 역할을 담당한다. 국가장관의 실제 권한은 일반 장관들과 비슷하나 의전서열상 상위에 위치한다. 일반장관ministre은 하나의 부성(교육, 법무 … 등)을 담당하는 가장 보편적인 장관이다. 위임장관은 수상의 각 부성 조정업무(특정의 부성에 귀속시킬 수 없는 업무)를 돕도록 설치된 수상 직속의 위임장관과 장관의 일정한 기능을 돕도록 설치된 장관직속의 위임장관이 있다. 정무장관은 담당 관료조직이 없는 무임소장관으로 그의 역할은 매우 제한적이다. 정무장관은 다시 자율적 정무장관 Secrétaire d'Etat autonome, 수상직속 정무장관Secrétaire d'Etat auprès du Premier ministre, 장관직속 정무장관Secrétaire d'Etat auprès d'un ministre으로 구분된다. 다른 장관들과는 달리 대통령 주재로 개최되는 국무회의(장관회의)에 참석하지 못한다.

장관들은 원칙적으로 정치적 역할과 행정적 역할을 겸하고 있다. 정치적 역할로는 정부의 결정에 참여하고 다른 장관들과 연대하여 국회에 대해 책임을 지는 것이며, 행정적 역할로는 대통령이 의도하는 정책을 관할 장관으로서 집행하는 책임을 지는 것이다.[1)]

1. 국무회의(장관회의)le Conseil des ministres

프랑스에서는 정부의 주요 의사결정은 대통령이 주재하는 장관회의(우리나라의 국무회의에 해당)를 통해 이루어진다. 국무회의는 정부의 구성원인 각료들로 구성되는 장관회의이다. 장관회의(국무회의)에서 결정되는 사항으로는 정부 제출의 법률안, 정령 및 예산안 등이 있다. 장관회의(국무회의)는 대통령이 자신의 정책비전을 행정각부에 전달하는 동시에 각부 장관들로 하여금 소관 사

1) 프랑스 제5공화국 헌법은 정부구성원인 각료(장관직)는 겸직을 금지시켜 모든 의원직, 국가적 성격의 직업적 대표직, 모든 공직 및 직업적 활동을 수행할 수 없도록 하고 있다.

표 6-1 프랑스 정부의 장관구성

정 부	연 도	국가장관	일반장관	위임장관	정무장관	합 계
Pompidou	1967	5	15	1	7	28
Barre	1977		14	1	25	40
Mauroy	1981	7	21	10	13	51
Chirac	1987	1	13	13	14	41
Cression	1991	5	15	10	16	46
Jospin	1997		14	2	10	26
Raffarin	2002		17	13	10	40
de Villepin	2005	1	15	15		31
Fillon	2007	2	12	7	8	29
Ayrault	2012		18	16		34
Valls	2014		16			16
Cazeneuve	2016		17			17
Philippe	2017	2	18		4	35

자료원: www.gouvernement.fr/composition-du-gouvernement 참조.

항을 보고케 하고, 가능한 대안에 관해 수상을 비롯한 관련 장관들의 의견을 타진하는 장소로서, 대통령, 수상 및 장관들간에 의사소통의 통로라고 할 수 있다. 이러한 장관회의는 정례적으로 매주 수요일 엘리제 대통령 궁에서 열린다. 그러나 국무회의는 의원내각제의 국무회의처럼 투표를 통하여 합의적으로 의사결정하는 기관이라기보다는 국가의 수반으로서 대통령이 최종적으로 재결을 내리는 형태라고 할 수 있다. 국무회의에서의 장관들의 의견진술은 대개 독자적으로 이루어질 뿐 치열한 논의가 전개되는 경우는 드물다. 따라서 프랑스의 국무회의는 의결기관이라기보다는 심의기관에 가깝다.

2. 내각회의Conseil de cabinet

국무회의(장관회의)가 대통령이 중심이 된 국정 전반에 관한 최고심의기관인데 비하여 내각회의는 수상주재로 정무장관까지도 포함한 모든 장관들이 회합하는 수상중심의 최고 심의기관이다. 내각회의는 국무회의를 전후로 해서 개최되며 정보의 교환, 협의, 조정 등이 이루어진다. 이러한 내각회의는 공식적으로 설치되어 개최되는 것과 비공식적으로 필요시에 소집되는 것이 있다.

행정의 수반으로서 수상은 내각회의를 통하여 정부의 활동을 지휘·감독한다. 이와 같은 내각회의를 통하여 이루어지는 정부의 의사결정은 다분히 합의체적인 성격을 띠고 있다.

3. 부성간 위원회와 부성간 연락회의

내각회의를 통하여 수상중심으로 실질적인 행정 전반에 관한 논의가 이루어지는 한편 사안에 따라서는 유관부성의 장관 및 정무장관들과 회합하는 부성간위원회가 있다. 부성간 위원회Comité interministériel 역시 수상에 의하여 주재되는 것이 원칙이지만 관할장관 또는 국가장관에 의해 주재되기도 한다. 사무적 수준에서 행해지는 부성간 연락회의réuinon interministériel는 수상실의 비서관 내지 고위 공무원이 주최하는 것이 보통이지만 최근에는 내각 사무국장 등이 주최하는 경우가 늘고 있다. 부성간 위원회 대신 부성간 연락회의가 빈번히 개최되고 있음은 행정적 수준에서 실무적인 조정의 중요성이 커지고 있다는 증거로 볼 수 있다.

프랑스 행정에 있어서는 참모행정의 위상이 높으며 보좌체제도 잘 조직화되어 있다. 대통령, 수상은 물론 장관의 경우에도 참모진의 보좌를 받도록 되어 있다. 대통령은 대통령 비서실과 사무국을 두어 이들 참모진을 통하여 행정 각 부성에서 발생하는 문제와 기타 국가적인 중요한 사건에 대한 정보를 전달받으며 고위정책에 관심을 가지게 된다.

수상을 보좌하는 참모진은 수상비서실과 내각 사무국으로 행정각부를 지휘감독하는 수상의 역할을 보좌하며 대통령의 참모진에 비해 그 규모가 크다. 이들 참모진은 주로 정부시책의 일관성, 통일성, 계속성 등을 유지하는 일에 관심을 보인다.

Ⅱ. 의　회

프랑스 의회는 제3, 4공화국하에서는 막강한 권력을 가지고 있었으나 제5공화국하에서는 행정부에 비하여 훨씬 그 권력이 상대적으로 제한받고 있다. 제3, 4공화국 시절의 프랑스 하원은 프랑스 정권의 중심적 존재였으며 프랑스 국민을 대표하여 강력한 권력을 발휘했다. 이에 반하여 제5공화국 헌법하에서는 행정부는 명목상으로는 하원에 대하여 책임을 지고, 하원은 행정부에 대하여 불신임안을 제출할 수 있도록 되어 있지만 현실에 있어서는 행정부가 실권을 행사하며 하원은 제2차적 존재로 머물러 있다. 예컨대 제5공화국에서는 하원은 어떤 특별한 분야에 관해서는 전적으로 법률을 통과시킬 권한이 있으나(프랑스 헌법 제34조), 그 밖의 분야에서는 행정부가 하원의 동의를 얻지 않고 자유재량권을 발휘할 수 있도록 되어 있다(프랑스 헌법 제37조). 하원이 전적으로 자세히 입법할 수 있는 분야는 선거, 공민권·사법권에 관한 문제, 유산 상속, 증여, 혼인 계약, 국적, 통화, 기업 국유화에 관한 사항들에 국한된다.

노동 입법, 민법, 지방행정, 교육, 재산권, 사회보장, 국방기구 등의 문제에 관해서도 하원은 오직 일반적으로만 입법할 수가 있고, 자세한 규칙은 규정하지 못하도록 되어 있다. 이러한 문제에 대한 자세한 규칙은 행정부가 행정규칙인 정령décret으로 취급하게 되어 있기 때문이다. 또한 관할구분이 명확하지 않은 부분에 있어서는 행정부가 소위 유보권을 가지고 있어서 행정명령으로 이것을 다룰 수 있도록 되어 있다. 요컨대 제5공화국에서는 행정부가 하원의 동의 없이 그 간섭으로부터 독립하여 행정권을 행사할 수 있는 범위가 보다 확장된 것이다.

1. 의회의 구성

프랑스의 입법부인 의회parlement는 하원Assemblée nationale과 상원le Sénat으로 구성된 양원제이다. 하원은 법률안을 표결하고 정부활동을 통제한다. 1986년 3월 이래 하원의원의 숫자는 577명으로 매 5년마다 일반 직접 선거(2회의 단기명 다수투표: scrutin uninominal majoritaire à deux tours)로 선출된다. 하원에 출마할 수 있는 연령은 만 18세 이상, 상원출마 연령은 만 24세이며 프랑스국적의 공민권을 행사할 수 있는 자이어야 한다. 국회의원(하원의원)은 "법률제안"proposition de loi을 할 수 있으며 법률과 국가의 예산을 표결한다. 또한 정부활동의 통제역할로서 문제가 있는 정부의 활동에 대하여 서면질문이나 구두질문을 할 수 있다. 서면질문은 관보를 통해 그리고 구두질문은 국회의 공개석상에서 장관이 답변하도록 한다. 국회는 불신임결의로 정부를 해체시킬 수 있도록 함으로써 정부활동을 통제할 수 있도록 하고 있으나 실제로 이러한 의결은 제4공화국하에서와는 달리 없어 안정된 정국을 이끌어 가고 있다.

상원은 제2차적 의회로서 간접일반선거에 의해 선출된 임기 9년의 상원의원들sénateurs로 구성된다. 상원의원의 숫자는 1986년 이래 319명으로 매 3년마다 정규적으로 상원의원 선거를 통해 재적인원의 3분의 1씩 갱신(실제적으로 상원의원 숫자가 같게 알파벳순으로 일련의 3개의 명부로 나누어 차례로 실시)되고 있다. 도département에서 뽑아야 할 상원의원의 투표방식은 다양하다. 1~4명의 상원의원의 숫자를 가진 도에서는 2회의 다수투표방식으로 선출하고, 4명 이상의 상원의원의 숫자를 가진 도에서는 비례대표제 연기명 투표방식에 의한다. 상원의원으로 선출되기 위해서는 35세 이상이어야 한다. 이처럼 대통령이나 하원의원 입후보 자격에 비해 상대적으로 높은 연령이며, 상원이 이른바 "숙고원"Chambre de réflexion이라고 불리는 이유도 여기에 있는 듯하다.

상원의 역할로서는 하원과 같이 "법률제안"proposition de loi이 있으며, 이 밖에도 법률과 국가예산을 표결한다. 상원은 하원과는 달리 정부를 해임결의할 수 없다. 상원의장은 대통령 유고시 직무를 대행할 수 있으므로 형식적으로는 국가의 제2인자인 셈이다.

프랑스 의회는 1년에 두 번의 정기회기sessions ordinaires 동안에 개회되며 또한 특별회기sessions extraordinaires를 소집할 수 있다. 정기회기는 상하원 모두 1년에 두 번의 정기회기(가을회기와 봄회기)를 가진다. 가을회기(예산회기)는 10월 2일 개회되어 최대 80일 동안 개최되며, 봄회기는 4월 2일 개회되어 최대 90일 동안 열린다. 특별회기는 수상의 요구나 하원의 과반수의 요구가 있을 때 정해진 일정기간 동안 열린다. 특별회기가 하원의 요구로 개최되는 경우 12일을 초과할 수 없다.2)

2. 의회의 사무국

의회업무의 조직화와 의회 행정을 담당하기 위하여 의회의 사무국Bureau des assemblées을 상하원에 각각 두고 있다. 국회업무의 조직화와 상하원 각각의 행정 등을 담당한다. 하원의 사무국은 5년 임기로 선출된 한 명의 하원의장과 6명의 부의장, 12명의 비서관secrétaires 및 3명의 행정재정관리담당 재무관으로 구성된다. 이들은 1년 임기로 선출된다. 상원의 사무국은 3년 임기로 선출된 1명의 의장, 4명의 부의장, 8명의 비서관, 3명의 재무관으로 구성된다.

2) 의회의 특별회기는 의장령에 의해 개회 및 폐회가 이루어진다.

3. 의회 내의 정치집단

의회 내에는 정치적 친화력으로 뭉쳐진 정치집단les Groupes politiques들이 형성되어 정책토론의 활성화를 도모하고 있다. 이러한 정책집단들의 구성을 보면 하원의 경우는 같은 당에 속한 30명의 의원들이 하나의 정치집단을 구성하며, 상원의 경우는 15명의 의원들이 하나의 정치집단을 구성한다. 각 정치집단은 그들의 의장을 선출한다.

4. 의장단회의

의장단회의la Conférence de présidents는 의회의 상원과 하원에서 각각 구성되는바, 하원의 경우는 하원의장, 부의장들, 국회의원 집단의 의장들, 위원회의 위원장들, 한 명의 정부 대표자로 구성된다. 의장단 회의에서는 국회업무의 일정을 확정한다.

5. 상임위원회

상임위원회les Commissions permanents는 상원과 하원에 각각 6개씩 있다. 이들은 의회의 표결이전에 법률안을 검토한다. 하원의 상임위원회로서는 ① 문화, 가정 및 사회 상임위원회, ② 외무 상임위원회, ③ 재정, 경제 및 기획 상임위원회, ④ 국방, 군사 상임위원회, ⑤ 생산, 교환 상임위원회, ⑥ 공화국 헌법, 입법 및 일반 행정 상임위원회가 있다. 상원의 상임위원회로서는 ① 문화 상임위원회, ② 외교, 국방 및 군사 상임위원회, ③ 경제와 기획 상임위원회, ④ 사회 상임위원회, ⑤ 국가의 재정, 예산통제 및 경제 회계 상임위원회, ⑥ 헌법, 입법, 선거, 규칙 및 일반 행정 상임위원회가 있다. 이들 각각의 상임위원회에서는 의회에 상정되는 법률안 등에 대해 해당 상임위원회에서 검토심의한다.

6. 특별위원회

특별위원회les Commissions spéciales는 만약 법률의 법조문이 6개의 상임위원회의 어디에도 해당이 없는 경우에 정부 또는 의원들이 이러한 법조문들의 내용을 검토하기 위하여 특별위원회의 설치를 요구할 수 있다.

7. 법률안의 표결과정

의회 활동의 본질은 총회séance plénière개최에 있다. 상하원의 총회는 공개되고, 토론 내용을 종합하여 관보에 게재한다. 법안의 표결은 복잡한 과정을 통해 이루어진다. 법률안은 하원과 상원에서 계속적으로 검토되어 합의된 법조문이 되었을 때 채택이 된다.

(1) 법률안 제출

정부의 법률안un projet de loi인 경우 정부의 이름으로 수상이 이니셔티브를 쥐나 상원이나 하원이 제출한 법률proposition de loi인 경우에는 각 하원의원이나 상원의원이 주도권을 쥔다. 법안이나 제안법률은 하원이나 상원의 사무국에 제출된다. 재정에 대한 법률안은 먼저 하원에 보내진다. 국가의 세출을 올리거나 세입을 줄이는 제안은 접수될 수 없다.

(2) 상임위원회에 의한 검토

사무국에 제출된 법안은 해당 상임위원회에 회부되어 검토l'examen par une commission된다. 특별히 이러한 법안을 목적으로 특별위원회가 설치되었다면 그 특별위원회에서 검토되어진다. 이들 위원회는 한 사람의 보고자rapporteur를 지명하여 의회에서 검토결과를 보고케 한다.

(3) 토론과 표결

의장단회의는 정부에 의해 확정된 우선순위를 고려해서 의사일정을 정한다. 의사일정에 따라 제출된 법안에 대한 의회의 심의가 시작된다. 법안에 대한 토론은 상임위원회의 보고자로부터 검토된 결론과 법조문 내용의 발표에 이어서 시작된다. 등록된 연설자대변자les orateurs inscrits는 법안에 대한 정치집단의 의견을 낸다. 이어서 법조문 하나하나에 대한 토론이 시작된다. 법조문의 초안은 수정안amendements으로 불리는 수정이 가해질 수 있다. 수정안을 피하기 위하여 정부는 "일괄투표"Vote bloqué를 간청할 수 있다.

이 경우 요청받은 의회는 법조문을 채택하거나 또는 수정하지 않고 부결시켜야 한다. 법조문은 하원과 상원에서 채택되었을 때 표결된다.

그림 6-2 일반법률안의 결정과정

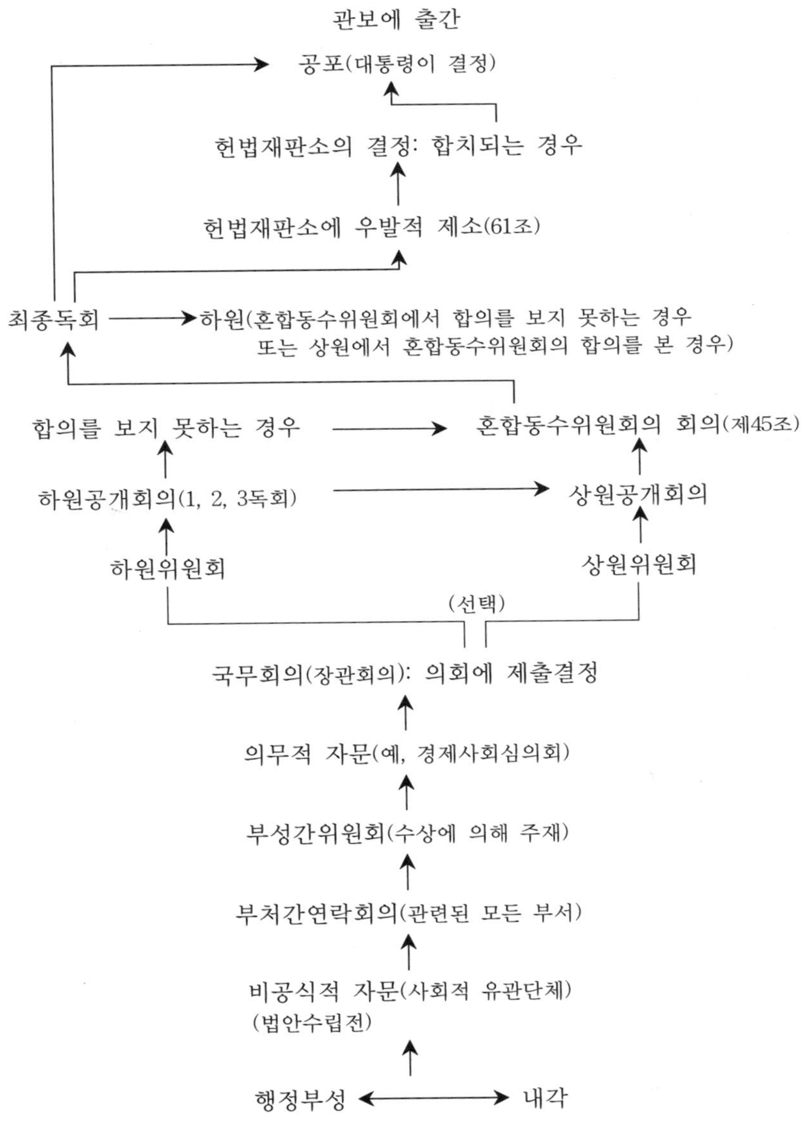

(4) 공 포

법률이 표결되었을 때 대통령은 15일의 기한 내에 날짜를 쓰고 서명함으로써 공포la promulgation된다. 이 기한내에 대통령은 법률에 대한 새로운 심의를 의회에 요구할 수 있다. 법률이 헌법에 일치되는지를 검토하기 위하여 헌법재판소Conseil constitutionnel에 제출될 수 있다. 이러한 헌법재판소에의 요구는 대통령, 수상, 상하원의 의장, 60명의 하원의원 또는 60명의 상원의원들에 의해서 이루어질 수 있다.

Ⅲ. 사법제도

프랑스의 사법제도는 모든 국민의 법 앞에서의 평등을 이념으로 권력분립 이론과 함께 프랑스 대혁명 이후 발전되어 왔다. 프랑스 사법제도의 특징은 행정관할심Juridiction administrative 법원과 사법관할심Juridiction judiciaire 법원으로 이원화되어 있다는 점이다. 오늘날 쟁송사안들의 복잡성으로 그 관할권이 모호한 경우 어느 관할법원에서 재판을 받을 것인지를 판정하는 관할법원le Tribunal des conflicts이 설치되어 있어 관할권을 판정하고 있다.

우선 사법관할심(사법법원)의 경우, 3심 심급제도를 두어 맨 밑에는 민사일심법원Juridictions civiles과 형사일심법원Juridictions pénales이 있고 그 위에 상고심(2심)으로 상소법원Cour d'appel이 있으며 맨위 최종심(3심)으로 파기원Cour de cassation이 있다. 이 가운데 민사·형사 일심법원은 다시 세분되어 먼저 민사일심법원에는 ① 소송법원le Tribunal d'instance(470개), ② 대소송법원le Tribunal de grande instance(185개), ③ 전문화된 예외 법원Juridictions spécialisées들이 있으며 개인간의 관계에서 야기된 문제(채무, 계약, 이혼 등)들을 판결한다. 전문화된 법원(예외법원)은 판사들에 의한 재판이 아니라 직업활동을 하는 당사자들의 대표로 구성되어 법원 권한을 행사하는 것으로 이들에는 노동법원le Conseil de prud'hommes(282개), 상사법원le Tribunal de commerce(272개), 사회보장심의위원회la Commission de la sécurité sociale(110개) 등이 있다.[3] 다음으로 형사 일심법원으로는 ① 경범죄 법원le Tribunal de police(450개), ② 경죄법원le Tribunal conrrectionnel(1개), ③ 중죄법원le Cour d'assise(98개)이 있으며 범죄의 비중la gravité de l'infraction에 따라 재판할 법원이 정해진다. 형사법원의 소송절차에 있어서 특기할 수 있는 것은 수사의 사법화를 위하여 예심판사Juge d'instruction제도가 있어 예심판사에 의해 중죄, 경죄, 경범죄 등 죄질에 따라 재판절차와 재

3) 1982년 사회당 정부의 사형제도 폐지와 함께 예외법원이 폐지되었다.

그림 6-3 프랑스의 법원 체계

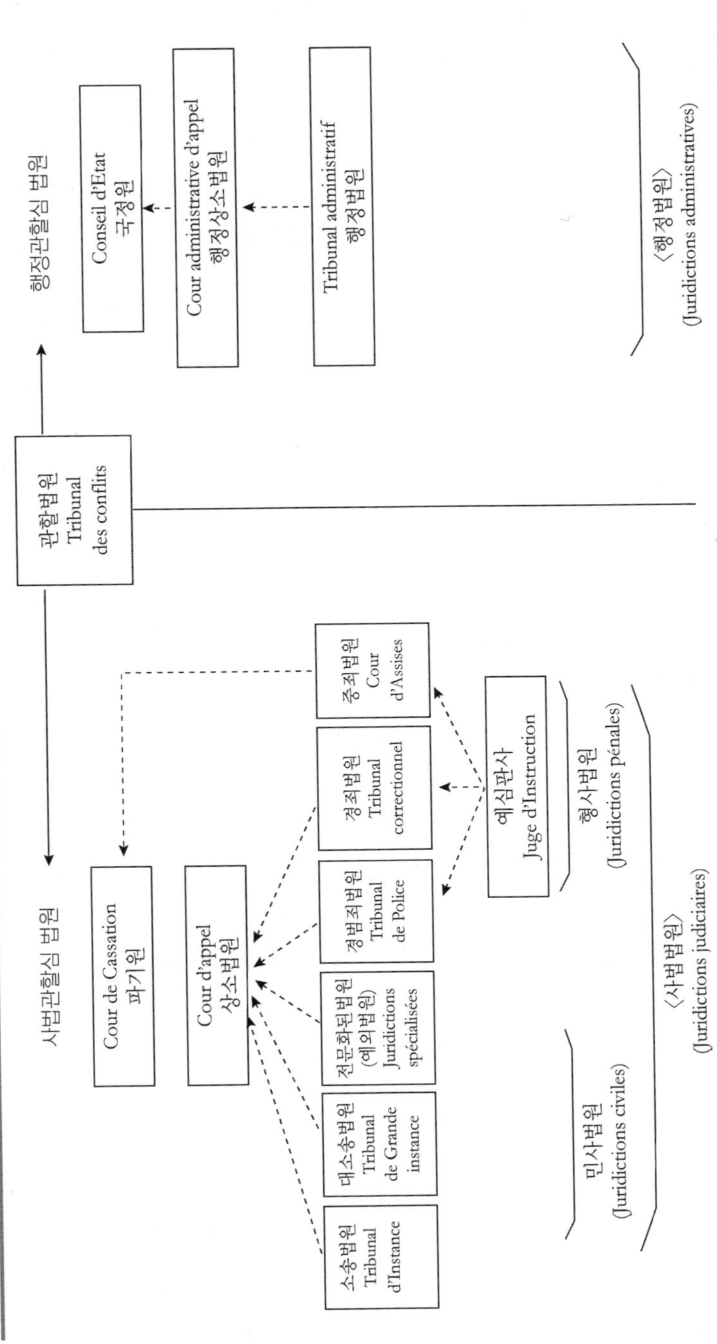

주: 실선(———)은 관할부분을 표시하고 점선(-------)은 법원의 심급에 따른 재판순서를 표시한다.

판할 법원에 차등을 두고 있다는 점이다. 상고법원으로는 상소법원Cour d'appel(2심)(35개)과 파기원le Cour de cassation(최종심)이 있다. 상소법원에서는 일심판결에 만족하지 않은 측에서 상소하여 다시 재판을 받도록 한다. 최종심(3심)으로서 파기원은 법률의 해석 가운데 통일성을 기하고 판결의 형태를 최종적으로 확정한다.

다음으로 행정관할심 법원(행정법원)으로서는 현재 사법관할법원과 같이 3심제도로 운영되고 있다. 즉, 일심행정법원으로 행정법원Tribunaux administratifs(33개 중 26개는 프랑스 본토에 있으며, 7개는 해외 관할 영토에 설치되어 있음), 상고법원(2심)으로 행정상소법원Cour administrative d'appel(5곳 설치), 최종심으로 국정원Conseil d'Etat(최고행정법원)이 있다. 이들 행정법원들에서는 개인과 국가, 지방자치단체 간의 행정소송이나 선거소송을 담당한다. 이 가운데서 특히 국정원은 한편으로는 최고행정법원으로 중요한 사안(공익에 관한 사항들)에 대해서는 1심인 동시에 최종심으로서 판결을 하며, 다른 한편으로는 정부의 자문기관으로서 법률안 입안 등에 있어서 자문역할을 수행하고 있다. 국정원의 업무폭주로 마침내 행정법원의 상고법원인 행정상소법원을 1987년에 창설(보르도, 리옹, 낭시, 낭트, 파리의 다섯 곳에 설치)하여 운영하고 있다. 그 결과 국정원의 업무를 어느 정도 경감할 수 있고 행정법원의 심급제도도 사법법원과 비슷하게 되었다.

행정법원의 경우 그 소속이 행정부에 있다. 하지만 그 독립성이 보장되어 있다. 따라서 프랑스의 경우 행정은 자기책임확보의 측면과 국민들의 권익보호의 측면 사이에서 그 해답을 법원기능의 전문화에서 찾고 있다고 볼 수 있다. 사법법원의 판검사들은 국립사법대학원Ecole Nationale de la Magistrature 졸업생들로 졸업시험 성적에 따라 지망하는 희망 임지에서 판검사로 근무하게 된다. 행정법원의 경우는 국립행정교육원ENA 졸업생들로 충원되고 있다.

Ⅳ. 정치상황

프랑스의 정치활동은 일상에 대한 입장을 표명하는 여러 정당들에 의하여 활기를 찾게 된다. 정치적 자유에 의해서 자유로이 어떤 정당에 가입하거나 가입하지 않을 수 있으며 유권자는 자유로이 각자 지지하는 정당의 후보에게 투표한다. 정당은 국민주권과 민주주의의 원칙을 준수하여야만 하며 각 정당은 자유로이 정당활동을 수행할 수 있다. 일반적으로 각 정당들은 그들의 생각을 전하기 위하여 게시물이나 소책자(팜플렛), 신문 등을 통하여 의사표명을 하며 정당들의 지도자들은 라디오방송이나 TV토론에 참여한다. 어느 정당도 국회의석의 과반수를 차지하지 못했을 경우엔 정당간의 제휴를 통하여 국정을 논의하게 된다. 국회의석의 과반수를 차지한 정당은 다수당(여당)으로 정부를 지지하며 다수당이 아닌 모든 정당들을 반대당(야당)이라 부르며 그들은 정부의 활동에 비판적 입장에 서게 된다.

프랑스의 주요 정당들을 살펴보면 극좌부터 극우까지 다양하며 선거 때마다 지지도에 의하여 정치적 비중이 실려진다. 국회에 의석을 차지하는 주요 정당들은 대체로 다음과 같다.

1. 프랑스 공산당PCF: Parti communiste Français

프랑스 공산당의 목표는 일반 대중들les masses populaires에 의하여 권력을 잡는 것이며, 자본주의 사회를 착취자도 피착취자도 없는 사회로 바꾸는 데 두고 있다. 제5공화국에서는 그 지지도가 점점 떨어져 가고 있으나 조직적인 정당활동으로 일정한 지지기반은 유지되고 있는 실정이다.

2. 사회당PS: Parti socialiste

사회당의 목표는 단계적으로 민주적 방법으로 사회민주주의la démocratie socialiste국가로 이끄는 데 있다. 지난 1981년 이후 집권여당으로 그 세력을 과시하였으나 지난 2007년 사르코지Sarkozy대통령 선거에서 패배하여 다시 야당으로 돌아갔다가 올랑드Holland대통령 선거로 다시 집권여당으로 돌아올 수 있었다. 그러나 2017년 현 마크롱Macron대통령 선거 출마로 큰 타격을 본 후 사회당은 1969년 이후 처음으로 정치 및 사상적 위기에 처해 있다.

3. 공화주의자전진당LREM: La République en marche

2016년 4월 현 대통령이 선거출마선언과 동시에 개최한 당이다. 이 당원들은 기존에 있던 다른 당PS: Les Républicains 당원뿐만 아니라 평범한 시민들이 참여하는 당으로 지난 국회의원선거에서 314석을 확보하여 집권여당이 되었다.

4. 유럽생태녹색당EELV: Europe Écologie Les Verts

녹색당 내지 환경보호당은 환경보호사회의 실천에 목표를 두고 있다. 환경주의자들의 확산과 더불어 일정한 지지를 얻고 있다.

5. 불복종프랑스FI: La France insoumise

2016년 2월에 창당된 당으로 인류위주사회사상을 위주로 하는 당으로 현 대통령당LREM의 반대당 대표이다.

6. 공화주의자Les Républicains

공화연합은 드골 장군과 같이 자유의 확장과 경제재건을 통하여 프랑스 국민을 단결시키는 데 목적을 두고 있다. 전 대통령 자크 시락이 이끌었던 정당으로 현재 프랑스 야당의 지위에 있다. 지난 대통령선거운동 실패로 타격을 입고 현 마크롱Macron대통령 정책으로 인해 현재 공화주의자당도 사회당처럼 사상적 및 정치적 위기에 처해 있다.

7. 국민전선FN: Front national

국민전선의 목표는 사회주의자와 공산주의자들과 싸우는 데 있으며, 정의와 이민 분야에서 보다 강경한 입장을 취하고 있다. 르팽Le Pen 당수에 의해 주도되었던 극우적 정당이다.

우파 정당 가운데는 공화연합RPR과 프랑스 민주연맹UDF이 중심적 역할을 하는 보수적 정당이고 좌파는 사회당PS과 프랑스 공산당PCF이 그 중심세력이다. 제4공화국하에서는 프랑스 공산당과 사회당이 지배했으나 제5공화국하에서는 지난 사회당 정부가 들어선 기간을 제외하고는 우파정당이 계속 여당으로 남아 있는 상황이다. 프랑스 정당은 영국이나 미국과 같은 양당제도가 아니라 다수당 제도를 취하고 있으나 실제에 있어서는 좌파와 보수적 우좌의 양당 구도 속에 정권교체가 이루어져 가고 있다.

Ⅴ. 압력단체와 노조연합(노조)Le Syndicat de Salariés

전통적으로 프랑스에서의 압력단체의 영향력은 미미한 것으로 평가된다. 영국, 독일, 스웨덴과 같은 다른 산업화된 민주국가들과 비교해 볼 때 확고히 뿌리를 내린 이익집단이 결여되어 있다. 이익집단이란 그들이 대표하는 분야에서 폭넓은 기반을 구축하고 정부와 고용주들을 상대할 때 그들에게 부여되는 권한 내지는 합법성에 의해서 그 영향력을 행사하게 된다. 압력단체 내지 이익집단으로 가장 큰 영향을 프랑스 사회에서 미치는 것은 농업분야의 사회직업적 대표성을 띠는 농업경영자조합국가연맹FNSEA을 들 수 있다. 1986년 3월 시락 정부의 농업성 장관의 임명에 합의를 했을 만큼 커다란 영향을 미쳤던 것이다. 농업분야 이외에는 상대적으로 약하다. 노조가입 비율은 공무원 노조를 제외하고 25% 미만으로 전통적으로 매우 약한 편이다.

프랑스에서 조직화된 집단들이 발달되어 있지 못한 이유로는 ① 조직에 가입하기를 싫어하는 프랑스인들의 개인주의, ② 이념이나 지위에 따라서 분파를 이루는 경향이 강한 당파적인 성격, ③ 특히 제5공화국하에서의 공직자들의 권위주의적 성격과 다원적인 문화의 결여 등이 지적된다.4) 그러나 프랑스에서 제도적으로 확립된 압력단체로서는 노동조합을 꼽을 수 있을 것이다.

노조syndicat는 같은 직업이나 유사한 직업에 종사하는 사람들의 연합association으로 노조구성원들의 경제적·직업적 이익의 보호를 목적으로 하고 있다. 프랑스에서는 노조의 자유가 보장되기 때문에 누구나 어떤 노조에 가입하거나 가입하지 않거나 할 수 있다. 노조에 가입하기 위해서는 봉급을 받고, 16세 이상이면 족하고 성별이나 국적의 구별은 없다. 노조가입자는 자유로이 그의 노조를 탈퇴할 수 있다. 노조가맹자(회원)는 분담금cotisation을 납입하여야 한다.

기업 속에서 노조의 권리를 보면, 1968년 12월 27일 법률에 의해 50명 이상의 모든 기업은 노조의 권리를 인정하게 되고, 국가적 수준의 노조는 기업 안에서 노조과une section syndicale를 창설할 수 있다. 노조과는 게시권을 마음대로 이용하며, 출퇴근 시간에 노조 팜플렛을 배포할 수 있다. 노조대표자는 노조과를 대표하며, 노조기능을 수행하기 위하여 상당한 시간(예컨대, 50~150명의 근로

4) Morris(1994: 153)

자를 고용하고 있는 기업체의 경우 최소한 10시간)을 할애하여야 한다.

일반적으로 노동조합의 주요 권한으로서는 ① 고용주 대표와 국가 대표와 협상하는 일, ② 직업에 관한 계약의 체결(예: 단체협약), ③ 파업la grève의 결정, ④ 노조원들의 이익보호를 위한 소의 제기, ⑤ 기업위원회와 직원(종업원)의 위임대표자 선거에 후보자를 내보내는 일, ⑥ 노조가맹자에게 그들의 직업적·물질적 이익을 알리고 보호하는 일 등을 들 수 있다.

노조구성원들이 많으면 많을수록 노조구성원들의 이익을 강력히 대표하고 보호할 수 있다. 노조의 조직은 각 직장별로 기본조직인 노조과로부터 여러 종류의 노조집합체가 있다. 즉, 지방 내지 도(데빠르뜨망) 수준에서 상이한 직업의 몇몇 노조들의 협회association인 노조연맹une union이 있으며, 전국적인 국가 수준의 같은 직업노조연맹[예: FEN(교육연맹: Fédération de l'Education Nationale), FNSEA(농업개발노조국가연맹: Fédération Nationale des Syndicats d'Exploitants Agricoles)]이 있다. 또한 이들 노조연맹들unions과 fédérations을 통합한 국가수준의 노조연합une confédération이 있다.

현재 프랑스의 대표적 노조들을 그 창설 순서대로 본다면 ① CGT(노동총연합: Confédération Générale du Travail, 1895년 창설), ② CFTC(프랑스기독인노동자연합: Confédération Française des Travailleurs Chrétiens, 1919년 창설), ③ CGC(기업체간부총연합: Confédération Générale des Cadres, 1944년 창설), ④ FO(노동세력: Force Ouvrière, 1947년 창설), ⑤ CFDT(프랑스민주노동연합: Confédération Française Démocratique du Travail, 1964년 창설) 등이 있다.

노조의 권리인정을 살펴본다면, 일찍이 1884년 3월 21일 Waldeck-Rousseau 법률이 노조창설을 허가한 데서부터 비롯되어, 1946년 프랑스 헌법(제4공화국), 1958년의 제5공화국 헌법에 계속하여 그 권리를 인정하고 있다. 즉, 누구나 자신의 선택으로 노조에 가입할 수 있으며 노조활동을 통하여 자신의 권익을 옹호할 수 있도록 하고 있다. 실상 어떤 의미에서는 정당들보다 노조의 세력이 정책결정에 미치는 영향이 크다고도 볼 수 있다. 정당 가운데는 프랑스 공산당이 이들 노조세력을 가장 잘 이용하는 편이다.

제 3 절 정부 관료제 내부특성

Ⅰ. 행정체계 및 정부조직의 특성

현재 프랑스 행정은 고도로 중앙집중적인 체제로 규정되어 있지만 파리 소재 중앙기관들에 근무하고 있는 공무원은 전공무원수의 30%미만이다. 지방자치기관(도Département, 광역도Région, 시commune, 협력지방자치기관Intercommunalité)에서의 일선기관의 현장 업무가 엄청난 비율의 인력을 점하고 있다(전 공무원의 34.7%).[5] 프랑스의 국가적 중앙집권성을 강조하는 국가주의적 설명은 현재의 정책 체계가 일선기관들과 지방당국을 통합하고 있다는 사실을 간과하고 있다. 1982년의 지방자치행정개혁에 따른 분권화 과정이 진전됨에 따라 지방정부로 하여금 사회복지와 도시계획 정책들을 수행할 수 있도록 한 현장의 제도상의 편성이 중앙의 규제들보다 정책수행에 더욱 중요한 것으로 나타나고 있다. 따라서 프랑스 행정을 '피라미드식'으로 나타내는 것은 오늘에 와서는 정확하지 못하다 하겠다(Wright, 1990).

프랑스 제5공화국 헌법 제21조에 의하면 행정은 수상의 감독하에 정부가 관장하는 것으로 명시되어 있다. 집행권executive power은 대통령과 수상이 공유하지만 집행의 직권executive authority은 대통령에게 집중되어 있다. 행정문제는 일반적으로 국회에서 논의될 필요가 없거니와 국회의 입법권은 1958년 헌법에 의해서 상당히 제한되었다. 즉, 예산회기 이외에는 국회의원들은 행정상의 업무수행에 대해서 실질적인 통제를 가할 수 없다. 이와 같이 확장된 행정상의 재량권은 행정법원의 포괄적인 체계에 의하여 제어될 것을 전제로 하고 있으나 민주적 감독 과정하에서 행정법원의 효율성은 논쟁의 대상으로 남아 있다(D'Arcy and Dreyfus, 1989).

사실 프랑스의 행정조직은 기능적 노선과 계층적 노선이 서로 교차하여 피라미드 조직보다 훨씬 더 불투명하기 때문에(Sadran, 1992), 행정집중은 많은 문제를 야기시킨다. 2002년 장피에르 라파랭Jean-Pierre Raffarin 정부는 40명의 장관

5) https://www.fonction-publique.gouv.fr/chiffres-cles

과 정무장관을 두었던바 이는 1967년 퐁피두Pompidou 정부의 28명과 비교된다. 장관의 평균 숫자가 제4공화국 기간 동안에는 15명에서 20명 사이였던 반면 제5공화국하에서는 그 수가 약 33명이다. 장관의 이러한 수적 증가는 두 가지 요인으로 설명된다. 그 첫번째 요인은 정부가 제도화를 통하여 당장의 핵심문제들을 관리하고 있음을 보여주고자 하는 정치적 의도이다. 예를 들어 모로와Mauroy 정부는 공공부문확대를 관장하는 부성을 창설하였는가 하면 1986년의 보수당 정권은 사유화를 관장하는 부성을 창설하였다. 또 다른 하나의 요인은 기존의 제도적 구조를 수정하지 않은 채 조정의 문제를 제기하는 새로운 사안들을 다루어야 할 필요성 때문이다. 특히 환경장관직이나 유럽문제장관직이 이 경우에 해당하는 것이었다. 한 부서에서 다른 부서로 공적인 소관업무를 바꾸는 일은 아주 흔히 일어나며 혼란을 불러일으키는 원인이 되기도 한다. 예컨대, 산업정책문제들은 1960년대 후반에는 독자적인 정무장관에 의해서 다루어졌다. 그 후 1970년대 초 이 업무들은 무역성에 소관시켜 오다 1980년대에 다시 대규모의 연구 및 산업성으로 이관되었다가 다시 산업 및 연구성으로, 그리고 마침내 산업 및 외국무역성으로 이관된 반면 기술혁신의 문제들은 새로이 구성된 연구 및 기술성에서 취급하게 되었다. 이 모든 변화들은 최상의 조직방식을 위한 체계적인 연구를 반영할 뿐만 아니라 정치적인 타협, 영역분쟁, 그리고 회사의 이해관계를 반영하기도 한다. 그러나 이들은 인사이동과 내부의 직제개편을 포함하고 있음으로 해서 내부구조들을 명확히 규정하는 일을 어렵게 만들고 있다. 따라서 행정부의 각부처의 구조변화는 다른 나라에 비해 매우 유동적이라 하겠다. 이러한 부성의 창설은 행정부가 독자적으로 정령에 의하여 의회의 간섭 없이 실시할 수 있는 것이다.

그러나 장관수 증가에 대한 국민들의 불만이 커지면서 2014년에서 2016년까지는 장관수가 잠시 급속도로 감소되고 있는 추세를 볼 수 있으나 2017년에 다시 증가하는 추세이다: 2014년 총 장관수는 16명, 2017년 총 장관수는 35명이다(표 6-1 참조).

《그림 6-4》 프랑스 행정 체계*

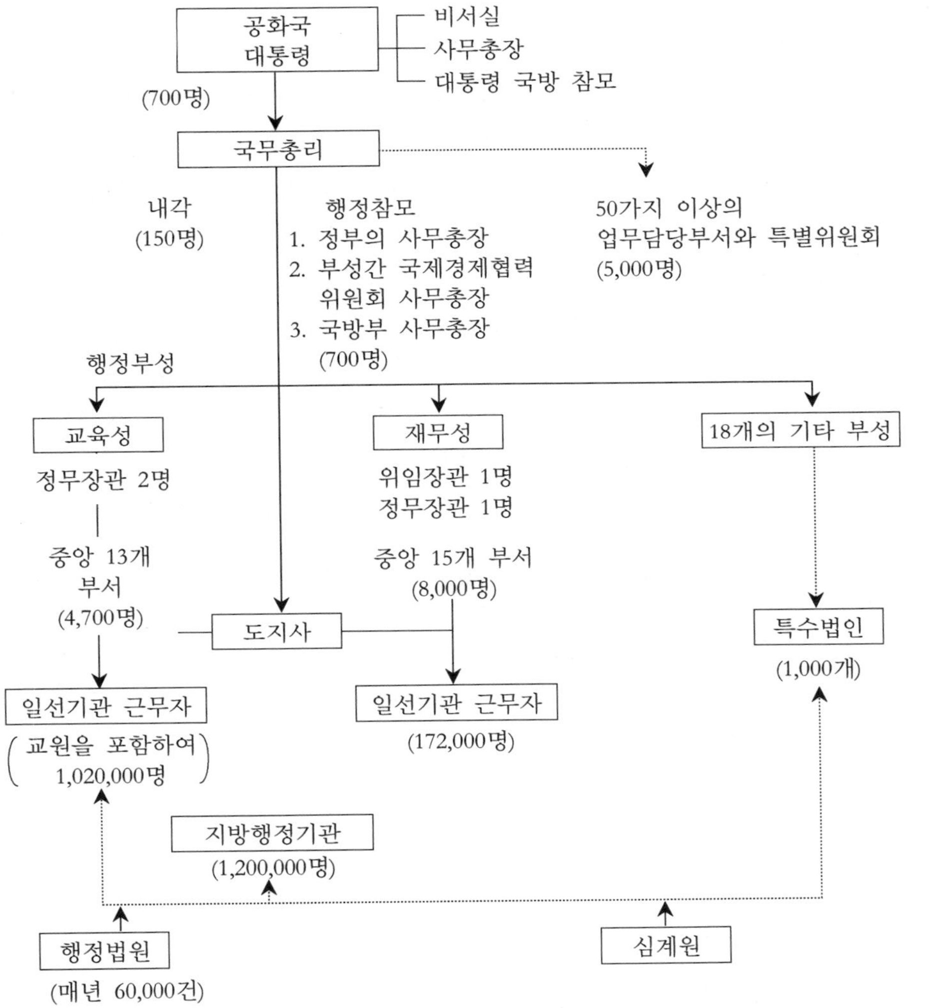

주: 실선은 서열관계를 표시하고 점선은 감독관계를 표시한다.

* 프랑스의 부성조직은 정부구성과 정권교체시마다 크게 달리 구성되고 있다. 일반적으로 국가의 항구적 사명을 수행하는 부성들로서는 법무, 내무, 농업, 국방, 우편, 원호성 등으로 안정적 지속성을 지니는 반면, 매우 변화가 많은 부성들로서는 재정·경제(재정, 경제, 예산성 등), 교육(산업, 연구, 대학, 문화성 등), 사회(노동, 보건, 사회보장, 노인복지, 고용 등), 건설(국토개발, 주택, 교통, 도시계획, 환경 등), 외무(제3세계, 구주담당 등) 부성들로 이들은 수상직속의 위임장관이나 정무장관 또는 규모가 큰 부성의 장관하에 위임장관이나 정무장관들에게 임무를 배분하여 정부를 구성하고 있다. Rigaud et Delcros(1984: 108-114) 참조.

자료원: Rouban(1995: 44) 참조.

1. 정부조직의 특성

정부조직의 특성으로서 부성조직의 국directions 이하의 하부구조는 비교적 안정적이고 공통적으로 찾아볼 수 있으나 각 부성의 최고 행정책임을 담당하는 장관들의 구성은 매정부 구성 때마다 달라지고 있어 그 복잡성과 유연성을 엿볼 수 있다. 정부조직에 관하여 우리나라에서와 같이 정부조직법(법률)에 의해서 규정되는 것이 아니라 전술한 바와 같이 의회의 간섭 없이 정부의 정령 décret에 의해서 구성되기 때문에 훨씬 정부조직 구성에 탄력성을 갖고 있다.

대통령은 수상을 임명하며, 임명받은 수상은 정부조직구성을 결정하여 장관인선을 하여 임명권자인 대통령에게 제청하면 대통령은 정령으로 장관들을 임명하게 된다. 대통령이 주재하는 장관회의(국무회의)에서 각 부성장관의 관할 업무 내용을 논의한 후 정령으로 업무배분을 공표하고 있다.

수상은 정책구상을 실현할 수 있는 정부조직 구성을 고려하여 다양한 구

그림 6-5 정무장관이 없는 부성의 조직형태

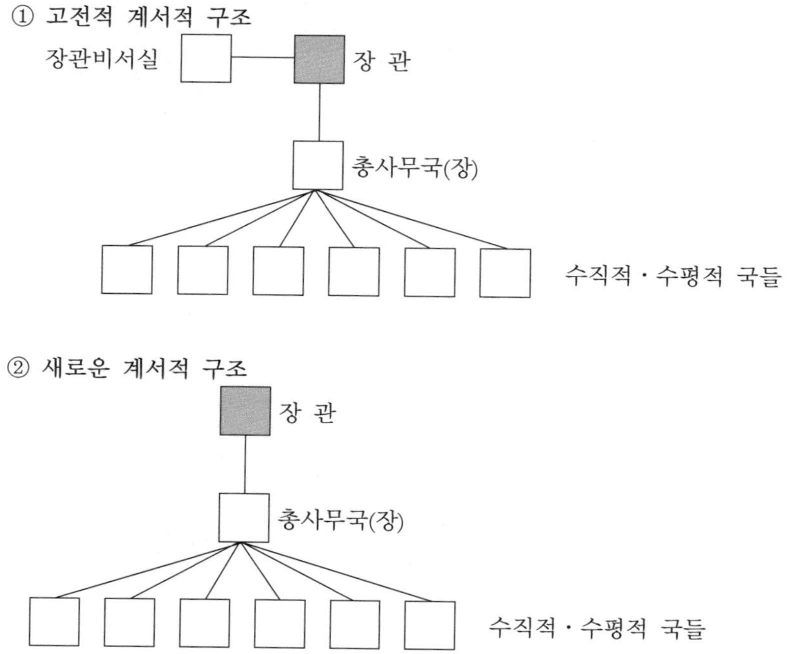

그림 6-6 정무장관을 포함한 부성조직 형태

① 전문화되지 않은 자율적 정무장관을 포함한 구조

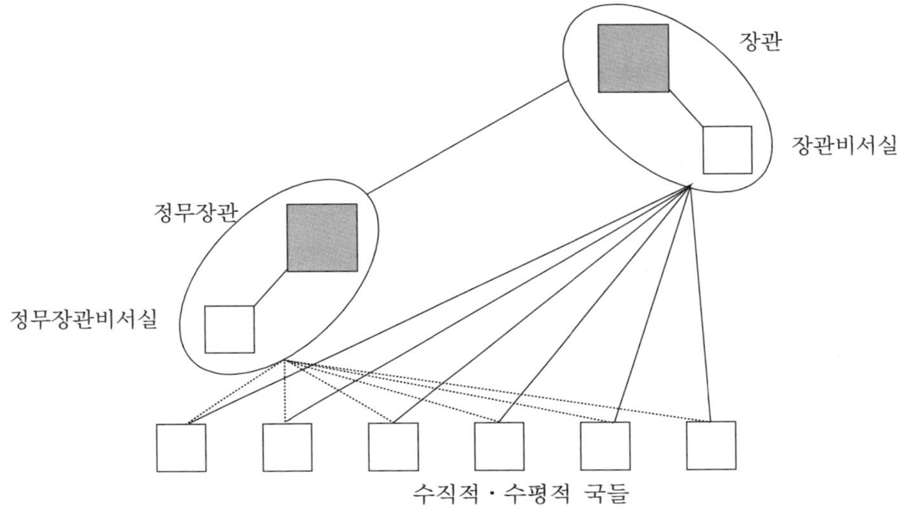

② 전문화된 정무장관을 포함한 구조

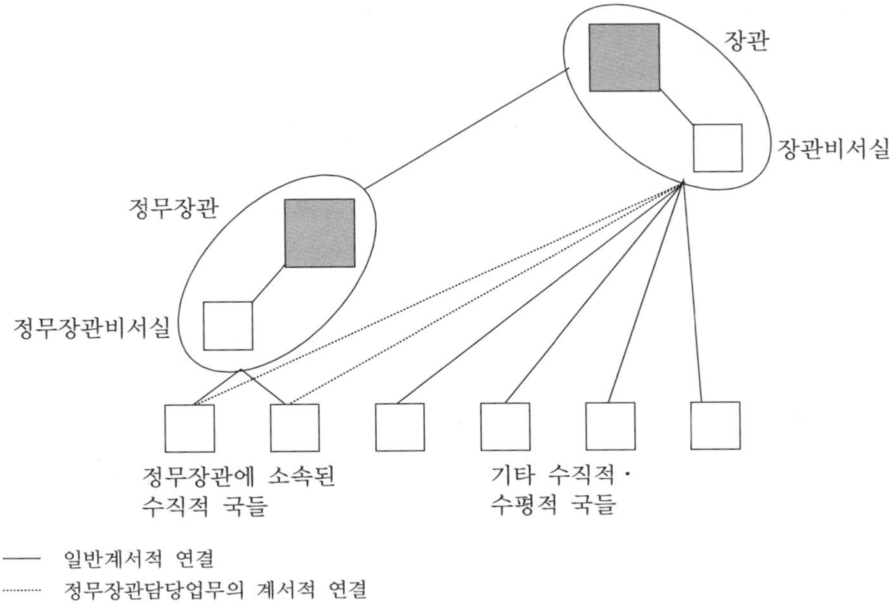

《그림 6-7》 전부 연결되어 있는 부성

① 동질적 구조

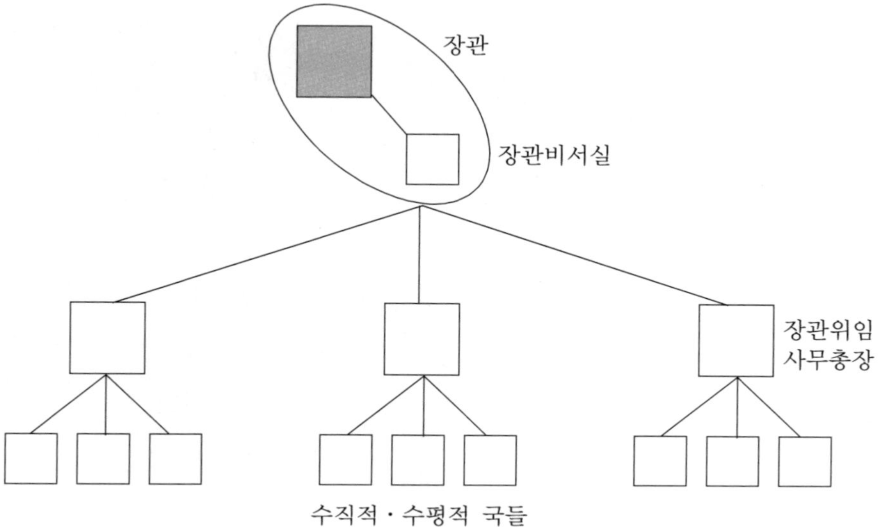

② 수평적 국에 제한된 구조

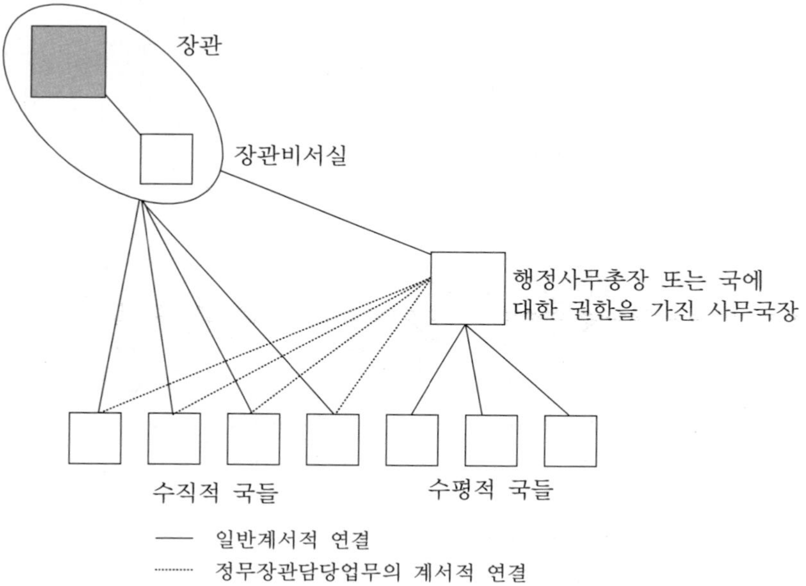

③ 국들의 평등성에 기초한 구조

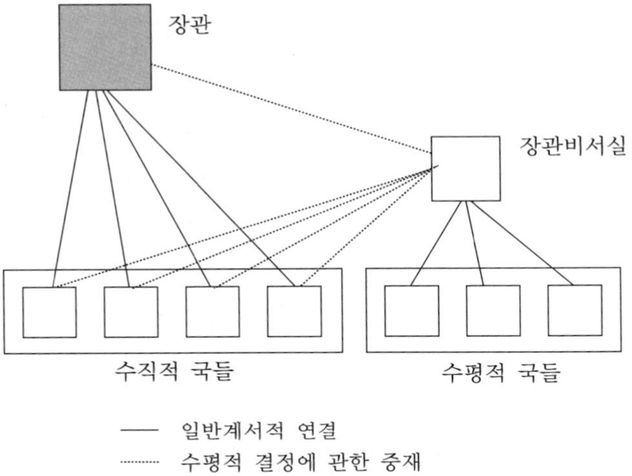

④ 일정한 의사결정권을 수평적 국에 허용한 구조

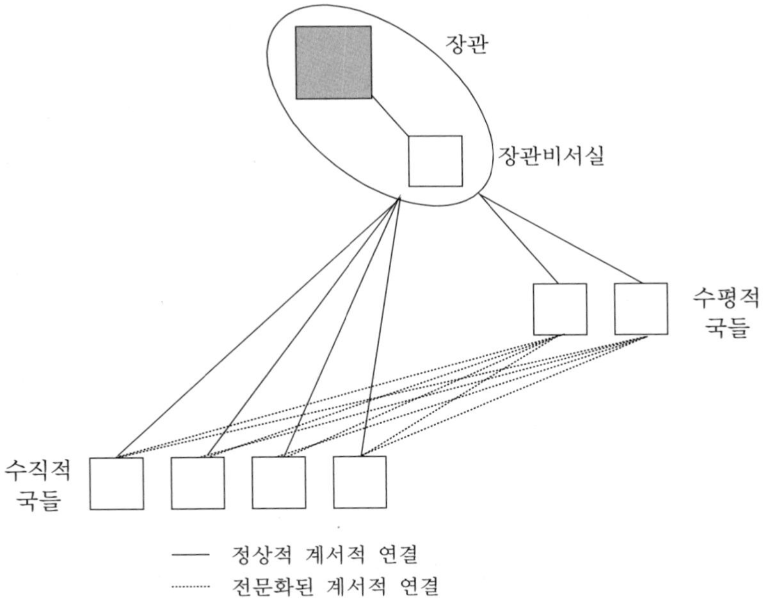

성을 하고 있다. 먼저 장관 가운데 보통 유명한인물이나 당책임자를 중심되는 국가장관ministre d'Etat을 임명한다. 이들의 권한은 일반장관과 거의 같지만, 상호간의회의réunion interministérielle를 주체할 수 있는 권한이 있다. 항상 각정부에 국가장관이 있는 건 아니다. 각 정부정책과 성향에 따라 국가장관이 있기도 없기도 한다. 다음으로는 일반장관ministre으로서 국가의 사명을 분업화하여 수상밑에서 독립적으로 소관부성의 업무를 지휘토록 한다. 위임장관ministre délégué은 수상이나 일반장관(국무장관 포함) 밑에서 수상이나 장관의 과중한 업무를 분담하고 있다. 수상의 각 부성의 조정업무라든가 한 장관이 자기 부성의 모든 업무를 총괄하여 지휘감독하기 어려운 경우 일정한 업무를 위임하여 처리케 하는 것이다. 마지막으로 정무장관은 그 지위가 상대적으로 낮아 정무차관 등으로 표현되기도 하나 행정업무의 기능상 국가장관과는 반대로 우선순위에서 부차적으로 취급될 뿐이다. 수상이나 일반장관 밑에 소속되어 업무를 담당하기도 하고 어느 장관에 수속되지 않는 자율적 무임소장관을 두는 경우도 있다. 구체적인 어떤 하나의 부성은 위임장관이나 정무장관 등의 지원과 더불어 다양한 형태를 취할 수 있는바 그 유형을 제시하면 대체로 다음과 같다([그림 6-5, 6-6, 6-7] 참조).

한편 부성 수를 탄력성 있게 정할 수 있다고는 하나 부성간의 업무조정 문제가 발생하기 때문에 부성 수를 늘리는 것보다는 통합된 부성 밑에 위임장관이나 정무장관을 두어 업무를 집행하도록 하고 있다. 따라서 부성의 명칭은 이러한 기능 통합여하에 따라 정부구성(개각) 때마다 바뀔 수도 있는 것이다. 1981년 지방자치행정개혁 실시를 위해 사회당정부는 내무성을 내무지방자치성(1981-1986)으로 그 명칭을 바꾸었던 것이다. 그 이후 지방자치업무는 공무원·정부개혁 및 분권화성으로 이관시켜 지방자치(분권화) 담당업무를 정부개혁과 공무원문제와 함께 연계시켜 다루도록 하였다. 그러나 2017년부터 지방자치업무는 수상부처service de Premier Ministre·내무ministère de l'intérieur에서 다루도록 하였다.

현재 2018년 마크롱Macron 대통령하에 에드와르 필립Édouard Philippe 수상의 정부구성을 보면 국가장관은 2명, 일반장관 18명, 위임장관 2명, 정무장관 12명으로 되어 있다. 그 구체적 내용을 보면 먼저 내무부와 환경·에너지변화개발 국가장관이 있고, 일반장관으로는 법무, 외무, 국방, 국토연대, 사회연대·건강, 경제·재정, 문화공보, 고용, 교육, 농수산, 국가정책·재정, 고등교육·

연구 · 창조, 해외영토, 청소년 · 체육 등의 장관(이상 18명)이 있고, 위임장관은 내무, 환경 · 에너지변화개발 그리고 외무의 장관(이상 3명)이 있다. 정무장관은 수상하에 속해 있는 수상과 상 · 하위원관계담당, 정부대변, 남녀평등, 장해인담당 그리고 디지털담당 장관(이상 5명)이 있고, 환경 · 에너지변화개발(이상 2명), 외무(이상 1명), 국방(이상 1명), 국토연대(이상 1명), 그리고 국가정책 · 재정(이상 1명) 장관 등으로 구성되었다.

정부조직개편은 전체공무원의 수에는 커다란 변화를 가져오지 않으면서 이루어져야 한다. 모든 인원의 증가는 예산법에 미리 정해야만 가능하기 때문이다. 따라서 부성조직의 하부기관의 소속배치를 바꾸는 식으로 개혁되기 때문에 실상 하부조직은 안정성과 계속성을 유지하는 반면 상부조직은 정치적 환경변화와 요구에 신축성 있는 적응성을 발휘할 수 있는 것이다.

2. 부성내 조직

위에서 소개한 정부조직의 특성 특히 정부구성의 유연성에서 보는 바와 같이 특정 부성조직은 크게 위임장관 또는 정무장관의 유무에 따라 달라진다고 볼 수 있다([그림 6-5, 6-6, 6-7] 참조). 이와 같이 부성 내부조직의 구성은 부성에 따라 다양하나 일반적으로 부성 내부조직의 구성은 다음과 같다(임도빈, 1993: 124).

각 부성의 계서적 하위기관의 구성을 살펴보면 어느 부성이나 공통적으로 찾아볼 수 있는 계서적 단위는 국direction, 부국sous-direction, 과bureau가 있다. 그러나 이러한 계서적 단위는 반드시 다 있는 것도 아니고 그 명칭과 지위(격)에 있어서 혼동을 가져올 만큼 복잡하게 얽혀 있다. 예컨대 업무담당부서로서 실service은 국과 부국의 사이에 위치한다고 볼 수 있으나 어느 경우에는 국과 대등할 수도 있고 또한 부division는 국보다는 하위이나 과보다는 상위에 위치하여 명확한 계서적 서열을 일률적으로 구분하기가 어렵다고 하겠다. 대부분 계서의 말단은 계section이나 어떤 경우엔 아예 계가 없는 경우도 있다. 국의 경우 총국direction général은 수평적으로 같은 국이라기보다는 다분히 조정지휘할 수 있는 상위의 국에 해당된다고 볼 수 있다. 국의 설치 및 국장의 임명은 장관회의(국무회의)의 심의를 거쳐 정부의 재량(정령)으로 이루어진다.

그림 6-8 부성내의 내부조직모형

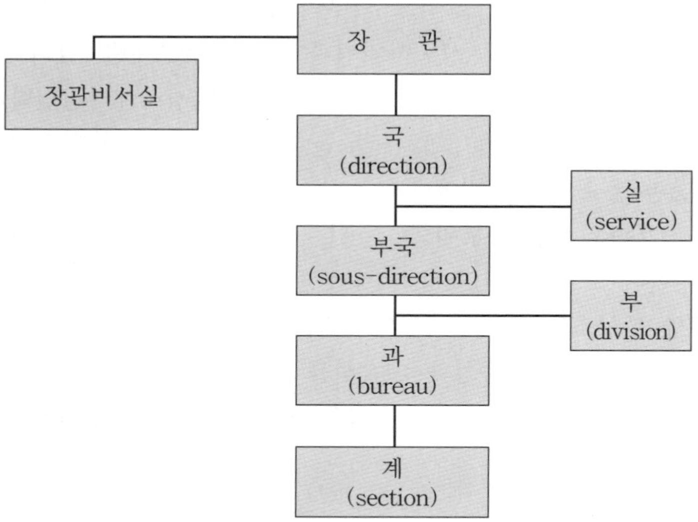

3. 장관비서실

장관비서실cabinet ministériel 내지 장관참모부는 장관을 보좌하는 두뇌 엘리트 집단으로 마치 대통령과 수상이 각각 그들의 비서실(참모부)의 보좌를 받는 것과 같은 맥락에서 장관의 정치적 역할을 발휘하게 하는 제도적 장치라고 볼 수 있다. 장관비서실 내지 장관참모진의 구성은 모든 장관에게 꼭 같은 것은 아니며 부성의 기능에 따라 차이가 있다고 볼 수 있다. 대체로 장관의 두뇌역할을 하는 전문보좌관conseiller technique, 의회담당보좌관attaché parlementaire 내지 비서관들의 규모는 20명에서 40명에 이르며, 여기에 단순기능직(타자수, 운전기사 등) 10명 정도가 추가되어 비서실(참모부)을 구성한다.

장관비서실의 비서실장(참모장)directeur de cabinet, 비서실장보(참모장보)directeur adjoint 및 비서장chef de cabinet 등은 장관의 결재권위임을 받을 수 있어 이들 참모진의 역할은 매우 크다. 특히 비서실장(참모장)은 장관의 의사결정에 큰 영향을 미친다(임도빈, 1993: 129). 장관비서실의 중요한 기능은 행정부 이외의 환경과의 연결을 담당하는 경계조직이라는 점이다. 즉 의회담당보좌관은 의회와의 모든 연결문제를 담당하며, 언론담당 보좌관은 언론매체와의 관계를 담당하는 것이다. 장관비서실의 또 다른 중요한 기능은 다른 부성과의 협력과 조정을 하는 통로역할을 하는 것이다. 즉 수상실에서 주재하는 부성간위원회, 부성간연락회의 등을 준비하고 회의에 참석하여 다른 부성과의 협의도 이들 전문보좌관 내지 비서관들에 의해서 이루어진다. 또한 장관참모진은 부성 내의 하부부서간의 업무조정을 한다. 부성 내에 사무국장secrétaire général이 있어 부성 내 국간의 업무를 조정하는 일을 담당하기도 하나 일반적으로 장관비서실(참모진)에서 이와 같은 업무조정 및 내부갈등 문제를 다룬다.

행정부 각 부성의 구조는 공식적으로 국directions, 부국sous-directions, 그리고 과bureaux로 확실히 구분되지만 특별위원회의 확산과 행정 관할구역간의 중첩을 가져올 수 있도록 한 국장 또는 과장급의 '초소형 참모진'micro-cabinets의 확산으로 인하여 이들 구분이 흐려졌다. 즉, 장관의 참모부(비서실), 부성간위원회 및 부성간 연락회의 등 부성간 조정기능이 강화되어 있다.

4. 관료제의 정책결정을 위한 구조

프랑스 관료제의 정책결정의 경로는 어떤 단일의 합리적·합법적 논리에 준하는 것이 아니라 자체적인 전통, 문화, 자율성을 옹호하는 행정구조들간의 중첩을 어느 정도 선호하고 있다. 업무부서들간의 엄격한 구분은 프랑스의 구시대적 부성편성으로 부성간의 또는 같은 부성 내에서 중심이 되는 부처들 간의 서로 대립되는 경우를 쉽게 찾아볼 수 있다. 예를 들어 교육성 내에서 대학연구 프로그램 예산과 관련하여 상충되는 쟁점들을 불러일으키는 경우와 공통된 목적을 공유하고 있지 않는 예산국과 재무국 사이의 관계가 그러하다.

또는 각 부성이 적어도 부분적으로는 다양한 조합주의적 이해관계에 영향을 받았기 때문에 이공대학이나 광산대학 출신으로 구성되는 기술직 공무원단corps에 의해서 주도되는 '부성'과 국립행정교육원Ecole Nationale d'Administration에서 훈련받은 일반 행정관 같은 일반 행정직 공무원단에 의해서 주도되는 '부처'들간에 서로 대립적이 되는 경우를 쉽게 찾아볼 수 있다.

프랑스 정부 관료조직이 종래의 중앙집권적 피라미드 조직으로만 볼 수 없는 요인은 지방행정영역의 비중에서 찾아볼 수 있다. 사실상 일선기관들은 중앙수준보다 지방수준에서 더 밀접한 관계를 가지고 있다. 기간시설성의 도시설국directions départementales de l'équipement이나 산업 및 연구성의 광역도 해당부서(일선기관)들이 기능적 자율성을 보여주는 좋은 예들이다. 이들은 그들만의 특정한 전문지식, 지방 당국들과의 제도적 안배, 지역 지도자들과의 정치적 협상에 의존하고 있기 때문에 여하한 중앙정부의 간섭으로부터도 잘 보호받고 있다(Thoenig, 1987). 지방의 수준에서 볼 때 행정은 넷이나 다섯 선수들이 벌이는 경기에 비유될 수 있다. 도지사(이론적으로 각 행정부성의 일선기관을 관장하는 수상의 대표), 일선기관들과 그에 소속된 훈련이 잘 된 전문가들, 중앙 부성의 감독관들과 규제들, 지방의회 의장들(집행기관)과 그들이 자체적으로 이끄는 관료들(지방공무원들)로 구성되는 복잡한 경기장인 것이다. 지방분권화 과정에서 지방당국에게 사회적·경제적 간섭권한을 더 많이 부여함에 따라서 하위 일선기관들에게 더 행정적 권한이양 과정을 통하여 부서 조직들(일선기관들)을 강화시키고자 하는 새로운 동기가 주어졌다. 중앙부서들의 지위를 '지주회사holding companies'의 위치로 약화시키고 사용자들에게는 보다 질 좋고 적절한 서비스를 제공하게 함으로써 중앙부성들로부터의 규제적인 명령의 흐름을 부드럽게 하기 위한 것이다. 일선기관에게로의 행정권의 이양은 1986년에 시작된 공공부문 '현대화' 정책의 주요 부분이다. 경상비 지출과 투자 지출의 30%까지 현재 일선 관리자들에 의해서 결정될 수 있다. 더욱이 지방 당국과 지방 행정에 관련된 1992년의 법률에서는 행정적 권한이양을 일반적인 원칙으로 명시해 놓고 있다.

이러한 기능과 조직간에 완벽한 연계가 가능하거나 심지어 바람직하다고 상상하는 것은 비현실적인 일이다. 합리주의적 구조개혁들은 언제나 효과가 없는 것으로 입증되었다. 여러 부성 책임의 분야들을 통합하여 '특대의 부성super-ministries'을 만드는 것은 1992년 재무성에서 예산성과 산업성의 활동들을 감독한 경우에서 그 예를 찾아볼 수 있는 바와 같다. 50년 동안 여러 정권들이 오랫동안 실행하려고 시도한 바 있는 생각이다. 그러나 이 방법은 장관이 자기 계선부성들로부터 더욱 더 유리되게 됨으로써 새로운 조정의 문제를 야기시킬 뿐이었다. 결국 프랑스의 부성 체계는 거대한 기계 속의 단편적인 부분들이 되는 현상을 보이고 있다고 할 수 있다.

영조물 법인들과 같은 조직들의 양산은 중앙집권적 행정체제를 약화시키는 또 다른 요인으로 작용하고 있다. 재정적 독립과 과학, 산업 및 전문분야에서의 문제해결에 적합한 신축성 있는 기구를 허용하기 때문에 영조물 법인

établissements publics은 상당히 보편적인 법적 구조이다(국가 차원에만도 1,000개 이상의 영조물 법인들이 있다). 그러나 이와 같은 공식적인 영조물 법인의 범주화는 그들의 구매력이나 규제권한에 대하여 아무것도 명시해 주는 것이 없다. 각각의 영조물 법인이 자체적인 역사적 배경과 타협된 중재안들을 토대로 하여 나름대로의 활동계획을 세우는 것이다. 상공회의소Chambres de Commerce와 같이 완전히 행정적인 조직을 가지고 있는가 하면, 파리 공항Aéroports de Paris과 같이 기업활동에 역점을 두는 기업조직과 같은 경우도 있다. 이와 같이 공공조직의 불명확한 법적 범주를 사용 및 남용하는 것은 행정법 법규들이 어느 범위까지 적용되어야 하는가에 관한 많은 문제점들을 야기시킨다(Conseil d'Etat, 1985).

기업조직과 같은 영조물 법인 범주에는 1982년 새로이 국유화된 회사들로 해서 그 숫자는 엄청나게 증가하여 기업활동(은행, 보험회사)이나 공공서비스 임무(도시교통, 가스와 전기공급)를 수행하는 60개의 공기업들이 추가되어야 한다. 1986년 이들에 대한 부분적 사유화를 이루고 1988년 국가산업정책에 새로운 방향이 제시된 이후, 그리고 1993년의 유럽 시장에 대한 우려로 인하여 공기업들은 사기업과 경쟁하거나 협력하기 위하여 직접적인 정치의 통제로부터 상당한 정도의 기능상의 자율성이 부여되었다.

Ⅱ. 공무원 제도

프랑스의 공무원제도는 국가공무원제도가 근간을 이루어 왔으나 1982년의 새로운 지방분권화 개혁을 단행한 이후 새로운 지방공무원제도(1984년)와 병원(의료)공무원제도(1986년)가 수립되어 기존의 국가공무원제도와 더불어 새로운 전기를 맞이하게 되었다. 프랑스의 공무원은 그 고용주체에 따라 국가공무원, 지방공무원, 병원(의료)공무원으로 분류되어 운영되고 있다. 2015년 12월 31일 기준, 계약직을 제외한 전체 공무원은 약 545만 명으로 전체 경제활동인구의 5분의 1을 차지하고 있다. 전체 공무원(545만명) 중 국가공무원은 거의 절반인 44%, 지방공무원은 3분의 1인 35%, 병원(의료)공무원은 5분의 1인 21%를 각각 차지하고 있다(〈표 6-2〉 참조).

매년 공공부문 경상비 지출의 40%이상[6]이 공무원의 봉급에 할애되고 있

6) https://www.fonction-publique.gouv.fr/files/files/statistiques/jaunes/jaune2017_fonction_publique.

표 6-2 1980년에서 2015년 공무원수 변화[7]

구분	1980	1990	2000	2007	2015
국가 공무원	2,173,169	2,307,816	2,472,102	2,484,484	2,477,500
지방 공무원	1,021,000	1,166,364	1,371,928	1,748,378	1,984,200
병원 공무원	670,791	783,473	855,660	1,035,073	1,186,600
전체 공무원	3,864,960	4,257,653	4,699,690	5,267,935	5,648,300

다. 1980년부터 2015년까지 전체공무원수는 꾸준히 늘어나는 추세를 보여준다. 이유는 실업문제해결, 교육, 문화사회사업, 사회보장제도사업, 사회현대화사업 등 중점분야의 기능을 개선 그리고 발달시키기 위하여 공무원직을 구조적으로 강화했기 때문으로 분석된다. 예를 들면, 1997년 그리고 2012년, 두 시기에 걸쳐 사회당 정부는 청년실업문제해결을 위해 청년보조공무원계약직을 만들어 공무원수가 늘게 되었다. 반면, 2007년에는 사르코지Sarkozy 대통령하에 공무원수 줄이기 사업으로 잠깐 국가공무원수는 축소되었으나, 지방공무원과 병원공무원수 증가로 전체 공무원수는 계속 증가하는 추세를 보여주고 있다.

1. 공무원제도의 법적 기초

공무원들은 노동계약이나 단체협약에 의해서 규정되는 것이 아니라 법률과 법령에 의해서 규정되는 법적 지위에 있다. 새로운 프랑스 공무원법의 구성을 보면 크게 네 개의 법률로 구성되어 있다. 이들 법률은 공무원의 일반법 statut général으로 다음과 같다.

① 공무원들의 권리와 의무에 관한 법률(1983. 7. 13 법률)
② 국가공무원에 관한 법적 규정(1984. 1. 11 법률)
③ 지방공무원에 관한 법적 규정(1984. 1. 26 법률)
④ 병원(의료)공무원에 관한 규정(1986. 1. 9 법률)

---

pdf

7) http://www.ladocumentationfrancaise.fr/var/storage/rapports-publics/094000601.pdf
https://www.insee.fr/fr/statistiques/2663284

공무원의 일반법의 적용범위는 모든 공직자들 가운데 제한되어 있다. 즉 공직자들 가운데 군 공무원들, 의회 공무원들, 법원의 법관들 및 비정식 공무원들은 일반법의 적용범위에서 배제된다.

공무원 일반법의 내부에서 국가공무원에 관한 법적 규정은 국가의 중앙행정 공무원과 국가의 일선기관 공무원 및 국가의 영조물법인 공무원들에 적용된다. 지방공무원에 관한 법적 규정은 지방공무원들과 그들의 영조물법인 공무원들에 적용된다. 공무원의 권리와 의무에 관한 법률은 위에서 기술한 모든 공무원들이 다같이 공동으로 적용되며, 병원조직의 공무원들은 국가나 지방공무원에 포함시키지 않고 고유한 규정을 두고 있다. 그러나 법적 규정은 국가와 지방공무원들의 본질적 내용에 접근하고 있다.

프랑스 공무원제도는 거의 모든 공무원들이 공무원법의 적용을 받는 것을 특징으로 하고 있다. 최근 대부분의 국가에서 인력관리의 탄력성을 제고하기 위하여 일반 노동법의 적용대상을 넓혀 가고 있다. 여러 가지 의무와 제약을 수반하지만 강력한 신분보장을 의미하는 공무원법의 적용대상은 공권력의 행사나 공공이익의 보호에 관련된 업무에 종사하는 사람들에 한정시키고 그 외의 공무원들에게는 일반 노동법을 적용시켜 신분보장을 약화시킴으로써 인력관리의 경직성을 완화시키려는 것이다.

프랑스는 이러한 추세에 역행한 채 공무원법의 광범위한 적용을 통하여 공무원의 신분보장의 강화에 주력하였으나 최근 공무원법의 적용을 받지 않는 비정규직(계약직)의 비중이 높아가고 있다. 국가공무원의 14%인 40만명이 계약직이며, 지방공무원의 29%인 50만명이 계약직으로 충원되고 있다. 채용에 있어서 절차가 간편하고 예산상의 제약을 피할 수 있는 계약직을 선호하는 추세가 지속되고 있다(김영우, 2003: 68-69).

2. 공무원의 조직화

프랑스 공무원제도의 독특한 측면은 공무원의 조직화의 특성에서 찾아볼 수 있다. 공무원 조직화의 기초로 공무원단corps제도의 특수한 전통을 가지고 있다. 공무원단은 채용, 승진 등 인사관리의 기본단위가 되고 자체 인사규정(특별법)을 가지고 있어서 다른 공무원단과 구별된다. 따라서 동일부처의 공무원들이라 할지라도 소속공무원단이 다른 경우 적용받는 인사관리 규정도 상이

하다. 일반적으로 공무원들은 소속부처보다도 소속 공무원단에 보다 강한 소속감을 느낀다.

(1) 공무원단과 공무원직종단

프랑스의 국가공무원들은 공무원단corps으로 나뉘어 조직되어 있고, 각각의 공무원단은 다시 공무원단 구성원들간에 등급(계급)grades으로 나누어져 있다. 지방공무원들은 공무원단과 유사개념의 공무원 직종단cadres d'emplois으로 조직되어 있다. 공무원단corps de fonctionnaires은 같은 특별법statut particulier하에 놓인 같은 등급grade(공무원단은 하나의 등급만 있을 수 있거나, 진급avancement에 의하여 오를 수 있는 몇개의 등급을 포함하기도 한다)의 사명vocation을 담당하는 공무원 전체집단을 의미한다. 2005년까지 국가공무원 조직은 약 1,700개가 넘는 공무원단으로 구성되었었고, 계급(등급)제를 근간으로 하는 프랑스 공무원제의 전문성은 다양한 공무원단으로 구성되어 있어 직위분류제와 유사한 효과를 가져오고 있었다. 그러나, 2005년부터 공무원수 축소사업으로 2015년에는 327개,[8] 그리고 2018년에는 230개[9]로 축소시킬 예정이다. 이유는, 너무 지나치게 다양한 공무원단수로 부서이동 경우 공무원들 이동력이 매우 낮아 큰문제가 되었기 때문이다. 이 정책은 앞으로 지방공무원과 병원공무원까지 확장되어, 국가공무원, 지방공무원 그리고 병원공무원을 모두 한 공무원으로 통괄하기 위한 인사정책으로 현재 진행되고 있다.

공무원단은 원래 모집수준과 책임수준에 따라 카테고리 A, B, C의 3개의 범주catégories로 나누어졌다.

즉, A범주의 공무원단은 대졸수준에서 모집하는 일반적 연구, 개념화 및 지휘기능의 직무를 담당하는 공무원들(일반행정관, 교수직 등)로 구성된다. B범주의 공무원단은 고졸수준에서 모집하는 개인적 어떤 판단을 요하는 집행기능의 직무를 담당하는 공무원들(행정비서, 세무통제관 등)로 구성된다. C범주의 공무원단은 중졸수준에서 모집하는 전문화된 어떤 기능을 수행하는 공무원들(속기타이피스트, 비서 등)로 구성된다.

---

8) http://www.ifrap.org/fonction-publique-et-administration/fonction-publique-pourquoi-il-faut-reduire-le-nombre-de-corps

9) http://www.ifrap.org/fonction-publique-et-administration/fonction-publique-pourquoi-il-faut-reduire-le-nombre-de-corps

카테고리 A에 속하는 공무원은 전체 국가공무원의 33.3%, 카테고리 B에 속하는 공무원은 19.6%, 나머지는 단순사무 및 기능업무를 수행하는 카테고리 C의 공무원들로 구성된다(INSEE, 2017[10]). 국가공무원의 공무원단은 예컨대, 경제재정성에 있는 A범주의 세무감사원 공무원단corps d'inspecteurs de finances publiaues과 B범주의 세무통제관 공무원단corps de contrôleurs de finances publiaues이 하나의 부성un ministére에 고유하게 있을 수 있고, 부성간에 있을 수도 있다. 예컨대, 일반 행정관 공무원단le corps des administrateurs civils과 같이 몇몇 또는 모든 부성에 공통으로 있을 수도 있는 것이다. 지방공무원의 공무원직종단un cadre d'emploi은 공무원단의 개념과 유사하다. 공무원직종단은 어떤 전체의 직un ensemble d'emploi에 전념할 사명vocation을 부여하고 있는 어떤 등급un grade의 같은 특별법하에 놓인 공무원들을 통합한 것이다.

공무원단과의 차이는 본질적인 인사관리의 절차에 있다. 즉 국가공무원의 공무원단의 인사관리는 국가적 수준에서 조직화된 절차에 따라 실시되는 반면 지방공무원의 직종단의 인사관리는 각각의 지방자치단체의 수준에서 실시된다. 따라서 국가적 수준에서 통합된 공무원단을 인사관리상 지방자치단체별로 나누어진 공무원단 개념을 직종단으로 표현할 뿐 본질에 있어서는 같다. 국가의 공무원단은 고용주가 국가로 유일하나 지방공무원의 경우는 고용주가 다양하므로 양자를 구분하기 위하여 다른 명칭을 쓰고 있다고 볼 수 있다.

공무원직종단들cadres d'emplois도 특별법에 의하여 관리되며 공무원단에서와 같이 A, B, C의 3범주로 나누어진다.

(2) 등급(계급)(grade)과 호봉(échelon)

각 공무원단이나 직종단 내부에서 공무원들은 특별한 지위position에 놓이게 된다. 각 공무원단이나 직종단은 일반적으로 소위 계급classe이라 불리는 몇개의 등급grade으로 나누어지고 각 등급은 다시 몇개의 호봉échelon으로 나누어진다.

호봉échelon은 등급 내에서 선임순ancienneté을 결정한다. 따라서 각 공무원의 지위position는 각 공무원단이나 직종단 내부에서의 등급과 호봉으로 결정되며 이것은 공무원의 보수수준을 결정하는 조건(보수지표)이 된다.

---

10) https://www.insee.fr/fr/statistiques/2663284

(3) 직위와 등급의 구분

직위emplois는 배치된 사람에게 보수를 허용하는 재정법률(예산)에 의해서 결정된다. 어떤 직위에 배치되기 위해서는 일반적으로 공무원들은 그 직위에 상응하는 등급grade을 소지해야 한다. 예컨대 일반행정관직위는 원칙적으로 일반행정관 등급le grade d'administrateur civil을 가진 공무원에 의해서 채워진다. 그러나 어떤 일반행정관이 장관비서실(장관참모진)에 임명되거나 공기업에 파견되어질 수도 있는 것이다.

등급le grade은 어떤 직위un emploi에 임명할 때 공무원에게 부여되는 것이다. 등급은 일정수의 직위emplois를 차지할 사명vocation이 부여된다. 등급은 공무원의 입직 경쟁시험에 합격함으로써 취득(실무수습 뒤 어떤 등급 안에서 정식공무원이 됨)되거나 또는 경력이 발전되는 가운데 승진이나 새로운 경쟁시험의 결과로 취득된다. 등급은 공무원의 신분을 중심으로 하는 직급 내지 계급이라고 볼 수 있다.

이와 같은 등급과 직위간의 구별은 어떤 공무원의 직위가 없어지더라도 공무원은 그의 등급을 보유하고 그에 상응하는 다른 직위에 들어갈 권리를 가지고 있기 때문에 직위의 안정sécurité d'emploi을 도모한다. 이러한 등급과 직위의 구별은 경력제 공무원 제도에서 보다 많은 유연성을 부여한다고 볼 수 있다.

3. 공무원의 모집과 양성

공무원의 모집방법은 현재 두 가지 원칙에 지배되고 있다. 하나는 공무원들을 그들의 능력capacité에 의해서 선발해야만 하는 행정의 현대적 개념에 부응하는 것이고, 다른 하나는 모든 시민들을 공직담당에 들어가는 데 평등하다는 것을 확인하는 것이다. 이 두 원칙은 잘 알려진 모집방법으로 공개경쟁시험 concours의 실시로 결합시키고 있다. 공무원의 임용nomination은 대통령, 수상, 관계장관 및 관계단체의 집행기관 등 행정당국autorité administrative에 의하여 행해진다. 그러나 이러한 행정당국은 자의적으로 선발할 권한이 없으며, 대부분의 경우 공개경쟁시험에 의해서 이루어진다. 공개경쟁시험의 절차는 모든 사람의 평등성을 보장하며 모든 정치적 특혜주의를 피한다. 따라서 공개경쟁시험은 다시 두 가지로 나누어진다. 하나는 어떤 직위에 직접 들어가기 위하여 실시되고, 다른 하나의 공개경쟁시험은 공무원 입직을 부여하는 전문화된 학교(특수대학들)의 입학(일종의 입학시험)을 허용하여 필요한 관료를 양성하는 것이다. 공개경쟁시험에 의해서 들어가는 공무원 양성기관(전문대학들)이 매우 발달되어 있다. 행정직 고위공무원의 양성을 위하여는 국립행정교육원ENA이 설치되어 있고, 기술직 공무원단을 위해서는 이공대학Ecole Polytechnique이 설치되어 있으며, 월등한 교사들의 양성을 위하여는 국립교사대학École normale supérieure 경제·재무성의 일부 공무원단을 위해서는 국립세무학교, 국립세관학교 등 매우 전문화된 양성교육기관을 두고 있는 것이 특징이다.

요컨대 공개경쟁시험은 외부공개경쟁시험concours externe, 내부공개경쟁시험concours interne과 제삼경쟁시험Troisième concours으로 나누어져 실시된다. 외부공개경쟁시험은 공무원이 아닌 지원자들에게 허용되며 이들은 일반적으로 연령과 학력이 갖추어져야 한다. 내부공개경쟁시험은 이미 공무원(비정식공무원 포함)인 지원자들에게 허용되며 일정한 근속연한이 요구된다. 예를 들면, ENA를 내부경쟁시험으로 들어가려면, 적어도 근무연수가 최소 5년은 되어야 한다. 내부공개경쟁시험은 신규채용인원의 일정비율을 현직 공무원에게 할당하는 제도이다. 제삼경쟁시험은 학위나 공무원자격이 불충족하지만, 같은 직종에서 직업경력이 있는 지원자들에게 허용된다. 예를 들면 국립행정교육원에 제삼경쟁시험은 볼 수 있는 기관책임자로서 적어도 8년은 경력이 있는 자들에게만 허용된다. 이 비율은 공무원단별로 정해지며 일반적으로 외·내부경쟁시험은 각각 45%, 그리고 제삼경쟁시험은 10%에 달한다. 따라서 이 제도는 사회적 출신배경 또는 경제적 이유 때문에 외부공개경쟁시험을 통해서 고위공무원단에 진출하지 못한 하위직 공무원들과 시민들에게 신분상승의 기회를 제공하는 역할을 수행한다. 이와 같이 공무원 계서 가운데 고위공무원단에 이르는 것을 허용하고 있으므로 고위공무원단에 들어가는 것은 동시에 직업·사회적 위치승진의 수단이 된다.

고위공무원단의 충원통로인 ENA의 신입생 선발을 예로 들어보면, 2016년 ENA의 신입생 122명 중 약 31%인 38명이 내부공개경쟁시험에 의하여 선발되었으며, 9명이 제삼경쟁시험에 선발되었다(ENA, 2017).

공개경쟁시험원칙에 대한 예외로서 공무원법은 다음과 같이 제한적으로 열거하고 있다. 즉 내부승진으로 공무원단의 변경, 국가공무원과 지방공무원간의 이동, 카테고리 C의 일정한 공무원단, 전쟁희생자와 상이군인연금법에 관련있는 인사에 유보된 일정한 직위 등을 들고 있다.

다른 한편 공무원단의 특별법statuts particuliers은 공무원자격을 가지지 않은 인사까지 포함하여 외부에서 공무원단에 들어오는 것을 규정하고 있다. 국가행정의 일정한 고위직(중앙행정의 국장, 도지사, 교육감, 외교직 등)의 임명은 정부의 재량하에 있다. 지방자치단체들의 일정한 고위직도 마찬가지다.

공무원후보의 자격요건으로서는 ① 프랑스 국적을 가질 것(대학교육과 연구분야는 예외), ② 공민권droits civique을 행사할 수 있어야 하며 직무수행에 부적합하다고 언급된 범죄기록이 없을 것, ③ 수행될 기능이 요구하는 신체적 적합조건 등이다.[11)]

공무원단 내부에서의 수직적 인사이동에 해당하는 승진avancement은 두 가지 방법에 따라 이루어진다. 하나는 어떤 등급grade에서 다른 등급grade으로 들어가는 선발승진l'avancement au choix으로 이것은 등급 안에 있는 급classe간의 승진(직급승진)(2급, 1급, 급외)에 적용된다. 다른 하나는 선임승진l'avancement à l'ancienneté으로 같은 호봉 내에서의 호봉승진avancement d'échelon이 있다.

공무원단간의 이동은 반드시 신규채용과 동일한 절차를 거쳐야 하기 때문에 고위공무원단으로의 이동을 위해서는 외부공개경쟁시험 또는 내부공개경쟁시험을 통과하여야 한다.

수많은 공무원단으로 세분화된 프랑스공직구조 속에서 수평적 인사이동이 이루어질 수 있는 인사교류의 주된 통로역할을 하는 제도는 파견제도이다. 프랑스의 파견제도는 보수지급을 기준으로 원소속기관에서 지급하는 형태와 파견기관에서 지급하는 형태로 구분된다. 파견대상의 범위가 사기업이나 민간단체까지도 포함하고 있어서 매우 광범위하며 파견기간도 각 공무원단마다 다르나 최대한 10년 이내로 규정되어 있고, 현실상 무기한 연장이 가능하다. 2014년에는 약 국가공무원의 8%(109 872명)[12)]가 파견제도를 활용하여 다양한 경험을 쌓고 있다(Fonction Publique, 2016).

---

11) 채용에 있어서 최근 자주 논의되는 사항은 자격요건 중 국적조항이다. EC조약 제39조에 규정된 인적자원의 자유로운 이동을 보장하기 위하여 유럽연합 집행부는 회원국 정부에게 국적조항의 완화를 요구하고 있다. 이에 따라 프랑스 정부도 법개정을 통하여 국가의 주권과 공권력의 행사와 관련이 없는 직위에 한해 유럽연합 회원국의 국적을 보유한 자에게 공직문호를 개방하고 있다(김영우, 2003: 70).

12) https://www.fonction-publique.gouv.fr/files/files/statistiques/stats-rapides/agents-mobilite-2014.pdf

4. 공무원의 인사관리기관과 참여기관

국가공무원들은 두 수준에서 관리된다. 각 부성 수준에서는 인사국Direction au personnel이 부성의 고유하고 다양한 공무원단을 관리한다. 범부성간 수준에서는 수상의 책임하에 특히 공무원법의 수립(공무원 일반법과 특별법의 조정), 봉급의 정기적 재평가, 부성간 공무원단의 관리, 공무원 양성 교육기관의 감독 등을 한다. 이러한 업무는 특히 공무원 총국la direction générale de la fonction publique의 소관이다. 공무원 총국은 2017년까지 수상직속의 위임장관이나 정무장관 밑에 놓여 있었으나, 2017년부터 재무부장관 밑에 놓여 있다. 인사관리의 참여기관(자문기관) 국가공무원 최고위원회le conseil supérieur de la fonction publique는 본질적으로 정부와 노조조직간의 동수대표로 구성된 협력concertation의 장소이다. 지방공무원의 관리는 국가와 같이 고용주가 단일하지 않기 때문에 지방자치단체 각자가 고용주인 셈이다. 따라서 인사관리는 이러한 상이한 고용주간에 나누어지고, A카테고리 지방공무원들은 지방중앙관리센터Centre National de la Fonction Publique Territoriale(CNFPT)에서, B와 C카테고리 지방공무원들은 인사관리센터centres de gestion에서 다루고 있다. 지방공무원 최고위원회conseil supérieur de la fonction publique territoriale는 지방자치단체들(고용주)과 노조조직간의 협력뿐만이 아니라 인사문제에 관한 지방자치단체들의 집단적 표현장소가 되고 있다.

인사관리 참여(자문)기관으로서는 동수행정위원회les commisions administratives paritaires, 동수전문위원회comités techniques paritaires, 위생안전위원회comités d'hygiène et de sécurité 등이 있어 행정당국과 노조조직대표가 동수로 구성되어 인사관리에 관한 자문기관 역할을 하고 있다.

프랑스 관료조직의 머리 부분이라고 볼 수 있는 고위공무원들의 양성과 그들의 역할 및 고위공무원단을 살펴보기로 한다.

Ⅲ. 엘리트 고위 공무원의 개발교육 기관

프랑스에서 엘리트elite[13]의 양성은 앵글로색슨계 국가들에서 보다 더욱 견

13) 여기서 사용하는 "엘리트"의 개념은 한 사회의 여러 부문에서 실질적으로 중요한 역할을 하고 있는 사람들로서 프랑스 사회의 공공부문과 사부문에서 주요 의사결정에 영향을 미치고 권한을 행사하는 고위공무원직종단에 속한 엘리트만을 대상으로 하고 있다.

고하게 제도화된 실적관료체제Un système méritocratique에 주로 근거를 두고 있다. 프랑스 제5공화국 형성은 근본적으로 고위공무원들의 공헌이 컸다(Bezes, 2008[14]). 이들이 어떠한 제도에 의하여 충원되는지를 이해하기 위해서는 이미 한 세기 반 이래 그 중요성이 계속되어온 소위 "그랑제꼴"(특수대학들)Grandes écoles의 역할을 살펴보아야 할 것이다. 프랑스에서 엘리트의 제도와 조직은 주로 엘리트의 양성교육기관으로서 "특수대학들"(그랑제꼴)과 엘리트의 결속을 가져오는 고위공무원단(그랑꼬르)Grand corps의 관계에서 설명되어질 수 있다.

1. 특수대학들(그랑제꼴)의 설립목적과 역할

프랑스의 엘리트 고위공무원단들은 대체로 국가의 엘리트 양성기관인 특수대학들 소위 "그랑제꼴"Grandes écoles 출신으로 구성된 다양한 구조를 가진 공무원집단들이다. 국가의 특수대학들(그랑제꼴)은 당초 나라에 헌신할 엘리트 양성을 목적으로 세워졌다. 이로인해, 그랑제꼴 출신의 엘리트가 공공부문인 행정·정치부문의 요직은 물론 산업·재경 및 교육부문의 요직까지 점하여 움직여 가고 있는 것이 현실이므로, 프랑스 사회에서 이러한 엘리트들을 양성하는 특수대학들이 차지하는 비중은 대단히 높다. 즉, 프랑스의 100개의 대기업 가운데 2/3는 그랑제꼴 출신들에 의하여 지휘관리되며, 고위행정부문에는 더 높은 비율을 차지하고 있다. 이와 같은 프랑스의 특수대학들은 대부분 기술자·산업연구자·관리자 및 행정인들을 배출하고 있다. 요컨대 프랑스에서는 공공부문이든 사부문이든 결정권을 쥔 주요 인사들은 그들의 정신과 교양면에서 공통적 특성을 지닌 특수대학들에서 양성되는 것이다.

엘리트양성과 관련하여 프랑스의 대학교육제도는 국가에 의해서 거의 독점되고 있다.[15]

이러한 제도를 가지게 된 역사적 배경으로는 나폴레옹 이래 지속되어온 교육에 대한 정치철학인 정치적 안정추구(응집성의 필요), 통일성의 추구(경쟁적 할거주의에 대한 우려), 실용적 전문성 추구(국가에 봉사할 지도간부 확보의 필요성)에 연유되고 있다고 볼 수 있다.[16]

---

14) Philippe Bezes · Marc-Olivier Padis(2008), LA RÉFORME DE L'ÉTAT : CONTINUITÉS ET RUPTURES, Esprit, 2008/12, pp. 75-93.

15) Suleiman(1979: 25-35).

16) 듀르크하임은 교육에 대한 국가의 독점을 국가가 사회의 응집과 안정에 기여하였다는 사

프랑스의 대학교육에는 크게 두 가지 원칙이 작용하고 있는바 하나는 구체적이고 실용적인 방향의 교육이고, 다른 하나는 현실세계와 다분히 유리된 학문을 위한 학문이다. 전자의 원칙에 따라 운영되는 제도가 바로 "특수대학들"(그랑제꼴)로서 기술전문직업교육을 시키고 있으며, 후자의 원칙에 따라 운영되는 제도가 "일반대학들"로서 이론적이고 지적 추구를 지향하는 교육을 하고 있다. 일반대학들도 전문직업교육에 일부 참여(예컨대 의사, 변호사, 약사들의 배출)하기 때문에 특수대학과 일반대학의 구분은 지나치게 단순화시킨 것이라고 할 수 있다. 그럼에도 불구하고 일반대학과 특수대학간의 대조는 현저하다고 볼 수 있으며, 프랑스에서 엘리트 고위공무원들을 양성하는 책임을 일차적으로 지고 있는 것은 특수대학들이다.

국가의 업무를 위하여 국가에 의해서 창설된 주요 특수대학들Grandes écoles은 국립행정교육원ENA: Ecole nationale d'administration, 고등사범대학Ecole normale supérieure, 이공대학Ecole polytechnique, 광산(공과)대학Ecole des mines들로서 이들 대학의 출신들은 프랑스의 고위공무원단들을 구성하게 된다. 따라서 이들 전문적인 특수대학들에 들어가기 위한 입학시험은 사실상 고위공무원단에 들어가는 제1차적 관문인 셈이다. 국가는 공공부문에서 일할 수 있는 자질있는 인재들이 필요한바, 이러한 인재들을 양성 배출하기 위한 목적에서 특수대학들을 창설한 것이다.[17] 우리의 경우 과학원법을 제정하여 국가기관의 과학인력양성을 위하여 과학원을 창설하여 운영하고 있는 것과 같은 맥락에서 볼 수 있다.

의과대학과 약학대학을 제외한 일반대학l'université에 들어가기 위해서는 고등학교 졸업장baccalauréat으로 충분하지만 특수대학들Grandes écoles에 들어가기 위해서는 고등학교 졸업장을 취득한 뒤 일반적으로 2년 동안의 준비과정을 이행하여야 하며 매우 어려운 공개경쟁시험un concours의 관문을 통과해야 된다.

실로 정당화하였다. Durkheim(1979: 58-59).

17) 일찍이 구제(Ancien Régime) 때 "국립토목대학"(Ecole nationale des ponts et chaussées)이라는 이름으로 오늘날 잘 알려진 일종의 특수 토목공과대학을 창설하였으며, 프랑스 국민회의(La Convention) 때 "고등사범대학"(Ecole normale supérieure)이 창설되었으며, 제3공화국하에서는 "정치대학"(Ecole libre des sciences politiques)이 창설되었던 것이다. 역사적으로 볼 때 상이한 정치체제들이 모두 이러한 특수대학의 창설과 유지에 유사한 태도를 보였던 것은 이러한 특수대학들이 어떠한 정부하에서나 유사한 기능을 수행하는 원천이 되었기 때문이다.

2. 특수대학들과 고위공무원단

프랑스에서 국가의 이름으로 여러 사명을 수행하는 고위공무원집단Grands corps과 특수대학Grandes écoles이 서로 직접 결합되어 있음은 공공연한 사실이다. 고위공무원단들은 그들의 특수대학들에서의 공통적 교육, 공통적 경력, 협동단체(조합)주의적 공통이익들에 의해서 결합된 하나의 엘리트 집단인 셈이다 (Chanut, 2004).

고위공무원단에 소속되려면 상응하는 특수대학을 졸업해야 한다. 기술직 고위공무원단인 광산직 고위공무원단이나 토목직 고위공무원단에 들어가기 위해서는 무엇보다 먼저 "이공대학"Ecole polytechnique을 졸업해야만 하고, 이어서 광산(공과)대학Ecole des mines이나 토목(공과)대학Ecole nationale des Ponts et chaussées을 성공적으로 나와야 된다. 유능한 연구자나 교수가 되려면 고등사범대학École normale supérieure(ENS)을 나와야 한다. 최고 권위기관이라고 할 수 있는 국정원Coseil d'Etat이나 심계원Cour des Comptes 및 재정감사원Inspection des finances에 소속되기 위해서는 "국립행정교육원"인 ENA를 우수하게 졸업해야만 된다. 고위공무원단의 선택(국정원, 심계원, 또는 재정감사원 등)은 전적으로 최종학년도 졸업시험에서 취득한 석차에 달려 있다. 왜냐하면 공무원단간에도 선호의 계서가 있기 때문이다. 특수대학들간의 선호는 졸업 후 속하게 되는 공무원단의 선호도와 같다고 볼 수 있다. 그랑제꼴 가운데 ENA가 가장 선호되는 것은 여기에 속할 경우 공직에서 보다 큰 성공을 누릴 수 있는 기회가 많기 때문이다. 이와 같이 프랑스 사회의 엘리트 고위공무원 구조는 그들의 양성교육기관과 제도적으로 밀접히 결합되어 있다.[18] 적은 수의 특수대학들(그랑제꼴)이 프랑스의 지배엘리트를 배출하고 있으며, 적극적으로 고위공무원직종단의 생활에 참여하고 있는 것이 현재의 상황이다. 고위공무원직종단은 특수학교들의 뒷받침으로 언제나 훌륭한 신임 고위공무원을 공급받아 정부의 활동에 참여하게 되는 것이다.

이와 같이 특수전문대학une grande école에 의한 고위공무원단의 구성은 같은

18) 엄격히 말해서 특수대학들과 고위공무원직종단간의 결합이 언제나 존재하지는 않았다. 왜냐하면 1945년 ENA가 창설되기 전에는 국정원, 심계원, 재정감사원의 경우 그들 자체적으로 그들의 구성원을 뽑았기 때문이다. 그러나 이 시대에도 거의 모든 구성원들이 "정치대학"(Ecole libre des sciences politiques)을 졸업한 사람들로 충원되었으므로 고위공무원직종단과 이러한 특수대학과는 무시할 수 없는 결합이 있었음을 알 수 있다.

직종의 직업을 위한 같은 교육을 받고 같은 사명을 나눌 것이 전제되었으므로 이들 엘리트 고위공무원집단 구성원들간에는 고도의 동료애 내지 집단정신 esprit de corps이 형성되고 있다(Chanut, 2004).19) Philippe Aries나 Véronique Chanut이 지적한 바와 같이 특수대학은 선의의 경쟁심과 동료애, 즉 같은 생각이나 태도의 일치, 같은 학교 졸업으로 같은 경력생활을 하는 개인들간의 상호감정의 연결을 불러일으키기 위해서는 이상적이라 할 수 있다.

특수대학들은 학생들에게 국가에 이바지하고 있다는 자존심을 크게 증진시킬 수 있으며, 이러한 자존심은 자기들이 원하는 특수대학grande école에 들어가기 위하여 같은 고생을 했고, 그들의 졸업으로 동일한 특권을 누리게 되는 개개인들의 가정을 통해서도 강화되고 있다. 그러나 특수대학들은 그 자체만으로는 "집단정신"에 결합된 모든 미덕들을 한꺼번에 기르기에는 불충분하다. 이러한 기능을 보충적으로 수행하는 것이 바로 "고위공무원단"grands corps이다. 대학에서 같이 보낸 시간은 결국 장래 고위공무원으로의 경력(직업)생활의 출발이 되며 이러한 학창기간과 졸업 후 들어가게 되는 같은 공무원단의 틀 속에서 지낼 수 있기 때문에 "esprit de corps"(에스프리드꼬르: 집단정신)은 글자 그대로 "공무원단의 정신"인 것이다. 특수대학들의 졸업자들diplômés은 특수대학의 검인을 받았기 때문에 하나의 정당성을 취득하게 되고 특수대학들은 그들의 졸업생들의 성공 덕분에 그들의 지위는 강화되고 있다고 볼 수 있다. 현재 고위공무원단과 관련된 특수대학들은 〈표 6-3〉과 같이 여러 개가 있다. 크게 민간고위공무원단과 군인고위공무원단으로 나뉘고 각 전문분야마다 특수대학이 있다고 보면 된다.

표 6-3 고위공무원단과 그랑제꼴(특수대학)

민간고위공무원	입학수준	공무원단
국가고위교사대학 Écoles normales supérieures (ENS)	그랑제꼴준비학교/ 대학2년완수이상	고위교사
국가사법관개학 École nationale de la magistrature (ENM)	그랑제꼴준비학교/ 대학2년완수이상	사법관

19) 나폴레옹은 그가 집착하고 있는 중요한 모든 제도(institutions)는 군대와 교회의 조직원칙들을 본뜨고자 하였던 제1인자였던 것이다. 나폴레옹의 조직원칙들은 어떠한 사회든 가장 필요한 것으로 계서(la hiérarchie), 통일성(l'uniformité), 질서(l'ordre), 수단적 성격(le caractère fonctionnel) 및 충성(loyauté)으로 보았던 것이다.

국가광산대학원 École nationale supérieure des mines de Paris	그랑제꼴준비학교/ 대학2년완수이상	광산기사
국가역사대학 École des chartes	그랑제꼴준비학교/ 대학2년완수이상	역사관
국가건강의료교육원 École des hautes études en santé publique (EHESP)	대학졸업	병원원장/의료기관원장/의생의료감사원...
국가통신특수대학 École nationale supérieure des Télécommunications (Télécom ParisTech)	그랑제꼴준비학교/ 대학졸업	통신기사
우주선 · 우주산업대학 ISAE-SUPAERO (Institut Supérieur de l'Aéronautique et de l'Espace)	그랑제꼴준비학교/ 대학2년완수이상	우주산업기사
국가토목대학 École nationale des ponts et chaussées dite École des Ponts ParisTech	그랑제꼴준비학교/ 대학2년완수이상	토목기사
국가경제 · 통계대학 École nationale de la statistique et de l'administration économique (ENSAE)	그랑제꼴준비학교/ 대학2년완수이상	경제 · 통계기사
국가행정 고위공무원교육원 École nationale d'administration (ENA)	대학원졸업	행정고위공무원
자연과학 · 산업특수대학 Institut des sciences et industries du vivant et de l'environnement dite Agro Paris Tech	그랑제꼴준비학교/ 대학2년완수이상	자연 · 농업산업기사
국가지방자치단행정 고위공무원교육원 Institut national des études territoriales (INET)	대학원졸업	지방자치단행정 고위공무원
국가유산대학 Institut national du patrimoine (INP)	고등학교졸업	국가유산관리기사
군인고위공무원		
종합기술대학 École polytechnique (X)	고등학교졸업	군인고위공무원
해군대학 École Navale	그랑제꼴준비학교/ 대학2년완수이상	해군장교
공군대학 École de l'Air	그랑제꼴준비학교/ 대학2년완수이상	공군장교
장교대학 Saint-Cyr	그랑제꼴준비학교/ 대학원졸업	군사장교
군사관리대학원 École des commissaires des armées (ECA) (master 2)	대학졸업	군사관리

3. 특수대학들의 사회적 지위

날로 어려워지는 공개경쟁시험concours의 관문을 통과한 특수대학 출신들은 그들의 희귀성과 그들의 실적(재능)에 의해서 새로운 사회적 계층을 형성하게 되었다. 소위 국가의 엘리트로서 산업정보시대의 사회적 요구에 부응하기 위하여 그들은 전통적으로 공공부문으로부터 사부문을 분리하는 장벽을 무너뜨리게 되었다. 즉, 특수대학들은 그것이 이공대학이든, ENA이든, 광산공과대학이든 또는 토목공과대학이든 단순히 고위공무원의 양성소로만 남아 있지 않게 되었다. 특수대학들은 그들의 출신이 사기업의 우두머리가 되는 것을 긍정적으로 받아들이며, 어떤 면에서는 공공부문에서의 이탈을 도리어 장려하고 있다. 행정부문, 국유화된 부문 또는 산업부문의 요직postes clés은 거의 전적으로 이들 특수대학 출신자들로 충원되고 있는 실정이다. 이리하여 같은 교육을 받은 같은 사회적 성분을 가진 엘리트로 구성된 공사부문 상호간의 조직망은 다른 나라에 비교해서 프랑스의 정책결정체제의 특징을 이루고 있다고 볼 수 있다. 특수대학들 가운데 가장 유명한 국립행정교육원을 통한 엘리트 졸업생들(고위공무원들)의 순환계통을 보면 다음 [그림 6-9]와 같다(임도빈, 1995: 306).

특수대학들의 교육과정상 특기할 점은 이들 대학이 전문직업대학임에도 불구하고 전문화된 교육(실제적 전문지식)에만 치우치지 않는다는 점이다. 특수대학들은 전문화된 엘리트를 양성하기 위한 전문기술적 능력의 배양은 불가피하지만 이와 더불어 ENA의 경우 학생들은 매우 일반적인 교양 교육과 교육과정의 매우 중요한 부분을 구성하는 실습(광산공과대학에서도 동일함)을 받는다. 특수대학들은 어떤 문제든 바로 파악하는 일반적 능력을 취득하도록 하고 있다. 이러한 능력은 리더십을 발휘하기 위한 본질적인 것으로 간주되며, 엘리트에게 이러한 능력이 주어졌다는 확실성을 가르친다.

종합할 수 있는 능력, 사물에 대한 일반적인 전망능력, 포괄적인 결정을 내릴 수 있는 능력은 특수대학들에 의해서 배출되는 엘리트의 공통적인 특기로서 알려져 있다. 엄격한 의미에서 보면 "종합적 사고능력"l'esprit de synthése은 그 자체가 전문화와 상충된다고 볼 수 있으나 관료로서의 바람직한 능력 내지 자질을 갖추자면 이들 양 차원의 지식이 모두 요구되는 것이 또한 현실이다. 만약 특수대학에서 엄격한 기술교육만 시킨다면 학생들이 목적하고 있는 공공

그림 6-9 ENA(국립행정교육원)를 통한 엘리트의 순환계통

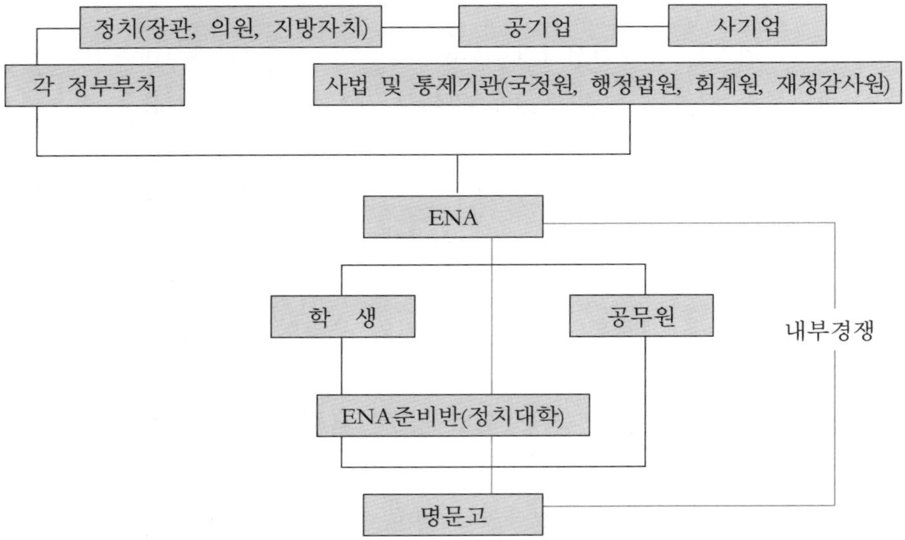

부문, 사부문 및 국유화된 부문에서 관리할 수 있는 자리에 앉힐 수 없게 될 것이다.

특수대학들을 통해서 고위공무원단을 구성하는 공무원들에 대한 재직자 교육훈련은 전통적으로 소홀하게 다루어 왔다. 앞서 소개한 바와 같이 기존의 공무원으로서의 상위 고위공무원단에 들어가기 위해 치러야 하는 그랑제꼴(특수대학)의 입학시험(내부공개경쟁시험)을 통해서 교육을 받는 것을 제외하고는 사실상 재직자 교육훈련이 요구되지 않았던 것이다. 그러나 1980년대 이후 급속한 행정환경의 변화에 따라 재직자 교육훈련의 필요성이 점차 부각되기에 이르렀다. 1989년에는 정부와 공무원 노조 사이에 총인건비의 2% 이상을 재직자 교육훈련에 사용한다는 협약이 체결되었다. 2003년 현재 전체 공무원 인건비 총액의 약 4%를 재직자 교육훈련을 위해서 사용하고 있다. 1989년에 교육훈련에 관한 새로운 협약이 체결되었는데 그 내용은 모든 공무원은 의무적으로 교육훈련 프로그램에 참가해야 하며 적어도 매년 3일 이상 교육훈련을 실시해야 한다는 것이다. 중·하위직 공무원의 재직자 교육훈련은 활성화되어 있으나 고위직 공무원은 상대적으로 소극적인 태도를 보이는 경향이 있다(김영우, 2003: 69-70).

공무원 출신배경을 분석해 보면 계급이 낮을수록 노동자와 농민층 출신이 많은 반면 계급이 높을수록 중·상류층 출신의 비율이 높아진다는 사실을 발견할 수 있다. 카테고리 A에 소속된 공무원의 45%가 사회적으로 재생산되고 있다. 이러한 사실에 비추어 볼 때 공무원 사회에 사회적 불평등이 존재하고 있다고 말할 수 있으며 고위공무원의 충원의 사회적, 지리적 민주화를 목적으로 제2차 세계대전 직후 설립된 국립행정교육원ENA은 그 목적달성에 실패했다고 평가된다.

여성공무원이 전체 국가공무원에서 차지하는 비율은 약 62%로 민간부분(44%)에 비하여 여성의 비중이 높다. 그러나 계급별로는 상당한 불균형이 존재한다. 교육공무원을 제외한 공무원 중 여성의 비율은 카테고리 A와 C가 63%, 카테고리 B는 56%이며, 고위행정관리직 40%를 여성이 차지하고 있다(DGAFP, 2015[20]).

Ⅳ. 고위 공무원단

프랑스에서 국가의 고위공무원단그랑꼬르: grands corps은 특히 ENA국립행정교육원: Ecole national d'Administration 출신이 지배하며 프랑스행정을 지배하고 있다. 신비하고 강한 명성을 가진 고위공무원단의 존재는 일차적으로 소위 "행정그랑제꼴"grandes écoles administratives이라 불리는 특수대학들의 존재와 결합되어 있다. 특수대학들인 "그랑제꼴"의 입학은 "그랑꼬르"(고위공무원단)에 들어가기 위한 최초의 단계라고 볼 수 있기 때문이다.

프랑스행정은 사실상 공무원단인 "꼬르"corps로 조직되어 있다. 공무원단은 프랑스 구제Ancien Régime에까지 소급되는 오랜 프랑스의 역사적 산물이라 할 수 있다. "꼬르"corps: 공무원단라는 용어는 17~18세기까지는 수많은 제도체들une multitude d'institutions을 지칭하기 위해서 사용되었다고 한다. 이러한 공무원단에는 수많은 다양한 공무원단들이 있는바 하나의 공무원단은 언제나 전체적으로 유사한 계층, 특수주의 및 유대solidarité 등 같은 원칙에 준거가 되고 있다. 윌리엄 스웰William Sewell에 따르면, 모든 공무원단은 그들의 조직, 이익 및 집단정신이 서로

20) https://www.fonction-publique.gouv.fr/files/files/publications/rapport_annuel/CC-egalite-2015.pdf

다를 수 있으나 각 공무원단들은 같은 본질을 가지는 바 그들은 내적 연대감과 일정한 평등함을 행사하며, 정상téte의 명령에 복종한다는 것이다.21)

프랑스의 경우 국가에 고용된 관료들은 매우 일찍부터 공무원단에 통합되었다. 1716년에 토목기사공무원단les Ponts et Chaussées이 하나의 공무원단으로 불리웠고 행정·사법공무원단corps administratifs et judiciaires, 도지사 공무원단corps préfectoral, 외교공무원단corps diplomatique 등과 같이 공무원단의 개념이 사용되어 왔다.22) 각 공무원단에 들어가기 위한 조건은 각각의 동질성을 기반으로 한다. 즉 같은 공무원단의 구성원들은 같은 직업적 자격과 모집규정을 가져야 한다. 요컨대 모집, 기능, 규정 등 고유한 특성을 각각 가지게 된다. 따라서 프랑스 공무원들은 공무원단의 모집으로 동질적 경력이 전망되고 있다고 볼 수 있다.

일반적으로 공무원단들은 법적으로 쉽게 구별될 수 있으나 그 특성은 다양하며, 특히 고위공무원단들은 더 그렇다. "고위공무원단"grands corps이란 용어 역시 오래 전부터 사용되어 왔다. 국정원Conseil d'Etat은 19세기 초반에 이미 국가의 최고위 공무원단으로 불리웠던 것이다. 재정감사직Inspection des finances은 실상 원칙적으로 재무성의 업무부서service이나 고위공무원단에 속한다. 도지사 공무원단corps préfectoral과 외교공무원단le corps diplomatique은 그들 구성원들의 전체가 고위공무원단으로 통하고 있다. 심계원la Cour des comptes도 국정원과 더불어 고위공무원단이다.

"종합기술대학"Ecole polytechnique을 포함, 각종 특수기술학교 출신으로 충원되는 기술직 공무원단들corps techniques에는 9개의 기사공무원단corps d'ingénieurs이 있다. 그들은 광산Mines, 토목Ponts et chaussées, 통신Télécommunication, 농촌공학·물·숲Génie rural et Eaux et Foréts, 군비Armement, 기상Météorologie, 지리Géographes, 항공Aviation civile 및 측량기계Instruments de mesures분야의 공무원단들이다. 그리고 두 개의 부수적 공무원단으로는 안전통제Contrôle des assurances와 INSEE 행정관이 있다. 이 가운데 일반적으로 광산직 공무원단le corps des Mines과 토목직 공무원단le corps des Ponts et chaussées은 고위공무원단으로 불리며, 기타 전기통신·군비 공무원단 등은 간혹

21) 이들 공무원단들은 시민사회 안에서 그리스도의 "몸"(corps du Christ)인 교회(Eglise)로부터 그 조직과 기능 모델을 모방한 것이라고 한다.

22) 프랑스행정 가운데 보편적으로 찾아볼 수 있는 "공무원단"(corps, 꼬르)의 개념은 "공무원 직종단"(cadre, 까드르)이란 용어가 법적으로는 사용되었으며, 까드르는 일자리(postes de travail)가 같다고 생각되는 직들(emplois)을 통합한 것이다.

고위공무원단의 칭호를 듣는다. 그러나 일반 고위공무원들은 고위공무원단을 행정직 고위공무원단에 적용시키고 기술직 공무원단에는 광산・토목 공무원단 외에는 확장하는 것을 거부하는 경향이 있다.

고위공무원단들은 각기 유일한 제도로 객관성이 없다. 각 고위공무원단은 본질적으로 특수주의와 자율적 조직으로 되어 있다. 고위공무원단들은 그들의 명성과 권한에 불균형이 있다. 불평등한 이들 구조는 고위공무원단을 정치・행정・사회영역에서 우월적인 위치로 놓는다. 고위공무원단들은 그들의 제도적 틀과 공식적 사명에 의해서 지지받으며, "그랑제꼴"les grandes écoles과 "그랑제꼴 출신"의 사회적 환경 속에서 지지를 받는다.

고위공무원단으로 가장 잘 알려진 3개의 제도는 국정원Conseil d'Etat, 재정감사원Inspection des finances, 심계원Cour des comptes이다. 이들 3개의 고위공무원단의 존재를 출발점으로 1945년 공무원제도 개혁의 기초를 담은 기본적 법조문 가운데 새로운 국립행정교육원ENA을 창설해서 졸업생들로 하여금 이들 고위공무원단들을 선택하도록 하였으며, 네 번째 고위공무원단으로서는 일반행정관 공무원단les administrateurs civils, 도지사 공무원단le corps préfectoral, 외교공무원단le corps diplomatique을 들 수 있다. 그러나 1945년 일반행정관 공무원단의 공식적인 출현은 법적으로나 실제적으로나 효과를 거두지 못하다가 1964년에 이르러서 새로운 법조문에 의해서 새로운 응집성과 공식적 통일성을 갖게 되었다. 반면 도지사 공무원단과 외교공무원단은 보다 오래되었고 보다 많은 동질성을 나타내었다. 고위공무원단들은 그들의 사명을 명백히 정의한 공식적 법조문 때문에 일정한 제도적 리더십을 행사할 수 있게 되었다.

1. 행정・재정감사 고위공무원단les grands corps de contrôle administratif et financier

첫 번째 범주의 고위공무원직종단으로서는 국정원Conseil d'Etat, 심계원Cour des comptes, 재정감사원Inspection des finances을 들 수 있다. 이들 세 고위공무원단은 모두 통제기능과 정치권력에 자문기능을 가지고 있다. 국정원과 심계원은 통제기능과 자문기능의 상반되는 성질의 이중기능을 가지고 나폴레옹시대에 창설되었다. 심계원은 회계를 심판하는 재정심의 기능을 가졌으며, 또한 의견을 내는 자문역할을 하기도 했다. 국정원은 반대로 본질적으로 권력에 대한 자문자였다. 즉 국정원은 공식적 법조문의 수립에 참여했고 입법적 역할을 하였다. 당초 국정원은 행정과 피행정자들간의 분쟁을 재판할 책임을 거의 갖지 않았다. 두 제도는 수십년이 지난 뒤 접근되어 심계원은 자문하는 임무를 갖게 되었고, 국정원은 1872년 5월 24일자 법률에 의해 재판의 사명이 공식적으로 부여되었다. 심계원은 공통법의 관할심 권한이 주어졌고 1941년 4월 4일자 법률은 공금의 모든 회계는 심계원 관할심의 재판을 받을 수 있도록 하였다. 또한 심계원은 자문할 역할도 확인되어 심계원의 보고서는 1938년 이래 관보journal officiel에 출간되고 있다. 1967년 6월 22일자 법률이래 심계원은 지출관ordonnateurs의 활동을 통제할 권한이 주어졌고, 행정관리에 대한 관찰과 제안을 장관들이나 행정당국에 할 권한이 주어졌다.

국정원은 행정규칙에 대해 언제나 정부의 자문자였다. 국정원의 법안이나 법률제안에 관한 자문은 1872년 5월 24일 법률에서는 임의적인 사항으로 규정했으나 1945년 6월 31일 명령ordonnance으로서 의무적으로 자문을 받도록 하고 있다. 20세기 행정국가의 출현과 의회주의의 약화는 국정원에게 행정명령에 대한 간여로 새로운 중요성을 갖게 하였다. 행정명령이나 규칙의 제정에 관한 국정원의 역할은 1958년 제5공화국 현행 헌법 제38조에 의해서 확인되었다. 반면 국정원은 1953년(1953년 9월 30일자 정령법률) 행정에 대한 공통법의 재판권한을 상실했다. 그러나 국정원은 책임의 약화와 사안의 복잡성에 따라 야기되는 그의 중심적 지위를 공공히 했다. 즉, 국정원은 행정에 관한 최고법원이며, 일련의 중요한 사안들에 대해서는 제1심의 법원en premier ressort으로 남아 있다.

고위공무원단의 통제기능과 권한행사를 접합하여 운영하는 것은 거의 쉽지 않은 일이다. 이들 기능들은 사실상 역설적으로 상충적인 결합이기 때문이다. 행정에 통합된 이들 고위공무원단은 행정의 감사역censeurs인 셈이다. 국정원과 심계원의 두 고위공무원단은 행정을 심판하고 감사한다. 이들은 모두 헌법기관으로 이들 고위공무원단들의 독립성과 재판관할의 성격은 수세기 동안 이어져왔다고 볼 수 있다. 따라서 이들 고위공무원단들은 행정부에 통합된 부분으로 거의 볼 수 없다고 하겠다.

이들 고위공무원단은 형식적으로는 행정에 속해 있으며, 실제에 있어서는 완전히 행정 밖에서 행정을 심판하고 통제할 수 있는 것이다. 이와 같이 이들 고위공무원단은 행정 안에서 그들의 독립성을 향유했다. 이들이 행정부에 대하여 일정한 자율성을 가진 법원으로 작용하는 경우 통치자들과 피통치자들간에, 행정인들과 국민들간에 신뢰가 유지되어 왔다. 이들은 완전히 국가 고유의 정당성을 확립함으로써 국가의 행정적·재정적 정당성을 세우는 데 기여해 왔던 것이다.

이들 고위공무원단의 기능은 또 다른 역설을 내포하고 있다. 그들의 역할 가운데 하나는 행정부를 자문하는 것이고 그의 비밀을 나누는 것이다. 그들 역할 가운데 다른 하나는 행정부의 활동을 가능한 가장 공정하게 심판하고 통제하는 것이다. 이러한 기능상의 내부적 상충은 이들 고위공무원단에서는 장애가 되지 않는다. 거의 드문 예외는 있지만 고위공무원단은 이러한 상충을 초월했고, 자문기능으로 취득한 정보와 지식 때문에 통제임무는 자주 사후적으로 그리고 보다 부수적으로 이루어질 수 있는 것이다. 이들 고위공무원단의 독자성은 이러한 임무의 이중적 동시성에 있다고 하겠다. 국정원의 고위공무원단은 공권력의 심장부에서 영향력과 권한의 행사로 중심적 역할을 하고 있다.

2. 기술직 공무원단Les grands corps techniques

두 번째 고위공무원단으로서는 기술직 고위공무원단들로 그 중 가장 유명한 것은 광산직 고위공무원단les Mines과 토목직 고위공무원단les Ponts et Chaussées이 있다. 이들은 한정된 부문에서 지배권을 가지고 있다. 토목직 고위공무원단이 광산직 공무원단보다 더 직접적으로 활동에 간여된다. 대공사의 개시와 감독, 계획의 수립, 계약체결의 책임, 회계의 책임 등이 기술직 고위공무원단에게 맡겨진다.

두 기술직 공무원단은 국가활동의 확장과 더불어 그들의 권한범위도 확장되었다. 이러한 발전의 첫째 단계는 철도가 출현된 19세기에 적극적으로 간여되었다. 1842년 6월 11일 법률로부터 광산과 토목기사들ingenieurs은 국가에 책임이 있는 철도의 기반시설의 건설을 지도했다. 몇년 뒤에는 그들은 공사의 통제와 회사의 발굴(채광)에 대한 통제(1868년 2월 15일 정령)를 하였다. 철도는 기술직 고위공무원단으로부터 기본적 지원을 받았던 것이다.

두 번째 단계는 단순히 기술적 임무만이 아니고 포괄적 임무를 요구한 때이다. 2차대전 후 이들 공무원단에 여러 부성의 성격을 띠는 그들의 법적 지위가 공식화된 때이다. 토목직에 대한 1959년의 토목직 공무원법 제11조는

"기술적, 과학적, 행정적, 경제적, 사회적" 성격의 새로운 측면의 임무를 특별히 상세히 제시했다Statut de 1959 des Ponts et Chaussées.

토목직 공무원단은 특히 1871년의 법률과 1982년의 법률에 의해 꼼뮨Commune: 시읍면, 데빠르뜨망Département: 도의 기능 재분배에도 간접적으로 몇가지 다시 채택하게 하였다. 토목건설성이 설치되었을 때(1830년 5월19일 명령), 토목 고위공무원단은 대로와 국도를 다루고, 작은 도로, 즉 지방도로는 내무성에서 관장토록 했다. 1871년 8월 10일자 유명한 법률은 도의회에 도의 도로(지방도)에 책임있는 담당업무기관을 두도록 함으로써 도의회는 토목직 공무원단으로부터 데빠르뜨망 도로(지방도)를 다시 담당하게 되었다. 그러나 점점 토목공무원단은 그의 장점이 있는 상황으로 다시 정비되었다. 즉, 프랑스의 모든 도로망에 대한 책임을 토목공무원단에서 갖게 되었다(1940년 10월 5일 법률). 2차대전 후 전후복구에 토목기사들이 상당히 간여하게 되었던 것이다. 그리하여 토목공무원단은 점차 도시계획에 직면하게 되었다. 1967년 시설국과 건설국의 통합은 토목공무원단에 의해서 크게 실현되었으며 도시계획에 대한 책임도 지게 되었다.

1982년 3월 2일 지방분권화 법률을 보충하는 1983년 1월 17일 분권화 법률 이래 이러한 조직체제는 동요하고 있다. 1983년 법률은 토목공무원단에 배치된 업무를 직접적으로 분권화시켜 배치하고 있다. 즉, 1983년 법률은 국장directeurs중심의 분권화, 토지이용계획, 건축허가의 교부, 분할허가, 도시계획 확인서 등등 전에는 토목공무원단의 일선기관인 지국에 속한 모든 도시계획 업무를 분권화하고 있다.

통제기능을 수행하는 행정직 공무원단과 기술직 공무원단간의 차이는 있지만 일정한 유사성을 간과해서는 안 된다. 각각의 제도적 영향력을 미치는 그들의 방법 가운데 대응되는 점이 있다. 행정직 고위공무원단과는 반대로 기술직 고위공무원단은 행정관리에 통합되어 있다. 따라서 기술직 고위공무원단은 실제행정administration active에 대하여 직접 참여함으로써 행정직 고위공무원단의 권한의 특징처럼 공무원에 대한 간접적인 지배세력으로 작용하지 않는다. 그러나 기술직 고위공무원단은 실제적으로 행정에 통합되어 있지 않다.

기술직 고위공무원단들도 그들의 방식대로 행정에 대해서 지배적 상황에 있다. 다시 말해서 이들 기술직 고위공무원단들은 그들의 관장권한이 있는 부성의 외부에 있는 점이다.

행정직 고위공무원단들은 외부통제에 이바지하는 공무원단인 데 대하여 기술직 고위공무원단들은 자동통제되며, 그들이 속한 분야에서 그들의 세력은 커져가고 있다. 광산직과 토목직 고위공무원단은 물자, 인사, 공사, 회계에 대한 감사업무를 담당한다. 이러한 감사업무는 다양한 수정을 받아들였으나 그들의 원칙은 그대로 있다. 이들 기술직 고위공무원단은 기술직 분야에서 활동의 지배권뿐만 아니라 통제의 지배권도 가지고 있기 때문에 그들의 활동부문에 대해 두 가지 수준의 권력을 이들 기술직 공무원단은 행사한다고 볼 수 있다.

행정직 고위공무원단처럼 기술직 고위공무원단도 자문의 기능을 동시에 가지고 있다. 기술직 공무원단의 일반적 자문은 그들의 공무원단의 권한에 들어가는 모든 분야에서 그 분야를 대표하고 지도하며, 장관에게 자문하는 것이다. 그들의 자문이 법률이나 규칙에 의해 의무적으로 거쳐야 되거나, 장관이 자기고유 부서장으로부터 자문하거나, 장관에게 제안을 제시할 주도권을 취할 수 있다. 감사결과에 대한 보고서는 또한 장관에게 전해진다. 여기에 기술직 공무원단의 권한과 감사 및 통제 공무원단 특히 재정감사원간에 어떤 일정한 유사성이 있다고 볼 수 있다.

3. 도지사 공무원단과 외교 공무원단Corps préfectoral, corps diplomatique

세 번째 고위공무원단으로 도지사 공무원단과 외교공무원단을 생각할 수 있다. 이들 두 공무원단은 다른 공무원단들보다 직접적으로 국가권한의 소지자들이다. 즉 그들은 주어진 지리적 범위 내에서 중앙권력의 화신이다. 도지사들과 대사들은 마치 자문관들처럼 그들이 속한 정치권에 현지에서 수집한 정보를 운반하는 사람들이다. 반대로 그들은 그들이 있는 데빠르뜨망(도), 레지옹(광역도) 및 외국에서 중앙당국의 이름으로 발언한다.

국가의 영토에서 임무를 수행하는 경우 도지사들이 보다 더 의미있고 비중있는 임무를 가진다. 즉 도지사들은 국가를 대표하는 기능을 가진다. 또한 그들은 국가이익, 적법성과 공공질서 보호의 수탁자dépositaires들이다. 그들은 또한 모든 분야에서 정부의 위임자들(대표자들)délégués이다. 그들은 상이한 행정의 조정과 지휘역할을 또한 가진다.

도지사들은 전통적으로 다른 관장권한을 가졌었다. 즉, 데빠르뜨망(도)과 레지옹(광역도)에서 집행권력을 보유했고 데빠르뜨망(도)과 꼼뮨(시읍면)의 감독권tutelle을 행사했다. 이러한 역할들은 1982년 3월 2일 법률과 1982년 5월 10일 정령에 의하여 새로운 지방분권화가 수립되어 집행기관l'exécutif은 지방의원들의 대표자인 도의회와 광역도의회의 의장président에게 이전되었다.

과거의 감독권tutelle은 사후적 행정통제un contrôle administratif a posteriori로 대치되었다. 그러나 국가의 대표기능과 정부의 위임자délégués기능은 1982년의 지방분권화 개혁에서도 그대로 도지사들에게 주어졌다. 따라서 도지사-국가위원préfet-commissaires(지방장관)은 국가만을 대표한다.

대사들이 도지사들처럼 국가를 상징하고 정부를 대표하는 점에서는 유사하나 외교공무원단은 외국에서 국내의 도지사 공무원단에서와 같이 직접적으로 행정책임을 가질 수 없기 때문에 도지사들에 비해 대사들의 권력은 덜 광범한 편이라 하겠다. 대사는 그가 파견된 외국에서 국가권한의 수탁자이다. 대사는 외무장관의 권한하에 프랑스의 외교정책을 집행할 책임이 있다. 대사는 대통령, 정부, 각 장관들을 대표한다. 대사가 파견된 국가 내에서 장관들의 위임을 받을 수 있다.

각 고위공무원단은 그들의 기본권한을 달성하는 특수사명을 가지고 있다. 그러나 그들의 공식적 기능은 국가에 대해서 잠재적으로 같은 기능을 모두 이들 고위공무원단들에 귀속시켰다. 고위공무원단들은 중앙집권의 도구였다. 다양한 이름의 모든 고위공무원단들은 그들의 발전 가운데 국가를 동반하였으며 그로부터 장점을 취했다. 이들 공무원 집단들 때문에 국가는 스스로 심판하고, 스스로 통제하며 스스로 자문할 수 있는 것이다.

도행정 나아가 광역도 행정의 본질적 책임을 갖는 것도 이들이다. 이러한 고위공무원단에 의해 국가는 마치 광범한 거미줄의 중앙점에 이르게 하는 것과 같은 중앙집권화를 이루는 결과를 가져왔다.

또한 기술직 고위공무원단들의 활동을 통하여 국가는 중요한 분야들 안에서 기술적·과학적 지배권을 가졌던 것이다. 이러한 기술직 공무원단은 지방에까지 확장을 쉽게 했던 것이다.

중앙집권주의적 원칙, 정부권한의 확장과 고위공무원단들의 존재간의 결합은 분권화 실시로 오늘에 와서는 이들 공무원단에 대해 공식적으로 반대함에도 불구하고 그들을 이용하고 권력의 도구로 만드는 지도자들의 입장에서 우리는 고위공무원단의 중요한 비중을 읽을 수 있는 것이다.

중앙집권적 국가와 고위공무원단들의 결합의 성격은 Quermonne(Jean-Louis)에 의해서 강조된 고위공무원단들의 범부성간의 자리에서 찾아볼 수 있다.[23)]

따라서 다양한 이름의 모든 고위공무원단들은 공식적으로 행정의 중심에 위치하게 된다. 고위공무원단은 국가를 위하여 국가행정의 전체를 감독하는 수단인 것이다. 역으로 고위공무원단들은 그들의 권한의 표현수단이 포괄적 권한을 행사하는 것이다. 집권화의 대리인으로서 상이한 고위공무원단은 행정과 국민들에 대한 지배력을 행사함으로써 지배적 자리를 차지했고 그들의 유대감은 국가의 권력에 참여함으로써 커지고 있다고 볼 수 있다.

Ⅴ. 지방행정 시스템

프랑스의 전체 행정체제 가운데 지방행정조직은 중앙행정의 보완적 구조를 형성하고 있다.[24)] 지방행정은 본질적으로 국가의 일부 한정된 지역에서 한편으로는 중앙행정을 집행(국가의 일선기관)하며, 다른 한편으로는 지방적 업무affaires locales를 집행(지방자치단체)한다. 프랑스 지방행정체제의 핵심은 도지사préfet, 프레훼제도를 중심으로 하는 지방행정이다. 프랑스혁명 후 구제Ancien Régime의 복잡성을 무너뜨리기 위해 통일성의 원칙이 천명되어 당시 국토를 합리적 구역으로 구획한 것(말을 타고 업무를 보고 돌아갈 수 있는 거리의 크기)이 오늘날의 데빠르뜨망département(도, 1789. 12. 22 법률에 근거)이며, 구제하의 각 도시Ville, bourg나 교회구paroisse 등은 모두 꼼뮨commune(시읍면)으로 전환(1789년 12월 14일 법률에 근거)하여 모든 지방자치 단체들은 하나의 법제하에 따르게 하고자 하였던 것이다.[25)]

프랑스혁명 후 국가 통합이라는 필요성에 의해서 집권성과 통일성을 유지하기 위한 지속적인 노력과 더불어 분권화 내지 지방자치에 대한 보완적인 조치도 이루어졌다. 즉, 1871년의 데빠르뜨망에 관한 법률과 1884년의 꼼뮨에 관한 법률의 제정(일명 분권화 법률)으로 분권적 요소가 법률상으로는 표명되었지

23) Quermonne(1980: 470).

24) Audy(1985: 13).

25) Sautel(1978: 97-105).

만 실제에 있어서는 지방의회에 의한 행정보다는 중앙에서 임명한 프레훼(도지사)에 의해 지방행정이 주도되어 왔던 것이다. 그러나 꼼뮨의 경우는 일찍이 지방의회에서 선출된 꼼뮨의 장maire이 한편으로는 국가를 대표해서, 다른 한편으로는 꼼뮨을 대표해서 지방행정을 처리해 왔으므로 기초자치단체인 꼼뮨은 일찍이 분권적 기반을 정착시켜 왔다고 볼 수 있다. 그러나 중간자치단체인 데빠르뜨망(도)의 경우는 다만 행정적 분권déconcentration이란 형태로 분권화를 실시해 오다 1982년의 개혁 이후 국가와 지방자치단체간에 본격적인 새로운 균형의 장이 열리게 되었다.[26]

1982년 3월 2일 새로운 분권화 법률은 "꼼뮨, 데빠르뜨망, 레지옹은 지방의회conseil élus에 의하여 자치적으로 운영된다"고 천명함으로써 지방자치행정의 전환을 가져오게 되었다. 1982년 이전까지의 개혁의 논리는 어디까지나 과도한 중앙집권화의 문제점을 완화시키기 위하여 구체적인 결정권행사는 지방에 주더라도 그 책임은 중앙에 있어 언제나 행정적 감독tutelle이 수반되는 불완전한 분권화 내지 변형된 집권화인 행정적 분권déconcentration을 전제로 하였던 것이다. 그러나 1982년의 개혁은 법률 제목 자체가 표명하고 있는 바와 같이 "꼼뮨, 데빠르뜨망 및 레지옹의 자유와 권리에 관한 법률"이라 하여 지방자치단체의 "권리와 의무" 또는 "자유와 책임"이라는 표현을 지양하고 "권리와 자유"라고 표현함으로써 지방자치단체의 권한을 상대적으로 강화시켰음을 알 수 있다.

또한 종래의 중앙집권적 논리 위에서는 지방자치단체간의 계층화를 배제할 수 없었으나 현재는 각 지방자치단체가 완전히 고유한 권리를 갖는 대등한 관계로 바뀌었다. 지방행정개혁의 핵심은 국가와 지방자치단체들과의 권한배분의 문제와 국가권한을 지방자치단체에 이전하는 문제가 후속 개혁의 과제가 되었던 것이다. 종래 프랑스의 지방자치단체의 권한에 대한 규정에 의하면 꼼뮨의 업무는 꼼뮨에 의해서 다루어지고, 데빠르뜨망의 업무는 데빠르뜨망에 의해서 다루어진다고 하고 있으나 실상 무엇이 꼼뮨의 업무이고, 무엇이 데빠르뜨망의 업무인지 명확히 알 수가 없다. 사실상 지방적 업무affaires locales란 결국 입법자들이 이들에 대해서 결정해야만 존재한다고 보게 되었다.

현재 프랑스의 지방자치단체는 기초자치단체로서 꼼뮨communes(시읍면), 중

---

26) 서성원(1990: 115-143).

표 6-4 지방자치단체의 현황(2013)

꼼뮨(시읍면)	35,885
데빠르뜨망(도)	101
레지옹(광역도)	18

자료원: INSEE.

그림 6-10 국가·지방자치행정체계와 행정구역

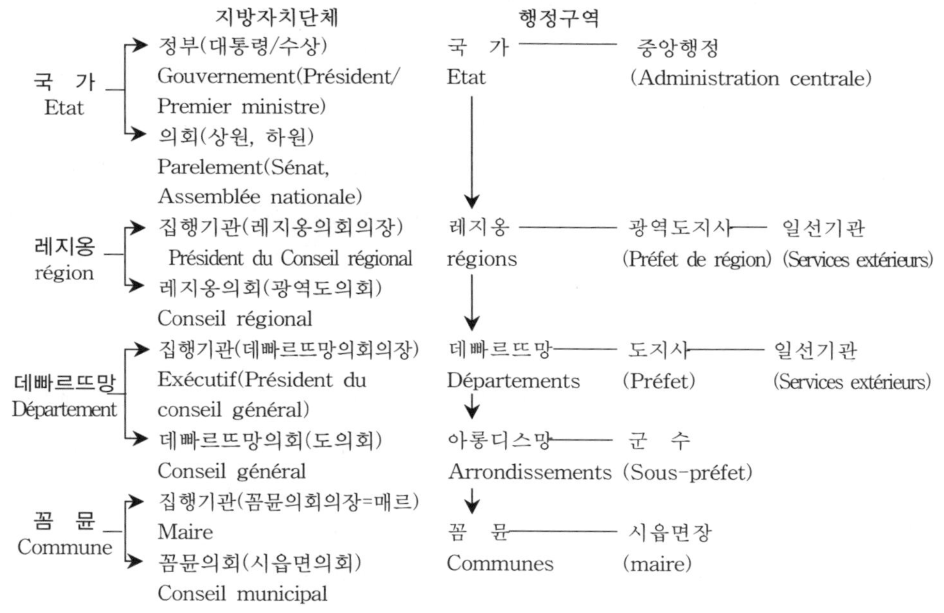

간자치단체로서 데빠르뜨망départements(도), 광역자치단체로서 레지옹région(광역도)의 3층구조로 이루어져 있으며, 국가의 지방행정구역으로는 레지옹(광역도), 데빠르뜨망(도), 아롱디스망(군)arrondissement, 꼼뮨(시읍면)으로 구성되어 있다.

1. 광역도Région

광역도는 국가의 경제적 사회적 발전계획과 국토개발을 위하여 광역경제활동구역(circonscriptions d'action régionale, 몇개의 데빠르뜨망(도)이 재결합)으로 이미 1960년에 설치되었던 것이다. 경제활동구역으로서의 레지옹은 1972년에 지방

영조물법인établissment public territorial의 법적 지위를 갖고 국가에 의해 운영되던 것이 1982년의 개혁으로 마침내 기존의 데빠르뜨망과 꼼뮨(시읍면)과 더불어 완전한 보통 지방자치단체로 승격되어(실질적 승격은 1986년 3월 16일 최초로 실시된 신설 광역도의회 구성 이후 효력을 갖게 됨) 오늘에 이르고 있다. 프랑스 101개 데빠르뜨망은 2016년 1월 1일부터 다시 18개의 레지옹으로 통합되었다.

(1) 레지옹의회Conseil régional(심의 의결기관)

레지옹(광역도)의회는 레지옹(광역도)의 업무를 심의délibérations에 의하여 해결한다. 레지옹의회는 레지옹의회 의장에 의해 주재되며, 레지옹의회 의장은 동시에 레지옹의 집행기관exécutif이다. 레지옹의회 의원들은 각 데빠르뜨망 안에서 6년의 임기로 보통직접선거로 선출된다. 레지옹의회는 레지옹의 예산을 표결하며, 레지옹에 속한 업무들을 심의한다. 또한 레지옹 계획을 승인하고 국가계획의 수립에 협력한다.

(2) 레지옹의회 의장Président(집행기관)

광역도 의장은 레지옹의회에서 선출되며, 레지옹의회의 회의를 주재한다. 레지옹지방자치단체의 집행기관으로서 레지옹의회 의장은 광역도의회의 심의사항과 결의사항을 집행한다. 레지옹의회 의장은 집행기관으로서 행정업무담당부서들services administratifs을 이끈다. 예산, 계획 및 일반 지침 등 광역도의회 의장의 권한인 모든 문제점들을 자문회의인 경제사회위원회Comité economique et social의 자문과 의견을 구한다.[27)]

(3) 레지옹의회의 역할

1982년 이래 레지옹은 레지옹계획을 수립하고, 레지옹의 경제발전을 도모하는 권한을 가진다. 즉, 레지옹은 5년 동안의 중기 경제발전목표를 결정하며, 우선순위 집행계획에 관해서 국가와 레지옹(광역도)이 담당할 부분을 확정하고(계획계약을 국가와 광역도가 함) 재정적 수단을 명확히 한다. 레지옹의 경제적 간여는 경제발전을 도모하기 위하여 곤란한 상태에 있는 기업들을 돕기 위한

---

27) 경제사회위원회는 광역도의 자문회의(assemblée consultative)로서 그 구성원들은 광역도의 상이한 직업, 경제, 과학, 문화적인 조직체들에 의해서 임명된다.

조치(예를 들면 기업창설에 따른 광역도의 지원금 급여, 실업에 따른 지원금 급여 등)도 취한다.

레지옹은 레지옹의 미래와 요청되는 직업교육훈련계획을 수립한다. 광역도는 고등학교의 시설 건설, 운영비용지출에 대한 책임을 진다. 레지옹은 문화, 환경, 연구, 교통 및 관광 분야에 대하여 간여할 수 있는 권한을 가진다.

레지옹의 예산은 교통과 기반시설(도로, 항구, 기차역, 도로안정, 기상의 개선 등), 교육훈련(정보화의 주도, 교사 건축 등), 경제활동(에너지, 농산물, 광역도경제의 다양화 등), 주거(도시구역의 재건축) 및 사회적 주택, 지역개발, 문화 및 스포츠(음악, 박물관, 체육관의 개선)와 광역도의회와 광역도 행정부서의 담당공무원들의 인건비에 지출된다. 광역도의 예산은 무엇보다 국가로부터의 다양한 포괄적 보조금dotations globales(레지옹의 기능과 시설을 도울 목적)과 공채 수입 및 지방세 등 재정수입으로부터 충당된다.

(4) 광역도지사

광역도지사는 광역도(레지옹)에서 국가(중앙정부의 각부장관과 수상)를 대표하며, 지방자치단체(광역도)의 활동에 대한 사법적 통제(사후통제)를 한다. 광역도지사는 광역도의 지방행정부서와 긴밀한 관계를 가지며 국가의 행정을 지방적 수준에서 시행하는 국가의 일선기관들을 관할한다. 광역도지사는 광역도청소재 도지사가 겸한다. 따라서 광역도수준에서의 행정은 국가의 지방행정과 지방자치단체의 자치행정이 결합되어 이원적 관리체제하에 조화를 이루도록 하고 있다.

2. 데빠르뜨망département(도)

프랑스 혁명 후 창설된 데빠르뜨망은 현재 프랑스 본토에 96개, 해외영토에 5개, 모두 101개로 나누어져 있다. 프랑스의 데빠르뜨망은 중간지방자치단체로서 프랑스 지방행정의 중추적 역할을 하는 위치에 있다. 1982년 지방자치행정개혁 이래 도의회 의장Président du Conseil général이 종전의 도지사프레페, préfet를 대신하여 도의회의 결정을 집행하는 집행기관이 되었다. 데빠르뜨망에는 의결기관으로서 도의회Conseil général du département의 구성원들인 도의원들은 데빠르뜨망의 각 깡똥canton, 선거구의 유권자들이 선출하며, 집행기관인 도의회 의장은 도의회에서 선출한다.

(1) 도의회(의결기관)

도의회는 도의원들로 구성된다. 도의원들은 임기 6년으로 깡똥canton: 단순한 선거구에서 직접보통선거로 선출된다. 도의회는 매 3년마다 2분의 1씩 갱신한다. 도의회는 도의 업무들을 심의로 해결하며, 도예산을 표결한다.

(2) 도의회의장(집행기관)

도의회 의장은 임기 3년으로 도의회 의원들에 의해 선출(간선제)된다. 도의회 의장은 도의회의 심의사항을 준비하고 집행할 책임이 있다. 도의회 의장은 부의장 및 사무국의 조력을 받는다.

(3) 도의회의 역할

도의회는 사회부조와 보건분야에 간여한다. 즉, 의료보조, 어린이, 가족, 장애인, 노인에 대한 사회부조와 예방접종, 산모와 어린이 보호, 나병, 암, 결핵과 같은 질병 퇴치와 보건예방 등을 한다. 또한 집단시설과 도재산관리에 간여한다. 도로의 유지와 보수, 농촌지역의 개선, 사회, 문화, 스포츠를 위한 집단적 시설(도서관, 박물관 등)의 건설과 개선을 한다. 도의회는 중학교의 건설, 시설 및 관리에 대한 책임이 있으며, 비도시지역의 학교교통정책에 대한 책임이 있다. 경제적 간여로 도의회는 도구역의 경제발전을 장려한다. 도의 예산 중 가장 중요한 부분은 사회 부조와 보건에 쓰여지며 도의 도로와 다양한 연결 등 교통통신과 기반시설 및 도시 계획과 주거, 그리고 스포츠, 문화, 교통 등 교육분야와 행정부서의 운영비용과 담당공무원들의 인건비로 지출된다. 도의 예산은 국가의 보조금과 직접세에 의한 재정수입, 공채수입 등에 의존한다.

(4) 도지사 préfet

도지사라는 명칭도 1982년 개혁 당시에는 "국가대표위원"지방장관, commissaire de la République으로 대체되었으나 현재는(1988년 2월 29일 정령에 의거) 1982년에 폐지되었던 프레훼(도지사)라는 명칭을 다시 부활시켜 국가대표위원이란 명칭과 병행하여 쓰고 있다. 그러나 개혁 전 도의 집행기관으로서의 도지사의 권한은 도의회 의장이 수행하며, 현재의 도지사는 다만 도의 지방자치단체구역 내에서 국가를 대표하며 국가의 지방 파견기관인 일선기관을 관장한다. 관할구역 안에서 국가를 대표해서 행정통제기능을 수행하고 있다.

광역도와 마찬가지로 도에서도 자치단체의 자치행정과 국가의 지방행정이 이원적으로 결합되어 운영되고 있음을 알 수 있다.

3. 꼼뮨 Communes(시읍면)

프랑스의 꼼뮨은 기초지방자치단체로서 프랑스 혁명 이후 지방자치행정의 근간을 이루어 왔다. 프랑스의 꼼뮨은 90%가 2,000명 이하인 꼼뮨이며 1,000명 이하의 꼼뮨만도 82%나 되어 주민수가 적은 꼼뮨이 대부분임을 알 수 있다. 반면 주민수가 10만명 이상의 꼼뮨은 불과 40개(총 36,400개 꼼뮨 중) 정도에 불과한 실정이다. 우리나라의 경우는 시, 읍, 면으로 구분하고 있으나 프랑스는 도시형 꼼뮨(시, 읍)과 시골형 꼼뮨(면)이 모두 같은 범주의 꼼뮨으로 다루어지기 때문에 꼼뮨간의 협력이 요청되고 있는 실정이다. 지방 영조물 법인격을 갖는 도시공동체, 도시조합, 꼼뮨공동체 또는 도시권공동체 등을 설립하여 지방자치단체들간의 문제를 해결해 가고 있다.

(1) 꼼뮨의회 Conseil municipal(의결기관)

꼼뮨의회의 구성은 의원수가 가장 적은 꼼뮨(주민수가 100명 이하의 꼼뮨)은 9명으로부터, 가장 큰 꼼뮨(30만명 이상)은 69명까지 차등을 두어 구성하도록 하고 있다. 그러나 파리의 경우는 163명, 마르세이유는 101명, 리옹은 73명의 의원으로 꼼뮨의회(시의회)를 구성하도록 예외를 두고 있다. 꼼뮨의회 의원들은 임기 6년으로 유권자의 직접보통선거로 선출된다. 최다 득표한 정당이 거의 의석을 차지하고 나머지를 소수 정당이 득표비율에 따라 의석을 차지하는 비례대표제 방식으로 이루어진다.[28] 꼼뮨의회는 꼼뮨의 업무를 심의에 의하여 해결하는 심의 의결기관이다. 꼼뮨의회는 1년에 최소한 4번 회의를 갖는다.

---

28) 주민 3,500명 이하의 꼼뮨의회의 의원들은 혼합방법(다수투표와 비례대표제의 혼합)에 의한 2차 연기명 투표로 선출된다.

(2) 꼼뮨의 집행기관(매르)maire

매르는 꼼뮨의회에서 비밀투표로 선출한다. 매르는 꼼뮨의회의 결정을 실행시킬 책임이 있는 꼼뮨의 집행기관인 동시에 관할 꼼뮨에서 국가의 대표자이다. 꼼뮨의회의 집행기관으로서의 매르(시읍면장)는 그가 주재하는 꼼뮨의회를 소집하고 꼼뮨의회의 결정을 준비하고 집행한다. 매르는 예산집행의 책임이 있다. 매르는 시읍면을 대표(예컨대, 계약서 서명)하며, 꼼뮨의 공무원들을 모집하고 꼼뮨부서services municipaux의 책임자이다. 공공의 안전과 공중위생 및 질서유지를 위하여 지방경찰을 확보하고 있다. 국가의 대표자로서 매르는 국가의 법률과 규칙을 공포할 책임이 있으며, 선거인명부의 작성, 선거의 조직과 같은 일정한 행정 운영의 책임이 있다.

(3) 시읍면 의회의 역할

꼼뮨의회는 꼼뮨의 예산을 표결하며, 꼼뮨의 사무부서의 일상적 기능을 조직한다. 꼼뮨은 집단시설의 건설과 유지, 즉 꼼뮨도로, 유치원과 초등학교, 수영장, 오락센터, 탁아소, 가정쓰레기 수거, 급수 서비스의 조직, 하수처리 등 주민생활과 직결된 공공부문을 개선한다. 꼼뮨의 예산은 꼼뮨에 의해서 추구되는 정책의 재정적 표현이다. 세출은 포괄적으로 세입에 의해 채워져야만 한다. 이러한 세입과 세출의 균형은 지방세의 상승에 의해 실현되고 있다. 꼼뮨의 예산은 몇차례에 걸쳐 표결된다. 즉, 본예산budget primitif은 연초에 표결된 것으로 1년 동안 꼼뮨의회의 활동에 대한 지침을 마련한다. 본예산은 세출을 출자하기 위한 것으로 지방세율을 확정한다. 행정적 회계compte administratif를 검토하여 전년도 예산관리가 균형잡혔는지, 절약을 가져왔는지를 평가한다. 본예산에 예산액을 다시 추가하기 위하여 추가경정예산budget supplémentaire을 연중에 표결한다.

(4) 지방자치단체간의 협력intercommunalité

꼼뮨의 경우는 도나 광역도와는 달리 꼼뮨의 장인 매르가 한편으로는 지방자치단체(꼼뮨)의 대표자로서 다른 한편으로는 국가의 대표자로서 이중적 지위를 가지고 역할을 한다. 다만 꼼뮨은 군수sous-préfet에 의해서 행정적 통제를 받고 있다. 1992년 개혁 전 꼼뮨간의 협력은 집단적 욕구를 충족시키기 위한 재정적 수단을 결합한 꼼뮨조합syndicat de communes, 도시구districts 또는 도시공동체

communautés urbaines를 통하여 이루어졌다. 꼼뮨조합은 꼼뮨의회의 주도로 설치되며 각각의 꼼뮨과 구별되는 영조물법인의 법적지위를 가지며 고유한 예산을 가진다. 꼼뮨조합은 단일업무 꼼뮨 간 조합syndicats intercommunaux à vocation unique: SIVU (예: 전기, 급수, 도로, 정화, 학교, 교통 등)과 다양한 업무 꼼뮨 간 조합syndicats intercommunaux à vocation multiple: SIVOM(예: 급수, 정화와 도로)으로 나누어진다. 또한 혼합조합syndicat mixte은 꼼뮨, 데빠르뜨망, 영조물 법인이 중요한 시설을 갖추기 위하여 결합할 수 있다(예컨대, 2개의 데빠르뜨망과 40개의 꼼뮨을 가로지르는 100km에 달하는 계곡의 관광개발 등). 도시구란 농촌꼼뮨을 포함해서 모든 꼼뮨에 적용할 수 있는 통합제도로서 행정적 성격의 영조물법인으로 농촌지구 안에서나 도시권 안에서 다양한 서비스를 다루었다(예컨대, 화재와 구호 서비스, 가정 쓰레기의 수거와 소각, 도시교통 등).

도시공동체는 주민 5만 이상의 도시권 안의 꼼뮨들이 결합한 영조물 법인이다. 도시공동체는 전체도시지역(도시권)에 이해관계가 있는 서비스와 시설을 담당한다. 도시공동체는 도시권행정인 것이다. 이상의 모든 협력형태의 특징은 ① 각각의 조직기구는 영조물법인의 법적 지위를 가지므로 관련된 각각의 자치단체인 꼼뮨과는 구별되는 법인이라는 점, ② 조합의 설치 원칙은 자발적으로 이루어진다는 점, ③ 각 영조물법인은 연합된 꼼뮨의 기금에 의해서 또는 지방직접세에 의해서(도시구와 도시공동체의 경우) 확보된 고유한 예산을 가진다는 점, ④ 관리는 각 꼼뮨의 의회의 대표자들에 의해서 이루어진다는 점으로 요약할 수 있겠다.

그러나 1992년 2월 6일자 법률La loi du 6 février 1992에 의해서 꼼뮨공동체 communautés de communes와 도시권공동체communautée de villes를 새로이 창설할 수 있도록 하였으며, 1999년 7월 12일자 꼼뮨간 협력의 강화와 단순화에 관한 법률La loi no 99-568 du 12 juillet 1999 relative au renforcement et à la simplification de la coopération intercommunale에 의해서 기존의 협력체제를 조정 강화하였던바, 오늘날에는 도시구 대신 꼼뮨공동체communautés de communes가 새로이 기능하게 되었으며, 기존의 도시공동체 communautés urbaines와 더불어 새로이 도시권공동체communautés de villes를 창설하여 꼼뮨간 협력을 도모할 수 있도록 하고 있다. 또한 신도시와 관련해서는 신도시권공동체communauté d'agglomération와 신도시권조합syndicat d'agglomération nouvelles: SAN을 형성하여 꼼뮨간 협력이 이루어지도록 하고 있다.

2010년 지방자치단체개혁정책으로 메트로폴Métropole이 지방자치단체간의 협력제로 설치되었다. 이 협력체는 광역도 중심도시나 주민 40만명 이상의 도시권 안의 지방자치단체들이 결합한 영조물 법인이다. 2014년 1월 24일 지방자치단체개혁정책・메트로폴확신법률Loi de modernisation de l'action publique territoriale et d'affirmation des métropoles로 메트로폴의 존재성과 개혁정책에서의 역할을 확신되면서 2018년 1월 1일에 메트로폴 21개가 형성되었다. 이러한 개혁의 특성은 꼼뮨간 협력 영조물법인으로서 법적 지위를 가진 다양한 협력공동체를 구성하여 농촌과 도시(대도시, 신도시)의 특성을 감안한 꼼뮨간 협력, 다시 말해서 광역행정이 자치행정과 더불어 이루어지고 있음을 알 수 있다.29)

제 4 절 정부관료주의 정치기능통제력

프랑스에서 정치적 관료들과 경력공무원들 사이의 관계는 그 둘이 하나의 경력으로 통합될 수 있을 정도임에 반하여 미국에서는 단절된 서열관계를 보이고 있다(Peters, 1988). 사실상 대부분의 장관과 국가 정치가들은 공무원 출신들이 많은 비중을 차지한다. 공무원들에게 정치경력이 훨씬 매력적인 것은 선거에서 패배하는 경우에도 그들은 다시 관료직으로 되돌아 갈 수 있기 때문이다.

역설적으로 여러 부성에 걸친 정책들을 행정부에서 통제하려면 언제나 계선 행정의 형식주의를 극복할 수 있는 능력을 가진 막강한 중앙 참모기관이 필요하였다. 프랑스 행정에 관한 일반적인 오해는 제도적으로 정치와 행정의 교환을 허용하고 있기 때문에 모든 공무원들이 동일한 가치관을 가지고 있으며 정부의 계획들에 대해서 긍정적인 인식을 하고 있을 것으로 간주하는 것이다(Suleiman, 1974). 1960년대의 정부의 고위관료들에 의한 현대화운동은 전체적으로 보수적이거나 좌파 성향의 동료들을 차단하려고 한 현대주의 엘리트들간의 미묘한 연합에 바탕을 둔 것이었다. 이와 같은 정부의 엘리트 관료중심의 현대화운동은 당시 정치적 변화와 국가적 쇠퇴가 이를 더욱 더 강화시켰다고 하겠다.

---

29) 다양한 협력공동체의 구체적 내용에 관해서는 서성원(2004), 협력공동체로서 광역행정 주체의 형성: 프랑스 개혁사례를 중심으로(『사회과학논총』 제21집, 명지대학교 사회과학연구소), pp. 31-61 참조.

Ⅰ. 정치기능의 행정적 통합

정치기능의 행정적 통합은 여러 경로를 통하여 나타나고 있다. 한 가지 주요 흐름은 국가정책을 관장하는 참모행정을 강화하는 것이다(Quermonne, 1991). 수상의 직은 정치적 조정을 관할하는 내각Cabinet, 1946년 이후 그 직원수와 기능이 확대된 정부 사무총장직Secrétariat Général du Gouvernement, 부성의 활동과 유럽공동체 당국과 관련된 상임대표들의 주도권을 조정하는 국제경제협력을 위한 부성간 위원회의 사무총장직Secrétariat Général du Comité Interministériel pour la coopération économique internationale: SGCI, 전군지휘본부인 국방 사무총장직Secrétariat Général de la Défense Nationale, 그리고 그 밖의 다른 많은 특별위원회로 구성되는 5,000명에 달하는 복합적 관료체제이다. 수상, 국회, 그리고 대통령간의 매개변수로서 사무총장Secrétariat Général은 장관회의에서 내려진 결정들을 점검하는 역할을 한다. 이와 비교해서 대통령의 참모진은 약 50명 정도로 그 수가 놀랄 만큼 적다. 이들 대부분은 주로 엘리트 고위공무원단 출신이다. 다만 프랑소와 미테랑대통령이 집권한 이후 그들의 비율이 약간 감소하기는 하였다(공무원이 차지하는 비율이 발레리 지스카르 데스뗑 대통령 집권시에는 90%였던 것에 비하여 40%이다). 국가 정치생활의 진정한 권력중심으로서 주요 정책상의 문제들에 대하여 대통령이 가지는 영향력은 대단하다. 대통령의 내부 인사는 개인적인 친구들이나 오랫동안 협력해 온 정치동료들로 구성되지만 그 주도권은 엄격히 통제된다. 특정 분야에는 특별보좌관이 지명되어 대통령의 눈과 귀의 역할을 담당한다.

이들 대통령 참모기관들은 제도화된 관계를 통하여 개별 장관들의 참모와 항구적인 접촉을 갖는다. 상임회의나 임시회의들이 대통령 집무실이 있는 엘리제궁(통제위원회)conseils restreints이나 수상 집무실(부성간 위원회)comités interministériels에서 열린다. 또한 고위공무원단grands corps 구성원들간에는 오랜 동안 친밀한 유대 관계를 갖고 접촉을 유지하여 왔기 때문에 결속력이 강하다. 이들 고위관료들의 접촉이 정부 또는 대통령의 참모들, 장관들 및 공기업들을 서로 연계시켜 이루어져 왔기 때문에 Hayward의 지적대로 정치적으로 불안한 때에 '제도적 유물institutional memory'로 작용을 하고 있는 것이다(Hayward, 1982). 이러한 결속체계는 이미 드골 집권시절 성숙하게 되었던 것이다.

Ⅱ. 정책선택시스템으로 전환

1974년 이후 행정의 내재적 논리를 바꾸는 데 기여한 새로운 현상들이 대두되었다. 이 변화를 요약하여 말한다면 공무원의 전문적 이해 관계에 지배되던 국가중심의 체제가 정책중심의 체제로 바뀌었다는 점이라고 할 수 있다. 행정의 이러한 새로운 방향전환의 핵심은 정책집행에 있어서 정책수립자들이 더욱 체계적으로 관여하게 되었다는 데에 있다. 국내 정치가 점점 다른 유럽 국가들의 정치와 유사해짐에 따라서(Wright, 1990), 행정의 '중립성'과 사회권력은 국가행위에 관한 다원론적인 개념들에 의하여 도전을 받게 되었다. 정책수립자들이 행정활동의 결과에 대하여 좀더 관심을 갖게 됨에 따라 일종의 기능적 독립에 익숙해 있던 공무원들은 좀더 책임의식을 가지도록 해야 한다는 압력을 받게 되었다. 이러한 기본적인 추세는 두 가지 행정상의 변화를 가져왔다. 즉 고위층 공무원들의 정치화가 행정과 정치간의 균형을 심각하게 변질시켰으며, 또한 장관의 참모진이 더 많은 권력을 갖게 되었다.

1. 장관참모진의 역할

장관의 참모진cabinet ministériel은 전문 참모진외에 장관들의 개인적 협력자, 특별 보좌관들로 구성되어 있다. 대부분의 장관참모진은 정치적으로 지명된 구성원들로 10명에서 30명에 이르기까지 다양하다. 내부적인 의사소통 채널과 과정에 관한 지식을 소유하고 있음으로 해서 점점 더 많은 수의 공무원들이 참모진에 합류하였다. 1981년 이전에는 이들의 비율이 약 90%였다. 사실 이들의 역할은 엄청나게 바뀌었다. 제5공화국의 초기뿐만 아니라 제3공화국과 제4공화국 기간 동안에 장관참모진은 장관을 외부의 상황이나 계선업무로부터 유리시키는 총괄 절차인 경우가 많았다. 물론 참모 구성원들이 정치적 감수성을 보완시켰지만 국회에서 다수당이 안정적인 한에 있어서 그들의 활동은 행정활동의 전문적 범위에만 국한되었다. 1981년 사회당이 집권하자 장관참모들은 대통령 자신의 참모 및 의사결정의 핵심부와 긴밀히 연계하여 혁신적인 변화를 추진하도록 요구받았다. 새 행정부는 계선행정으로부터 있을 수 있는 적의를 방지하기 위하여 상당히 장관참모들의 지지에 의존하였다. 1970년대 후반 이후 참모들은 대통령의 정치에 깊이 관여하게 되었고 대통령의 카리스마적 권력을 공유하였다. 그러나 1980년대에는 정책 선택에 더 많은 정치자원을 요구하였기 때문에 이들은 의제를 결정하는 데 실질적인 핵심역할을 하였다. 국장들이나 심지어 중간관리자에 대해서까지도 참모들의 간섭이 점점 더 빈번하게 되었다. 이러한 추세는 다른 두 가지 요인으로 해서 더욱 증폭되었다. 첫째로 참모진의 공식 구성원뿐만 아니라 일회성을 바탕으로 특정한 문제를 다루기 위해서 '비공식' 보좌관들도 채용되었는데 이는 전문직 공무원들에게 암묵적 계층이 창출되고 있다는 것을 의미하였다. 둘째로 참모들의 사회적 기능이 고양된 것은 참모들이 정치계의 친구들에게 보상을 주는 데 아주 유용하다는 것을 입증하였기 때문에 참모직이 언제나 더 나은 행정직으로의 더욱 신속한 승진의 기회를 제공하였다는 점이다.

2. 고위공무원의 정치화에 의한 영향력

고위 공무원을 정치화함으로써 종속관계를 강화하게 될 때 행정결속도 달성되었다. 이러한 공무원의 정치화는 1981년 또는 1986년에 시작된 것은 아니었지만 프랑스식 '엽관제'의 지속적인 확대현상을 관찰할 수 있다(Bodiguel and Rouban, 1991). 1970년대 후반에 이르기까지 이러한 현상은 그다지 눈에 띄지 않았다. 장기적으로 행정은 정치와 행정 엘리트들간의 일종의 기능상의 상호결속으로 특징지어진다. 2017년 국회의원의 577명 중 129명이 전직 공무원들이다. 1959년에서 2017년 사이에 22명의 국무총리 가운데 15명이 전직공무원 출신이다. 정치계와 행정계간의 구별이 불분명함으로 인하여 제5공화국의 안정을 강화하였고 사회적 또는 과학적 계획을 추진하는 데 있어서 행정의 주도권을 선호하였다. 제5공화국의 초창기에 어떤 다원론적인 정책평가과정을 설치하려는 여하한 시도에 대해서도 정치시장을 압도한 한 가지 구체적인 평형상태가 출현하였다. 그것은 20년 동안 기술관료 정치와 다수당 집권이 정책결정과정을 지배하였기 때문이다.

이제 그런 시대는 지났으며 사회당 정부까지를 포함해서 정부는 더이상 경제 문제들에 대한 모든 해답을 가지고 있다고 주장하지 않는다. 사실 비록 사회당정권이 1986년에서 1988년 사이에 시작되었던 민영화 과정을 중단하기는 하였지만 공공부문의 규제를 철폐하는 작업은 계속하였고 공기업들이 사업

준칙을 따라 운영하도록 강력히 권고하였다. 새로이 형성된 공익집단들의 확고한 지지하에 부문 내의 또는 부문간의 요구사항들(환경보호, 도시계획, 산업의 지방적 발전)을 만족시키기 위하여 새로운 행동지침들이 마련되었다. 말하자면, 고도로 정치화된 새로운 활동무대가 행정과 정치간의 새로운 거래를 요구하였다. 행정은 갑자기 정치적 다원론과 다양한 정책공동체에 직면하게 되어 정치적 책임성이 강조되었다. 물론, 참모행정이 특별한 관심을 끌었다. 1967년 한 학자는 대부분의 참모의 구성원들이 어떠한 정당에도 소속되지 않고 있다는 것을 관찰하였다. 설문조사 결과 44%만이 어떤 정치적 신념에 공감하고 있는 것으로 조사되었다(Kesler, 1985).

이러한 프랑스식 정치화는 외부인들에게 자리를 개방하는 진정한 '엽관제'이기보다는 국가 기구 내에서 공무원들을 이동시키는 내부적 이동인 경우가 압도적이다. 예를 들면 국장들의 경우 이직률이 1958년에서 1974년 사이에는 약 14%였던 것이 1974년에서 1976년 사이에는 25%로, 다시 1981년에서 1984년 사이에는 31.4%로 증가하였고, 1986년에서 1987년 사이에는 40.5%로 절정을 이루었다. 더욱이 이들 변화의 속도와 방향은 다소 선택적이었다. 여기에 정치적 임명도 요즘 들어 증가추세를 보이고 있다(〈표 6-5〉 참조).

이와 같은 공무원들의 정치화는 고위공무원급 이하에서도 점점 그 중요성이 커지고 있다. 연공서열을 무시한 잦은 인사이동에 중간급 관리자들과 사무직원들은 동요를 느끼고 있다. 행정의 정치화는 정치가들과 공무원들 사이에 전통적으로 그어져 있던 직업상의 구분을 흐려 놓았고, 한편으로 정치적 기준에 의거하여 결정을 내리는 정치가, 공무원들과 다른 한편으로 그러한 결정의 집행을 담당하는 공무원들 사이에 새로운 괴리감을 형성하였다. 그러한 역할 구분은 특히 '보스 체제'를 통하여 자신의 참모를 거느리고 진정한 정책관리자

표 6-5 5공화국하 도지사·공공기관원장임명수

	1995	1997	2002	2005	2007
도지사임명 (N=101)	36	33	54	29	54
공공기관 원장임명 (N=185)	20	10	24	15	14

자료원: Rouban, 2009

역할을 하는 지방자치단체장들과 정치적 타협이나 행정상의 일상업무에 헌신하는 보다 전통적인 엘리트들을 구별할 수 있는 지방수준에서 분명히 드러난다.

이러한 역할의 재편성은 경력직 직업공무원들에게 새로운 종속관계를 형성하면서 관료의 조직상의 역동성을 증가시키기 쉽다는 이유로 해서 훨씬 더 민감하게 되었다.

제 5 절 행정과 시민사회의 관계

프랑스는 일찍이 행정의 자기책임 확보라는 측면에서 행정관할심 법원을 별도로 설치하여 행정상 쟁송문제를 다루고 있으며, 회계에 관해서는 심계원을 설치하여 일찍이 자체적인 행정통제와 행정책임을 수행해 왔다. 또한 이러한 사법적 간여 이외에 옴부즈만제도의 프랑스식 변형인 중재관제도médiateur도 시행하고 있으나 근년 들어 프랑스에서는 군주제의 냄새를 풍겼던 행정과 시민 사회간의 고전적 관계에 심한 변화를 가져왔다. 정책결정에서 정책집행으로 관심이 옮겨진 정치변화에 새로운 대응구조가 설정되어야 했다. 한편으로 사용자가 실제 고객으로 여겨졌기 때문에 행정의 법적 보호가 만족스럽지 못한 것 같아 보이며, 다른 한편으로 정책수행자의 수가 증가하고 정책평가에 대한 요구가 더 강해지게 되어 공공활동이 더욱 복잡하게 되었다는 것이다. 이러한 결과로 정부의 네 번째 기구가 되는 새로운 규제기관들이 나타나게 되었다.

Ⅰ. 국민사용자에서 고객으로

프랑스에서는 최근까지도 국민들인 사용자가 공공업무에 개입되는 경우는 법적인 문제만 야기하는 것으로 생각되었다. 1970년대 많은 중요 공식 보고서들이 다룬 문제들은 공적인 컴퓨터 파일에 개인이 접근하는 문제, 법적 절차에 준하는 분쟁해결절차의 문제, 행정 법규에 대한 상세한 설명의 문제 등이었다. 이러한 정책의 목적은 중앙 국가기구를 합법화시키기 위하여 일종의 '행정 시민의식'을 고양하는 것이었다.

1980년대에 행정이 비용과 의무에 대한 새로운 정치적인 논란을 불러일으키자 공공서비스의 품질문제에 관한 새로운 관심이 대두되었다. '정부교체 alternance' 과정은 효과성을 추구하는 사회당 정부뿐만 아니라 능률성을 추구하는 보수당정부에게서도 지지를 얻었던 경영기법들의 도입을 가속화시켰다.

행정의 현대화 과정은 특히 지방의 수준에서 공공서비스의 고품질의 절차에 관한 새로운 고려를 선호하였다. 1982년에 시작된 분권화 작업과 같은 극적인 제도의 변화는 새로운 전략을 요구하였다. 상담원들을 고용하고 자문위원회를 설립하면서 지방 자치단체장들이 더 값싼 서비스를 추진하고 자체 전문지식원에 더욱 자주 의존하게 됨으로써 국가의 일선기관들은 복잡한 전략적 환경에 직면하게 되었다. 사기업 분야의 주도권에 도전하기 위하여 공공서비스는 전반적으로 기업체와 같은 전략을 채택하였다. 즉, 도시공학과 공용토지계획을 관장하는 데빠르뜨망(도) 토목국Directions Départementales de l'Equipement에서는 개인 회사들의 영향력이 커지는 것에 대비하여 일련의 새로운 '상업적' 상품을 안출하였고, 국가 우편 서비스 기관인 우체국La Poste에서는 금융 업무(예금, 대출)를 개발하기 위하여 상업적인 특수기관30)으로 탈바꾸고, 재원의 65% 이상이 현재 금융활동에서 충당하고 있고, 우편배달이 자율화되면서 새로운 우편서비스개발에 집중하고 있다. 또한 프랑스 국영철도회사인 SNCF는 도로운송서비스 비용에 관심을 두는 새로운 서비스를 하고 있고, 전화통신사인 France Télécom은 Orange인터넷·전화통신사로 이름을 바꾸고 새로운 전화·인터넷서비스업에 집중하고 있다.

역설적으로 공공서비스의 품질에 대한 고려를 도입하는 것은 경영기술과 밀접히 연관되어 사용자들이 그들이 지출하는 액수에 상당하는 만족감을 기대하는 고객의 위치로 변화시키도록 유도하였다. 이러한 사용자와 행정 간의 관계 변화는 한편으로 '큰' 고객(개인회사와 지방자치단체장)과, 다른 한편으로 일반적으로 공공업무를 감당할 여유가 없는 '보통' 고객(초심자)간의 모종의 구분을 수반한다. 최근에 새로운 철도운송정책이 많은 지방 철도역에서 비영리적 업무의 종식을 의미한다는 것을 깨닫게 되었을 때 사용자 단체들은 분노를 터뜨렸다. 공공업무에 관한 EC의 규정, 더 정확히 말하자면 규정의 해제는 미국에

30) 1990년 국가우편 서비스기관인 우체국은 종래의 부성 조직형태를 준자율적 비정부조직으로 바꾸어 새로운 법적 기관이 되었다.

서의 규정해제절차에서 관찰되듯이 그들의 서비스 제공자들을 선택할 수 있는 '큰' 고객들에게 상당한 이득을 가져다 주기 쉽다(Daneke and Lemak, 1985).

공공서비스의 품질의 정의에 사용자가 포함되는 것은 공공업무가 국가정책의 테두리 안에 흡수되는가의 여부에 달려 있다. 중등 교육의 경우에서처럼 공공업무가 국가 정책의 테두리 안에 흡수되는 경우에는 사용자인 학부모, 그리고 때에 따라서는 학생의 권한이 비교적 제한되어 있는('우리는 공식적 프로그램을 실시하고 있습니다') 전문적 구조와 부딪치기 때문에 품질기준(학업과정들)이 정치적 쟁점이 된다.

또 다른 상황에서는 국가정책이 현재 상대적으로 자유로운 과정을 통하여 집행되고 있다. 실업의 해소 업무가 그러한 경우이다. 관료들은 최상의 해결책을 찾기 위해서 그들의 사용자들을 만나서 직접적인 접촉을 해야 한다. 그러한 경우, 사용자를 포함시키는 것, 즉 공공서비스의 협력체제가 정책의 미세조정이나 운용상의 정의를 위해서 필요하게 된다(Jeannot and Gillio, 1992).

분권화 과정에서는 점점 그러한 경향이 일반화되고 있는바, 국가정책상의 요구사항이 없는 경우에는 공공서비스의 품질기준이 다른 도시들의 서비스에 준하여(특히 그 지방의 세금징수노력을 통하여) 지역 나름대로 규정된다. 여기서의 주안점은 품질 그 자체가 아니라 제공되는 서비스의 범위, 즉 합당한 '품질의 한계치'이다. 이제 사용자가 지역의 서비스 '패키지'에 대한 결정을 내리고 '스스로 투표'할 수 있는 정도까지 서비스의 정의에 개입하고 있다. 결과적으로, 지방 엘리트들은 경영절차에 중점을 두도록 강력한 권고를 받는다.

대규모 공공서비스와 사용자 간의 관계는 그 존재나 활동내용이 일반적으로 별로 알려져 있지 않은 사용자 단체를 통해서 이루어진다. 1945년의 국유화 이후 제도화된 주요 공공업무의 자문위원회에 시민이 참여하는 것이 정책과정을 개선하거나 파업과 사회적 갈등을 해소하는 데 성공을 이끌어내지 못하였다. 학자들은 많은 경우 그러한 참여는 소위 시민대표들을 사용자단체로부터 그들 상대의 관료들을 다루는 진정한 전문인으로 바꾸어 놓은 것을 관찰하였다(Chevallier and Lochak, 1978). 자발적인 시민의 참여는 일반적으로 사태 대응적이며 원자력 발전소나 화학폐기물 처리장과 같은 기피대상의 시설물을 건설하는 것을 막으려고 하는 경우에만 나타난다. 프랑스에서는 '공동체' 전통이 덜 발달되어 있으며 시민들은 정치적 압력(시장이나 그들의 지역구 국회의원과 개인적인 접촉을 하는 예)을 통해서 항의하는 편을 선호하고 있다. 우리는 일반적으로 사용자, (지방)정치지도자들, 그리고 공공서비스 관리자의 삼각관계를 관찰할 수 있다. 주요 공공업무에 대한 요금은 결코 사용자 단체와 서비스 관리자 간의 직접협상을 통하여 결정되지 않는다. 지역업무의 우선순위는 일반적으로 지방의원 선거 때에 논의되며 고도로 정치적인 성격을 띤다.

Ⅱ. 정치압력단체 영향

제5공화국은 대체로 의회의 약체 구조하에 행정부의 활동의 지배를 받고 있다. 이는 일반적으로 논의되듯이, 압력단체들이 존재하지 않았다는 것을 의미하는 것은 아니다. 단지 압력단체들이 분리되어 있을 뿐이다. 압력단체의 단편적 성격과 이념적인 분리는 자연히 정부가 분리 통치한다. 농부들과 같은 직업단체들의 경우 그들의 부성과 접촉하거나(Keeler, 1987) 국가적 문제들에 대해서 영향을 미치는 데 성공했지만 신조합주의의 요소는 거의 찾아 볼 수 없다. 실제적으로 주요 결정은 권력의 심층부에서 이루어지는 경향이 있기 때문에 이러한 개입과정은 별다른 효과를 도출해 내지 못한다. 노동조합들은 일반적으로 정책수립시에 일종의 거부권을 행사하지만(이는 특히 교육문제에서 두드러지게 나타난다) 후속 정권들과 갈등관계를 유지하는 한 제도화로 이끌어내지는 못한다. 이익집단들과의 정치적·행정적 상호작용은 일반적으로 전문적인 요구사항들에 대하여 임시적인 또는 분야별 처리방식을 선호한다. 기획위원회나 광역도 기획기구들은 사회 엘리트들의 대표들로부터의 요구사항을 수렴하기는 하지만 공공의 이익집단들의 요구 사항들을 수렴하지는 못하고 있어, 사실상 이들 단체들은 중앙집권체제의 정책결정과정을 위하여 운영되는 사회화의 도구로 작용한다(Rouban, 1995: 58-59).

이러한 사회적 전략적 환경이 최근 교란되었다. 1980년부터 있는 분권화 과정뿐만 아니라 유럽통합정책은 국가정책영역을 단편적으로 분리시켜 압력단체의 행동이 그 어느 때보다도 예민하게 되었다. 정책과정은 좀더 복잡해졌고 점점 증가하는 수의 정책참여자들에게 개방되어졌다. 지방정책들의 출현은 공적인 인정을 받은 공공의 이익집단에게 더 많은 정치권력을 부여하였다. 1992년의 지방선거는 환경보호단체들이 실질적인 결과를 얻어낼 수 있으며 진정한 정치력으로 작용할 수 있음을(이들은 광역도 수준에서 13.9%를 얻었다) 보여주었다. 2007년 사르코지 대통령과 2012년 올랑드 대통령 초기, 그리고 2017년 현재 마크롱 대통령하에는 환경부처에 국가장관을 두고 환경보호단체들의 정치권이 강화되는 것을 볼 수 있다. 이러한 변화는 공무원들의 내부기능과 역할에 대한 근본적인 의문을 불러일으켰다. 이들은 여러 수준의 전략 속에서 더 자주 협상자와 중재자로 행동하도록 요구되고있고, 복잡한 체계들과 분리된 주도권들을 조정하도록 강요받고 있다. 이는 특히 도지사préfets의 경우에 그러하여 도지사들은 유럽공동체로부터의 지역적 간섭이 더욱 커짐에 따라서 그들이 브뤼셀의 관료와 지역 당국자들 사이에 제도적인 중재자가 됨으로써 그들의 역할이 증대되었다.

Ⅲ. 새로운 규제시스템제도화

정책결정과정에서의 이러한 변화들은 몇가지 제도적 혁신을 가져왔다. 첫째로, 1960년대에 시작된 특별위원회task force를 모델로 하여 임시적인 임무행정administration de mission기구들이 양산되었음을 관찰할 수 있다. 도시계획, 에너지정책, 농촌부흥, 산업의 현대화와 같은 다영역에 걸친 문제들은 특정영역의 요구사항들로부터 문제들을 격리시키기 위하여 상당 정도의 의사결정권을 행사하는, 다양하게 지칭된 특별위원회(commisariats, délégations, missions 등)에 위임되었다. 변화하는 행정 모델의 또다른 증거로 최근 독립된 규제기관들의 발달이 학자와 정치가 모두의 관심을 끌었다. 공중도덕이나 개인의 보호를 위하여 사적(또는 공적) 이해관계 때문에 고도의 정치적 압력이 필요한 경우에 주류 행정의 계층적 권한이 없는 집단적 관리체제의 독립적인 규제기관들(매체상급회의, 국립여론중앙위원회, 국립대학평가위원회, 정보자유법위원회 등)이 설립되었다.

또한 정책평가를 강조하는 추세가 1980년대 초반에 나타났다. 그 때 이후로 평가 위원회가 연구기술성, 교육성 및 정부의 활동을 감사하는 새로운 방법으로 관심을 보인 국회위원회의 내부에 설치되었다. 1990년 몇몇 공식보고서의 결과로 수상 수준에서 평가가 제도화되었다. 상이한 부성들에서 운영되고 있는 평가과정을 촉진하고 감독하기 위하여 새로운 제도적 장치(부성간 평가위원회, 평가방법 개발을 위한 국립재단 및 과학적 평가회의)가 확립되었다. 수상이 주재하는 부성간 위원회는 각 부성과 다른 정부기관들로부터 평가에 관한 제안들을 수합하여 선정한다. 전문지식을 배경으로 대통령으로부터 임명되는 사람들로 구성되는 과학적 평가회의는 평가과정을 전후해서 평가의 질과 방법론에 관하여 추천을 한다. 이는 행정부의 통제하에 있는 중앙집권적 조직으로서 실제로 다원론적인 평가과정의 요구조건들을 만족시키지는 않는다(Jean-Pierre Nioche, 1991). 1990년의 정령에 언급이 되어 있기는 하지만 국회는 이 체제에서 제외되어 있다. 더욱이, 사회 주택 계획, 사회적 후원, 탁아 프로그램 등은 열띤 논쟁의 대상이 된 프로그램들을 다루고 있지 않다. 여하간 정책 평가제도는 현재 널리 증명된 상태로서 전문성에 대한 전통적인 행정부의 독점에 도전을 가하고 있다. 2010년도는 국가정책현대화위주로 지방단체기관수를 축소하여 각 지방자치단체 영역범위 단순화·현대화하는 추세가 나타났다. 이 추세로, 2016년에는 광역도수가 23개에서 18개로 축소되었고, 원래 데빠르뜨망(도)은 이번 지방계혁정책에 소멸했어야 했으나, 다음 개혁정책까지 간신히 유지하게 되는 운명제한을 현재 겪고 있다. 게다가 데빠르뜨망 활동영역범위는 광역도, 꼬뮨 또는 지방자치협력기관에 거의 다 넘겨져, 데빠르뜨망 존재는 실제상 거의 소멸되었다고 보면 된다. 장기적으로 보면, 제도적으로 2014년 국가현대화법로 지방자치단제가 메트로폴위주로 운영하는 데 노력을 집중하고 있어, 꼬뮨이나 광역도도 데빠르뜨망과 같이 활동영역 축소가 예상되고 있다.

제 6 절 행정개혁정책

오늘날 국가의 행정개혁은 국내정치안정을 유지하고, 국제경쟁에서 살아남어 우위를 점하기 위하여 필수적으로 요청되는 절실한 과제가 되고 있다. 일찍이 Crozier(1963)에 의해 “관료제현상”phénomène bureaucratique으로 지적되는 비인격적 규칙의 지배, 의사결정권의 상부집중, 각 계층별로 동질적인 사람들의 폐쇄적인 집단형성 및 비공식적인 권력관계의 구축 등은 프랑스 사회를 구성하고 있는 특성인 동시에 사회발전을 가로막는 요인으로 지적되고 있다. 따라서 오늘날 프랑스에서 개혁의 방향은 무엇보다 권한의 위임을 통한 행정하부조직의 자율성 제고(지방자치행정, 행정적 분권화 및 행정의 서비스화)와 행정조직 내외의 의사소통의 원활화에 두고 있다. 또한 국가행정의 간여분야는 가급적 최소화하는 방향으로 국가의 행정조직을 개편하여 능률적으로 대처하며 국가의 중앙행정은 통제기능의 축소와 연구 및 계획기능의 강화를 기하는 방향으로 추진되고 있다 하겠다.

1986년 이후 행정의 현대화는 정부에서 우선적으로 중요시하는 사항이 되었다. 사회당 정권이나 보수당 정권이나 이는 행정문화에서 필연적으로 그 파급효과가 큰 변화로서 강력히 제안되고 추진되었다. 1996년 창설된 국가개혁을 위한 부성간 위원회는 중앙행정과 분권화된 행정의 재조직과 현대화의 작업장이 되었다. 국가적 성격의 운영의 재정문제와 지방적 성격의 운영의 재정문제의 개선을 위한 재정법률을 입안하였으며, 전자행정의 발전을 위한 부서를 두어 행정의 간소화를 추진하였으며, 서비스의 질과 시민과의 관계개선을 위한 노력을 하고 있다. 특별히 최근에는 공공관리와 국가구조의 현대화 담당 상설기구를 공무원과 국가개혁성하에 두고 지속적으로 행정개혁, 특별히 지방행정의 개혁과 행정적 분권을 강화하고 있다. 지속적 발전을 위한 국가전략을 강구하고 있다(http://www.dmgpse.gouv.fr/). 여러 면에서 현대화 정책은 특별한 행정개혁이다. 이 정책은 효율성-효과성의 필요성과 인사관리를 연결하는 것을 목표로 하고 있다. 포괄적인 구조개혁은 밑으로부터의 개혁이라는 노선에 따라 행정현장에 적응시키는 조치들에 밀려나게 되었다. 이를 주창한 사람들이 논하는 바에 의하면 서비스의 질은 공무원들의 사회적-직업적 지위의 향상에 좌우된다고 한다. 지난 30년간 인간과 조직을 조건지우는 요인들이 그 동안 무조건적으로 받아들였던 관리요건들을 어렵게 하고 있어 공무원들의 새로운 동기부여가 요청되는 상황에 있다.

이러한 상황에서 현대화 정책은 공무원직에 새로운 동기를 부여하고 사회의 평정을 유지하는 동시에 공공관리를 개선하기 위하여 수립되었다. 법률적인 목표보다는 실용적인 고려를 통하여 현대화 과정은 다음의 두 단계의 체계화에 기초를 두고 있다(Rouban, 1989).

① 공무원들은 서비스 제공과 더욱 긴밀히 연결되고 있다. '국민'의 개념보다는 '사용자' 개념이 자리를 잡고 있는 것 같다. 동시에 개인의 책무에 좀더 많은 관심을 둠으로써 '전문성'의 개념을 강조하고 있다.

② 공무원들이 행정의 생산성을 중심으로 동원되는 경우에만 행정의 생산성은 개선될 수 있다. 현대화는 우선적으로 집행의 단계를 목적으로 추진된다.

1983~86년 사이의 초창기 이후, 행정의 현대화는 행정의 의무와 시행의 목표를 규정하는 점에서 근로자의 참여를 기초로 한 품질과 혁신의 전략이라는 형식을 취하였다. 품질관리특별위원회와 업무, 목표, 그리고 수행 지침들을 명확히 규정하는 부서의 '행정진술'을 사용하여 현대화 정책은 사례에 따라서 행동의 변화를 유발시키는 것을 목표로 하고 있다. 어떤 부서(특히 기간시설성의 경우)와 다른 공공서비스의 경우(우체국, 프랑스 장거리통신), 인적 자원과 관리 프로그램을 강화시키기 위한 실험이 실시되었다. 좀더 일관성 있는 전문적 연수와 연결되어 인사고과절차는 다양하게 되었다. 국장들을 위한 두뇌집단 연수회, 내부 소식지의 발행, 컴퓨터 신문의 도입 등 내부 의사전달을 개선시키는 데 중점이 주어졌다. 공무원성으로부터의 강력한 지지하에 행정 기관장들을 동원하기 위한 지방 및 국가 수준의 정기적인 회의가 조직되었다. 대부분의 현장 서비스에서 소규모 예비계획이 추진되고 있다. 중앙부처의 수준에서는 직원들에게 관리 및 의사전달 기술훈련을 시키기 위한 시도가 행해졌다.

대부분 부처 자체적으로 수행되는 이런 전략은 행정관리에 실질적인 영향을 미쳤다. 여러 면에서 현대화는 사용자에 대한 서비스와 내부 관리를 개선시켰다. 지체 기간은 짧아졌고 비용은 절감되었고 전문적 관계는 용이해졌다. 실제로, 현대화는 좀더 근본적인 해결책을 대신하는, 혹은 이를 위한 과도기적인 것같이 보인다. 품질유지 써클이나 내부적 전략계획이 외부로 계약의뢰의 대안으로 생각될 수 있는 지방 수준에서 특히 그러하다.

현대화 정책은 정치와 조직간의 타협에 대한 좋은 본보기를 제공한다. 자원이 희박해지고 승진기회가 제한되었을 때 행정은 일반적으로 비용의 외부의존을 포함하는 점진적 개혁을 계속할 수 없게 된다. 한편, 새로운 의무요건들에 대한 단계적 학습과정을 제시하지 않은 채 행정의 원리를 바꾸기는 더더욱 어려워졌다. 여러 면에서, 현대화 전략은 정책중심의 행정 모델이 요구하게 될 새로운 지리적 기능적 유동성을 갖춘 전통적인 경력제도를 명시하는 수단으로 간주되었다. 다행히 현대화 과정은 수년간의 교착상태 이후 노동조합과의 봉급협상에서 이루어진 개선의 혜택을 본 것이다. 1990년에 정부와 노조대표들

간에 합의를 본 '뒤라푸르 협정'Durafour agreement 이후 전문직의 상향이동과 직급제도의 재편성을 이루기 위하여 복합적인 전문측정제도가 실시되었다. 1992년에는 대부분의 부성에서 400개 이상의 전략적 계획이 채택되었고, 재정과 인사상의 독립성을 누릴 수 있는 독립적인 관리 단위를 확립하기 위하여 문화성, 재무성 그리고 장관 사이에 85개 사항의 반계약의 형식을 띤 합의가 이루어졌다. 현대화 과정의 성공적인 수행은 주로 이러한 밑으로부터의 개혁이 공무원직의 전반적인 지위에 대한 이념적 법률적 문제들을 제기하지 않았던 사실에 기인한다. 쟈크 시락의 보수당 집권 시절이었던 1986년뿐만 아니라 1981년의 사회당 집권의 결과로 이전에 시도하였던 개혁에서의 독단주의야말로 진정한 개선을 방해하는 것이었다.

시장경제원리의 확산과 국가경쟁력의 강화가 요구되는 현대에 있어서는 통제보다는 국민이 필요로 하는 서비스를 적절히 제공한다는 의미에서 국민을 행정사용자usager로 보아 행정행위의 중심에 위치하는 존재로 보게 되었다는 데 개혁의 큰 의의가 있다. 국민에 대한 행정서비스의 원칙으로서 ① 행정의 투명성과 책임성, ② 행정의 단순성과 접근성, ③ 행정의 참여와 적응, ④ 행정의 신뢰와 자부심을 갖도록 하고 있음은 우리에게도 시사하는 바가 크다 하겠다.

요컨대 행정의 현대화를 통한 개혁의 주요 이유로서는 ① 민주화와 능률성의 요구, ② 국가경쟁력 강화의 필요성, ③ 침체된 공무원들의 동기부여 계기가 될 수 있다는 점이다(임도빈, 1994: 105).

제7절 결 론

프랑스의 행정은 효율성, 사용자 개입, 책임성, 결정의 속도, 경쟁력 있는 대응 등등의 문제에 대한 행정의 현대화 정책을 추진하고 있다. 부족한 인적 자원이나 정치적 압력이 자격있는 사람들의 채용을 가로막고 있는 상황에서 어떻게 좀더 나은 품질의 행정서비스가 달성될 수 있겠는가? 법적인 규정들이나 노동조합으로부터의 전통적인 거부권에 뛰어난 직원들에 대한 보상이 제한될 수밖에 없는 상황에서 어떻게 직장관계가 개선될 수 있겠는가? 여러 면에서 공무원들은 현재 프랑스에서 국가와 시민사회간의 관계에 영향을 미치는 변화가 이루어지고 있다. 공무원의 정치화는 새로운 종류의 종속관계를 형성하였다. 분야별·지역별 요구사항들이 현재 사기업체들이나 지방 당국자의 참모들에 의해서 국가행정의 일선기관의 영역이 잠식되고 있다. 일반기업체에서와 같이 공공서비스도 행정적 합법성을 보장하는 전통적인 기반들은 아직도 막강한 세력을 누리고 있지만 공무원들은 그들의 특권적인 사회적 지위를 상실하였다. 프랑스 역사상 처음으로 그들은 스스로를 관료로 자각하고 있으며 더이상 의사결정권자로 보고 있지 않다(Rouban, 1995).

물론 이러한 추세는 민주화의 과정, 즉 프랑스의 행정을 EC 통합과 다원론적인 정치시장에 적응시키는 표준화 과정으로 볼 수 있을 것이다. 다른 관점에서 보면 고위공무원직의 사회구조는 그대로 남아 있고 엘리트들의 연결망은 그 어느 때보다 더 긴밀하게 연결되어 있음을 관찰할 수 있다. 당분간 전통적인 정치와 행정간의 분리-혼란의 전통적 주기가 정치활동에 대한 또다른 정체주의적 해석(엘리트 집단과 일반 경영자들간의 어느 정도의 중복을 수반함)이나 전체적으로 모종의 정치화한 경영주의를 수반하는 진정한 정책중심의 모델로 대치될 것인가 하는 것은 예측하기 어렵다.

행정은 한편으로는 역기능적 자기발전의 일종인, 소위 '관료화 과정'으로부터 문제가 야기되며, 다른 한편으로 행정은 대체로 정책결정자들의 통제나 시민들의 의지에 의존하는 하나의 정치적 산물에 지나지 않는 존재이다. 산업국가에서의 근본적인 개혁에 대한 최근의 실험들은 공무원들의 동의 없이는 행정의 변화는 달성될 수 없음을 명백히 보여주고 있다. 예를 들어서, 전통과 내부적 직업규칙들이 여하한 '외부적' 침입도 방지하는 체제하에서 변화는 생각할 수 없다.

행정개혁은 전문적인 관점과 바람직한 공공업무는 어떠해야 하는가에 대한 사회적 이해를 명시하는 행정원리들을 구축하는 데서 발견될 수 있다. 이것은 첫째로, 행정의 변화가 동시에 내외의 복합적 압력에 의하여 촉발됨으로써 시민사회로부터의 새로운 기대뿐만 아니라 역할에 대한 이해도 이끌어내게 됨을 의미한다. 프랑스에서는 행정의 현대화 정책이 1988년 이후 분명한 정치적 의지에 의하여 촉발되었다. 그럼에도 불구하고, 공무원들로 하여금 그들의 경력 전략과 직업상의 가치관을 바꾸도록 허용한 구조적인 변화가 없었다면 전혀 효과가 없었을 것이다. 둘째로, 사기업체, 정치가, 또는 자발적인 단체들로부터의 압력으로 인하여 나타난 것과 같은 분야별 미세변화들의 변환장치 없이는 거시적 구조변화들을 자동적으로 포함할 수는 없다. 이러한 변환과정은 일반적으로 특정 정보를 정책수립자들과 공무원들 간에 유포될 수 있도록 허용하는 채널을 통해서 운영된다. 예를 들어서, 국가계획체제가 1960년대에 위로부터의 정책집행원리를 하달시키는 것으로 추정된 것과 같은 방식으로 정책평가는 밑으로부터의 의사결정과정을 합리화시키는 것으로 추정된다(Rouban, 1990).

마지막으로 우리는 행정의 두 가지 주요 측면에 관심을 기울여야 한다. 첫째로, 사회·정치적 영역에서의 행정의 암묵적 기능들을 부각시키는 것이 중요하다. 예를 들어서, 프랑스의 행정이 중산층에게 승진의 방법을 제시하여 주었고 정치적 불안에 제동을 걸었던 한에 있어서 공무원들은 행정법과 직업상의 규정들을 통하여 자신들을 경쟁적인 사회단체들과 요구사항들로부터 보호하고자 하는 강한 동기를 가지고 있었다. 제5공화국의 처음 20년 동안의 정치와 정부의 안정이 자리잡았을 때, 법적인 보장에는 상대적으로 관심을 덜 쓰는 가운데 정책수립에 그들의 전문지식을 쏟아 넣을 수 있었다. 1980년대에 정치적 안정과 사회적인 고려가 사라지자 그들은 보통 임금생활자들과 같이 행동할 것이 요구되었다.

둘째로, 행정의 변화는 이론적 틀이 주어졌을 때, 그 때에만 일어날 수 있다. '행정활동'에 대한 이론들이 확립되어 있지 않는 한 외부의 압력이나 정치적 결정들은 효과가 없다. 여러 면에서, 행정의 개혁은 개념적인 문제이다.

프랑스의 행정개혁의 방향은 중앙집권적 국가행정에서 지방분권적 자치행정으로의 비중이 실려가고 있다. 그러나 이 경우 국가 행정의 지방분권화 décenralisation와 행정적 분권화déconcentration를 동시에 고려하고 있다. 행정적 분권화는 중앙부처의 업무를 가능한 축소하고 각 부성의 지방소재 하부기관인 일선기관services extérieurs에 이양하고자 하는 것이다. 자연히 중앙의 부처인 국direction은 소관분야에 대한 전문적인 연구기능, 미래전망기능, 조정기능, 평가기능 등을 포함한 전략적인 역할을 담당할 수 있도록 전환되어가고 있다 하겠다.

제 7 장

독일의 행정과 관료제*

제 1 절 서　　론

어느 정치학자도 예측하지 못했던 독일통일이 1989년 11월 9일 베를린장벽의 붕괴를 시작으로 동독의 서독에로의 흡수통합이 진행된 후, 독일 정치행정은 새로운 길을 걷고 있다. 2차대전 후 정치이데올로기에 의해 분할되었다가 1990년 통일된 독일의 정치행정체제의 특성을 검토해 보는 것은 유사한 분단의 역사를 겪어 왔고 통일의 가능성을 현실로 맞고 있는 우리나라에게 적지 않은 시사점을 던질 것이다.

통일에 따른 새로운 독일은 서독출신 6,200만 명, 동독출신 1,600만 명이 합쳐진 거의 8,000만 명에 달하는 거대한 유럽국가로 부상하였고, 이에 주변국가들은 유럽의 세력균형이 깨지는 것에 대한 두려움을 제기하였다. 그러나 상이한 두 경제체제와 사회체제의 결합을 의미하는 통일은 단순한 절대적 수의 합 이상의 복잡함을 갖고 있다. 통일은 독일에 새로운 힘을 가져왔지만, 한편으로는 독일의 정치-사회체제를 재규정하게 되었다. 독일은 전통적으로 도시산업가와 토지귀족, 노동자와 자본가, 지역주의, 신교와 구교 간에 심한 사회적 분열구조를 경험하였는데, 통일은 이러한 역사적인 사회분열이 새로운 모습으

*김근세(성균관대학교 국정전문대학원 교수)

로 재현될 잠재력을 갖고 있다.

이러한 독일사회의 분열구조는 독일의 현대정치사에 불연속적인 정체발전을 낳게 되었다. 권위주의적인 Wilhelm Ⅰ세의 제2제국1871~1918의 성립과 1차대전 후 붕괴, 민주적인 바이마르공화국1918~1933의 탄생, 나치-파시스트의 국가사회주의 제3제국1933~1945의 대두, 2차대전 후 자유민주주의 서독과 사회주의 동독의 분리1945~1990, 그리고 1990년 이후 통합된 독일의 등장을 보였다.

이러한 독일 정치발전과정에 있어 정부관료제는 핵심적인 역할을 담당하였고, 또한 이에 따라 통제의 대상이 되었다. 18세기 독일 민족국가의 성립과 프러시아 관료제의 성립은 정부관료제 발전의 계기를 가져왔는데, 정부관료는 지배엘리트로 국가발전을 담당하였다. 후발 자본주의국가로서 독일은 산업화에 있어 정부관료제가 이를 주도하게 되었다. 19세기 영국의 산업화에 비해 경제의 상대적 후진성과 산업자본가계급의 미성숙, 토지귀족 중심의 지배계급의 지배, 정치적 민주주의제도의 미발달 등의 여건하에서 정부관료제는 위로부터의 개혁을 주도하는 세력으로 등장하여 독일 절대왕정국가를 근대 시민사회로 전환시켰다. 독일의 국가주도 경제발전 과정에서, 19세기 중반 산업화에 따른 정치경제세력이 성장할 때까지, 높은 교육수준, 행정경험, 풍부한 정보를 바탕으로 고위관료는 국부의 주창자로 지각하여 국가발전의 주도세력으로 기능하였다.

이러한 정부관료제의 주도와 정치성은 논란의 대상이 되어 왔고, 자유주의적이고 진보적인 바이마르공화국에 이르러 관료의 정치적 중립성이 하나의 규범으로 정립되었다. 그러나 권위주의적인 나치정권은 이에 만족하지 않고 제3제국의 도구로 정부관료제를 이용하였다. 정부관료제를 국가사회당의 직접적인 통제하에 두고, 정파적인 기준으로 관료를 임용하였다. 이러한 역사적인 경험은 정부관료제가 정권의 도구로서 악용될 수 있다는 사실을 확인시켜 주었고, 그 결과 2차대전 후에는 정부관료제의 비정파성이 더욱 강조되었다.

2차대전의 패전 후 서독에 진주한 연합군과 동독에 진주한 소련은 각각 자본주의와 사회주의라는 체제를 경쟁적으로 실험하게 되었다. 서독의 라인강의 기적으로 선진경제발전과 동유럽의 모델케이스로의 동독경제의 개발에 있어 정부관료제는 각각 발전의 주체로 역할을 하였다. 이후 1990년 급작스런 통일로 정부관료제는 동독의 계획주의경제와 행정체제를 서독의 자본주의경제와 행정체제로의 구조개혁을 추진하였고, 특히 동독공산당 출신의 공직에의 배제와 국영기업의 대규모 민영화가 진행되었다.

이렇듯 독일통일의 뒷받침이 된 독일 정부관료제의 제도와 특성은 무엇일까? 정부관료제의 정책과정에 있어서의 역할은 무엇인가? 이를 배태하고 또한 제약하는 정치사회적 환경의 속성은 어떤 것인가? 정부관료제는 어떠한 방식으로 통제되고 있는가? 이러한 측면들을 본문에서 살펴보고자 한다.

제 2 절 정부관료제의 외부환경

정부관료제의 내부적 특성(조직, 인사, 예산)은 외부적 환경과 밀접한 연관성을 지닌다. 여기에서는 외부환경 가운데 정부관료제의 구조와 기능에 보다 직접적으로 영향을 미치는 정치제도적 환경을 중심으로 소개하려고 한다.

Ⅰ. 정부의 기본구조

독일의 정부구조는 기본적으로 1949년의 독일연방공화국 기본법Grundgesetz에 기반한다. 이 기본법은 안정적이고 효과적인 민주적 정치체제를 마련하기 위해 고안된 정치공학political engineering의 예외적인 경우에 속한다(Dalton, 1992). 독일의 권위주의정권의 역사적 교훈을 바탕으로, 기본법은 국민의 참여, 정치엘리트의 책임성 확보, 정치권력의 분산, 극단주의자에 의한 국가전복과 비합법적인 정치권력행사의 기회를 제약하고자 했다. 이러한 기본법의 목표를 구체화시키기 위해 다음과 같은 정치제도를 구성했다.

[그림 7-1]에서 보듯이 독일정부의 기본구조는 연방제와 의원내각제를 근간으로 구성되어 있다.

첫째, 독일은 자치의회와 행정부를 가진 16개의 주Länder로 이루어진 연방국가이다. 기본법에 의하면 연방정부와 주정부간의 기능분담에 관해서 다음 세 가지 영역이 있다(Schumacher, 1993). 전적으로 연방정부의 입법권한에 속하는 영역으로 외교, 국방, 화폐 및 금융정책, 연방철도 및 항로, 우정 및 통신서비스가 있다(73조). 연방정부와 주정부의 공동 입법권한에 속하는 영역으로 민

【그림 7-1】 독일의 정부 구조

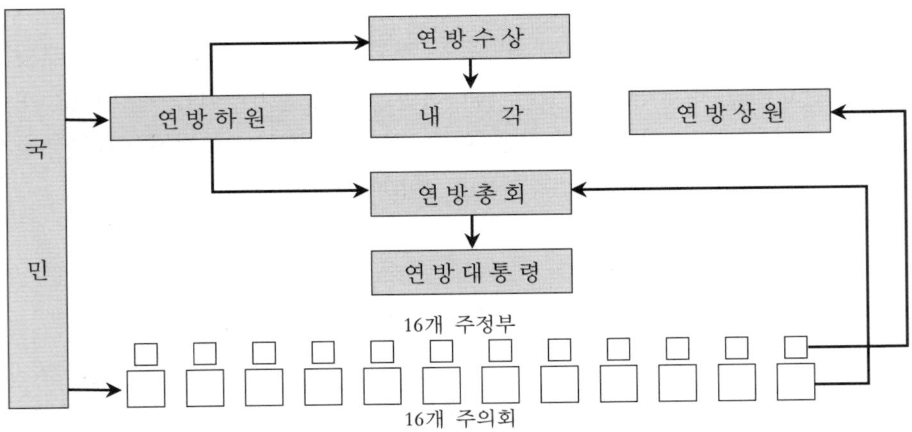

사 및 형사법, 법률 및 법원체계, 경제 및 노동에 관한 규제입법, 교통, 환경, 보건이 있다(72조). 전적으로 주정부의 입법권한에 속하는 영역으로 문화사항, 학교, 경찰, 자치단체헌법 등 기본법에 구체적으로 명시되지 않은 영역이 포함된다(70조). 이렇게 연방정부와 주정부는 정책집행을 위해 서로 공조해야 하는 협력적 연방주의cooperative federalism에 속한다(Dalton, 1992: 251). 특히 연방정부에 의해 입법화되어 결정된 정책도 집행은 주로 주정부가 담당한다.

둘째, 독일정부의 기본구조에서 중심적인 제도는 연방의회이다. 연방의회는 법안의 통과, 연방수상의 선출, 행정부 정책의 토론, 정부관료제의 행정업무에 대한 감독을 수행한다. 주정부의 구성 또한 연방정부와 마찬가지로 의원내각제이다. 국민의 직접선출에 의한 단원제 주의회Landtag가 있다. 주의회의 다수당 또는 연정에 의해 주지사가 선출되는데, 주지사는 연방수상 다음으로 강력한 정치적 영향력을 발휘하며, 내각을 구성하여 주정부의 행정기능을 수행한다.

Ⅱ. 의회 및 정당

의회는 독일정부구조의 중심적 제도로서 법안의 심의 및 통과, 연방수상 선출, 정부정책의 토론, 각 정부부처의 행정활동을 감독하는 기능을 한다. 의회는 양원제로서 국민의 직접투표로 선출되는 연방하원Bundestag과 주정부의 대표로 구성되는 연방상원Bundesrat으로 이루어진다. 연방하원은 4년마다 국민의 직접투표를 통해 각 지역선거구를 대표하는 656명의 의원으로 구성된다. 연방하원의 주요기능은 입법활동이며, 모든 연방정부의 법안은 반드시 하원의 동의를 얻어야 한다. 또한 법안의 심사과정을 통해 공적 토론의 장을 제공해 주고, 나아가 행정부의 행정활동에 대한 감독기능을 한다. 보통 질의시간을 통해 각 의원이 행정부처의 장에게 서면질의를 제출하는데, 이에 대해 정부대표자가 답변하고, 의원은 보충질문을 한다. 특히 야당은 이 질의시간을 통해 의회내에서 자신들의 입장을 대변하려 한다. 1987~1990년 회기 동안에는 소수당인 녹색당이 질의의 3분의 2를 제기했다.

연방상원은 연방제의 산물로서 주정부에 의해 임명된 69명으로 구성되는데, 이들은 주정부의 이해를 연방수준에서 대변한다. 상원의원은 보통 주행정부내각각료 중 한 사람으로 임명되며, 의원수는 각 주의 인구수에 비례하여 배분되는데, 최고 6석, 최저 3석이 배당된다. 비록 하원에 비해 입법권한은 부차적이지만 입법과정에는 직접적으로 참여한다. 행정부는 모든 입법초안을 하원에 보내기 앞서 상원에 제출해야 한다. 그러나 상원의 동의가 요구되는 법안은 주정부에 관련된 정책법안에 국한되며, 이 과정에서 주정부는 정책의 내용을 지역사정에 맞게 조정할 수 있는 기회를 갖게 되어 정책과정의 영향력을 확보한다.

이러한 양원제는 의회차원에서의 견제와 균형을 가질 수 있는 장점이 있으나, 또한 문제점도 야기한다. 연방상원의 경우는 표결시 주별로 일괄적으로 계산되며, 의석배정의 규칙에 따라 전국인구의 3분의 1을 차지하는 주들의 의석이 과반수를 차지하고 있다. 이러한 규칙은 규모가 작은 주에 편향적인 결과를 낳는다. 또한 주들간 지역파벌주의를 부추겨 연방상원은 국가의 관점보다는 자신의 지역 관점에서 국정을 토론하게 된다. 따라서 연방하원과 연방상원의 상이한 선거토대 때문에 입법과정에서의 갈등은 불가피하며 이는 독일식의 '분리된 정부'divided government를 낳게 된다. 실제 1980년대 후반 연방하원은 기민당-자민당이 다수당이었고, 연방상원은 사민당이 지배했다.

전반적으로 행정부에 대해 독일의회는 양면적인 특징을 갖는다. 일반적으로 독일의회는 입법활동에 있어 수동적인 역할을 하며 의회가 스스로 법안을 발의하기보다는 주로 행정부에서 발의된 입법에 대해서 검토한다. 반면에 독일의회는 상대적으로 다른 나라보다 행정부로부터 자율적이어서 행정부의 법안심의와 비판에 있어 상당한 독립성과 기회를 갖는다. 예를 들어, 12대(1990~1994), 13대(1994~1998) 의회의 법안발의에서 행정부-의회의 비중이 52%~ 48%와 48%~52%로 의회의 역할이 증가되고 있다(김성수, 2000: 77).

[그림 7-2]에서 보듯이 의회의 입법과정은 주로 내각에서 시작된다. 내각의 다수가 법안에 대해 승인하면, 이를 연방상원으로 이송해 검토한다. 연방상

그림 7-2 독일 입법과정

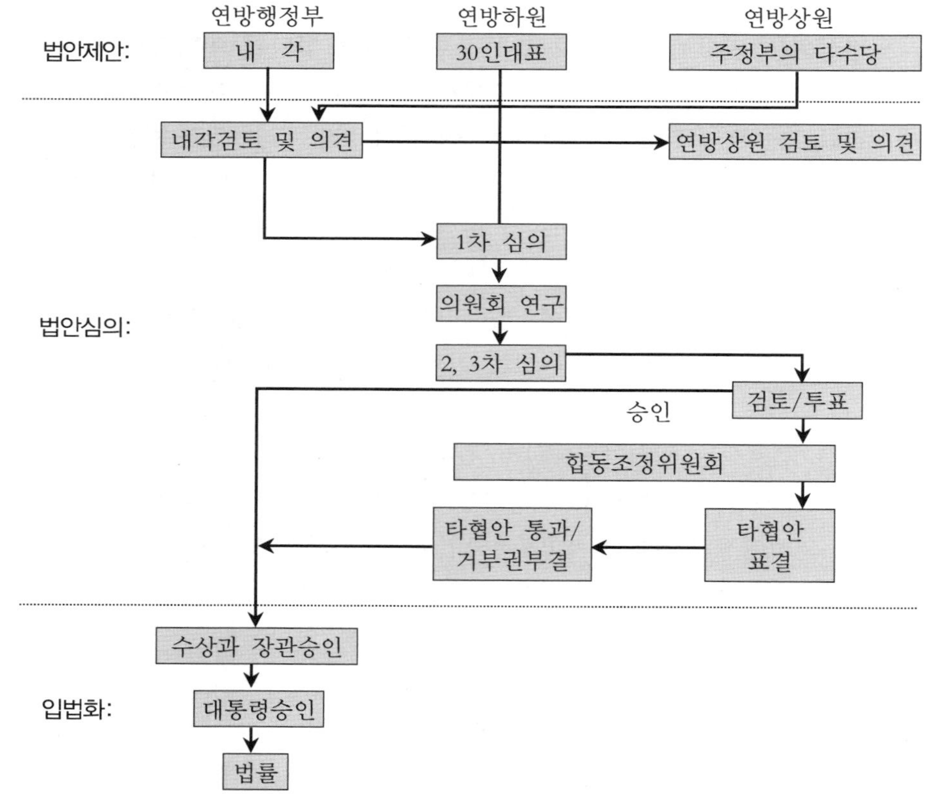

자료원: Dalton(1992: 292).

원의 의견을 수렴한 뒤, 내각은 공식적으로 정부의 입법안을 연방하원에 제출한다. 연방하원에서는 이 법안을 정식의제에 올리고 관련 상임위원회에 배정하여 검토한다. 상임위원회는 법안을 평가하고 관련집단과 협의를 거쳐 개정된 법안을 전체의회에 제출하며, 이 과정에서 법안의 내용을 수정할 수 있는 상당한 권한을 행사할 수 있다. 이 심의과정은 대개 비공개적으로 진행되는데, 이를 통해 전체회의로 송부하기 전에 정당간에 솔직한 토론과 타협의 가능성을 제공한다. 전체의회에 넘겨진 법안은 다시 검토되어 수정의 기회를 갖지만, 대개 전체심의에서는 각 정당이 자신의 견해를 국민에게 개진할 기회를 갖는다는 상징적인 논의에 그치고 실제적으로 수정이 이루어지는 경우는 드물다. 연방하원을 통과한 법안은 연방상원에 이송되어 검토를 받는다. 이 경우 법안이 연방정부의 정책집행에 있어 주정부가 공동으로 권한을 행사하는 정책영역일 때는 법안에 대한 연방상원의 승인이 필수적으로 요구된다. 그러나 외교 및 국방정책과 같이 주정부가 관여하지 못하는 정책영역에 관한 법안에 대해서는 연방상원의 승인이 필수적이지 않다. 연방상원의 해당위원회의 심사를 통해 주정부 대표자는 법안의 정책내용과 이의 주정부에 대한 의미를 면밀히 검토하고 연방상원의 승인이 있는 경우 연방수상에게로 넘겨져 서명절차를 밟게 된다. 만약 연방상원이 하원의 법안에 대해 반대할 경우는 합동조정위원회에 넘겨져 차이점을 해소하도록 노력하고, 이 조정된 법안은 상·하원에 넘겨져 다시 검토를 받는다. 주정부가 관련된 정책영역 법안의 경우 연방상원이 절대적 거부권absolute veto을 행사하면 입법안은 부결된다. 반면에 다른 영역의 법안에 대해서 연방상원은 단지 잠정적 거부권suspensive veto만을 행사할 수 있다. 이 경우 연방하원은 이 잠정적 거부권을 기각하고 법안을 수상에게 이송할 수 있다. 연방수상을 거쳐 입법과정의 최종단계에는 연방대통령에 의해 법률로 공포된다.

〈표 7-1〉에서 보듯이, 전후 독일의 정치사는 연정(聯政)의 역사이다. 이 연정정치의 역사적인 유산으로 각 정당의 독특한 정강정책의 차이가 좁혀지고 있지만 기본적으로 보수주의 성향의 기민당과 사회민주주의 성향의 사민당, 그리고 이 중간성향인 자민당의 구성이 독일정치의 큰 윤곽을 그리고 있으며, 1970년대 이후 시민운동의 활성화에 따라 녹색당이 신흥정당으로 부상하였다.

독일정치의 주요 경쟁적인 정당은 기민당CDU/CSU: Christlich-Demokratishe Union

표 7-1 독일 연합정부의 역사

일 시	변화의 근거	연정의 대상	연방수상
1949. 9.	선거	기민당/자민당/독일당	Adenauer(기민당)
1953. 10.	선거	기민당/자민당/독일당/전독일연맹	Adenauer(기민당)
1957. 10.	선거	기민당/전독일연맹	Adenauer(기민당)
1961. 11.	선거	기민당/자민당	Adenauer(기민당)
1963. 10.	수상 은퇴	기민당/자민당	Erhard(기민당)
1965. 10.	선거	기민당/자민당	Erhard(기민당)
1966. 12.	연정 변화	기민당/사민당	Kiesinger(기민당)
1969. 10.	선거	사민당/자민당	Brandt(사민당)
1972. 12.	선거	사민당/자민당	Brandt(사민당)
1974. 5.	수상 은퇴	사민당/자민당	Schmidt(사민당)
1976. 12.	선거	사민당/자민당	Schmidt(사민당)
1980. 11.	선거	사민당/자민당	Schmidt(사민당)
1982. 10.	불신임	기민당/자민당	Kohl(기민당)
1983. 3.	선거	기민당/자민당	Kohl(기민당)
1987. 1.	선거	기민당/자민당	Kohl(기민당)
1990. 12.	선거	기민당/자민당	Kohl(기민당)
1994	선거	기민당/자민당	Kohl(기민당)
1998	선거	사민당/녹색당	Schröder(사민당)
2002	선거	사민당/녹색당	Schröder(사민당)
2005	선거	기민당/사회당	Merkel(기민당)
2009	선거	기민당/자민당	Merkel(기민당)
2013	선거	기민당/사회당	Merkel(기민당)
2017	선거	기민당/사회당	Merkel(기민당)

자료원: Dalton(1992: 275); Schmidt(2008: 76).

Deutschlands/Christlich-Soziale Union[1]과 사민당SPD: Sozialdemokratishe Partei Deutschlands이고, 소수당임에도 불구하고 영향력을 발휘하는 자민당FDP: Freie Demokratishe Partei, 그리고 1980년대 들어 부상한 녹색당Die Grünen이 있다. 기민당은 독일 계급정당의 전통을 깨고 보수지향의 국민정당Volkspartei을 주창하며 전후에 등장했는데, 농민, 기업가, 자영업, 중상계급의 화이트칼라의 다양한 지지집단을 갖고 있다. 다양한

1) CDU는 Bayern주를 제외한 전국에서 활동하고 있는데, Bayern주에서만 활동하는 CSU와 연대하고 있다. CSU가 CDU보다 정치철학이 더 보수적이다. 이 두 집단은 전국 무대에서 하나의 정당으로 기능한다.

집단을 겨냥한 이러한 전략은 성공을 거두어 전후 지속적으로 국민투표의 45~50%를 차지해 왔다. 전후 초기 Adenauer1949~63와 Erhard1963~66의 수상하에 정권을 장악하다가 1966년 자민당이 연정을 거부하자 사민당과 대연정을 맺게 되었다. 이후 사민당의 집권당으로서의 이미지 향상에 힘입어 기민당은 1969년 야당으로 전락했다. 1980년대 경제침체에 따른 보수주의 흐름으로 1982년 다시 자민당과 연정을 구성하여 재정긴축과 산업진흥책의 보수주의 정책노선을 추구하고 있다. 그리고 독일통일에 적극적으로 주도권을 행사한 Kohl수상의 기민당은 역사적인 전기를 마련하여 1990년 전국 정당투표의 43.8%를 획득했다.

사민당은 이념정당으로 출발하여, 노동조합원 특히 종교적인 성격이 약한 조직화된 노동자층이 주요 지지집단을 이루고 있다. 선거부진 때문에 1959년 Bad Godesberg회의에서 이념정당의 노선을 포기하고 중도노선으로 전환했다. 1966년 기민당과 대연정Grand Coalition을 통해 집권정당의 능력을 입증함으로써 국민의 우려를 불식할 수 있었다. 자민당과의 연정기간 동안 경제정책에 많은 견해차를 보였고, 또한 사민당 내부의 구좌파와 신좌파간의 갈등으로 경제문제에 제대로 대처하지 못하여 결국 1982년 이후 야당으로 전락했다. 독일 통일과정에서 사민당의 입장은 양면적이고 그 과정에서 방관적인 자세를 취하였던 탓에, 1990년 전국 정당투표의 33.5%라는 부진한 결과를 낳았다.

자민당은 전전(戰前)의 자유주의전통을 계승한 정당으로, 초기에 시장경제의 주창자로 개신교 중산층과 농민의 지지를 받았다. 자민당은 다당제의 이점을 활용하여 기민당과 사민당의 대립관계에서 중요한 결정권을 행사하며 연정의 파트너로 전후 거의 모든 시대에 참가했다. 따라서 소수당임에도 불구하고 자민당은 좌파적인 사민당과 우파적인 기민당을 조정하는 영향력을 행사할 수 있었다. 통일과정에서 외무부장관이었던 자민당의 Hans Dietrich Genscher장관의 활약으로 자민당은 1990년 전국 정당투표의 11%를 획득하는 성과를 올렸다.

녹색당은 1970년대 환경문제가 큰 사회이슈로 대두되고 환경론자들이 직접 지방정치에 진출하기 시작하면서 모습을 갖추게 되었다. 1980년 여러 지방의 환경관련 정당들이 하나의 전국적인 정당인 녹색당을 결성하였다. 녹색당의 정강은 환경보존 외에도 새 정치세력의 여러 이슈들을 담고 있는데, 핵에너지개발 반대, 군비경쟁 반대, 여권신장, 사회의 민주화 등이 그것이다. 녹색당은 1983년 처음 연방의회에 진출하게 되었다. 녹색당은 서독의 정치경제체제가 동독에 단순히 확대되는 것에 반대하여, 독일 통일과정에서 모호한 입장을 취하였고 더욱이 몇몇 정당지도자는 동독 공산당세력과의 연합을 주창하기도 했다. 1990년 선거에서 동독의 어느 정파와도 공식적으로 연대하지 않고 선거에 임해 전국 정당투표의 5.1%로 득표율이 감소되었다.

Ⅲ. 행 정 부

연방정부는 16개 주정부와 행정업무의 결정과 집행에 있어 협력적 연방체제를 이루고 있다. 지방정부의 구조는 전국적으로 통일적이며, 크게 지방군과 기초자치단체의 두 수준으로 구성된다. 이외에 대도시를 중심으로 도시군이 있는데 이는 앞의 두 지방정부의 행정권한을 모두 행사한다.

독일 행정부의 수반으로는 연방수상Bundeskanzler과 연방대통령Bundespräsident이 있다. 독일 바이마르헌법의 큰 약점으로 지적되었던 연방수상과 대통령간의 불분명한 집행권 분업문제에 대해 기본법에서는 연방수상의 권한을 강화시키는 방식으로 해결하였다. 연방수상은 연방하원에서 선출되는데, 주로 하원의 다수당 대표이다. 연방수상은 연방행정부의 업무에 대해 책임과 권한을 갖는다. 다른 의원내각제 국가와는 달리 연방수상은 의회를 해산하고 새로운 선거를 요구할 권한을 갖지 못한다. 마찬가지로 의회도 자신이 선출한 연방수상의 해임에 대해서 제한적인 권한을 갖는다. 수상을 해임하기 위해서는 해임과 동시에 후임자에 대해서도 합의를 보아야 하는 건설적인 불신임권constructive no-confidence vote을 행사한다. 이에 따라 현직수상을 해임하기 어렵게 함으로써,

표 7-2 독일 행정부 구조(2004)

행정부 수준	개 수
연방정부(Bund)	1
주정부(Land)(3개 도시주 포함)	16
지방군(Landkreise) 도시군(Stadtkreise)	323 116
기초자치단체(Gemeinden)	12,436

자료원: 심익섭・한형서(2005: 111).

정치리더십의 지속성과 정책자율성을 확보하고, 야당도 반대만을 고집할 수는 없어 합의로의 대안을 찾는 데 기여하는 제도이다. 실제 수상 불신임투표는 지금까지 두 번 시도되었는데, 1982년 새로운 기민당-자민당 연정이 Schmidt수상을 Helmut Kohl로 교체한 단 한번 성공을 거둔 적이 있다.

기본적으로 연방행정부의 관리권한은 연방수상에 있다. 기본법에 따라 연방수상은 내각장관의 수와 임무를 결정할 수 있고, 내각을 구성하는 각부장관은 연방수상의 권고에 따라 공식적으로 연방대통령이 임명, 해고한다. 연방행정부는 기본법에 규정된 다음 세 가지 원칙에 따라 운영된다(Dalton, 1992: 253).

첫째, 연방정부의 정책에 대한 책임은 수상 단독으로 진다. 따라서 수상이 제시한 공식적인 정책기본방향에 대해 내각의 장관들이 따라야 되는 법적 구속력을 갖고 각부 장관은 수상의 기본지침에 부합하는 정책을 제안하고 집행하도록 기대된다. 연방수상의 참모기관인 연방수상실Bundeskanzleramt은 정부부처를 감독하고, 행정부의 기본정책목표를 형성한다. 보통 의원내각제에서 주장하는 집단적 의사결정이 적용되지 않고, 내각은 수상에 종속적이며 이는 독일 정치집행부 정책결정의 한 특징이다. 둘째, 정책의 기본지침에 일치하는 한, 각부 장관의 부처 내부관리에 관한 권한행사에 있어 내각의 개입을 배제한다. 장관은 소관부처의 활동을 감독하고 정책기획을 지도하며 정책을 관리해야 할 책임도 갖는다. 또한 주정부에 의해 집행·관리되는 소관부처의 정책을 감독해야 한다. 셋째, 부처간의 업무영역과 예산에 관해 갈등이 있을 경우에는 내각에서 이를 해결한다.

그런데 실질적인 행정부 운영은 이러한 기본법의 규정보다 유동적이다. 연정의 경우, 각 정당에 할당되는 부처의 선택과 수가 중요한 쟁점이 된다. 그리고 각 부처의 장관은 정책 전문지식을 바탕으로 수상의 대리인으로보다는 각 부처의 대변인으로서 기능한다. 따라서 내각은 각 부처의 분쟁을 조정하는 역할을 하게 된다. 일반적으로 연방수상은 자신의 공식적인 정책지침을 고집하지 않으며, 부처간의 타협과 조정을 거친 내각의 합의를 존중한다.

연방대통령은 정당정치를 초월한 상징적인 행정수반으로서 행정부의 각료 및 군장성 임명, 조약 및 법안서명, 사면권의 행사 등 의전적인 업무를 수행한다. 연방대통령은 연방하원의원과 같은 수의 주의회에서 선정한 대표자로 구성되는 연방총회에서 선출된다. 헌법에 규정된 모호한 연방대통령의 직무규정으로, 연방대통령이 국정에 영향력을 행사할 수 있는 가능성을 찾을 수 있다. 비록 이제까지는 행정부의 의사를 존중하여 따르는 형식적인 권한행사에 불과했지만, 연방대통령은 입법안에 대한 서명을 거부, 연방수상이 추천한 내각인사에 대한 임명거부, 연방하원 해산권을 행사할 수 있는 잠재력을 갖고 있다. 또한 지도자의 성격에 따라, von Weizsäcker대통령의 경우처럼, 연설이나 공식행사를 통하여 정치적 분위기를 조성하는 등 역동적인 정치적 역할을 할 수 있는 가능성이 열려 있다.

Ⅳ. 사 법 부

연방제의 정치체제에도 불구하고 독일 사법부는 [그림 7-3]에서 보듯이 단일체제로 통합되어 민법 및 형법 모두 국가의 법률조항을 균일하게 적용한다. 그러나 독일 사법부의 조직은 상당히 분권적이다(Conradt, 1989: 187-196). 민사와 형사사건을 다루는 일반법원은 네 단계로 구성되어 있다. 지방법원Amtsgerichts은 중소규모의 마을에 위치하며, 경미한 민사·형사사건을 처리하고, 또한 파산감독, 부동산관리 등 행정기능도 수행한다. 지방법원의 상고법원으로 지역법원이 있는데, 주요한 민사·형사사건을 관장한다. 지역법원은 3~5명으로 구성되는, 전문화된 패널로서 사건을 심사한다. 다음 주상고법원Oberlandesgericht은 주로 상고사건을 관장한다. 이 법원도 특정분야마다 전문적인 3~5명의 패널로 구성되어 있다. 일반법원의 최고상고법원은 연방법원으로 100명의 판사가 20여개 이상의 패널을 구성하고 있다.

그리고 특수한 분야의 사례를 처리하는 법원이 있는데, 정부기관의 행정에 대한 고소를 처리하는 행정법원, 조세에 관한 문제를 처리하는 재정법원, 노사분쟁에 관한 문제를 처리하는 노동법원, 그리고 정부의 사회사업에 대한 불만을 처리하는 사회법원이 있다. 이 중 행정법원은 일반법원보다 국가에 대한 시민의 권리를 중시하고, 진보적인 법조인이 많이 지원한다. 1970년대 연방행정법원은 핵발전소건립에 있어 경제성, 기술성보다 안전성을 우선해야 한다는 판결을 시작으로 환경론자들의 핵발전소 건립 반대의 주요 수단이 되고 있다. 일반법원과 마찬가지로 이러한 특수법원들도 하나의 체계에 통합되어 있으며, 분권적이다.

〖그림 7-3〗 독일 법원조직

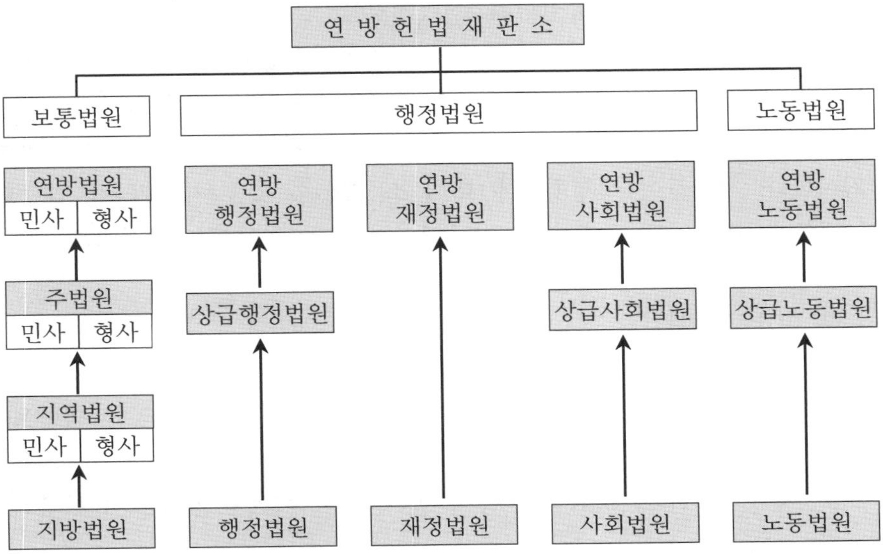

자료원: Dalton(1992: 255).

이외에 독립기관으로서 연방헌법재판소가 있다. 헌법재판소는 법안의 헌법성을 검토하고, 연방-주-지방정부간의 분쟁을 조정하고, 시민의 기본권 보호, 헌법 및 민주사회질서를 보호하는 기능을 수행한다. 행정적으로 법무부에 의존적인 일반·특수법원과는 달리, 헌법재판소는 행정적으로 독립적이다. 독자적인 인사권을 가지고 예산도 직접 작성해 재무부와 의회 법사위원회와 직접 협상한다. 헌법재판관은 연방상하원에서 각각 8명씩을 임명하는데, 하원은 주로 정치인과 다른 연방법원의 판사를, 상원은 주행정부의 고위관료를 주로 임명한다. 헌법재판관은 의회 탄핵의 대상이 되지 않으며 오직 연방대통령만이 특별한 직무남용시 해임할 수 있다.

헌법재판소는 행정부의 행정행위, 의회의 정책결정권한, 하급법원의 사법적 해석의 제약을 통해 합법적인 정치제도로 정치행정과정에 관여한다. 1980년대 중반까지 법안의 헌법성을 검토한 340개 사례 중에서 54개 연방법률과 35개 주법률을 무효화시켰다. 이를 통해 연방재판소는 법적 실증주의legal positivism 전통을 벗어나, 독일사회의 근본적인 원칙들 — 연방주의, 민주주의, 법의 지배 —

을 적극적으로 해석, 판단하는 역할을 하였다. 대표적인 예로서, 1950년대 자유민주주의 수호를 위해 공산당과 신나치당을 금지하였고, 1974년 사민당의 낙태법률을 무효화 하였으며, 1976년 노사 공동결정권의 합헌성을 지지하였다. 독일국민은 헌법재판소의 이러한 활동을 긍정적으로 평가하고 있다.[2)]

이상과 같이 잘 짜여진 법원체계는 독일 정부관료제의 법치주의 문화형성에 기여한다. 시민들이 행정행위에 대해 소송할 수 있는 제도가 잘 발달되어 있기 때문에, 행정업무 수행시 관료는 행정의 법적 책임성을 중시하게 된다.

V. 이익집단

이익집단은 독일 정치행정과정에서 어느 나라보다도 중심적인 역할을 한다. 정책과정에서 중요한 역할을 하는 주요한 이익집단으로는 자본, 노동, 농민, 교회, 새정치집단new politics group 등이 있다. 이를 차례로 살펴보면 다음과 같다(Conradt, 1989: 103-112; Dalton, 1992: 270-272).

첫째, 전후 독일재건에 있어 경제발전은 정권의 안정성과 정당성에 밀접히 관련되어 있어 집권정당의 정파에 관계없이 자본의 정책과정의 참여에 대해 수용적인 분위기였고, 자본은 전통적으로 보수정당인 기민당, 자민당과 우호적인 관계를 유지하고 있다. 자본의 이익을 대표하는 이익단체로 독일산업연맹BDI: Bundesverband der Deutschen Industrie, 독일고용자총연맹BDA: Bundesvereinigung Deutscher Arbeitgeberverbände, 독일 산업무역협회DIHT: Deutscher Industrie- und Handelstag가 있다. BDA는 임금정책 및 노동문제에 전문적으로 관여하고, DIHT는 소기업가와 자영장인의 경쟁력 유지에 집중적으로 관여하기 때문에 정치과정에서의 활동은 그다지 두드러지지 않는다. 반면에 BDI는 정부의 국내 및 국제경제정책에 적극적으로 관여하는 자본의 가장 대표적인 이익집단이다. BDI는 39개 산업별단체의 정상조직으로, 90,000개 회사의 이해를 대표·통제한다. BDI는 주로 정부자문기구나 기획기구를 통해 각부 장관, 의원, 고위관료와 협의하여 그들의 이해를 대표하나, 일반국민을 대상으로 운동을 하는 경우는 많지 않다. 그리고 자체내에 광범위한 연구부서를 두어 산하단체, 대중매체, 학교 등에 정

2) 1979년 한 설문조사에 따르면, 독일 성인의 83%가 헌법재판소에 신뢰를 표시했는데, 이는 의회 67%, 교회 65%, 대학교 59%의 신뢰보다 높다(Conradt, 1989: 195).

보전달을 통해 그들의 입장을 전달한다. 자본이해와 관련된 모든 입법안에 대한 평가를 바탕으로 정부관료제의 입법초안과정, 의회토론, 그리고 집행과정에 관여한다.

둘째, 독일의 노동운동은 대단히 조직화되어 있고, 노동력의 반 이상이 독일노동조합연맹DGB: Deutscher Gewerkschaftsbund을 통해 이익을 대표하고 있다. DGB는 17개 산별노조의 대표로 구성된 정상단체로서, 1990년 현재 1,100만 노동자를 대표한다. 1949년 초기노선은 국유화와 중앙경제계획 등 마르크스노선을 채택했지만 1963년 이를 대부분 포기하였고, 그 후 노동운동은 시장경제 내에서의 실용적인 접근을 채택하여 노동시간단축과 임금상승에 집중하고 있다.

DGB는 정치적으로 사민당과 밀접한 관계를 맺고 있는데, 두 집단간 공식제도적인 연합체는 없지만 연방하원 사민당의원의 다수가 노조출신이다. 라인 강의 기적을 가져온 경제성장과정을 통해 독일자본과 노동은 상당한 공조의 능력을 보여주었다. 이러한 공조는 양측이 정부의 자문기구나 기획기구에 공동으로 참여함으로써 촉진되었고, 작업장 내에서 공동결정Mitbestimmung을 가능케 했다. 법적으로 대기업 이사회의 반수를 노동자가 선출하도록 요구하는 공동결정은 1951년 석탄·철강산업에 처음으로 도입되었고, 1976년 사민당정권 때는 다른 산업에도 널리 확산되었다. 물론 이 과정에서 자본의 반대가 심했지만, 이는 노사관계를 증진시켜 경제력을 강화시킨다는 성공적인 평가를 받고 있다. 그러나 1970년대 말 이후 노사관계는 보다 갈등적인 양상을 보이고 있는데, 이는 높은 실업률, 경제성장률 저하, 독일상품의 국제경쟁력 감소에 따른 사용자측의 경영합리화 전략으로 인한 고용감소 등의 원인에서 비롯되고 있다. 노동시간의 단축(주당 35 노동시간)을 통해 고용증가를 꾀하기 위한 노조의 파업에 대해 사용자측이 직장폐쇄로 대응하는 갈등이 자주 발생했다. 또한 1986년 Kohl행정부는 파업으로 인한 실업수당 혜택을 받는 노동자 권리를 제약하는 법안을 통과시킴으로써 노조의 강한 반발을 낳기도 하였다.

셋째, 독일농민의 이해를 대표하는 이익집단인 녹색전선Green Front은 독일농민연맹Deutscher Bauerverband, 농업회의소연맹Verband der Landwirtschaftskammen, 농업협동조합Raiffeisenverbabd의 세 조직으로 구성되어 있다. 이 녹색전선은 Bonn의 가장 잘 조직된 로비집단이라는 평을 받을 정도로 상당한 영향력을 발휘하고 있는데, 응집적인 농민단체출신 의원 30여명이 의회 내 농업위원회에서 농업정책을 지배하고 있다. 독일농업의 큰 문제는 정부의 보조금과 경제구조변화로 말미암아 국제경쟁력을 상실하고 있다는 것인데, 이 문제에 대해 농민집단은 가격유지정책과 직접보조금을 통해 농업시장의 보호와 유지를 원하고 있다. 즉 1967년에 시작된 유럽공동체의 통합농업정책European Community's Common Agricultural Policy에 따른 시장보호 속의 높은 가격보장제도의 존속을 원하고 있는 것이다. 그러나 높은 농산물 가격문제는 독일정치의 주요한 과제로 부각되지 않고 있는데, 이는 농업이익집단의 높은 응집성과 영향력 때문인 것으로 보인다(Conradt, 1989: 109).

넷째, 독일에서는 국가와 교회가 연관되어 있다. 정부는 고용자의 소득세에 10%를 추가 징수해 각 교회의 재정을 보조하고 있다. 고용자가 거부할 수 있으나, 사회규범은 이를 억제한다. 그리고 독일교회는 교육, 사회사업, 가정문제에 관한 정부의 각종 위원회에 직접 참가하여 그들의 이해를 대표하고 있다. 법적으로 공영방송위원회에 교회대표가 참가하는데, 천주교Catholic와 개신교Protestant는 정책영향력 및 그 기반이 서로 다르다. 천주교는 기민당과 깊은 연계를 맺고 있으며, 스스로의 자원과 조직력을 바탕으로 사회 및 도덕문제에 대해 정책영향력을 행사한다. 반면에 루터교회의 느슨한 연합체인 개신교는 사민당에 우호적인 입장을 가진 것으로 보이지만, 정치과정에의 개입을 최소화 한다. 그러나 독일사회가 점점 세속화되어 가면서 교회세력의 정치 및 정책과정에서의 영향력은 감소될 것으로 예측된다.

다섯째, 새정치집단은 이익집단이라기보다는 공익집단의 성격이 강한데, 기존의 정치체제에 도전적인 새로운 문화세력으로서 1970년대 이후에 환경문제, 핵문제, 여성운동의 대두에 힘입어 부상하고 있다. 지지세력은 주로 전후 신세대로 고등교육을 받은 중산층이 주류를 이루고 있고, 물질적인 가치보다는 삶의 질, 환경의 질, 인권문제를 주창한다. 비록 회원수는 기존 정당을 압도하고 있지만, 정책의 영향력은 기존 이익집단에 미치지 못하고 있다. 그러나 앞으로 동독지역의 환경문제, 여성입법의 논란이 심화된다면 새정치집단의 영향력은 한층 증가할 것으로 보인다.

독일의 이익집단은 다음 몇 가지 특징을 갖고 있는데, 이는 다음 4절에서 논의될 사회조합주의적 정책과정과 내용을 낳게 된다(Dalton, 1992: 269). 첫째, 이익집단은 광범위하게 잘 조직화되어 있고, 정치 및 정책과정에서 유리한 위치를 점하고 있다. 그리고 정치 및 정책과정에서의 이익집단 참여의 정당성이 널리 인정되고 있다. 둘째, 이익집단과 정부는 밀접히 관계되어 있다. 중세 길드시대의 전통하에 여러 직능단체(예를 들어 의사, 변호사 등 전문직업)는 법적으로 설립되고, 정부의 승인을 받아 마치 준공공단체로 기능하는데, 실제 자체구성원의 행동을 규제한다. 더욱이 정책형성에 있어 정치인이나 공무원은 관련 이익집단과 협의하여 그들의 전문성을 얻는 것이 정치규범으로 자리잡고 있다. 이러한 정부와 이익집단의 밀접한 상호작용은 법적으로 공식화된 경우가 많다. 그리고 상호작용은 통치의 수준까지 확대되는데, 1970년대 중반의 대연정이 그 예이다. 당시 경제문제를 협의하기 위해 정부, 자본, 노동 대표의 협의기구가 있었는데, 여기서 임금 및 가격정책, 정부의 경제정책에 대한 합의를 도출했다.

Dryzek et al.(2003)은 이익집단과 국가의 상호작용 관계를 비교론적으로 접근하면서, 국가유형은 두 가지 기준으로 구분하였다. 첫째, 국가가 이익대표에 포섭적inclusive이거나 배제적exclusive이다. 배제적 국가는 일부 정치행위자에게 이익대표를 제한하고 다른 행위자의 접근을 거부하나, 포섭적 국가는 다양한 이해당사자에게 개방적이다. 이 경우 정치행위자들간에 체계적인 권력의 불평등이 존재할 수 있다. 둘째, 국가가 허용하거나 추구한 이익대표에 적극적active이거나, 소극적passive일 수 있다. 적극적 국가는 시민사회에 존재하는 이해의 종류와 범주에 적극적으로 관심을 갖는다. 즉 시민사회 이해관계의 내용과 권력에 대해 적극적으로 개입하는 정치적인 존재이다. 반대로, 소극적 국가는 사회에 존재하는 이해관계에 대해 무관심하고, 특정 집단의 지위에 대한 개선과 저지에 행동을 하지 않는다. 이러한 두 기준을 바탕으로 유형을 〈표 7-3〉과 같은 네 가지로 구분할 수 있다.

그런데 Dryzek et al.(2003)의 논의에 따르면, 독일을 소극적 배제형 국가로 분류한다. 독일의 경우 강한 법치주의 전통에 따라 법적 정당성에 기반한 국가행정이 존중되고, 시민과 이익집단의 정책과정 참여에 유보적 태도를 가지는데, 이에 법적 조합주의로 분류할 수 있다. 예를 들어, 독일의 경우 환경단체의 정책과정 참여에 국가가 적극적으로 제한하지는 않으나, 공식적 참여가 전적으로 허용되거나 참여를 지원하지도 않는다. 또한, 환경정책과정에서 환경단체와 국가간 협의가 강조되기보다 갈등관계가 유지된다. 이에 환경단체는

표 7-3 이익집단-국가 관계유형

	포섭(inclusive)	배제(exclusive)
적극적(active)	확장된 조합주의 (expansive corporatism)	권위적 자유주의 (authoritarian liberalism)
소극적(passive)	다원주의 (pluralism)	법적 조합주의 (legal corporatism)

자료원: Dryzek et al.(2003: 7).

정책과정에 영향력을 행사하기보다는 대안적 환경보호 사업 등 신환경운동에 노력한다.

Ⅵ. 정치행정문화와 시민참여

독일의 불행했던 역사적 경험들(황제에의 신민적 복종, 분열과 폭력의 바이마르 공화국, 권위주의 나치정권과 패전 등)은 독일의 정치문화에 부정적인 흔적을 남겼다. 실제로 전후 서독정부의 수립시에 독일국민 사이에서는 민주주의 정치문화가 결여되었다는 두려움이 널리 인식되었다. 전후 서독정부는 교육, 대중매체, 정치조직을 통해 독일국민의 재교육을 시도하였고, 그 결과 한 세대만에 새로운 정치문화형성을 할 수 있었고 1970년대에 이르러서는 독일국민의 대다수가 정치체제와 민주적 제도에 대한 신뢰를 갖게 되었다. 1990년의 한 여론조사 결과 동·서독 국민 모두가 민주주의의 기본제도에 대한 신뢰감을 보였고, 거의 모든 독일국민이 정치적 반대, 시민저항, 소수권리, 언론자유에 대해 지지를 나타냈다. 특히 동독출신 국민이 민주정치에서의 갈등현상에 대해 보다 관용적인 태도를 보였다(Dalton, 1992: 259).

독일의 정치행정체제에 원천적으로 영향을 미치는 정치행정문화로 권위주의, 법치주의, 그리고 새정치문화new politics를 들 수 있다. 첫째, 권위주의 정치문화는 독일의 전통적인 국가관인 Hegel의 국가론에서 보듯이 상당히 이념주의적이다. 진보, 안정, 질서, 복지를 달성하기 위해서는 개인의 사적 이해를 국가가 대표하는 일반이해에 종속시켜야 한다는 권위주의적 관권국가Obrigkeitsstaat를 상정하고 있다. 즉 정치권력은 국민에게서 나오는 것이 아니라 국가로부터 나오는 절대적인 것으로 이해한다. 이러한 예는 독일제국과 나치의 국가사회주의정권에서 이용되고, 독일의 권위주의적 정치문화를 형성시키는 데 기여하였다.

둘째, 법치주의 정치행정문화이다. 전후 서독정부는 전전의 권위주의 정치문화를 깨기 위해 또 다른 독일의 전통적인 문화인 법치국가Rechtsstaat에서 그 해결책을 찾았다. 독일국민은 법적 원리, 명확히 규정된 권한관계, 정치행위에 관한 포괄적인 법조항에 근거한 국가통치에 익숙해 있다. 권위주의정권에서 권력의 정당화를 위해 법적 공식성을 강조한 데서 발달한 이러한 법치주의 정치문화를 전후 서독정부에서 민주주의 정치문화의 성숙에 활용하였다. 기본법에 민주주의적 정치절차를 공식적으로 규정하고, 이에 시민참여, 이익집단의 관여, 정부관료제의 정책과정 공개를 유도했다.

셋째, 새정치문화는 1970년대 이후 서독이 상당한 경제성장을 달성한 이후에 교육받은 중상계층을 중심으로 대두된 새로운 사회정치문화이다. 권위주의체제에서 전쟁을 경험한 구세대의 물질주의 가치체계(경제적 보장, 법과 질서, 종교적 가치, 강한 군사력)에서 전후 신세대의 탈물질주의 가치체계(자기표현과 개인의 자유, 자아실현, 삶의 질)로의 변화를 독일사회는 경험하고 있다. 이러한 새로운 문화세력은 독일정체에 새로운 의제를 등장시키게 되었는데, 여기에는 환경보호, 핵반대 및 평화운동, 여권신장, 정치과정의 시민참여 및 작업장의 노동참여 등이 포함된다. 이러한 새로운 문화세력은 시민의 정치과정에의 참여, 작업장에서의 공동결정Mitbestimmung을 강조하고 있다. 따라서 기존의 정치세력과 새정치세력간의 갈등을 어떻게 민주주의과정 속에서 해결하느냐 하는 것이 독일정부의 중요한 정치과제로 남는다.

전후 민주주의정치문화의 성숙은 정치과정에의 시민참여의 증가에서 알 수 있다. 가장 좋은 예는 시민행동집단Bürgerinitiativen의 증가인데, 이 집단은 특정문제에 대한 공감대를 형성하는 시민들이 임시조직을 만들어 정치적 요구와 정책결정자에게 영향력을 행사한다. 학부모가 집단을 결성해 학교개혁에 관여하거나, 주택소유자들이 모여 도시재개발에 참여하거나, 지역주민들이 모여 지역의 환경문제에 시위를 하는 등의 경우인데, 이를 통해 시민이 정치행정과정에 정치인을 통하지 않고 직접적인 참여를 할 수 있다.

그런데 독일통일과 더불어 정치행정문화에 대한 문제가 제기되고 있다. 통일은 독일민족에 대한 정체성과 자긍심을 높이는 데 기여했지만, 동독에서 통합된 1,600만 주민을 어떻게 자본주의와 자유주의의 가치체계에 통합·융화시킬 수 있는가는 독일정부의 심각한 과제이다. 전후 40여년에 걸쳐 형성된 문화차이는 통일독일의 분열과 극화polarization의 잠재적인 원천이 될 수 있다. 한 예로 서독의 환경보호적인 신정치세력과 동독의 경제개발의 필요와는 충돌의 가능성이 크다.

이상의 독일 정부관료제의 환경을 제도주의시각institutionalism3)에서 분석해 보면 독일 정부의 정책능력policy capacities을 개관할 수 있다. 독일은 Weaver & Rockman(1993)의 분류에 따르면 다수당연정multiparty coalition의 정권유형으로 행정부의 우선순위 설정과 자원의 효율적 이용 등 정책조정능력은 상당히 약하고, 반면에 사회이해대표, 사회분열관리, 정책안정성 등에는 유리한 제도적인 특성을 갖고 있다.

제 3 절 정부관료제의 내부적 특성

독일의 정부관료제는 현대 행정학의 발달에 있어 초석이 된 고전적 이론 형성에 지대한 공헌을 하였다. Max Weber의 이념형으로서의 관료제bureaucracy 모형이 그것인데, 그 연구대상은 독일 제2제국의 Prussian 공무원제도였다. Weber는 관료제모형을 통해 정부관료제의 능률성, 헌신, 비부패가능성의 모습을 제시했다. 바이마르공화국 당시 절대주의국가의 유산, 민족주의, 귀족주의의 성향을 가진 정부관료제는 이 민주적인 정권에 상당히 도전적이었다. 나치의 제3제국에서 정부관료제는 독재정권의 도구로 전락하게 된다. 전후 연합군은 정부관료제의 탈나치화정책denazification을 시도했다. 고위공무원 중에서 나치세력은 제거하였으나, 중하위공무원은 기본적으로 온존되어 주 및 지방정부로 이전되었다. 결국 전후 약 53,000명의 나치정당세력이 해고되었으나, 그 중 영구적으로 해고된 사람은 약 1,000명에 불과했다. 더욱이 1951년 서독정부의 성

3) 여기서 제도주의란 정치행정현상의 설명에 있어 정치행정과정을 틀지우는 여러 제도적 장치를 중시하는 학파이다. 즉 제도적 장치가 정부의 의사결정과정의 속성에 영향을 미치고, 이에 따라 상이한 정부의 정책능력을 낳게 된다. 여기서 제도란 구체적으로, 행정부와 의회의 관계, 정권유형, 정부유형, 사법부, 정부관료제, 중앙-지방관계, 입법제도, 정치행정문화 등을 포함한다(Weaver & Rockman, 1993).

립 후 복직법에 따라 해고된 사람이 공무원으로 재고용되어 각 부처간부의 40~80%는 나치정당출신이었다(Brecht, 1953: 264-267). 소련의 동유럽 위협에 대항하기 위해 가능한 한 빨리 안정과 정상상태로의 복구를 희망한 연합군에 의해 정부관료제를 대상으로 한 탈나치화정책과 민주화정책을 대부분 포기할 수밖에 없었다. 또한 전통적인 행정구조도 대부분 유지되었다. 이러한 공무원 세대로부터는 민주주의 행정가치를 기대하기는 어려웠고, 실제로 행정개혁이 지연되는 결과를 가져왔다. 이는 오늘날까지 독일행정의 주요한 개혁과제로 대두되고 있다.

Ⅰ. 정부조직

연방정부조직은 [그림 7-4]에서 보듯이 2011년 현재 14개 내각부와 연방회계검사원으로 구성되어 있는데, 정부조직은 매우 계서적이지만 집권적이지는 않다(Conradt, 1989: 175). 〈표 7-4〉에 1996년 독일연방정부의 부처별 인력과 예산구성이 정리되었다. 각 부는 공통적인 조직구조를 가지며, 장차관의 집행부 밑에 局Abteilung—課Unterabteilung—係Referat로 이어지는 계서적인 구조이다. 〈표 7-5〉가 보여주는 경제부의 예에서 이러한 계서적인 내부조직을 읽을 수 있다. 장관 밑에 2명의 차관과 8명의 국장은 정무직 공무원으로, 영국의 행정가계급에 비유할 수 있다. 이들은 장관이 면직·전보시킬 수 있는데, 이 경우 공무원출신 차관과 국장은 법에 의해 다른 적당한 보직으로 전직되어야 한다. 이 조직계층에서 정책결정에 가장 주요한 것은 3~7명으로 구성되는 係이다. 특정 정책영역에 대한 책임은 係에 부과되어, 부처정책의 개발·주도·감독의 기능을 중심적으로 수행한다. 이에 계장을 부처내의 정책과정의 왕자에 비유하고, 독일 국가정책은 이러한 약 1,700개의 係정책의 합으로 볼 수도 있다.

이러한 분권적 정부조직의 분권화는 다음과 같은 정책과정을 낳게 된다. 첫째, 전문지식을 바탕으로 한 係위주의 정책과정은 정책문제를 지엽적·분절적으로 이해하게 되어 총체적인 정책기획과 부처간 조정을 요하는 대규모 개혁을 저해한다는 비판을 받는다(Mayntz & Scharpf, 1975: 69-76). 둘째, 소규모 係위주의 정책과정은 정책성공과 실패의 가시성이 크고, 과장이 이러한 정책결과에 대해 책임을 지게 된다. 그런데 과장은 단기적이고, 제한적인 사업에 집

【그림 7-4】 독일연방공화국 정부조직표

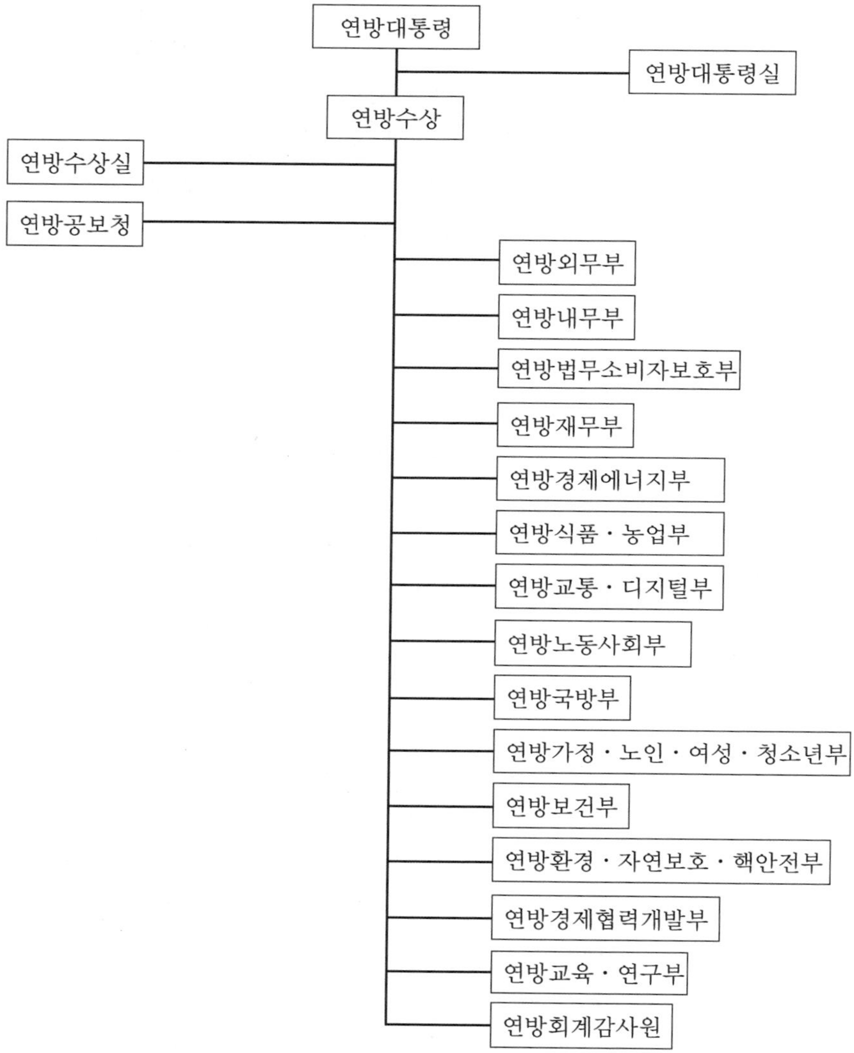

중하여 상관에게 성공적인 평가를 받으려 하기 때문에, 상관이 인정하는 기존 정책의 틀에서 크게 변경하기 어려우며, 나아가 모험적인 사업을 회피하게 된다. 셋째, 조직 중간층인 係는 외부의 직접적인 압력에 대해 비교적 절연되어 있다. 이익집단, 정당, 일반시민의 정책압력은 주로 조직상층에 집중되는데, 이

표 7-4 독일연방정부의 部별 정원('96)과 예산('96)

(단위: 명, 백만DM, %)

	직업공무원	사무직	단순근로직	소계	각성합계	96예산
대 통 령 부	77	53	27	159	159	29.7
교육, 연구개발에관한 각주위원회사무국	14	10	2	26	26	-
연 방 의 회	1,306	593	244	2,143	2,143	928.4
국방위원(연방의회)	36	17	4	77	77	-
연 방 상 원	111	68	6	185	185	28.2
연방수상실	281	172	38	491	491	583.5
공 보 청	204	448	35	687	687	-
외 무 부	1,333(2,729)	527(1,601)	132(774)	1992(5104)	7,096	3,782.6
내 무 부	1,183(3,6521)	455(10,579)	115(4,493)	1,753(51,593)	53,346	9,119.2
법 무 부	1,021(11,78)	644(1,277)	122(98)	1,787(2,553)	4,340	698.5
재 무 부	1,572(37,989)	458(8,553)	90(4,027)	2,120(50,569)	52,689	9,760.9
경 제 부	1,090(2,050)	504(2,459)	104(397)	1,698(4,096)	6,604	18,585.5
식량농림부	707(802)	202(2,048)	51(1,138)	960(3,988)	4,948	12,134.8
노동사회부	747(545)	385(574)	102(55)	1,234(1,174)	2,408	124,555.1
국 방 부	1,959(28,710)	1,047(47,226)	196(67,526)	3,202(143,462)	146,664	48,237.1
가정노인부인, 청소년부	321(639)	105(357)	31(48)	457(1,044)	1,501	12,523.0
보 건 부	363(689)	140(1,295)	20(373)	523(2,357)	2,880	789.8
교 통 부	748(8,755)	431(8,289)	50(9,223)	1,229(26,267)	27,496	51,034.8
환경 · 자연보호 · 핵안전부	551(955)	186(733)	43(131)	780(1,819)	2,599	1,317.5
우편통신부	370(2,830)	11	10	391(2,830)	3,221	364.9
국토이용건설, 도시계획부	321(207)	174(446)	39(21)	535(674)	1,209	9,937.1
교육학술연구기술부	722(44)	320(130)	53(46)	1,095(220)	1,315	15,699.9
경제협력개발부	345	176(31)	29	550(31)	581	8,144.7
채무감독국	159	305	14	478	478	-
합계(소속청제외)	16,109	7,275	1,561	24,855	24,855	-
소속청 합계	12,480	85,904	88,364	299,071	299,071	-
총 계	140,822	93,179	89,925	323,926	323,926	451,300.0

* 괄호 안은 소속청의 정원(군인 · 교육공무원 · 재판관 제외.

자료원: 일본 행정개혁회의사무국(1997).

표 7-5 정부부처의 내부 계서적 조직구조: 경제부의 경우

조직의 직위	인원수	공무원 계급
차관	2	정무직
국장	8	정무직
과장	22	고위직
계장	131	고위직
계장보	356	고위직
공무원	(282)	
계약공무원	(74)	
사무직	408	상급직
공무원	(268)	
계약공무원	(140)	
서기 및 비서	611	중급직
공무원	(45)	
계약공무원	(566)	
관리인, 배달인, 운전사 등	221	단순직
공무원	(54)	
계약공무원	(63)	
노무직	(104)	
(합계)	1,759(100%)	
공무원(Beamte)	804(46%)	
계약공무원(Angestelle)	851(48%)	
노무직(Arbeiter)	104(6%)	

자료원: Conradt(1989: 176).

것이 계로 그대로 직접 전달되기는 어렵다. 또한 장관의 리더십과 정책조정능력의 한계를 갖게 한다. 그리고 각 직위별로 상이한 위계적인 공무원 계급구조와 일치됨을 알 수 있다(공무원의 분류에 대해서는 다음 항 참조). 정부관료제는 공공성publicness의 정도가 다른 상이한 조직유형으로 구성되어 있다. 첫째, 핵심관료제로서 연방, 주, 지방정부조직을 들 수 있다. 분권화 된 연방제에도 불구하고, 독일공무원은 공통의 사회적 배경과 교육, 훈련, 유사한 관료조직문화를 공유하여 정부간의 행정조정에 상당히 기여한다. 이 핵심관료제의 특징은 선출된 정치집행부의 직접적인 통제하에 있어서 행정책임성 확보가 유리하다는

표 7-6 독일 정부 조직별 공무원

(단위: 1,000명)

정부조직 유형	1950	1960	1970	1980
1. 일반 정부조직				
연방정부	80	504	806	855
주정부	621	905	1,232	1,713
지방정부	470	541	761	1,010
(소계)	1,171	1,950	2,799	3,578
%	40.6	45.6	49.7	53.9
2. 공기업				
법인격 없는 정부기업	181	209	162	136
정부기업	856	1,021	1,037	1,050
정부출자기업	390	684	1,073	1,175
(소계)	1,427	1,914	2,272	2,361
%	49.5	44.7	40.4	35.6
3. 제3영역				
사회보장	92	148	179	220
비영리기업	195	268	379	475
(소계)	287	416	558	695
%	9.9	9.7	9.9	10.5

자료원: Schmidt & Rose(1985: 140).

점이다. 〈표 7-6〉에서 보듯이 1950년 41%에서 1980년 54%로 핵심관료제에 속한 정부인력이 증가했다. 그 중에서도 연방제에 따라 주정부, 지방정부, 연방정부순으로 많은 인력이 일하고 있다. 연방정부는 전후 분해되어 그 규모가 상당히 작어 1950년 전체 정부인력의 2.8%에 불과했으며 그 후 국방인력의 증가로 높은 증가율을 보였으나, 여전히 절대적으로 적은 인력을 갖고 있다(1980년 13%). 핵심관료의 반 이상이 속한 곳이 주정부인데 이는 독일 연방제에서 주정부가 정책집행의 주체인 까닭이다. 특히 정부인력증가의 가장 큰 요인인 교육기능을 주정부에서 담당한다. 분권화의 독일전통에 따라 지방정부 역시 연방정부보다 많은 인력을 보유하고 있다. 실제로 정부인력증가의 두 번째 큰 부문인 보건의료기능을 지방정부가 관장하며 지방정부인력의 30%가 이 분야에 종사한다. 1990년대 이후 연방정부의 인력 구성이 상대적으로 다소 증감한 변화가 있다. 1990년 연방-주-지방정부 인력의 구성비가 20.3%-43.6%-29.9%, 1995년에는 15.3%-45.8%-31.7%를 차지하였다(하미승, 2002: 107).

둘째, 공기업은 크게 세 가지 종류가 있다. i) 법인격을 갖지 않은 정부기업Unternehmen ohne eigene Rechtpersönlichkeit으로서 자체예산을 갖지 못하며 주로 수송, 에너지, 수도, 산림 등 지방의 독점사업체이다. 상대적으로 적은 인력이 이 조직에서 일하고 있다. ii) 법인격을 가진 정부기업öffentlichrechtliche Unternehmen으로서는 연방철도Bundesbahn, 연방우정Bundespost 등이 있으며 정부가 전적으로 소유하나 자체예산으로 독자적인 운영을 한다. 정부인력의 상당수가 속해 있는 이 조직은 경제분야에서 중요한 역할을 수행한다. iii) Volkswagen과 같이 민간기업에 정부가 출자한 정부투자기업privatrechtliche Unternehmen mit und ohne staatliche Mehrheitsbeteiligung 이다.

이러한 공기업 종류에 따라 집행관리, 감사, 종업원의 신분이 상이하다. 공법이 적용되는 공기업은 관련 장관과 연방감사원의 관리통제하에 있으며, 그 구성원은 공무원의 신분을 갖는다. 반면에 사법에 적용되는 공기업은 자체적인 관리책임하에 있으며, 공무원의 신분은 아니지만, 주식지분을 통해 정부가 관리자임명에 영향을 미친다. 인력의 규모로 볼 때, 이러한 공기업은 독일행정에서 상당한 위치를 차지하고 있다. 1950년대 전체 정부인력의 약 과반수가 공기업에 종사했으나, 이후 비율이 점차 감소하는 추세를 보이고 있다.

셋째, 양로보험, 장애인보험, 실업보험 등 사회보장서비스를 관장하는 공공기관으로 핵심관료제에서 독립된 기관이다. 사회보장서비스기관은 1950~80년에 두 배 이상의 인력이 증가했는데, 이는 이 조직의 활동이 증가하고 있음을 시사한다.

넷째, 비영리조직(private Organisationen ohne Erwerbscharakter)으로 정부에서 재정을 보조받아 사회서비스를 생산하는 민간의 비영리단체이다. 소비자협동조합(자체 운영되는 사회복지시설), 생산자협동조합(막스 프랑크 협회), 수탁사(교회의 복지관), 비영리사업(방송국) 등이 이에 포함된다. 비영리조직도 1950~80년에 약 두 배 이상의 인력이 증가해, 이 조직의 중요성이 커지고 있음을 알 수 있다. 이러한 조직들은 연방정부나 주정부에 독립적이거나 또는 자신의 독자적인 행정구조를 갖고 있다. 연방은행, 사회보장 및 보건제도, 연방노동연구소가 그 대표적인 예이다. 이들은 핵심정부관료제는 아니지만 정부의 정책결정과

표 7-7 행정산출 유형별 독일 공무원

(단위: 1,000명)

행정산출 유형	1950	1960	1970	1980
공공재	576	1,137	1,526	1,746
(%)	20.0	26.6	27.1	26.3
사회소비재	1,027	1,470	2,147	2,936
(%)	35.6	34.3	38.2	44.3
민간재	1,282	1,673	1,954	1,952
(%)	44.4	39.1	34.7	29.4

자료원: Schmidt & Rose(1985: 145).

집행에 주요한 역할을 수행한다.

독일 정부조직의 성격을 행정서비스 측면에서 살펴본 것이 〈표 7-7〉이다. 행정서비스는 크게 시장실패에 의해 정부가 공급해야 하는 공공재, 시장에서 거래되는 민간재, 그리고 시장에서 거래될 수 있으나 정부가 제공하는 사회소비재로[4] 구분할 수 있는데, 한정된 정부수입 내에서 어떤 종류의 행정서비스를 산출할 것인지의 여부는 기본적으로 정치적 우선순위에 따라 결정될 것이다. 또한, 〈표 7-7〉은 1950년대 독일의 정부산출은 민간재가 주도적이었으나, 그 후 지속적으로 감소하는 경향을 보여준다. 이는 경제성장기에 공기업이 성장하지 않았음을 알 수 있는데, 기민당의 장기집권에 따라 영국 노동당의 사회주의적인 국유화정책이 정치권에서 받아들여지지 않았기 때문이다. 반면에 1980년에는 사회소비재 및 공공재가 지배적인 행정산출로 변했으며, 사회소비재가 지속적으로 증가한 사실을 보여준다. 이는 교육, 보건, 사회보장 등의 사회복지서비스 생산증대에서 비롯되었다. 그리고 공공재는 1950~65년 나토가입과 재군사화에 따라 증가했으나, 그 뒤에는 그다지 증가하지 않았음을 알 수 있다.

Ⅱ. 공무원 인사체계

독일 공공부문인력은 〈표 7-8〉에서 보듯이 전후에 꾸준히 증가하고 있다.

4) 사회소비재는 시장에 있어서는 민간기업, 복지서비스 제공에 있어 정부의 적극적 역할을 승인하는 기민당의 사회시장(soziale Markwirtschaft)철학에 이념적으로 부응한다.

표 7-8 독일 공공부문 인력 추계

(단위: 1,000명)

공공부문	1950	1960	1970	1980
공공부문 고용	2,885	4,280	5,627	6,634
민간부문 고용	17,090	21,800	20,943	19,107
총 고용	19,975	26,080	26,570	25,714
총 실업	1,580	271	149	889
총 노동력	21,557	26,518	26,871	26,684
공공부문 고용/총 고용(%)	14.4	16.4	21.2	25.8

자료원: Schmidt & Rose(1985: 131). 1950년 자료는 Saarland와 West-Berlin을 제외한 통계임.

1950년 2,885,000명에서 1980년 6,634,000명으로 230% 증가했다. 같은 기간 노동력의 증가율이 24%에 불과했음에 비추어 볼 때 공공부문인력의 증가 속도가 빨랐음을 알 수 있다. 1980년대 고용인구 4명 중 1명은 공공부문에서 일하였고, 이는 독일의 국가사회주의 전통과 복지국가정책을 반증하는 것이다. 특히 공공부문인력 증가율이 가장 높았던 1965~1975년 기간이 사민당 집권기간이었다는 사실을 알 수 있다.

정부관료제의 인력 증가는 정부기능 확대를 반영한다고 할 수 있다. 그렇다면 공공부문인력 증가의 구체적 내용과 그 의미는 무엇인가? 이는 〈표 7-9〉에 잘 나타나 있다. 첫째, 정부인력 증가는 많은 부분 사회복지기능의 증가로 설명할 수 있다. 1950년 정부인력의 31%인 889,000명에서 1980년 정부인력의 약 50%에 해당되는 2,505,000명으로 증가했으며, 특히 교육부문의 증가가 압도적이었다. 의무교육대상연령에 속하는 학생수는 거의 고정적이었는데도 불구하고, 교육공무원 인력은 30년 동안에 거의 세 배 이상 증가했다. 이러한 현상은 교육의 질을 높이기 위한 조치와 고등교육서비스 제공이 증가한 데서 비롯된다. 예를 들어, 학생 대 교사 비율이 1950년 36.7 : 1에서 1980년 21.8 : 1로 개선되었다. 정부인력 증가의 두 번째 중요한 부문은 보건의료인데, 1950~80년 사이에 거의 세 배 정도의 인력이 증가했다. 또한 사회보장부문도 거의 두 배에 가깝게 인력이 늘었다. 사회보장부문이 교육과 보건분야보다 증가율이 낮은 것은 사회보장은 실업수당지급과 같은 주로 금전이전money-transfer 기관이지 교육과 같이 서비스생산에 많은 인력이 필요한 노동집약적labor-intensive 기관이 아니기 때문이다. 이렇게 교육, 보건, 사회보장부문에서 정부인력의 급격한 증

《표 7-9》 독일 공공인력의 정부기능별 추이

(단위: 1,000명)

정부기능	1950	1960	1970	1980
사회복지				
보건	350	545	817	1,139
교육	288	382	633	913
사회보장	251	326	375	453
(소계)	889	1,253	1,825	2,505
경제부문				
공기업	1,282	1,673	1,954	1,952
도로	74	93	105	105
농업	90	89	66	54
(소계)	1,446	1,855	2,125	2,111
기본업무				
국방	n.a.	385	673	709
조세	155	178	196	222
경찰 및 소방	100	184	225	306
일반행정	247	297	327	404
(소계)	502	1,044	1,421	1,641
기　타	48	128	258	377

자료원: Schmidt & Rose(1985: 134).

가는 사회복지정책이 강조되었음을 보여주는 하나의 증거이다.

둘째, 정부의 경제기능에 있어서 상당한 인력증가를 보인 부문은 경제부문인력의 90%가 일하는 공기업부문이다. 1950년 이후 30년간 약 50%정도의 인력이 증가했다. 이 중 연방우정국이 가장 많은 인력증가(200,000명)를, 독일국철은 가장 많은 인력감소(203,000명)를 가져왔다. 자원, 공업, 은행, 서비스부문의 공기업은 인력증가를, 반면에 농업과 광업부문은 감소를 보였다. 이러한 공기업 인력변화는 기본적으로 산업구조의 변화를 반영하는 것이다.

셋째, 정부의 기본기능은 국방을 제외하고는 인력증가가 많지 않았다. 독일분단의 역사적 상황에 따라 국방인력의 증가는 설명될 수 있다. 그 외 국가의 필수적인 행정업무인 조세, 치안, 일반행정부문의 인력은 그 속성상 급격한 인력증가는 가져오지 않았다.

이상과 같이 1950~80년 기간 동안 독일정부는 복지국가정책과 사회시장 철학에 근거해 지속적인 정부인력 확대를 가져왔다. 그러나 1980년대 들어 보수주의의 작은정부론 이념과 재정긴축으로 Kohl행정부는 정부인력의 억제를 시도하였다. 정부인력의 증가수를 1970년대의 반 수준으로 억제하고, 비정규직 고용을 활용하며, 또한 공기업 민영화정책을 추진하였다. OECD가 발표한 공무원 총정원에 따르면, 독일은 1995년 5,409,000명에서 지속적으로 감소하는 추세를 보여 2000년 4,364,100에 이르러 상당한 감축을 보여주었다(하미승, 2002: 100).

공무원채용에 있어 프러시아관료제에 기원을 둔 독일전통은 몰인격적impersonal인 기준을 사용한다. 독일공무원은 크게 네 가지 계급으로 분류되는데, 교육수준을 기준으로, 공식자격증은 특정직무에 대한 기능의 능력을 입증하는 필수적인 조건으로 간주한다. 첫째, 고급직Höherer Dienst은 대학졸업과 특별훈련의 시보과정을 요구하며, 한때는 법학교육을 요구하기도 했다. 고급직공무원의 직급으로 차관Staatssekretär, 차관보Unterstaatssekretär, 이사관Ministerialdirektor, 부이사관Ministerialdirigent, 서기관Ministrialrat, 고급사무관Regierungsdirektor, 중급사무관Oberregierungsrat, 초급사무관Regierungsrat이 있다. 둘째, 상급직Gehobener Dienst은 고등학교졸업과 특별훈련 또는 전문대학졸업을 요구한다. 상급직에는 수석서기Amtsrat, 이등서기Regierungsamtmann, 일등서기보Regierungsoberinspektor, 이등서기보Regierungsinspektor의 직급이 있다. 셋째, 중급직Mittlerer Dienst은 중학교졸업을 요구하는데, 이에 수석사무원Regierungshauptsekretar, 일급사무원Regierungsobersekretar, 이급사무원Regierungssekretar, 사무보조원Regierungsassistant의 직급이 포함된다. 넷째, 단순직Einfacher Dienst은 특별한 자격증을 요구하지 않는 최하급직으로, 주임사무조수Amtsmeister, 1등사무조수Hauptamtsgehilfe, 2등사무조수Oberamtsgehilfe, 3등사무조수Amtsgehilfe의 직급이 있다. 이 중 고위직과 상급직을 지망하는 사람은 대개 장기 또는 평생 공직에 근무할 의도를 가진 사람으로, 어려운 채용과정을 거친다. 일반 직무소양에 관한 시험을 거친 후 약 2~3년에 걸친 시보과정에서 직무훈련을 마친 후, 최종시험을 거쳐 종신공무원Beamter auf Lebenszeit의 자격이 부여된다.

〈표 7-10〉에서 독일 공무원사회의 고학력 추세를 읽을 수 있다. 고위직공무원이 전체 공무원에서 차지하는 비율이 1950~80년 5.7%에서 11%로 약 2배 증가했다. 같은 기간 상급직은 4.5%, 중급직은 7.7% 증가를 보인 반면, 단순직

〈표 7-10〉 독일 공무원 계급별 인력

계 급	1950	1960	1970	1980
고위직 공무원 수	166	284	440	676
고위직 공무원(%)	5.7	7.1	8.6	11.1
상급직 공무원 수	484	666	964	1,297
상급직 공무원(%)	16.8	16.7	18.4	21.3
중급직 공무원 수	973	1,477	2,072	2,524
중급직 공무원(%)	33.7	37.1	40.4	41.4
단순직 공무원 수	1,263	1,560	1,672	1,607
단순직 공무원(%)	43.8	39.1	32.6	26.3

자료원: Schmidt & Rose(1985: 131).

은 17.5%의 큰 감소를 가져왔다. 이는 공무원 증가의 큰 부문이었던 교육과 보건의료부문은 높은 교육수준을 갖춘 인력을 채용한다는 사실과 적은 기술을 요하는 인력이 많은 농공업부문의 사양 공기업에서 그 이유를 찾을 수 있다.

그리고 독일공무원은 지위에 따라 공무원Beamte, 계약공무원Angestellte과 노무직Arbeiter으로 크게 양분된다. 공무원은 전통적으로 국가의 공복으로 하나의 사회적 신분이었고, 종신고용이 보장되고, 파업은 허용되지 않는다. 반면에 계약공무원과 노무직은 공무원의 혜택을 누리지 못한다. 중요한 것은 지위에 따라 승진계급이 제약된다는 것이다. 공무원이 고위직을 독점하고, 계약공무원/노무직은 중급직과 단순직을 대부분 차지하며, 상급직은 공무원과 계약공무원이 반분한다.

〈표 7-11〉에서 보듯이 공무원Beamte이 전체 공공인력에서 차지하는 비율은 1960년대 이후 실질적으로 고정적인데, 3분의 1에도 못 미친다. 이들은 주로 핵심적인 일반 정부부처에서 주로 활동하며, 나머지 공공인력의 70%는 계약공무원/노무직으로 구성된다.

마지막으로, 독일공무원 중 계약공무원/노무직은 노동조합을 결성하여 임금 등 단체협상과 파업권을 갖는다. 공무원노조로 대표적인 것은 독일노동조합연맹DGB 산하의 공무원노조 및 교통공무원Gerwerkschaft für öffentliche Dienste, Transport und Verkehr, 독일사무원노동조합Deutsche Angestelltengewerkschaft, 교사, 경찰, 철도, 우정 공무원을 대표하는 여러 노동조합이 있다. 공공부문의 노조율이 민간부문보다 상당히 높으며, 1960년대 이후 점증하는 경향을 보여준다(Schmidt & Rose, 1985:

표 7-11 독일 직능별 공무원

(단위: 1,000명)

직 급	1960	(%)	1970	(%)	1980	(%)
공무원						
일반 정부부처	695	(17.4)	940	(18.3)	1,265	(20.7)
영리 공기업	515	(12.9)	560	(10.9)	560	(9.2)
비영리 공기업	15	(0.4)	20	(0.4)	25	(0.4)
(소계)	1,225	(30.7)	1,520	(29.6)	1,850	(30.3)
계약공무원/노무직						
일반 정부부처	962	(24.1)	1,360	(26.5)	1,783	(29.2)
영리 공기업	1,399	(35.1)	1,712	(33.4)	1,801	(29.5)
비영리 공기업	401	(10.1)	538	(10.5)	670	(11.0)
(소계)	2,762	(69.3)	3,610	(70.4)	4,254	69.7

자료원: Schmidt & Rose(1985: 147).

151). 1980년 공공부문 노조율은 58%인 반면에 민간부문은 29%였다. 특히 공공부문 중에서도 육체노동자가 많은 철도, 우정, 통신부문의 노조율이 일반행정부서보다 높다.

Ⅲ. 정부예산과 재정

독일예산 및 재정체계는 기본법 109조의 연방정부와 주정부는 재정에 있어 상호 독립적이라는 재정주권원칙에 기초한다. 그러나 또다른 기본법의 조항인 독일연방 영토 내의 생활수준 균일화 원칙에 따라 정부간 보조금, 공동세 등이 존재한다. 1967년 경제안정성장법에 따라 예산을 5개년 재정계획에 기초하여 운용한다는 인식하에 예산이 단순히 정부지출이라기보다는 경기관리의 도구라는 기능이 중시되었다. 그 후 1969년 재정개혁Finanzreform으로 오늘날의 예산 및 재정체계가 확립되었다.

독일 연방정부의 예산과정은 [그림 7-5]와 같은 단계를 거친다(Schumacher, 1993: 100-1). (1) 연방재무부, 주 및 지방정부, 연방통계청, 경제연구소의 전문가팀이 거시경제지표의 예측을 통해 조세수입의 기대치를 추정한다. (2) 각 정부부처는 예측한 지출요구서를 재무부에 보고한다. (3) 적정한 정부수입의 제약하에서 이 추정 지출요구서를 근거로 재무부는 예산계획을 구상한다. 이 때,

그림 7-5 연방정부 고용자 비율 및 인원수(1988-2006. 9 현재)

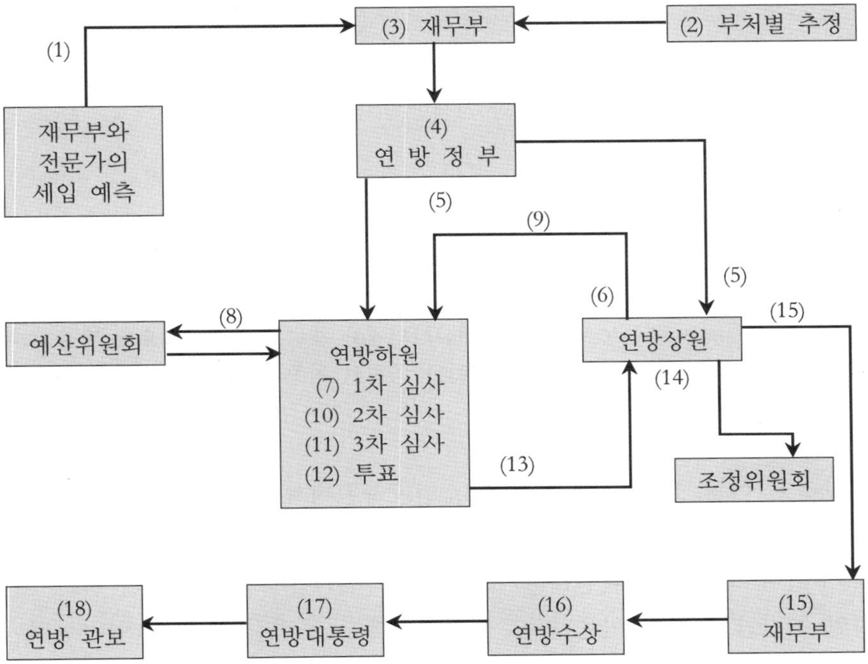

자료원: Bundesministerium der Finanzen(1987: 31); Schumacher(1991: 176)에서 재인용.

연방, 주, 지방정부의 재정정책을 조정하는 재정기획위원회의 건의서를 참고한다. (4) 이 예산초안을 놓고 내각에서 토론한다. (5) 이 결과 결정된 예산안을 연방의회에 제출한다. (6) 기본법 110(3)에 따라 연방상원은 6주 내에 정부예산안에 대해 검토하고 수정안을 제시한다. 예산과정에서 연방상원의 개입은 주 및 지방정부가 예산안에 직접적인 영향력을 행사해주는 제도적 장치로 독일연방제의 특징이다. (7) 동시에 연방하원에서 정부예산안에 대해 1차심의를 한다. 이 때 재무부는 예산안 작성배경에 대해 연설한다. 각 정당대표는 예산안에 대한 견해를 피력할 기회를 갖는다. (8) 연방하원의 예산위원회에서 예산안을 자세히 검토하고, 수정안 작성을 시도한다. (9) 연방상원의 수정안이 접수된 후 연방하원의 2차심의가 진행된다. (10) 2차심의중에 예산위원회의 예산검토 결과가 제시된다. 정부예산안에 대한 모든 가능한 수정사항이 토론되고, 사안별로 결정된다. (11) 3차심의에서 완성된 예산안에 대해 총괄적으로 토론한다.

표 7-12 독일 연방정부의 예산주기

시 기	주요 예산활동
회계연도 2년전	
12월	연방 재무부는 각 부처에 예산준비와 중기 재정계획의 조정에 관한 자세한 안내서 시달
회계연도 1년전	
2월-3월	각 부처는 예산요구서를 재무부에 제출
2월-6월	재무부와 각 부처는 예산조정과 심의
6월-7월	예산초안과 연방재정계획에 관해 내각의 최종결정
8월	연방정부의 예산 및 재정계획서를 의회에 제출
9월	제2차 의회예산심의에서 재무부의 예산개요에 관한 소개
11월-12월	정부예산에 관한 의회의 최종심의 및 투표

자료원: Schumacher(1993: 175).

(12) 그리고 이를 표결에 부친다. (13) 연방하원에서 예산안이 통과된 후, 연방상원에 전달되어 2차심의를 한다. (14) 연방상원이 반대할 경우, 상·하원 동수로 구성이 되는 조정위원회를 소집하여 타협안을 작성케 한다. 만약 조정위원회의 예산안 수정이 있을 경우 연방하원에서 표결한다. 이에 연방상원이 다시 반대할 수 있으며, 이는 적정수의 표로 연방하원에 의해 무시될 수 있다. 결국 연방상하원에서 통과된 후, 예산안이 법률로 된다. (15) 연방재무부에서 연서한다. (16) 연방수상이 연서한다. (17) 연방대통령이 서명한다. (18) 연방관보에 법률로 공포된다.

이상의 예산과정을 회계연도의 시기별로 정리한 것이 〈표 7-12〉이다.

1988년 독일 정부지출은 DM 11,664억, 정부수입은 DM 11,128억으로 DM 536억의 재정적자를 나타냈다(Schumacher, 1993: 184). 먼저 정부지출을 기능별 분류에 따라 정리한 것이 〈표 7-13〉이다. 전반적으로, 정부 총예산 중에서 재분배지출(48%), 공공재지출(30.5%), 실적재지출(21.5%) 순으로 높은 비율을 보이고 있으며, 이러한 사실은 독일의 복지국가성격을 보여주는 것이다. 한편 정부수준별로 상이한 지출의 속성을 보여준다. 연방정부의 경우, 공공재지출이 제일 높다. 국방비를 제외하고도 44.3%에 달하고, 재분배지출이 이에 근접한 40.7%, 그리고 실적재지출이 15%였다. 주정부의 경우, 가장 큰 지출항목인 교육(주정부예산의 30%)을 포함한 실적재지출이 47.4%로 가장 높다. 일반행정과

표 7-13 독일 정부지출의 기능적 분류(1988)

(단위: 백만 마르크)

지출기능	합계	연방	주	지방	특별기금
A. 비시장공급(공공재)					
일반행정	37,383	7,992	13,904	15,112	375
일반재정	106,795	58,848	54,498	+8,029	1,478
국제관계	22,196	8,856	77	—	13,263
국방	53,146	53,146	—	—	—
공적안정/법체계	30,134	2,293	22,617	5,201	23
과학, 연구개발	11,980	9,184	2,501	293	2
환경정화	1,991	444	655	—	892
위생	21,657	56	1,423	19,196	982
하수설비	9,094	+44	540	8,094	504
쓰레기	5,004	+3	351	4,193	463
거리청소	932	—	101	831	1
교통과 통신	26,291	11,443	6,618	8,181	49
도로	21,455	7,399	5,861	8,181	13
수로, 항구	2,716	2,050	630	—	36
합 계	311,573	152,262	102,293	39,954	17,064
합계(국방비제외)	258,427	99,116	102,293	39,954	17,064
B. 시장공급의 변형(실적재)					
교육	88,179	3,746	69,677	14,731	25
초·중등교육	53,476	10	40,998	12,488	+20
대학교육	27,001	1,651	25,350	—	—
기타 교육업무	7,702	2,085	3,329	2,243	45
문화업무	8,000	178	3,709	4,079	34
보건/스포츠	40,328	334	9,934	28,620	1,440
병원	30,092	4	7,695	20,971	1,422
보건/오락	7,997	114	1,210	6,656	17
주택	7,825	1,353	5,202	1,263	7
(도시)계획	7,539	735	3,143	3,644	17
에너지/물/광업	21,228	8,418	7,835	1,641	3,334
철도와 대중교통	3,673	1,787	1,886	—	—
기업	23,513	13,744	4,103	5,369	297
영양/농업/산림	18,509	3,243	3,449	396	11,421
합 계	218,794	33,538	108,938	59,743	16,575

지출기능	합계	연방	주	지방	사회보장	특별기금
C. 재분배						
사회보장, 전쟁충격, 배상	490,749	90,910	18,835	32,438	348,361	205
사회행정	4,920	474	1,556	2,863	—	5
사회보험	393,994	45,423	209	—	348,361	—
복지	60,806	19,722	12,190	28,841	—	201
전쟁, 정치사건	16,729	13,963	1,885	733	—	148
총합	1,021,116	276,710	230,066	132,135	348,361	33,844
총합(국방비제외)	967,970	223,564	230,066	132,135	348,361	33,844

자료원: Statistisches Bundesamt(1991); Schumacher(1993: 187-89)에서 재인용.

표 7-14 독일 정부수입구조(1988)

(단위: 10억 마르크)

수입유형	합계(%)	연방(%)	지방(%)	지방(%)
조세	470.3(69.1)	222.7(91.9)	179.5(70.8)	68.1(36.8)
경제활동	20.0(2.9)	6.2(2.6)	5.5(2.2)	8.3(4.5)
수수료	57.8(8.5)	2.5(1.0)	16.2(6.4)	39.1(21.1)
공공영역				
보조금과 차입금	83.7(12.3)	—(—)	33.9(13.4)	49.8(26.9)
기타	49.2(7.2)	10.8(4.5)	18.6(7.3)	19.8(10.7)
합 계	681.0(100.0)	242.2(100.0)	253.7(100.0)	185.1(100.0)

자료원: Statistisches Bundesamt(1991); Schumacher(1993: 194-5)에서 재인용.

재정이 주종을 이룬 공공재지출이 44.5%, 그리고 8.2%가 재분배 기능에 지출되었다. 지방정부의 경우, 주정부와 같이 실적재지출이 제일 높은데(45.2%), 보건의료와 학교에 대한 지출이 큰 비중을 차지한다. 공공재지출이 30.2%, 실적재지출이 24.5%를 차지하고 있다. 특별기금의 경우 공공재와 실적재지출이 약 반씩 차지하고 있다. 이를 정부기능별로 정리해 보면, 공공재지출은 연방(48.9%), 주(32.8%), 지방정부(12.8%), 실적재지출은 주(49.8%), 지방(27.3%), 연방정부(15.3%), 재분배지출은 사회보험기금(71%), 연방(18.5%), 지방(6.6%), 주정부(3.8%) 순이다.

〈표 7-14〉에서 보듯이, 독일 정부수입의 주된 원천은 조세, 수수료, 경제활동수입, 정부간 보조금인데, 이 중 조세수입이 가장 큰 비중(69.1%)을 차지한

다. 특히 연방정부의 경우 전적으로(91.9%) 조세수입에 의존한다. 그러나 지방 정부의 경우 조세수입은 36.8%에 그치고, 주로 보조금과 수수료에 크게 의존한다.

독일 조세수입의 내용을 보다 자세히 분류하면 〈표 7-15〉와 같다. 과세주체에 따라 연방세, 주세, 지방세로 구분할 수 있는데, 이외에 1969년 재정개혁에 따라 시행되었던 공동세Gemeinschaftsteuern가 있다. 공동세는 정부간에 과세권을

표 7-15 조세수입의 세항목(1988)

(단위: 백만 마르크)

A. 연방조세수입		C. 지방세수입	
공동세수입	187,282	공동세수입	59,600
EC할당금	−14,314	지방세	
추가보조금	−2,466	재산세	8,238
소계	170,502	기타	953
연방세		소계	9,191
유류세	27,032	전체 지방세수입	68,791
담배세	14,555		
사회보장세	2,903		
주류세	3,999		
기타	4,244		
소계	52,733		
GNP 대비 EC 할당금	−3,028		
전체 연방세수입	220,207		
(EC 몫을 제외한 순수입)			
B. 주(州)세수입		**D. EC세수입**	
공동세수입	150,297	관세수입	6,325
주세		할당금	14,314
자동차세	8,169	GNP대비 할당금	3,028
재산세	5,554	전체 EC조세수입	23,667
맥주세	1,254	총합(모든 기관 포함)	488,098
기타	7,693		
소계	22,670		
추가보조금	2,466		
전체 주세수입	175,433		

자료원: Statistisches Bundesamt(1991); Schumacher(1993: 194-5)에서 재인용.

공유하며 소득세, 법인세, 부가가치세가 이에 포함되는데, 이는 연방, 주, 지방정부의 배분비율에 따라 공유된다. 연방정부의 경우, 조세수입 중에서 77.4%를 공동세에 크게 의존하고, 그 외 유류세, 담배세가 중요한 재원이다. 주정부의 경우, 역시 공동세에 크게(85.7%) 의존하고, 비중이 큰 자체조세원은 자동차세, 복지세이다. 지방정부의 경우도 공동세에 크게(86.6%) 의존하며 자체조세로는 재산세가 중요한 비중을 차지한다. 이러한 공동세는 독일조세체계의 연합체제 Verbundsystem의 특징에 해당된다.

지방정부간의 생활조건과 재정능력의 격차를 균등히 하고, 연방-주-지방정부간의 조화된 재정 및 경제계획을 유도하기 위해 지방정부에 대해 연방 및 주정부의 보조금이 제공된다. 먼저 수평적 보조금으로, 주간에 재정격차를 줄이기 위한 주재정균등LAF: Länderfinanzausgleich 이전금이 있는데, 잘사는 주에서 못사는 주로 재정지원이 주어진다. 1980년대 Hessen과 Baden-Württemberg주가 주된 지원주이며, 반면에 Niedersachsen, Rheinland-Pfalz, Schleswig-Holstein, Saarland, Bremen 등의 주는 지원을 받고 있다. 통일 후 동독의 새로운 주들이 1995년부터 이 주재정균등 이전금제도에 편입되었다. 그 동안에는 DM 1,150억의 독일통일기금Fonds Deutsche Einheit에서 지원되었다.

그리고 수평적인 보조금으로 공동사업Gemeinchaftaufgaben에 대한 연방정부의 보조금, 구조지원 보조금, 보조적 지원금Ergänzungszuweisungen이 있다. 1992년 DM 160억의 공동사업보조금 중 약 50%가 지역경제개발에, 약 30%가 농업구조증진과 연근해보존에, 약 20%가 고등교육기관 확충에 보조되었다. 보조적 지원금은 연방정부가 재정능력이 약한 주정부에 지원하는 것으로, 부가가치세의 2%로 충당된다. 1991년에 Niedersachsen, Rheinland-Pfalz, Schleswig-Holstein, Saarland, Bremen주가 보조를 받았다. 지방정부의 경우 이러한 보조금에 수입을 크게 의존하는데, [그림 7-6]에서 보듯이 DM 511억에 달했다. 이 중 일반보조금이 55%를 차지하는데, 주로 공식에 따라 배분되는 법정보조금이 주류를 이루고 있다. 특별보조금은 보조금의 45%를 차지하는데, 이 중 54%가 투자보조금으로 보조되었다.

다음 〈표 7-16〉에서 보듯이, 통일 이후 재정수입이 재정지출에 못 미쳐 재정적자가 급속하게 증가함에 따라 현재 독일은 만성적인 재정적자와 국가부채의 문제를 갖고 있다.

그림 7-6 독일 연방정부와 주정부의 보조금(1989)

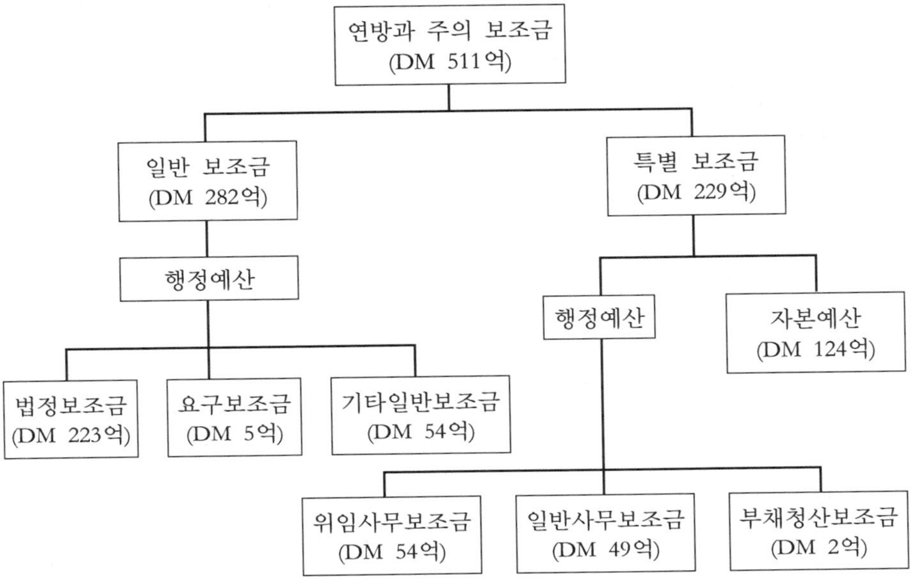

자료원: Statistisches Bundesamt(1992: 139); Schumacher(1993: 199)에서 재인용.

표 7-16 독일 연방정부 재정(1989-2001)

(단위: 10억 DM)

	1989	1990	1991	1992	1993	1994	1995	1996	1997	1998	1999	2000	2001 (예상)
총지출	289.8	380.2	401.8	427.2	457.5	471.2	464.7	455.6	441.9	456.9	482.8	478.0	447.0
총수입	269.7	332.1	348.6	387.8	390.5	420.6	414.1	377.0	378.4	400.3	431.5	439.3	433.2
차감액	−20.1	−48.1	−53.2	−39.4	−67.0	−50.6	−50.6	−78.6	−63.5	−56.6	−51.3	−47.7	−43.8

자료원: BMF 2001, 130-131; 한영빈(2002) 재인용.

Ⅳ. 행정문화와 행태

앞에서 살펴본 정부관료제의 환경으로서의 정치사회적 제도와 정부관료제 내부의 성격은 다음과 같은 독일의 행정문화와 관료행태를 형성하였다.

첫째, 전통적으로 국가주도의 산업화에 따라 관료주의가 민주주의보다 앞선 역사적 경험에 기인하는 것으로서, 국가를 사회에 우월한 존재로 인식하는 국가주의 전통이 어느 정도 잔존하고 있는데, 이는 특권적인 지위로서의 정부관료의 개념이 남아 있음을 뜻한다. 현재도 정부관료제의 기록에 대한 의회 조사위원회의 총체적인 접근이 제한되는 현상은 이 점을 반영한다. 급격한 정치변동에도 불구하고 독일의 정부관료제는 상당히 안정적이었고, 이에 관료주의적 행정문화의 형성을 낳게 되었다.

둘째, 행정법원의 존재와 관료의 압도적인 법학전공은 독일행정의 법치주의적인 행정문화에 기여했다. 한때 모든 고위직 공무원의 자격요건으로 법학교육을 요구했었다. 법치주의문화는 연방, 주, 지방 정부관료제의 업무조정에 기여하는 바가 있다. 왜냐하면 정부관료제의 실무절차에 대해 법률과 행정절차법common code of administrative procedure에 구체적으로 기술되어 있기 때문이다.

셋째, 갈등회피의 정치행정문화(Schmidt, 1989: 76)는 20세기 독일정치사에서 경험했던 정치적 참화의 역사적 교훈에 기인하며 대다수의 국민들은 안정성, 안전성, 예측가능성에 큰 가치를 부여한다.

넷째, 행정관료의 중상층 출신배경, 고등교육을 통한 임용, 관료사회의 문화로 독일관료는 매우 지위의식적status-conscious이고, 독일공화국체제에 깊은 몰입, 그리고 자유민주주의 가치와 절차에 대한 높은 이해를 갖고 있다. 특히 젊은 세대의 공무원은 구세대 공무원에 비해 업무추진에 있어 정치적 맥락을 보다 잘 이해하고, 덜 권위주의적이며, 민주정당정치에 개인적으로 관여하고, 관료제에 대한 의회의 통제에 찬성하는 태도를 나타낸다. 학생을 상대로 한 직업에 관한 설문조사 결과는 독일공무원의 직무가치를 보여주는데, 정부관료제에 진출하려는 학생이 일반학생보다 직무안정성, 노후복지, 분명하게 구조화된 업무를 중시하는 반면에, 독립적이고 야심적이며 성취지향적인 학생은 공직에 관심이 낮았다(Conradt, 1989: 180-181).

전반적으로 독일국민은 정부관료제의 업무에 대해 만족하는 견해를 보인다(Dalton, 1992: 287). 1988년 한 여론조사에 따르면, 정부의 업무수행에 92%, 주택에 89%, 생활수준에 83%, 사회보장에 77%, 치안예방에 58% 만족한다는 응답을 했다. 다만 환경보호정책에 대해서는 단 30%만이 만족한다는 반응을 보여 이 분야에 대한 불만족이 높음을 알 수 있다. 실제로 독일에서는 미국이나 영국에서처럼 정치인들의 관료때리기bureaucrat-bashing 현상은 찾아볼 수 없다. 정당 정치지도자들 대부분은 독일 통일과정에서 통일조약의 준비와 집행에 있어서의 정부관료제의 업무수행에 대해 지속적으로 찬사를 보내고 있다(Derlien,

1995: 89).

V. 지방행정체계

앞에서 보았듯이, 독일의 행정체계는 연방-주-지방정부의 3단계로 구성되고, 주 및 지방행정은 독자성을 확보하고 있다. 독일연방은 16개의 주로 구성된다. 구서독지역의 8개 주와 Hamburg, Bremen, Berlin의 3개 도시국가로 11개, 구동독의 5개 주는 의원내각제를 택하고 각자 자신의 헌법을 가지고 있는데, 기본법에 규정된 네 가지 원칙—공화국, 민주제, 사회복지국가, 법치국가—을 준수해야 한다.

독일 지방정부의 행정체계는 주마다 차이를 보이고 있으나, 대개 2~3개 계층으로 구성된다. 〈표 7-17〉에서 보듯이, 1991년 현재 16,696개의 지방자치정부가 존재하며, 26개의 특별행정구역, 543개의 군, 16,127개의 기초자치단체로 구성되어 있다. 특별행정구역Regierungsbezirke은 영토가 큰 주에서 발견되는 중간수준의 행정기관으로 군과 대도시의 감독기능을 담당한다. 군은 주정부의 위임업무를 조정하고 집행하는 기능을 담당하며, 주민 100,000명 이상의 도시군Stadtkreise과 중소 기초자체단체로 구성되는 지방군Landkreise으로 구분된다. 각 군은 주민이 선출한 의회를 구성하고, 이 군의회에 대해 책임을 지는 군집행부가 있다.

독일 기본법에 따라 기초자치단체는 지역공동체의 사항에 대한 규제권을 행사하는 재정주권Finanzhoheit을 갖는다. 지방재정은 소득세 분담결정에 있어 연방정부의 개입을 제외하고는 대체적으로 주정부의 책임하에 있는데, 주지방정부법에 지방재정구조가 규정되어 있으며, 연간 지방정부지출, 조세 그 외 기타 세입원천에 관한 결정조건이 정해진다(Norton, 1994: 271).

독일 지방정부재정에 관해서 구체적으로 살펴보면 다음과 같다.

첫째, 1980년대의 지방지출 가운데 30% 이상이 인력에 관한 것으로, 봉급수준은 국가적 차원에서 결정된다. 지방자치단체는 지역고용을 유지하는 것을 그들의 중요한 역할로 간주한다. 그럼에도 불구하고 1980년 이후 인력에 대한 지출이 매년 급격히 감소되어 왔다. 자본투자는 기존시설을 유지하는 데 비해 필요한 조세수입의 부족과 연방 및 주의 투자보조금 감축으로 인하여 1980년

표 7-17 독일의 행정구조(1991년 1월 현재)

주	군				
	특별행정구	합 계	도시군	지방군	자치단체
서 독					
Baden-Württ	4	44	9	35	1,111
Bayern	7	96	25	71	2,051
Berlin	—	1	1	—	1
Bremen	—	2	2	—	2
Hamburg	—	1	1	—	1
Hessen	3	26	5	21	426
Niedersachsen	4	47	9	38	1,031
Nordrhein-W.	5	54	23	31	396
Rheinland-Pf.	3	36	12	24	2,304
Saarland	—	6	—	6	52
Schleswig-H.	—	40	5	35	1,701
합계(서독)	26	328	90	237	8,505
동 독					
Brandenburg	—	44	6	38	1,794
Mecklenburg-V.	—	37	6	31	1,124
Sachsen	—	54	6	48	1,629
Sachsen-Anhalt	—	40	3	37	1,367
Thüringen	—	40	5	35	1,710
합계(동독)	—	215	26	189	7,622
총합(독일)	26	543	117	426	16,127

자료원: Statistisches Bundesamt(1991); Schumacher(1993: 171)에서 재인용.

대 초반에 1/4로 급격히 감축되었다. 연방정부에서는 1970년대의 투자로 자본투자 필요성이 거의 충족되었다고 주장하였다. 그러나 지방자치단체는 생태적 이유에 따른 쓰레기처리와 하수처리기준 강화의 압력, 새로운 도시재개발과 주택필요성, 고용수준의 유지에 대한 압력 등을 지적하였다. 불황에 의해 사회서비스 공급과 수요의 격차가 급격히 증가했다는 주장에도 불구하고, 사회서비스의 지출은 정부지출성장의 주요한 부분이었다. 재정압박으로 청소년사업과 다른 사회서비스의 많은 경우 재량적 지출의 감축이 불가피하였다(Norton, 1994: 273). 예산적자의 경우 감독관청은 예산을 지방자치단체에 검토하라고 회부할 수 있으나, 개입의 여지는 많지 않다. 지출문제를 둘러싼 긴장에도 불구하고 일반적으로 주정부와 시정부간의 심한 갈등은 없다. 비록 법적으로는 심각한 재정위기시에 주가 시정부의 재정을 접수할 수 있으나 1980년대 말까지는 재정위기가 발생하지 않았으며, 정치적으로도 생각할 수 없는 것으로 여겨졌다. 그 이유는 지방 주정부와 각 지방자치단체간의 친밀성이다. 위기상황에서 주와 지방공무원은 지방정치압력의 현실적인 관점에서 어려움을 극복하고자 노력한다. 또한 주정치인과 시정치인 간의 관계는 친밀하며 보통 정당기구의 틀 내에서 합의적인 해결책을 이루어내는 것이 발견된다(Norton, 1994: 273-4).

둘째, 1980년대 후반 지방자치단체의 수입은 1/3 정도가 지방세, 약 21%는 수수료, 26%는 연방 및 주교부금으로 구성되어 있으며, 순차입은 약 2~3%에 달했다. i) 조세수입의 주요부분은 주정부와 공유하는 영업세(지방조세수입의 약 40%)와 약 40%에 달하는 국가소득세의 할당금, 그리고 12%에 달하는 토지세이다. 그 외 몇몇 조세는 지방자치단체의 재량에 따라 부과될 수 있는데 이는 주마다 다르다. 여기에는 견세dog tax, 사냥세, 음료수세, 연예 및 공공회관세가 포함된다. 그런데 현재 영업세는 오직 대기업에게만 부담지우는데, 이는 경제가 침체되었을 때에는 대기업에 큰 타격을 주어 경기회복을 어렵게 한다. ii) 수수료수입으로 수수료는 원칙상 부과수준이 사회문화적 이유로 부적절하지 않는 한 서비스제공 비용에 따라 정해진다. 주요한 경제적 수수료는 하수도와 쓰레기수거에 대한 것이다. 보조받는 서비스로서는 수영장, 평생교육원, 극장, 유치원, 박물관을 포함한다. iii) 주보조금으로 일반보조금general grants은 1인당 기준으로 산출된 지방지출필요에 대한 평가와 그 지방의 조세잠재력에 비추어 계산된다. 실조세수입이 필요성보다 적을 경우 주정부는 이 차이의 90%까지 보조한다. 그러나 주마다 매년 그 공식이 달라질 수 있는데, 종종 정치적 목적으로 야기되어진다. 특별보조금specific grants은 도로건설과 학교, 병원, 의료서비스, 소방서에 대한 자본투자에 관련된다. 여기서 하나의 중요한 이슈는 개발목적 국가보조금 의존이 지방자율성과 선택을 침해한다는 것이다. 주는 보조금제도를 통해 자본지출의 반 이상을 결정해 왔는데, 이러한 특별보조금이 시의 사업 우선순위를 왜곡하며, 그 배분의 특수한 성격과 불규칙한 제공으로 합리적 계획이 어렵거나 불가능하다고 주장되었다. iv) 차입으로 다른 종류의 재정이 불가능하거나 부적절할 경우, 또는 투자와 재원조달목적의 경우, 차입이 허용된다. 지방자치단체는 은행으로부터의 차입이 자유롭다. 모든 도시정부가 여신을 갖지는 않지만 많은 경우 무거운 부채를 갖게 되었다. 이자 및 상환은 현재 세입에서 충당되어져야 한다(Norton, 1994: 271-72).

근래 독일은 유럽 통합과 지방화의 시대흐름에 능동적으로 대처하고, 통일 후 기존 행정구역의 불합리성 내지 경직성을 해소하기 위해 행정구역개편에 큰 관심을 기울이고 있다. 독일 행정구역개편 논의는 현재 16개에 달하는 주들을 통폐합하여 대규모 주를 확립하는 방향이 대세를 이루고 있다. 이는 경제적으로 취약한 소규모 주들이 연방정부에 대한 재정적 의존성에서 벗어나고, 지역간에 경제적, 사회적, 자연생태적, 인구학적으로 균등화의 잠재력을 지닌 경제적 역량있는 대규모 주를 만들자는 논리이다. 현재 행정적, 재정적, 경제적 역량을 가진 적은 수의 주를 창출하자는 행정구역 개편 논의는 연방주의와 지역주의 간의 이해 및 역학관계에 따른 입장차이로 인해 실행단계에는 이르지 못하고 있다(안영진, 2004).

제 4 절 정부관료제의 정책과정에서의 역할과 영향력

Ⅰ. 정부의 역할과 공공정책의 특성

한 국가의 공공정책의 패러다임은 그 정치경제적 환경, 즉 국가-사회연계에 의해 크게 구조화된다. Marks(1985)는 이익집단의 정치/정책과정에 있어 영향력의 정도와 이익집단간의 제휴가능성을 기준으로 사회조합주의, 준조합주의, 다원주의, 국가주의로 구분한다. 앞의 독일 이익집단의 특징에서 살펴보았듯이, 독일의 국가-사회관계는 기본적으로 이익집단의 정치적 영향력이 높고, 또한 이익집단의 제휴가능성이 높은 사회조합주의 유형으로 분류된다(Lehmbruch, 1979; Streeck, 1982; Katzenstein, 1987). 사회이익집단이 계서제적인 단체에 잘 조직화되어 있고, 이 이익집단의 전국적인 정상단체peak association를 통해 정책과정에 직접적으로 참여한다. 사회조합주의 유형은 〈표 7-18〉에서 보듯이 정책결정이 국가적 수준에서 집권화된 이익집단의 대표간 계급적 대타협을 통해서 이루어진다. 당연히 타협에 의해 결정된 정책은 집행과정에서 각 주체가 자발

표 7-18 국가-사회 연계 유형과 정책과정의 특징

국가-사회 연계유형	정책형성	정책범위	정책집행	핵심 정책결정무대	경제정책 수단
사회조합주의	협상	전반적	자발적	국가-자본-노동간의 국가적 협상	합의적 소득정책
다원주의	협상/지시	부분적	법규적	다양한 집단에 분산	거시정책 수단
국가주의	지시	전반적	법규적	정치집행부와 관료제	가격정책 및 집권적 기획
준조합주의	협상	부분적	자발적	정책망	거시정책 수단

자료원: Marks(1985: 52).

적으로 협조하게 된다. 이때 정책의 내용 및 범위가 포괄적이며, 소득정책과 같은 직접적인 정책수단을 통해 개입하는 경향이 있다. 이러한 사회조합주의 특성은 다원주의사회에서 경험하는 토론과 파당적 갈등의 압력은 상당히 피할 수 있어 권위주의적이지만 효율적인 국정운영이 가능해진다. 반면에 이익집단이 행정부와 직접적인 상호작용을 강조하는 만큼 의회과정의 중요성이 상대적으로 위축될 가능성이 크다. 그리고 잘 조직화되지 못한 이익집단은 정책과정에서 배제되어지는 사회조합주의의 한계를 갖는다.

이러한 사회조합주의적인 국가-사회연계는 독일정책의 핵심적인 특징으로 지적되는 중립성a policy of the middle way(Schmidt, 1989)을 낳는 배경이 된다. 정책내용에 있어 미국식 시장자본주의정책과 스웨덴식 사회민주주의정책의 중간적인 성격을 띤다. 즉 경제의 효율성을 강조하는 경제정책과 평등과 분배를 강조하는 복지국가 사회정책이 묘한 조합을 갖는다. 1950~85년 독일은 OECD국가 중에서 최저의 인플레이션율을 보이면서, 많은 사회복지제도와 함께 실업률이 또한 낮은 편이었다. 이것은 인플레이션과 실업의 역trade-off관계의 경제이론에서 볼 때 독일은 예외적인 경우에 속한다([그림 7-7] 참조).

이러한 중립성 정책은 독일의 역사적 유산과 정치사회제도가 복합적으로 작용함으로써 형성되어 왔다(Schmidt, 1989). 첫째, 국가주도산업화과정, 보수주의개혁성향의 복지국가전통, 나치즘의 정치적 교훈으로, 권위주의 배제와 자유주의 강조 등 보수주의와 혁신주의의 전통이 공존하는 역사적인 유산은 독일

그림 7-7 독일 정책내용의 중립성

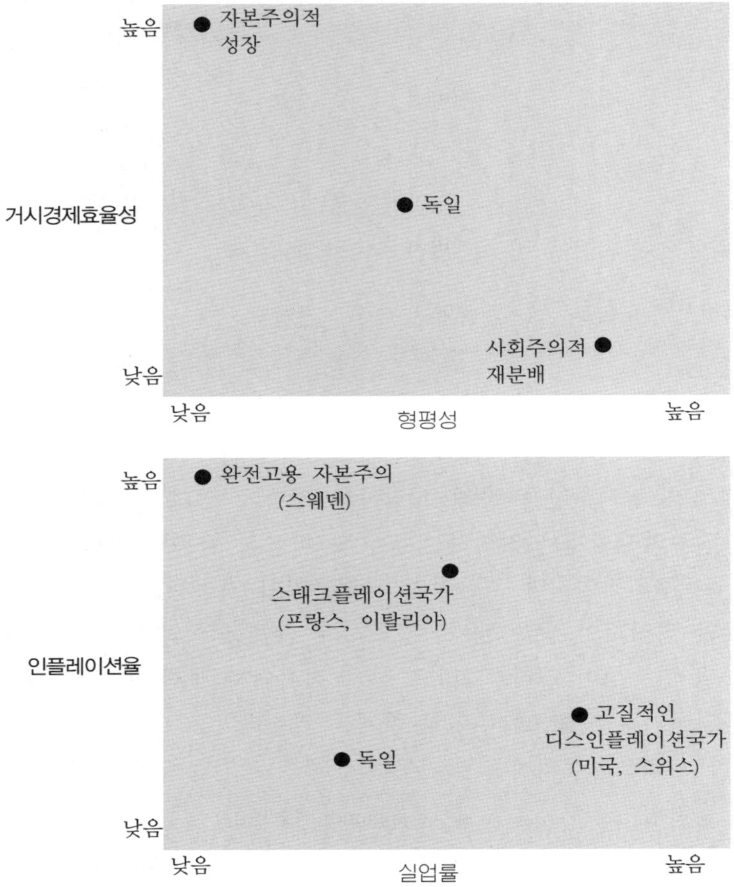

자료원: Schmidt(1989: 62).

의 중립성 정책을 낳는 이념적 바탕이 되었다. 둘째, 중앙은행인 독일연방은행 Deutsche Bundesbank은 선진자본주의국가 중에서 최고의 정치적·사회적 자율성을 확보하고 있으며, 가격안정화정책을 최고의 우선가치로 유지하고, 정치논리에 의한 통화정책을 억제할 수 있었다. 셋째, 타협, 통합, 공동결정의 제도화를 통한 독일 노사관계의 안정성은 노동조합으로 하여금 과도한 임금상승 요구를 억제하고 다른 부분을 통해 노동의 이익을 대체할 수 있는 기회를 제공해 주었다. 독일의 낮은 파업률은 발달된 복지국가에 연관되며, 분배갈등이 작업장의 사회부문에서 의회와 관료제의 국가부문으로 제도화되었기 때문이다. 넷째, 독일 정당정치는 연정의 정치라고 해도 과언이 아니다. 정당의 세 축인 기민당, 사민당, 자민당이 교대로 짝을 이루며 연정을 형성함에 따라, 어느 한 정당의 정당정책이 급진적으로 채택되지 못하고, 연정의 동반정당의 정책과 타협하지 않으면 안 된다. 연정은 또한 보다 넓은 사회이익이 대표될 수 있고, 한 정당 특유의 정책은 배제되어진다. 이렇게 중도우파 또는 중도좌파 성향의 연정구성에 따른 합의적이고 타협적인 정책형성의 특징은 독일정책의 중립성을 낳는 데 크게 기여하였다. 다섯째, 독일의 연방제는 연방정부의 정책집행은 크게 주정부에 의존하는 협력적 연방제cooperative federalism[5]로 중앙-지방정부간에 분리된 정부divided government의 특성을 갖는다. 일반적으로 연방정부의 야당이 연방상원과 주정부에서는 여당을 구성하고 있다. 이에 따라 어느 한 정당도 독점적으로 자신의 정책을 일관되게 추진하지 못하며, 혁신적인 정책을 채택하기 힘든 제도적인 제약을 갖고 있다.

Ⅱ. 정책과정에 있어서 정부관료제의 역할과 기능

정부관료제의 정책결정권한은 크게 의회 및 이익집단의 정책과정상의 영향과 정치행정부political executive의 인력공급과 연계되어 있다. 이 문제와 관련해 Aberbach, Putnam, & Rockman(1981)은 다음과 같은 두 정부체제로 구분한다. 구심체제centripetal system는 외부행위자가 행정부와 협상에 있어 영향력을 거의 행사하지 못하는 체제이다. 원심체제centrifugal system는 행정부가 다양한 외부집단에 의존함으로써 정치적 리더십의 행사를 제약받는 체제이다. 독일의 경우 정부관료제가 이익집단의 영향력을 많이 받는 원심체제에 가깝다(Page, 1985: 146). 특히 정치적으로 예민한 경제정책에 있어 국가, 자본, 노동부문간의 조합주의적 정책결정형태는 정부관료제가 이슈관리와 합의형성을 확보하는 데 기여한다. 이 경우 갈등회피전략이 강조되어 논쟁적인 정책사항은 정부관료제의 관심에서 제외되기 쉽고, 따라서 정책결정이 회피된다. 예를 들어 지역정책의 목

5) 연방제는 크게 네 가지 유형이 있다. 중앙정부주도연방제(nation-centered federalism), 주정부주도연방제(state-centered federalism), 중앙정부와 주정부의 상호 책임영역이 분리된 이중연방제(dual federalism), 중앙정부와 주정부간의 상호의존모형(interdependent models)으로 나눈다(Rosenblom, 1993: 104-5). 이 중 독일은 상호의존모형에 가깝다.

표 7-19 정부관료제 정책결정권의 비교

		정치지도자의 공급	
		많음	적음
정책결정권한	구심성	영국	프랑스
	원심성	독일	미국

표는 지역경제개발을 위해 특정 유망지역에 집중투자하는 것이나, 갈등회피의 구조로 인해 지역간의 동등한 투자를 낳게 되었다.

정부관료제의 정책결정권한을 제약하는 하나의 요소는 정치행정부(수상, 장관, 및 정치임명직)를 구성할 인력의 공급수준이다(Page, 1985: 142-144). 정치행정부가 정책결정권을 지배하기 위해서는 관료제 및 행정관리에 유능하고 경험있는 정치가를 확보할 수 있어야 한다. 만약 관료제 외부에서 관료제의 업무를 파악하고 통제할 수 있는 정치임명직을 구하기 어려울 경우 행정수반은 의사결정에 있어 관료기구에 크게 의존하지 않을 수 없다. 독일의 경우 연방의회, 정당, 이익집단, 지방정부에서 정치경력을 쌓고 있는 인력이 풍부한 편이다(Page, 1985: 143). 연방의회에서의 활동을 통해 정부관료제의 업무수행에 관해 이해를 할 수 있다. 그리고 각료급에 이르려면 보통 8년간의 의회경력을 거친다(von Beyme, 1983: 112).

앞의 정부관료제의 정책결정권한을 제약하는 두 조건을 비교적 관점에서 정리하면 〈표 7-19〉와 같다. 여기서 원심적 정책결정체제와 풍부한 정치행정부 인력공급을 가진 독일의 정부관료제의 정책결정권은 정책과정에 있어 이익집단과 정치행정부의 영향력으로 상당히 제약적이라는 사실을 짐작할 수 있다.

앞에서 살펴보았듯이, 실제로 정책의제형성에 있어 행정부의 입법제안이 지배적이다. 특히 독일정책의 산실은 정부조직의 중간층인 課수준에서 실질적으로 형성되기에, 정책형성의 주도권은 정부관료제가 갖고 있다고 볼 수 있다. 그러나 제안된 정책내용은 의회의 입법과정을 통하면서 상당히 수정될 기회를 갖는다. 또한 정책과정에 있어 사회조합주의적 이익집단의 관여가 보장되므로 실질적인 정책형성권한은 정부관료제, 이익집단, 정당이 상호 타협적으로 이루어진다고 볼 수 있다. 또한, 정책집행과정은 정부관료제의 주도적인 영역인데, 연방정부의 정책은 주정부에서 집행되므로 정부간 연계가 중시되고, 연방정부관료제의 정책결정권한과 주정부관료제의 집행권한의 분리를 볼 수 있다.

한 가지 주목할 정책환경 변화는, 1993년 11월에 발효된 Maastricht 조약에 따라 등장한 유럽공동체European Union이다. 실제 독일은 유럽통합 과정에 주도적이고 적극적으로 참여하였다. 유럽공동체 정부기구는 회원국들 간에 높은 수준의 표준화standardization와 조화harmonisation를 추구하게 되는데, 이에 따라 독일 국내 정부관료제의 정책과정과 결정에 있어 유럽공동체의 변수가 중요하게 제기되었다. 유럽공동체 정부기구가 독일 정부관료제의 정책결정에 미치는 영향에 대해 크게 세 가지 입장으로 분류된다(Schmidt, 2008: 84-86). 첫째, 국제학파internationalist school는 독일의 정책과정과 결정이 EU 집행부와 의회의 요구사항에 의해 크게 지배받는다고 본다. 둘째, 민족국가파nation-state-oriented school는 독일의 국내정치와 정책결정이 유럽연합 정책결정자의 정책내용과 시기에 상당한 영향력을 행사한다는 입장이다. 셋째, 중도파는 정책영역간 차이에 주목하면서, 무역 및 관세, 농업정책 분야는 유럽관료제Euro-bureaucracy와 독일내 해당분야 정부관료제가 연합하여 지배하지만, 복지정책과 같은 분야는 여전히 국가수준에 의해 지배된다고 주장한다. 그리고 유럽중앙은행과 같은 분야는 유럽관료제가 지배하는 분야이다.

Ⅲ. 정부관료와 정치행정부간의 권력관계

행정국가에서 행정의 정치적 책임성 확보와 관련해 관료지배Beamtenherrschaft의 가능성은 중요한 문제이다. 이를 극복하기 위해 정치행정부의대 관료제 통제전략과 리더십이 강조되고 있다. 독일의 경우 각 부처차관과 국장급은 정치관료political civil servants로서, 정치인을 실적보다는 정치적 기준에 의해 선택적으로 승진시키고, 일시적으로 해고할 수 있다. 이 때 정치관료의 다수는 고위관료출신에서 승진되고, 외부인사발탁의 경우(약 20%) 적어도 직업관료의 자격요건(예를 들면, 교육수준)을 요구한다. 연정이 바뀔 때, 1969년 차관과 국장의 각각 41%, 25%가, 1982년 54%, 34%가 교체되었다(Derlien, 1988). 이렇게 전후 독일 고위공무원의 정치화 경향이 증가하고 있다. 정부관료제 기능이 정치화되었다는 설문에 대해 1970년에는 관료의 55%가 긍정적인 반응을 보였으나, 1987년에는 86.3%로 증가하였고, 고위관료보다는 중간관료가 더 높은 긍정을 보였다(Mayntz & Derlien, 1989: 387). 이러한 태도는 〈표 7-20〉의 관료의 정당가입의

표 7-20 독일 관료의 정당구성원

정 당	연도	차관(%)	국장(%)	과장(%)	과장이하(%)	총합(%)
기민당	1987	8 (61.5)	25 (47.2)	8 (17.8)	12 (37.5)	53 (37.1)
	1981	0 (0.0)	4 (8.9)	7 (10.0)	— —	11 (9.2)
	1972	0 (0.0)	6 (13.6)	11 (13.0)	— —	17 (12.5)
	1970	— —	4 (10.3)	5 (11.1)	3 (7.3)	12 (9.6)
사민당	1987	0 (0.0)	4 (7.5)	10 (22.2)	3 (9.4)	17 (11.9)
	1981	3 (60.0)	17 (37.8)	17 (24.3)	— —	37 (30.8)
	1972	3 (42.9)	11 (25.0)	12 (14.1)	— —	26 (19.1)
	1970	— —	11 (28.2)	5 (11.1)	5 (12.2)	21 (16.8)
자민당	1987	1 (7.7)	5 (9.4)	4 (8.9)	2 (6.3)	12 (8.4)
	1981	0 (0.0)	6 (13.3)	8 (11.4)	— —	14 (11.7)
	1972	3 (42.9)	1 (2.3)	3 (3.5)	— —	7 (5.1)
	1970	— —	0 (0.0)	1 (2.2)	1 (2.4)	2 (1.6)
비당원	1987	4 (30.8)	19 (35.8)	23 (51.1)	15 (46.9)	61 (42.7)
	1981	2 (40.0)	18 (40.0)	38 (54.3)	— —	58 (48.3)
	1972	1 (14.3)	26 (59.1)	59 (69.4)	— —	70 (51.5)
	1970	— —	24 (61.5)	34 (75.5)	32 (78.1)	90 (72.0)
총 계	1987	13	53	45	32	143
	1981	5	45	70	—	120
	1972	7	44	85	—	136
	1970	—	39	45	41	125

자료원: Mayntz & Derlien(1989: 388).

사실에 뒷받침된다. 1970년에는 관료엘리트(차관 제외)의 28%만이 정당원임을 밝혔으나, 1972년 48.5%, 1981년 51.7%, 1987년에는 57.3%로 그 비율이 증가하였다. 또한 고위직관료일수록 정당가입비율이 높은데, 앞의 관료제의 정치화경향과 종합해 볼 때, 정당가입률이 낮은 중간층 이하에서 더욱 관료제의 정치화 경향을 인지하고 있다는 사실을 알 수 있다.

그리고 정부구성의 지배정당의 변화에 따라 관료의 정당가입의 변화가 일치하고 있다. 1970년대와 1981년 사민당-자민당 연정기에 관료의 정당가입의 다수가 사민당, 자민당이었으나, 1987년 기민당-자민당 연정기에는 기민당에 주로 가입해 있다. 그리고 이러한 사실은 관료의 업무수행에 있어 불가피한 정치적 측면에 대한 긍정적인 평가를 보인다. 1987년 관료의 89.6%가 고위관료의 전문지식뿐만 아니라 정치적 기술의 중요함을 인정하였다. 이 때 사민당원 관료는 기민당원 관료보다 관료의 정치화에 상대적으로 더 긍정적인 태도를 갖는다. 사민당의 정책은 기본적으로 개혁적 성향이 강하므로 기존의 전통적인 중립적 관료상에 대해 비판적이기 때문이다.

그러나 이러한 관료제의 정치화경향(정당을 기준으로 한 정치관료의 임용 또는 해고)이 정치기능과 행정기능의 융합을 뜻하는 혼성형hybridization 정치인-관료관계를 가져오지는 않았다(Mayntz & Derlien, 1989). 정치인과 고위관료는 각자 독특한 경력유형을 여전히 가지고 있으며, 서로 독특한 업무를 수행하고 있다. 양자간 정향차이를 보면, 정치인은 권력지향적power-oriented이고, 고위관료는 정책지향적policy-oriented이다. 고위관료는 정책과정의 정치적 속성을 충분히 이해하고 있지만, 자신의 주된 역할을 정책개발에 두고 있다. 1987년 고위공무원과 정치인의 인지된 역할차이에 관한 설문에 대해, 거의 동일한 역할(2%), 상대적으로 유사한 역할(8.8%), 유사점과 차이점이 균형(23.1%), 상대적으로 다른 역할(38.1%), 근본적으로 다른 역할(27.9%)이라는 반응을 보였다. 관료들이 차이점으로 지적하는 것으로, "관료는 보다 전문적 지식을 갖고 있다"(45.9%)를 가장 우선으로 들고 있고, "정치인은 보다 국민에 책임적이다"(34.9%), "정치인이 관료보다 많은 권한을 가지고 있고, 관료의 활동을 지시한다"(21.9%)(Mayntz & Derlien, 1989: 395). 이렇게 보면 독일 관료-정치인 관계는 고전적 관료형의 성격을 가지고 있으나, 이 때 이 정부관료제를 정치인의 집행도구로 해석해서는 안 된다. 다만 관료가 정치경제적인 갈등과 제약조건하에서 성공적인 정책결정과 집행과정을 위해 정치세계와의 연계의 중요성을 인식한 것으로 이해할 수 있다. 그러나 기본적으로 독일관료와 정치인은 각자 독특한 경력개발 구조를 갖고 있다. Derlien(1988)의 지적처럼, 고위관료의 사회경제적 출신배경이 상류계급에서 탈피해 점차 중상전문가계급이 늘고 있으며, 법학전공의 경향이 점차 줄고 경제학과 자연과학전공이 늘고 있고, 정치관료가 고위관료에서 충원되는 비율이 감소하고 있는데, 이러한 관료의 사회경제적 배경, 교육, 경력구조의 다양성의 증가는 정치-관료의 경력구조의 융합보다는 분리에 기여한다.

제 5 절 정부관료제에 대한 통제 및 행정개혁

Ⅰ. 관료제에 대한 통제

제3제국의 나치정권에 대한 역사적인 유산과 제도적인 기억으로 말미암아 독일에서는 정부관료제에 대한 통제가 중요한 과제로 제기되어 왔다. 정부관료제를 통제하는 중요한 제도적인 장치로 의회, 이익집단, 내각, 사법부의 요소를 고려할 수 있다. 첫째, 독일의회는 정부관료제 통제에 효과적이지 못하다. 능동적으로 정부관료제를 통제하는 능동적active인 미국의회와는 달리 독일의회는 반응적reactive으로 정부관료제에 대응한다(Page, 1987). 이는 정책과정에 있어 집행부의 지배적인 위치를 뜻하는데, 실제 입법제안이 압도적으로 행정부에 의해 주도된다는 사실이 이를 뒷받침한다. 둘째, 전후 독일은 나치의 국가사회주의의 초국가Überstaat에 대한 반발로 저국가Unterstaat를 지향하면서 국가권위보다는 다원주의, 특히 이익집단에 대한 강조를 중요시하였다. 실제로 이익집단의 대표가 정부관료제에 채용되고, 의회에 영향력을 행사하고 있다. Dyson(1982)은 독일정책과정에서 이익집단의 역할을 강조하는데, 환경집단의 등장으로 핵정책이 연기되거나 변경되었는가 하면, 의료정책의 개혁이 이익집단의 반대로 좌절되었다. 또한 경제정책에 있어 정부는 자본과 노동에 크게 의존적이다. 이러한 협력적인 정책결정유형으로 정부관료제는 이익집단의 압력을 수용하게 됨으로써 자율성이 축소되는 결과를 낳는다. 셋째, 내각의 정부관료제 통제 또한 제한적이다. 기본법의 전문원칙Ressortprinzip에 따라 수상 및 내각의 각 부처장관에 대한 통제에는 제약이 있다. 독일내각의 결정은 대개 각 부처나 부처간 위원회에 이미 결정된 사항을 추인하는 역할을 한다(Mayntz, 1980). 넷째, 사법부의 정부관료제 통제에 있어 독일의 연방헌법재판소Bundesverfassungsgericht는 미국의 대법원에 비교될 만큼 정책과정에 영향력을 미치며, 행정부 견제에 중요한 역할을 담당한다(Johnson, 1982).

Ⅱ. 행정개혁

독일도 1980년대 이후의 공공부문에서의 행정개혁의 국제적 조류에 예외는 아니다. 특히 1980년대 이후 서구자본주의국가에서 실험되고 있는 보수주의 실험이 기민당의 Kohl수상에 의해 추진되었는데, 이 독일 행정개혁 운동은 행정의 근대화Modernisierung der öffentlichen Verwaltung로 요약된다. 그러나 독일은 영국의 Next Steps과 미국의 Reinventing Government와 같은 급격한 행정개혁보다는 상당히 점진적인 행정개혁 전략을 취하였다. 실제로 규제완화정책은 오래된 행정규제와 규칙을 폐기하는 선에서 그쳤고, 민영화정책추진에 있어서도 연방정부와 주정부간의 협조가 잘 안 되었으며, 연방우정국, 연방철도, 연방항공관제소 등 적은 수의 공기업이 전체적 혹은 부분적으로 민영화되었다. 물론 통일로 인해 동독경제의 자본주의로의 재구조화에 따른 민영화는 별도의 이야기이다.

독일에 있어 급격한 행정개혁이 이루어지지 못하는 이유는 사회국가Sozialstaat의 독일 기본법원칙에서 찾을 수 있다(Derlien, 1995: 72). 주요 정당간 및 이익집단간에 광범위하게 합의하고 있는 사회국가의 원칙은 재분배정책과 사회규제의 정부기능을 전제로 한다. 부분적인 행정개혁에 기여하는 다른 내생변수로서는 강한 법치국가의 전통과 이념형으로서의 베버리안 관료제에 기초한 규칙지향적인 행정문화를 들 수 있다. 그리고 외생변수로서는 독일의 연방제와 지방자치제도를 들 수 있다. 이러한 분권적 행정체제는 연방정부에 의한 총체적인 행정개혁의 시도보다는 지방정부차원에서 분절적이고 점증적인 행정개혁 실험의 기회를 제공해 왔다. 이에 따라 연방정부는 행정개혁의 주체가 되지 못하고 주로 지방정부수준에서 적극적으로 추진되어 확산되는 상향적 개혁bottom-up reform으로 이해될 수 있다.

1948년 이후 추진된 독일행정개혁의 흐름을 정리하면 다음과 같다(Klages & Löffler, 1995: 374-75). 제1기(1950～1960)에는 전후 서독의 성립에 따른 제도형성과 공공기능의 체계화가 주요 행정개혁의 의제였고, 정부부처의 기능분담과 인사체계에 대한 제도가 마련되었다. 제2기(1960년대 중반)에는 케인즈의 기획이념을 바탕으로 계획예산제도PPBS를 연방정부와 주정부에 도입하려는 작업을 추진하였다. 제3기(1960년대 중반 이후)에는 고용인에 대한 사회조사 연구에 힘입어 조직 내 비공식적인 경기규칙에 관심이 모아졌다. 여기서는 팀워크, 집단구조, 인적자원개발 및 학습에 관한 관리전략의 도입이 시도되었다. 제4기(1970년 이후)에는 정보기술의 행정 도입이 문제시되었다. 정보화는 행정부서의 자료처리능력의 증진을 가져왔으나, 이에 조응하는 조직개편이 없어 행정관리의 복잡성이 증가되었다. 제5기(1970년대 중반 이후)에는 행정의 민주화와 시민참여가 주요 정치의제로 등장하여 공개적인 의사결정과 시민참여의 가능성을 증진시키는 행정개혁노력이 있었다. 제6기(1980년대 중반 이후)에는 전지구적으로 유행한 경영관리기법의 행정에의 도입과 신관리주의 이념을 지방정부에서 수용하기 시작했고 보수주의 Kohl행정부에 의해 지속적으로 추진되었다. 제7기(1990년 독일통일 이후)에는 동독의 서독에로의 흡수통일에 따른 구동독 행정을 독일연방체제로 편입시키는 개혁과 국유재산에 대한 대대적인 민영화작업이 추진되었다. 이러한 독일행정개혁사를 개관해 볼 때 급진적인 개혁보다는 점진적인 전략을 취하고 있음을 알 수 있다.

여기서 독일 행정근대화 전략 추진에 있어 주목을 받고 있는 것이 한 지방정부 자문회사가 제안한 '신조정모형new steering model'이다(Klages & Löffler, 1995: 376-377). 신조정모형의 핵심은 효율성과 효과성을 증진하기 위해 각 정부부서에 재량권을 위임하여 자신들의 인력 및 재정관리체계를 개발하도록 유도하는 데 있다. 이를 위해 집행부는 분명한 목표를 갖고, 성과척도에 기초한 통제와 유인체제의 확보가 요구된다. 실제로 이러한 모형에 근거하여 지방정부에서 다양한 관리기법이 시도되었다. 한 예로서 Passau시의 경우 인적자원개발을 중시하는 인사행정, 행정서비스에 대한 시민의 여론을 중시하는 기업성 확보, 자원통제의 분권화를 시도하였다. 그 외에 신조정모형의 보다 중요한 요소인 결과 지향적인 예산, 상업적 부기의 도입, 행정산출물의 비용산출, 행정서비스품질평가, 기준척도개발, 민영화, 소비자지향성, 경쟁성 등은 비교적 미진하다. 이상의 독일식 행정개혁인 행정근대화의 주요한 논의를 정리하면 〈표 7-21〉과 같다.

1994년 11월 콜수상의 독일연립내각은 '미래지향적 통일 독일의 건설'이라는 합의서를 발표하였다. 합의서의 기본방침 중의 하나로 정부조직의 축소 및 재정의 적정화를 제시하였고, 이를 추진하는 중심체로 1995년 6월 정부감축심

표 7-21 최근 독일 행정근대화의 전략들

행정근대화의 기본적 틀	국가활동의 감축 대 국가활동의 근대화	근대화전략이 지배적
	공급자로서의 국가 대 조력자로서의 국가	공급자로서의 국가개념 유지와 조력자로서의 국가역할 부상
	공무원지위 유지 대 특수지위 박탈	헌법에 보장된 공무원의 지위유효, 그러나 점차 행정근대화의 장애로 인식
	중앙집권적 개혁지도 대 지방/영역별 개혁주도	전통적으로 독일행정구조는 구조적으로 개방적이어서 중앙집권적 개혁주도가 불가능
행정근대화의 기획수준	연역/모형적 접근 대 특별/실용적 접근	특정모형은 매우 영향력이 있으나 실무자는 자문가의 과학에 회의적
	전문가의 지원 대 자체 내부적 고안	혼재; 민간자문사의 유행과 동시에 재정긴축으로 자체적 고안 중시
	총체적 접근 대 점진적 접근	일정한 업무영역에 국한한 부분적 개혁으로 시작
행정근대화의 집행수준	구조의 개혁 대 문화의 개혁	구조의 근대화가 지배적
	조직내 분권화 대 독립기관 개념	혼재; 주정부에서의 내적 분권화와 지방정부의 독립기관화 시도
	탄력적 개혁 대 일시적 개혁	분절적 개혁이 지배적
	계층의 축소 대 계층기능의 재규정	계층의 기능 재규정
	시민지향성 대 고객지향성	실제 상황은 불확실하나 고객지향성에 관한 많은 화려한 수사
	고객/시민지향의 성과목표 대 내적 관리의 근대화 대 고객과 직접접촉	내적 관리의 근대화가 지배적

자료원: Klages & Löffler(1995: 378-9).

의회를 설치하였다(총무처 직무분석기획단, 1997: 705-730). 심의회 위원은 연방내무부장관에 의해 임명된 18명의 전문가로 구성되고, 사무국은 내무부 내에 설치되었다. 심의회는 지금까지 행정개혁에 관한 여러 가지의 개별시책들을 종합적으로 조정하고, 적극적으로 이를 실천하기 위한 독립기구이다. 1996년 10월 중간보고서에서 13개 분야의 포괄적인 개혁조치들 제시하였다. 중앙행정기관의 개편, 정부기능의 감축, 민간위탁, 민영화, 법령과 행정절차의 간소화, 연방-주-지방정부간의 관계 재정립, 행정의 현대화(계층적 결재단계의 축소, 삼출물 중심의 부서화, 질 중심의 조직평가), 계획과 승인절차의 간소화, 서비스전달조직의 개선, 정보기술의 활용, 예산제도의 개선을 제안하였고, 이 중 상당부분이 추진되고 있다.

2000년 이후 독일연방정부는 "근대국가-근대행정"의 행정개혁을 추진하고 있다. 연방정부는 행정의 효율성 제고, 지방정부의 협력자로서 연방정부, 비용효과적이고 투명한 행정의 제고, 공무원의 동기부여를 4대 개혁분야로 선정하였다(한국행정연구원, 2003). 또한, 2003년 지속적인 마이너스 경제성장에 따른 재정적자를 감축하기 위하여 슈뢰더Gerhard Schröder 수상은 "Agenda 2010" 개혁프로그램을 제안하였다. 개혁사업의 중점분야로 지방정부에 대한 투자계획, 노동시장의 유연성 제고, 실업보조금의 지급제한, 근로자 해고보호규정의 개정, 보건분야의 연대적 개혁을 선정하였다. 여기서 독일 정부개혁에서 노동 및 사회보험분양의 구조조정의 노력을 읽을 수 있다(행정연구원, 2003).

제 6 절 결론: 독일 통일과정에 있어서 정부관료제의 역할

이상에서 독일 정부관료제의 환경으로서 정치제도를 개관한 후 정부관료제의 조직, 인사, 예산 등 내적 성격을 검토하였다. 그리고 정책과정에 있어 정부관료제의 역할과 정부관료제의 통제 및 개혁에 대해 살펴보았다. 마지막으로, 서론에서 던진 질문인 이러한 정부관료제가 독일의 통일과정에서 어떠한 역할을 했는지를 검토하고자 한다.

독일통일의 단초는 Kohl수상을 중심으로 하는 수상실 내부집단inner circle의 정치적 판단에 의해 출발하였다. 그러나 1990년 기본적인 국가조약과 통일조약의 체결 후 이를 구체화 하는 데 있어서는 연방관료제의 전문성과 일상업무가 보다 중요시되었다. 즉 독일 통일과정의 관리는 정부관료제의 영역이었다. 통일과정에 있어 정부관료제의 역할은 먼저 통일조약을 기초하였고, 나아가 동독지역에 서독의 인사, 조직, 예산 등 행정제도를 이식시키는 데 중요한 역할을 담당하였다. 서독 행정제도의 동독에의 이식은 동독에 법치주의와 시장경제의 성공적인 사회경제적 변화를 가져오는 데 기초가 되었다. 그리고 정부관료제는 동독 사회주의하의 국영기업을 민영화하는 데 주도적인 역할을 수행하였다. 이를 보다 구체적으로 살펴보면 다음과 같다(Derlien, 1993).

첫째, 통일 전의 준비단계로 통일조약의 실무적 집행단계와 동독정부와의 협상과정에 있어서 서독의 정부관료제는 대다수 정치인으로부터 찬사를 받을 만큼 성공적으로 업무를 수행하였다. 1990년 2월 7일 관련부처장관으로 구성된 독일통일에 관한 특별내각위원회가 발족했을 때, Bonn의 연방관료제의 비상계획이 시작되었다. 통일과정의 구체적인 문제를 처리하는 6개의 과제집단이 구성되었고, Kohl수상의 신임을 받은 내무부장관 Schäuble의 조정과 리더십하에 각 부처는 총체적인 통일준비를 시작하였다. 통일절차에 있어서는 두 가지 불확실성이 대두되었다. 통일의 방식(통합헌법의 제정과 국민투표 방식, 흡수통합 방식)에 관한 것과 통일이행기에 동서독의 상이한 법체계를 조화시킬 수 있는 특별법의 제정여부에 관한 내용이 그것이다. 1990년 4월 Schäuble장관은 동독 국무장관 Krause를 Bonn에서 만나 토의안건에 대한 협의를 하고, 통일조약의 초안을 동독에서 마련하도록 했다. 1990년 5월 18일 1차 국가조약의 체결 후 10월 3일 통일조약 체결시까지 세 번에 걸친 협상을 통하여 이견의 조정·합의를 도출하였다. 이러한 통일준비과정에서 정치인과 관료제는 목표설정과 수단선택, 합의형성과 전문적 문제해결이라는 고전적 베버모형의 기능분업에 충실하였다.

둘째, 동독의 정부관료는 서독의 실적관료의 개념에 부합하지 않는 '정치화된 무능한 공무원단politicized incompetence of public functionaries'으로 간주하여 어떻게 이들을 전문성과 부패하지 않은 도덕성을 갖추면서 동시에 연방헌법에 충실한 공무원으로 전환시킬 것인가가 행정적으로 중요한 문제로 대두되었다. 동독공무원은 통일이 현실화되면서 신분안정에 위협을 느껴 서독공무원과 동일한 종신제 지위를 요구하였고, 이에 Bonn 연방관료제는 동독 Maiziere정부에 이를 거부하도록 압력을 가했는데, 동독 정부관료제의 과잉인력에 따른 재정부담이 주된 반대이유였다. 1990년 5월 18일 경제통합조약에 공무원의 상당한 감축조항을 담았고, 암묵적으로 서독 공무원법을 동독이 인정하였다. 특히 1990년 210명에 달하는 동독 비밀경찰요원Stasi을 어떻게 숙정하고, 재교육시키고, 서독체제에 통합시키냐 하는 것은 중요한 문제였다. 1990년 10월 연방정부는 210만 동독공무원 중 약 560,000명을 인수하였다. 나머지 인력은 주정부나 지방정부에 이전되거나, 여러 가지 이유로 통일 전에 공직을 떠났다. 1990년 10월 이후 6개월 이내에 17,865명이 연방정부에서 떠났는데, 이전 기관의 폐지로 8,559명, 인력수요부족으로 6,536명, 불충분한 자격으로 887명이 떠났다. 그러나 상당수 정치적으로 문제가 있는 인사도 불가피한 전문지식의 필요성 때문에 계속 공직에 잔존하고 있다. 다른 동유럽국가와는 달리, 통일 후 동독지역의 정치엘리트의 숙정으로 부족한 행정엘리트는 서독의 정부인력에서 지원되었다. 행정부 내 직위가 높을수록 서독으로부터의 수입이 높았으며, 실제 동독지역의 주행정부의 차관은 모두 서독출신이 차지하게 되었다. 서독공무원의 동독지역의 이직은 승진기회의 제공, 지원금 보조 등으로 장려되었다. 1991년 이래 약 10,000명의 서독관료가 동독으로 진출하였다.

셋째, 동독의 독일연방에의 흡수통합으로써 서독의 집행부기관이 이식되었다. 통일 전 동독은 14개의 행정구역으로 나뉜 단방제unitary system국가였는데, 이를 주로 구성되는 연방제국가로 재편하기 위해 이전의 주행정구역을 복원시켰다. 새롭게 복원된 5개의 새로운 주는 서독의 주보다 영토규모와 경제력 면에서 작아 주간 재정 재분배 문제가 제기되었다. 주정부관료제의 행정공백은 서독 자매주의 주정부제도를 복제하는 것으로 해결하였다. 지방정부단위에서도 동독지역은 서독보다 영세한 규모여서 7,500개의 지방자치체를 통합하였다. 이에 따라 군의 수가 감축이 되었고, 군행정인력의 감축도 불가피했다. 나아가 지방자치제의 복원을 위해 새로운 지방정부헌법을 제정하였다.

넷째, 동독지역의 국영기업의 대규모 민영화작업이 요구되었다. 이는 신탁관리청Treuhandanstalt의 관장하에 '국민재산의 사유화' 업무를 담당, 1994년 12월 31일 해체되기 전까지 계획경제의 시장경제로의 전환에 주요한 역할을 담당하였다. 신탁관리청은 동독으로 이전된 13,815개의 산하기업에서 합병·분할로 인해 해체된 1,461개 기업을 제외한 12,354개 대상기업 중에서 53%인 6,546개 기업은 사유화 하였고, 1,588개 기업은 구소유권자에게 반환하였으며, 3,178개 기업을 청산하였다. 따라서 1994년 12월 당시 사유화되지 않은 기업은 60여개뿐이어서, 상당히 성공적인 업무수행을 보였다(이봉기, 1995). 그러나 구동독기업의 계속되는 파산으로 사유화를 서둘러 대상기업을 지나치게 헐값에 매각했다는 비판과 동독의 실업을 조장했다는 비판을 받는다.

이상과 같이 급박한 통일과정에 있어 시간의 압박 때문에 동독지역의 정부관료제 재편은 대부분 서독모형을 복제하는 구조적 보수주의structural conservatism 결과를 낳았다. 이러한 서독모형의 이식이 동독지역의 상황에 따라 다양한 모습으로의 변형이 기대된다. 그러나 서독의 전문가에 의한 동독의 식민화의 인상을 지울 수 없다. 나아가서 이식된 정부관료제 기구의 성공적인 운영을 위해서는 제도에 대한 신뢰와 시민문화의 성숙이 요구되고 있다.

제 8 장

캐나다의 행정과 관료제*

제 1 절 서 론

Ⅰ. 행정환경: 경제, 사회, 문화, 역사적 환경

캐나다는 국호에서의 의미가 '진정한 북방의 강대하고 자유로운 나라'임을 나타낸다. 일반적으로 캐나다는 프랑스의 탐험가인 Jacques Cartier가 세인트 로렌스 만Gulf of St. Lawrence에 도착하여 처음 발견하였다고 알려졌으나, 사실은 영국의 항해가인 John Cabot이 37년 먼저인 1497년에 뉴펀들랜드Newfoundland를 발견하였다. 이후에 프랑스인들에 의하여 1608년에 퀘벡Quebec 시가 형성되고 1642년에는 몬트리올Montreal이 만들어졌으며, 이는 1663년에 신프랑스New France 라는 식민지가 되었다. 1717년에는 영국인들이 아카디아 지방에 정착하여 프랑스와 식민지를 놓고 전쟁을 치른 끝에 승리하여 1763년에는 신프랑스 지역을 제외한 캐나다 전역을 지배하게 되었다. 초기의 캐나다는 영국과 프랑스의 세력다툼의 장으로 혼란스러웠으나, 결국 영국인들이 승리를 거두었고 영국으로부터 이주민이 대거 유입되어 오늘날 캐나다의 초석이 되었다.

지리적으로 캐나다는 캐나다인의 방패the Canadian Shield, 애팔라치아 지대the

---

*김종호(경희대학교 정경대학 행정학과 교수)

Appalachian Region, 대산맥 지대the Cordilleran Region, 북극의 이뉴산 지대the Inuitian Region에 이르기까지 세계에서 두 번째로 큰 영토를 지니고 있으며 북아메리카 대륙의 약 40%를 차지하고 있다.[1] 이러한 거대한 국토와 험준한 산악지대를 가지고 있는 캐나다는 당연히 물리적 · 정신적 고립을 경험해 왔다. 오늘날에도 캐나다 정부는 이러한 고립화를 극복하기 위한 많은 노력을 기울이고 있다.

지리적 · 물리적 환경으로 말미암아 미국과 국경을 접한 캐나다 남부국경에 인구가 집중되어 있으며, 개국 초창기부터 정치 · 경제 · 사회 · 문화적으로 미국의 영향을 줄곧 받아왔다. 따라서 전체인구 중 도시인구비율이 약 75% 이상으로 매우 높으며, 인구밀도는 3.9명/km^2(2016년)[2]로 상당히 낮은 편이다. 캐나다의 인구는 1951년 이후 계속적으로 그 증가율이 둔화되고 있으며, 출생과 사망에 의한 자연증가율보다는 이민에 의한 인구증가의 비율이 점차 커지고 있는 추세이다. 특히 1980년대부터 급속히 증가하기 시작하여 1990년 이후부터는 인구의 자연증가보다 이민에 의한 인구증가수가 더 많아지고 있는 추세이다.[3]

캐나다는 경제적으로 매우 부유한 OECD국가 이며 G8 국가이기도 하다. 지난 20년간 캐나다의 경제정책은 수입축소, 정부부문 축소, 무역확대, 산업의

1) 캐나다의 국토면적은 9,984,670km^2로 러시아에 이어 중국보다 큰 세계 2위이며 전 세계 면적의 6.7%를 차지하고 있다(Demographic Yearbook, United Nations Statistics Division, 2017).

2) 캐나다의 총인구는 2018년 현재 36,814,768명이며 국토의 총면적은 9,984,670km^2(한반도의 45배)이다(https://namu.wik, Canada Yearbook 2017; CIA, The World Factbook, 2017).

3) 캐나다 인구변화 (단위: 천명)

연도	총인구 (천명)	인구증가율 (연평균)	출생	사망	자연증가	이민증가
1891	4,324.8					
1901	5,371.3	2.42	1,548	880	668	-130
1911	7,206.6	3.42	1,925	900	1,025	810
1921	8,787.9	2.19	2,340	1,070	1,270	311
1931	10,376.8	1.81	2,415	1,055	1,360	230
1941	11,506.7	1.09	2,294	1,072	1,222	-92
1951	14,009.4	2.17	3,186	1,214	1,972	169
1961	18,238.2	3.02	4,468	1,320	3,148	1,080
1971	21,962.0	2.04	4,105	1,497	2,608	722
1981	24,819.9	1.30	3,580	1,667	1,913	1,187
1991	28,037.4	1.30	3,805	1,831	1,974	1,365
2001	31,019.0	1.06	3,641	2,113	1,528	1,624
2008	33,311.4	0.74	1,682*	1,129*	553*	1,107*
2017	36,814.7					

*2001년부터 2008년까지

자료원: Canada Yearbook, 2017, Communications Division of Statistics. Canada.

국제경쟁력강화, 중소기업 강화, 행정규제의 완화에 중점을 두었다. 장기불황을 겪어왔던 경제는 1983년부터 회복세를 보이다가 실질 GDP가 1991년 약 -2% 성장으로 고전하다가 2000년에 들어와서 5% 이상의 성장을 보였다. 2003년 이후에도 약 3%의 연평균 성장을 기록하고 있다. 2009년 캐나다의 실업률은 6.9%를 보였으며, 2018년 3월 현재 5.8%로서 40여년 만에 최저를 기록하고 있다. 물가상승률은 2009년에 2.8%를 나타내었고 2017년 5월에는 1.3%로 BOC의 물가안정 목표치인 2%에 한참 못 미쳤는데 2018년에 들어와서 큰 폭으로 상승하여 3월 현재 2.3%에 이르렀다.[4)]

캐나다는 경제적 기반을 그들의 풍부한 천연자원을 통하여 일찍이 이룰 수 있었다.[5)] 특히 제2차 세계대전 이후 지하자원이 많이 개발되기 시작하였으나 많은 지하자원이 매장되어 있는 한대기후지역은 개발이 부진하였었다. 정부의 경제발전촉진을 위한 노력의 일환으로서 아연과 우라늄을 비롯한 다양한 지하자원의 개발이 활발히 추진되어 왔으며 천연가스, 오일샌드, 유연탄, 우라늄, 철광석, 니켈, 알루미늄 등 에너지 자원과 광물 자원이 풍부한 국가로써 2012년 기준 광업은 전체 GDP의 8.1%를 차지한다. 알버타Alberta 주를 중심으로 석유자원이 풍부하여 국가경제에 커다란 힘이 되고 있으며, 이 석유자원의 개발을 위하여 해외자금의 유입이 활발하여 일부 캐나다 국민들은 우려를 나타내기도 한다. 특히 미국으로부터의 자본유입은 1980년대부터 캐나다와 미국 간의 정치적 갈등을 야기시키고 있다. 캐나다는 사우디 아라비아에 이어 세계 2위의 오일샌드 보유국으로 캐나다 오일샌드 개발을 위한 생산 설비 시장 규모는 2025년까지 약 4,000억 달러에 이를 것으로 전망되고 있다. 한편, 오일샌드 매장량을 원유 매장량에 포함시키면 캐나다의 원유 매장량은 총 17,88억 배럴로 베네수엘라(3,500억 배럴), 사우디 아라비아(2,643억 배럴)에 이어 세계 3위이다.

천연지하자원은 캐나다 수출 총액의 1/4 이상을 차지하고 있다. 석유나 석탄과 같은 에너지 자원에 비해 비에너지 광물이 많은 비중을 차지하고 있었

4) www.worldbank.org; Canada Yearbook, 2009; Statistics Canada, 2018

5) 캐나다의 국민총생산(GDP)은 2018년 현재 1조 6,524억 달러로서 미국(19조 3,906억 달러), 중국(12조 146억 달러), 일본(4조 8,721억 달러), 영국(2조 6,245억 달러)이며 우리나라의 1조 5,380억 달러(11위)보다는 높은 국민총생산을 보이며 세계 10위이다(http://data.worldbank.org/indicator/NY.GDP.MKTP.CD).

으나, 1975년부터 에너지 원료의 가격상승 이후 석유 및 천연가스 등의 에너지 자원의 수출비중이 점차 증가하여 2008년에는 전체 천연자원 중 약 78%를 차지하고 전체 수출액의 약 20.5%를 차지하고 있다.

캐나다의 농업과 임업은 1950년대까지 국가경제에 크게 기여하였다. 오대호에서 로키산맥에 이르는 기름지고 평탄한 프레리Prairie 지역은 세계적인 곡창지대이다. 이곳을 중심으로 한 소맥농업은 세계시장의 대부분을 점하고 있다. 또한 이리호 Lake Erie를 중심으로 남부지역에는 담배와 과일이 많이 생산되며 양질의 버지니아 품종의 담배는 영국으로 많이 수출된다. 2012년 기준 농림수산업은 GDP의 1.5%를 차지하였고 산업별 고용비율에서 농업의 경우 1.8%로 나타났다. 농산물을 경작할 수 있는 경지면적이 약 7,000만ha에 달하며 이는 국민 1인당 평균 231ha로 환산이 가능하다. 특히, 사스카츄완 주와 알버타 주의 경지면적은 총 4,700만ha로 전체면적의 70%를 차지하고 있다(KOTRA, 2013). 캐나다는 국토는 넓지만 전 국토의 5%만이 작물재배가 가능하다. 하지만 국토의 1/3 이상이 세계적인 침엽수림으로 덮여 있어서 풍부한 임산자원을 가지고 있다. 북부 캐나다지역에 위치한 타이가Taiga 지역의 침엽수 자원은 여름철에 수로를 통하여 남부나 해안지역으로 수송된다. 캐나다의 목재생산량은 세계 최고의 수준이다. 2012년 기준 임업은 연간 캐나다 노동인구의 약 2.0%를 차지하고 있는데 광업을 제외한 부문은 0.3%를 차지하고 있다. 캐나다의 삼림면적은 347만km^2에 이르고 국토 총 면적의 40%를 차지해 러시아에 이어 세계에서 두 번째로 넓다. 풍부한 삼림자원 가운데 상업화하기 쉬운 목재 벌채에 적합한 삼림면적은 197만km^2로 전체 삼림면적의 3분의 2에 달한다. 전체 벌목 수에서 침엽수가 90%를 차지하고 있고 전 세계 임산지대의 약 10%를 보유하고 있다(KOTRA, 2013).

이 밖에 캐나다의 산업들 중에서 제조업은 국민총생산의 1/4을 차지하며 특히 내구재 생산 산업을 중심으로 성장하고 있다. 캐나다의 경제발전은 대부분의 선진국들과는 달리 수출입에 크게 의존하고 있다. 특히 교역은 미국에 크게 의존하고 있어서 미국의 경제동향은 캐나다 경제에 즉각적인 영향을 미친다. 1970년대 이후부터는 교역대상국을 다양화하여 유럽, 아시아 및 대양주와의 무역액수가 점차 증가하고 있지만 2018년의 전체 수입총액 4,748억 달러 중에 미국으로부터의 수입이 2,960억 달러로 약 62%로 여전히 절대적 비중을 차지하고 있다.[6] 캐나다 경제에서 특이한 부분은 외국자본의 유입인데 이로 인하여 이자소득과 배당소득 등의 감소를 경험하고 있다. 캐나다 상품생산액의 30% 이상이 미국자본으로 설립된 회사에 의하여 이루어지고 있어서 금융분야에서와 마찬가지로 미국에 대한 의존성이 심각한 문제로 대두되고 있다. 1965년부터 미국과 자동차부품에 대한 자유무역Automotive Product Trade Agreement으로 무역국경을 열기 시작했으며 1970년에는 에너지 자원과 투자에 대한 협약을 체결하였다.[7] 또한 캐나다는 미국, 멕시코와 함께 북미자유무역협정NAFTA: North

표 8-1 주요 산업별 국민총생산 (GDP)

구 분	2009	2010	2011	2012	2013. 2
- 산업별 총 GDP	1,452,604	1,513,514	1,545,387	1,558,107	1,568,582
- 농림수산업	23,423	24,291	25,081	24,251	24,316
- 광산개발업	106,288	124,210	126,895	125,650	129,075
- 유틸리티(공공재)	37,032	37,750	37,406	38,618	38,800
- 건축업	99,356	104,867	107,436	111,774	112,002
제조업	154,195	164,060	170,973	166,595	168,957
도매업	77,158	81,364	82,965	82,936	83,206
- 소매업	78,486	81,563	84,138	83,709	84,930
- 운수, 창고업	59,939	62,689	64,391	64,967	65,071
- 정보문화산업	49,446	50,696	50,978	51,708	51,880
- 금융보험업	96,411	99,756	99,846	103,598	103,741
부동산임대업	180,873	184,258	190,267	194,264	195,198
- 과학기술 및 전문서비스업	76,706	78,750	80,733	81,563	81,179
경영관리	11,561	12,092	11,902	12,233	12,215
- 행정지원 및 폐기물관리	38,277	39,447	39,753	40,352	40,140
- 교육업	80,294	82,110	82,303	84,962	85,495
의료, 사회복지	103,538	106,408	108,414	110,383	111,059
- 예술 및 레저 산업	11,729	11,698	11,631	10,834	11,642
- 숙박, 요식업	30,959	31,158	32,748	32,805	32,846
공공행정	30,403	31,189	31,628	31,941	32,227
- 기타	105,126	106,781	107,340	106,049	106,202

6) Statistics Canada, 2018-5-3.

7) Morck, Randall, Tian, Gloria & Yeung, Bernard(2005). "Who owns whom? Economic nationalism and family controlled pyramidal groups in Canada," In Lorraine Eden, Wendy Dobson, *Governance, multinationals, and growth*, Edward Elgar Publishing, p. 50

American Free Trade Agreement을 1993년 6월에 비준하여 3개국 간의 자유로운 무역을 가능하게 함으로써 세계경제의 블록화를 추진하였다.

전체적을 볼 때, 캐나다의 국민총생산은 지속적으로 증가하였고 주요 산업별 성장은 〈표 8-1〉과 같다.

Ⅱ. 정치 및 행정체제

캐나다의 민주적·제도적 기반은 행정부, 입법부, 사법부를 규정하는 성문 및 불문의 요소를 지닌 캐나다의 헌법이다. 1982년의 헌법the Constitution Act은 1867년의 영국령북미조례British North America Act[8]를 대체한 것은 아니지만, 이를 기본으로 권리 및 자유헌장뿐만 아니라 식민지시대에 생략되었던 포괄적인 절차들을 포함한다.[9]

캐나다의 정치 및 행정체제의 근간을 이루는 가장 커다란 변수는 입헌군주국으로서의 위치와 연방제도, 의회제도라고 할 수 있다. 캐나다는 기본적으로 영국이나 일본, 스웨덴과 같은 입헌군주국이다. 캐나다는 영국을 비롯한 영연방국가들과 함께 여왕을 공유하며 여왕은 총독Governor General이라는 대리자를 두고 있다. 여왕과 총독은 실질적인 정치권한보다는 상징적인 지위라고 할 수 있다.

연방주의란 개인에게 영향을 미치는 법을 만드는 헌법상의 권력을 가진 두 관할권이 존재하는 정부의 체제로서 정의된다.[10] 캐나다가 연방주의를 택할 수밖에 없는 데는 몇 가지 이유가 있다. 즉 영국 식민지들이 서로 연합을 추구하는 과정에서 연방의 원조들Fathers of Confederation이 연방주의를 수용하게 된 배경은 다음 세 가지로 정리될 수 있다. 첫째, 문화가 다른 주들과 구별되는 몇 개 주[11]의 정체성을 고수하면서 국가를 건립할 수 있는 방안으로서 연방주의의 채택이었다. 두 번째, 지리적 여건에도 연방주의가 가장 효율적인 제도

---

8) 1867년의 영국령북미조례(British North America Act)는 실제로 캐나다의 구 헌법으로 불렸으며 캐나다 정부의 체제는 이에 기반을 두고 있다. 이 조례는 각 주에 균등한 권한을 규정하였으나, 실제로는 오타와 주에 더 많은 권한을 부여한 제한적인 조례이다.

9) White, Wagenberg, and Nelson(1990) 참조.

10) *Ibid.* 참조.

11) 특히 캐나다 동부의 퀘벡(Quebec) 주는 여타 주들과 다른 문화권에 속하면서 다른 정치단위로 이해되어 왔다.

로 판단되었다. 캐나다는 세계에서 두 번째로 큰 국토를 가지고 있기 때문에 중앙정부만으로는 전체적인 통치가 어려웠다. 마지막으로 연방체제의 도입으로 기존의 식민지들[12]이 용이하게 동참할 수 있었다. 분권화차원에서 볼 때, 캐나다의 연방주의는 고도의 연방주의라고 할 수 있다(Rohr, 1997). 이는 정치문화가 유사한 미국의 지나친 분권화의 폐단을 피하면서 분권화하는 방안을 모색하고자 하는 캐나다정부의 진보된 연방주의라고 할 수 있다.

의회제도에서는 권력이 의회에서 선출된 내각에 집중되며, 내각은 의회에 책임을 진다. 내각은 통상 전체로 구성되거나 해산되기 때문에 집합체적 성격을 가진다. 따라서 의회제도에서는 의회에 정부정책을 제안하기 전에 내각 구성원들 사이에서 동의와 협조를 이끌어내기 위해 많은 노력이 필요하다. 즉, 내각은 관료제와 비교하여 매우 강력한 회의체이며 선출된 하원의 권력과 정당지도자들을 결합시키고 행정기관을 조정하는 것이 전형적인 역할이다.

의회제도에서는 의회 내에서 소수의석을 차지하고 있어도, 헌신적인 멤버십과 실제 권력을 행사하는 유권자를 확보하고 있으므로 강력하게 위임된 정당이 가능하다. 이 사실은 고도의 중앙집권화 지향 정책과 다기능적 정당의 발달을 촉진시킨다.

1993년의 캐나다선거는 캐나다 정치 및 행정체제에 매우 중요한 영향을 미치었다. 즉 과거 보수당과 자유당의 양당체제와는 달리 보수당, 자유당, 신민주당, 개혁당, 퀘벡연합의 5개 정당[13]들이 경합을 벌임에 따라 1구 1인 선출방식인 단순다수소선거구제를 실시하는 캐나다 정치체제에 많은 영향을 미치었다.

선거결과는 1984년 이래 정권을 잡아왔고 1988년 선거에서는 두 번째로 커다란 성공(169석과 43%의 득표율)을 거두었던 보수당이 1993년의 캐나다 연방선거에서 참패를 당해 16%의 득표율에 단 두 개의 의석만을 차지하였다. 즉 1991년에 퀘벡을 중심으로 사회민주적 성격으로 출범한 퀘벡연합과 개혁당은

12) 당시에 Manitoba주, British Columbia주, Prince Edward주, Newfoundland주들은 서부캐나다에 새로운 주를 창설할 수 있었다.

13) 보수당(Conservative Party of Canada)은 1854년에 설립되고 자유당(Liberal Party of Canada)은 1867년에 설립된 역사를 가진 정당이다. 신민주당(New Democratic Party)은 1961년에 창설되었다. 또한 비교적 새로운 정당으로서 퀘벡연합(Bloc Québécois)은 1991년에 설립되어 퀘벡 주의 주권확립과 사회적 민주주의를 표방하는 정당이며 개혁당은 1987년에 창설되어 현재는 다른 정당으로 통합되었다(http://en.wikipedia.org/wiki/Canadian_Alliance) Reform Party(2000~2003).

예상외의 성과를 거두었고, 자유당이 41%의 득표율을 가지고 179석이라는 안정된 다수를 차지한 결과를 가져왔다. 이러한 선거결과는 선거운동의 상황적 변화와 연방제라는 제도적인 상황으로 야기된 지역간의 선거결과의 차이로 설명될 수 있다. 또한 새로운 사회세력의 정치적 승인과 국가업무를 전통적인 방식으로 수행하던 관행의 변화를 의미한다고 할 수 있다. 즉 캐나다 연방은 열 개의 주와 두 개의 준주로 나누어져 있고, 이 이면에는 퀘벡과 퀘벡 이외의 나머지 지역이라는 두 개의 민족공동체들이 존재하며, 선거결과는 이를 극명하게 보여주었다(Cairns, 1994).

이 선거는 캐나다 헌법의 불확실성이 계속된다는 상황적 배경을 그대로 나타내주고 있으며, 넓은 의미에서 생활방식을 둘러싼 문화적 갈등이, 1982년에 「권리와 자유에 관한 장전」이 채택된 이후, 정당을 바탕으로 한 정치에서 나타났음을 의미한다. 캐나다인이 폐기하려는 정당체제는, 대공황시기와 그 이후의 2차대전이 끝난 이후에 형성된 것이다. 2차대전 전후의 시기는 복지국가의 형성, 제국주의적 통치로부터의 점진적 이탈, 중계정치를 통해 그리고 법과 헌법상의 개혁을 통해 프랑스계와 영국계의 이중성을 조정함으로써 캐나다의 일체감을 형성하려는 노력으로 점철되었다.

1993년 선거의 결과인 변형된 정당체계와 같은 반작용은 부분적인 것이지 총체적인 것은 아니다. 퀘벡연합의 등장은 퀘벡 민족주의자들을 만족시킬 정도로 연방주의를 수정할 능력이 없다는 데 대한 반응이었다. 또한 개혁당의 등장은 부분적으로는, 주의 평등과 국민들의 평등이라는 원칙들로부터 탈출하겠다고 위협하는 퀘벡 주에게 대응하려는 시도에서 나온 반응이었으며, 평등한 주와 평등한 국민이라는 원칙은 개혁당이 헌법을 바라보는 중심적 인식이었다(LaSelva, 1996; Cairns, 1994). 이러한 도전의 밑바탕에 깔려 있는 가장 근본적인 캐나다 정치체제의 문제점은 연방정부의 계속되는 적자와 부채 증가에 대한 반발로서 설명되어질 수 있다.

이에 2000년에는 정부의 사회정책에 대한 무모한 예산 증액과 세금 감면을 기치로 한 개혁당Regorm Party이 결성이 되어 의회에 진출하였다. 개혁당은 2003년에는 진보보수당Progressive Conservative Party과 합당을 하여 우익세력의 통합을 주도하며 캐나다연합당Canada Alliance과 합당을 이루어 보수당으로 다시 태어나게 되었다.14)

여당인 자유당의 당수인 Martin 수상은 자유당의 정치자금 스캔달 위기를 극복하기 위해 일찍 총선거를 실시하였다. 하지만 1993년 이후 이루어진 우익 연합인 보수당의 승리로 정권을 잡게 되었다. 이후 2006년부터 2015년까지 보수당의 당수인 Harper가 수상을 맡아 왔다. 보수당은 2008년 선거에서 37.6%의 상승세 지지율로 정권을 획득하였다.15)

캐나다 서부중심의 집권보수당은 최근의 정치쟁점으로 부각하고 있는 이슈들에 대하여 낙태 반대, 동성 혼인 반대, 국방예산 증대, 이라크전 반대자 추방 등의 입장을 취하고 있다.16)

2015년 11월에 자유당의 Justin Trudeau가 45세의 젊은 수상으로 선출되어 2018년 현재까지 집권을 하고 있다. 경제적으로는 취임 후 5년 동안 적자를 내서라도 돈을 많이 써서 경제를 부양하겠다는 정책을 발표했다. Harper의 지도 아래 셰일 가스로 위시되는 에너지 산업에 치중했던 캐나다의 경제 구조를 바꾸는 것이 최종 목표인 듯 했고, 또한 중산층에게 부과하던 세금을 줄이고, 1% 부유층에게 세금을 더 거두겠다고 밝혔다.

다문화주의를 중요시하여 우주비행사에서 버스운전사, 장애인, 시크교도, 아프가니스탄 출신 난민 등 캐나다 역사상 가장 다양한 출신성분을 가진 내각을 구성했다. 게다가 국방부 장관이 인도계이며 시크교 신자여서 취임식 당일에는 여러 장관들이 성경, 꾸란, 캐나다 원주민 샤머니즘 용품을 사용해서 선서를 하는 등 다채로운 모습도 보여줬다.

제 2 절 정부관료제의 외부환경

Ⅰ. 정부구조

많은 민주주의 국가에서 정부의 형태로 입법 · 사법 · 행정부의 삼권분립체

14) http://en.wikipedia.org/wiki/Canadian_Alliance

15) http://en.wikipedia.org/wiki/Conservative_Party_of_Canada

16) "Canada's Evangelical movement: political awakening". CBC News. 2005-06-13. http://www.cbc.ca/news/background/evangelical/Smith, Joanna (2008-06-03). "MPs vote to give asylum to U.S. military deserters". The Toronto Star.

제를 수용하고 있으며 세 권력은 별개의 기관으로부터 나온다. 그러나 1867년 헌법에 의해서 캐나다와 같은 입헌군주국Constitutional Monarchy에서는 이 세 권력이 공식적으로 왕권Crown이라는 한 곳에서부터 나온다.17) 캐나다의 헌법상의 국가수반은 여왕이다. 여왕의 대리자인 총독은 여왕을 대리하여 연방장관들을 감독하지만 거의 형식적인 역할을 하고 있다.

캐나다의 정부는 민주주의를 채택한 입헌군주국으로서 입법, 사법, 행정의 삼권은 분립되어 있다. 입법부로서 의회House of Parliament는 하원House of Commons과 상원Senate의 양원제를 채택하고 있다. 하원에는 산하에 회계·감사 등을 담당하는 조직들이 있다. 사법부의 경우 각 주의 법원은 독립적으로 존재하며 연방정부에는 대법원Supreme Court of Canada과 연방정부법원Federal Court of Canada으로 구성되어 있다. 행정부의 구성은 수상Prime Minister이 내각을 구성한다. 수상은 일반적으로 다수당의 지도자가 되며 수상의 추천에 의하여 총독Governor General은 각 부의 장관을 임명한다. 내각에 따라서는 아무 부처도 담당하지 않는 장관이 임명될 수도 있다. 수상을 중심으로 이들 장관들은 내각을 구성하여 정부의 정책을 결정한다.

수상은 국정의 운영을 위하여 내각을 구성하는 책임을 진다. 이제까지의 관행을 보면 내각은 각 주에서 선출된 원로 하원의원들 가운데 최소한 1인을 포함하며 여성, 인종, 노동계 등을 대표하는 인물들로 구성된다. 또한 다수당 내부에서 다양한 정견을 가진 소집단을 대표할 수 있는 의원들을 각료로 임명하게 된다. 내각의 규모는 일정하지 않고 수상에 따라 달라지지만 27개의 성과 청의 장관들로 구성된다. 1984년 Mulroney내각에서는 캐나다 사상 가장 규모가 큰 39명의 장관이 임명되기도 하였으며 Harper내각은 2006년 28명의 장관으로 시작하여 이후 35명의 장관으로 내각을 구성하였으며 2015년 Trudeau 총리는 새 내각을 30명의 장관으로 역대 가장 다양한 출신과 남녀 동수로 구성하였다. 이렇게 많은 각료들 중에서 원로 및 고참장관들로 소규모의 내부집단이 형성되며 이것이 정책의 우선순위 결정 등에 있어서 큰 영향력을 행사한다. 이러한 내부집단은 그간 비공식적으로 존재해 왔으나 1968년 이후 집권한 Trudeau정권에 와서 공식화되어 우선순위 및 기획수립위원회Priorities and Planning

17) Department of Canadian Heritage(February 2009), Canadian Heritage Portfolio(2ed.), Ottawa: Queen's Printer for Canada, p. 3.

그림 8-1 캐나다 정부구조

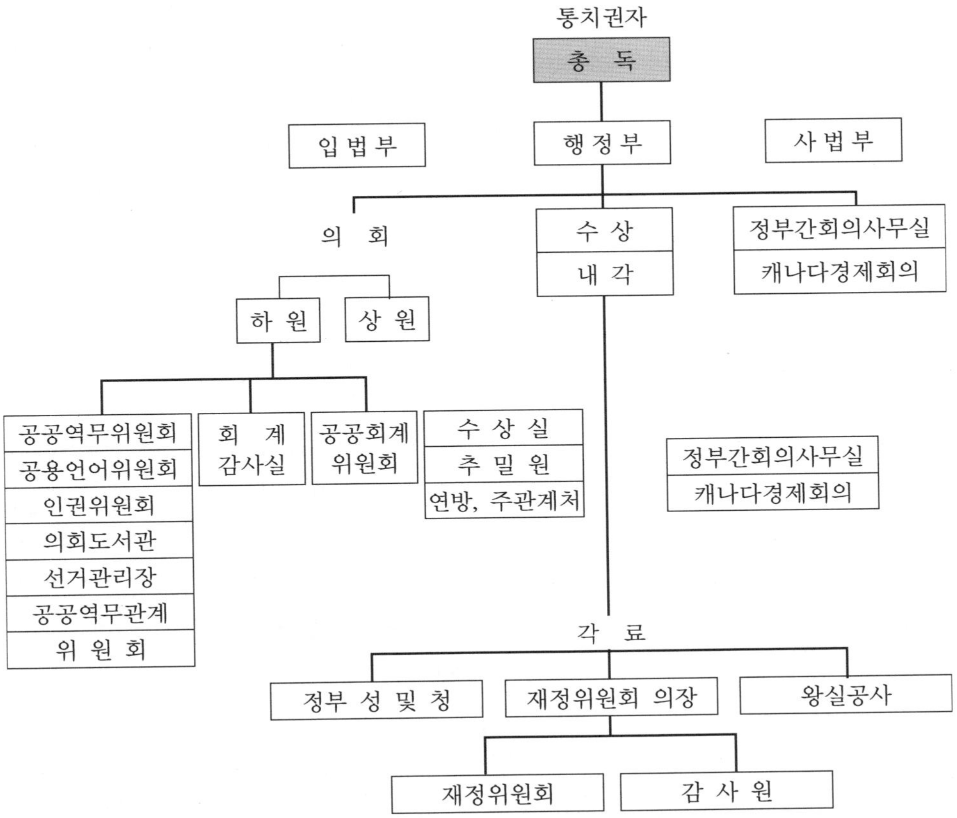

자료원: Office of the Auditor General of Canada(1984); White, Wagenberg, and Nelson(1990)에서 재인용.

Committee가 조직되었다. Mulroney정권에 와서는 이 위원회가 더욱 강화되어 정책에 대한 최종결정권을 가진 내밀 내각Inner-Cabinet으로 인정되었다. 2008년에 Harper내각은 위원장 본인을 포함하여 13명의 위원으로 구성되었다. 이 위원회는 주로 재무, 외무, 법무, 에너지 등과 같은 핵심 성·청의 장관으로 구성된다. 이러한 조직은 각 주와 권역에도 연방정부와 같이 구성되어 있다.

내각은 법률을 집행하고 행정부의 권위를 행사하기 위하여 하원에 집단적인 책임을 질 뿐만 아니라, 입법 제안에 있어서도 핵심적인 역할을 하고 있다. 장관들은 기본적으로 선출된 정치인들이기 때문에 일상적인 행정 및 정책의 집행에 있어서 차관과 고위직업관료에 크게 의존하고 있다. 캐나다와 같은 내각제도하에서 고위공무원의 전문성이 특히 강조되는 이유는 여기에 있다. 내각의 의사결정을 보좌하기 위한 공식적인 조직들이 위원회의 형태로 존재하고 있다. 이 위원회는 전문성을 내세워 다양한 정책결정의 보좌역할을 한다. 위원회의 규모 역시 수상에 따라 변할 수 있으며 Mulroney정권에서는 6개의 상설위원회Standing Committee와 4개의 협조위원회Co-ordinating Committee가 있었으며 Harper 내각은 4개의 내각위원회[18]를 가지고 있다. 이들 위원회는 관련 행정기관의 협조를 얻어 정책을 개발하는 임무를 맡고 있다.

Ⅱ. 행정수반

캐나다의 행정수반은 내각을 이끄는 수상이다. 수상은 하원의 다수당의 지지를 받는 정치지도자가 일반적으로 맡으며 상징적이기는 하지만 역시 총독에 의하여 임명된다. 총독은 행정부뿐만이 아닌 정부의 수반이라고 명시되어 있으나, 관행상 총독은 내각의 결정에 추종해 왔으며 매우 상징적이고도 형식적인 역할을 담당하고 있다. 2018년 현재 다수당인 자유당의 당수인 Justin Trudeau가 2015년부터 23대 수상을 맡고 있다.

캐나다 최초의 헌법에는 언급이 없었으나 수상은 내각의 수반, 즉 행정수반이며 각료들을 임면할 수 있는 권한이 있다. 내각제의 특성이면서 특히 캐나다의 수상은 매우 광범위한 재량권을 가지고 강력하게 내각을 장악할 수 있다. 행정수반으로서 수상에게는 많은 의사결정권이 주어진다. 이러한 결정권에는 하원해산 권고권, 각료임명권, 부총독·상원의원·법관 및 기타 고위공무원의 임명권이 포함된다. 또한 수상은 다양한 정책들을 조정하는 역할을 가지고 있다. 따라서 수상에게는 정치적 역량과 행정력이 필수적으로 요구된다. 정책의 조정자와 정책결정자로서 수상의 역량은 정당지도자로서의 위상에 바탕을 두고 있다.[19]

수상의 개인적인 역량이나 성향에 따라서 국가통치 방식이 약간은 차이가

18) 4개의 내각위원회는 Cabinet Committee on Economic Growth and Long-term Prosperity, Cabinet Committee on Foreign Affairs and Security, Cabinet Committee on Environment and Energy Security, Cabinet Committee on Afghanistan이다(http://en.wikipedia.org/wiki/Cabinet_committee).

19) White, Wagenberg, & Nelson(1990) 참조.

그림 8-2 캐나다의 내각위원회 구성

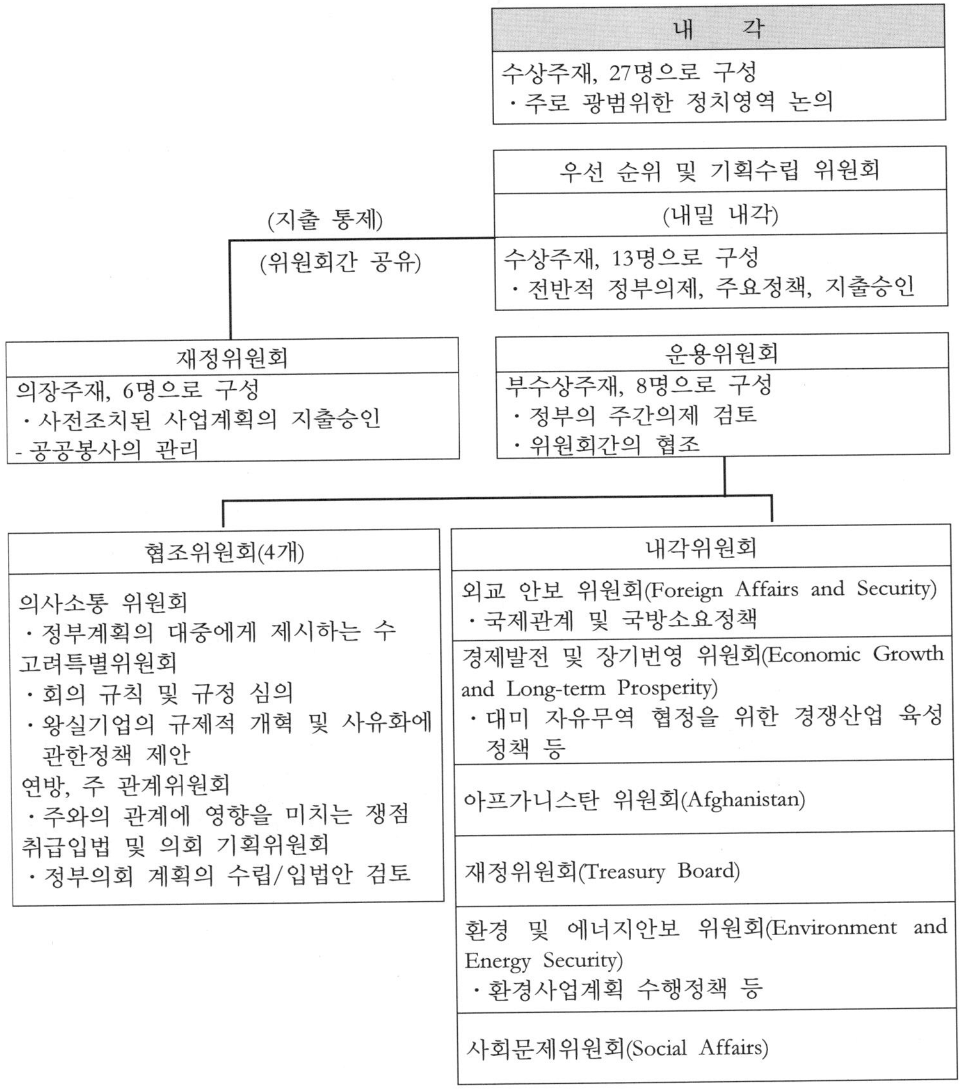

자료원: White, Wagenberg, and Nelson(1990). http://en.wikipedia.org/wiki/Cabinet_committe_2008

있지만 정당의 득표율 등에 의하여 수상은 자신의 통치방식대로 운영할 수 있도록 참모진을 조직할 수 있다. Trudeau정권(1968~1984)과 Mulroney정권(1984~

1992)하에서는 수상직권이 크게 확대되었으며 Chretien 정권에서도 이는 유지되었다. 주요 비서들과 함께 수상직위를 더욱 강화시킬 참모장Chief of Staff격인 실질적인 직위를 새롭게 도입하였기 때문이다. 또한 수상을 보좌하는 참모진으로 100명 이상을 보강하여 매우 강력한 수상권을 확립하였다. 이들 참모진은 수상에게 정책이슈의 제공 및 정치적 자문 등과 같은 상당히 개인적인 역할을 수행하기도 하였다. 두 정권에 의한 수상권의 강화작업에 대해서는 내각과 하원을 희생하여 수상에 권력을 집중시킨다는 비판이 야기되기도 하였다.

수상은 수상실Prime Minister's Office, 추밀원Privy Council Office, 연방-주 관계처Federal-Provincial Relations 및 정부간 회의 사무처Intergovernmental Conference Secretariat와 캐나다 경제회의Economic Council of Canada의 조직들을 직접 관장하고 있다.

추밀원은 수상이 전체적으로 담당하지 못하는 행정기능의 조정역할을 한다. 추밀원의 또 다른 역할은 정보를 사전에 마련하여 내각의 의사결정을 보좌하는 기능을 한다. 즉 추밀원은 여러 내각위원회에서 논의된 정책에 관련된 정보를 내각에 제공하여 정책의제의 유통 및 의사록작성을 도와주는 기능을 한다. 추밀원의 또 한 가지 역할은 내각에서 결정된 정책을 담당 부처에 전달하여 집행이 효율적으로 이루어질 수 있도록 전달하는 것이다. 따라서 추밀원 내부의 공무원들은 그들의 활동양식이 주로 수상의 지시에 의존하므로 이들의 지위는 개인적 권한의 또 다른 표현 수단이다.[20] 추밀원은 추밀원 고문Privy Councillors과 일반공무원으로 구성된다. 추밀원 고문은 내각의 장관들이 종신직으로 유임하게 되며 내각의 각료를 떠나면 행정권이 전혀 없어진다. 따라서 비각료인 추밀원 고문은 명예직으로 볼 수 있다.

또한 추밀원의 하부조직으로서 내각Cabinet은 의회의 보직을 가진 장관들Misnisters of the Crown로 구성된다.

Ⅲ. 의 회

캐나다 의회는, 원내다수당이 내각을 구성하여 행정권을 장악하고 그 내각이 의회를 지배하여 정당·의회·내각이 연대적 성격을 갖는 의원내각제를 채택하고 있다. 따라서 하나의 다수당과 내각과는 정치적으로 동질적 성격을

20) *Ibid.* 참조.

가지고 있다.

캐나다 의회의 구성은 총독에 의하여 대행되는 여왕과 상원the Senate 그리고 하원the House of Commons으로 되어 있다. 여왕을 대신한 총독은 의회소집, 휴회, 의회해산권을 가지고 있고 의회를 통과한 모든 법률을 공식적으로 승인하는 권한을 가지고 있으나 실제로 이러한 권한은 형식적인 것에 불과하다. 따라서 캐나다 의회에서의 총독의 이러한 권한은 수상이 행사하고 총독은 자문적 역할을 담당하고 있다.

상원과 하원간의 관계는 재정관계법률이 상원에서 제안될 수 없다는 것을 제외하고는 헌법상 동등하다.

1. 상 원

상원the Senate은 105명의 의원으로 구성되어 있다. 상원의원은 30세 이상인 자이고 일정수준 이상의 재산을 소유한 자에 한하여 수상이 추천하며 총독이 각 주의 인구를 고려하여 임명한다.[21] 상원의원의 임기는 과거에는 종신제였으나 1965년 6월 2일 이후에 임명된 자부터 75세까지로 하고 있다. 상원은 인구가 적은 각 주와 소수민족을 보호하는 장치로서 뿐만 아니라 하원에 의하여 성급히 또는 그릇되게 이루어진 입법에 대하여 다시 한번 재고할 수 있는 역할을 한다. 그러므로 하원과 같은 법률통과 절차가 상원에서도 이루어지며 이는 헌법에 보장되어 있다. 상원은 하원에서 통과된 법률안에 대하여 상원에서 수정 의결할 수도 있다. 그러나 상원은 하원에 우위적 심의권이 있는 국가의 지출과 조세에 관한 법률안에 대하여 그 증액을 내용으로 하는 수정의결은 할 수 없다.

상원에서는 어떠한 문제에 대해서도 이의를 제기할 수 있으며 이 경우 상원은 전문가의 도움을 받을 수 있는 해당 상임위원회에 회부하든가 또는 특별위원회를 구성하여 심도 있게 심의한다. 상원의장은 총독이 임명하며 토의에 참석할 수 없고 가부동수인 경우에 한하여 투표권을 행사하는 결정권을 갖는다. 상원의원의 많은 수는 연방 또는 각 주에서 장관 또는 의원을 역임한 자들이거나 아니면 사업가·학계·법조계 등에서 많은 경륜을 쌓은 자들이다.

21) Franco(2006: 3-42). 2015년 현재 자유당이 33석을 차지하고 있다.

2. 하 원

하원the House of Commons은 2015년 기준 각 주의 인구비례에 의하여 선출된 338명의 의원으로 구성되어 있으며 그 임기는 5년으로 정해져 있으나 실제로는 거의 4년에 한 번 의회가 새로 구성된다.22)

어떤 정당이 하원의원 338석 중 과반수를 차지하여 정부를 형성하게 되면, 당수는 수상이 되고 30여 하원의원은 장관으로 임명된다.23) 또한 집권당에서 상원의원, 판사, 검사 등을 임명하게 된다. 따라서 캐나다의 하원은 그 어느 나라보다도 정부 내에서 커다란 권력을 갖고 있다.

하원의 소집은 총독이 여왕의 이름으로 이루어지나 20명 이상의 의원의 요구로도 의회개최가 가능하다. 회기는 9월 1일부터 다음해 6월 30일까지로 휴회기간을 제외하고는 수시로 의회가 개의되고 있다. 매 회기에 있어 25일간은 자유스럽게 어떠한 문제에 관하여도 토의를 할 수 있으며 그 중 5일간은 내각의 신임에 관한 동의를 발의할 수 있다. 하원의원은 개인 이름으로 법률안을 제안할 수 있으나 법률안 제안건수와 통과수가 정부가 제안하는 법률안에 비하여 현저히 미약하다.

3. 위원회 제도

위원회의 종류는 상임위원회Standing Committees, 특별위원회Special Committees, 합동위원회Joint Committees, 법제위원회Legislative Committees, 전원위원회Committee of Whole House가 있다.

먼저 하원에는 20개의 상임위원회가 있으며 그 수는 바뀔 수도 있다. 일반적으로 상임위원회는 16~18명의 하원의원으로 구성된다. 상임위원회의 종류는 다음과 같은 유형으로 분류될 수 있다.

첫째, 의회내부사항을 소관으로 하는 위원회가 있는데 이는 의원들의 이

22) 캐나다의 수상은 선출된 하원의원들로 내각을 구성하며 수상은 당의 정치적 상황에 따라서 선거를 요청할 수 있다. 즉, 자기 정당에 가장 유리하다고 판단되는 시기에 선거를 실시하도록 요청하는 권한행사가 가능하다. 이러한 선거는 최근의 선거를 치른 후 4년 이내에 실시되어야 한다(White, Wagenberg, and Nelson, 1990). 따라서 한 정권이 주어진 기간을 집권하려면 어려움을 당할 가능성이 있기 때문에 선거는 통상 공식임기가 만료되기 전에 실시된다.

23) 2015년 기준 자유당이 184석으로 다수당이며 그 다음으로 보수당 99석, 퀘벡당 10석, 신민주당 44으로 이루어졌다(http://en.wikipedia.org/wiki/Canadian_House_of_Commons).

해관계와 관련된 의회 내부적 사항을 처리하기 위한 위원회들이다. 이러한 유형의 위원회로는 관리 및 의원봉임위원회, 선거·특권 및 의사관계위원회, 일반의원업무위원회가 있다.

두 번째로 행정부의 각 부처에 대응한 위원회가 있다. 이들 위원회는 행정부의 각 부처 업무를 소관으로 하며 각 부처는 하나의 상임위원회에 속하게 되어 있다. 이러한 위원회는 소관행정부처의 권한에 속해 있는 사항에 관하여 국정조사를 할 수 있다.

세 번째 유형으로는 광범위한 정부업무를 다루는 위원회가 있는데 행정부처의 개별적인 소관사무에 직접 관련되지 않는 광범위한 정부업무를 소관으로 하는 위원회로서 결산위원회 등이 있다.

네 번째, 특수한 사안을 다루는 위원회는 특정한 공적인 이해관계를 가지고 있는 사안에 관하여 이를 심의하고 조사할 수 있는 위원회로서 인권·장애자위원회가 이에 속한다.

의사규칙에 규정된 상임위원회는 다양한 권한을 갖고 의사활동을 추진한다. 가장 중심적인 권한은 하원에 의하여 회부된 안건이나 구체적으로 위임된 사항의 심사를 하는 것이다. 두 번째 권한으로는 수시로 하원에 보고하는 일이며 증인을 부르고 관계서류와 기록을 작성·유지하는 권한을 가지고 있다. 또한 위원회의 권한을 소위원회에 위임하는 일도 위원회의 권한에 속한다. 원활하고 효과적인 위원회의 운영을 위하여 전문적이고 기술적인 자격을 가진 위원회 스탭을 고용하는 권한도 부여받고 있다.

상임위원회의 위원장은 위원회에서 선출된다. 위원장과 부위원장이 그 직무를 대행할 수 없을 경우는 위원장이 사임하지 않는 경우에 한하여 임시위원장을 선출하고 있다. 위원장은 회의의 질서유지, 문서의 보관, 질문의 순서 등 의사진행을 맡음으로써 위원회의 사회자와 대표자로서 역할을 담당하고 있다.

특별위원회는 특정한 사건을 처리하기 위한 특별한 목적을 가지고 하원의 의결로써 설치된다. 특별위원회는 위원회 설치목적과 그 권한, 위원수 및 존속기간 등을 명시하여 설치되며 위원들은 같은 시기에 또는 얼마간의 시차를 두고 공식적으로 임명된다. 특별위원회의 존속기간은 당위원회가 최종의 보고서를 작성할 때까지이며 회기의 종료에 의하여도 해산된다.

합동위원회는 하원과 상원의 소속위원수에 비례하여 구성된다. 합동위원회 설치제안은 각 원에서 제안되며 합동위원회 구성을 최초로 제안한 원은 다른 원에 대하여 합동하여 위원회를 설치할 것을 요구하게 된다. 합동위원회는 일반적으로 행정적인 사항이나 조사사항을 취급한다.

법제위원회의 구성은 각 정당소속 위원 수에 비례하여 정당별로 위원이 배정된다. 전위원수는 30명 이내이나 대개의 경우 여당 5명, 야당 3명으로 구성된다. 위원의 교체는 정당간사에 의하여 작성된 임명순위표에 따라서 신속히 이루어진다.

4. 의회의 입법과정

의회의 입법과정은 영국의회의 입법과정상의 제 특성과 유사한 점이 많다. 이는 캐나다 의회가 영국의회의 전통을 그대로 받아들였기 때문이다. 법안

그림 8-3 법안의 통과과정

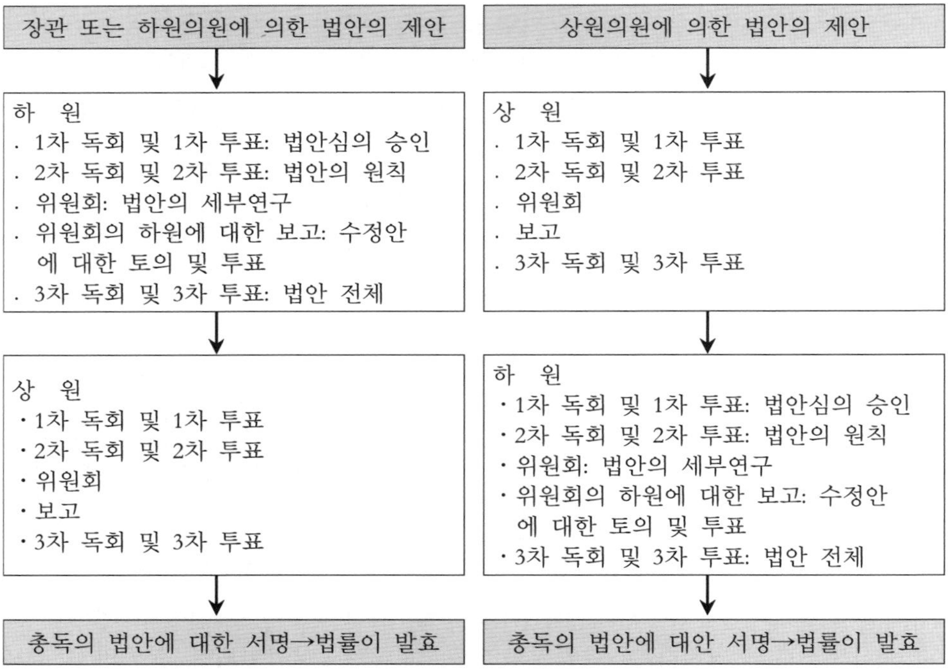

자료원: The Department of Secretary of State of Canada, The Canadian Citizen; White, Wagenberg, and Nelson(1990)에서 재인용.

이 제안되어 법률로서 성립되어지는 일련의 입법과정을 의회의 입장에서 보면 다음과 같은 단계로 설명되어질 수 있다: 제안단계(법안의 소개), 제1독회, 제2독회, 위원회심사 보고, 제3독회, 상원의 심사, 상하원의 의견조정, 승인 및 공포([그림 8-3] 참조).

법률안이 법률로서 성립되기 위해서는 하원과 상원에 있어서 위와 같은 단계를 거쳐 동일한 형태로 의결되어야 한다. 하원이 지출과 조세와 관련된 법률안에 대하여 우선적인 심의권을 가진 것을 제외하고는 어느 법안이든 양원 중 하나의 원에 의하여 제안될 수 있지만 일반적으로 하원에서 법률안이 먼저 제안되어 심의되는 것이 관례로 되어 있다.

Ⅳ. 정당과 이익집단

캐나다인들 가운데 공공정책에 영향을 미치기 위해 정당정치에 참여하는 사람은 많지 않으며 단지 극소수만이 정당정치에서 적극적인 역할을 수행하고 있다. 이처럼 대부분의 캐나다 국민들이 정부의 의사결정을 소극적인 강도로 수용하고 있는 이유는 캐나다가 복수문화를 가진 연방국으로 이루어져 있으며, 일부 캐나다인들에게 지대한 영향을 끼치는 공공정책결정이 다른 캐나다인들에게는 무의미하거나 무관하기 때문이다.

정당은 정치적 이념실현과 정권획득을 목적으로 존재한다. 캐나다의 정당들은 그간 많은 변화를 경험해 왔으며 이념의 추구보다는 실리를 강조하는 방향으로 전환되고 있다.[24] 다원적 사회인 캐나다에서 국민들의 지지를 확보하기 위하여서는 이러한 변화가 필수적이었다. 정당의 변화양상을 보면, 과거의 국가연합당Confederation, 자유당Liberals, 진보적 보수당Progressive Conservatives의 삼당체제에서 자유당, 보수당의 양당체제로 바뀌었고, 1993년의 선거에서는 신민주당New Democratic Parties을 중심으로 군소정당들이 새롭게 탄생하여 정치세력을 넓혀 가고 있다. 뿐만 아니라 특정 쟁점에 초점을 맞추어 활동하는 골격정당cadre parties들도 출현하였다.[25]

---

24) White, Wagenberg, & Nelson (1990) 참조.

25) 골격정당으로는 Animal Alliance Environment Voters Party of Canada (founded in 2005), Canadian Action Party (founded in 1997-populist, Canadian nationalist, anti-globalization), First Peoples National Party of Canada (founded in 2005-Aboriginal rights advocacy), Green Party of Canada

2010년 현재 의회를 구성하고 있는 정당들로는 퀘벡연합, 보수당, 자유당과 신민주당이 있다. 앞서 설명했듯이 퀘벡연합은 1991년에 생겼으며 자유당(1867)과 보수당(1961)은 오랜 역사를 가진 정당이다. 보수당 역시 실제로는 오랜 역사를 가지고 있지만 공식적으로는 2003년에 생긴 비교적 신생정당으로 예전의 보수당과는 성격이 약간 달라진 캐나다 연합Canadian Alliance,[26] 진보보수당the Progressive Conservative Party of Canada과 같은 몇 개의 정당과 연합을 거쳐 재탄생을 하게 되었다. 2006년 이후 보수당 당수인 Stephen Harper가 수상을 맡았었고 Justin Trudeau가 2015년부터 2018년 현재까지 수상직에 있다.[27]

일부 군소 및 지역정당을 제외하고는 캐나다의 정당은 거의가 연방주의 캐나다정부의 형태와 마찬가지로 연방형태의 전국적인 대규모 조직을 갖추고 있다. 그러나 일부 상위계층을 위주로 조직·운영되는 캐나다의 정당은 일반국민들로부터 강한 비판을 받아왔고 때문에 국민 대부분은 정당에 대해 미온적이거나 무관심한 태도를 보인다.[28]

대다수 캐나다인들은 정당정치에 적극적으로 참여하기보다는 오히려 특정 이익 집단의 구성원으로 참여하여 정부에 영향을 미치려는 상대적으로 소극적인 방법을 택한다. 이익집단은 특정한 이해관계나 이슈를 공유하는 사람들로 구성되며 소속구성원들의 공통목표를 추구한다. 이렇게 공통적으로 지니는 목표는 다양한 요소에 기반을 두고 있는데 인구적 요소(연령, 성별, 민족성, 종교), 사회경제적 요소(직업, 소득수준), 기타 쉽게 범주화되기 힘든 향군집단, 인권집단, 동물에 대한 잔악행위 금지단체, 낙태 및 매춘반대집단 등과 같이 세 가지 유형으로 분류된다.

경제적 영역은 국민의 생존에 결정적인 영향을 미치는 탓에 이익집단이 형성·활동하는 주요 기반이 된다. 경제적 활동영역에 기반을 둔 이익집단에는 몇 가지 범주가 존재한다.

(founded 1983), Marijuana Party of Canada (founded in 2000), Rhinoceros Party (founded in 2006-Joke party), People's Political Power of Canada (founded in 2006-feminist, centrist, populist), 등이 생겨났다(Engelmann & Schwantz, 1975; http://en.wikipedia.org/wiki/List_of_federal_political_parties_in_Canada).

26) 1987년에 설립된 개혁당(Reform Party)이 2000년에 캐나다 연합으로 전환하였다. 이는 캐나다 서부의 이익을 대변하는 사회적 보수경향의 정당이었다.

27) http://en.wikipedia.org/wiki/Conservative_Party_of_Canada

28) *Ibid.* 참조.

즉 제조업, 공업, 금융업, 상업, 농업 그리고 전문직업의 사회단체가 있으며 노동조합이 있다. 이러한 이익집단들은 일반적으로 하부단체를 가지고 있다. 예를 들면 주요 산업별 협회가 캐나다 제조업조합을 뒷받침하며, 다른 한편으로 지방 상공회의소는 중소기업의 이익을 대변한다. 또한 캐나다 독립기업연합은 전국중소기업공동체를 위한 대변자로 발전하여 왔다.

대부분의 사례에 있어서 이들 세 가지 유형의 이익집단들이 공동목표를 추구하고 있는 이유는 캐나다 사회를 위해 무엇이 나쁘고 무엇이 좋은가에 대한 개념을 공유하고 있었기 때문이다. 그러나 일부 이익집단에게만 유익하고 나머지에게는 결정적인 영향을 미칠 공공정책이 토의되는 경우 이들 이익단체들은 바람직한 정책결정을 방해하는 역기능을 하기도 한다.

그러나 캐나다 정부에 대한 조직적 압력이 오로지 경제적인 이익집단으로부터 비롯되는 것은 아니다. 예를 들면 캐나다의 다양한 종교적인 분파들도 전통적으로 정부에 압력을 가하는 이익집단들이다. 이 밖에도 다양한 이익집단들이 검역, 민권, 형사개혁, 정신건강, 오락 등 정부의 정책활동에 관계되는 영역에서 영향력을 행사하고 있으며 때로는 연합을 통하여 그들의 영향력을 극대화시키기도 한다. 1980년대 이후부터 다수의 이익집단들이 낙태와 사형에 대한 문제에 공동으로 활발하게 관여하였던 것이 그 한 예이다. 2015년 당선된 Trudeau 수상은 중산층을 대변하고 대마초를 입법화하고 헌신적인 환경론자로서 다양한 사회문제를 적극적으로 대응하였다. 이들 여러 가지 사회적 쟁점은 계속하여 이익집단의 역할을 더욱 활성화시킬 것으로 전망되고 있다.

대부분의 주요 이익단체는 캐나다의 연방구조 내에서 지방, 주, 연방정부에 걸쳐서 영향을 미치기 위해 그 자체의 조직이 연방체제를 갖추는 경향이 있다. 이로 말미암아 연방수도인 오타와에 많은 이익단체의 중앙본부와 여러 주의 수도에 지회를 설치하는 등 고도로 조직화되어 있다. 이들 이익단체는 정책의 입안 및 결정에 영향력을 가진 관료, 각료 및 의회에 밀접한 유대관계를 유지하며 이들을 통해 정책에 영향력을 행사한다. 한 걸음 더 나아가서 이들은 왕실위원회에 정책대안을 제시하거나 의회위원회에 정보를 공급하는 역할을 수행하기도 한다.

이익단체의 효과성을 높이기 위해서 모든 이익집단은 구성원의 높은 관심을 유지하기 위한 계속적인 노력이 필요하다. 이는 정기적인 간행물이나 소식지를 발송함으로써 정보의 전파에 의해 성취될 수 있는 것이며 이 분야에서 일어나고 있는 일들을 구성원 및 일반국민에게 제보하여 관심과 협조를 구한다. 구성원들의 활동에 추가하여 정부에 직접적으로 영향을 미치기 위한 노력을 하고 내부적인 충성심을 유지함에 있어서 이익집단은 그들 동기의 정당성에 대하여 대중을 확신시키도록 하려면 상당한 노력을 소비하게 된다.

전형적으로 이익집단은 스스로를 위한 훌륭한 일은 국가를 위해서도 훌륭한 일이 된다는 관점을 강조하려고 노력한다. 그러므로 이익집단은 공동사회에 있어서 그들 이미지에 대하여 대단히 자기의식 과잉적이라고 하겠으며 좋은 대중관계를 함양하기 위하여 혼신의 노력을 다하고 있다. 예를 들면 1970년대와 1980년대에 공해와 관련되는 대중적 관심이 고양되었을 때 에너지의 가용성과 비용에 관한 논쟁이 관심을 모으고 있었다. 이 때 많은 캐나다의 대형 석유회사들은 스스로를 공익을 제고시키기 위해 노력하는 공공정신이 충일한 공공단체로서 부각시키고자 광고방향을 전환시켰다. 또한 2000년대 중반이후 이익단체로서 동성애자 연합이 결성되면서 보수당 정권도 이의 결성은 인정하게 되었고 2015년 자유당 정권은 동성혼은 허용 노력을 하고 있다.

V. 국 민

국민은 정책결정에 지대한 영향을 미치는 동시에 정부관료제의 거시적 외부환경으로서 매우 중요한 역할을 한다. 캐나다의 행정환경을 이해하기 위하여 가장 중요한 것 중에 하나는 앞서 설명되었듯이 상이한 두 개의 문화집단이 한 나라에 존재하고 있다는 사실이다. 따라서 다른 국가들과는 달리 캐나다의 인구적인 환경은 정책과정에서 매우 중요하게 고려되어야 할 요소이다.

캐나다 인구변화의 특징은 두 가지로 나타난다.

첫째, 65세 이상의 노령인구의 증가[29]이며 두 번째로는 자연출생률의 감소로 인한 학령기 아동의 감소이다. 이러한 특징은 연금, 보건, 복지 및 교육행정분야에 있어서 많은 변화를 요구하며 지대한 영향을 미치고 있다. 사회보장제도가 잘 되어 있기로 유명한 캐나다에서 1985년 Mulroney정권이 노년연금

29) World Almanac Books(2016). 캐나다의 65세 이상 노령인구비율은 16.1%로 이미 노령사회로 진입하여 26%의 일본에 이어 노령화 국가가 되었다(Canada Census, 2015).

을 위한 인플레이션보호를 제한하려던 시도가 포기되었던 경험은 캐나다의 인구유형변화와 정치와의 밀접한 관계를 잘 나타내는 예이다.

캐나다의 행정환경으로서 인종과 언어 또한 매우 중요하다. 캐나다는 프랑스계와 영국계의 두 이질민족에 의하여 지배되어 왔으며 1995년에는 프랑스권의 퀘벡 주의 연방정부로부터의 독립을 위한 투표로까지 이어졌다.30) 1969년 캐나다의 연방헌법에서 처음으로 영어와 프랑스어가 공용어로 지정되어 이중언어 국가가 되었다. 그러나 2016년 인구조사(〈표 8-2〉 참조)에 의하면 실제로 영어사용인구가 수적으로 월등하고 프랑스계는 주로 퀘벡 주에 국한되어 전체국민의 약 21%에 불과하다.31) 따라서 이러한 언어적 요인은 캐나다를 두 개의 이질적인 문화집단으로 분리시키고 있다. 즉, 한쪽은 영어를 사용하는 앵글로색슨Anglo-Saxon과 기타의 인종집단이고, 다른 한쪽은 프랑스어를 사용하는 배타적인 프랑스계 인종집단이다. 이러한 이중언어 사용집단에 대한 정치적 배려는 연방정부 각료의 임명을 포함하여 캐나다 행정 및 정치에 지대한 영향을 미치고 있다. 더구나 이민인구의 유입으로 2016년 기준으로 지난 10년간 기타 언어사용 인구가 2배 이상 급증하고 있어서 이 점 역시 캐나다 사회에 지대한 영향을 미치고 있다.

양대 인종 외에도 캐나다는 1980년 이후 이민정책의 문호를 개방하여 다양한 소수민족과 캐나다 토착민들도 무시할 수 없는 정치세력이다. 특히 토론토Toronto와 같은 남동부의 대도시에서는 1980년에 와서 인종공동체가 그들이 추천하여 정당후보자로 선발하고, 하원의원으로 선출하도록 제도화하기 시작했음은 주목할 만한 일이다.32) 매년 세계 각국에서 300만 명이 캐나다에 이민신청을 하고 있으며 1992년에는 그 가운데 25만 명을 수용하였고 2001년부터 2006년까지는 1,446,080명의 이민인구가 유입되었다.33) 이러한 이민자들은 대부분 유색인종이며 향후 이들의 인구비율이 급속히 증가하여, 정치·행정을 비롯한 사회 각 분야에 커다란 영향을 미칠 것으로 예측된다. 더욱이 유색인

30) 1995년 10월 퀘벡 주의 분리독립을 위한 투표가 실시되었다. 이 주민투표에는 총 4백75만여명이 참여하여 투표 전 여론조사의 우세에도 불구하고 반대 50.6%와 찬성 49.4%로 부결되었다.

31) 2016년 조사에서는 캐나다 전체인구에서 영국계는 약 56%를 차지하지만 퀘벡 주의 인구구성은 영국계가 7.5%, 프랑스계가 전체의 77.1%를 차지하고 있다. 이는 퀘벡 주에 국한해서는 프랑스계의 인구가 1991년에 비하여 더욱 증가하여 갈등요인을 더욱 심화시키기도 하였다.

32) White, Wagenberg, and Nelson(1990) 참조.

33) http://en.wikipedia.org/wiki/Population_of_Canada_by_year

《표 8-2》 사용언어에 따른 캐나다 인구 구성(2016년)

지역 \ 인구	총 인구	영어사용인구		불어사용인구		기 타	
		인구(명)	비율(%)	인구(명)	비율(%)	인구(명)	비율(%)
Newfoundland	515,680	499,705	96.9	2,355	0.5	11,920	2.3
Prince Ed. Is.	141,020	128,005	90.8	4,865	3.4	7,160	5.1
Nova Scotia	912,295	830,220	91.0	29,465	3.2	44,550	4.9
New Brunswick	736,280	472,725	64.2	231,110	31.4	23,150	3.1
Quebec	8,066,560	601,155	7.5	6,219.665	77.1	1,060,830	13.2
Ontario	13,312,870	8,902,320	66.9	490,720	3.7	3,553,925	26.7
Manitoba	1,261,620	900,610	71.4	40,525	3.2	288,985	22.9
Saskatchewan	1,083,235	892,620	82.4	15,095	1.4	156,960	14.5
Alberta	4,026,650	2,991,480	74.3	72,155	1.8	870,945	21.6
British Columbia	4,598,415	3,170,110	68.9	57,425	1.2	1,267,465	27.6
Yucon	35,560	29,110	81.9	1,570	4.4	4,210	11.8
NW Territories	41,380	31,765	76.8	1,170	2.8	7,625	18.4
Nunavut	35,380	11,020	31.1	595	1.7	23,345	66.0
Canada	34,767,255	19,460,855	56.0	7,166,705	20.6	7,321,060	21.1

자료원: Canada Census 2006.
https://www12.statcan.gc.ca/census-recensement/2016/dp-pd/hlt-fst/lang/Table.cfm?Lang=E&T=11&Geo=00

종 이민들은 고등교육을 받았으며 대도시 집중현상으로 소득수준도 전국평균보다 높은 상태에서 캐나다 정치 및 행정에 매우 중요한 변수로 부각되고 있다(Toronto Star, 1992. 5. 30).

인구의 일부지역에의 편중과 여러 인종의 혼재, 각 주들 간의 산업 경제적 격차, 미국과 인접하여 국가경제의 대미국 의존도가 높아가고 있는 경제여건은 권력분산을 지향하는 연방제도와 영국식Westminster-style 의회제도가 혼재되어 있는 정치적 상황 등이 복합적으로 작용함에 따라 1960년대부터 캐나다국민의 불만은 싹트기 시작했다. 1960년대 중반 이후 1991년까지 연방정부 및 정치에 대한 캐나다 국민들의 태도에 관한 설문조사의 결과를 보면 몇 가지 중요한 변화를 엿볼 수 있다(Clarke & Kornberg, 1993; Thorburn, 1991).

첫 번째 시사점은 과거 25년 동안 국민들은 연방정당들에 대하여 매우 미온적인 태도를 보였으며 정당에 대한 일체감은 매우 약하고 불안정하였다는 것이다. 두 번째, 캐나다 국민들은 1960년대 중반 이후 정치인 또는 정당에 대하여 매우 부정적인 시각을 가지고 있었으며 이는 지속적으로 증대되어 왔다. 특히 양대 주요정당인 자유당과 보수당에 대한 지지도는 1980년대 후반에서부터 뚜렷하게 감소하였다. 세 번째로 이러한 경향들은 1991년에 더욱 확실해져서 정당에 대한 애정, 정당일체감의 강도 등이 최하를 기록하였다. 이는 캐나다의 정당체계가 쇠퇴기에 돌입했다기보다는 캐나다 국민의 연방정부 및 정당에 대한 실망과 환멸이 오랜 역사를 가졌다고 보아야 한다(Clarke & Kornberg, 1993).

신뢰하지 못하는 기존의 연방정당에 대해 캐나다 국민들이 경종을 울린 사건이 바로 1993년의 선거이다. 앞서 설명하였듯이 기존정당의 패배와 새로운 군소 개혁정당의 등장이 바로 이것이다.

결론적으로 캐나다의 국민들은 과거 오랫동안 연방정당에 많은 실망을 하여 그들을 통한 정치참여에는 흥미를 잃었으며, 이해관계를 공유하는 사람들의 집합체인 이익집단에 대한 관심이 더욱 높아지고 있다. 하지만 캐나다는 다른 나라들과는 상이한 매우 복잡한 국내상황이 너무나도 오랫동안 해결되지 않은 상태로 산재하여 왔으므로 정치참여를 통한 적극적인 문제해결보다는 면역성을 가지고 정치에 큰 관심을 갖지 않는 소극적인 방법을 택한 것 같이 보인다(Thorburn, 1991). 즉 이러한 정치에 대한 캐나다 국민의 불신과 실망은 공통목표 달성을 위한 이익집단 참여와 소극적인 정치참여인 선거를 통한 새로운 정당들의 탄생을 가져왔다.[34)]

제 3 절 정부관료제의 내부적 특성

Ⅰ. 정부관료제의 공식적 구조

1867년 영국이 캐나다의 자치령을 인정할 당시의 캐나다 관료제는 야경국가의 관료제를 갖추고 있었다. 이는 행정의 영역이 공공질서의 외관유지와 최소한의 몇몇 영역에서의 행정수행이 캐나다 정부의 최선이었기 때문이다. 이러한 상황은 정치 · 사회 · 경제적 환경의 변화에 따른 정부의 역할 재정립과

34) 1993년의 캐나다 총선에서 기존의 자유당, 보수당의 양당체제에서 새로운 군소정당들이 생겨났다.

더불어 점차 바뀌기 시작하였다.[35] 이에 따라 철도는 규제되었고 노동의 입법화가 시행되었으며 시장활동과 순수식품 및 의약품의 표준이 설정·강화되었고, 공동체 속에서 이해관계의 대립과 갈등에 의해 야기되는 다양한 상황으로부터 시민을 보호하기 위한 정책이 채택되었다. 이는 곧 국민의 의식이 국가의 행정영역의 확대를 유도한 것이며 더 많은 종류의 행정서비스에 대한 수요가 요구된 것이다. 그 후 정부에게 전반적인 경제를 주도하는 장치를 요구했던 집단주의 시대는 제1차 세계대전의 발발에 의해 막을 내렸다. 즉, 전쟁의 수요는 국가의 제도적 장치에 너무도 심각하게 가중되어 당파의 정치적 유익을 위한 연방관료제의 시행이 대중이나 정치인들에게 다같이 더 이상 받아들여지지 않게 되었다. 결과적으로 보면 1930년대의 불황과 제1차 세계대전 및 1940년대의 불황과 제1차 세계대전 및 1940년대 후기의 재건은 1950년대와 1960년대에 있어서 계속적으로 발전된 사회복지국가의 골격을 이룩했다라고 볼 수 있다. 국가가 경제적 안정 및 모든 캐나다인에 대한 기본적인 복지조치의 준비와 더불어 완전고용유지에 책임을 떠맡았던 것은 1950년대와 1960년대의 기간이었다. 정부는 역시 재정 및 금융정책에 의해 그리고 자체의 지도력에 의해 경제를 규제할 수 있다는 것을 깨달았으며 국가에 의존하는 국민의 요구에 영향을 미치게 되었다.

2006년대를 기하여 군대를 포함한 약 46만 명이 연방정부를 위하여 일을 하고 있는데 이들 중 단지 일부만이 비상근자이며 대부분이 계약에 의한 상근자이다. 이들은 재무위원회의 직접 책임 하에 성departments, 청agency, 위원회commissions 및 기타 공공기관 등을 포함한 200여 정부기관의 고용자 약 26만3천 명으로 편성되어 있으며 나머지는 각 기관에 여러 가지 방식으로 연방정부의 책임 하에 공공업무에 종사하고 있다. 여기에서 공무원의 수는 인구증가 등에 다른 자연적 증가이며 정부기업 등 종사자의 수가 급증한 것은 그 동안 행정개혁을 통한 민영화의 영향으로 볼 수 있다([그림 8-4] 참조). 이러한 조직구조는 재정적 행정법Financial Administration Act에 규정되어 있다. 이러한 연방공무원 중 대부분이 정책, 운영, 일반행정 분야에 종사하고 있으며, 과학자 및 전문가들이 15%, 기술직이 10%, 간부들이 2.5%로 구성되어 있다. 또한 이들 중 42%가 오타와

35) 정부의 역할 재정립에는 주로 여러 방면의 무질서를 통제하기 위하여 시민생활에 국가가 더 깊이 개입하는 규제적인 활동이 포함된다.

그림 8-4 연방정부 고용자 비율 및 인원수

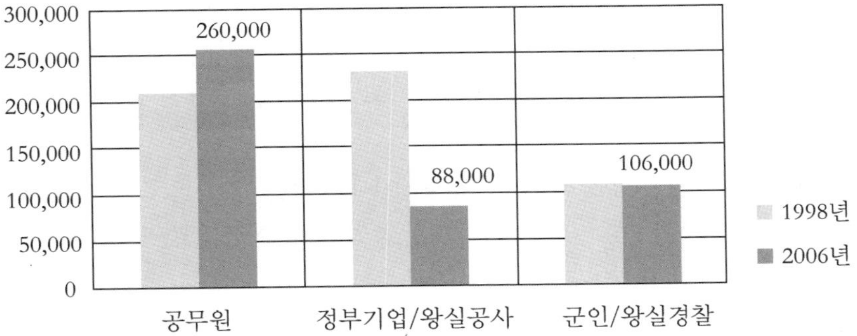

자료원: The Department of Secretary of State of Canada, The Canadian Citizen; White, Wagenberg, and Nelson(1990)에서 재인용. Civil Service of Canada. 1923. p. 46. 2007-07-20; http://www.psc-cfp.gc.ca/research/timeline/psc_timeline_e.htm; Sixteenth Annual Report to the Prime Minister on the Public Service of Canada.

Ottawa를 중심으로 한 수도권 지역에 위치하고 있으며 특히 간부들 중의 약 72%가 역시 수도권 지역에 편중되어 있다.[36] 이처럼 다양한 형태로 국가와 더불어 일하는 국민은 국가공동체의 상당한 부분을 구성하고 있다. 주정부 및 지방자치정부의 고용자들은 노동력 증대의 중요한 구성요소가 되어 왔으며 이제는 수적인 면에서 연방정부를 능가하고 있다. 약 16만 명의 캐나다 공무원들은 노동조합과 같은 캐나다연방공무원노조연합Public Service Alliance of Canada를 1966년에 구성하여 단체협약 등을 하였다.

캐나다 내각의 각료는 의회의 구성원으로서의 책임과 정부의 최고집행기관으로서의 책임을 동시에 지고 있다. 그러나 행정부의 책임자로서의 내각의 역할과 기능이 보다 중요하므로 이러한 부분을 강조하여 설명한다.

각각의 정부 내 실무담당 성·청에는, 이들의 모든 행동과 신뢰성 있는 정책에 책임을 지는 장관이 있다. 또한 각각의 장관은 의회에 대해 자기 산하의 모든 관료들과 운영에 대한 책임을 지고 있으며, 각 장관들은 그들의 정당에 대한 제반 환경변화에 대해 민감하게 대응하고 있다. 장관은 그들이 속한 정당이 의회에서 패배하거나, 다음 선거에 패배하지 않아야만 신분이 보장된다.

캐나다의 내각은 전통적으로 수상이 각 지역과 윤리적인 문제, 언어적인

36) Canada's Public Service in the 21st Century (discussion paper)". Public Policy Forum. April 2007. p. 7.

문제, 종교적인 문제를 고려하여 구성원을 임명한다. 내각의 구성에 있어서 수상은 정치적인 고려에 책임을 져야 한다. 2008년 현재 캐나다는 35개의 연방 정부성이 있으며, 이보다 4배 이상 되는 실행기관이 있다. 이러한 행정단위의 다양성은 내각의 통제의 범위를 확장시키고 있으며, 내각은 정치적으로 또는 헌법적으로 책임을 지고 있다.

캐나다의 각 성·청은 업무수행 및 기대목적을 기준으로 편성된다. 사실상 대부분의 연방정부 성·청은 이 같은 방법으로 조직되고 당면한 목표에 적합하도록 조직이 바뀐다. 그러므로 직무수행에 필요하다고 생각되는 기술을 지닌 참모들이 적합한 성·청에 보직된다. 그러나 전적으로 상이한 조직기반은 정책대상자를 바탕으로 구성된다. 즉, 향군·어민·농민 그리고 토착민은 각 성·청에 의해서 행정서비스를 받는 집단들이며 이들의 행정서비스 욕구를 충족시켜 주는 부처들이 설치되어져 있다. 또한 각 성·청은 지리적 기반에 근거하여 설치될 수도 있다. 즉, 특정지역에 있어서 동일한 성·청이 여러 가지 다른 행정서비스를 제공하는 경우이다. 따라서 성·청의 구성기준에는 다양한 원칙이 적용된다. 즉, 특정기능에 기반을 둔 어떤 성·청은 인구 또는 지리적 요인이 고려되어 구성될 수 있으며, 법제국 같은 부서는 한 구성단위로서 부처 전체에 봉사할 수 있는 것이다. 물론 한 성·청이 형성되는 원칙은 사회나 공공정책수요의 변화에 따라 계속적으로 변화될 수도 있다.

캐나다정부는 주기적으로 그들의 행정능률성을 증진시키기 위해 각 성·청과 각 공공기관의 구조를 분석하는 연구를 하고 있다. 예를 들면 Glassco위원회는 어떻게 하면 행정이 공공책임성과 능률성이란 양대 목표를 더 잘 성취할 수 있을 것인가에 관하여 '성·청과 각 기관에게는 필요한 권위가 부여되어야 하고 더 강력한 계약권·지출승인권 특히 공무원에 대한 선발·분류·훈련·승진 및 기강확립권을 갖도록 하고 자금과 참모의 관리에 대한 책임을 지도록 해야 한다'라고 건의했다. 이러한 연구에 의한 건의는 모두 수용되지 않았지만 개별 성·청에 있어서 더욱 권한을 강화하게 되는 장기적인 방법으로 작용하였다.

캐나다의 성·청은 기본적으로 국민을 위해 직접적 의무를 수행할 뿐만 아니라 국민에게 더 많은 양질의 행정서비스를 제공하기 위하여 조직된다. 이러한 성·청의 행정업무를 지원하는 또 다른 성·청이 존재하는 것 또한 캐나다 정부조직의 특징이라 할 수 있으며 그러한 예로는 다른 성·청을 위한 시설을 건설·유지하는 공공토목사업성, 국무장관실의 번역 봉사처, 캐나다 정부 인쇄국 그리고 법무성 등을 들 수 있다.

새로이 설립된 국과 공공기관들은 새로운 정부정책이 강조되면서 구성된다. 예를 들면 주택사업에 관련된 중앙담보공사Central Mortgage나 주택조합Housing Corporation은 전쟁 이후에 설립되었고, 소비자성Department of Consumer과 기업청Corporate Affairs은 1967년 시민들의 경제활성화에 대한 수요에 의해 설립되었다. 따라서 이러한 수요발생에 의해 즉흥적으로 발생된 행정기관의 설립은 적절한 행정서비스를 위해 예상하지 못했던 예산이 불균형적으로 지출되고 있는 실정이다. 연방통제기관이라 할 수 있는 재무위원회Treasury Board나 공공서비스위원회Public Service Commission는 연방정부의 전반적인 기획을 위해 아직까지 존재하고 있다.

전문화되어 가고 있는 캐나다 관료제는 규모가 큰 실무담당국에서 참모조직이나 계선조직의 기능을 수행하며 국의 행정서비스 제공측면에서 보다 효과적인 동시에 분권화의 측면에서 비용절감의 효과를 기대할 수도 있다. 더욱이 연방정부와 지방정부는 지방과 연방관계에서 업무의 분담 등과 관련하여 상호 역할조정이 필요한 부분이다.

장관의 입장에서는 작은 조직을 통제하는 것이 보다 편할 수 있으며, 이는 예산절약이나 인사규모에 대한 요소라기보다는, 정치적 민감도와 기능의 다양성에 기인했다고 할 수 있다. 어떠한 국의 크기가 작아지는 대신, 정부의 기능은 재분배되며, 책임성과 다양성에 대응하는 효과가 나타난다고 할 수 있다. 이러한 경향과 함께 국에 대한 재정부담은 캐나다정부내의 많은 수의 국을 감축하고 있는 추세이다(Campbell, 1983).

일반적으로 캐나다정부의 국은 사기업들과 유사하게 피라미드형태의 조직구조를 가지고 있다. 즉 국의 실질적인 책임자는 장관보로서, 수많은 관료에 대한 실제적인 기능을 수행하며 통제하는 역할을 한다. 또한 각 국은 관리감독의 용이성과 전문성의 강화를 위하여 피라미드형태의 하부구조를 지니고 있다. 장관보는 피라미드상의 최상층에 위치하며, 그 아래에는 장관보를 보조하는 사람들이 있으며 이들을 일반적으로 국장이라 칭한다. 각 국은 국장책임하에 다시 분리되며, 이러한 분리의 단위는 분야, 단위, 그룹, 참모조직 등이며,

각각의 단위 책임자들은 매우 다양한 업무를 수행한다.

개개의 국의 하위구조는 기획과 조직적 측면을 중심으로 구성되며 기능에 따라 구분을 하는 접근방법이 매우 다양하다. 정부기능에 대한 종합적인 기능 구분에 있어, 가장 1차적인 목표는 기능을 할당하고, 이에 대응하는 정치적 또는 행정적 수요를 만족시키는 것이다. 장관의 정치적 또는 헌법상의 명시된 역할은 각 국의 내부조직목표 달성을 위한 효율성을 고려하여 최종조직구조를 결정하는 데 있어 매우 중요하다. 캐나다 정부조직의 편성기준은 다음과 같다(Smith, 1995). 첫째, 연방과 지방정부 사이의 힘의 분배에 의한다. 연방체제하에서 연방정부와 주 및 지방정부의 행정업무와 정치적 권력분배를 고려하여 정부구조가 편성되어야 한다. 둘째, 시민들에게 보다 나은 서비스를 충족시킬 수 있는 조직이어야 한다. 따라서 국민의 요구나 정책수요에 따른 정부조직의 변화는 당연한 것이다. 셋째로는 장관의 역할은 내각의 구성원임을 인식하고, 각 기관의 기능이 포함되어야 한다. 정치적 임용인 장관도 행정부 내에서는 의원이기 이전에 국민에 대한 행정 서비스전달의 역할에 충실해야 한다.

캐나다 행정부의 조직구조를 기획함에 있어, 가장 먼저 고려하여야 할 점은 그 목적과 과정, 대상자와 함께 특히 지역에 조화되는 조직의 구성이 우선적으로 고려된다(Aucoin, 1996). 과거 부처편성의 기준은 바람직하지 못한 측면이 강조되었는데 그 이유는 다음과 같다. 첫째, 과거의 조직편성은 국의 전면적인 기능을 지나치게 강조하였었다. 따라서 시대의 변화에 따른 전문적인 행정서비스의 제공을 위한 조직으로는 부적합하다. 둘째, 성취욕구의 측면에서 관료들이 기준을 설정하였기 때문에 국민의 요구에 부합하는 행정서비스의 제공측면에서는 이러한 방법이 효과성의 저하문제를 야기시켰다. 마지막으로 목적에 의한 전문화는 지나친 전문화를 야기시켰으며, 관료의 충원과 개발에 있어 어려움을 가중시켰기 때문에 과거의 조직편성 기준은 전면적으로 개편되었다.

캐나다의 행정부 조직구조는 다양한 조직구성의 원칙이 가미되지 못했음이 지적되어 왔으며, 이는 캐나다 정부관료제의 편협된 관료병폐라고 비판되고 있다.[37)]

따라서 국민의 요구에 부응하는 행정서비스의 제공을 위하여 사적인 이익이 배제된 의사결정이 다양한 행정환경전개에 대응하는 조직편성에 필수적이다.

---

37) White, Wagenberg, and Nelson(1990) 참조.

Ⅱ. 인사체제

캐나다의 정부관료제는 오랜 경험으로부터 나온 행정적 경쟁으로부터 얻은 것이 아니라 정치적 목적에 따라 관직을 이용하거나 동기화할 수 있고 소득과 다양한 특권을 통하여 유지된다. 그들은 또한 장기적인 지위보존에 가장 관심을 가지고 있다(Banting, 1986). 즉, 관료들은 가능한 오랫동안 그들의 지위를 유지할 수 있는 종신재직권tenure을 얻는 데 관심을 두고 있다.[38] 관료적 종신재직권이 실적주의에 근거를 두고 있을 때, 공직은 행정목적을 성취할 뿐만 아니라 그들의 관료적 이익을 위해 효율적으로 대처할 수 있도록 허용하여 전문성을 확보할 수 있다. 결론적으로, 실적주의에 근거한 관료제는 엽관제에 근거한 관료제보다 더 많은 동기부여와 그들의 계급적 이익의 옹호로써 집단적 행동을 할 수 있다.

연방정부에 고용된 고용자들은 일반적인 사기업체의 근무자와는 다른 경향을 가지고 있다는 것은 자명한 사실이다. 우선은 연방고용자로 채용되는 과정도 법에 의한 절차에 따라서 성실성과 공정성에 큰 비중을 둔 채용방식이 채택되어 일반 사기업체의 채용보다 까다로운 절차를 가지고 있다. 또한 진급에 있어서도 많은 규칙에 의해서 제동이 걸린다.

공무원들의 직무성과에 있어서도 다양한 부처의 하위직급 공무원들은 진취적 기상과 상상력을 구사할 수 있는 기회가 대단히 적다. 그러나 고용자가 어떤 위치, 즉 각 부처의 목표를 수행하기 위한 책임을 직접 이행하는 자의 직위인 계선직에 있느냐 아니면 참모직에 있느냐에 따라 고용자의 창의성 발휘의 기회는 직무간에 차이를 보이고 있다. 물론 계선조직의 고위공무원들은 참모의 성격을 갖는다고 볼 수 있기 때문에 창의성 발휘의 기회가 비교적 많다고 볼 수 있다.

캐나다의 고위직업관료들은 매우 중요한 정책역할을 담당하고 있으며 국장director 이상 차관deputy minister까지가 이에 해당된다. 모든 부처들에는 차관보assistant deputy minister가 있으며 규모가 큰 부처에는 차관보 상급으로 부차관associate deputy minister을 두며 국장의 상급에는 총국장director general을 두고 있다(Campbell, 1983).

---

38) *Ibid.* 참조.

이러한 고위직업관료들의 직급은 DM3, DM2, DM1, GX, EX5, … EX1의 순으로 되어 있다. DM급은 일반적으로 차관급이며 GX는 부차관, 차관보는 EX3 이상이며 국장들은 EX3을 넘지 못한다. 이러한 EX 이상의 고위직업관료가 1983년에 약 2,300명에 이르러 비교적 많은 비율을 차지하기도 하였으며(Campbell, 1983), 2008년에는 4,300여명으로 증가하였다(류임철, 2011). 캐나다의 인사제도에서는 이론상으로 직급과 직위가 일치하지 않으며 하위직급으로 상위 직위에 보직될 수도 있다. 즉 EX3으로서 어떤 부처에서는 차관보를 할 수도 있으며 다른 부처에서는 국장일 수도 있다.

공무원의 직업환경 중에 하나인 고용자로서 단체협약을 위한 조직권은 1967년까지 연방공무원들에게 부여되지 않았다. 그러나 1967년의 입법은[39] 공무원을 대변하기 위한 흥정기관으로서의 캐나다연방공무원노조연합Public Service Alliance of Canada의 결성을 승인했다. 즉, 공무원들의 고용특성에 따라 강제적인 분쟁의 중재나 파업권에 대한 선택이 캐나다연방공무원노조연합Public Service Alliance of Canada에 부여되었다. 따라서 캐나다연방공무원노조연합은 캐나다에서 가장 대규모이고 가장 투쟁적인 조직 중의 하나가 되었다.

캐나다 공무원들은 정치적 중립성 때문에 공직에 남아 있는 동안에는 다른 공직에 취임할 수 없으며, 특정후보자를 위해 공공연한 선거운동까지도 못하게 되어 있다. 하급공무원에 대한 금지조치는 다소 완화되었으나 적극적인 선거운동참여는 물론이고 후보자로 출마하여 스스로를 소개할 수도 없다.

여기에서는 캐나다의 인사체계를 설명함에 있어 먼저 거시적 측면에서 정치적 환경의 영향을 살펴보고, 세부적으로 실적주의의 원칙과 실적주의 시스템, 조직의 다양성측면, 경력관리 및 기획의 향상, 공무원훈련 측면에서 살펴본다.

사기업의 인사관리와는 달리 공공행정에 있어 관리의 기본개념은 각 부처와 장관의 정치적 영향력이 포함되어 있다. 즉 장관은 정치가이면서 관리자이다. 특히 캐나다 내각의 장관들은 정치가로 출발한다. 왜냐하면 그가 의회에서 선출되지 못한다면 현재의 위치에 있을 수 없으며, 정부의 정책을 입안하고

---

39) 공무원채용법(Public Service Employment Act)과 공무원관계법(Public Service Staffing Relations Act)이 통과되고 개정되어 캐나다 정부와 공무원의 관계를 근본적으로 변화시켰다(류임철, 2011).

집행하는 정치적 기술이 고려되며, 이러한 수요가 발생할 때마다 그는 하원의 원으로 재선될 수 있기 때문이다.

공공행정에 있어 관리를 명확히 하기 위해서는 이와 동등하게 인사관리를 효과적으로 실행하여야 한다. 그러나 정치적인 기준은 매우 모호하여 대상을 객관적으로 평가하는 기준이 거의 없다. 따라서, 정치적 승리의 대가로서 인사정책을 이용하려는 유혹이나, 정치적 위험을 피하기 위한 인사정책의 가능성이 항상 존재한다.

인사정책의 제반 원칙이 무엇에 근거하든지 간에, 정치적인 점만을 고려한 인사정책은 불행한 결과를 가져오기 쉽다. 비록 정치적 임명이 정치적 능력이 뛰어난 사람을 지명하기도 하지만 일반적으로 최소한의 능력기준이 결여되기가 쉽다.

그러나 최근 캐나다 정부활동의 영역은 갈수록 확대일로에 있고, 따라서 행정적인 능력과 기술이 높은 수준에 있는 관료의 필요성이 증가되어가고 있다. 이를 성취하기 위해서는 임명과 고용의 조건이 변화되어야 할 것이다.

캐나다의 공공서비스에 있어서 인사정책의 이행 및 개발은 공무원과 위원회 및 각 실무국이 서로 얽혀 있는 삼각모형과 비유될 만하다. 예를 들면 재무위원회와 담당국, 공공서비스위원회Public Service Commission, 공무원선발원Civil Service Selection Board 등이 상호 복잡하게 얽혀 있다(Campbell, 1983). 여기에서 재무위원회나 담당국은 행정관리를 위한 구조를 갖고 있지만, 공공서비스위원회는 그 성격이 다르다. 1966년 3월 캐나다의회는 다음의 세 가지 법안을 통과시켰다. 즉, 공공서비스 고용에 관한 법률, 재무행정의 수정에 관한 법률, 공공서비스의 참모관계법률이 그것이다. 이러한 세 가지 법률은 위원회의 미래 역할에 관한 것이었다.

먼저 공공서비스 고용에 관한 법률은 시민서비스위원회를 규제하고 통제하기 위한 법률이었으며, 재무행정의 수정에 관한 법률은 재무위원회에 대한 책임을 이전하기 위한 것이었으며, 마지막의 공공서비스의 참모관계법률은 새로운 공공서비스의 참모들의 관계를 명확히 하기 위한 법률이다.

이러한 법률의 제정은 다양한 변화를 가져왔으며 중요한 의의를 가진다.[40] 첫째, 공무원권리를 회복하기 위한 잠재적인 운동은 다른 동급의 위치에

40) White, Wagenberg, and Nelson(1990) 참조.

있는 고용인들에게 영향을 미쳐 1967년의 공공서비스 고용에 관한 법률이 개정되기에 이르렀다. 둘째, 재무행정이나 인사행정분야는 공무원의 역할이 매우 광범위하고, 어떤 하나의 부서로 한정하는 것을 극복하려는 경향이 있으며, 따라서 이들의 경력관리가 갈수록 필요하게 되었다. 셋째, 경력관리에 대한 기획의 가이드라인은 어떤 분야에 있어서 시행착오를 겪으면서 다른 분야에 있어서도 유사한 가이드라인이 발생할 경우, 이를 향상시켜 주는 역할을 수행한다. 넷째로 인력에 대한 기획과 개발은 지금 현시점에서 재무위원회나 재무국의 조직에서처럼 점차로 세분화되어 가는 경향이 있다. 다섯째, 중장기의 참모개발 프로그램이 최근 소개되고 있다. 그 예로서 경력 및 업적프로그램을 들 수 있다. 마지막으로 월급호봉 승급의 규칙은 실적주의에 입각하여 우수한 성과를 평가하여 주는 방향으로 변화하고 있다.

공무원훈련은 그들의 직무를 효율적으로 운영하기 위해 요구되는 어떤 기술과 태도 및 지식을 습득하게 하는 절차이다. 다른 기술과 마찬가지로 이러한 훈련기획은 커다란 책임성을 확보한다는 측면에서 중요한 개발요소로 작용한다. 특히 공공서비스에서 요구되는 훈련은 매우 많은 종류가 있다. 공무원은 어떤 조직에서보다도 다양한 직무상의 기술이 요구된다. 다른 고용인들과 마찬가지로 공무원으로서, 즉 공복으로서 고용인은 기술적 환경변화에 신속히 대처하여야 한다.

공공서비스에 있어 훈련의 제반활동은 매우 광범위하다. 예를 들어 기술, 감독 및 관리훈련은 대부분의 커다란 조직에서 발생되며, 소규모 관료조직에서는 특수한 기술 및 지식을 위한 매우 복잡한 훈련이 요구되기도 한다.

캐나다정부의 재무위원회는 이러한 공무원훈련의 목적을 위하여 예산을 배분한다. 대부분의 교육훈련프로그램은 담당 국에 의해 기획되며, 공공서비스위원회Public Service Commission는 개인의 자격요건을 갖추도록 교육훈련 프로그램을 기획하기도 한다.

Ⅲ. 관료의 태도와 행태(행정문화)

지난 반세기 동안 캐나다 정부의 관리운영은 시민에 대한 서비스와 새로운 행정기관 및 의사결정에 있어서 자율적인 체제를 향상시키는 방향으로 발전되어 왔다. 따라서 정부관료제의 중요성은 확장되어 가고 있으며, 자율성을 개발하는 전문화된 자질을 관료들에게 요구하게 되었다. 따라서 정부관료제는 힘의 전반적인 구조에 있어 전략적인 위치를 점하고 있으며, 특히 정치적 관계와 상호 밀접한 관계를 유지하고 있다. 더욱이 관료제에 있어서 합리적인 경력관리체제는 관료제를 더욱 효율적으로 운영할 수 있는 요소가 되었다.

관료제의 또 다른 특징은 Weber가 개발한 합리성과 경쟁성, 공개성의 각 요소가 다양한 조합을 이루면서 발전하고 있다는 점이며, 이러한 관료제의 전형은 하나의 사회체제 내에서 관료제의 힘을 분석하는 틀을 제공하여 준다. 또한 관료제에 있어서 경력관리, 조직 내에서의 전문화, 임용에 있어서 정치적 영향 등의 요소는 관료제 내에서 더욱 연구가 요구되는 분야이다.

보다 구체적으로 관료제의 행태에 관하여 사회적인 배경과 교육, 경력직 공무원제도, 윤리적 · 지역적 · 종교적 대표성, 사회계층의 기원 등을 중심으로 고찰하여 본다.

캐나다의 연방관료제적 엘리트에 관한 경력관리제도와 관료제의 사회적 배경에 대한 자료는 1953년에 나타나기 시작하였다. 그 이후 1957년 자유당이 패배한 후 Difenbaker행정부가 들어서면서 고급관료들이 등장하였는데 약 202명의 고급관료엘리트이 탄생하였다고 보고되었다. 202명의 고급엘리트 관료들은 다시 세 가지 수준으로 분류될 수 있는데 장관을 보좌하는 30명과, 이를 다시 보좌하는 77명 및 지휘감독관 56명으로 분류되어진다(Kernaghan, 1969).

캐나다의 정부관료제의 서비스공급에 있어 종종 제기되는 비판은 관료제의 무능력에 관한 사항이다. 비록 이러한 개념에 사실적인 요소도 있지만, 고위직공무원의 경우는 상당한 수준의 교육을 받은 사람들로 구성되어 있다. 1950년대 말에만 하더라도 202명의 엘리트관료 중에서 약 159명(78.7%)이 대학졸업자이며, 장관을 보좌하는 사람 역시 상당히 높은 교육수준을 가지고 있다. 이 당시의 고위관료들은 대부분이 캐나다의 Ottawa를 중심으로 하는 중동부의 일류대학출신들이었으며 이러한 경향은 캐나다 서부 일류대학, 영국 및 미국 유학생들의 유입으로 다양해지고 있으며 이러한 현상은 최근에 와서 더욱 가속화되고 있다(Campbell, 1983).[41] 요즈음 캐나다의 고급관료 엘리트 중에는 관

41) "Canada's Public Service in the 21st Century (discussion paper)". Public Policy Forum. April 2007. p. 8.

료이전에 대학에서 교수생활을 하거나, 연구기관 종사자가 있으며, 캐나다 관료제는 경쟁적-비경쟁적 연속체로서의 비경쟁적 목표를 향해 나가고 있다. 따라서 관료제는 정책의 실체를 보는 통찰력을 지니는 힘을 가지고 있으며 실제로 전문가로서의 독점성은 기대보다는 약간 감소될 것이다.

관료제를 이론적인 관점에서 본다면, 관료제는 경력제도개발에 있어서 매우 부족함을 알 수 있다. 공공서비스공급을 담당하는 고위직 계급의 충원상의 문제점은 다음과 같다. 명백히 1년 이상 지속되는 서비스는 이를 담당하는 공무원의 인원수와 비교하여 상대적으로 많지 않다는 점이다(Deutsch, 1957). 즉 그들이 하는 일보다 필요 이상의 많은 사람이 존재한다는 측면이 강조된다. 이러한 점은 캐나다의 공공서비스가 경력관리제도가 도입되고 있지 않다는 점을 의미한다. 캐나다 고위관료 엘리트 중 오직 28.8%만이 경력관리제도에 적용된다고 한다(Sproule-Jones, 1993). 하지만 1992년 공직개혁법Public Service Reform Act의 발효이후에는 고위공무원에 대한 경력관리제도가 확대되어 전문성의 제고에 기여하고 있다.

현대관료제는 이상적으로 사회적 중립성을 요구한다. 왜냐하면 힘의 결합은 종종 윤리적, 종교적, 또는 지역적으로 공복으로서의 공무원개념의 논쟁에 있어서 대표성의 문제를 야기하기 때문이다. 윤리적 · 지역적 · 종교적인 함축은 합리적인 자격요건은 아니다. 따라서 충분한 관료제의 개발은 각 집단에 대해 똑같은 비율로서 개발되기를 기대한다. 즉 교육시설 역시 윤리적 · 종교적 · 지역적으로 평등하게 갖추어져야 하며, 윤리적으로나 지역적, 종교적으로 공무원은 어느 하나를 부정할 수 없다. 캐나다의 연방주의는 이론적으로 윤리적 · 지역적 · 종교적 대표성을 각 캐나다 관료제도에 부여하고 있다.

캐나다의 고위관료엘리트에 진입하기 위해서는 매우 높은 교육조건을 갖추어야 한다. 이러한 사실은 매우 높은 직위는 외부 모집에 의존하였으며, 내부 승진의 범위가 적었다는 것을 의미하며,42) 1980년대에 들어와서는 행정업무의 전문성은 결국은 업무경험에서 나온다는 생각이 지배하여 외부발탁의 비율이 감소하여 미국과 영국의 수준으로 내부승진이 증대하였다(Campbell, 1983).

42) 1950년대의 연구에 의하면 고위관료의 약 25%가 내부승진에 의하여 현재의 직위에 이르렀으며, 이러한 통계는 1960년대 후반에는 15%로 떨어졌으며 이후 1980년대 초반까지 감소추세를 보였다(Porter, 1965; Chartrand, and Pond, 1970; Pitfield, 1977).

2003년에는 공직현대화법Public Service Modernization Act의 제정으로 지원자의 이력 등이 아닌 실제 업무가치에 따른 채용이 가능해져서 업무에 적합한 능력있는 인재를 더 빨리 채용할 수 있는 길이 열렸다.[43] 즉, 이 법은 책임성을 강화하고 공직의 관리 관행을 현대화하기 위한 인적자원 관리의 융통성을 높이기 위한 것이다.

여러 가지 측면에서 관료 엘리트는 경제 엘리트와는 상당히 다른 면을 지니고 있다. 때때로 관료엘리트는 사회적 헤게모니를 장악하고 있다고 말하며, 이는 다른 제도적 계층제의 최고층이 갖고 있는 사회적 헤게모니와는 구별된다. 헤게모니는 사회화절차와 상호작용에서 이루어진다. 또한 고급관료들은 일반적으로 사회계층상으로나 교육상의 특정배경을 갖고 있다. 더욱이 고위층의 관료들은 하나의 집단으로서 상호결속과 지적인 가치체제의 지향과 경제 및 사회정책에 관심을 갖고 있다.

캐나다의 고위관료들은 다른 나라에서는 볼 수 없는 특이한 제도에 의하여 집단의식과 응집력이 매우 강하다. 고위관료들만을 대상으로 실적평가제도 Performance Appraisal System가 1970년 초에 시작되어 1980년대에 이르러 정착되어 왔다. 이 제도를 통하여 고위관료들은 공동문화를 갖게 되었는데 이들은 경제적인 보상보다는 명예와 직업의식의 함양을 위하여 전문가의식과 협동심을 고취시켰다.[44]

앞서 설명되었던 물리적 환경, 지리적 환경, 인구유형, 정치제도 등의 상호작용은 캐나다만의 독특한 행정문화를 창출하였다. 행정문화는 한 사회의 신념, 규범 및 가치를 포함하여 행정행태에 다양한 영향을 미치며 캐나다의 특이한 행정행태를 설명할 수 있는 중요한 변수이다. 보통 이러한 캐나다 행정문화를 이해하는 데 있어 사용되는 변수는 안정성, 실용성, 비영웅성, 비이상주의적 규범을 들고 있다. 그러나 이상의 변수 외에 캐나다의 행정문화를 이해하는 데 있어 가장 중요한 것은 두 개의 문화, 즉 불어문화권과 영어문화권이 공존하는 두 개의 상호 다른 문화의 공존을 이해하여야 한다는 점이며, 이러한 점이 캐나다행정문화의 가장 특징적인 면이 될 수 있다.

두 개의 문화를 가진 사회는 두 개의 공동체, 두 개의 문화가 지속적으로

---

43) Government of Canada Public Service Modernization Act(2003).

44) Bourgault, Dion, and Lemay(1993) 참조.

상호작용하며 각각은 전통적인 안목과 우선 순위, 심벌을 갖고 있다고 할 수 있다. 캐나다에 있어서도 이러한 상황이 적용되며 공존은 물론이거니와 국가 발전을 위하여 주요 양쪽 문화그룹에 대한 충분한 탐구가 이루어져야 한다.

두 집단의 구성원은 자신의 공동체문화가 직접적으로 공공정책의 많은 부분에 함축되기를 본능적으로 원하고 있다. 따라서 캐나다의 정치와 행정제도를 이해하기 위해서는 양쪽 집단의 우선순위와 규칙을 알아야 하며 양쪽 공동체의 문화를 이해하여야 한다. 즉 캐나다의 제도는 지방뿐만 아니라 연방에서 요구하는 지배적인 가치와 우선 순위를 양쪽 집단에서 찾아내야 하는 것이다. 공공행정에 있어서 과거 30년 이상 수동적인 측면이 강조되었으나, 최근 능동적인 정부의 역할과 적극적인 행동을 특히 사회 및 경제적인 측면에서 보이고 있다. 이러한 변화는 전문가에게 요구되는 것은 별도로 하더라도, 이러한 변화에는 새로운 형태의 관리와 공공행정가가 필요하다. 즉 이 때의 행정가는 캐나다 국민의 열망을 이해하고, 사회경제적 개발의 분야에 많은 부분을 이해하여야 한다.

캐나다의 문화를 이해하는 데 있어서는 오늘날의 정부활동의 규모나 복잡성, 변화의 다양성을 이해하여야 한다. 이는 고위공무원이 내각이나 장관들에게는 정책의 제안자의 역할을 수행하기 때문이다. 이처럼 고위공무원의 역할은 사회 · 경제 · 문화적 가치를 이해함은 물론 캐나다 국민의 열망을 이해하는 데 있어 가장 중요한 요인일 수 있다.

캐나다의 공공서비스가 두 개의 집단을 비율적으로 대표하는 것으로 이해하여서는 안 된다. 물론 비율적인 대표성은 커다란 문제에 있어서 단순히 숫자의 부조화일 수 있으며, 따라서 캐나다에 있어서 문화적 실체성을 이해하는 데 있어서 양쪽 집단의 고위공무원의 부조화나, 정책형성이나 사업의 이행에 있어서 본능적으로 정책이행의 제안이나 경제 · 사회적 측면을 이해하여야 한다.

이러한 부조화를 교정하는 데 있어서 두 가지의 방법이 제시될 수 있다. 즉, 첫째 방법은 양쪽 집단의 질적 대표뿐만 아니라 양적 대표성을 공공서비스에서 확보하는 방법이며, 둘째 방법은 한쪽 집단의 구성원에게 다른 집단의 소망과 가치 및 태도를 이해시키는 것이다. 단지 이 방법만이 공공서비스에 있어서 두 개의 문화를 이해하는 것이다.

캐나다에 있어서 10개의 지방시민 서비스위원회와 20개의 대도시의 인사

감독관들에게 공공서비스에 있어 언어구성에 관한 질문을 하였는데 오직 두 개의 시(퀘벡과 몬트리올)만이 두 개의 언어문화를 고려하고 있는 것으로 나타났으며, 단지 뉴브론스윅과 메니토바 주만이 두 개의 언어를 상존시켜 공무원을 고용하는 것으로 나타났다(LaSelva, 1996).

공공서비스에 있어서 캐나다 국민의 이익을 극대화하기 위한 방법의 하나는 모든 분야에서 가장 유능하고 자격요건을 갖춘 캐나다인을 양성하는 방법이다. 이런 의미에서 캐나다 연방정부는 두 개의 언어를 모두 사용할 줄 아는, 즉 실제적인 두 개의 언어주의를 권장하고 있는 중이다. 영어와 불어를 동시에 사용할 줄 아는 공무원을 양성함으로써 전체적으로 국가의 이익을 극대화시키려 한다. 연방국가에 있어서 국가행정에 참여하는 기회를 동등하게 부여하고자 하는 것이 연방정부의 진실된 바람인 것이다. 또한, 중간층이나 고위층의 공무원에게 두 번째 언어를 능숙하게 사용하게 하는 것을 캐나다정부는 기대하고 있으며, 이렇게 개발되는 공무원 훈련프로그램은 결국 캐나다의 국익을 증가시킨다고 할 수 있다.

결론적으로, 캐나다정부에서 고위공무원의 역할은 매우 중요시되며, 문제의 복잡성과 중요성과 관련하여 캐나다정부는 오늘날 상호이해와 존중에 바탕을 두고 있다. 두 개의 언어를 사용하는 캐나다는 이에 파생되는 제반문제를 해결하고, 국가의 이익과 단결력을 증가시키며, 두 집단의 상호 이해가 전제되어야만 더욱 강한 캐나다를 건설할 수 있다고 생각한다.

Ⅳ. 예산의 규모와 분포

캐나다 재무행정에 있어서 가장 중요한 점은 북미대륙 및 그 주변의 연방법률과 관련된 헌법조항이라고 할 수 있다. 이 법률은 모든 연방의 세금과 세입이 하원에 의해 통제되며, 모든 보조금은 국왕으로부터 발생된다고 규정한다. 실질적으로 재정적인 통제는 정확한 예산체계에 근거하며, 이러한 예산의 원칙은 회계연도상에서 현재의 제반조건과 미래의 조건을 명확히 제시한 가운데 발생한다. 캐나다 연방정부의 재정적자는 계속적으로 증가하여 1993년 3월 말에는 부채총액이 4,653억 캐나다달러에 이르렀다(동아일보, 1995). 이렇게 누적된 재정 적자를 해소하기 위하여 1993년부터 캐나다 정부는 많은 재정개혁작업을 추진하여 1997-1998회계연도에는 1969년 이후 처음으로 재정흑자를 기록하기도 하였다. 미국의 부정적인 경제 상황에도 불구하고 2007년에는 연초 예상보다 3배나 초과 달성한 117억 달러의 흑자를 기록하고 2010년부터 다시 적자폭이 늘어났다. 하지만 2018년에 캐나다 재무부는 평등Equality과 성장Growth을 핵심가치로 하여 중산층을 강화하는 내용을 담은 2018-2019회계연도 예산안 「Equality Growth: A Strong Middle Class」을 발표하고 부채와 적자폭을 대폭 줄이고자 하였다(한국재정정보원, 2018).

캐나다의 예산의 규모와 분포에 관한 제반설명은 의회승인의 지출과 심의 및 예산설명, 세입과 세출, 공공채무, 재무보고서, 일반 회계감사관 순으로 설명한다.

1. 예산의 지출과 심의

예산의 심의과정은 재무위원회의 업무이다. 이 위원회는 정부의 국조직들과 독립적이며, 위원회의 위원장은 수상이 임명한다. 위원회의 구성은 의장과 더불어 재무장관 및 네 명의 추밀원으로 구성된다. 이 위원회는 재무행정에 관한 법률에 의거하여 행동하며, 예산의 심의와 지출, 재정, 재정적인 회부안건, 세입, 공무원의 고용, 공공정책이나 서비스 비용 등의 재정적인 관리의 전반적인 업무를 수행한다.

회계연도의 평가는 각 국이 재무위원회에 제출하는 지출에 대한 제안에서부터 출발한다. 매년도마다 재무위원회 비서실의 요구에 의해 각 과는 앞으로 다가올 4년 동안과 현재의 예산에 대한 소요액을 예측심의하여 재무위원회에 제출한다. 이러한 예측심의는 재무위원회에 의해 검토되며, 이의 결과에 따라 다가올 회계연도에 소요되는 각과의 예산에 대한 잠정적인 수치가 배정된다. 위원회는 각 과에서 제출된 사업기획에 따른 예산 수입과 정부정책을 검토하여, 일반적으로 장관과 고위공무원의 자문을 받는다. 각 과는 예산의 가이드라인에 대한 검토 이후 계수조정을 하며 다른 예산필요성에 대한 요구사항 등을 재수렴하여 10월까지 예산서를 제출하여 다가오는 4월 1일까지 이에 대한 주요심의가 이루어진다. 위원회가 이러한 각 국의 세부자료에 어느 정도 만족할 경우, 이러한 주요 심의평가서는 내각으로 제출되며, 승인을 얻기 위해 하원에 제출되기 전에 추밀원장에게 다시 제출된다.

추밀원장은 각과의 예산지출에 대한 심의에 대해 가장 먼저 하원의 예산심의위원회에 대해 예산의 주요 고려사항을 매년 3월 1일 전에 언급하며, 5월 31일까지 위원회는 다시 보고서를 제출한다. 정부의 최고책임자는 위원회가 고려하고 심의하여 동의하는 데 있어 하원에게 48시간 전에 통보하여야 한다. 각각의 예산항목에 대한 검사가 완료될 경우, 상하 양원의 위원회의 승인을 득하여야 하며, 이러한 결과물이 예산지출법안으로 의회를 통과하며, 이는 다시 왕실의 비준을 거쳐, 법률로서 탄생된다.

2. 예산설명

예산에 대한 평가가 이루어진 이후 재무장관은 일년도 예산에 대한 설명을 의회에서 하여야 한다. 예산에 대한 설명은 그 자체가 국가경제의 상태와 다가올 회계연도에 대한 정부의 예산운용 등의 내용을 포함하고 있다. 이러한 예산에 대한 설명은 의회의 위원회에 대한 하나의 지원역할을 수행하며, 6일간 논의가 진행된다. 이는 예산통과를 위한 하나의 보조적 역할이며, 예산에 대한 결론을 보다 명확히 해주는 방법이다.

3. 세입과 세출

세입과 세출에 대한 모든 행정적인 절차는 대부분 재무행정법안에 포함되어 있다. 세입의 관점에서 공금에 대한 가장 기본적인 출발점은 국세청장에서부터 시작한다고 할 수 있다. 1996년 정부조직법 아래에서 캐나다의 제반 서비스를 공급하는 역할을 수행하는 장관은 국세청장이었다. 재무위원회는 이러한 돈의 흐름을 세부적으로 규제하며 공금에 대한 실제적인 보호를 위하여 캐나다은행과 그 지점이 이용된다. 매일매일의 자금운용은 캐나다은행에 의해 이루어지며, 정부의 금융정책의 고려와 정부의 자금요구에 즉시 대응하기 위하여 지방지점으로 자금이 배분된다.

재무위원회는 예산과 사업기획, 재무행정에 관한 일반적인 사항에 대해 중앙통제를 실시한다. 비록 이러한 통제의 중요한 부분은 오랜 기간이 소요되는 사업기획과 평가가 실시되어야 하지만, 위원회는 미래의 각종 정책에 대한 허가와 함께 지출에 대한 지속적인 통제를 실시한다. 즉 재무위원회는 효율적이고 실제적인 부분에 대한 통제와 함께 주요정책의 개발과 의회의 비판이나 시민들에 의해 야기되는 문제점을 해결하려는 노력을 주도한다.

회계연도가 시작되면 각 국은 재무위원회에 평가서가 포함된 예산의 배정서를 제출하며, 위원회가 승인할 경우 할당된 금액에 대한 수정이나 증액을 하지 못한다. 일회계연도를 넘어서는 중장기사업기획을 지원하기 위해서 의회는 연도별 예산승인을 한다.

재무행정법안에 의거하여 모든 예산승인에 대한 지불은 국제청장에 의해 수표나 정부가 공인할 수 있는 방법으로 지출된다. 실제적으로 이러한 수표지불이나 다른 수단은 캐나다은행에 의해 매일 정리되며, 캐나다은행은 국세청장의 책임하에 수표를 인출하여 주며 상환받는다.

4. 공 채

캐나다정부는 공공적인 자금의 모집의 방법으로 공채를 발행한다. 추밀원장의 허가 아래 일정한 조건의 이율을 붙여 특정한 공공목적을 위해 재무장관이 공채를 발행한다. 비록 특별한 의회의 권위가 새로운 자금차용에 요구되지만, 재무행정에 관한 법률이 이를 뒷받침해 주는 근거법률로서 작용한다. 캐나다은행은 정부의 재무기관으로서 공채의 관리를 수행하는 기관으로서 역할을 수행한다.

5. 재정 및 회계에 관한 보고서

재무위원회의 규제하에 세입징수관은 캐나다 연방정부세입에 관한 보고서를 작성하여야 하며, 각각의 사업에 배정된 자금을 지출하여야 한다. 또 다른 지출은 정리공채기금[45]에 의한다. 그리고 이러한 자금의 모집과 이에 대한 책임 및 지속적인 보증은 재무장관의 역할이다.

6. 일반 회계감사관

정부는 의회소속의 독립적인 회계감사관에 의해 감사를 받는다. 지출의 측면에서 이러한 감사는 지출의 목적에 맞게 지출이 되었는지에 대한 사후감사에 초점을 두고 감사한다. 또한 자금이 목적에 맞게 의회가 의결한 대로 지출되었는지를 다음과 같이 두 가지 측면에서 감사한다. 첫째, 세입의 측면에서

45) 각종 공채기금을 합병 정리한 것으로, 공채이자 지불기금을 말한다.

는 모든 공적인 돈이 법률과 절차에 적합하게 이루어졌으며, 효과적인 통제와 사정이 이루어졌는지, 적정한 세입의 배분이 이루어졌는지를 감사한다. 두 번째로 공공재산의 관점에서는 법률과 절차에 의해 적정하게 재산권이 통제되고 유지될 수 있었는지를 감사한다.

Ⅴ. 지방행정

역사적으로 캐나다는 1608년 프랑스인이 퀘벡에서 본격적인 식민지경영을 시작한 이후 1763년 영·불 7년 전쟁 결과 영국의 식민지가 되었다. 그후 1849년 자치가 인정되어 1867년 7월 오타와를 수도로 자치연방정부를 구성하였고, 1931년 웨스트민스터 헌장에 따라 영연방 내의 독립국으로 승격하였고, 1951년 12월에 국명을 캐나다자치령에서 캐나다로 확정하였다.[46] 이러한 식민 역사는 캐나다의 정치·행정 제도 등의 전반적인 확립에 중대한 영향을 미쳤다. 이런 역사적 배경 때문에 캐나다의 지방행정제도도 제도적 장치의 모국이라 불릴 수 있는 영국의 지방행정을 도입했다.

최근의 큰 정치적·사회적 문제로 대두된 퀘벡 주의 분리독립 문제는 1995년 10월 30일에 실시된 퀘벡 주의 분리독립을 묻는 주민투표에서 찬성 49.4%, 반대 50.6%의 1.2% 차이로 분리독립 문제는 부결되면서 나라 자체적인 정체문제를 유발시켰던 사례도 있다.[47]

1. 자치단체의 구조 및 구성형태

캐나다는 총리의 제청에 따라 여왕이 임명한 영국인 총독이 여왕을 대리해 통치하는 형식을 취하고 있으나 실질적으로는 총리가 통치권을 행사하는 독립주권국가인 입헌군주제 국가이며 의회민주주의 연방제 국가이다. 캐나다에는 10개 주와 3개[48]의 준주(연방직할령)가 있으며, 지방제도의 형태를 정하는

46) 동아연감(1995) 참조.

47) 동아연감(1995: 383).

48) 1999년 4월 1일에 노스웨스트 준주(territory)에 속해 있던 지역이 누나부트 준주(Nunavut Territory)로 독립을 하였다. 이 곳은 캐나다에서 가장 넓고(캐나다 영토의 1/5), 인구 밀도는 가장 낮다. 이글루, 에스키모, 개썰매 등으로 알려진 이 곳의 주민들은 예전에는 '날고기를 먹는 사람들'이란 뜻을 가진 에스키모라고 불리웠으나 그들이 이 이름으로 불리는 것을 싫어해서 지금은 이누이트(Inuit)라고 불린다.

것은 이들 주정부이다. 그러나 모든 주정부가 일률적인 지방자치단체를 규정하고 있지는 않다. 즉, 각 주의 특성과 인구, 자연조건, 식민연대, 이입민의 출신지에 따라 서로 상이한 제도를 갖추고 있다. 따라서 캐나다 전체를 통합한 단일의 자치단체의 구조에 대한 통일된 개념의 정립은 매우 위험한 일이다. 즉, 캐나다의 주들은 왕권이 11개(연방정부+10개 주)의 독립적인 법적 주권으로 나누어 진 것으로 볼 수 있다.

이렇게 상이한 캐나다의 지방행정의 구성형태는 네 가지 유형으로 분류될 수 있다. 첫째로 계층적 구성형태는 1계층제와 2계층제로 지방행정단위가 구성된다. 지방행정단위의 편성방식으로서는 온타리오 주와 퀘벡 주에서는 기초적 단위와[49] 광역적 단위로 구성되는 2계층제도가 채택되고 있으며 기타 주에서는 1계층제를 취하고 있다.[50] 노바 스코시아Nova Scotia 주와 알버타Alberta 주에서는 1계층제를 기초로 하면서 광역적인 구역이 설정되어 있어 매우 복잡한 형태로 구성되어 있다.

둘째로, 도시적 자치단체와 농촌적 자치단체의 구성형태를 볼 수 있다. 도시적 자치단체에 부여된 명칭은 보통 시City, 읍Town, 면Village이며, 그 세부적 구분은 그곳에 거주하는 인구의 다소에 따라서 이루어진다. 그러나 이 모든 것이 일정한 규칙에 따라서 정해지는 것은 아니며 각 주의 상황에 따라 다르게 나타난다. 즉, 브리티시 콜롬비아British Columbia 주에서는 남자인구 100명 이상이면 시의 구성이 가능하다. 그러나 온타리오Ontario 주에서는 또 다르게 인구 1만 5,000명이 시의 구성요건으로 되어 있다. 농촌적 자치체 역시 각 주의 특성에 따라 다양한 명칭이 사용되어진다. 즉, 농촌적 자치체를 퀘벡 주에서는 페리쉬Parish, 온타리오 주에서는 타운십Township, 브리티시 콜롬비아 주에서는 지구자치체District Municipality, 메니토바·사스카체완·알바타 주에서는 자치지구Municipal District라 칭하고 있다.[51]

셋째로, 광역적 행정단위는 온타리오와 퀘벡 주의 양 주에 설치되어 있는 광역적인 지방행정단위인 카운티county를 의미한다. 그러나 시의 구역 및 온타

---

49) 기초적 지방행정단위는 주에 따라 각양각색의 명칭이 붙여져 있으며 유형화의 방법도 여러 가지가 있다. 일반적인 기초적 지방행정단위는 도시적 자치체와 농촌적 자치체로 크게 양분할 수 있다.

50) 지방행정연구소(1984) 참조.

51) 한국지방행정연구원(1991: 228).

리오 주에 있어서의 몇 개 군의 구역에는 카운티의 행정권한이 미치지 않고, 그 한도 내에서는 1계층제의 지방제도를 이루고 있다.

마지막으로 대도시 중 온타리오 주의 수도인 토론토와 메니토바 주의 위니펙Winnipeg 양 도시에 있어서는 특별한 대도시제도가 존재한다. 토론토는 토론토 도시권자치체Municipality of Metropolitan Toronto라고 명칭되고 위니펙은 대위니펙 도시자치체Metropolitan Corporation of Greater Winnipeg라 불린다. 이 자치체들은 각각의 도시권역 전체를 포함하는 도시자체 자신 및 보다 작은 부차적 자치행정단위의 2단계에 의해 지방행정이 수반되는 방식으로 되어 있다.

2. 캐나다의 지방행정단위

캐나다의 지방행정 단위를 세부적으로 살펴보면 크게 도시적 자치제, 농촌적 자치제, 광역적 행정단위와 토론토 광역도시권의 네 개로 나눌 수 있으며 그 내용은 다음과 같다.

첫 번째 유형으로 도시적 자치단체가 있는데 이의 사무는 주법에 의하여 규정되기 때문에 일률적으로 규정하는 것은 매우 곤란하다. 그러나 일반적으로 도시적 자치단체의 주요사무는 도로, 교통, 상하수도, 공중보건위생, 레크리에이션, 농림어업, 경찰, 소방, 교육, 병원, 사회복지주택, 시가지재개발 등을 들 수 있다. 이러한 자치단체의 행정분야 중에서도 뉴펀들랜드Newfoundland에서는 경찰, 소방이 주정부의 소관이라고 규정하는 경우도 있어 전국이 공통된 사무배분 형태로는 이루어지지 않고 있는 실정이다.

도시적 지방자치제의 의회는 공선에 의해서 설치되며 그 권한은 입법적 기능과 행정적 기능 양자를 수행하게 된다. 의원의 수는 각 지역마다 상이하다. 즉, 의회의원의 수가 3명 정도인 도시자치체가 있는 반면 몬트리올과 같이 50명에 달하는 의원이 있는 곳도 있다. 그러나 대부분 7~20명 정도의 의원을 보유한 지방자치체가 보통이다. 의원의 임기는 단체에 따라 상이하나 1년 내지 3년이 보통이나 임기 2년 이상인 곳에서는 의원정수의 1/2 또는 1/3이 매년 개선되는 방식을 취하고 있는 단체도 상당수 존재한다.

도시적 자치단체의 행정집행부문의 장은 공선이며 임기는 1~3년이 보통이며 수장이 의회의장을 겸하고 있다. 즉, 시·읍·면장은 의회의 구성원도 되고, 의장으로서의 임무도 지니게 되며, 정치적 지도자로서의 정책을 제창하고 행정집행의 통합조정기능을 담당하고 의식 등에 대하여 자치체를 대표한다.[52] 그러나 수장의 권한 등은 각 주의 법률이 정하는 한도에 따라 여러 가지 성격을 갖고 있다. 특히 퀘벡, 메니토바, 브리티시 콜롬비아주 등에 있어서는 어느 정도 의회의 의결에 대해 거부권을 행사할 수 있는 장치를 마련하고 있다. 그러나 이외의 주에서는 특별히 강력한 입장이 많은 것이 일반적이다.

입법적 기능과 행정적 기능을 갖고 있는 도시적 지자체의 의회는 크게 그 구성을 네 개의 유형으로 구분할 수 있다. 첫 번째로 의회가 의회-위원회Council-Committee모형으로 구성될 수 있다. 이 방식은 가장 일반적으로 채택되고 있는 형태이다. 의회에는 행정분야에 대응하여 상임위위회가 설치되어 위원회가 사무조직을 지휘하여 구체적 행정집행을 담당한다. 즉 위원회는 사무직원의 보조를 받아 각종 사안을 보조 검토하고 필요한 의사결정안을 본회의에 보고하고 그 승인을 요구하는 것이다. 위원회의 수는 단체의 규모 등에 따라 각양각색으로 3~8명 정도인데 6~7개의 위원회가 평균으로 되어 있다. 이 방식하에서의 수장은 의회의장뿐 아니라 각 상임위원회의 위원이기도 하다. 또 특별 안건에 대해 조사·보고하는 특별위원회도 이따금 설치된다.

두 번째 의회구성유형인 의회-커머셔너Council-Commissioners모형은 공선 의회가 그 구성원 이외의 자 중에서 행정전문가를 커미셔너로서 임명하고, 행정사무의 집행을 맡게 하는 방식으로 사스카체완이나 알버타 주의 큰 도시 등에서 채택되고 있다. 커미셔너는 한 명 또는 수명인데 사무부문 전반에 걸쳐 지휘·감독하는 동시에 예산을 집행하고 내부조정을 행하며 정책적 사항에 대해 의회에 조언한다. 단체에 따라서는 커미셔너가 의장이 되는 경우도 있는데 그러한 경우에는 수장으로서의 기능과 커미셔너로서의 기능을 겸하게 되는 것이다. 또한 두 명의 커미셔너가 수장의 조언자로서의 역할을 하는 경우도 있다. 이 경우에는 그 중 한 명이 주로 행정관리나 재정 등의 사무부문을, 한 명이 공공사업 등의 기술 부문을 담당하여 수장과 더불어 세 명이 중추관리를 맡는다. 의회와의 관계를 포함하여 집행부를 대표하는 것은 수장이지만 두 명의 커미셔너도 의회의 본회의나 위원회에 출석하고, 요청에 따라서는 정보의 제공이나 조언을 할 수가 있다.

세 번째 유형인 의회-지배인Council-Manager모형은 의원수 10명 이하의 작은

52) 지방행정연구소(1984: 92-93).

단체에서 많이 볼 수 있는 형태로, 의회가 사무집행부문의 장으로서 행정의 전문가인 지배인을 임명하고 의회=정책결정, 지배인=행정집행이라는 일단의 역할분담에 의하여 행정을 추진하는 것이다.

이 형태에서는 의회는 조례의 제정, 예산의 결정, 지배인의 임면과 같은 기초적 사항만을 행하고, 예산안의 작성, 경비의 지출, 사무부문의 관리, 사무직원의 임면을 비롯하여 의회에 제출하는 자료의 작성이나 정책안의 제언 등은 지배인의 임무로 하는 것이다. 또한 단체에 따라서는 행정각부의 상위에 위치하는 종합조정역으로서의 지배인은 임명하지 않고, 총무부문의 장이 사실상 지배인과 마찬가지의 기능을 담당하는 곳도 있다.

마지막 의회구성유형은 의회-이사회Council-Board모형이다. 이것은 특히 온타리오 주의 도시적 자치단체에서 많이 볼 수 있는 형태이다. 우선 단체장 및 네 명의 참사가 당해 자치단체의 전구역을 선거구로 하여 공선되어 참사회를 구성하는데 참사회의 장은 단체장이다. 한편, 구역을 분할한 선거구에서 선출된 의원에 의하여 의회가 구성되며 참사회의 구성원은 의회의 구성원도 된다.

참사회와 의회와의 관계는 의회가 참사회에게 권한을 위임한다고 하는 것이 아니라 주법에 의하여 명확한 권한배분이 이루어지고 있다는 것이다. 다시 말하면 참사회가 정책형성에 나서고 의회가 그것을 심사·승인한다고 하는 분담이다. 참사회의 권한은 행정전반에 걸치고 행정각부를 지휘하며 종합 조정한다. 또한 참사회가 제안하는 예산에 관련된 의안이나 행정각부의 장인 직원의 임면에 관한 의안을 부결하는 데에는 2/3의 특별다수에 의하여야만 하는 등 참사회의 권한이 보호되고 있다.

두 번째 지방자치단위의 유형은 농촌적 자치제이다. 이의 사무는 주법이 정하는 바에 의하며 공선의회와 의원의 의결사항을 집행하고 각종 의식적인 기능을 담당한다. 특히 공공도로의 보존관리와 공공안녕질서의 유지가 농촌적 자치단체의 주된 기능이다. 또한 농촌적 자치체의 행정사무는 파트타임의 직원에 의하여 행해지는 경우도 종종 있으며 공선의원 자신이 사무의 세부부분까지 관여하는 경우도 상당히 존재한다.

농촌적 자치체의 의회 구성정수는 대부분 12명 이하 정도이며 임기는 과거에는 1년이었으나 최근에는 2년으로 하는 단체가 많아지고 있다. 수장은 공선에 의해 선출되어 도시적 자치체와 마찬가지로 의회의 의장이 된다.

세 번째 유형으로는 광역적인 행정단위가 있다. 온타리오와 퀘벡 주에 설치되어 있는 광역적인 지방행정단위는 카운티county라 명칭하고 있으며 그 주된 기능은 도로, 감옥과 재판소의 건설과 관리, 양로원, 토지등기와 공중보건위생 등에 관한 것이다. 또한 경우에 따라서 카운티가 지방세의 과세대상자산의 평가나 광역적 계획의 수정 등을 담당하기도 한다. 이 카운티는 노바 스코시아 및 알버타 주의 카운티와는 전혀 다른 2계층제 중에서 기초적 지방자치체를 포함하는 광역적인 행정단위이다.

카운티의회는 직접공선에 의하지 않고 관할 구역 내의 기초적 자치체의 의회 구성원 중에서 간접선거에 의해 선출된 대의원으로 구성된다. 또한 대의원은 일반적으로 각 자치체의 수장·부수장이다. 카운티의회의 대의원수는 구역 내의 자치체 수에 따라 다르며 또한 각 대의원의 임기도 선출모체인 자치체 의회의 임기에 따른다.

마지막 구성형태인 토론토 광역도시권 연방체방식에 의한 것으로 광역도시권 행정체제의 성공적인 사례로 캐나다와 미국에서 광역도시권 행정체제의 모델을 대표한다. 광역도시권은 광역단체인 토론토 연합체와 기초단체인 토론토 시 등 6개의 자치단체로 구성된 2계층제적인 행정체제를 갖추고 있다.

토론토 광역도시권은 2차대전 후 급격한 인구증가와 도시화의 추세 때문에 많은 도시문제를 안게 되었다. 그래서 토론토시는 대도시정부 구성을 위해 온타리오 자치위원회에 토론토시 주변의 12개 시에 대한 합병을 요청하였다. 이에 따라 위원회는 2계층제적인 토론토권 연합체의 설치를 제안하였고, 이 제안에 따라 온타리오 주정부는 1953년 토론토연합체법을 제정하여 토론토 방식이라고 불려지는 광역도시권 행정체제가 성립되었다.

그 후 토론토 광역도시권에서 중심도시인 토론토 시는 주변 자치단체들이 급속히 성장해감에 따라 그들은 연합체 운영에 있어서 토론토 시의 상대적 규모, 권한 및 그에 따른 광역토론토에 대한 영향력 과대 문제를 제기하여 평등화를 요구하기에 이르렀다. 그래서 이러한 문제를 해결하기 위하여 1963년 토론토 광역도시권에 관한 왕립위원회를 설치하게 되었고, 이 위원회는 자치단체를 13개에서 6개로 통합하고 토론토 시 이외의 자치단체대표의 증원 등을 주요 내용으로 하는 제안을 채택하여 1967년부터 시행하게 되었다.[53)]

---

53) 김해중(1994: 34).

토론토연합체는 각 자치단체를 대표하는 의원으로 구성된 의회를 중심으로 조직되어 있으며 의회에는 일반행정의 집행을 관장하는 집행위원회와 집행위원회 아래 의회의 상임위원회가 공공사업, 도로, 교통, 사회복지 등의 분야별로 6개가 설치되어 있다. 또한 각 위원회는 관할사무를 처리하기 위하여 위원회들과 국이 각각 조성되어 있다.

토론토연합체의 권한은 타 법률에 특별한 규정이 없는 한 의회가 행사하는 것으로 규정되어 있어 의회가 의결 및 집행기관으로서 주요 정책을 결정하며 세입·세출을 승인한다. 연합체의회는 34인의 의원으로 구성되는데 당연직 의원인 각 자치단체의회의장인 시장을 제외한 나머지 의원은 주민의 직선에 의하여 선출되며 모든 의원의 임기는 3년이다. 또한 의장은 연합체의회의 장인 동시에 집행기관의 수장으로서 공선된 의원 중에서 선출되며 의원직은 그대로 보유하게 되었다.

토론토연합체와 각 자치단체간의 사무배분은 원칙적으로 광역적인 사무처리가 요구되는 것은 연합체가 처리하고 지방적인 사무는 각 자치단체가 처리한다. 그러나 실질적으로는 전통과 관습, 사회적 상황 등의 영향을 받아 기본원칙을 근간으로 이루어진다.

토론토연합체의 재원은 주로 각 자치의 부담금, 주의 보조금, 각종 사용료, 수수료 및 기타수입 등이며, 한편 토론토연합체에는 직접적인 과세권이 없고 그 재정운영에 있어서 주정부의 규제를 받는 분야가 많다. 예를 들면 온타리오 자치위원회가 자본지출 및 특정사업계획의 사업승인, 기채 및 기채고의 관리를 하고 있으며 지방세의 과세기준을 결정하는 과세평가사무와 임대주택에 관한 사무를 관장하고 있다. 그리고 주정부의 조건부 보조금으로 자치단체의 재정을 통제하고 있으며 각 자치단체의 재정조정은 교육을 제외하고 주정부가 관장하고 있다.[54)]

3. 중앙과 지방과의 관계

캐나다는 역사적 배경과 영국의 정체의 영향으로 연방국가이며 주법에 의하여 지방자치체를 가지고 있는 국가이다. 따라서 연방정부에 의한 지방자치체의 관여는 원칙적으로 배제되어 있다. 이를 단적으로 보여주는 것이 1995년

54) 김해중(1994) 참조.

10월 퀘벡 주의 분리독립투표이다. 즉, 연방정부의 간섭과 집권화에서 프랑스계 캐나다인이 많이 살고 있는 퀘벡 주를 독립시키려는 움직임이다. 물론 이 문제의 배경은 매우 복잡하겠으나 그 내면에는 연방정부의 집권에 대한 견제의 역할도 한편으로 존재한다 할 수 있을 것이다.

지방자치의 근원을 이루고 있는 영국에서 중요한 지방자치의 원칙은 '법률에 의해서 권한이 부여되지 않는 한 행위할 수 없다'는 것이다. 즉, 지방자치는 법률에 의해 부여된 범위 안에서 자치행정을 펼칠 수 있다는 것이다. 캐나다 역시 영국의 지방행정체제를 모태로 하고 있기 때문에 자치단체의 자유권을 법률에 의하여 제한하고 있다.

사스카체완Sakatchewan이나 알버타Alberta 등의 주에서는 주의 감독관이 전통적으로 지방자치체의 감독 역으로 커다란 역할을 수행해 오고 있다. 또한 주정부는 지방자치체에 의한 행정처분 등에 대한 주민으로부터의 불복신청을 심사하는 경우도 있다. 캐나다에서는 인구 15만명(2017) 정도의 프린스 에드워드 아일랜드Prince Edward Island 주를 제외한 9개 주의 각 주마다에 주정부 옴부즈만Provincial Ombudsman을 두고 있으며 이 주정부 옴부즈만의 권한은 주정부의 행정에 관련된 불복신청의 심사에 한정되는 것이 상당하나 노바 스코시아Nova Scotia 및 뉴브런즈윅New Brunswick 주에서는 지방자치체의 행정에도 그 권한이 미치고 있다.55)

제 4 절 정부관료제의 정책과정상에서의 역할과 영향력

Ⅰ. 정부관료제의 정책과정에 있어서 역할과 기능

캐나다에 있어서 고위직 공무원은 물론이거니와 중간직 공무원의 역할과 기능에 대한 가장 기본적인 설명은 그들이 비교적 경험이 있고 활동적이다라는 점이다. 또한 중간직 관료들이 정책을 만들어내지는 못하지만, 그럼에도 불구하고 정책문제의 개발에는 영향력을 가지고 있다. 즉 이러한 관료들이 유사한 정책대안에 대한 분석과 조합을 시도하며, 장관 역시 비관료들에게 의존하

55) 한국지방행정연구원(1991: 237).

는 것은 한계가 있기에 관료들에게 의존하게 된다. 따라서 관료들은 정책결정에 있어서 적극적인 역할을 수행하며, 시간이 경과될수록 이들의 공헌도는 증가될 것이다.

정책결정요소의 분석과 자료의 수집에 대한 기능은, 공공서비스공급의 정책결정에 있어 매우 중요하다. 고급관료는 정책결정에 관한 아이디어를 제공하여야 하며, 정치인인 장관을 대신하여 행동계획과, 장관이 실제 행동하기 이전이 필요한 제반 계획을 고려하여야 한다.

영국의 Winston Churchill이 장관으로 임명될 당시 자기를 보좌하는 고위공무원에게 다음과 같은 말을 하였다. "당신은 지속적으로 비서로서의 역할을 수행하지만, 나는 단지 국방장관으로 한시적인 사람이다. 그러나 최소한 나의 관점에 무엇인가를 고려할 수 있도록 하여야 한다"라고 말하였다. 이는 일시적인 장관의 역할에 대비된 정책결정에 있어서 고위관료의 역할을 암시적으로 나타낸 표현인 것이다(Dunn, 1995).

정치적 임용이 아닌 고위관료로 각 성·청의 차관이 있다. 각 성별로 일반적으로 4명 정도가 임명되는 차관들은 때로는 정치적으로 또는 전문성을 강조하여 외부로부터 직접 임용되는 경우가 많이 있지만 1980년대부터는 상당기간 공직경험을 가진 관료들이 발탁되는 것이 일반적이다(Campbell, 1983).56)

이들 차관의 정책기능은 주로 새로운 정책의 개발에 관하여 장관에게 조언을 하는 것이다. 차관을 보좌하는 차관보들도 풍부한 경험과 전문성으로 새로운 정책의 틀을 짜고 자문을 한다. 각 성·청은 이러한 정책의 개발을 위하여 연구기관을 보유하고 있어서 전문성 보완의 측면에서 역할을 하고 있다. 캐나다 의회제도하에서는 특히 고위관료들의 정책결정에 관한 영향력이 대통령제도하의 영향력보다 훨씬 강하다(Presthus & Monopoli, 1977). 미국과 비교하여 캐나다의 정치체제에서는 차관과 같은 고위관료들에게 매우 강한 정책영향력이 부여된다. 연구조사(Presthus, 1974; Campbell, 1983)에 의하면, 캐나다와 미국의 고위관료의 정책영향력을 비교할 수 있다. 이 연구는 시간적으로는 오래되었지만 내각제와 대통령제의 차이에서 기인된 결과는 오늘날에도 간과할 수

56) 외부로부터의 임용은 주로 정치적으로 임용되는 수상실의 고위관료와 일부 특수한 전문성을 요하는 경우가 대부분이다. 1980년대 이전에는 외부임용이 더 많은 비중을 차지했었다(각주 39 참조).

없는 사실이다. 즉, 캐나다의 고위공직자들은 그들 자신이 정책결정에 가장 영향력 있는 집단에 소속한다고 생각하고 있으며 그들은 실제로 매우 강한 정책영향력을 가지고 있다. 이러한 결과는 정치제도의 차이뿐만 아니라 캐나다 사회가 미국보다 더욱 엘리트적인 사회라는 정치행정문화의 차이에서 기인하기도 한다(Porter, 1969).57)

새로운 정책의 개발에 관한 정보의 수집, 정책집행시에 필요한 다양한 자원 및 환경의 조성을 위한 준비작업은 각 국 또는 과의 역할로 돌아간다. 정책의 개발에 있어서 단일 성, 청이 관련하는 경우도 있지만 복수의 기관이 관련된 복잡한 정책이 더욱 일반화되고 있다. 이러한 관련 성, 청의 조정을 위하여 실무를 담당하는 관료들의 위원회의 구성이 캐나다 정부에서는 보편화되어 있다. 이러한 위원회의 조정역할이 부족할 경우 추밀원Privy Council Office이나 재무위원회사무국Treasury Board Secretariat이 적극적으로 조정을 하게 된다.

오늘날 캐나다 정부관료제는 적극적인 특성을 가지고 실행정책과 방향을 제공한다. 특히 경제적인 측면에서 정부는 적극 개입한다고 할 수 있다. 캐나다의 경제 및 사회, 기술적인 구조는 비교적 정적 구조에 기반을 두고 있으며, 과거의 법치주의는 정부의 역할을 증대시키는 데 있어 적당한 메커니즘이었다고 할 수 있다(McKenna, 1993). 그러나 경제구조의 확장은 과거의 규모에 맞지 않게 되었고, 정부역할의 속성을 바꾸어 놓았다. 즉 이러한 경제 및 사회구조의 변화는 의회의 실제적인 실행역할을 감소시키면서, 정부의 권위에 의한 지휘통제권을 강화시켜 나갔다(Grant, 1989). 따라서 캐나다의 정부관료제는 대부분의 개발도상국에서 볼 수 있듯이 정책과정상에서 상당한 영향력을 행사한다.

정책평가에 있어서 캐나다는 미국, 영국 등 선진국가들과 더불어 매우 발달된 제도를 운영하는 것으로 인정되고 있다. 이러한 정책평가제도는 처음부터 행정기관들이 자발적으로 도입한 것은 아니었다. 중앙행정 조정기관의 하나인 재무원의 요구로 수행하여 오다가 최근에는 평가제도가 정부관료제 내에서 제도화되어 운영되고 있다. 하지만 다양한 부처마다 그 성과 역시 다양하게 나타나고 있다.

1993년 연방감사원에 의하여 향후 5년간에 걸쳐 모든 정부사업이 평가되도록 의무화되었지만 초기에는 각 부처별 정부지출의 25～53% 정도만이 평가

57) Jacques, Dion, and Lemay(1993) 참조.

가 되었다고 한다. 하지만 최근에 와서는 대부분의 사업이 평가되고 있으며 이 중 약 80%는 외부전문가에게 용역을 주어 평가하도록 하고 있다(Moenting, 1997). 하지만 현실적으로 정책평가과정에서의 정부관료제의 역할은 20%에 그친다고 할 수는 없으며 매우 중요한 영향력을 가지고 있다.

정부관료제의 이러한 기능변화는 시간이 필요한데 캐나다의 정치적·입법적 구조는 이러한 시간의 변화에 보조를 맞추는 데 실패하였다. 의회는 내각과 각 국 및 위원회에 권한위임을 증가시키고 있으며, 따라서 정부는 기술의 급속한 변화나 대내외적인 무역이나 사회적 관점에서 더욱 활동적이고 적극적인 역할을 수행하게 되었다(Grant, 1989).

정부의 각 부서의 활동은 더 이상 분리될 수 있는 단독활동이 드물고, 상호 복합적인 문제가 많다. 정부의 직접참여에 의한 기능확대는 행정의 메커니즘이 더욱 복잡해지고 있다는 증거이며, 이에 대한 대응력의 제고가 캐나다 정부관료제의 가장 큰 과제일 것이다.

Ⅱ. 직업관료들과 정치적 관리자들 간의 권력관계

앞서 설명하였듯이 캐나다는 입헌군주국이며 연방제도를 채택하고 있는 국가이며 강력한 내각제의 행정체제를 갖추고 있다. 연방정부의 내각은 두 가지 의미에서 대표성을 강조하는 조직이다(Aucoin, 1991). 첫째, 의회정부의 능률성 제고를 위한 내각제이다. 일반적으로 의회정부체제는 행정의 능률성 측면에서 부정적인 효과를 초래할 수 있다. 이러한 행정의 비능률성을 제거하기 위하여 정당을 대표하는 강력한 지도자들은 행정부에 참여하는 수단으로 내각의 구성원이 된다. 이렇게 정치적 대표성을 가진 내각은 의사결정체로서의 역할에 있어서 어느 정도의 능률성을 제고할 수 있다. 둘째, 연방제도하에서 권력의 중앙과 지방간의 배분을 위한 내각이다. 캐나다는 지리적 요인과 다양한 인종적 요인으로 인하여 국가의 정책결정에서 다양한 참여자의 개입으로 의사결정을 쉽게 도출하지 못할 가능성이 높다. 따라서 지리적·인종적 대표성이 부여된 각료로서 내각이 구성된다.

캐나다의 정치제도는 강한 내각과 고위관료제, 강력한 당정, 약한 입법위원회의 역할 등으로 간단히 표현될 수 있다. 미국과 캐나다의 관료들은 입법가들의 정치력 역량과 경쟁력에 관한 평가에서 매우 큰 차이를 보이고 있다(Presthus, 1974). 즉, 캐나다 고위관료들은 캐나다의 입법가들의 능력과 전문성에 관하여 부정적인 견해를 가지고 있다. 조사결과는 역시 과반수 이상인 53%(연방정부)와 61%(주정부)가 입법가들은 역량 있는 정치전문가가 아니라고 대답하였다. 이러한 현격한 차이는 캐나다 관료들의 근무연한과 교육적 배경이 중요한 요인이 되었다. 첫째, 입법가들은 관료들과 비교하여 '전문가'가 되기에 충분히 오랫동안 한 자리에 있을 수가 없다. 또한 입법가들과 관료들의 교육적 배경[58]을 비교하면 관료들은 입법가들이 정부업무에 전문가가 되기에는 부족한 교육적 배경을 가졌다고 생각될 것이다(Presthus & Monopoli, 1977; Campbell, 1983).

의회제도에서는 권력이 의회에서 선출된 내각에 집중되며, 내각은 의회에 책임을 진다. 내각은 통상 전체로 구성되거나 해산되기 때문에 의회제도에서는 의회에 정부정책을 제출하기 전에 그들 사이에서 동의를 이끌어 내기 위해 내각 구성원들에게 강력한 동기를 고안해 낸다. 따라서 의회의 내각은 관료제에 대해 매우 강력한 회의체이다. 즉 선출된 하원의 권력과 정당지도자들을 결합시키고 행정기관을 조정하는 것이 전형적인 예이다.

의회제도는 관료적인 지원이 필요한데, 대체로 의회는 그들이 통치하는데 있어 직업관료들의 도움을 기대할 수 있다는 것을 안다. 의회는 임기와 확실한 수입이 보장되어 있기 때문에 직업공무원들이 최소한의 협조를 기대하며 정치상의 책임에 대해서는 회피하지 않는다. 캐나다 관료제에는 고위관리직을 독점하는 엘리트집단과 부서간의 직무순환제가 있어 특수한 정책이나 정치영역에 대한 전문적 지식보다는 정부에 대한 전반적인 지식을 가진 일반행정인을 얻게 된다. 특히 고위직업관료들은 장관과의 밀접한 관계에 의하여 장관이 자리를 옮기면 따라서 이동하는 경향을 보이기도 한다. 즉 이들 고위직업관료들의 전문성보다는 충성심과 정부에 대한 전반적인 지식과 경험을 정치인인 장관은 더욱 높이 평가하고 있다(Campbell, 1983). 내각이 효과적으로 통치하기 위해서는 넓은 식견을 갖춘 '관리'들의 도움이 필요하였다. 관료들이 그들 자

58) 캐나다의 관료들은 86%가 대학졸업 이상의 학력을 가지고 있으며 입법가들은 단지 58%만이 대학졸업 이상의 학력을 소유하고 있다. 하지만 이들 두 집단은 국민 전체 중 대학졸업 이상이 5% 내외인 점을 감안할 때 상당한 고학력의 엘리트 집단인 것만은 분명하다.

신의 이익을 가지고 내각에 '조언자'로서 실질적인 정치권력을 행사한다는 것은 틀림없으나, 관료들에게 자신들의 정책을 자치적으로 추진하게 하는 것은 어려운 일이다.

의회제도에서 고급관료들이 설령 있다 하더라도, 그들은 중간매개자transients의 역할을 한다. 여기에는 많은 이유가 있다. 예를 들어 외부세력들은 내각의 임기가 의회의 불신임투표에 의해 종료될 수 있으므로 임기가 보장될 수 없는 공직에 매력을 갖기 어렵다. 반대로, 직업공무원은 개각에 따라 관료제 내에서 영구적 지위에 재임될 수 있다는 신념만 있다면, 일시적인 '정치적' 약속을 수용한다. 더욱이, 직업공무원과 의회 사이의 직접 연관이 있는 한 재직할 수 있으며, 각료들이 참모로서 보좌를 구한 전문가들을 배반하지 않을 것이다. 정치적 약속과 충성심으로 맺어진 고위직업관료들은 때때로 장관을 대신하여 역할을 수행할 수도 있으며 내각위원회와 같은 최고정책결정기관에도 배석하면서 자연히 중간매개자의 역할과 적극적인 정책결정 참여자로 발전하게 된다(Campbell, 1983).

무엇보다도 각료들은 그들 스스로 강력한 선출 정치인이기 때문에 정부고위직을 보좌할 중간매개자가 거의 필요하지 않다. 이 점은 우리가 의회제도(내각 구성원들이 선출된 정치인이다)와 관료정치(모두 직업공무원이다) 사이에서 발견할 수 있는 판이한 장점을 살펴보면 더욱 분명해진다(Manzer, 1985). 반대로, 대통령제도에서는 선출된 정치인이나 직업공무원들 중에서 내각을 구성할 수 없다. 결국 각료들은 고위직뿐만 아니라 하위직도 중간매개자로 고용될 것을 강요받는다는 것을 알게 될 것이다.

직업공무원제를 의회의 내각에서 본다면 직업공무원제는 관리들이 정부정책에 커다란 영향력을 미칠 수 있다고 이해될 수 있다. 특히, 그들의 '상관'에게 조언하는 것을 통해서 영향력을 미칠 수 있다. 그럼에도 불구하고 이 제도를 전통적인 독재와 비교하면 내각제의 관료들의 책임성을 유지하는 능력이 더 탁월하다는 것을 알게 된다. 그들이 권력을 독점할 수는 없어도 관료들은 필연적으로 많은 정치적 영향력을 행사한다. 이러한 의회제도의 역사적 기반을 살펴보면 다음과 같다(Smith, 1995).

가장 중요한 점은 의회제도가 관료들이 대표제도의 발달에 유리하도록 잘 조직되었던 독재로부터 진화되어 왔다는 것이다. 그 제도가 모집과 채용에 있어서 객관적인 시험을 기본으로 하는 '실적주의'체제였다는 것을 말하는 것이 아니라 의회주의가 이미 존재하는 임명된 직업공무원의 정부기관을 배경으로 등장하였다는 것을 의미한다.

새로운 조직제도가 등장하였을 때, 급진적인 방법으로 조직제도를 전환하거나 대치하는 것보다는 현존하는 관료제를 유지하는 것이 더 용이했다. 관료제 안에서 실적주의 제도에 의한 관료의 임명은 민주화 기능보다는 산업화 기능에 더욱 긍정적인 역할을 수행하여 왔다.

직업관료와 정치인들의 관계를 또 다른 측면에서 고찰할 수 있는데 이러한 기본논의는 행정과 정치간의 관료제적 연결고리라는 사고에서 출발할 수 있다. 관료제는 정치와 관련된 대규모 제도의 한 부분이다. 정치와 행정의 이분법적 상황에서의 정부관료제는 항상 행정부의 역할과 정치적 역할을 수행하는 데 그들의 행정적 기능이 어떻게 수행되는지를 이해하기 위해서는 그들의 정치적 역할을 이해해야 하고, 반대로 또한 그들의 행정적 역할에 관하여 생각할 필요가 있으며 정치적 기능을 이해해야 한다.

Riggs는 정치행정일원론에 입각하여 정치행정이원론을 비판하면서, 관료제는 행정적 역할뿐만 아니라 정치적 역할까지도 수행한다고 하였다. 정치행정이원론의 입장은 정치와 행정을 분리하여, 정치는 입법부·기타 정책수립집단에 의한 전통적 정당정치 및 일반적 정책수립만을 의미하고, 행정은 관리과학을 전제로 하여 법률로 정한 제 정책을 행정인이 수행하는 것이라 한 것으로 Wilson(1887), Goodnow(1900), Weber(1918), White(1926) 등이 이를 주장하였다. 그러나 1930년대 이후 사회문제의 복잡화와 과대화로 인해 이의 해결을 위한 정책수립 또는 입법의 적절성과 신속성이 요구되면서, 비전문가인 정치인들로 구성되어 이러한 요구에 부응하지 못했던 의회는 행정부에 대하여 정책형성기능·위임입법기능·재량권을 인정하지 않을 수 없게 되자, 행정부는 정치로부터 절연되어 있던 정책형성기능과 정치적 기능을 수행하게 되었다. 이러한 변화는 미국의 뉴딜정책 및 2차대전 기간에 직접 행정에 참여하여 행정경험을 쌓은 행정학자들에 의해 이원론의 부정확성과 단순성이 인식되면서 본격화되었으며, 이로써 정치와 행정은 결코 분리될 수 없는 상호작용적이고 상호보완적인 과정이라고 하는 정치행정일원론이 나타나게 된다.

Riggs에 의하면 정치적 역할의 극단으로는 관료정치라 할 수 있는 통치(행정)행위가 있으며, 행정적 역할의 극단으로는 잘 확립된 입헌적 체제하에서의 단순한 관리가 있을 수 있다고 한다. 그러나 위의 두 가지 양극단은 결코 성공적이지 못한 형태이며, 관료제의 행정 효과성의 최적화를 기하기 위해서는 관료적 권력과 관료제외적 제도(즉, 입헌적 정치체제)의 권력이 균형을 이루어야만 한다고 한다. 이러한 점에서, 관료제는 정치와 행정이 연결되는 하나의 고리로서 이해할 수 있게 되는 것이다. 내각제의 캐나다는 장관들이 명백한 정치인들이기 때문에 관료들 특히 고위관료들의 이러한 고리역할이 두드러진다.

제 5 절 정부관료제의 통제 및 행정개혁

Ⅰ. 관료제의 통제장치 및 노력

캐나다의 정부활동에 있어서 관료적 권력의 강화현상은 관료의 자유재량 권력의 확장을 불가피하게 만들며, 이렇게 강화되는 권력의 조절과 가속화되는 변화에 대응하는 것이 캐나다 정부관료제의 당면한 과제이다. 또한 이러한 변화로 인하여 정부 각 기관이 관련되어 있는 다양한 활동에 대한 책임성을 보장하는 것이 더욱 힘들어지고 있다. 심지어 이러한 자유재량권의 광범한 사용은 이에 대한 통제장치가 없이는 남용할 여지가 충분히 있다.

캐나다는 관료의 권력남용 등을 제한하기 위한 제도적 장치를 위하여 양면접근을 시도하고 있다.59)

첫 번째는 개인의 권리를 옹호하기 위한 관심과 제도적 장치의 수립이다. 1960년대 이후부터 이에 대한 관심이 커지면서 고충처리실Office of Ombudsman과 의회위원회의 설치에 관한 연구가 이루어지기 시작하였다. 고충처리실의 경우 200년 이상 스웨덴에서의 운용 경험을 도입하였다. 이는 공명정대한 법의 집행을 위하여 후에 최고행정관Supreme procurator과 개인의 권리옹호를 위한 고충처리실로 독립 발전하였다.

1950년대 말 이후 시민 등의 압력으로 각 주들은 고충처리실의 설치를 시도하였으며 뒤늦게 연방정부도 고충처리실과 같은 제도를 도입하였다(Rowat,

59) 자세한 내용은 White, Wagenberg, and Nelson(1990) 참조.

1968). 연방정부는 인권위원회Human Right Commission, 공공언어위원회Commissioner of Official Language, 공보위원회Information Commission 및 인권옹호기능의 확충을 위한 구치소의 고충처리실을 설치하여 운용하였다.

정책의 평가를 통하여 관료들에 대한 통제를 할 수 있다. 정책평가는 효과성과 효율성을 기준으로 하는 정책성과의 평가와 정책과정의 평가를 모두 포함하는 포괄적인 개념이다. 캐나다에서는 본격적인 정책평가는 1977년부터 시작되었다. 연방정부 내의 모든 기관들은 집행된 정책평가를 의무화하고 정책의 효율성과 효과성이 평가의 기준으로 제시되었다. 그러나 캐나다정부의 정책평가는 이원적 구조를 가지고 있다. 즉 정책의 효율성과 효과성 평가의 주체가 서로 다른 이원구조를 취한다.

1977년에 캐나다정부는 정책평가를 전담하는 기관인 감사원OCG: Office of Comptroller General을 설립하였다. 감사원은 정부정책의 효율성을 평가하여 연방의회에 매년 보고한다. 반면에 정책목표의 달성 여부에 관한 효과성의 평가는 정책을 집행한 각 기관에서 자체적으로 실시한다. 각 기관마다 개별적인 평가시스템을 가지고 있는데 이러한 평가시스템에 대한 감사는 감사원의 프로그램평가국이 담당하며 정책평가 자체에는 관여하지 않는다. 비록 감사원은 정책평가에 대한 단일 주체는 못되지만 평가시스템에 관한 감사원의 공헌은 매우 크다고 할 수 있다(Leclerc, 1992). 이러한 정책평가제도는 정부의 행정개혁 추세 속에서 새롭게 재조명되고 있다. 따라서 캐나다도 정치·경제적 환경의 변화에 따른 새로운 정책평가제도의 형성이 행정개혁 측면에서 시도되고 있다.

관료제의 통제장치가 입법권에 위임되어 있다는 사실은 매우 중요한 의미를 지니고 있으며, 입법부는 관료통제를 위한 특별한 메커니즘이 필요하다. 만약 의회가 이러한 메커니즘의 기능을 갖고 있지 못한다면, 의회는 상당히 무기력한 존재가 될 것이다.

의회에 의한 관료통제장치로는 규칙 및 상설제도에 관한 상하원합동위원회Joint Committee of the House of Commons and the Senate on Regulations and Other Statutory Instruments가 설치되어 내각에 의한 모든 권한위임을 사전에 검토한다. 또한 행정부 내부에는 추밀원과 재무위원회가 있어서 행정부 내의 관료적 권력의 비정상적 비대화를 통제한다.

법원은 개개인이 다른 개인이나 국가에 의해 피해받는 것을 보호하는 것이 의무이다. 법적인 의견은 모든 사람들에게 공평하게 적용되며, 법치주의를 구현하는 것이라 할 수 있다. 캐나다의 사법부는 다양한 법의 해석을 통하여 관료통제의 제도적 장치로서 기능을 하고 있다.

제도적 장치는 아니지만 시민과 이익단체 등의 다양한 정책과정의 참여자들도 새로운 정책의 개발 및 집행에 영향력을 행사하여 관료적 권력의 독주를 경계하는 역할을 한다.

Ⅱ. 행정개혁

변화하지 않는 사회란 존재하지 않고 변화하지 않는 행정은 없다. 행정은 부단히 변화되어 왔고 현재도 계속하여 변화하고 있으며 앞으로도 변화되어 나아갈 것이다. 세계는 국경 없는 지구촌으로 변모해가고 있으며 각 국가들은 이에 국가전체의 생산성을 높여 국가경쟁력의 제고를 지상목표로 삼고 있다. 지구촌시대는 국가 간의 무한경쟁시대로의 돌입을 의미한다. 이는 또한 민간부분에서의 국가경쟁력의 제고뿐만 아니라 이를 뒷받침할 수 있는 정부부문의 생산성제고와 공공서비스의 질적 향상이 동시에 이루어져야 한다(이계식 · 문형표, 1996). 따라서 행정개혁은 이러한 맥락에서 이해되고 고찰되어야 한다.

행정개혁에 대한 새로운 경향으로서 들 수 있는 가장 중요한 점은 개혁에 대한 기본구상이 뜻있는 민간전문가들에 의해 구상되고 있다는 점이다. 즉 과거의 행정개혁은 주로 정치지도자의 결단에 의해 자신의 정치적 목적을 달성하기 위한 것이었다. 또한 과거의 행정개혁은 국민의 복지향상이나 국민에 대한 좀더 나은 서비스를 제공하기 위한 행정체제를 구축한다는 차원에서보다는 정치지도자의 통치능력 및 관리수단의 확보나 공무원들의 복지향상에 주안점을 두었다고 할 수 있다.

캐나다에 있어서도 다른 국가와 마찬가지로 급속한 사회경제적 · 기술적인 변화가 다가오고 있으며, 자동화의 시대로부터 독립적인 사람은 아무도 없다고 할 만큼 개념과 기술 그리고 환경변화는 극심하다. 즉, 과거의 100년보다도 앞으로 다가올 10년간의 기간이 더욱 다양하면서도 커다란 문제가 발생할 것이며, 정부관료제도 역시 이러한 사회적 변화에 대응해야하는 문제에 직면하고 있다. 캐나다정부의 행정개혁은 기본적으로 불안정한 재정상황에서 기인한 공공분야의 개혁public sector reform에서 공공행정의 개혁public management reform으로 진행되었다. 이러한 과정에서 캐나다정부는 환경변화에 따른 다변적이고 융통성 있는 역할수행을 강조하고 있다: 정부의 주도적 역할lead, 여과적 역할catalyst, 동반자적 역할partnerships, 전략적 동맹관계 구축역할strategic alliance, 국민 동조세력 구축 역할(OECD, 1998).

캐나다의 정부개혁은 1962년에 Glassco위원회라고 하는 정부조직에 관한 왕실위원회에서 시작되었다. 이는 정부관료제의 책임지향적 정부와 자율성을 최대한 보장하는 내용이 핵심이었는데 1970년대에 들어와서 행정환경의 변화에 따라서 중앙부처의 자율성이 대폭 위축되었다(총무처 직무분석기획단, 1997). 1980년에는 정부관료제의 권한과 책임의 조화에 관심을 기울였으며 이는 1986년에 재정위원회의 보고서로 완성이 되었다. 또한 1988년에는 체계적인 개혁작업을 위하여 정부관료제의 훈련기관인 관리훈련원The Canadian Centre for Management Development을 설립하였다. 1992년 Mulroney수상은 작은 정부와 조직개편 논의를 위하여 전직차관과 고위관료로 구성된 자문위원회를 구성하여 행정개혁의 노력을 기울이기도 하였다. 같은 맥락에서 Mulroney수상은 대국민 서비스의 질적 향상을 위한 '행정 2000: The Renewal of the Public Service'라는 개혁안을 발표하였다.60)

이후 캐나다정부는 행정개혁의 세부목표를 국제화의 대응, 국민생활중시형 행정의 실현, 투명하고 공정한 행정의 확보, 정부부문의 역할제고, 노령화사회에 대비한 국민부담 증가의 억제, 규제의 감축, 정부사업 특수법인 등의 개혁, 지방분권, 종합적이고 일체적인 행정시스템의 구축 차원에서 세분화된 행정조직의 재편, 행정의 종합조정기능 강화, 공무원 성·청 이기주의 시정 등을 행정개혁의 기본방향으로 하여 이를 위한 각종 방안을 제시하고 있다.

이러한 맥락에서 1993년 6월 보수당출신의 수상인 Campbell은 캐나다 역사상 가장 획기적인 개혁을 단행하여 정부구조의 축소와 재구성을 실시하였다. 즉 Campbell정권은 그전의 Mulroney수상 때 35명의 내각규모를 24명으로

60) '행정 2000' 보고서는 공공부분 개혁과 공무원의 책임성을 강조하며 경직된 조직구조의 배제, 고용평등의 실천, 공공서비스를 담당하는 공무원들의 자질 개선을 강조하였다. 또한 이는 신공공관리론에 입각하여 절차보다는 업무결과에 대한 중요성을 강조하고 결과 지향적이고 고객중심적 서비스관리를 강조한다. 인사행정 개혁으로 공무원조직의 유연성과 유동성을 확보하기 위한 공무원 개혁법(Public Service Reform Act) 제정은 '행정 2000' 개혁안의 주요 성과로 볼 수 있다.

대폭 축소하였다(Aucoin, 1995). 또한 정부 부처도 32개에서 23개로 줄이는 개혁을 단행하였다.

다음으로 집권한 자유당의 Chretien수상도 이에 가세하여 내각의 규모와 부처를 현저히 줄이는 개혁을 실행하였다. Chretien수상은 내각의 규모를 줄이는 동시에 새로운 제도를 도입하였다. 과거에는 장관보ministers of state to assist, junior ministers를 포함한 모든 장관은 당연히 내각 및 내각위원회의 구성원이었으나 Chretien수상은 내각구성원이 아닌 장관 격인 국무장관secretaries[61])이라는 새로운 보직을 만들어서 내각cabinet과 부처ministry에 구분을 두었다. 이러한 행정개혁은 경제성과 효율성을 중시하는 공공의 요구가 받아들여진 결과였으며 '행정부 내의 보다 적은 정치인'이라는 1993년 총선의 교훈과 누적된 재정적자로 결행될 수 있었다(Savoie, 1990; Aucoin, 1995). 따라서 1993년의 행정조직 개편은 제한된 공공자원의 낭비를 막기 위한 행정부 내의 중복업무를 대폭 줄여서 행정의 효율화에 기여하였다고 평가된다.

Cheritien 수상의 뒤를 이어 자유당의 Martin 수상이 2003년에 집권하여 캐나다 정부의 만성 적자를 극복하기 위한 사회복지정책을 중심으로 개혁작업을 착수하였다. 하지만 정치자금 스캔들 등으로 의회에서 다수당 획득에 실패하면서 그의 개혁작업은 퇴색되었다.

2006년부터 집권한 보수당 Harper 정권은 5개 정책분야에 우선권을 두고 개혁을 추진하였다: 연방정부의 책임성, 조세개혁, 범죄예방, 보육지원, 의료지원 개혁. 특히 연방정부의 책임성을 확보하기 위하여 2006년에 연방정부 책임성 법안 Federal Accountability Act를 발효하였다. 여기에는 전직 관료 등의 로비방지, 내부고발자의 보호, 감사권한의 강화 등이 주요 내용이다. Harper수상은 행정부뿐만 아니라 집권당의 당수로서 의회의 개혁작업에도 영향력을 발휘하여 의회의 독주와 행정부와의 균형을 재고하였다.[62])

약 10년간의 보수당 정권은 당선 당시 44세의 젊은 자유당 후보인 Justin Trudeau의 당선으로 막을 내리고 새로운 장을 열었다.

---

61) Chretien수상은 내각의 구성원이 아닌 8명의 장관보(junior minister)를 부처의 장으로 임명하고 새롭게 장관(secretary)이라 칭하여 내각구성원인 장관(minister)들과 구별하였다.

62) House of Commons of Canada, 39th Parliament, 1st Session (2007-05-03). "ournals (No. 146)"; CTV News (2006-12-13). "PM to bring 'democracy' to choice of senators". CTV; Steven Chase (2008-10-15). "Harper targets Senate reform". The Globe and Mail.

경제적으로는 향후 5년 동안 적자를 내서라도 돈을 많이 써서 경제를 부양하겠다는 정책을 발표했다. 스티븐 하퍼의 지도 아래 셰일 가스로 위시되는 에너지 산업에 치중했던 캐나다의 경제 구조를 바꾸는 것이 최종 목표인 듯했고, 또한 중산층에게 부과하던 세금을 줄이고, 1% 부유층에게 세금을 더 거두겠다고 밝혔다.

다문화주의를 중요시하여 우주비행사에서 버스운전사, 장애인, 시크교도, 아프가니스탄 출신 난민 등 캐나다 역사상 가장 다양한 출신성분을 가진 내각을 구성했다. 게다가 국방부 장관이 인도계이며 시크교 신자여서 취임식 당일에는 여러 장관들이 성경, 꾸란, 캐나다 원주민 사머니즘 용품을 사용해서 선서를 하는 등 다채로운 모습도 보여주었다.

캐나다의 행정개혁의 일환으로 위의 두 가지 점을 고려한 행정조직의 개편 및 통합은 세 가지 유형으로 범주화할 수 있다(Aucoin, 1995). 행정환경 및 정책수요의 변화에 대처하기 위하여 캐나다 정부는 이러한 유형에서 행정개혁을 추진하여 왔으며 앞으로도 이 방향으로 나갈 것이다.

첫 번째 유형은 운영상의 합병이다. 이 경우는 주로 행정효율성의 증대와 행정수요자에게 좀더 좋은 서비스를 제공하기 위한 조직의 합병이다. 국세청 Revenue Canada과 공공 및 정부서비스부Department of Public Works and Government Service의 합병이 비슷한 정책관할권을 가진 두 기관의 조화로운 합병으로 행정의 효율성뿐만 아니라 효과성의 증대에도 지대한 영향을 미친다(Hult, 1987; Aucoin, 1995; Szanton, 1981).

두 번째로는 정책의 통합을 위하여 복수의 기관이 하나로 합병하는 정책상의 합병이다. 어떤 기관의 정책결정이 다른 부처에 밀접하게 관련되어 있거나 영향을 미칠 때 이들 복수의 기관의 합병을 말하며 이런 의미에서 내부의 존적 합병이라고도 한다(Hult, 1987). 산업부Department of Industry, 인적자원개발부 Department of Human Resources Development, 시민권 및 이민부Department of Citizenship and Immigration 등이 이러한 맥락에서 합병되어 새로운 부처로 탄생하였다.

마지막 유형으로 프로그램상의 합병이 있다. 이는 다양한 행정단위와 관련성이 비교적 적은 정책프로그램들을 하나로 묶는 합병형태이다(Aucoin, 1995). 따라서 이러한 유형은 다양한 정책분야와 이질적인 정책목적을 가진 기관을 한 지붕 아래로 모아 놓는다고 하여 쓰레기통 합병garbage-can merger이라고도 칭한다(Hult, 1987). 이는 행정조직의 효율성과 합리화 차원에서 유용한데 자원부Department of Natural Resource의 구성이 좋은 예이다. 캐나다 행정조직에서 임산업은 커다란 부분을 차지해 왔다. 한때는 독립 부처로 존재하기도 하였으며 환경부나 농업부에서 담당하기도 하였다. 1993년의 행정조직 개편에서는 이러한 업무를 자원부에 합병하여 정책의 시너지synergy효과를 기대하였다.

위와 같은 세 가지 유형으로의 합병을 통하여 캐나다 정부는 행정의 능률성을 앞세운 합리화에 주력하며 행정개혁을 추진하였다. 이러한 조직규모의 축소와 개편은 국민생활중시형 행정의 실현, 투명하고 공정한 행정의 확보, 정부 부문의 역할제고, 규제의 감축, 정부사업 특수법인 등의 개혁, 지방분권, 종합적이고 일체적인 행정시스템의 구축 차원에서 세분화된 행정조직의 재편, 행정의 종합조정기능 강화, 공무원 성·청 이기주의 시정 등의 행정개혁의 기본방향을 어느 정도 충족하고 있다(Aucoin, 1995).

캐나다정부는 정부사업의 효율성을 제고시키기 위하여 사업재검토 프로그램Program review을 실행하고 있다. 이는 심각한 재정난을 겪던 1993년 체계적이고 다양한 행정개혁 프로그램의 성공과 함께 캐나다정부는 도입의 필요성을 절실히 느끼게 되었고 1994년에 이 프로그램을 도입하기에 이르렀다. 이 재검토 프로그램의 실행을 위하여 아래와 같은 6개의 기준이 적용된다: 공공이익의 기준, 정부역할의 기준, 연방정부 및 주정부의 역할기준, 민간파트너십 기준, 효율성 기준, 비용부담능력 기준.

이 프로그램의 시행으로 1995-1996회계연도에 120개 기관 중 73개가 폐지되고 이후 연간 72억 달러의 예산절감을 가져왔고 1998-1999회계연도부터는 90억 달러의 예산을 절감해 왔다. 예산절감 이외에도 대안적 정부서비스 제공기관alternative service agencies이 파생되어 매우 커다란 역할을 하고 있다. 이 기관은 효율성 제고를 바탕으로 정책고객의 요구에 적절하게 대응하도록 많은 자율성을 부여받았다.

또 다른 측면의 행정개혁을 위하여 국민의 정부에 대한 접근성을 높이기 위하여 정보기술information technology을 통한 전자정부를 최대한 활용하고 있다. 정부는 국민에게 적극적 인터넷 사용환경을 부여하여 2001년에 캐나다 국민의 60% 이상이 인터넷을 사용하고 있으며 2009년에는 약 75%로 증가하는 추세이다(Taylor Nelson Sofres, 'Government Online' 2002; UN ITU, 2010). 전자정부구축

〖표 8-3〗 주요국 전자정부 활용도 현황

순위	국 가	전자정부이용률	인터넷 이용률	인터넷 사용자 대비 전자정부 이용률
1	스 웨 덴	57	조사누락	–
2	노르웨이	56	64	81
3	싱가포르	53	66	63
4	덴 마 크	53	64	81
5	핀 란 드	49	58	78
6	캐 나 다	48	64	70
7	호 주	46	58	73
8	미 국	43	63	62
9	네덜란드	41	63	65
10	뉴질랜드	40	71	55
⋮	⋮	⋮	⋮	⋮
19	한 국	23	52	44

자료원: Taylor Nelson Sofres, 'Government Online' 2002.

을 위한 정부 온라인 서비스 시스템을 구축하여 국민전체 인터넷 사용자의 3분의 2 이상이 이를 이용하고 있어 신속성과 대응성이 현저히 제고되고 있다. 이러한 온라인 시스템 구축을 위한 예산이 2001-2002년도 예산에서 1억 2,000만 달러 이상 투입되기도 하였다. 이는 〈표 8-3〉에서 보듯이 캐나다의 국제적으로 매우 높은 전자정부 이용률과 인터넷 이용률로 나타나고 있다.

행정개혁은 결국은 정부의 효율성을 제고하고 국민에 대한 대응성을 증대시키는 데 그 목적이 있다. 즉, 고객중심의 행정을 위해서는 고객이 무엇을 원하는지를 알아야 한다. 대국민 서비스 만족도를 높이기 위한 전략으로 1998년부터 'Citizen First'를 통하여 만족도를 조사한다. 이는 연방정부 및 주정부들로 구성된 '공공부분 서비스전달 위원회'의 지원 하에 실행이 되며 결과는 행정연구원Institute for citizen-centered service에 의하여 발표되었다. 이러한 만족도조사는 적시성timeliness, 경쟁력competence, 친절도courtesy, 공정성fairness, 결과물result 등의 5가지 주요 요소에 대하여 평가되고 있다. 2000년도 'Citizen First 2000' 결과에 의하면 캐나다 국민 10명 중에 약 6명이 공공서비스에 만족하였는데 2008년의 'Citizen First 5'에서는 72%의 만족도를 보이며 계속 증가추세에 있다.[63] 우리나라에서

63) http://www.iccs- isac.org/en/cf/insights/Insights_PG1_EN.pdf

표 8-4 캐나다의 주요 행정개혁

연 도	구체적 내용
1992	인사관리권의 위임; - 1992년 공무원개혁법 제적으로 공무원인사관리 절차의 간소화→각 부처 사무차관에게 공무원임용권 대폭 위임
1993	- 정부조직개편; 정부부처 조직 기초적 구조조정 영국의 Agency와 같은 특별운영기관(SOA)설치 추진 - 대민 서비스업무의 효율성, 효과성, 신뢰성 증대 - 성과중심의 관리체제: 1993년 운영예산제도(Operating Budgets) 도입으로 보수 및 행정운영경비를 하나의 총액항목으로 통합하여 성과중심의 예산체제 확립
1994	- 주요 정부평가작업(Government Reviews): 재정억제를 목표로 정부사업과 기능에 대한 우선순위, 조직구조, 연방과 지방정부 및 민간부문의 관계를 백지상태에서 엄격히 재검토(Program Review, Agency Review, Review of Major Sectors) - 정책결정과정 개혁: 장관의 결재권 강화 - 재무행정의 개혁: EMS(Expenditure Management System) 도입 - 연방-지방정부관계의 효율성 개선작업 - 서비스기준, 정보기술, 규제개혁: 1994년부터 서비스기준(Service Standards) 제정 공표: 고객에 대한 서비스의 질 향상 - 대폭적인 규제완화 조치
1995	Program Review 부장관 task force팀 구성 공공부문 인력축소: 3년간 45,000명 축소
1996	경제정책분야의 재정비 복지, 환경분야 재정비 연방-지방정부관계의 협조체제 강화작업 최초의 행정개혁 지침서 발간, Getting Government Right EMS 재정비 정책연구위원회(Policy Research Committee) 구성: 부처간 정책협조체제 강화
1997	각 부처별 정책성과보고서(Performance Report) 제출
1998	각 부처별 정책계획 및 우선순위 보고서(Report on Plans & Priorities) 제출 The Leadership Network 신설: 행정개혁추진을 위한 조직
2003	사회복지정책 개편: 만성 적자 해소방안 공직현대화법(Public Service Modernization Act) 제정
2006	연방정부책임성법안(FAA) - 전직 관료 등의 로비방지, 내부고발자의 보호, 감사권한의 강화 의회 개혁: - 의회의 독주와 행정부와의 균형 재고
2011	사업재검토(program review)를 통한 정부기능 재분배

도 이와 비슷한 제도를 도입하여 '행정 서비스 헌장제'를 실시하기도 하였다.

1993년부터 본격적으로 집행된 캐나다정부의 구체적인 행정개혁의 노력을 정리하면 〈표 8-4〉와 같다.

즉, 캐나다정부의 행정개혁은 중앙집권적 정부체제의 개혁, 예산과 재정개혁, 대국민 서비스 개선을 위한 정책에 주력하며 행정업무 전 분야에서 다양한 개혁프로그램을 수행하였다. 조직의 측면에서는 수직적인 하향식 정부관리체계 대신 수평적인 상향식 조직구조를 지향하였으며, 인사행정면에서는 성과급 인센티브를 제공하면서 정부조직의 능률성과 효과성을 증대시켰다. 또한 재정개혁을 통하여 만성적인 재정적자와 정부부채를 감소시켰다.

이러한 행정개혁과 함께 캐나다정부에서도 민영화에 관한 관심이 점차 고

표 8-5 캐나다 주요 연보

연 도	주요 내용
1608-1759	프랑스 식민지 시대
1759-1760	영국군의 캐나다 점령
1763	파리협정(Treaty of Paris): 영국으로의 양도
1774	Quebec Act에 의한 식민정부의 구성(의회 제외)
1783-1784	영국 왕당파의 Quebec으로 이주
1791	Quebec주 두 개의 식민지로 분리(Lower Canada와 Upper Canada)
1800-1828	Lower Canada와 Upper Canada의 정치적 분쟁
1837	Lower Canada와 Upper Canada의 정치적 반란 발생 군사적 지도력의 부족으로 실패
1838-1839	Durham경 캐나다의 국내상황 조사 및 파악을 위해 영국으로부터 파견
1840-1841	Lower Canada와 Upper Canada 하나의 식민지(Union of-Canadas: 1841-67)로 통일
1867	Union of Canadas 와해 British North America Act에 의하여 Dominion of Canada결성: 이 새로운 동맹체제는 4개의 주를 포함-Quebec, Ontario, Nova Scotia, New Brunswick
1867-1896	보수당의 John A. MacDonald수상 집권
1870	Manitoba주 동맹(Confederation)에 편입
1871	British Columbia주 동맹에 편입
1873	Prince Edward Island주 동맹에 편입
1905	Alberta와 Saskatchewan주 동맹에 편입
1896-1911	자유당의 Wilfrid Laurier 수상 집권

조되었다. 캐나다는 이웃나라인 미국과는 달리 다양한 서비스가 국영 또는 정부투자기업에 의하여 제공되고 있었다. 방송분야에 있어서는 CBC라는 국영방송공사 위주이며, 의료보험도 정부가 주도하며, 교통분야에도 Air Canada와 Canadian National 등 정부투자기업들이 중심이 되었다. 따라서 캐나다의 개인사업은 대정부 담당 로비스트에 그 기업의 성패가 달려 있다는 말이 나올 정도로 정부에 의존하는 경향이 크다. 그러나 영국을 비롯한 여러 나라의 민영화 성공사례를 접하고 난 후, 캐나다정부도 민영화에 대한 조심스런 논의가 이루어지고 있다.

참고문헌

-제1장 비교행정 연구와 접근방법-

강신택 (1987). 「사회과학연구의 논리」. 서울: 박영사.

김규정 (1987). 「비교행정론」. 서울: 법문사.

김병섭 외 (2000). 「조직의 이해와 관리」. 서울: 대영문화사.

김석준 (1988). 전환기 한국행정의 새로운 패러다임 모색. 「한국행정학보」 22(2): 431-459.

김영평 (1994). 행정의 경쟁력, 맥락 그리고 새로운 패러다임. 노화준 · 송희준 공편. 「세계화와 국가경쟁력」. 241-274. 서울: 나남.

김윤권 (2016). 한국행정학의 비교연구 60년: 분석과 함의. 「한국행정학보」 50(5): 17-50.

김정렬 (2004). 거버넌스의 쟁점과 과제. 「행정포커스」 2004(3/4): 35-42.

김정수 (1993). G. John Ikenberry의 제도론적 국가중심 접근방법. 오석홍 편. 「정책학의 주요이론」. 서울: 경세원.

노화준 (1994). 국가경쟁력 강화를 위한 정책과 전략. 노화준 · 송희준 공편. 「세계화와 국가경쟁력」. 277-293. 서울: 나남.

박동서 외 (1996). 「비교행정론」. 서울: 박영사.

박천오 (2010). 「정부관료제: 이론과 실제」. 경기: 법문사.

______ (2018). 「한국관료제」. 경기: 법문사.

백완기 (1987). 한국적 행정이론의 성립가능성 모색. 「한국정치학회보」 21(2): 153-174.

서삼영 (1995). 서비스행정 증진을 위한 정보화 정책. 「한국행정연구」 4(2): 21-38.

송희준 (1995). 세계화의 의미와 행정의 역할. 「한국행정연구」 4(1): 5-21.

안병영 (1979). 한국의 행정현상과 행정학연구의 주체성. 「한국정치학보」 13: 49-65.

오석홍 (1987). 한국사회 변동의 추세: 행정의 환경변화추세. 「한국행정학보」 21(1): 103-114.

이계식 · 문형표 (1995). 「정부혁신: 선진국의 전략과 교훈」. 한국개발연구원.

정홍익 (1987). 정보사회의 행정역할과 과제. 「한국행정학보」 21(1): 115-132.

최병선 (2000). Michael Barzelay의 관료제 개혁론. 오석홍 편저. 「행정학의 주요이론」. 서울: 법문사.

한배호 (1987). 「비교정치론」. 서울: 박영사.

Aberbach, Joel D., Putnam, Robert D. and Rockman, Bert A. (1981). *Bureaucrats and Politicians in Western Democracies*. Cambridge, Massachusetts: Harvard University Press.

Aberbach, Joel D. et al. (1990). Comparing Japanese and American Administrative Elites. *British Journal of Political Science*, 20: 461-488.

Almond, Gabriel A. (1960). Introduction: A Functional Approach to Comparative Politics. In Almond, Gabriel A. and Coleman, James S. eds. *The Politics of Developing Areas*, 3-64. Princeton: Princeton University Press.

______ and Verba, Sidney (1963). *The Civic Culture*. Princeton, N.J.: Princeton University Press.

______ (1966). Political Theory and Political Science. *American Political Science Review*, 60: 869-879.

Appleby, Pahl H. (1965). Public Administration and Democracy. In Martin, Roscoe C. ed. *Public Administration and Democracy*, 333-348.

Bailey, Stephen K. (1966). Ethics in the Public Service. In Golembiewski, Robert, Gibson, Frank, and Cornog, Geoffery Y. eds. *Public Administration*, 22-32. Chicago: Rand McNally.

Bekke, Hans, James Perry, and Theo Toonen (1996). *Civil Service System in Comparative Perspective*. Bloomington: Indiana University Press.

Berger, Morroe (1957). Bureaucracy East and West. *Administrative Science Quarterly*, 1: 518-529.

Brans, Marleen. (2007). Comparative Public Administration: From General Theory to General Frameworks. In Peters, B. Guy and Jon Pierre ed. *Handbook of Public Administraion,* 269-284. Los Angeles: Sage Publications.

Caden, Naomi (1980). Budgeting in Poor Countries. *Public Administration Review*, 40(1): 40-66.

Caden, Gerald and Caden, Naomi (1990). Towards the Future of Comparative Public Administration. In Dwivedi, O. P. and Henderson, Keith M. eds. *Public Administration in World Perspective*, 229-244. Ames, Iowa: Iowa State University Press.

Caldwell, Lynton K. (1965). Conjectures on Comparative Public Administration. In Martin, Roscoe C. ed. *Public Administration and Democracy*, 363-399. Syracuse University Press.

Christensen, Tom. (1991). Bureaucratic Roles: Political Loyalty and Professional Autonomy. *Scandinavian Political Studies,* 14: 303-320.

Dahl, Robert (1947). The Science of Public Administration. *Public Administration Review*, 7: 1-11.

Denhardt, Kathryn G. (1988). *The Ethics of Public Service*. Westport, CT: Greenwood Press.

Dolowitz, David P. and David Marsh (1988). Policy Transfer: A Framework for Comparative Analysis. in Minogue, Martin et al. eds. *Beyond the New Public Management*. 38-58. Cheltenham, UK: Edward Elgar.

Dwivedi, O. P. and Henderson, K. M.(1990). State of Art: Comparative Public Administration and Development Administration. In Dwivedi, O. P. and Henderson, K. M. eds. *Public Administration in World Perspective*, 9-10. Ames, Iowa: Iowa State University Press.

Ekpo, Monday (1979). *Bureaucratic Corruption in Sub-Sahara Africa*. Washington, D.C.: University Press of America.

Esman, Milton (1966). *The CAG and the Study of Public Administration: A Mid-term Appraisal*, 3-4.

CAG Conference, University of Maryland, April.

Farazmand, A. (1991). *Handbook of Comparative and Development Public Administration.* New York: Marcel Dekker.

Finer, Herman (1972). Administrative Responsibility in Democratic Government. In Rourke, Francis ed. *Bureaucratic Power in National Politics*, 322-337. Boston: Little Brown.

Fitzpatrick, et al., (2011). A New Look at Comparative Public Administration: Trends in Research and an Agenda for the Future. *Public Administration Review,* 71(6): 821-830.

Fried, Robert C. (1990). Comparative Public Administration: The Search for Theories. In Lynn, Naomi B. and Wildavsky, Aaron. *Public Administration: The State of Discipline*, 318-344. Chatham, New Jersey: Chatham House Publishers.

Friedrich, Carl (1972). Public Policy and the Nature of Administrative Responsibility. In Rourke, Francis ed. *Bureaucratic Power in National Politics*, 165-175. Boston: Little Brown.

Furlong, Scott R. (1998). Political Influence on the Bureaucracy: The Bureaucracy Speaks. *Journal of Public Administration Research and Theory*, 8(1): 39-65.

Giddens, Anthony (1998). *The Third Way: The Renewal of Social Democracy.* Cambridge, MA: Polity Press.

Gregory, R.J. (1991). The Attitudes of Public Civil Servants in Australia and New Zealand: Administrative Reform and Technocratic Consequence? *Governance,* 4: 295-331.

Guess, George M. (1989). Comparative and International Administration. In Rabin, Jack et al. eds. *Handbook of Public Administration*, 477-497. New York: Marcel Dekker.

Hague, M. Samuel (2001). The Diminishing Publicness of Public Service under the Current Mode of Governance. *Public Administration Review*, 61(1): 65-82.

Heady, Ferrel (1989). Issues in Comparative and International Administration. In Rabin, Jack et al. eds. *Handbook of Public Administration,* 499-521. New York: Marcel Dekker.

______ (1990). Introduction. In Dwivedi, O. P. and Henderson, Keith M. eds. *Public Administration in World Perspective*, 3-8. Ames, Iowa: Iowa State University Press.

______ (1991). *Public Administration: A Comparative Perspective.* New York: Marcel Dekker.

______ (2001). *Public Administration: A Comparative Public Administration*, 6th ed. New York: Marcel Dekker.

Heclo, Hugh (1969). Comparative Public Administration: The Identity Crisis. *Journal of Comparative Administration,* 36(6): 636-641.

______ (1978). *A Government of Strangers.* Washington, D.C.: Brookings Institution.

Henderson, Keith M. (1981). From Comparative Public Administration to Comparative Public Policy. *International Review of Administrative Sciences,* 47: 356-364.

Hill, Larry B. (1991). Who Governs the Administrative State? A Bureaucratic-Centered Image of Governance. *Journal of Public Administration Research and Theory*, 1(3): 261-294.

Jreisat, Jamil E. (1975). Synthesis and Relevance in Comparative Public Administration. *Public Administartion Review,* 35(6): 663-671.

______ (2002). *Comparation Public Administration and Policy*. Boulder, CO: Westview Press.

______ (2005). Comparative Public Administration is Back In, Prudently. *Public Administration Review,* 65(2): 231-242.

Jun, Jong S. (1976). Renewing the Study of Comparative Administration: Some Reflections on the Current Possibilities. *Public Administration Review,* 36(6): 641-647.

Kaufman, Herbert (1981). *The Administrative Behavior of Federal Bureau Chiefs.* Washington, D.C.: Brookings Institution.

Kearney, Richard C. and Chandan, Sinha (1988). Professionalism and Bureaucratic Responsiveness: Conflict or Compatability. *Public Administration Review,* 48: 571-579.

Kickert, Water J. M. et al. (1996). Changing Europe States: Changing Public Administration. *Public Administration Review,* 56(1): 65-67.

Kingsley, Donald (1944). *Representative Bureaucracy.* Yellow Springs, Ohaio: Antioch Press.

Kuhn, Thomas S. (1970). *The Structure of Scientific Revolutions.* Chicago: University of Chicago Press.

Lowi, Theodore (1969). *The End of Liberalism.* New York: Norton.

Merton, Robert K. (1968). *Social Theory and Social Structure.* New York: The Free Press.

Milward, H. Brinton (1981). Interorganizational Policy Systems and Research on Public Organizations. *Administration and Society,* 13(4): 457-478.

Moe, T. M. (1989). The Politics of Bureaucratic Structure. In J. E. Chubb and Peterson, P. E. eds. *Can the Government Govern?* 267-329. Washington, D.C.: Brookings Institution.

Mohr, Lawrence B. (1973). The Concept of Organizational Goal. *American Political Science Review*, 67: 470-481.

Mosher, Frederick (1968). *Democracy and the Public Service.* New York: Oxford University Press.

Nachmias, David and Rosenbloom, David H. (1978). *Bureaucratic Culture.* London: Croom Helm.

O'Donnell, Guillermo A. (1973). *Modernization and Bureaucratic-Authoritarianism.* Berkeley: University of California, Institute of International Studies.

Olson, Johan P. (1983). *Organized Democracy.* Oslo: Universitetsforlaget.

Osborne, David and Gaebler, Ted (1992). *Reinventing Government: How the Entrepreneurial Spirit Is Transforming the Public Sector from Schoolhouse to State House, City Hall to Pentagon.* Reading, MA: Addison-Wesley.

Page, Edward C. (1985). *Political Authority and Bureaucratic Power.* Knoxville: Tennessee Press.

______ (1995). Comparative Public Administration in Britain. *Public Administration,* 73: 123-141.

Parsons, Talcott (1960). *Structure and Process in Modern Societies.* Glencoe, Ill.: The Free Press.

Peters, B. Guy (1987). Politicians and Bureaucrats in the Politics of Policy-making. In Lane, Jan-Erik ed. *Bureaucracy and Public Choice,* 256-282. Beverly Hills: Sage Publications.

______ (1988). *Comparing Public Bureaucracies.* Tuscaloosa, Ala.: University of Alabama Press.

______ (1990). The Necessity and Difficulty of Comparison in Public Administration. *Asian*

Journal of Public Administration, 12(1): 3-28.

______ (1992). Comparative Perspectives On Bureaucracy in the Policy Process. Hill, Larry B. ed. *The State of Public Bureaucracy,* 87-110. Armonk, New York: M. E. Sharpe, Inc.

______ (1994). Theory and Methodology in the Study of Comparative Public Administration. In Randall Baker, ed. *Comparative Public Management,* 67-91. Westport, Connecticut: Praeger.

______ (1997). Policy Transfers Between Government: The Case of Administrative Reform. *Western European Politics,* 20(4): 71-88.

Pfeffer, J. (1978). The Micro-politics of Organizations. In Mayer, M. W. et al. eds. *Environments and Organizations,* 29-50. San Francisco, Cal.: Jossey-Bass Publishers.

Pierre, Jon (1995). Comparative Public Administration: the State of Art. In Pierre, Jon ed. *Bureaucracy in the Modern State,* 1-17. Hants, England: Edward Elgan.

Premchand, A., and Jesse Burkhead (1984). *Comparative International Budgeting and Finance.* Piscataway, NJ: Tranjaction Books.

Prethus, Robert V. (1959). Behavior and Bureaucracy in Many Cultures. *Public Administration Review,* 19(1): 25-35.

Putnam, Robert D. (1973). The Political Attitudes of Senior Civil Servants in Western Europe: A Preliminary Report. *British Journal of Political Science,* 3: 257-290.

______ (1976). *The Comparative Study of Political Elites.* Englewood Cliffs, NJ: Prentice-Hall.

Raphaeli, Nimrod. (1967). *Readings in Comparative Public Administration.* Boston: Allyn and Bacon.

Rhodes, R. A. W. (1997). *Understanding Governance: Policy Networks, Governance, Reflexivity and Accountability.* Buckingham: Open University Press.

Riggs, Fred W. (1962). Trends in Comparative Study of Public Administration. *International Review of Administrative Sciences,* 28(1): 9-15.

______ (1964). *Administration in Developing Countries.* Boston: Houghton Mifflin.

______ (1976). Group and the Movement: Notes on Comparative and Development Administration. *Public Administration Review,* 36(4): 648-654.

______ (1991). Public Administration: A Comparative Framework. *Public Administration Review,* 51(6): 473-477.

Rose R. (1993). *Lesson Drawing in Public Policy.* New Jersey: Chatham House.

Rowat, Donald C. (1988). *Public Administration in Developed Democracies: A Comparative Study.* New York: Marcel Dekker.

Savage, Peter (1976). Optimism and Pessimism Comparative Administration. *Public Administration Review,* 36(4): 415-423.

Schmitter, Philippe C. and Gerhard Lehmbruch. (1979). *Trends Toward Corporatist Intermidiation.* Berverly Hills, Calif.: Sage Publications.

Sigelman, Lee (1976). In Search of Comparative Administration. *Public Administration Review,* 36(6): 621-625.

Stigler, George (1979). *The Citizen and the State.* Chicago: University of Chicago Press.
Thompson, James D. (1967). *Organization in Action.* New York: McGraw-Hill.
Tolchin, Susan J. (1996). The Globalist from Nowhere: Making Governance Competitive in the International Environment. *Public Administration Review,* 56(1): 1-8.
Van Wart, Mongomery and Cayer, N. Joseph (1990). Comparative Public Administration: Defunct, Dispersed, or Redefined. *Public Administration Review,* 50(2): 238-248.
Waldo, Dwight (1964). Comparative Public Administration: Prologue, Problems, and Promise. *Papers in Comparative Public Administration Special Series,* No. 2(American Society for Public Administration).
Waldo, Dwight (1986). Bureaucracy and Democracy: Reconciling the Irreconcilable? In Lane, Frederick S. ed. *Current Issues in Public Administration,* 455-469. New York: St. Martin's Press.
Wildavsky, Aaron (1975). *Budgeting: A Comparative Theory of Budgetary Processes.* Boston: Little Brown.
Wilson, Woodrow (1887). The Study of Administration. *Political Science Quarterly*, June. 197-222.
Wood, B. Dan and Richard W. Waterman (1994). *Bureaucratic Dynamics: The Role of Bureaucracy in a Democracy.* San Francisco: Westview Press.
Yates, Douglas (1982). *Bureaucratic Democracy.* Massachusetts: Harvard University Press.

–제2장 미국의 행정과 관료제–

김번웅 · 김동현 · 이홍재 역 (1992). 「미국관료제론」(Stillman II, R. J. *The American Bureaucracy*). 서울: 대영문화사.
김태룡 (2004). 한국과 미국의 정부개혁: 노무현 정부와 부시 정부를 중심으로. 「한국사회와 행정연구」 15(2): 97-126.
박연호 (1982). 「인사행정신론」. 서울: 법문사.
박천오 (1993). 한국에서의 정치적 피임명자와 고위직업관료의 정책성향과 상호관계. 「한국행정학보」 27(4): 1121-1138.
박희봉 · 김상묵 (1999). 외국 행정개혁과 김대중정부의 행정개혁 비교연구. 「한국행정학보」 32(4): 19-38.
안희수 (1976). 공무원제도의 사적 발전. 윤근식 외. 「현대정치와 관료제」. 233-256. 서울: 대왕사.
오석홍 (1994). 미국의 행정개혁. 「한국행정연구」 3(1): 5-26.
이규복 (1985). 「비교정부론」. 서울: 박영사.
이정관 (1998). 「미국 지방정부의 이해: 정부간 관계와 운용시스템」. 서울: 사사연.
임성호 (2010). 미국의회 소위원회제도의 역사적 변천과 그 정치적 동학. 한국아메리카학회. 「미국학논집」.
총무처 (1992). 「미국연방공무원제도」.

_____ (1994). 「미국연방공무원제도(임용편)」.
총무처 직무분석기획단 (1997). 「신정부혁신론 OECD국가를 중심으로-」. 서울: 동명사.
홍준현 · 조진래 (1997). 「미국의 연방정부 조직」. 한국행정연구원.
황윤원 외 (2003). 「정부개혁론」. 서울: 박영사.

Anderson, S. E. (1984). *Public Policy-Making,* 3rd ed. New York: Holt, Rinehart and Winston.
Bardach, E. (1977). *Implementation Game: What Happens After a Bill Becomes a Law.* Cambridge, MA: MIT Press.
Bardes, Barbara A., Shelley, Mark C. & Schmidt, Steffan W. (2004). *American Government and Politics Today: The Essentials.* (2004-2005 Edition). Toronto, Ontario: Wadsworth.
Berelson, B., Lazarsfeld, P. F. and Mcphee, W. W. (1954). *Voting.* Chicago, IL: University of Chicago Press.
Brookings. (2013). Annual Report. The Brookings Institution, Massachusetts.
Bureau of Census. (2012). Statistical Abstract of the United States: 2012. https://www.census.gov/library/publications/2011/compendia/statab/131ed.html
Chubb, John E. (1983). *Interest Groups and the Bureaucracy.* Stanford, CA: Stanford University Press.
Cobb, R. W. and Elder, C. D. (1983). *Participation in American politics: the Dynamics of Agenda Building,* Baltimore: Johns Hopkins University Press.
Elmore, Richard F. (1978). Organizational Modes of Social Program Implementation, *Public Policy,* 26(2): 185-228.
Erikson, Robert S., Luttbeg, Norman R. and Tedin, Kent L. (1991). *American Public Opinion: Its Origin, Content, and Impact.* New York: Macmillan Publishing Co.
Fenno, R. (1966). *The Power of the Purse.* Boston: Little, Brown.
Gore, Al (1993). *Creating A Government That Works Better & Cost Less: The Report of the National Performance Review.* New York: Penguin.
Government Printing Office (1997). *Budget of the United States Government: Historical Tables,* United States Government Printing Office.
Hague, Rod (1992). The United States. In Harrop, Martin, ed. *Power and Policy in Liberal Democracies,* 95-119. Cambridge University Press.
Heclo, Hugh (1977). *A Government of Strangers.* Washington, D.C.: Brookings Institution.
Horowitz, D. L. (1977). The Courts as Guardians of the Public Interest. *Public Administration Review,* 37(2): 148-154.
Johnson, William C. (1992). *Public Administration: Policy, Politics, and Practice.* Guilford, CA: The Duskin Publishing Group, Inc.
Key Jr., V. O. (1961). *Public Opinion and American Democracy,* New York: Knopf.
Light, Paul Charles (1999). *The True Size of Government,* Washington, D.C.: the Brookings Institution.

Light, P. (2003). *FACT SHEET ON THE NEW TRUE SIZE OF GOVERNMENT*, Center for Public Service, the Brookings Insitution September 05. 2003.

______ (1980). *The Policy-Making Process.* Englewood Cliffs, NJ: Prentice-Hall, Inc.

Loomis, Burdett A. (2003). Interest Groups, in Singh, Robert. ed. *Governing America: The Politics of a Devided Democracy.* 229-246. New York: Oxford University Press.

Lowi, T. (1969). *The End of Liberalism.* New York: Norton.

MacGregor, E. B. (1974). Politics and Career Mobility of Civil Servants. *American Political Science Review,* 68(1): 18-26.

Magleby, David B. O'brien David M., Light Paul C. James MacGregor, Burns J. W. Peltason, Thomas B. Magleby (2006). *Government by people*, sixth edition, Person Education Inc.

McCurdy, Howard E. (1977). *Public Administration: A Synthesis.* California: Cummings.

Mckay, D. (1985). *American Politics and Society,* 2nd ed. Oxford: Blackwell.

Meier, Kenneth J. (1993). *Politics and the Bureaucracy: Policy Making in the Fourth Branch of Government.* Pacific Grove, CA: Brooks & Cole Publishing Co.

Neustadt, R. (1990). *Presidential Power and the Modern Presidents: The Politics of Leadership from Roosevelt to Reagan.* New York: The Free Press.

Nigro, F. A. and Nigro, L. G. (1986). *The New Public Personnel Administration,* 3rd ed. Itasca, Illinois: Peacocks.

O'Connor, Karen J., Sabato Larry J. (2009). *American Government: Root and Reform 2009 edition*, Pearson Education Inc.

______ (2017). *American Government: Root and Reform 2016 Presidential Election,* Pearson Education Inc.

O'Connor, Karen J., Sabato Larry J. & Alixandra B. Yanus. (2015). *American Government 2014,* Pearson Education Inc.

Office of Management and Budget (2010). *Fiscal Year 2010*, United State Office of Management and Budget.

Office of Personnel Management (2002). *Handbook of Occupational Groups and Families.* United States Office of Personnel Management.

______ (2003). *Pay Structure of The Federal Civil Service as of March 2003.* United States Office of Personnel Management.

______ (2004). *The Fact Book (2004 Edition*). United States Office of Personnel Management.

______ (2010). *Statistics for Employment*, United States Office of Personnel Management.

Oleszek, Walter J., (1989). *Congressional Procedures and the Policy Process*, Washington, D.C.: CQ Press.

Ornstein, Norman J., Thomas E. Mann, and Michael J. Malbin (2008). *Vital Statistics on Congress*, Washington, D.C.: Brookings Institution Press.

Pollitt, Christopher & Bouckaert, Geert (2004). *Public Management Reform: A Comparative Analysis.* 2nd ed. Oxford: Oxford University Press.

Ripley, R. B. and Franklin, G. A. (1986). *Policy Implementation and Bureaucracy,* 2nd ed. Chicago: The Dorsey Press.

______ (1991). *Congress, the Bureaucracy and Public Policy,* Chicago, Illinois: The Dorsey Press.

Rose, R. (1988). *The Postmodern President: The White House Meets the World.* Chatham, NJ: Chatham House Publishers.

Sanford, T. (1967). *Storm over the Sates.* New York: McGraw-Hill.

Seidman, H. (1975). *Politics, Position, and Power,* 2nd ed. New York: Oxford University Press.

Stahl, O. Glenn (1983). *Public Personnel Administration*, 8th edition, New York: Harper & Row.

Truman, D. B. (1951). *The Governmental Process.* New York: Knopf.

Wildavsky, A. (1979). *The Politics of Budgetary Process.* Boston, MA: Little, Brown, & Company.

Wilson, James Q., John J. Dilulio, and Meena Bose (2017). *American Government: The Essentials,* 12th Edition, Wadsworth.

Yates, D. (1982). *Bureaucratic Democracy: The Search for Democracy and Efficiency in American Government.* Cambridge, MA: Harvard University Press.

www.uscourt.gov
www.house.gov/
www.loc.gov/
www.senate.gov
www.uscourts.gov/JudgesAndJudgeships/FederalJudgeships.aspx
www.fedscope.opm.gov
www.gpoaccess.gov
www.opm.gov/oca/05tables/pdf/gs.pdf
www.opm.gov/oca/05tables/pdf/slst.pdf
www.opm.gov/oca/05tables/pdf/es.pdf
www.opm.gov/oca/05tables/pdf/ex.pdf

–제3장 일본의 행정과 관료제–

국회사무처 입법조사국 (1990). 「지방자치제도」. 입법참고자료 제259호.

김동건 외 (1992). 「주요국의 재정정책」. 한국재정연구회.

김동훈 역 (1982). 「대통령제와 의원내각제: 내각의 기능과 보좌기구」. 서울: 일신사.

김만기 (1991). 중국 · 일본 · 한국의 행정문화비교. 김번웅 · 김만기 · 김동현. 「현대한국행정론」. 193-213. 서울: 박영사.

김용운 (1981). 「일본인과 한국인」. 서울: 뿌리깊은 나무.

김인수 역 (1994). 「관료망국론」. 서울: 비봉출판사.

김장권 (1996). 일본정치개혁의 구조와 전망. 「한국정치학회보」 30(1): 345-369.

박동서 · 김광웅 · 김신복 (1994). 「비교행정론」. 서울: 박영사.

박중훈 (1995). 「정부인력관리의 신축성 제고방안」. 한국행정연구원 연구보고 95-01.
박천오 · 박경효 (1996). 「한국관료제의 이해」. 서울: 법문사.
백완기 (1975). 한국행정의 근대화에 대한 문화심리적 접근법. 「한국행정학보」 9: 71-102.
______ (1989). 「행정학」. 서울: 박영사.
송하중 (1993). 「중장기 정부인력규모 예측」. 한국행정연구원 연구보고 92-05.
신무섭 (1989). 「재무행정학」. 서울: 대영문화사.
오재일 (1994). 일본의 행정개혁: 제3차 行革審 最終答申을 중심으로. 「한국행정연구」 3(1): 64-89. 서울: 한국행정연구원.
이성우 (1993). 「행정부의 정책조정체계 연구」. 한국행정연구원 연구보고 93-01.
이시원 · 김찬동 역 (1995). 「일본의 정책과정: 자민당 · 야당 · 관료」. 서울: 대영문화사.
______ (1996). 한신대지진에 대한 일본정부의 대응과정 분석. 「한국행정학보」 30(1): 177-190.
이호철 (1996). 「일본관료사회의 실체」. 서울: 삼성경제연구소.
재정경제원 (1995). 「정부재정통계」.
조창현 (1990). 「지방자치의 이론과 실제」. 서울: 동아일보사.
진재구 (1992). 「직업공무원제 확립을 위한 인사행정기관 및 공직분류체계 개편방안」. 한국행정연구원 연구보고 92-03.
채원호 (2010). 일본의 지역주권 논의와 전망. 「자치행정」 266(05).
총무처 (1991). 「일본의 지방자치제도」.
______ (1993). 「일본국가공무원제도」.
최길성 역 (1981). 「일본의 사회구조-단일사회의 이론」. 서울: 형설출판사.
한국지방자치학회 편 (1995). 「한국지방자치론」. 서울: 삼영사.
한국지방행정연구원 (1986). 「외국의 지방자치제도비교연구」.
한국행정연구원 (1994). 「최종건의서 및 행정개혁의 추진방안」. 연구총서시리즈 1.
황성돈 (1993). 「유교권 국가(한 · 중 · 일)간의 관료문화 비교연구」. 한국행정연구원 연구보고서 93-03.

伊藤正次 · 出雲明子 · 手塚洋輔 (2016). 「はじめての行政学」. 有斐閣ストゥディア.
稲継裕昭 (1996). 「日本の官僚人事システム」. 東洋経済新報社.
加地伸行 (1993). 유교와 일본의 관료. 황성돈. 「유교권 국가(한 · 중 · 일)간의 관료문화 비교연구」 33-53. 한국행정연구원 연구보고서 93-03.
三澤潤生 (1967). 정책결정 과정의 개관. 일본정치학회편. 「현대 일본의 정당과 관료」. 岩波書店.
上林陽治 (2009). 日本における最近の地方分権改革議論の動向: 政権交代は分権改革の終わりの始まりか, 경기개발연구원 · 한국지방자치학회 주최, 「한 · 중 · 일 지방분권 국제심포지엄」 발표논문(2009.11).
北村亘 (2006). 地方税財政. 村松岐夫編, 「テキストブック地方自治」. 東洋経済新報社.
北村亘 · 青木栄一 · 平野淳一 (2017). 「地方自治論－2つの自律性のはざまで」. 有斐閣ス

トゥディア.
森裕城・久保慶明 (2016). 圧力団体政治の前段階. 辻中豊編,「政治変動期の圧力団体」. 有斐閣.
中西啓之 (1997). 日本の地方自治. 自治體研究社.
西尾勝 (2007).「地方分権改革」. 東京大学出版社.
日本人事院編 (1992).「公務員白書」.
中西啓之 (1997). 日本の地方自治. 自治體研究社.
佐々木晴夫 (1992). 90년대의 일본 정책운영과 행정개혁.「한국행정연구」1(4): 40-49. 서울: 한국행정연구원.
前田健太郎 (2014).「市民を雇わない国家－日本が公務員の少ない国へと至った道」. 東京大学出版会.
真渕勝 (2009).「行政学」. 有斐閣.
村松岐夫 (1979). 정치적 다원주의와 행정관료제.「법학세미나 증간 내각과 관료: 종합특집시리즈 9」112-125. 日本評論社.
______ (1982).「전후일본의 관료제」. 동경: 동양경제신문사; 이시원・김찬동 (1996), 178에서 재인용.
______ (1994).「日本の行政－活動型官僚制の変貌」. 中公新書.
村松岐夫・伊藤光利・辻中豊 (2001).「日本の政治(第2版)」. 有斐閣.
村松岐夫編著 (2012).「最新 公務員制度改革」. 学陽書房.

Bingman, Charles F. (1989). *Japanese Government Leadership and Management.* New York: St. Martin's Press.
Cochran, Don A. (1987). Japanese Bureaucrats and Policy Implementation: Lessons for Americans. *Policy Studies Review,* 6(3): 439-458.
Craig, Albert M. (1975). Functional and Dysfunctional Aspects of Government Bureaucracy. In Vogel, Ezra F. ed. *Modern Organization and Decision-Making,* 17-30. Berkeley, CA: University of California Press.
Fukui, Haruhiro (1977). Studies in Policymaking: A Review of Literature. In Pempel, T. J. ed. *Policymaking in Contemporary Japan,* 22-59. Ithaca and London: Cornell University.
Heclo, Hugh (1974). *Modern Social Politics in Britain and Sweden.* New Haven, CT: Yale University Press.
Jun, Jong S. and Muto, Hiromi (1995). The Hidden Dimensions of Japanese Administration: Culture and Its Impact. *Public Administration Review,* 55(2): 125-134.
Koh, B. C. (1985). The Recruitment of Higher Civil Servants in Japan: A Comparative Perspective. *Asian Survey,* 25: 292-309.
Luri, Richard R. (1976). Japanese Administrative Practice: The Discretionary Role of the Japanese Government Official. *Business Lawyer,* 31: 2109-2121.
Muramatsu, Michio and Krauss, Ellis (1984). Bureacrats and Politicians in Policy Making: The

Case of Japan. *American Political Science Review,* 78: 126-146.

Neary, Ian (1992). Japan. In Harrop, Martin ed. *Power and Policy in Liberal Democracies.* Cambridge University Press.

Park, Young H. (1986). *Bureaucrats and Ministers in Contemporary Japanese Government.* CA: University of California Press.

Pempel, T. J. (1974). The Bureaucratization of Policymaking in Postwar Japan. *American Journal of Political Science*, 18(Nov.): 649-53.

______ (1982). *Policy and Politics in Japan: Creative Conservatism. Philadelphia.* PA: Temple University Press.

______ (1992). Bureaucracy in Japan. *Political Science and Politics*, March: 19-24.

Richardson, Bradley M. (1977). Policymaking in Japan: An Organizing Perspective. In Pempel, T. J. ed. *Policymaking in Contemporary Japan*, 239-68. Ithaca and London: Cornell University Press.

Rix, Alan (1988). Bureaucracy and Political Change in Japan. In Stockwin, J. A. A. et al. eds. *Dynamics and Immobilist Politics in Japan.* Honolulu: University of Hawaii Press.

Sakamoto, Masaru (1991). Public Administration in Japan: Past and Present in the Higher Civil Service. In Farazmand, Ali ed. *Handbook of Comparative and Development Public Administration*, 101-125.

Scalapino, Robert A. and Masumi, Junnosuke (1962). *Parties and Politics in Contemporary Japan.* Berkeley: University of California Press.

Shiono, Hiroshi (1996). 일본 행정절차법의 현황과 발전방향. 한국행정연구원「정책포럼 주제발표문」. 3-15.

Stockwin, J. A. A. (1988). Parties, Politicians and the Political System. In Stockwin, J. A. A. et al. ed. *Dynamics and Immobilist Politics in Japan.* Hanolulu: University of Hawaii Press.

Wright, Deil S. and Sakurai, Yasuyoshi (1987). Administrative Reform in Japan: Politics, Policy, and Public Administration in a Deliberative Society. *Public Administration Review*, 47(2): 121-132.

-제4장 중국의 행정과 관료제-

강경성 역 (1997).「*From Revolutionary Cadres to Party Technocrats in Socialist China*(중국의 정치엘리트: 혁명간부 세대로부터 기술관료 세대로)」. 서울: 나남출판사.

박우순 (2002).「행정학의 새로운 패러다임」. 서울: 법문사.

이만희 (1994). 중국의 재판검찰조직과 사법권의 독립.「형사정책연구」 제5권 제1호. pp. 215-247.

이태환 (1999). 21세기 중국의 발전전략: 대외경제전략을 중심으로.「현대중국연구 1」. pp. 239-277.

정해용 (1999). 중국의 시장화와 국가관료제 개혁.「정치학회보」 9집 1호. pp. 263-286.

조이현 (2002). 「현대중국정부와 정책」. 서울: 다산출판사.
중국공산당 18차 전국대표대회 후진타오(胡錦濤)주석보고, 人民網, http://cpc.people.com.cn/n/2012/1118/c64094-19612151.html
중국은 어떻게 엘리트를 충원하는가. 「성균차이나포커스」 18호, 2015. 5.
최월화 (2000). 「중국의 중앙정부조직」. 서울: 한국행정연구원.
KIEP 북경사무소 브리핑. 2014. 12.

蔡立輝 (2001). 「政府法制論」. 北京: 中國社會科學出版社.
陈俊生 (1993). 「中国改革政策大典」. 红旗出版社.
高民政 主編 (1993). 「中國政府與政治」. 上海: 黃海出版社.
顧杰善・劉紀興 (1995). 「當代中國社會利益群體分析」. 黑龍江教育出版社.
谭健 主编 (1987). 「政府管理体制改革研究」. 春秋出版社.
马敏 外10人 共著 (2000). 「當代中國」. 貴州: 貴州人民出版社.
浦興祖 (1999). 「當代中國政治制度」. 上海: 復旦大學出版社.
全國人民代表大會常務委員會法制工作委員會編 (2000). 「中華人民共和國 法律滙編」. 北京 人民出版社.
任曉 (1998). 「中國行政改革」. 杭州: 浙江人民出版社.
唐鳴・陳業宏 (2000). 「中外司法制度比較」. 北京: 商務印刷館.
谢庆奎 主编 (1991). 「當代中国政府」. 辽宁人民出版社.
瞭望週刊 (1989). 14期.
王志剛 編 (1988). 「政府職能轉變與機構改革」. 光名日報出版社.
汝信 主編 (2001). 「2001年 中國社會形勢分析與豫測」. 北京: 社會科學文獻出版社.
張成福, 兒文杰 主編 (1992). 「現代政府管理大辭典」. 北京: 中國經濟出版社.
张文岁 主编 (1994). 「中国行政管理體制改革」. 北京: 當代中国出版社.
張雲倫 (1988). 「中國機構的沿革」. 北京: 中國經濟出版社.
张永祧 主编 (1989). 「行政管理学」. 南京: 南京大学出版社.
朱光磊 (1997). 「當代中國政府過程」. 天津: 天津人民出版社.
中共中央關於全面深化改革若幹重大問題的決定, 新華網, http://news.xinhuanet.com/fortune/2013-11/15/c_118164235.htm

http://www.gov.cn/guowuyuan/zuzhi.htm(검색일 2018.5.29).

−제5장 영국의 행정과 관료제−

강원택 (1998). 영국 행정개혁과 국가 통치기능의 변화: 국가의 공동화 혹은 중앙집권화? 「한국행정학보」 32(4): 53-66.
김근세 (1996). Sayre 법칙의 종말?: 영국 신관리주의의 본질과 한계. 「한국행정연구」 5(2): 127-149.

______ (2004). 영국 책임운영기관의 관리구조와 성과. 「한국행정연구」 13(3): 206-235.
김상묵 (1996). 지방자치단체의 실적평가: 필요성과 방법. 「지역발전연구」 2: 181-203.
김순은 (2001). 우리나라 지방분권의 특징과 과제: 영국과 일본의 지방분권화의 비교를 중심으로. 「한국사회와 행정연구」 12(2): 57-75.
박동서 · 김광웅 · 김신복 (1986). 「비교행정론(개정판)」. 서울: 박영사.
박영훈 (1994). 「대통령중심제하에서의 국무총리(실)의 역할과 기능에 관한 연구」. 서울: 한국행정연구원.
박재희 (1997). 「영국의 중앙행정조직」. 서울: 한국행정연구원.
박희봉 · 김상묵 (1998). 외국 행정개혁과 김대중정부의 행정개혁 비교연구. 「한국행정학보」 32(4): 19-35.
신형식 (1992). 「영국의회」. 서울: 김영사.
영국 외무부 (1994). 「영국의 지방자치제도」.
______ (1993). 「영국의 이모저모」.
외교통상부 (2004). 「영국개황」.
유재원 (2004). 성과관리를 통한 지방정부의 책임성 확립: 영국 Best Value의 교훈. 한국행정학회 2004년도 동계학술대회 발표논문집 「거버넌스 패러다임에서 조명하는 행정의 과제」. 670-686.
이성우 (1993). 「행정부의 정책조정체계 연구」. 서울: 한국행정연구원.
이종수 (1994). 영국에서의 행정개혁과 최근의 쟁점. 「한국행정연구」 3(1): 27-46.
______ (2002). 「지방정부이론」. 서울: 박영사.
임도빈 외 (2017). 「국가와 좋은 행정」. 서울: 서울대학교 출판부.
중앙인사위원회 (1999). 「공직분류체계 개선방안」. CSC 정책연구보고서 99-8.
총무처 직무분석기획단 (1997). 「신정부혁신론: OECD를 중심으로」. 서울: 동명사.
최영출 · 임성일 (2001). 「영국의 지방정부와 공공개혁」. 서울: 법경사.
최영출 (2009). 「영국의 지역정책」. 청주: 충북대학교출판부.
한동만 (1996). 「영국: 그 나라를 알고 싶다」. 서울: 서문당.

Alderman, G. (1984). *Pressure Groups and Government in Great Britain.* New York: Longman.
Audit Commission (1986). *Performance Review in Local Government.* London: HMSO.
Barberis, Peter. (2000). Prime Minister and Cabinet. In Robert Pyper & Lynton Robins eds., *United Kingdom Governance*, 14-38. London: Macmillan Press.
BBC (1997). Election 97. 〈http: //www.bbc.co.uk/election97/live/sopbig.htm〉
Birch, Anthony, H. (1990). *The British System of Government.* London: Unwin Hyman.
Byrne, Tony (1994). *Local Government in Britain.* London: Penguin Books.
Cabinet Office (1998a). *Cabinet Office Memorandum to the Public Administration Select Committee.* 〈http: //www.cabinet-office.gov.uk/1998/memo/index.htm〉
______ (1998b). *Civil Service Statistics 1998.*
______ (2003a). *Civil Service Statistics 2003.*

______ (2003b). *Civil Service Staffing* - 1 October 2003.

______ (2004a). *Departmental Report 2004.*

______ (2004b). *Non Departmental Public Bodies, A Guide for Department.*

______ (2006). *The UK Government's Approach to Public Service Reform.* London: Cabinet Office.

Central Secretriat (1999). *UK Central Government-Ministers & Whips.* 〈http://www.cabinet-office.gov.uk/central/1999/minister.htm〉

Central Statistical Office (1994). *Annual Abstract of Statistics,* No. 130. London: HMSO.

Christoph, Hames B. (1994). A Traditional Bureaucracy in Turbulence: Whitehall in the Thatcher Era. In Ali Farazmand ed. *Handbook of Bureaucracy.* New York: Marcel Dekker.

Cocker, P. G. (1993). *Contemporary British Politics and Government.* Merseyside: Tudor Business.

Dunleavy, P. and Husbands, C. (1985). *British Democracy at the Crossroads.* London: Longman.

Finer, S. E. (1966). *Anonymous Empire.* London: Pall Mall Press.

Foreign & Commonwealth Office (1993). *Britain's System of Government.*

______ (1995). *United Kingdom Government.*

______ (2001). *Religion.*

Fulton Committee (1968). *Report of the Committee on the Civil Service.* London: HMSO.

Gray, Andrew, and Jenkins, Bill (1992). The Civil Service and the Financial Management Initiative. In C. Pollitt and S. Harrison, eds. *Handbook of Public Service Management.* Oxford: Blackwell.

Haque, M. Shamsul (1994). The Emerging Challenges to Bureaucratic Accountability: A Critical Perspective. In Ali Farazmand ed., *Handbook of Bureaucracy.* New York: Marcel Dekker.

Heath, A., Jowell, R. and Curtice, J. (1985). *How Britain Votes.* London: Pergamon Press.

HM Treasury (1992). *Executive Agencies: A guide to setting targets and measureing performance.* London: HMSO.

______ (1993). *Financial Statement and Budget Report 1994-95.* London: HMSO.

______ (1999a). *Financial Statement and Budget Report March 1999.* 〈http://www.official-documents.co.uk/document/hmt/budget99/〉

______ (1999b). Budget 99-Building a Stronger Economic Future for Britain. 〈http://www.hm-treasury.gov.uk/budget/1999/leaflet.html〉

______ (2004). *Budget 2004 Prudence for a purpose: A Britain of stability and strength.*

______ (2018). *Statistical Bulletin: Public Spending Statistics February 2018.*

HMSO (1994a). *Britain 1995: an Official Handbook.* London: HMSO.

______ (1994b). *The Civil Service: Continuity and Change.* London: HMSO.

House of Commons (1998). The Committee System of the House of Commons.

______ (2003). *House of Commons Factsheets.*

Kavanagh, Dennis (1991). Great Britain: Political Patterns and Trends. In Roy C. Macridis ed.

Modern Political System: Europe, 7th ed. Englewood Cliffs: Prentice-Hall.

Lam, Jermain T. M. (1997). Transformation from Public Administration to Management: Success and Challenges of Public Sector Reform in Hong Kong. *Public Productivity & Management Review,* 20(4): 405-418.

Löffler, Elke (2003). The Administrative State in Western Democracies. In B. Guy Peters & Jon Pierre eds., *Handbook of Public Administration,* 478-488. London: Sage.

London Research Centre (1995). *Performance Indicators in London Boroughs 1993/94.* London: London Research Centre.

Magee, Eric & McNaughton, Neil (2018). *UK Government and Politics.* Banbury: Hooder Education.

Marsh, David and Rhodes, R. A. W. (1992). *Policy Networks in British Government.* Oxford: Clarendon Press.

Mascarenhas, R. C. (1993). Building an Enterprise Culture in the Public Sector: Reform of the Public Sector in Australia, Britain, and New Zealand. *Public Administration Review,* 53(4): 319-328.

Merelman, Richard M. (1991). *Partial Visions: Culture and Politics in Britain, Canada, and the United States.* Madison: University of Wisconsin Press.

National Assembly for Wales (1999). The National Assembly for Wales. 〈http://www.wales.gov.uk/assembly.dbs〉

Northern Ireland Office (1998). About the Northern Ireland Office. 〈http://www.nio.gov.uk/aboutnio.htm〉

Office for National Statistics (2003). *UK 2003 Yearbook.*

______ (2005). *Public Sector Employment.*

______ (2017). *Civil Service Statistics, UK: 2017.* London: Office for National Statistics.

______ (2018). *Public Sector Employment, UK: March 2018.* Lodnon: Office for National Statistics.

Office of the Deputy Prime Minister (2004). *The Future of Local Government.*

Osborne, David, and Plastik, Peter (1998). *Banishing Bureaucracy.* Reading: Addison-Wesley.

O'Toole, Barry J., and Jordan, Grant (1994). *Next Steps: Improving Management in Government?* Aldershot: Dartmouth.

Pollitt, Christopher and Bouckaert, Geert (2004). *Public Management Reform : A Comparative Analysis,* 2nd ed. New York: Oxford University Press.

______ (2017). *Public Management Reform: A Comparative Analysis-Into The Age of Austerity.* Oxford: Oxford University Press.

Rasmussen, Jorgen S. (1993). *The British Political Process.* Belmont: Wadsworth.

Ridley, F. F. (1983). The British Civil Service and Politics: Principles in Question and Traditions in Flux. *Parliamentary Affairs,* 36: 28-48.

Scottish Office (1999). Scotland: Public Administration Web Sites. 〈http://www.scotland.gov.uk/〉

Smith, Martin, J. (1995). 영국 정부의 혁명: 보수당 정부와 영국의 개혁. 「전남발전」 7: 23-42.

Sanderson, Ian, ed. (1992). *Management of Quality in Local Government.* Harlow: Longman.

Stewart, John, and Walsh, Kieron (1992). Change in the Management of Public Services. *Public Administration,* 70(Spring): 499-518.

Walsh, Kieron (1989). *Marketing in Local Government.* Harlow: Longman.

Walsh, Kieron and Davis, Howard (1993). *Competition and Service: the Impact of the Local Government Act 1988.* London: HMSO.

Wilson, David (2000). New Labour, New Local Governance? In Robert Pyper & Lynton Robins eds., *United Kingdom Governance,* 256-282. London: Macmillan Press.

World Economic Forum (2017). *The Global Competitiveness Report 2017-2018.* Geneva: Worle Economic Forum.

-제6장 프랑스의 행정과 관료제-

김영우 (2008). 프랑스의 인적자원관리. 「프랑스의 행정과 공공정책」. 법문사: 171-204.

______ (2003). 프랑스의 인사행정. 「인사행정」 2003 여름. 중앙인사위원회: 66-72.

서성원 (1993). 프랑스 지방공무원제도의 개혁에 관한 연구. 「사회과학논총」 제8집. 명지대학교 사회과학연구소: 65-85.

______ (1990). 최근 프랑스 지방자치행정의 개혁에 관한 연구. 「사회과학논총」 제5집. 명지대학교 사회과학연구소: 115-143.

______ (1984). 프랑스 Conseil d'Etat에 관한 연구. 「한국행정학보」 제18권 제2호. 639-662.

윤광재 (2008). 프랑스의 인문 · 사회적 환경. 「프랑스의 행정과 공공정책」. 법문사: 13-42.

임도빈 (2008). 프랑스의 행정조직과 행정문화. 「프랑스의 행정과 공공정책」. 법문사: 123-169.

______ (1995). 프랑스식 행정엘리트양성: 국립행정학교(ENA)의 신화와 실제. 「한국행정학보」 제29권 제1호. 303-318.

______ (1994). 프랑스의 행정개혁. 「한국행정연구」 3(1): 90-115.

______ (1993). 정치와 중앙정부조직: 프랑스의 경우를 중심으로. 「한국행정연구」 2(3): 111-135.

Ashford, D. E. (1982). *British Dogmatism and French Pragmatism.* London: George Allen & Unwin.

Auby, J.-M. et Auby, J.-B. (1991). *Droit de la fonction publique.* Paris: Dalloz.

Bezes Ph, Padis M-O. (2008), *La réforme de l'Etat : continuités et ruptures Esprit,* 2008/12, pp. 75-93.

Birnbaum, P. (1977). *Les Sommets de l'Etat.* Paris: Seuil.

Bodiguel, J.-L. et Quermonne, J.-L. (1983). *La haute fonction publique sous la V. République.* Paris:

PUF.

Bodiguel, J.-L. and Rouban, L. (1988). Civil Service Policies since 1981: Critics in the Administrative Model or Inertia in Policies?. *International Review of Administrative Science* 54: 179-99.

______ (1991) *Le Fonctionnaire détrône?: l'Etat au risque de la modernisation.* Paris: Presses de la Fondation Nationale des Sciences Politiques.

Chanut Véronique, *L'État didactique. Éduquer au management public les cadres du Ministère de l'Équipement,* Paris, L'Harmattan, 2004.

Chevallier, J. (1996). Public Adminstration in Statist France. *Public Administration Review,* 56(1): 67-74.

Chevallier, J. et Lochak, D. (1978). *La Science administrative.* Paris: LGDJ.

Conseil d'Etat (1985). *Les Etablissements publics nationaux.* Paris: La Documentation Française.

Conseil Economique et Social (1989). *La modernisation de l'administration.* Journal official de la République Française.

Costa, J.-P. (1993). *Le Conseil d'Etat dans la société contemporaine.* Paris: Economica.

D'Arcy, F. et Dreyfus, F. (1989). *Les Institutions politiques et économiques de la France.* Paris: Economica.

De Baecque, F. (1982). L'Interpérné tration des personnels administratifs et politiques. in De Baecque, F. et Quermonne, J.-L. eds. *Administration et Politique sous la Cinquième République.* Paris: Presses de la Fondation Nationale des Sciences politiques: 19-61.

De Forges, J.-M. (1986). *Droit de la fonction publique.* Paris: PUF.

______ (1985). *Les Institutions administratives française.* Paris: PUF.

De Gunten, B. et al. (1988). *Les Institutions de la France.* Paris: Nathan.

Deligny, J.-L. (1989). *L'Administration du Future.* Paris: Eyrolles.

Drago, Roland (1992). *Science administrative.* Paris: Les Cours de droit.

Duperrier, J. (1973). *L'Organisation administrative de la France.* Paris: Epargne.

Durkheim, Emile (1979). *Education et Sociologie.* Paris: PUF.

Hagward, J. E. S. (1982). Mobilizing Private Interests in the Service of Public Ambitions: the Salient Elements in the Dual French Policy Style. in Richardson, J. J. ed. *Policy Style in Western Europe,* 111-40. London: George Allen and Unwin.

Jeannot, G. et Gillio, C. eds. (1992). *Droit des usagers et coproduction des services publics.* Paris: Plan Urbain/ RATP/ DRI.

Keeler, J. T. (1987). *The Politics of Neocorporatism in France: Framers, the State, and Agricultural Policy-making in the Fifth Republic.* London: Oxford University Press.

Kesler, J.-F. (1985). *L'ENA, la société, l'Etat.* Paris: Berger-Levrault.

Kessler, M.-C. (1986). *Les Grands corps de l'Etat.* Paris: Presses de la Fondation nationale des Sciences Politiques.

______ (1978). *La Politique de la Haute fonction publique.* Paris: Presses de la Fondation nationale

des Sciences Politiques.
Lachaume, J.-F. (1992). *La fonction publique.* Paris: Dalloz.
Ministère de la Fonction Publique et de la Modernisation de l'Administration(1991). *La fonction publique de l'Etat 1991.* Paris: La Documentation Française.
Ministère de la Fonction Publique et des réformes administratives (1989). *La fonction publique de l'Etat en 1988.* Paris: La Documentation Française.
Ministère de l' Intérieur (1991). *Les nouvelles relations Etat collectivités locales.* Colloque de Rennes avril 1990. Paris: La Documentation Française.
Morris, P. (1994). *French Politics Today.* Manchester: Manchester University Press.
Nioche, J.-P. (1991). *Institutionalizing Policy Evaluation in France: Skating on Thin Ice.* Jouy-en-Josas: Cahiers de rechcrche HEC.
Pactet, Pierre (1992). *Institutions politiques-Droit Constitutionnel.* 11eed. Paris: Masson.
Peters, B. G. (1988). The Machinery of Government. In Campbell, C. and Peters, B. G. eds. *Organizing Governance, Governing Organizations,* 19-53. Pittsburgh, Pa: University of Pittsburg Press.
______ (1995). *The Politics of Bureaucracy.* N.Y.: Longman.
Pouydesseau, J.-S. (1969). *Le Personnel de direction des ministères.* Paris: Armand Colin.
Quermonne, J.-L. (1987). *Le Gouvernement de la France sous la Cinquième République.* Paris: Dalloz.
______ (1991). *l'Appareil administatif de l'Etat.* Paris: Seuil.
Rémond, R. et al. (1982). *Quarante Ans de Cabinets Ministériels.* Paris: Presses de la Fondation Nationale des Sciences Politiques.
Rigaud, J. et Deleros, X. (1986). *Les Institutions administratives françaises: Le fonctionnement.* Paris: Presses de la Fondation Nationale des Sciences Politiques et Dalloz.
______ (1984). *Les Institutions administratives Françaises: Les structures.* Paris: Presses de la F. N. S. P. et Dalloz.
Rivero, J. et Waline, J. (1992). *Droit Administratif, 14ed.* Paris: Prècis Dalloz.
Rouban, L. (1989). "The Civil Service and the Policy of Administrative Modernization in France". *International Review of Administrative Sciences,* 55: 445-65.
______ (1995), Les mutations de l'État : rythmes et raisons [autre], *Revue française de science politique,* 45-1, pp. 158-165
______ (2009). *La fonction publique.* Paris: La Découverte.
______ (1990). "La modernisation de l'Etat et la fin de la spécificité française", *Revue française d'administation publique,* 59: 435=44.
______ (1992). "Les cadres supérieurs de la fonction publique et la politique de modernisation administrative-Premier bilan", rapport pour le Commissariat Général du Plan et la Direction Générale de la Fonction Publique. Paris: Fondation Nationale des Sciences Politiques.
______ (1993). "France in Search of a New Administrative Order" *International Political Science*

Review, Vol. 14 No. 14: 403-418.

______ (1995). "Public administration at the crossroads: the end of the French specificity?". *Bureaucracy in the Modern State*, 39-63. Vermont: Edward Elgar Publishing Limited.

Sadran, P. (1992). *L'Appareil administratif de l'Etat*. Paris: Montchrestien.

______ (1992). *Le Système administratif français*. Paris: Montchrestin.

Stevens, Anne (2003). *Government and Politics of France*. Palgrave.

Suleiman, E. N. (1976). *Les hauts fonctionnaires et la politique*. Paris: Seuil.

______ (1979). Les élites en France: Grands corps et grandes écoles. Paris: Seuil.

Thoenig, J.-C. (1987). *L'Ere des technocrates*. Paris: L'Harmattan.

Wright, V. (1990). The Administrative Machine: Old Problems and New Dilemmas. In Hall, P. et al. *Developments in French Politics*, 114-32. London: Macmillan.

http://www.observationsociete.fr/population/donneesgeneralespopulation/la-part-de-la-population-vivant-en-ville-plafonne.html

https://www.insee.fr/fr/statistiques/2496914#tableau-Donnes

www.gouvernement.fr/composition-du-gouvernement

https://www.fonction-publique.gouv.fr/chiffres-cles

http://www.ladocumentationfrancaise.fr/var/storage/rapports-publics/094000601.pdf

https://www.insee.fr/fr/statistiques/2663284

https://www.fonction-publique.gouv.fr/files/files/statistiques/jaunes/jaune2017_fonction_publique.pdf

http://www.ifrap.org/fonction-publique-et-administration/fonction-publique-pourquoi-il-faut-reduire-le-nombre-de-corps

http://www.ifrap.org/fonction-publique-et-administration/fonction-publique-pourquoi-il-faut-reduire-le-nombre-de-corps

https://www.insee.fr/fr/statistiques/2663284

https://www.fonction-publique.gouv.fr/files/files/statistiques/stats-rapides/agents-mobilite-2014.pdf

https://www.fonction-publique.gouv.fr/files/files/publications/rapport_annuel/CC-egalite-2015.pdf

https://www.insee.fr/fr/information/2560615

http://www.ens.fr/

http://www.enm.justice.fr/

http://www.mines-paristech.fr/

http://www.chartes.psl.eu/

https://www.ehesp.fr/

https://www.telecom-paristech.fr/

https://www.isae-supaero.fr/fr/

https://www.enpc.fr/
https://www.ena.fr/
http://www2.agroparistech.fr/
https://inet.cnfpt.fr/
http://www.inp.fr/
http://www.polytechnique.edu/
https://www.ecole-navale.fr/
https://devenir-aviateur.fr/
http://www.st-cyr.terre.defense.gouv.fr/
https://www.defense.gouv.fr/commissariat/nos-ecoles/l-ecole-des-commissaires-des-armees

–제7장 독일의 행정과 관료제–

김성수 (2000). 독일의 정치행정관계와 행정국가. 「정부학연구」 6(2): 66-102.
박동서 · 김광웅 · 김신복 (1996). 「비교행정론」 (제2개정판). 서울: 박영사.
심익섭 · 한형서 (2005). 독일지방정부의 정책현안과 그 시사점. 「한독사회과학논총」 15(2): 107-131.
안영진 (2004). 독일 행정구역개편 논의의 배경과 전개방향. 「지역개발연구」 36(1): 75-116.
이봉기 (1995). 독일 신탁관리청의 해체와 후속기관. 「통일문제연구」 7(2): 305-21.
하미승 (2002). OECD 회원국의 정부조직정원 비교연구. 「한국행정연구」 11(1): 89-119.
한국행정연구원 (2003). 해외행정동향. 「행정포커스」 No. 5-6.
한영빈 (2002). 독일통일 10년과 독일정부의 경제정책 변화. 「사회과학」 10집: 73-223.

Aberbach, J., Putnam, R. and Rockman, B. (1981). *Bureaucrats and Politicians in Western Democracies.* Cambridge, MA: Harvard University Press.
Conradt, David (1989). *The German Polity,* 4th. NY: Longman.
Dalton, Russell (1992). Politics in Germany. in G. Almond and G. Powell, Jr. *Comparative Politics Today: A World View,* 5th ed. 238-294. NY: Harper Collins.
Dayson, K. (1982). West Germany: The Search for a Rationalist Consensus. In J. Richardson ed. *Policy Styles in Western Europe.* London: George Allen & Unwin.
Derlien, Hans-Ulrich (1987). Public Managers and Politics. in J. Kooiman and Eliassen, K. *Managing Public Organizations,* 129-141. London: Sage.
______ (1988). Repercussions of Government Change on the Career Civil Service in West Germany: The Case of 1979 and 1982. *Governance,* 1: 50-78.
______ (1991). Historical Legacy and Recent Developments in the German Higher Civil Service. International *Review of Administrative Sciences,* 57(3): 385-401.
______ (1993). German Unification and Bureaucratic Transformation. *International Political Science Review,* 14(4): 319-334.

______ (1995). Public Administration in Germany: political and societal relations. In Pierre, Jon ed. *Bureaucracy in the Modern State: Introduction to Comparative Public Administration,* 64-91. Hants: Edward Elgar.

Dryzek, John et al. (2003). *Green States and Social Movements.* Oxford: OUP.

Heady, Ferrel (1984). *Public Administration: A Comparative Perspective,* 3rd ed. NY: Marcel Dekker.

Johnson, N. (1982). The Interdependence of Law and Politics: Judges and the Constitution in Western Germany. *West European Politics,* 5(3): 236-252.

Katzenstein, Peter (1987). *Policy and Politics in West Germany: The Growth of a Semisovereign State.* Philadelphia: Temple University Press.

Klages, H. and Löffler, E. (1995). Administrative Modernization in Germany: a big qualitative jump in small steps. *International Review of Administrative Sciences,* 61: 373-383.

Lehmbruch, Gerhard (1979). Liberal Corporatism and Party Government. In P. Schmitter & Lehmbruch, G. ed. *Trends Toward Corporatist Intermediation,* 147-183. London: Sage.

Marks, Gary (1985). State-Economy Linkages in Advanced Industrialized Societies. In N. Vig and Schier, S. ed. *Political Economy in Western Democracies,* 46-69. NY: Nolmes & Meier.

Mayntz, R. and Scharpf, F. (1975). Policymaking in the German Federal Executive. Amsterdam: Elsevier.

Mayntz, R. and Derlien, H. (1989). Party Patronage and Politicization of the West German Administrative Elite 1970-1987: Toward Hybridization? *Governance,* 2(4): 384-404.

Murswieck, Alex (1993). Policy Advice and Decision-making in the German Federal Bureaucracy. In Peters, B. and Barker, A. eds. *Advising West European Governments: Inquiries, Expertise and Public Policy,* 87-97. Pittsburgh: University of Pittsburgh Press.

Norton, Alan (1994). *International Handbook of Local and Regional Government: A Comparative Analysis of Advanced Democracies.* Brookfield: Edward Elgar.

Otto, Singer (1993). Knowledge and Politics in Economic Policy Making: official Economic Advisers in the USA, Britain, and Germany. In Peters, B. and Barker, A. eds. *Advising West European Governments: Inquiries, Expertise and Public Policy,* 72-86. Pittsburgh: University of Pittsburgh Press.

Page, Edward (1985). *Political Authority and Bureaucratic Power: A Comparative Analysis.* Knoxville: University of Tennessee Press.

______ (1987). Comparing Bureaucracies. In Lane, Jan-Erik ed. *Bureaucracy and Public Choice,* 230-255. London: Sage.

Rosenbloom, David (1993). *Public Administration,* 3rd ed. NY: McGraw-Hill.

Schmidt, K. and Rose, R. (1985). Germany: the expansion of an Active State. In Rose, R. *Public Employment in Western Nations,* 126-162. Cambridge: Cambridge University Press.

Schmidt, Manfred (1989). Learning from Catastrophes: West Germany's Public Policy. In Castels, F. ed. *The Comparative History of Public Policy,* 56-99. Oxford: Polity Press.

______ (2008). Germany: The Grand Coalition State. In J. Colomer ed. *Comparative European*

Politics, 58-93. London: Routledge
Schnapauff, Klaus-Dieter (1995). *Die Bundesrepublik Deutschland Staatslandbuch.* Köln: Carl Heymanns Verlag KG.
Schumacher, Ute (1993). Fiscal Federalism in the Federal Republic of Germany. In Attiat Ott. *Public Sector Budgets: A Comparative Study,* 168-207. Hants: Adward Elgar.
Streeck, Wolfgang (1982). Organizational Consequences of Neo-Corporatist Cooperation in West German Labour Unions. In Lehmbruch, G. and Schmitter, P. ed. *Patters of Corporatist Policy-Making,* 29-81. London: Sage.
Weaver, R. and Rockman, B. eds. (1993). *Do Institutions Matter?* Washington, D.C.: The Brookings Institution.

−제8장 캐나다의 행정과 관료제−

김규정 (1976). 「비교행정론」. 서울: 법문사.
김종호 (2004). 「비교행정강의」. 서울: 경희대출판국.
______ 외 (2007). 「정책평가론」. 경기: 법문사.
김해중 (1994). 외국의 광역도시권 행정체제에 관한 비교연구. 「지역연구」 제13집. 단국대학교 지역연구소.
동아일보사 (1996). 「동아연감 1995」.
류임철 (2011). 「캐나다 공무원 인사제도」. 조명문화사.
박찬웅 (1995). 「캐나다에서」. 서울: 아우네.
백완기 (1992). 「행정학」. 서울: 박영사.
신명순 · 박경산 편역 (1995). 「캐나다의 정치과정」. 서울: 도서출판 서울프레스.
연합통신 (1996). 「연합년감 1995」.
윤근식 외 (1983). 「현대정치와 관료제」. 서울: 박영사.
이계식 · 문형표 (1996). 「정부혁신: 선진국의 전략과 교훈」. 한국개발연구원.
이광종 (1989). 「행정책임론: 책임과 통제」. 서울: 대영문화사.
지방행정연구소 (1984). 「각국의 지방행정제도」.
총무처 직무분석기획단 (1997). 「신정부혁신론」. 동명사.
KOTRA (2013). "캐나다의 주요산업동향" KOTRA 국가정보, KOTRA(대한무역투자진흥공사). (http://en.wikipedia.org/wiki/Conservative_Party_of_Canada)
한국행정연구원 (1994). 「앞으로의 행정개혁 추진방법에 대하여」. 행정개혁추진본부.
한국재정정보원 (2018. 4). [해외 재정 동향] 캐나다 2018-2019회계연도 예산안 특징과 경제 · 재정 전망 4월호.
한국지방행정연구원 (1991). 「오늘의 지방자치」.

ACIR (1981). S*tudies in Comparative Federalism.* Canada.
Aucoin, Peter (1995a). Restructuring the Canadian Government: The Management of

Organizational Change. unpublished paper presented at a conference at the Korean Association for Public Administration. Seoul, Korea.

______ (1995b). *The New Public Management: Canada in Comparative Perspective.* Montreal: The Institute for Research in Public Policy.

______ (1991). The Politics and Management of Restraint Budgeting. In Andre Blais and Stephane Dion eds. *The Budget-Maximizing Bureaucrat: Appraisals and Evidence.* Pittsburgh: Pittsburgh University Press.

Banting, Keith (1986). *State and Society: Canada in Comparative Perspective.* Toronto, Canada: University of Toronto Press.

Bourgault, Jacques, Dion, Stephane, and Lemay, Marc (1993). Creating Corporate Culture: Lessons from the Canadian Federal Government. *Public Administration Review,* 53(1): 73-80.

Burgeiss, Michael ed. (1990). *Canadian Federalism: Past, Present and Future,* Leicester, Canada: Leicester University Press.

Cairns, Alan C. (1994). An election to be remembered: Canada 1993. *Canadian Public Policy-Analyse de Politique,* XX: 3.

Campbell, Colin S. J. (1983). The higher Civil Service of Canada, unpublished paper presented at a conference at the Brookings Institution, Washington, D.C., U.S.A.

Canada Sensus, 2006.

CBC News, "Canada's Evangelical movement: political awakening". 2005-06-13. http://www.cbc.ca/news/background/evangelical

Chartrand, P. J. and Pond, K. L. (1970). *A Study of Executive Career Paths in the Public Service of Canada.* Chicago: Public Personnel Association.

Clarke, Harold D. and Kornberg, Allan (1993). Evaluations and evolution: Public attitudes toward Canada's Federal Political Parties, 1965-1991. *Canadian Journal of Political Science,* XXVI: 2.

Chase, Steven (2008-10-15). "Harper targets Senate reform". *The Globe and Mail*

Communications Division of Statistics (1995). *Canada Year Book 1994*, 2009, 2010 Canada.

CTV News (2006-12-13). "PM to bring 'democracy' to choice of senators". CTV.

Eingwall, John (1997). *Special Operating Agencies: Finanicial Issues,* Canadian Centre For Management Development.

Department of Canadian Heritage (February 2009), *Canadian Heritage Portfolio* (2 ed.), Ottawa: Queen's Printer for Canada, p. 3.

Deutsch, John J. (1957). Some Thoughts on the Public Service *Canadian Journal of Economics and Political Science,* 23(1).

Dingwall, John (1997). *Special Operating Agencies: Financial Issues,* Canadian Centre For Management Development.

Dunn, Christopher (1995). *The Institutionalized Cabinet: Governing the Western Provinces,* Montreal,

Canada: McGill-Queen's University Press.

Engelmann, F. C. and Schwantz, Mildred A. (1975). *Canadian Political Parties: Origin, Character,* Impacet. Scarborough: Prentice-Hall of Canada.

Government of Canada Public Service Modernization Act (2003).

Grant, Wyn (1989). *Government and Industry: A Comparative Analysis of the US. Canada and the UK.* Toronto, Canada: Edward Elgar, Inc.

House of Commons of Canada, 39th Parliament, 1st Session (2007-05-03). "Journals (No. 146)"

Hult, Karen M. (1987). *Agency Merger and Bureaucratic Redesign.* Pittsburg: University of Pittsburg Press.

Kernaghan, W.D.K. ed. (1969). *Bureaucracy in Canadian Government.* Toronto, Canada: Methuen Publications.

LaSelva, Samuel V. (1996). *The Moral Foundations of Canadian Fedelalism: Paradoxes, Achievements, and Tragedies of Nationhood.* Montreal, Canada: McGill-Queen's University Press.

Leclerc, Guy (1992). Institutional Evaluations in Canada: Skating on thin ice? In *Advancing Public Policy Evaluation: Learning from International Experiences.* North-Holland, Elsever Science Publisher.

Manzer, Ronald (1985). *Public Policies and Political Development in Canada.* Toronto, Canada: University of Toronto Press.

McKenna, Marian, ed. (1993). *The Canadian and American Constitutions in Comparative Perspective.* Calgary, Canada: University of Calgary Press.

Morck, Randall, Gloria Tian, and Bernard Yeung (2005). "Who owns whom? Economic nationalism and family controlled pyramidal groups in Canada". In Lorraine Eden & Wendy Dobson. *Governance, multinationals, and growth.* Edward Elgar Publishing. p. 50

Newcombe, Jane (1996). *Special Operating Agencies: Management Advisory Boards,* Canadian Centre For Management Development.

Osborne and Gaebler (1992). *Reinventing the Government.* Reading, MA: Addison-Wesley.

Pitfield, P. M. (1977). Business Administration and Public Administration. The James Gillies Alumni Lecture Series. Toronto: York University.

Porter, John (1965). *The Vertical Mosaic: An Analysis of Social Class and Power in Canada.* Toronto, Canada: University of Toronto Press.

Presthus, Robert (1977). *Cross-National Perspectives: United States and Canada.* Leiden, The Netherlands: E. F. Brill.

Public Policy Forum, Canada's Public Service in the 21st Century (discussion paper)". April 2007. pp. 7.

Rodal, Alti (1997). *Special Operation Agencies: Issues for Parent Department and Central Agencies,* Canadian Centre For Management Development

Rogers Betty (1997). *Special Operating Agencies: Human Resources Management Issues,* Canadian

Centre For Management Development.
Rohr, John A. (1997). "Public administration and comparative constitutionalism: The case of Canadian Federalism," *Public Administration Review,* Vol. 57, No. 4.
Rowat, Donald C. ed. (1968). *The Ombudsman: Citizen's Defender.* Tronto, Canada: University of Toronto Press.
Savoie, Donald (1990). *The Politics of Public Spending in Canada.* Toronto: University of Toronto Press.
Sixteenth Annual Report to the Prime Minister on the Public Service of Canada.
Smith, David E. (1995). *The Invisible Crown: The First Principle of Canadian Government.* Toronto, Canada: University of Toronto Press.
Smith, Joanna (2008-06-03). "MPs vote to give asylum to U.S. military deserters". *The Toronto Star.*
Sproule-Jones, Mark (1993). *Government at Work: Canadian Parliamentary Federalism and Its Public Policy Effects.* Toronto, Canada: University of Toronto Press.
Statistics Canada. 2009-11-16.
Stewart, Gordon T. (1986). *The Origins of Canadian Politics: A Comparative Approach. Vancouver,* Canada: University of British Columbia Press.
Szanton, Peter (1981). So Your Want to Reorganize Government? In Szanton ed. *Federal Reorganization: What Have we Learned?* Chatham: Chatham House.
Taylor Nelson Sofres, 'Government Online' 2002.
Thorburn, Hugh (1991). *Party Politics in Canada*, 6th ed. Scarborough: Prentice-Hall.
Toronto Star (1992. 5. 30). Toronto, Canada.
Treasury Board of Canada Secretariat (2002). *Becoming an Special Operating Agency,* Ottawa: Treasury Board of Canada Secretariat, 2002.
UN The International Telecommunication Union, 2010.
United Nations Statistics Division. Demographic Yearbook, 2008.
White, W. L, Wagenberg, R. H. and Nelson, R. C. (1990). *Introduction to Canadian Politics and Government.* 5th ed. Toronto, Canada: Holt, Rinehart and Winston of Canada, Limited.
Wilson, D. (1997). *Special Operating Agencies: Business Plans and Annual Reports.* Canadian Centre For Management Development.
World Almanac Books (1995). *The World Almanac.* A K-Ⅲ Co.
Wright, J. and G. Waymark (1997). *Overview of the Special Operating Agency Initiative.* Canadia Centre For Management Development.

www.oecd.org
www.apac.co.kr
www.kwangyul.com
www.soback.kornet.nm.kr

http://data.worldbank.org/indicator/NY.GDP.MKTP.CD
http://en.wikipedia.org/wiki/Canadian_Alliance
http://en.wikipedia.org/wiki/Conservative_Party_of_Canada
http://en.wikipedia.org/wiki/Cabinet_committee
(http://en.wikipedia.org/wiki/Canadian_House_of_Commons
http://en.wikipedia.org/wiki/List_of_federal_political_ parties_in_Canada
http://en.wikipedia.org/wiki/Conservative_Party_of_Canada
http://www.psc-cfp.gc.ca/research/timeline/psc_timeline_e.htm
http://www.iccs-isac.org/en/cf/insights/Insights_PG1_EN.pdf

찾아보기

ㄱ

ㄴ

ㄷ

ㄹ

ㅁ

ㅂ

ㅅ

ㅇ

ㅊ

저자약력(집필순)

박 천 오
건국대학교 및 동 대학원 법학과 졸업(법학사, 법학 석사)
Ohio University 대학원 졸업(정치학 석사)
Washington State University 대학원 졸업(정치학 박사)
현 명지대학교 행정학과 교수

하 태 권
서울대학교 정치학과 졸업(정치학사)
서울대학교 행정대학원 졸업(행정학 석사)
University of Georgia 대학원 졸업(행정학 박사)
전 서울산업대학교 행정학과 교수

문 명 재
연세대학교 정치외교학과 졸업
경희대학교 평화복지대학원 졸업(정치학 석사)
University of Texas at Austin 대학원 졸업(정책학 석사)
Syracuse University 대학원 졸업(행정학 박사)
현 연세대학교 행정학과 교수

권 영 주
서울시립대학교 행정학과 졸업(행정학사)
일본 京都大學 대학원 법학연구과 정치학(행정학) 전공(법학 석사)
일본 京都大學 대학원 법학연구과 정치학(행정학) 전공(법학 박사)
현 서울시립대학교 행정학과 교수

고 동 주
고려대학교 행정학과 졸업(행정학사)
일본 京都大學 대학원 법학연구과 법정이론(공공정책) 전공(법학 석사)
일본 京都大學 대학원 법학연구과 법정이론(공공정책) 전공(법학 박사)
현 일본 椙山女学園大學 현대매니지먼트학과 전임강사

조 이 현
한국외국어대학교 중국어과 졸업(문학사)
한국외국어대학교 대학원 졸업(행정학 석사)
한국외국어대학교 대학원 졸업(행정학 박사)
현 중소기업연구원 수석연구위원

김 상 묵
한양대학교 행정학과 졸업(행정학사)
한양대학교 대학원 졸업(행정학 석사)
Michigan State University 대학원 졸업(정치학 박사)
현 서울과학기술대학교 행정학과 교수

최 영 출
충북대학교 행정학과 졸업(행정학사)
서울대학교 행정대학원 졸업(행정학 석사)
영국 Newcastle University 대학원 졸업(정책학 박사)
현 충북대학교 행정학과 교수

서 성 원
명지대학교 행정학과 졸업(행정학사)
서울대학교 행정대학원 졸업(행정학 석사)
프랑스 파리 2대학 대학원 수료(행정학 박사과정 수료)
현 명지대학교 행정학과 명예교수

변 혜 옥
Rennes 1 대학교 졸업(행정학사)
Paris 2 대학원 졸업(인사행정 석사)
Paris 2 대학교 졸업(인사행정 박사)
현 Orleans 대학교 행정학 교수 겸 프랑스경제부처 IGPDE연구위원

김 근 세
성균관대학교 행정학과 졸업(행정학사)
성균관대학교 대학원 졸업(행정학 석사, 박사과정 수료)
미국 Syracuse University 대학원 졸업(행정학 박사)
현 성균관대학교 국정전문대학원 교수

김 종 호
고려대학교 사회학과 졸업(사회학사)
University of Pennsylvania 대학원 졸업(사회학 석사)
미국 Syracuse University 대학원 졸업(정책학 박사)
현 경희대학교 정경대학 행정학과 교수

비교행정 [제5판]

1996년 12월 20일 초판 발행
1999년 8월 20일 제2판 발행
2005년 3월 20일 제3판 발행
2011년 2월 25일 제4판 발행
2018년 8월 20일 제5판 1쇄발행

저 자 박 천 오 외
발행인 배 효 선
발행처 도서출판 法 文 社
주 소 10881 경기도 파주시 회동길 37-29
등 록 1957년 12월 12일/제2-76호(윤)
전 화 031-955-6500~6 FAX 031-955-6525
E-mail (영업) bms@bobmunsa.co.kr
(편집) edit66@bobmunsa.co.kr
홈페이지 http://www.bobmunsa.co.kr
조 판 (주) 성 지 이 디 피

정가 33,000원 ISBN 978-89-18-02483-7